HISTORIA DEL PENSAMIENTO FILOSÓFICO Y CIENTÍFICO

GIOVANNI REALE y DARIO ANTISERI

HISTORIA DEL PENSAMIENTO FILOSÓFICO Y CIENTÍFICO

TOMO PRIMERO

ANTIGÜEDAD Y EDAD MEDIA

Herder

Título original: Il pensiero occidentale dalle origini ad oggi. Tomo I
Traducción: Juan Andrés Iglesias
Diseño de la cubierta: Claudio Bado y Mónica Bazán

Ilustraciones: Alinari, Arborio Mella, Barazzotto, Farabola, Ricciarini, Riva, Stradella Costa, Titus, Tomsich

3ª edición, 1ª reimpresión 2004

ISBN: 84-254-1588-8
Obra completa: 84-254-1593-4

Imprenta: Tesys
Depósito Legal: B - 1.433 - 2005
Printed in Spain

Herder

www.herdereditorial.com

ÍNDICE

PARTE TERCERA

EL DESCUBRIMIENTO DEL HOMBRE

LOS SOFISTAS, SÓCRATES Y LOS SOCRÁTICOS, Y LA MEDICINA HIPOCRÁTICA

PARTE CUARTA

PLATÓN Y EL HORIZONTE DE LA METAFÍSICA

PARTE QUINTA

ARISTÓTELES Y LA PRIMERA SISTEMATIZACIÓN OCCIDENTAL DEL SABER

PARTE NOVENA

LA PATRÍSTICA

LA ELABORACIÓN DEL MENSAJE BÍBLICO Y EL FILOSOFAR DESDE LA FE

PARTE DÉCIMA

GÉNESIS, DESARROLLO Y DECLIVE DE LA ESCOLÁSTICA

RAZÓN Y FE EN LA EDAD MEDIA

Índice

PRÓLOGO

«Una vida sin búsqueda no es digna de ser vivida.»
Sócrates

¿Cuál es la justificación de un tratamiento tan amplio de la historia del pensamiento filosófico y científico, dirigido a los centros de enseñanza secundaria? ¿Es posible acaso —quizás se pregunte el docente, al observar el tamaño de los tres volúmenes de la obra— afrontar y desarrollar, en las escasas horas disponibles cada semana, un programa tan vasto y lograr que el estudiante lo domine?

Sin lugar a dudas, si se mide este libro por el número de páginas, hay que decir que es un libro extenso. Y no sólo esto: es el libro más extenso que se haya concebido y realizado hasta ahora, para su utilización en los centros de enseñanza secundaria. No obstante, es oportuno recordar aquí la razonable opinión de Terrasson, citada por Kant en el *Prefacio* a la *Crítica de la razón pura*: «Si se mide la extensión del libro no por el número de páginas, sino por el tiempo necesario para entenderlo, de muchos libros podría decirse que serían mucho más breves, si no fuesen tan breves.»

En efecto, con mucha frecuencia los manuales de filosofía provocarían mucho menos cansancio si tuviesen unas cuantas páginas más sobre una serie de temas. En la exposición de la problemática filosófica, la brevedad no simplifica las cosas, sino que las complica y en ocasiones las vuelve poco comprensibles o incluso del todo incomprensibles. En cualquier caso, en un manual de filosofía la brevedad conduce fatalmente al simplismo, a la enumeración de opiniones, a la mera panorámica de lo que han dicho a lo largo del tiempo los diversos filósofos, cosa si se quiere instructiva, pero poco formativa.

La presente historia del pensamiento filosófico y científico pretende abarcar tres planos. Primero el de aquello que han dicho los filósofos, es decir, el plano que los antiguos llamaban «doxográfico» (cotejo de opiniones). Luego el de por qué los filósofos han dicho lo que han dicho, ofreciendo un adecuado sentido de cómo lo han dicho. Finalmente aquel en que se indican algunos de los efectos de las teorías filosóficas y científicas.

El porqué de las afirmaciones de los filósofos nunca es algo simple, puesto que a menudo los temas sociales, económicos y culturales se entrecruzan y se entrelazan de distintas formas con los temas teóricos y especulativos. Se ha ido dando razón gradualmente del trasfondo del cual han surgido las teorías de los filósofos, pero evitando el peligro de las reducciones sociologistas, psicologistas e historicistas (que en los últimos años han alcanzado una hipertrofia exagerada, hasta el punto de vaciar de contenido la identidad específica del discurso filosófico), y poniendo de manifiesto el encadenamiento de los problemas teóricos y los nexos conceptuales y, por tanto, las motivaciones lógicas, racionales y críticas que en definitiva constituyen la substancia de las ideas filosóficas y científicas.

Además, se ha tratado de ofrecer el sentido del cómo los pensadores y los científicos han propuesto sus doctrinas, utilizando con amplitud sus propias palabras. A veces, cuando se trata de textos fáciles, la palabra viva de los diversos pensadores ha sido utilizada en el mismo nexo expositivo. En otros casos, en cambio, se han efectuado citas de los distintos autores (los más complicados y más difíciles) en apoyo de la exposición, y —según el nivel de conocimiento acerca del autor que se desee obtener— pueden omitirse dichos textos sin perjuicio para la comprensión de conjunto. Las citas textuales de los diferentes autores se han graduado de un modo acorde con la curva discente del joven que al principio se adentra en un discurso completamente nuevo y, por tanto, necesita la máxima sencillez. Poco a poco, sin embargo, va adquiriendo las categorías del pensamiento filosófico, aumenta su propia capacidad y puede enfrentarse en consecuencia con un tipo más complejo de exposición y comprender el diferente carácter del lenguaje con el que han hablado los filósofos. Por lo demás, así como no es posible darse una idea del modo de sentir y de imaginar de un poeta sin leer algunos fragmentos de su obra, resulta imposible hacerse una idea de la forma de pensar de un filósofo, si se ignora totalmente el modo en que expresaba sus pensamientos.

Por último, los filósofos son importantes no sólo por aquello que dicen, sino también por las tradiciones que generan y que ponen en movimiento: algunas de sus posturas favorecen el nacimiento de ciertas ideas, pero, al mismo tiempo, impiden el surgimiento de otras. Por tanto, los filósofos son importantes por lo que dicen y por lo que impiden decir. Éste es uno de aquellos aspectos que a menudo silencian las historias de la filosofía y que aquí se ha querido poner de manifiesto, sobre todo al explicar las complejas relaciones entre las ideas filosóficas y las ideas científicas, religiosas, estéticas y sociopolíticas.

El punto de partida de la enseñanza de la filosofía reside en los problemas que ésta ha planteado y plantea, y por tanto se ha buscado con especial dedicación enfocar la exposición desde el punto de vista de los problemas. A menudo se ha preferido el método sincrónico con respecto al diacrónico, si bien este último ha sido respetado en la medida de lo posible.

El punto de llegada de la enseñanza de la filosofía consiste en formar mentes ricas en contenidos teóricos, sagaces en lo que respecta al método, capacitadas para planear y desarrollar de forma metódica los distintos problemas, y para leer de modo crítico la compleja realidad que las rodea.

A tal objetivo apuntan precisamente los cuatro planos antes indicados que han servido para concebir y llevar a cabo toda la presente obra: crear en los jóvenes una razón abierta, capaz de defenderse con respecto a las múltiples solicitaciones contemporáneas de huida hacia lo irracional o de repliegue hacia posturas estrechamente pragmatistas o cientificistas. Y la razón abierta es una razón que sabe que lleva en sí misma los factores de corrección para todos los errores que —en cuanto que es una razón humana— pueda cometer y conlleva también la fuerza para recomenzar itinerarios siempre nuevos.

Este primer volumen se divide en diez partes. Tal división ha sido realizada teniendo en cuenta la sucesión lógica y cronológica de la problemática que se expone, pero con el propósito de ofrecer a los docentes unidades didácticas propiamente dichas, en cuyo ámbito —de acuerdo con el interés y con el nivel de los alumnos— puedan efectuar la elección oportuna. La amplitud del tratamiento no implica que haya que hacerlo todo, pero quiere brindar una extensa y rica posibilidad de opciones y de profundización.

Entre éstas, señalemos en especial —además de las partes que versan sobre Platón y Aristóteles, auténticas monografías a escala reducida, por la riqueza de temas y de problemas que contienen— las partes relativas a las filosofías de la época helenística y de la época imperial. Estas doctrinas suelen provocar escaso interés, pero aquí se consideran con atención particular, porque en la actualidad —en comparación con el siglo pasado y con la primera mitad de nuestro siglo— ha avanzado enormemente el conocimiento de estos períodos de la historia del pensamiento y sus consecuencias se han revalorizado con toda claridad. Se ha dedicado una parte al pensamiento vinculado con el mensaje bíblico, dado que éste ha constituido la más importante revolución espiritual, que ha modificado radicalmente el planteamiento del pensamiento antiguo y constituye la premisa indispensable para comprender el pensamiento medieval que aparece a continuación, así como el pensamiento occidental en general. También a la patrística se le ha dedicado la atención que hoy exigen el renovado interés y los más recientes estudios sobre este período. El pensamiento medieval en su conjunto, que aparece en la décima parte, ha sido contemplado desde el punto de vista de la relación entre fe y razón, y de la compleja y cambiante trabazón entre estos dos factores. No sólo se han puesto de relieve las grandes construcciones metafísicas, como las de Anselmo, Tomás y Buenaventura (a las que se ha dedicado un tratamiento en profundidad, con desarrollos originales), sino que también se han expuesto con una particular atención la problemática de tipo lógico, teniendo en cuenta los hallazgos historiográficos más recientes. Pensadores como Boecio y Abelardo adquieren así una luz nueva, al igual que la clásica problemática de los universales. Por último, se ha concedido un relieve especial a los debates del final de la escolástica.

El volumen concluye con un apéndice que contiene como complemento indispensable las tablas cronológicas sinópticas, una bibliografía elaborada expresamente para los lectores de esta obra y un índice de nombres. Dicho apéndice ha sido realizado por el profesor Claudio Mazzarelli (cf. p. 575) quien, al reunir la doble competencia de profesor de enseñanza secundaria desde hace mucho tiempo y de investigador científico, se ha propuesto ofrecer un instrumento que sea a la vez rico y funcional.

Los autores quieren expresar un agradecido recuerdo a la memoria del profesor Francesco Brunelli, que fue quien concibió y promovió la iniciativa de esta obra. Llegó a dar comienzo a la realización tipográfica del proyecto, poco antes de su repentina desaparición. Hacen patente al doctor Remo Bernacchia su más reconocido agradecimiento, por haber llevado la iniciativa hasta su culminación, ayudando y convirtiendo en realizables las numerosas innovaciones que se han aportado a la presente obra.

Asimismo, manifiestan su profunda gratitud a la editorial Vita e Pensiero por haber autorizado la utilización de elementos procedentes de la *Historia de la filosofía antigua* (en cinco volúmenes) de G. Reale. Por último, expresan un particular agradecimiento a la doctora Clara Fortina, quien, en calidad de redactora, se entregó al mejor éxito de la obra, mucho más allá de sus deberes de oficio, con dedicación y apasionamiento.

Los autores desean asumir en común la responsabilidad de toda la obra, ya que han trabajado en conjunto (cada uno de acuerdo con su propia capacidad, su propia sensibilidad y sus propios intereses) para la mejor realización de cada uno de los tres volúmenes, con plena unidad de espíritu y de propósitos.

Finalmente los autores agradecen a la doctora Maria Luisa Gatti la revisión cuidadosa de las pruebas de la segunda edición.

Los autores

PARTE PRIMERA

LOS ORÍGENES GRIEGOS DEL PENSAMIENTO OCCIDENTAL

«La inteligencia es la que ve, la inteligencia es la que oye y todo lo demás es sordo y ciego.»

Epicarmo

Busto presumible de Homero (s.VIII a.C.), autor —según la tradición— de la *Ilíada* y de la *Odisea*, consideradas como el fundamento del pensamiento occidental

Capítulo I

GÉNESIS, NATURALEZA Y DESARROLLO DE LA FILOSOFÍA ANTIGUA

1. La génesis de la filosofía en los griegos

1.1. *La filosofía como creación del genio helénico*

La casi totalidad de los estudiosos consideran que la filosofía, como término o como concepto, es una creación propia del genio de los griegos. En efecto, para todos los demás componentes de la civilización griega se halla un elemento correlativo en los pueblos de Oriente que alcanzaron un elevado nivel de civilización antes que los griegos (creencias y cultos religiosos, manifestaciones artísticas de naturaleza diversa, conocimientos y habilidades técnicas de distintas clases, instituciones políticas, organizaciones militares, etc.). En cambio, en lo que concierne a la filosofía, nos hallamos ante un fenómeno tan nuevo que no sólo no posee ningún factor correlativo en dichos pueblos, sino que ni siquiera existe algo estricta y específicamente análogo. Debido a ello, la superioridad de los griegos con respecto a los demás pueblos en este aspecto específico no es de carácter puramente cuantitativo sino cualitativo, en la medida en que lo que aquéllos crearon, al instituir la filosofía, constituye en cierto sentido una novedad absoluta.

Quien no tenga presente este hecho no podrá comprender por qué la civilización occidental, bajo el impulso de los griegos, asumió una dirección completamente distinta de la oriental. En particular, no se podría comprender por qué razón los orientales, cuando quisieron aprovechar la ciencia occidental y sus resultados, tuvieron que apelar a determinadas categorías de la lógica occidental. De hecho, no en todas las culturas se hace posible la ciencia. Hay ideas que convierten en estructuralmente imposible el nacimiento y el desarrollo de determinadas concepciones, y existen incluso ideas que impiden la ciencia en conjunto, por lo menos la ciencia tal como ahora la conocemos.

Ahora bien, la filosofía —gracias a sus categorías racionales— ha permitido el nacimiento de la ciencia, y en cierto sentido, la ha engendrado. Admitir esto significa reconocer a los griegos el mérito de haber aportado una contribución realmente excepcional a la historia de la civilización.

1.2. *La imposibilidad de una procedencia oriental de la filosofía*

Como es natural, y sobre todo entre los orientalistas, ha habido intentos de atribuir a la filosofía un origen oriental, basándose en la observación de analogías genéricas, que se constatan entre las concepciones de los primeros filósofos griegos y ciertas ideas propias de la sabiduría oriental. No obstante, nadie ha triunfado en su intento, y la crítica más rigurosa, a partir ya de finales del siglo pasado, ha reunido una serie de pruebas auténticamente irrefutables en contra de la tesis de la procedencia oriental de la filosofía griega.

a) En la época clásica, ninguno de los filósofos o de los historiadores griegos hace la más mínima mención de un presunto origen oriental de la filosofía. (Los primeros en sostener la tesis de la procedencia oriental de la filosofía fueron algunos orientales, por razones de orgullo nacionalista, para atribuir a la propia cultura este particular título de gloria. Así por ejemplo en la época de los Ptolomeos los sacerdotes egipcios al entrar en conocimiento de la filosofía griega pretendieron defender que ésta provenía de la sabiduría egipcia. Y en Alejandría, a finales de la era pagana y a comienzos de la cristiana, los judíos que habían asimilado la cultura helénica pretendieron afirmar que la filosofía griega procedía de las doctrinas de Moisés. Si bien los filósofos griegos, ya en la época cristiana, sostuvieron la tesis según la cual la filosofía provenía de los sacerdotes de Oriente animados por inspiración divina, esto no prueba nada, porque en aquel momento tales filósofos habían perdido la confianza en la filosofía entendida clásicamente y aspiraban a una especie de autolegitimación en oposición a los cristianos, que presentaban la inspiración divina de sus textos.)

b) Se ha demostrado históricamente que los pueblos orientales con los que entraron en contacto los griegos poseían una forma de sabiduría constituida por convicciones religiosas, mitos teológicos cosmogónicos, pero no una ciencia filosófica basada sólo en la razón (en el *logos*, como dicen los griegos). Poseían pues un tipo de sabiduría análoga a la que los propios griegos poseían antes de crear la filosofía.

c) En cualquier caso, no ha llegado a nuestro conocimiento ninguna utilización por parte de los griegos de escritos orientales o de traducciones de éstos. Es impensable que antes de Alejandro hayan podido llegar a Grecia doctrinas provenientes de los indios o de otros pueblos de Asia, o que en la época en la que surgió en Grecia la filosofía haya habido griegos capaces de entender el razonamiento de un sacerdote egipcio o de traducir libros egipcios.

d) En la hipótesis (que habría que demostrar) de que alguna idea de los filósofos griegos tenga antecedentes específicos en la sabiduría oriental y que haya podido derivarse de ésta, no cambiaría la esencia del problema que estamos discutiendo. A partir del momento en que nació en Grecia, la filosofía representó una nueva forma de expresión espiritual, la cual —en el preciso instante en que acogía contenidos provenientes de otras formas de vida espiritual— los transformaba estructuralmente, otorgándoles una forma rigurosamente lógica.

1.3. *Los conocimientos científicos egipcios y caldeos, y el modo en que fueron transformados por los griegos*

En cambio los griegos obtuvieron de los orientales algunos conocimientos científicos. Tomaron de los egipcios ciertos conocimientos matemático-geométricos, y de los babilonios aprovecharon sus conocimientos astronómicos. Sin embargo también en este caso es preciso efectuar algunas advertencias importantes, que son indispensables para comprender la mentalidad griega y la mentalidad occidental que se basa en aquélla.

Por lo que sabemos, la matemática egipcia consistía primordialmente en el conocimiento de operaciones de cálculo aritmético con finalidades prácticas, por ejemplo, medir determinadas cantidades de víveres o dividir cierto número de cosas entre una cantidad dada de personas. De foma análoga, la geometría tenía un carácter esencialmente práctico y respondía a la necesidad, por ejemplo, de volver a medir los campos después de periódicas inundaciones del Nilo o de proyectar y construir las pirámides.

Ahora bien, es evidente que los egipcios, al obtener estos conocimientos matemático-geométricos, llevaron a cabo una actividad racional y bastante notable por cierto. Sin embargo, en la reelaboración efectuada por los griegos tales conocimientos se convirtieron en algo mucho más consistente, realizando un salto cualitativo propiamente dicho. En especial, a través de Pitágoras y los pitagóricos, transformaron aquellas nociones en una teoría general y sistemática de los números y de las figuras geométricas. Crearon en definitiva una construcción racional orgánica, yendo mucho más allá de los objetivos básicamente prácticos, a los que parecen haberse limitado los egipcios.

Lo mismo cabe decir de las nociones astronómicas. Los babilonios las elaboraron con un propósito esencialmente práctico: efectuar horóscopos y predicciones. Los griegos en cambio las purificaron y las cultivaron con fines primordialmente cognoscitivos en virtud de aquel afán teórico que aspira al amor de puro conocimiento y que es el mismo afán que, como veremos, creó y nutrió la filosofía. No obstante, antes de definir en qué consiste exactamente la filosofía y la disposición filosófica de los griegos, debemos exponer algunas observaciones preliminares, que poseen un carácter esencial.

2. Las formas vitales griegas que prepararon el nacimiento de la filosofía

2.1. *Los poemas homéricos y los poetas gnómicos*

Los expertos están de acuerdo en considerar que, para entender la filosofía de un pueblo y de una civilización, es imprescindible referirse 1) al arte, 2) a la religión y 3) a las condiciones sociopolíticas de dicho pueblo. 1) De hecho el arte más elevado tiende a alcanzar de manera mítica y fantástica, es decir, mediante la intuición y la imaginación, objetivos que también son propios de la filosofía. 2) De forma análoga la religión aspira a alcanzar, a través de representaciones no conceptuales y de la fe, determinados objetivos que la filosofía busca alcanzar mediante los conceptos y la razón (Hegel considerará que el arte, la religión y la filosofía son las tres categorías del Espíritu absoluto). 3) No menos importantes (y hoy se insiste mucho en este punto) son las condiciones socioeconómicas y políticas que a menudo condicionan el surgimiento de determinadas ideas, y que en el mundo griego en particular, al crear las primeras formas de libertad institucionalizada y de la democracia, han permitido el nacimiento de la filosofía, que se alimenta de modo esencial de la libertad.

Comencemos por el primer aspecto.

Antes de que naciese la filosofía los poetas tuvieron una enorme importancia para la educación y la formación espiritual del hombre entre los griegos, mucho mayor que en el caso de otros pueblos. Los primeros griegos buscaron alimento espiritual sobre todo en los poemas homéricos, es decir, en la *Ilíada* y en la *Odisea* (que, como se sabe, ejercieron un influjo análogo al que la Biblia ejerció entre los judíos, al no haber en Grecia textos sagrados), en Hesíodo y en los poetas gnómicos de los siglos VII y VI a.C.

Ahora bien, los poemas homéricos contienen algunas particularidades que los diferencian de otros poemas que se hallan en el origen de otros pueblos y de su civilización, y ya poseen algunos de aquellos rasgos del carácter griego que resultarán esenciales para la creación de la filosofía.

a) Los especialistas han hecho notar que los poemas homéricos, aunque están repletos de imaginación, de situaciones y de acontecimientos fantásticos, casi nunca entran en la descripción de lo monstruoso y de lo deforme (cosa que en cambio sucede a menudo en las manifestaciones artísticas de los pueblos primitivos). Esto significa que la imaginación homérica ya está estructurada según un sentido de la armonía, de la proporción, del límite y de la medida; como tendremos ocasión de ver, la filosofía elevará todos estos factores al rango de principios ontológicos.

b) Además, se ha advertido que el arte de la motivación constituye en Homero una auténtica constante. El poeta no se limita a narrar una serie de hechos, sino que investiga también sus causas y sus razones (aunque sea a nivel mítico-fantástico). En Homero la acción «no se extiende como una desmadejada sucesión temporal: a ella se aplica, en todo momento, el principio de razón suficiente, cada acontecimiento recibe una rigurosa motivación psicológica» (W. Jaeger). Y este modo poético de contemplar las razones de las cosas prepara aquella mentalidad que en filosofía llevará a la búsqueda de la causa y del principio, del «porqué» último de las cosas.

c) Otro rasgo de la epopeya homérica consiste en tratar de presentar la realidad en su integridad, aunque sea de forma mítica: dioses y hombres, cielo y tierra, guerra y paz, bien y mal, alegría y dolor, la totalidad de los valores que rigen la vida de los hombres (piénsese por ejemplo en el escudo de Aquiles, que emblemáticamente representaba todas las cosas). Escribe W. Jaeger: «La realidad presentada en su totalidad: el pensamiento filosófico la presenta de forma racional, mientras que la épica la presenta de foma mítica. Cuál habría de ser el puesto del hombre en el universo, que es el tema clásico de la filosofía griega, también está presente en Homero en todo momento.»

Para los griegos fue muy importante la *Teogonía* de Hesíodo, que esboza una síntesis de toda una serie de materiales preexistentes, relativos a dicho tema. La *Teogonía* de Hesíodo cuenta el nacimiento de todos los dioses. Y puesto que muchos dioses coinciden con partes del universo y con fenómenos cósmicos, la teogonía se convierte asimismo en cosmogonía, es decir, en una explicación mítico-poética y fantástica de la génesis del universo y de los fenómenos cósmicos, a partir del Caos originario, que fue el primero en aparecer. Este poema allanó el camino a la cosmología filosófica posterior, que —abandonando la fantasía— buscará mediante la razón el primer principio de origen a todo.

El propio Hesíodo, con su otro poema *Los trabajos y los días*, pero sobre todo los poetas posteriores, imprimieron en la mentalidad griega algunos principios que serán de gran importancia para la constitución de la ética filosófica y, más en general, del pensamiento filosófico antiguo. Se exalta la justicia como valor supremo. «Presta oídos a justicia y olvida del todo la supercherìa», afirma Hesíodo. «En la justicia ya están incluidas todas las virtudes», dice Focílides. «Iré, sin desviarme por aquí o por allá, por el camino recto: porque sólo debo pensar cosas justas», escribe Teógnides y agrega: «...sé justo, nada hay mejor». Para Solón el pensamiento de la justicia es un factor central. Y la justicia se convertirá en concepto ontológico, además de ético y político, en muchos filósofos y especialmente en Platón.

Los poetas líricos también fijaron de modo estable otra noción: el concepto de límite, es decir, del «ni demasiado ni demasiado poco», el concepto de la justa medida, que constituye el rasgo más peculiar de la mentalidad griega. «Y goza de las alegrías, y duélete de los males, pero no demasiado», dice Arquíloco. «No demasiado celo: lo mejor está en el medio; y permaneciendo en el medio, alcanzarás la virtud», dice Teógnides. «Nada en exceso», dice Solón. «La mesura es lo mejor», afirma una de las sentencias de los Siete Sabios, que recapitularon toda la sabiduría griega, cantada sobre todo por los poetas gnómicos. El concepto de «mesura» constituirá el centro del pensamiento filosófico clásico.

Recordemos una última máxima, atribuida a uno de los sabios antiguos y grabada en el templo de Delfos dedicado a Apolo: «Conócete a ti mismo.» Esta máxima, que fue célebre entre los egipcios, no sólo se transformará en el lema del pensamiento socrático, sino también en el principio básico del saber filosófico griego hasta los últimos neoplatónicos.

2.2. *La religión pública y los misterios órficos*

El segundo elemento al que hay que referirse para entender la génesis de la filosofía griega, como hemos dicho antes, es la religión. Sin embargo, cuando se habla de religión griega es preciso distinguir entre la religión pública, cuyo modelo es la representación de los dioses y del culto que nos brinda Homero, y la religión de los misterios. Entre ambas formas de religiosidad existen numerosos elementos comunes (como, por ejemplo, una concepción politeísta de base), pero también hay diferencias importantes que en algunos puntos relevantes (por ejemplo, la concepción del hombre, el sentido de su vida y de su destino último) constituyen antítesis en sentido estricto. Ambas formas de religión son muy importantes para explicar el nacimiento de la filosofía, pero, al menos desde ciertos puntos de vista, la segunda forma posee una especial importancia.

Empecemos por mencionar algunos rasgos esenciales de la primera forma de religión. Para Homero y para Hesíodo, que constituyen el punto de referencia para las creencias propias de la religión pública, puede decirse que todo es divino, porque todo lo que sucede se explica en función de las intervenciones de los dioses. Los fenómenos naturales son provocados por númenes: Zeus lanza rayos y truenos desde las alturas del Olimpo, el tridente de Poseidón provoca las tempestades marinas, el sol es transportado por el dorado carro de Apolo y así sucesivamente. Además, la vida colectiva de los hombres, la suerte de las ciudades, las guerras y las paces son imaginadas como vinculadas a los dioses de un modo no accidental y, en ocasiones, realmente esencial.

¿Quiénes son, empero, estos dioses? Como han puesto de manifiesto desde hace tiempo los expertos, estas deidades son fuerzas naturales personificadas a través de formas humanas idealizadas, o bien son fuerzas y aspectos de hombre que han sido sublimados, hipostasiados y han descendido con espléndidas semblanzas antropomórficas. (Además de los ejemplos antes mencionados, recordemos que Zeus es la personificación de la justicia, Palas Atenea de la inteligencia, Afrodita del amor y así sucesivamente.) Estos dioses, por tanto, son hombres amplificados e idealizados y, en consecuencia, sólo difieren de nosotros en cantidad y no en cualidad. Debido a ello los especialistas consideran que la religión pública de los griegos constituye una forma de naturalismo. Consiguientemente, lo que ésta le exige al hombre no es —y no puede ser— un radical cambio interior, un elevarse por encima de sí mismo, sino, por lo contrario, seguir a su propia naturaleza. Todo lo que se pide al hombre es que haga en honor de los dioses aquello que es conforme a la propia naturaleza. La primera filosofía griega fue tan naturalista como la religión pública griega, y la referencia a la naturaleza se convirtió en una constante del pensamiento griego a lo largo de todo su desarrollo histórico.

Sin embargo, la religión pública no fue sentida por todos los griegos como plenamente satisfactoria y esto hizo que se desarrollaran en círculos restringidos los misterios, que poseían creencias específicas (aunque encuadradas en el politeísmo general) y prácticas que les eran propias. Los misterios que influyeron sobre la filosofía griega fueron los misterios órficos, sobre los cuales hablaremos brevemente. El orfismo y los órficos hacen derivar su denominación del poeta Orfeo, su presunto fundador, cuyos rasgos históricos se hallan completamente ocultos por la niebla del mito. El orfismo posee una importancia particular porque, como han reconocido los estudiosos modernos, introduce en la civilización griega un nuevo esquema de creencias y una nueva interpretación de la existencia humana. Mientras que la concepción griega tradicional, a partir de Homero, afirmaba que el hombre era un ser mortal y consideraba que la muerte significaba el final definitivo de su existencia, el orfismo proclama la inmortalidad del alma y concibe al hombre según el esquema dualista que contrapone cuerpo y alma.

El núcleo de las creencias órficas puede resumirse del modo siguiente:

a) En el hombre se alberga un principio divino, un demonio (alma), que cae en un cuerpo debido a una culpa originaria.

b) Este demonio no sólo preexiste al cuerpo, sino que no muere junto con el cuerpo y está destinado a reencarnarse en cuerpos sucesivos, a través de una serie de renacimientos, para expiar aquella culpa originaria.

c) La vida órfica, con sus ritos y sus prácticas, es la única que está en condiciones de poner fin al ciclo de las reencarnaciones, liberando así el alma de su cuerpo.

d) Para quien se haya purificado (para los iniciados en los misterios órficos) hay un premio en el más allá (para los no iniciados, existen castigos).

En algunas inscripciones órficas halladas en los sepulcros de seguidores de esta secta pueden leerse, entre otras cosas, estas palabras que resumen el núcleo central de su doctrina: «Alégrate, tú que has soportado la pasión: esto, antes, no lo habías padecido aún. De hombre has nacido Dios»; «feliz y dichosísimo, serás Dios y no mortal»; «de hombre nacerás Dios, porque procedes de lo divino». Esto significa que el destino último del hombre consiste en «volver a estar cerca de los dioses».

La idea de los premios y de los castigos de ultratumba surgió, como es evidente, para eliminar lo obsurdo que a menudo se constata sobre la tierra y que hace que los virtuosos sufran y los viciosos gocen. Como señala E. Dodds, quizás surge la idea de la reencarnación (metempsicosis) —el traslado del alma de cuerpo en cuerpo— como una explicación de por qué sufren aquellos que parecen inocentes. En realidad, si cada alma tiene una vida previa y si existe una culpa original, nadie es inocente y todos expían culpas de diversa gravedad, cometidas durante las vidas anteriores, ademas de la culpa originaria: «Y toda esta suma de padecimientos, en este mundo y en el otro, sólo es una parte de la larga educación del alma, que hallará su final definitivo en la liberación del ciclo de nacimientos y en el retorno del alma a sus orígenes. Sólo de este modo, y en relación con el tiempo cósmico, puede realizarse del todo —para cada alma— la justicia entendida en sentido arcaico, es decir, de acuerdo con la ley «quien haya pecado, lo pagará» (E. Dodds).

Gracias a este nuevo esquema de creencias, el hombre veía por primera vez que en sí mismo se contraponían dos principios, que se hallaban en contraste y en lucha entre sí: el alma (demonio) y el cuerpo (como tumba o lugar de expiación del alma). Se resquebraja, por lo tanto, la visión naturalista; el hombre comprende que hay que reprimir algunas tendencias ligadas al cuerpo y se convierte en objetivo vital purificar de lo corpóreo el elemento divino.

No obstante, hay que tener en cuenta lo siguiente. Sin el orfismo es imposible explicar a Pitágoras, a Heraclito o a Empédocles. Y, sobre todo, no se explicaría una parte esencial del pensamiento de Platón y, luego, de toda la tradición que se deriva de Platón, lo cual significa que no se explicaría una parte notable de la filosofía antigua, como tendremos ocasión de ver más adelante con mayor detenimiento.

Es necesario formular una última advertencia. Los griegos no tuvieron libros sagrados, considerados como resultado de una revelación divina. Por consiguiente, no poseyeron una dogmática fija e inmodificable. Los poetas, como hemos visto, actuaron en calidad de vehículo difusor de sus creencias religiosas. Además —y esto constituye una consecuencia adicional de la ausencia de libros sagrados y de una dogmática fija— en Grecia no pudo ni siquiera subsistir una casta sacerdotal que custodiase el dogma (los sacerdotes griegos tuvieron una escasa relevancia y un poder reducidísimo, porque, además de no poseer la prerrogativa de conservar dogmas, tampoco se les atribuyó la exclusividad en las ofrendas religiosas y en la realización de sacrificios).

La carencia de dogmas y de personas encargadas de custodiarlos otorgó una amplia libertad al pensamiento filosófico, que no halló obstáculos como los que habría encontrado en comunidades orientales, donde la existencia de dogmas y de custodios de los dogmas habría provocado restricciones difícilmente superables. Por tal motivo, los estudiosos subrayan con toda justicia esta circunstancia favorable al nacimiento de la filosofía que se dio entre los griegos y que no tiene ningún paralelo en la antigüedad.

2.3. *Las condiciones socio-político-económicas que favorecieron el surgimiento de la filosofía*

Ya desde el pasado siglo, y sobre todo en el siglo actual, los historiadores también han puesto de relieve con justicia el hecho de la libertad política de la que se beneficiaron los griegos, en comparación con los pueblos orientales. El hombre oriental se veía obligado a una obediencia ciega al poder religioso y político. Ya hemos mencionado la gran libertad que poseían los griegos en lo que respecta a la religión. Por lo que se refiere a la situación política, la cuestión es más compleja; sin embargo, cabe afirmar que también en este ámbito los griegos gozaban de una situación privilegiada, ya que por primera vez en la historia lograron crear instituciones políticas libres.

Durante los siglos VII y VI a.C. Grecia sufrió una transformación considerable, desde el punto de vista socioeconómico. Antes era un país primordialmente agrícola, pero a partir de entonces comenzó a desarrollarse cada vez más la industria artesana y el comercio. Se hizo necesario por lo tanto fundar centros de representación comercial, que surgieron primero en las colonias jónicas, sobre todo en Mileto, y más tarde en otras partes. Las ciudades se convirtieron en centros comerciales florecientes, lo cual provocó un notable aumento de la población. La nueva clase de comerciantes y de artesanos logró paulatinamente una considerable fuerza económica y se opuso a la concentración del poder político que se hallaba en manos de la nobleza terrateniente. En las luchas que emprendieron los griegos para transformar las viejas formas aristocráticas de gobierno en las nuevas formas republicanas, señala E. Zeller, «había que reavivar y aplicar todas las fuerzas; la vida pública abría el camino a la ciencia y el sentimiento de la joven libertad debía otorgar al carácter del pueblo griego un impulso del que la actividad científica no podía verse exenta. Sí, junto con la transformación de las condiciones políticas y en una activa emulación, se establecieron las bases de florecimiento artístico y científico de Grecia, no puede negarse la vinculación existente entre ambos fenómenos; cabalmente, en los griegos —por completo y de la manera más característica— la cultura es aquello que siempre será en la vida saludable de un pueblo, es decir, será al mismo tiempo fruto y condición de la libertad».

Empero hay que señalar un hecho muy importante, que confirma a la perfección lo que acabamos de decir: la filosofía nació en las colonias antes que en la metrópoli y, más exactamente, primero en las colonias de Oriente, en el Asia Menor (en Mileto), e inmediatamente después en las colonias de Occidente, en Italia meridional. A continuación, se trasladó a la metrópoli. Esto sucedió así porque las colonias, gracias a su laboriosidad y a su actividad comercial, alcanzaron primero un bienestar y, debido a la lejanía de la metrópoli, pudieron establecer instituciones libres antes que ésta. Las más favorables condiciones socio-político-económicas de las colonias, junto con los factores señalados en los parágrafos precedentes, fueron los que permitieron que la filosofía surgiese y floreciese en ellas. Luego, una vez que hubo pasado a la metrópoli, alcanzó sus cimas más altas en Atenas, esto es, en la ciudad en que floreció la mayor libertad de que hayan disfrutado los griegos. Por lo tanto la capital de la filosofía griega fue la capital de la libertad griega.

Queda por mencionar un último elemento. Al constituirse y consolidarse la *polis*, es decir, la ciudad-estado, el griego no consideró que este fenómeno comportase una antítesis o una traba a su propia libertad; por lo contrario se vio llevado a tomarse esencialmente a sí mismo como ciudadano. Para los griegos el hombre llegó a coincidir con el ciudadano mismo. Así, el Estado se convirtió en el horizonte ético del hombre griego y siguió siéndolo hasta la época helenística. Los ciudadanos sintieron los fines del Estado como sus propios fines, el bien del Estado como su propio bien, la grandeza del Estado como la propia grandeza y la libertad del Estado como la propia libertad.

Si no se tiene presente esto, no se puede entender gran parte de la filosofía griega, en particular la ética y toda la política en la época clásica, y más tarde la compleja evolución de la época helenística.

Después de estas indicaciones preliminares, estamos en condiciones de hacer frente a la definición de concepto griego de filosofía.

3. El concepto y la finalidad de la filosofía antigua

3.1. *Los rasgos esenciales de la filosofía antigua*

La tradición afirma que fue Pitágoras el creador del término «filo-sofía», lo cual resulta verosímil, si bien no es algo comprobado desde el punto de vista histórico. Sin duda el término fue acuñado por un espíritu religioso, que presuponía que sólo a los dioses les era posible una *sofía* (una sabiduría), es decir, una posesión cierta y total de la verdad, mientras que consideraba que al hombre sólo le era posible una tendencia a la *sofía*, una continuada aproximación a la verdad, un amor al saber jamás del todo satisfecho, de donde surge precisamente el nombre de «filo-sofía», «amor a la sabiduría».

¿Qué entendieron los griegos, en esencia, al hablar de esta amada sabiduría?

Desde el momento en que nació, la filosofía asumió de un modo terminante las tres características siguientes, que hacen referencia a *a)* su contenido, *b)* su método, y *c)* su objetivo.

a) En lo que concierne al contenido, la filosofía se propone explicar la totalidad de las cosas, es decir toda la realidad, sin exclusión de partes o de momentos. Por lo tanto, la filosofía se distingue de las ciencias particulares, que precisamente se llaman así porque se limitan a explicar partes o sectores de la realidad, grupos de cosas o de fenómenos. La pregunta de aquel que fue y que es considerado como el primero de los filósofos, «¿cuál es el principio de todas las cosas?» ya nos muestra la plena adquisición de este aspecto. En consecuencia la filosofía se propone como objeto la realidad y el ser en su conjunto. Y veremos que a la realidad y al ser en su conjunto se llega mediante el descubrimiento del primer principio, esto es, el primer porqué de las cosas.

b) En lo que concierne al método, la filosofía aspira a ser una explicación puramente racional de aquella totalidad que se plantea como objeto. En filosofía resulta válido el argumento de razón, la motivación lógica, el *logos*. A la filosofía no le basta con constatar o comprobar datos de hecho, reunir experiencias: la filosofía debe ir más allá del hecho, más allá de las experiencias, para hallar la causa o las causas, precisamente a través de la razón.

Éste es el carácter que confiere cientificidad a la filosofía. Se dirá que este rango también es común a las demás ciencias, que en cuanto tales nunca son una mera comprobación empírica, sino en todos los casos una búsqueda de causas y de razones. La diferencia reside en el hecho de que, mientras que las ciencias particulares son investigaciones racionales de realidades particulares o de sectores particulares, la filosofía, como ya se ha dicho, es investigación racional de toda la realidad (del principio o de los principios de toda la realidad). Con esto queda aclarada la diferencia entre filosofía, arte y religión. También el arte y las grandes religiones aspiran a captar el sentido de la totalidad de lo real, pero aquél lo hace mediante el mito y la fantasía, y éstas, a través de la creencia y de la fe (como hemos dicho anteriormente). En cambio la filosofía busca la explicación de la totalidad de lo real precisamente con el logos.

c) El objetivo o la finalidad de la filosofía, por último, reside en el puro deseo de conocer y de contemplar la verdad. En definitiva la filosofía griega constituye un amor desinteresado a la verdad. Según Aristóteles, los hombres al filosofar «buscaban el conocer con la finalidad de saber y no para conseguir una utilidad práctica». De hecho la filosofía nace únicamente después que los hombres han solucionado los problemas fundamentales de la subsistencia y se han liberado de las necesidades materiales más urgentes. «Es evidente, pues —concluye Aristóteles—, que no buscamos la filosofía por algún provecho que le sea ajeno a ésta y más bien es evidente que, al igual que llamamos hombre libre a aquel que es un fin en sí mismo y que no está sojuzgado por otros, asimismo sólo ésta, entre todas las demás ciencias, recibe el nombre de libre: sólo ella es fin en sí misma.» Es fin en sí misma porque tiene como punto de mira la verdad buscada, contemplada y disfrutada como tal. Se entiende, por lo tanto, la afirmación de Aristóteles: «Todas las demás ciencias serán más necesarias que ésta, pero ninguna será superior.» Tal afirmación fue compartida por toda la filosofía griega.

Se impone, empero, una reflexión. La contemplación que es peculiar de la filosofía griega no equivale a un *otium* vacío. Es verdad que no se halla sometida a fines utilitarios, pero posee una relevancia moral —e incluso política— de primer orden. Resulta evidente que al contemplar el todo cambian necesariamente todas las perspectivas acostumbradas, se transforma la visión del significado de la vida humana y aparece una nueva jerarquía de valores. La verdad contemplada revela una enorme energía moral y, como veremos, precisamente sobre la base de esta energía moral, Platón construirá su Estado ideal. Más adelante estaremos en condiciones de desarrollar y aclarar estos conceptos.

Mientras tanto se hace manifiesta la absoluta originalidad de esta creación griega. También los pueblos orientales poseyeron una sabiduría que trataba de interpretar el sentido de todas las cosas (el sentido del todo) y que carecía de finalidades pragmáticas. No obstante, dicha sabiduría estaba caracterizada por representaciones fantásticas y míticas, lo cual la asimilaba a la esfera del arte, de la poesía o de la religión. En conclusión, el gran descubrimiento de la filo-sofía griega reside en haber intentado esta aproximación al todo apelando únicamente a la razón (al *logos*) y al método racional. Tal descubrimiento ha condicionado estructuralmente, y de modo irreversible, a todo el Occidente.

3.2. *La filosofía como necesidad primaria de la mente humana*

Sin embargo, cabe preguntar: ¿por qué ha sentido el hombre la necesidad de filosofar? Los antiguos respondían que dicha necesidad pertenece, de manera estructural, a la naturaleza misma del hombre: «Todos los hombres —escribe Aristóteles— por naturaleza aspiran al saber.» Más aún: «El ejercitar la sabiduría y el conocer son deseables en sí mismos para los hombres: no es posible vivir como hombres sin tales cosas.» Y los hombres tienden al saber porque se sienten llenos de asombro o de admiración, afirman Platón y Aristóteles: «Los hombres han comenzado a filosofar, tanto ahora como en los orígenes, debido a la admiración: al principio quedaban admirados ante las dificultades más sencillas, pero después, avanzando poco a poco, llegaron a plantear problemas cada vez mayores, como los problemas referentes a los fenómenos de la luna, del sol y de los astros, y luego, los problemas referentes al origen de todo el universo.»

En consecuencia la raíz de la filosofía consiste en esta admiración, que surge en el hombre que se enfrenta con el Todo y se pregunta cuál es el origen y el fundamento de éste, y qué lugar ocupa él mismo en este universo. Así, la filosofía es algo inevitable e irrenunciable, precisamente porque es inevitable la admiración ante el ser, al igual que es irrenunciable la necesidad de satisfacerla.

¿Por qué existe este todo? ¿De dónde ha surgido? ¿Cuál es su razón de ser? Se trata de problemas que equivalen al siguiente interrogante: ¿por qué existe el ser y no la nada? Un caso particular de este problema general es la pregunta: ¿por qué existe el hombre? ¿Por qué existo yo?

Como es evidente, se trata de problemas que el hombre no puede dejar de plantearse, problemas que, en la medida en que sean rechazados, desacreditan a quien los rechaza. Y son problemas que conservan su propio sentido específico, aun después del triunfo de las ciencias particulares modernas, porque ninguna de éstas ha sido creada para resolverlos. Las ciencias sólo responden a preguntas sobre una parte pero no a preguntas sobre el sentido del todo.

Por estas razones podremos repetir junto con Aristóteles que, no sólo en los orígenes, sino ahora y siempre, tiene sentido la vieja pregunta acerca del todo y tendrá sentido mientras el hombre experimente admiración ante el ser de las cosas y ante su propio ser.

3.3. *Los problemas fundamentales de la filosofía antigua*

En un principio la totalidad de lo real fue vista como *physis* (naturaleza) y como cosmos, lo cual hizo que el problema filosófico por excelencia fuese el cosmológico. Los primeros filósofos, que recibieron precisamente el nombre de físicos, naturalistas o cosmólogos, se plantearon los siguientes problemas: ¿cómo surge el cosmos? ¿Cuáles son las fases y los momentos de su génesis? ¿Cuáles son las fuerzas originarias que intervienen?

Sin embargo, con los sofistas se modifica la situación. Entra en crisis la problemática del cosmos y la atención se centra en el hombre y en su virtud específica. Nacerá así la problemática moral.

Gracias a las grandes construcciones sistemáticas del siglo IV a.C. la temática filosófica se enriquecerá aún más, diferenciándose determinados ámbitos de problemas (vinculados con la problemática del todo) que más tarde, a lo largo de toda la historia de la filosofía, continuarán siendo puntos de referencia paradigmáticos.

Platón descubrirá y tratará de demostrar que la realidad o el ser no son de un único género y que además del cosmos sensible existe también una realidad inteligible y que trasciende a lo sensible. Por lo tanto, descubrirá lo que más tarde se denominará «metafísica» (el estudio de aquellas realidades que trascienden a las realidades físicas).

Este descubrimiento llevará a Aristóteles a distinguir entre una física propiamente dicha, como doctrina de la realidad física, y una metafísica, como doctrina de la realidad suprafísica, y así la física llegará a significar, de un modo estable, ciencia de la realidad natural y sensible.

También los problemas morales adquirirán un carácter específico, distinguiéndose entre los dos momentos de la vida: la del individuo y la del hombre en colectividad. Nace así la distinción entre los problemas éticos en sentido estricto y los problemas más estrictamente políticos (problemas que para los griegos seguirán estando vinculados entre sí de un modo mucho más estrecho que para nosotros, los hombres modernos).

Con Platón y con Aristóteles se plantearán de un modo estable los problemas (que ya habían sido discutidos por los filósofos precedentes) de la génesis y de la naturaleza del conocimiento, y los problemas lógicos y metodológicos. En realidad dichos problemas constituyen una aplicación de aquel segundo rasgo que habíamos considerado como propio de la filosofía, el método de la investigación racional. ¿Cuál es el camino que debe seguir el hombre para llegar a la verdad? ¿Cuál es la aportación veritativa de los sentidos y cuál la de la razón? ¿Cuál es la característica de lo verdadero y de lo falso? ¿Cuáles son las formas lógicas mediante las cuales el hombre piensa, juzga y razona? ¿Cuáles son las reglas del pensar correctamente? ¿Cuáles son las condiciones para que un tipo de razonamiento pueda calificarse de científico?

En conexión con el problema lógico-gnoseológico nace también el problema de la determinación de la naturaleza del arte y de lo bello, en la expresión y en el lenguaje artístico y, por lo tanto, aparecen lo que hoy llamamos problemas estéticos. Relacionados con éstos, surgen los problemas de la determinación de la naturaleza de la retórica y del discurso retórico, es decir del discurso que se propone convencer, utilizando la capacidad de persuadir, que tanta importancia manifestó en la antigüedad.

La filosofía protoaristotélica tratará estos problemas como algo definitivamente adquirido, dividiéndolos en tres grupos: 1) problemas físicos (ontológico-teológico-físico-cosmológicos), 2) lógicos (y gnoseológicos) y 3) morales.

La última filosofía griega, que se desarrolla ya durante la era cristiana, acabará por responder a instancias místico-religiosas, en consonancia con la mentalidad de la nueva época.

3.4. *Las etapas y los períodos de la historia de la filosofía antigua*

La filosofía antigua griega y grecorromana posee una historia más que milenaria. Se inicia en el siglo VI a.C. y llega hasta el 529 d.C., año en que el emperador Justiniano clausuró las escuelas paganas y ordenó la dispersión de sus seguidores.

A lo largo de este lapso pueden distinguirse los siguientes períodos:

1) El período naturalista, caracterizado —como ya se ha dicho— por el problema de la *physis* y del cosmos, y que entre los siglos VI y V vio sucederse a los jónicos, los pitagóricos, los eleáticos, los pluralistas y los físicos eclécticos.

2) El período llamado humanista, que en parte coincide con la última etapa de la filosofía naturalista y con su disolución, y que tiene como protagonistas a los sofistas y sobre todo a Sócrates, quien por primera vez intenta definir la esencia del hombre.

3) El momento de las grandes síntesis de Platón y de Aristóteles, que coincide con el siglo IV a.C., caracterizado en especial por el descubrimiento de lo suprasensible y por la explicitación y formulación orgánica de diversos problemas filosóficos.

4) A continuación viene el período de las escuelas helenísticas, que abarca desde la gran conquista de Alejandro Magno hasta el final de la era pagana y que, además del florecimiento del cinismo, contempla la aparición de los grandes movimientos de epicureísmo, el estoicismo, el escepticismo y la posterior difusión del eclecticismo.

5) El período religioso del pensamiento antiguo pagano, como ya se ha señalado, se desarrolla casi por completo durante la época cristiana y se caracteriza sobre todo por un grandioso renacimiento del platonismo, que culminará con el movimiento neoplatónico. El nuevo florecimiento de las demás escuelas estará condicionado de diversas formas por el mismo platonismo.

6) Durante este período nace y se desarrolla el pensamiento cristiano, que se propone formular racionalmente el dogma de la nueva religión y definirlo a la luz de la razón con categorías procedentes de los filósofos griegos.

Filón de Alejandría llevará a cabo un primer intento de síntesis entre el Antiguo Testamento y el pensamiento griego, pero no tendrá continuadores. La victoria de los cristianos implicará básicamente una reflexión sobre el mensaje evangélico, a la luz de las categorías de la razón. Sin embargo, esta coyuntura del pensamiento griego no constituye una coronación del pensamiento griego, sino que indica más bien la entrada en crisis y la superación de la forma de pensar de los griegos, preparando así la civilización medieval y las bases de lo que será el pensamiento cristiano europeo. En consecuencia, este momento del pensamiento, aunque se tengan muy en cuenta los vínculos que posee con la última fase del pensamiento pagano que se desarrolla de modo simultáneo, debe estudiarse en sí mismo, en cuanto pensamiento antiguo cristiano, y hay que considerarlo atentamente, en los nuevos ámbitos que ocupa, como premisa y fundamento del pensamiento y la filosofía medievales.

PARTE SEGUNDA

LA APARICIÓN DEL PENSAMIENTO FILOSÓFICO

LOS NATURALISTAS PRESOCRÁTICOS

«Las cosas visibles son un vislumbre de lo invisible.»

Demócrito y Anaxágoras

Busto presumible de Pitágoras (segunda mitad del s. VI y comienzos del s. V a.C.). Fundó la matemática griega y fue el creador de la vida contemplativa, que debido a él se denominó también «vida pitagórica»

CAPÍTULO II

LOS NATURALISTAS O FILÓSOFOS DE LA «PHYSIS»

1. LOS PRIMEROS JÓNICOS Y EL PROBLEMA DEL PRINCIPIO DE TODAS LAS COSAS

1.1. *Tales de Mileto*

El pensador que según la tradición da comienzo a la filosofía griega es Tales, que vivió en Mileto de Jonia, probablemente durante las últimas décadas del siglo VII y la primera mitad del VI a.C. Además de filósofo fue científico y prudente político. No se sabe que haya escrito ningún libro. Conocemos su pensamiento únicamente a través de la tradición oral indirecta.

Tales fue el iniciador de la filosofía de la *physis*, al afirmar por vez primera que existe un único principio originario, causa de todas las cosas que son, y sostuvo que dicho principio es el agua. Tal proposición es importantísima, como veremos de inmediato, y con todo derecho podría calificarse como «la primera proposición filosófica de la que acostumbra a llamarse civilización occidental» (A. Maddalena). La exacta comprensión de esta proposición permitirá entender la gran revolución efectuada por Tales, que llevó a la creación de la filosofía.

«Principio» *(arkhe)* no es un término utilizado por Tales (quizás lo introdujo su discípulo Anaximandro, pero algunos piensan que tiene su origen aún más tardío), si bien es el que sin duda expresa mejor que ningún otro el concepto de aquel *quid* del cual proceden todas las cosas. El principio, indica Aristóteles en su exposición acerca del pensamiento de Tales y de los primeros físicos, es «aquello de lo cual proceden originariamente y en lo cual acaban por resolverse todos los seres», es «una realidad que permanece idéntica durante la transmutación de sus afecciones», es decir una realidad «que continúa existiendo inmutada, a través del proceso generador de todas las cosas».

Por tanto el principio es: *a)* la fuente y el origen de todas las cosas, *b)* la desembocadura o el término último de todas las cosas y *c)* el respaldo permanente que rige todas las cosas (la substancia, diremos más adelante, apelando a una denominación posterior). En pocas palabras el principio puede definirse como aquello de lo cual provienen, aquello en lo que acaban y aquello por lo cual son y subsisten todas las cosas.

Estos primeros filósofos —si no el propio Tales— denominaron este principio con el término *physis*, que significa «naturaleza», no en el sentido moderno de término, sino en el sentido originario de realidad primera y fundamental, es decir «aquello que resulta primario, fundamental y persistente, en oposición a lo que es secundario, derivado y transitorio» (J. Burnet).

Por tanto, han sido llamados «físicos» o «naturalistas» aquellos filósofos que, a partir de Tales y hasta el siglo v a.C., indagaron acerca de la *physis*. En consecuencia sólo es posible comprender el horizonte mental de estos primeros filósofos si recobramos la acepción arcaica del término y captamos adecuadamente la peculiaridad que la distingue de la acepción moderna.

Hay que aclarar ahora el sentido de la identificación del principio con el agua y sus consiguientes implicaciones.

La tradición indirecta afirma que Tales dedujo tal convicción «de la constatación de que el sustento de todas las cosas es húmedo», las simientes y los gérmenes de todas las cosas «poseen una naturaleza húmeda» y por consiguiente la desecación total provoca la muerte. Puesto que la vida está ligada a la humedad y la humedad presupone el agua, ésta será el manantial último de la vida y de todas las cosas. Todo proviene del agua, todo sustenta la propia vida mediante el agua y todo finaliza, a su vez, en el agua.

Ya en la antigüedad hubo quienes trataron de reducir el alcance de estas afirmaciones de Tales, considerando como antecedentes suyos las afirmaciones de quienes —por ejemplo Homero y otros— consideraron al Océano y a Tetis como padre y madre respectivamente de las cosas. Asimismo algunos recordaron la creencia según la cual los dioses juraban sobre la Estigia (laguna de los infiernos y, por lo tanto, agua), señalando que aquello sobre lo cual se jura constituye precisamente lo primero y lo supremo (el principio). Sin embargo es muy clara la diferencia entre la postura de Tales y estas otras que acabamos de mencionar. Tales basa sus afirmaciones en el puro razonamiento, en el *logos*, y los otros en cambio se basaban en la imaginación y en el mito. Aquél presenta una forma de conocimiento que procede de argumentaciones racionales, mientras que éstos sólo aducen creencias fantástico-poéticas. Por lo demás, el nivel de racionalidad al que ya se había elevado Tales, tanto en general como en particular, lo demuestra el hecho de haber investigado los fenómenos celestes hasta el punto de predecir (ante el estupor de sus conciudadanos) un eclipse, quizás el del 585 a.C. También se halla ligado con su nombre un teorema célebre de la geometría.

No se debe creer, empero, que el agua de Tales consiste en el elemento físico-químico que bebemos. El agua de Tales hay que considerarla de una manera totalizante, como aquella *physis* líquida originaria, de la que todo se deriva y de la que el agua que bebemos no es más que una de sus múltiples manifestaciones. Tales es un naturalista en el sentido antiguo del término y no un materialista en el sentido moderno y contemporáneo. En la práctica su agua llegaba a coincidir con lo divino. «Dios», decía, «es la cosa más antigua, porque no es generado», es decir, porque es principio. Se introduce así una nueva concepción de Dios: se trata de una concepción en la que predomina la razón y que se halla destinada como tal a eliminar muy pronto todos los dioses del politeísmo fantástico-poético de los griegos.

Y cuando Tales afirmaba además que «todo está lleno de dioses», quería decir que todo está penetrado por el principio originario. Puesto que el principio originario es vida, todo está vivo y todo tiene un alma (panpsiquismo). Adujo el ejemplo del imán que atrae el hierro como prueba de la universal animación de las cosas (la fuerza del imán es una manifestación de su alma, de su vida).

Con Tales el *logos* humano se introduce con seguridad en la senda de la conquista de la realidad en su integridad (el problema del principio de todas las cosas) y en algunas de sus partes (aquellas que constituyen el objeto de las ciencias particulares, que es la denominación que hoy les damos).

1.2. *Anaximandro de Mileto*

Anaximandro, nacido hacia el final del siglo VII a.C. y muerto a principios de la segunda mitad del siglo VI, fue probablemente discípulo de Tales. Compuso un tratado *Sobre la naturaleza*, del cual nos ha llegado un fragmento. Constituye el primer tratado filosófico de Occidente y el primer escrito en prosa de los griegos. Se había vuelto necesaria una nueva forma de composición literaria ya que el *logos* debía quedar libre de las cadenas de la métrica y del verso, para responder con plenitud a sus propias exigencias. Anaximandro intervino más activamente aún que Tales en la vida política. Se nos narra, además, que «comandó la colonia que emigró desde Mileto a Apolonia».

Con Anaximandro se profundiza en la problemática del principio. Considera que el agua ya es algo derivado y que el principio (*arkhe*) consiste en cambio en lo infinito, es decir en una naturaleza *(physis)* in-finita e in-definida, de la cual provienen absolutamente todas las cosas que son.

El término utilizado por Anaximandro es *a-peiron*, que significa aquello que carece de límites tanto externos (lo que es espacialmente y, por tanto, cuantitativamente infinito) como internos (lo que es cualitativamente indeterminado). Precisamente porque no está limitado cuantitativa y cualitativamente, el principio-*apeiron* puede dar origen a todas las cosas, de-limitándose en diversas formas. Este principio abraza y circunda, gobierna y rige todo, porque en tanto que de-limitación y de-terminación suya, todas las cosas se generan de él, con-sisten y son en él.

Esto infinito «aparece como lo divino, porque es inmortal e indestructible». Anaximandro no sólo atribuye aquí a su principio las prerrogativas que Homero y la tradición antigua atribuían a los dioses, esto es, la inmortalidad y el regir y gobernarlo todo, sino que va más allá, especificando que la inmortalidad del principio debe ser tal que no admita un fin, pero tampoco un inicio. Las antiguas deidades no morían, pero nacían. En cambio lo divino de Anaximandro no nace, al igual que no muere. De este modo, como se ha señalado a propósito de Tales, queda socavada la base en que se apoyaban las teo-gonías, es decir, las genealogías de los dioses en el sentido utilizado por la mitología tradicional griega.

Así se comprende aún mejor lo que antes hemos afirmado. Estos primeros filósofos presocráticos son naturalistas en el sentido de que no contemplan lo divino (el principio) como algo distinto del mundo, sino como la esencia del mundo. Sin embargo no tienen ninguna relación con concepciones de tipo materialista ateo.

En Anaximandro, pues, Dios se convierte en el principio, mientras que los dioses se convierten en los mundos, los universos que —como veremos— son muy numerosos; éstos, en cambio, nacen y perecen de forma cíclica.

Tales no se había planteado la pregunta acerca de cómo y por qué todas las cosas proceden del principio. Anaximandro sí se la plantea y el fragmento de su tratado que ha llegado hasta nosotros contiene la respuesta a este problema: «Allí donde las cosas encuentran su nacimiento, también se lleva a cabo su disolución, de acuerdo con la necesidad; recíprocamente se sufre la pena y se paga la culpa de la injusticia, según el orden del tiempo.»

Anaximandro probablemente pensaba que el mundo está constituido por una serie de contrarios, y que éstos tienden a atropellarse el uno al otro (calor y frío, sequedad y humedad, etc.). La injusticia consistiría precisamente en este atropello. El tiempo es visto como un juez, en cuanto asigna un límite a cada uno de los contrarios, acabando con el predominio de uno sobre otro, y vicecersa. Como es obvio, no sólo es injusticia la alternancia de los contrarios, sino también el ejercicio mismo de los contrarios, puesto que para cada uno de ellos nacer implica de inmediato contraponerse al otro contrario. Y dado que el mundo nace de la escisión de los contrarios, en esto reside la primera injusticia, que habrá que expiar mediante la muerte (el fin) del mundo mismo, que más tarde volverá a nacer de acuerdo con determinados ciclos temporales, indefinidamente.

Existe por lo tanto, tal como algún especialista ha señalado con precisión, una doble injusticia y por consiguiente una doble necesidad de expiación: *a)* por una parte, que el mundo haya nacido a través de la escisión en opuestos de la unidad del principio, y *b)* «por otra, el intento —que después de la escisión lleva a cabo cada uno de los opuestos— de usurpar, lleno de odio hacia el otro, la condición de único superviviente y dominador, que sería al mismo tiempo una usurpación del lugar y de los derechos de lo divino, inmortal e indestructible» (R. Mondolfo). Parece innegable que en esta concepción (como han señalado muchos autores) se han filtrado nociones religiosas de talante órfico. Ya hemos indicado que para el orfismo resulta central la idea de una culpa originaria y de la expiación de ésta y, por lo tanto, el concepto de una justicia equilibradora. Con relación a este punto el *logos* de Anaximandro toma en préstamo su idea central de las representaciones religiosas. Su discípulo Anaxímenes, como veremos, intentará ofrecer una respuesta puramente racional a este problema.

Al igual que el principio es infinito, también son infinitos los mundos, como ya se ha señalado, en el sentido de que este mundo nuestro es uno más en la serie de mundos que lo han precedido y que lo seguirán (dado que cada mundo nace, vive y muere), y en el sentido de que nuestro mundo coexiste al mismo tiempo con una serie infinita de otros mundos (y todos ellos nacen y mueren de forma análoga).

A continuación expondremos cómo explica Anaximandro la génesis del cosmos. Los dos primeros contrarios fundamentales —el calor y el frío— se generaron mediante un movimiento, que es eterno. El frío, elemento de origen líquido, habría sido en parte transformado en aire, por el fuego-calor que formaba la esfera circundante. La esfera del fuego se habría dividido en tres partes, dando origen a la esfera del sol, la de la luna y la de los astros. El elemento líquido se habría congregado en las cavidades de la tierra, constituyendo los mares.

La tierra, a la que se atribuye una forma cilíndrica, «permanece suspendida sin que nada la sostenga, pero se mantiene en su lugar debido a la igual distancia entre todas sus partes», es decir, por una especie de equilibrio de fuerzas. Del elemento líquido, y por la acción del sol, nacieron los primeros animales de estructura elemental, de los que fueron poco a poco desarrollándose los animales más complejos.

El lector superficial se equivocaría si juzgase estas opiniones como algo excesivamente pueril, ya que —como hace tiempo han puesto en claro los expertos— se trata de una visión notablemente anticipadora. Piénsese, por ejemplo, en la osadía de representar la tierra sin necesidad de un sostén material (en Tales la tierra flotaba, es decir, se apoyaba sobre el agua) y regida por un equilibrio de fuerzas. Téngase en cuenta, además, la modernidad de la idea de que la vida se haya originado mediante animales acuáticos y el consiguiente traslucirse (aunque de forma extremo primitiva) de la noción de evolución de las especies vivientes. Esto es suficiente para dar a entender cuánto había avanzado el *logos*, más allá del mito.

1.3. *Anaxímenes de Mileto*

También en Mileto vivió Anaxímenes, discípulo de Anaximandro, en el siglo VI a.C., de cuyo escrito *Sobre la naturaleza* —en sobria prosa jónica— nos han llegado tres fragmentos, además de testimonios indirectos.

Anaxímenes piensa que, en efecto, el principio debe ser infinito, pero que hay que pensarlo como aire infinito, substancia aérea ilimitada. Escribe: «Al igual que nuestra alma (es decir, el principio que da la vida), que es aire, nos sostiene y nos gobierna, así el soplo y el aire abrazan todo el cosmos.» Más aún: «El aire está cerca de lo incorpóreo (en el sentido de que no tiene forma ni límites como los cuerpos y es invisible), y puesto que nosotros nacemos gracias a su flujo, es preciso que sea infinito y rico, para que jamás desaparezca.» El motivo por el cual Anaxímenes concebía el aire como lo divino es algo evidente, basándonos en lo que hemos dicho antes a propósito de los dos milesios anteriores.

En cambio queda por aclarar la razón por la que Anaxímenes eligió como principio el aire. Obviamente experimentaba la necesidad de introducir una *physis* que permitiese deducir de ella todas las cosas de un modo más lógico y más racional que el empleado por Anaximandro. En efecto, por su naturaleza extremadamente móvil, el aire se presta muy bien (bastante más que lo infinito de Anaximandro) a ser concebido como en movimiento perenne. Además el aire se presta mejor que cualquier otro elemento a las variaciones y las transformaciones necesarias para dar origen a las diversas cosas. Al condensarse se enfría y se convierte en agua y luego en tierra, y al lentificarse, se calienta y se convierte en fuego. Un terminante testimonio antiguo nos relata: «Anaxímenes dice que el frío es la materia que se contrae y se condensa, mientras que el calor es la materia dilatada y lentificada (precisamente ésta es la expresión que utiliza). Por eso, no sin razón —según Anaxímenes— se dice que el hombre deja salir de su boca el calor y el frío: la respiración se enfría si los labios apretados la comprimen, pero en cambio si sale de la boca abierta se calienta por la dilatación.»

Por consiguiente la variación cuantitativa de tensión de la realidad originaria da origen a todas las cosas. En cierto sentido Anaxímenes representa la manifestación más rigurosa y más lógica del pensamiento de la Escuela de Mileto, porque con el proceso de condensación y enrarecimiento se introduce la causa dinámica de la que Tales aún no había hablado y que Anaximandro había determinado apelando exclusivamente a concepciones órficas. Anaxímenes suministra así una causa en perfecta armonía con el principio y, en consecuencia, en pleno acuerdo con el significado de la *physis*. Se entiende por lo tanto que los pensadores siguientes se refieran a Anaxímenes como a la expresión paradigmática y al modelo del pensamiento jónico. Cuando en el siglo V a.C. reviva este pensamiento —como veremos más adelante— será la *physis* del principio-aire de Anaxímenes la que inspire tal recuperación.

1.4. *Heraclito de Éfeso*

Heraclito vivió entre los siglos VI y V a.C., en Éfeso. Tenía un carácter huraño y un temperamento esquivo y desdeñoso. No quiso participar de ninguna forma en la vida pública: «Habiéndole rogado sus conciudadanos que promulgase leyes para la ciudad», escribe una fuente antigua, «se rehusó, porque aquélla ya había caído bajo el poder de la mala constitución.» Escribió un libro titulado *Sobre la naturaleza*, del cual nos han llegado numerosos fragmentos, constituido quizás por una serie de aforismos, y voluntariamente redactado de manera obscura, con un estilo que recuerda las sentencias de los oráculos, «para que se acercasen allí sólo aquellos que podían» y el vulgo permaneciese alejado. Hizo esto con el propósito de evitar el menosprecio y las burlas de aquellos que, al leer cosas aparentemente fáciles, creen entender lo que en realidad no entienden. Debido a esto fue llamado «Heraclito el obscuro».

Los milesios habían advertido el dinamismo universal de las cosas —que nacen, crecen y mueren— y del mundo, o más bien de los mundos que se hallan sometidos al mismo proceso. Además, habían considerado que el dinamismo era un rasgo esencial del principio que genera, rige y reabsorbe todas las cosas. Sin embargo, no habían elevado a nivel temático, de un modo adecuado, este aspecto de la realidad. Y esto fue lo que hizo Heraclito. «Todo se mueve», «todo fluye» (*panta rhei*), nada permanece inmóvil y fijo, todo cambia y se modifica sin excepción. Podemos leer en dos de sus fragmentos más famosos: «No podemos bañarnos dos veces en el mismo río y no se puede tocar dos veces una substancia mortal en el mismo estado, sino que a causa de la impetuosidad y la velocidad de la mutación, se dispersa y se recoge, viene y va»; «Bajamos y no bajamos al mismo río, nosotros mismos somos y no somos».

El sentido de estos fragmentos es claro: el río es aparentemente siempre el mismo, mientras que en realidad está constituido por aguas siempre nuevas y distintas que llegan y se escabullen. Por eso, no se puede bajar dos veces a la misma agua del río, porque cuando se baja por segunda vez es otra agua la que está llegando; y también, porque nosotros mismos cambiamos y en el momento en que hemos acabado de sumergirnos en el río nos hemos convertido en alguien distinto al que éramos en el momento de comenzar a sumergirnos. De modo que Heraclito puede afirmar con razón que entramos y no entramos en el mismo río. Y también puede decir que somos y no somos, porque, para ser lo que somos en un momento determinado, debemos no-ser-ya aquello que éramos en el instante precedente. Igualmente, para continuar siendo, debemos de modo constante no-ser-ya aquello que somos en cada momento. Según Heraclito, esto se aplica a toda la realidad, sin excepción alguna.

Indudablemente, éste es el aspecto más conocido de la doctrina de Heraclito, que algunos de sus discípulos llevaron a límites extremos, como en el caso de Cratilo, que reprochó a Heraclito el no haber sido lo bastante riguroso. De hecho, no sólo no podemos bañarnos dos veces en el mismo río, sino que no podemos bañarnos ni siquiera una vez, debido a la velocidad de la corriente (en el momento en que comenzamos a sumergirnos en el río aparece ya otra agua y nosotros mismos —antes de que se haya acabado la inmersión, por rápida que ésta haya sido— ya somos otros, en el sentido antes explicado).

Para Heraclito, sin embargo, esto no es más que una constatación básica, que sirve como punto de partida para posteriores inferencias aún más profundas y audaces. El devenir, al que todo se ve obligado, se caracteriza por un continuo pasar desde un contrario al otro: las cosas frías se calientan, las calientes se enfrían, las húmedas se secan, las secas se humedecen, el joven envejece, lo vivo muere, pero de lo que ha muerto renace otra vida joven, y así sucesivamente. Existe pues una guerra perpetua entre los contrarios que se van alternando. No obstante, puesto que las cosas sólo adquieren su propia realidad en el devenir, la guerra (entre los opuestos) es algo esencial: «La guerra es madre de todas las cosas y de todas las cosas es reina.» Se trata, empero, de una guerra —adviértase con cuidado—, que, al mismo tiempo, es paz, y de un contraste que es, simultáneamente, armonía. El perenne fluir de las cosas y el devenir universal se revelan como una armonía de contrarios, es decir, como una constante pacificación entre beligerantes, un conciliarse entre contendientes (y viceversa): «Aquello que es oposición se concilia y de las cosas diferentes nace la más bella armonía, y todo se engendra por medio de contrastes»; «Ellos (los ignorantes) no entienden que lo que es diferente concuerda consigo mismo; armonía de contrarios, como la armonía del arco y de la lira». Sólo si se enfrentan alternativamente los contrarios se otorgan de forma mutua un sentido específico: «La enfermedad convierte en dulce la salud, el hambre convierte en dulce la saciedad, y la fatiga convierte en dulce el descanso»; «ni siquiera se conocería el nombre de la justicia, si no existiese la ofensa».

Y en la armonía, coinciden los opuestos: «El camino que sube y el camino que baja son un único y mismo camino»; «en el círculo son comunes el fin y el principio»; «la misma cosa son el viviente y el muerto, el despierto y el durmiente, el joven y el viejo, porque estas cosas, al cambiarse, son aquéllas, y a su vez aquéllas, al cambiarse, son éstas». Así, «todo es uno» y «del uno procede todo».

Esta armonía y unidad de los opuestos es el principio y, por lo tanto, Dios y lo divino: «El Dios es día-noche, es invierno-verano, es guerra y paz, es saciedad y hambre.»

Hegel apreció a Heraclito hasta el punto de incluir todas sus proposiciones en la *Lógica*. Sin embargo, como es evidente, la armonía de los opuestos de Heraclito se halla aún muy lejos de la dialéctica hegeliana y radica en la filosofía de la *physis*. En consecuencia, la identidad y la diversidad —como han señalado con acierto los especialistas— «es la de la sustancia primordial, en todas sus manifestaciones» (J. Burnet). En efecto, tanto los fragmentos que se conservan en su obra como la tradición indirecta indican con claridad que Heraclito ha elegido el fuego como principio fundamental y ha considerado que todas las cosas son transformaciones del fuego: «Del fuego proceden todas las cosas, y el fuego, de todas, al igual que del oro las mercancías, y de las mercancías el oro»; «este orden, que es idéntico para todas las cosas, no lo creó ninguno de los dioses ni de los hombres, sino que siempre ha sido y es y será fuego eternamente vivo, que se enciende según medida y según medida se apaga». El motivo por el cual Heraclito adjudicó al fuego la naturaleza de todas las cosas es algo obvio: el fuego expresa de modo ejemplar las características de la mutación continua, del contraste y de la armonía. El fuego se halla en constante movimiento, es vida que vive de la muerte del combustible, es una continuada transformación de éste en cenizas, en humo y en vapores, es —como afirma Heraclito de su Dios— perenne «necesidad y saciedad».

Este fuego es como un «rayo que gobierna todas las cosas»; y lo que gobierna todas las cosas es inteligencia, es razón, es *logos*, ley racional. Así, al principio de Heraclito se vincula expresamente la idea de inteligencia, que en los milesios sólo quedaba implícita. Un fragmento particularmente significativo confirma la nueva posición de Heraclito: «El Uno, el único sabio, no quiere y quiere ser llamado Zeus.» No quiere ser llamado Zeus, si por Zeus se entiende al dios con forma humana característico de los griegos; quiere ser llamado Zeus, si por este nombre se entiende el Dios y el ser supremo.

En Heraclito emerge ya una serie de elementos concernientes a la verdad y al conocimiento. Es preciso estar en guardia con respecto a los sentidos, porque éstos se detienen en la simple apariencia de las cosas. Y también es necesario guardarse de las opiniones de los hombres, que están basadas sobre las apariencias. La Verdad consiste en captar más allá de los sentidos aquella inteligencia que gobierna todas las cosas. Heraclito se sintió una especie de profeta de dicha inteligencia, lo cual explica que sus sentencias se asemejen a oráculos y que sus palabras tengan un carácter hierático.

Hay que señalar una última idea. A pesar del planteamiento general de su pensamiento —que lo llevaba a interpretar el alma como un fuego y, por lo tanto, a interpretar el alma sabia como la más seca y a identificar la necedad con humedad— Heraclito escribió una sentencia acerca del alma que se cuenta entre las más bellas que han llegado hasta nosotros: «Jamás podrás hallar las fronteras del alma, por más que recorras sus sendas; tan profundo es su *logos*.» Aunque se sitúe en el ámbito de un horizonte físico, Heraclito —mediante la idea de la dimensión infinita del alma— abre aquí un resquicio en dirección a algo que se encuentra más allá, algo no físico. Se trata sólo de un resquicio, sin embargo, aunque realmente genial.

Heraclito parece haber adoptado algunas ideas de los órficos, afirmando de los hombres lo que sigue: «Inmortales mortales, mortales inmortales, viviendo la muerte de aquéllos, muriendo la vida de aquéllos.» Esto parece expresar con lenguaje heraclitiano la idea órfica de que la vida del cuerpo es una mortificación del alma y la muerte del cuerpo es vida para el alma. Al igual que los órficos, Heraclito creía en castigos y premios después de la muerte: «Después de la muerte aguardan a los hombres cosas que no esperan y que ni siquiera se imaginan.» Sin embargo, no podemos determinar en qué forma Heraclito ponía en relación estas creencias órficas con su filosofía de la *physis*.

2. Los pitagóricos y el número como principio

2.1. *Pitágoras y los «llamados pitagóricos»*

Pitágoras nació en Samos. El punto culminante de su vida hay que situarlo alrededor del 530 a.C. y su muerte, a principios del siglo v a.C. Diógenes Laercio, el más famoso entre los antiguos autores de biografías de filósofos, resume así las etapas de su vida: «Joven y ávido en ciencia, abandonó su patria y fue iniciado en todos los ritos mistéricos, tanto en los griegos como en los bárbaros. Luego fue a Egipto...; de allí pasó a conocer a los caldeos y a los magos. A continuación en Creta con Epiménides entró en la caverna de Ida, pero también en Egipto había entrado en los santuarios y había aprendido los arcanos de la teología egipcia. Desde allí regresó a Samos y, al hallar a su patria bajo la tiranía de Polícrates, se embarcó hacia Crotona de Italia. Allí otorgó leyes a los italiotas y logró una gran fama junto con sus seguidores, que en número de unos trescientos administraban de manera óptima la cosa pública, de modo que su gobierno fue casi una aristocracia.» Los viajes a Oriente quizás fueron invenciones posteriores. En cambio es cierto que Crotona fue la ciudad donde actuó primordialmente Pitágoras. Pero las doctrinas pitagóricas tuvieron gran difusión en muchas otras ciudades de la Italia meridional y de Sicilia: desde Síbaris hasta Reggio, desde Locri hasta Metaponto, desde Agrigento hasta Catania. Además de filosófico y religioso, como se ha visto, el influjo de los pitagóricos también fue notable en el ámbito político. El ideal político consistía en una forma de aristocracia basada en nuevos estamentos dedicados especialmente al comercio, que como hemos dicho antes, habían logrado en las colonias un nivel elevado, incluso antes que en la metrópoli. Se cuenta que los habitantes de Crotona, temiendo que Pitágoras quisiese convertirse en tirano de la ciudad, incendiaron el edificio en el cual estaba reunido junto con sus discípulos. Según algunas fuentes, Pitágoras habría muerto en tal circunstancia; según otras, en cambio, habría logrado huir y habría muerto en Metaponto. A Pitágoras se le atribuyen muchos escritos, pero los que han llegado hasta nosotros como supuesta obra suya son falsificaciones de una época posterior. Es muy posible que su enseñanza haya sido sólo o primordialmente oral.

Acerca del pensamiento originario de este filósofo, al igual que sobre los datos reales de su vida, poco podemos decir o casi nada en realidad. Las numerosas *Vidas de Pitágoras* escritas con posterioridad no son históricamente válidas, porque nuestro filósofo —al poco tiempo de su muerte y quizás ya durante los últimos años de su vida— a ojos de sus seguidores había perdido sus rasgos humanos; se le veneraba casi como un numen, y su palabra poseía el valor de un oráculo. Se hizo muy famosa la expresión con la que se aludía a su doctrina: «lo dijo él» *(autos epha, ipse dixit)*. El propio Aristóteles carecía de elementos que le permitiesen distinguir a Pitágoras de sus discípulos y hablaba de los «llamados pitagóricos», es decir de aquellos filósofos «que eran llamados» o «que se llamaban» pitagóricos, filósofos que buscaban juntos la verdad y que, por lo tanto, no se diferenciaban con rasgos individuales.

Sin embargo, este hecho, por extraño que pueda parecer, no es algo anómalo, si se tienen en cuenta algunas características peculiares de esta escuela. 1) La escuela había nacido como una especie de confraternidad o de orden religiosa y estaba organizada mediante reglas específicas de convivencia y de conducta. Su finalidad consistía en la realización de determinado tipo de vida y, con respecto a dicha meta, la ciencia y la doctrina actuaban como medio: un medio que era un bien común, que todos compartían y al cual todos procuraban incrementar. 2) Se consideraba que las doctrinas eran un secreto del cual sólo los adeptos podían entrar en conocimiento y cuya difusión se hallaba severamente prohibida. 3) Filolao, contemporáneo de Sócrates, fue el primer pitagórico que publicó obras por escrito. Una fuente antigua nos narra lo siguiente: «Causa asombro el rigor del secreto de los pitagóricos; a lo largo de muchos años nadie parece haberse encontrado con escritos de pitagóricos antes de la época de Filolao; éste, hallándose en una pobreza grande y amarga, divulgó tres libros célebres, de los cuales se afirma que fueron comprados por Dión de Siracusa, por encargo de Platón.» 4) Por consiguiente, entre el final del siglo VI a.C. y el final del V y principios del siglo IV a.C., el pitagorismo pudo enriquecer notablemente su propio patrimonio doctrinal, sin que poseamos elementos que nos permitan distinguir con precisión entre las doctrinas originarias y las aparecidas con posterioridad. 5) Sin embargo, puesto que las bases sobre las que trabajó fueron substancialmente homogéneas, es lícito considerar esta escuela en bloque, al igual que hicieron los antiguos, comenzando por Aristóteles.

2.2. *Los números como principio*

La búsqueda filosófica —al pasar desde las colonias jónicas de Oriente a las de Occidente, adonde habían emigrado las antiguas tribus jónicas y donde se había creado un clima cultural distinto— se perfecciona de modo apreciable. Con una perspectiva claramente modificada, los pitagóricos consideraron que el principio es el número (y sus elementos constituyentes), más bien que el agua, el aire o el fuego.

El testimonio más claro y más conocido que resume el pensamiento pitagórico es el siguiente texto de Aristóteles, que se ocupó mucho y con profundidad de estos filósofos: «Los pitagóricos fueron los primeros que se dedicaron a las matemáticas y que las hicieron avanzar, y nutridos por ellas, creyeron que los principios de éstas serían los principios de todas las cosas que son. Y puesto que en las matemáticas los números son por propia naturaleza los principios primeros, precisamente en los números ellos pensaban ver —más que en el fuego, en la tierra y en el agua— muchas semejanzas con las cosas que son y que se generan...; y además, porque veían que las notas y los acordes musicales consistían en números; y finalmente porque todas las demás cosas, en toda la realidad, les parecían estar hechas a imagen de los números y que los números fuesen lo primero en toda la realidad, pensaron que los elementos del número fuesen los elementos de todas las cosas y que todo el universo fuese armonía y numero.»

A primera vista esta teoría puede sorprender. En realidad el descubrimiento de que en todas las cosas existe una regularidad matemática, es decir numérica, debió producir una impresión tan extraordinaria como para conducir a aquel cambio de perspectiva que antes mencionábamos y que ha marcado una etapa fundamental en el desarrollo espiritual de Occidente. Al mismo tiempo, fue decisivo el descubrimiento de que los sonidos y la música —a la que los pitagóricos dedicaban una gran atención como medio de purificación y catarsis— puede traducirse en magnitudes numéricas, esto es, en números: la diversidad de sonidos que producen los martillos que golpean sobre el yunque depende de la diversidad de peso (que se determina mediante un número), la diversidad de los sonidos de las cuerdas de un instrumento musical depende de la diversidad de la longitud de las cuerdas (que asimismo se puede determinar mediante números). Además, los pitagóricos descubrieron las relaciones armónicas del diapasón, la quinta y la cuarta, así como las leyes numéricas que las gobiernan (1:2, 2:3, 3:4).

No menos importante debió ser el descubrimiento de la incidencia determinante del número en los fenómenos del universo: el año, las estaciones, los meses, los días, etc. están regulados por leyes numéricas. Asimismo son también leyes numéricas las que regulan el tiempo de la gestación en los animales, los ciclos del desarrollo biológico y los distintos fenómenos de la vida.

Es comprensible que, estimulados por la euforia de estos descubrimientos, los pitagóricos hayan llegado a descubrir también correspondencias inexistentes entre fenómenos de diversos géneros y el número. Por ejemplo, para algunos pitagóricos, la justicia —en la medida en que es una especie de reciprocidad o de igualdad— había de coincidir con el número 4 ó con el 9 (esto es, 2×2 ó 3×3, el cuadrado del primer número par o del primer número impar); a la inteligencia y a la ciencia, en la medida en que poseen el carácter de persistencia e inmovilidad, se las hacía coincidir con el 1, mientras que la opinión mudable, que oscila en direcciones opuestas, había de coincidir con el 2, y así sucesivamente.

Está muy claro, sin embargo, el proceso a través del cual los pitagóricos llegaron a plantear el número como principio de todas las cosas. No obstante, al hombre de hoy quizás le resulte bastante difícil comprender el sentido profundo de esta doctrina, si no recupera el sentido arcaico del número. Para nosotros el número es una abstracción mental y por lo tanto un ente de razón; en cambio, para la forma antigua de pensar (hasta Aristóteles), el número es una cosa real. No sólo eso: es la más real de las cosas, y precisamente en cuanto tal se la considera el principio constitutivo de las cosas. Por lo tanto el número no es un aspecto que nosotros abstraemos mentalmente de las cosas, sino la realidad, la *physis* de las cosas mismas.

2.3. *Los elementos de los cuales derivan los números*

Todas las cosas proceden de los números; sin embargo, los números no son el *primum* absoluto, sino que ellos mismos se derivan de elementos precedentes. En efecto, los números consisten en una cantidad (indeterminada) que poco a poco se de-termina o de-limita: 2, 3, 4, 5, 6... hasta el infinito. Por lo tanto, el número se halla constituido por dos elementos: uno indeterminado o ilimitado, y uno determinante o limitador. El número nace así «por el acuerdo de elementos limitadores y elementos ilimitados» y a su vez genera todas las demás cosas.

Sin embargo, precisamente en cuanto son engendrados por un elemento indeterminado y por otro determinante, los números manifiestan una cierta predominancia de uno o de otro de estos dos elementos: en los números pares predomina lo indeterminado (y así, para los pitagóricos los pares resultan números menos perfectos), mientras que en los impares predomina el elemento limitador (y por esto son más perfectos). Si representamos un número mediante puntos geométricamente dispuestos (piénsese en el hábito arcaico de utilizar piedrecillas para indicar cifras y para efectuar operaciones, hábito del cual se deriva la expresión «realizar cálculos», así como el término «calcular», procedente del latín *calculus*, que significa «piedrecilla»), advertiremos que el número par deja un espacio vacío a la flecha que lo divide en dos partes y que no halla ningún límite, con lo que se manifiesta su carácter defectuoso (carencia de limitación), mientras que al representar un número impar siempre queda una unidad adicional, que de-limita y de-termina:

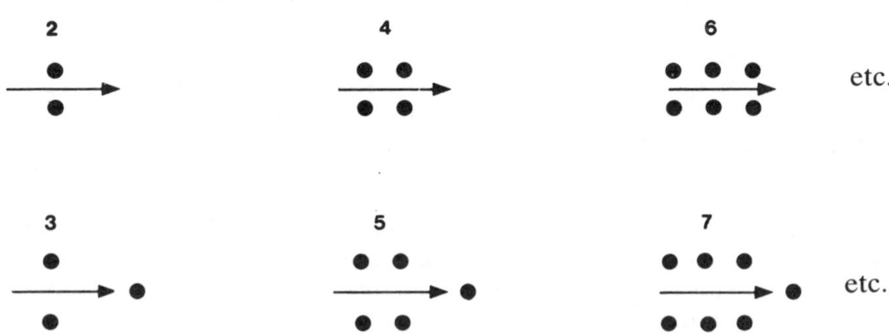

Además, los pitagóricos consideraban que los números impares eran masculinos y los pares femeninos.

Por último, los pitagóricos consideraban que los números pares eran rectangulares, mientras que los números impares eran cuadrados. En efecto, si se colocan alrededor del número uno las unidades que constituyen los números impares, se obtendrán cuadrados, mientras que si se colocan de modo análogo las unidades que forman los números pares, se obtendrán rectángulos, como se pone de manifiesto en las figuras siguientes, que ejemplifican en el primer caso los números 3, 5 y 7 y en el segundo, los números 2, 4, 6 y 8.

El Uno de los pitagóricos no es par ni impar: es un «parimpar», puesto que de él proceden todos los números, tanto los pares como los impares; sumado a un par, engendra un impar, y sumado a un impar, engendra un par. En cambio, los pitagóricos y la matemática antigua no conocieron el cero.

El 10 (la *tetraktys*) fue considerado como número perfecto y visualmente se simbolizaba mediante un triángulo equilátero, formado por los cuatro primeros números y cuyos lados consistían en el número 4:

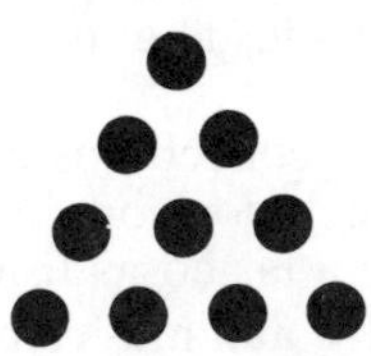

La representación nos muestra que el 10 es igual a 1 + 2 + 3 + 4. Pero hay más aún: en la década «se hallan igualmente contenidos lo par (cuatro números pares: 2, 4, 6, 8) y lo impar (cuatro impares: 3, 5, 7, 9), sin que predomine ninguna de las dos partes». Además existe en la década igual cantidad de números primos y no divisibles (2, 3, 5, 7) que de números planos y divisibles (4, 6, 8, 9). Asimismo «posee igual cantidad de múltiplos y submúltiplos: tiene tres submúltiplos hasta el cinco (2, 3, 5) y tres múltiplos de éstos, entre seis y diez (6, 8, 9)». Además «existen en el diez todas las relaciones numéricas: la igualdad, el más-menos, así como todos los tipos de números, los números lineales, los cuadrados, los cúbicos. El uno equivale al punto, el dos a la línea, el tres al triángulo, el cuatro a la pirámide: y todos estos números son principios y elementos primeros de las realidades que son semejantes a ellos». Tenga en cuenta el lector que estos cómputos son conjeturales y que los intérpretes se hallan muy divididos, puesto que no es cierto que haya que exceptuar el número uno de las distintas series. En realidad el uno es atípico, por la razón antes señalada.

Nació así la teoría del sistema decimal (recuérdese la tabla pitagórica) y la codificación de la noción de perfección del diez, que seguirá vigente durante siglos enteros: «El número diez es perfecto, y es adecuado a la naturaleza el que todos, tanto nosotros los griegos como los demás hombres nos topemos con él en nuestras enumeraciones, aunque no lo queramos.»

Algunos pitagóricos buscaron además la combinación entre la idea de la década y la noción de los contrarios, cuya gran importancia para la cosmología jónica ya hemos mencionado. A tal efecto hicieron una lista de los diez contrarios supremos, en la que se resumían todas las posteriores relaciones de contrariedad y, por lo tanto, las cosas que éstas determinaban. He aquí la famosa tabla, tal como nos ha sido transmitida por Aristóteles:

1. Límite - sin límite	6. Quieto - móvil
2. Impar - par	7. Recto - curvo
3. Uno - múltiple	8. Luz - tiniebla
4. Diestro - siniestro	9. Bueno - malo
5. Macho - hembra	10. Cuadrado - rectángulo

2.4. *El paso desde el número hasta las cosas y la fundación del concepto de cosmos*

Si se tiene presente la concepción arcaica aritmético-geométrica del número, que ya antes hemos mencionado, no será difícil de comprender cómo deducían los pitagóricos —desde el número— las cosas y el mundo físico.

En efecto, los números eran concebidos como puntos, es decir como masas, y por consiguiente concebidos como sólidos, con lo cual era evidente el paso desde el número a las cosas físicas.

Todo esto, empero, se vuelve aún más claro si se piensa que el pitagorismo primitivo se planteó la antítesis originaria entre ilimitado y limitador en un sentido cosmológico. Lo ilimitado es el vacío que rodea al todo y el mundo nace mediante una especie de «inspiración» de dicho vacío por parte de un Uno (cuya génesis no se especifica con exactitud). El vacío que entra con la inspiración, y la determinación que provoca el Uno al inspirarlo, dan origen a las diversas cosas y a los distintos números. Esta concepción recuerda notablemente a algunos pensamientos de Anaximandro y Anaxímenes, lo cual pone de manifiesto la continuidad —aun con sus diferencias— de esta primera filosofía de los griegos.

Al parecer, Filolao hizo coincidir los cuatro elementos con los primeros cuatro sólidos geométricos (tierra = cubo, fuego = pirámide, aire = octaedro, agua = icosaedro). Esto resulta perfectamente coherente con las premisas del sistema. En tal identificación, además, desempeñó una función notable el hecho de determinadas analogías sensibles: el cubo evoca la solidez de la tierra, la pirámide recuerda las lenguas de fuego, etcétera.

Todo ello conduce a una posterior conquista fundamental. Si el número es orden («concordancia de elementos ilimitados y limitadores») y si todo está determinado por el número, todo es orden. Y puesto que en griego «orden» se dice *kosmos*, los pitagóricos llamaron «cosmos» al universo, es decir, «orden». Los testimonios antiguos que poseemos afirman lo siguiente: «Pitágoras fue el primero en denominar "cosmos" al conjunto de todas las cosas, debido al orden que hay en ellas»; «los sapientes (pitagóricos) dicen que cielo, tierra, dioses y hombres son conservados juntos por el orden (...), y precisamente por tal motivo llaman "cosmos" a este todo, es decir, orden».

Proviene de los pitagóricos la idea de que los cielos, al girar de acuerdo con el número y la armonía, producen «una celestial música de esferas, conciertos bellísimos, que nuestros oídos no perciben —o ya no saben distinguir— porque se han habituado a oírla desde siempre».

Con los pitagóricos el pensamiento humano lleva a cabo un avance decisivo: el mundo ha dejado de estar dominado por potencias obscuras e indescifrables y se ha convertido en número; el número expresa orden, racionalidad y verdad. Afirma Filolao: «Todas las cosas que se conocen poseen número; sin éste no sería posible pensar ni conocer nada»; «la mentira jamás inspira un número».

Gracias a los pitagóricos el hombre ha aprendido a ver el mundo con otros ojos, es decir como un orden perfectamente penetrable por la razón.

2.5. *Pitágoras, el orfismo y la vida pitagórica*

Hemos dicho que se cultivaba la ciencia pitagórica como medio para alcanzar un fin posterior. Y este fin consistía en la práctica de un tipo de vida que permitía purificar el alma y liberarla del cuerpo.

Pitágoras parece haber sido el primer filósofo que defendió la doctrina de la metempsicosis, es decir, aquella doctrina según la cual el alma, debido a una culpa originaria, se ve obligada a reencarnarse en sucesivas existencias corpóreas (no sólo en forma humana, sino también en formas animales) para expiar aquella culpa. Los testimonios antiguos nos refieren entre otras cosas que Pitágoras afirmaba recordar sus vidas precedentes. Como sabemos, la doctrina proviene de los órficos; los pitagóricos, empero, modifican el orfismo, por lo menos en el aspecto esencial que veremos a continuación. La finalidad de la vida consiste en liberar el alma de la esclavitud del cuerpo, y para conseguirlo es necesario purificarse. Los pitagóricos se distinguen claramente de los órficos en lo que respecta a la elección de los instrumentos y de los medios de purificación. Los órficos sólo apelaban a celebraciones mistéricas y prácticas religiosas, y por lo tanto continuaban vinculados a una mentalidad mágica, confiando casi por completo en la potencia taumatúrgica de los ritos. En cambio los pitagóricos consideraron sobre todo a la ciencia como senda de purificación, además de severa práctica moral. Las propias normas prácticas que añadieron a la ciencia matemática y las reglas de conducta —a pesar de que en algunos casos resulten extrañas a la ciencia y fruto quizás de supersticiones primitivas— pronto fueron perfeccionadas e interpretadas en clave alegórica y, por lo tanto, purificadas mediante la razón. Por ejemplo, el precepto de «no atizar el fuego con el cuchillo» hay que entenderlo como símbolo de «no excitar con palabras duras a quien se halla encolerizado»; «no recibir golondrinas en casa» fue entendido como «no hospedar en casa a personas curiosas»; «no comerse el corazón» es sinónimo de «no afligirse con amarguras». Incluso el célebre precepto de «no comer habas» fue interpretado de acuerdo con distintos significados alegóricos. La vida pitagórica fue algo muy distinto de la vida órfica, precisamente por el cultivo de la ciencia como medio de purificación: así la ciencia se convirtió en el más alto de los misterios.

Puesto que el fin último consistía en volver a vivir entre los dioses, los pitagóricos introdujeron el concepto del recto actuar humano como un hacerse «seguidor de Dios», como un vivir en comunión con la divinidad. Nos refiere un testimonio antiguo: «Todo lo que los pitagóricos definen acerca del hacer o el no hacer tiene como meta la comunión con la divinidad: éste es el principio y toda su vida se halla coordinada hacia este fin de dejarse guiar por la divinidad.»

De este modo los pitagóricos fueron los iniciadores del tipo de vida que fue llamado (o que ellos denominaron) *bios theoretikos*, «vida contemplativa», es decir una vida dedicada a la búsqueda de la verdad y del bien a través del conocimiento, que constituye la más elevada «purificación» (comunión con lo divino). Platón otorgará a este tipo de vida su más perfecta expresión en el *Gorgias*, el *Fedón* y el *Teeteto*.

2.6. *Lo divino y el alma*

Hemos visto que los jónicos identificaron lo divino con el principio. También los pitagóricos vincularon lo divino con el número. No con el uno, como harán más tarde los neopitagóricos, sino con el número siete, que «es regente y señor de todas las cosas, dios eternamente uno, sólido, inmóvil, igual a sí mismo, distinto de todos los demás números». El siete no es engendrado (mediante el producto de dos factores) porque es un número primo, y tampoco engendra (dentro de la decena); lo que ni es engendrado ni engendra es inmóvil. Para los pitagóricos, empero, el siete era también el *kairos*, es decir, aquello que indica el «momento apropiado», lo oportuno, como en su opinión quedaba claramente confirmado mediante la frecuencia de los ritmos septenales en los ciclos biológicos.

Como sin duda puede apreciarse, esta identificación resulta artificiosa. Del mismo modo, no cabe determinar con claridad en qué consistía para los pitagóricos la relación exacta entre el alma-demonio y los números. Evidentemente, las almas —al ser individuales— no podían poseer un número idéntico. Si más tarde —como sabemos— algunos pitagóricos identificaron el alma con «la armonía de los elementos corpóreos», hicieron esto por dos caminos posibles: agregando una doctrina del alma sensible a la de un alma-demonio o enfrentándose a esta última, con lo que se evitaban una serie de complicaciones.

Para tratar de ordenar este ámbito, Platón tendrá que replantear la problemática del alma sobre bases completamente nuevas, como veremos más adelante.

3. Jenófanes y los eleáticos: el descubrimiento del ser

3.1. *Jenófanes y sus relaciones con los eleáticos*

Jenófanes nació en la ciudad jónica de Colofón, alrededor del 570 a.C. A la edad de unos veinticinco años emigró a las colonias itálicas, a Sicilia y a la Italia meridional, y continuó viajando sin morada estable hasta muy avanzada edad, como aedo que cantaba sus propias obras poéticas, de las que nos han llegado algunos fragmentos.

Tradicionalmente se ha considerado a Jenófanes como fundador de la escuela de Elea, pero basándose en interpretaciones erróneas de ciertos testimonios de la antigüedad. Por lo contrario, él mismo nos dice que continuaba errando por el mundo sin vivienda fija, y más allá de los 92 años. Además, su problemática es de carácter teológico y cosmológico, mientras que los eleáticos —como veremos— fundaron la problemática ontológica. Por tanto, hoy en día se considera con acierto que Jenófanes era un pensador independiente, que sólo poseía algunas afinidades genéricas con los eleáticos, pero que no se encontraba vinculado a la fundación de la escuela de Elea.

El tema central que se desarrolla en los versos de Jenófanes está constituido sobre todo por la crítica de aquella concepción de los dioses que Homero y Hesíodo habían configurado de un modo ejemplar y que era la típica de la religión pública y del hombre griego en general. Nuestro filósofo descubre a la perfección cuál es el error de fondo del cual surgen todos los absurdos ligados con dicha concepción. Este error consiste en el antropomorfismo, es decir, en atribuir a los dioses formas exteriores, características psicológicas y pasiones semejantes o idénticas a las de los hombres, más notables desde un punto de vista cuantitativo, pero cualitativamente análogas. Jenófanes, con sagacidad, objeta lo siguiente: si los animales tuviesen manos y pudiesen crear efigies de dioses, les darían forma de animales; al igual que los etíopes, que son negros y con la nariz achatada, representan a sus dioses con la piel negra y la nariz chata, o los tracios —que tienen ojos azules y son pelirrojos— representan a sus dioses con tales rasgos. Lo que es todavía más grave, los hombres acostumbran a atribuir a los dioses todo aquello que hacen los humanos, no sólo bien, sino también el mal:

> Pero los mortales piensan que los dioses nacen.
> Que tienen vestidos, voces y figuras como las suyas.
> A los dioses Homero y Hesíodo atribuyen
> todo lo que para los hombres es ultraje y vergüenza:
> robar, cometer adulterio, engañarse uno a otro.

De esta forma, repentinamente se pone en tela de juicio y de la manera más radical no sólo la credibilidad de los dioses tradicionales, sino también la de sus aclamados cantores. Los grandes poetas sobre los cuales el griego se había formado espiritualmente, de acuerdo con la tradición, son calificados de pregoneros de falsedades.

De igual modo Jenófanes procede a desmitificar las diversas explicaciones míticas de los fenómenos naturales que, como sabemos, eran atribuidos a los dioses. He aquí, por ejemplo, cómo se desmitifica a la diosa Iris (el arco iris):

> Aquella a la que llaman Iris no es otra cosa que una nube
> purpúrea, morada, verde, cuando se la contempla.

Al poco tiempo de su nacimiento la filosofía manifiesta ya su potente carga innovadora, haciendo trizas creencias seculares consideradas como extremadamente sólidas, sólo porque eran consubstanciales con el modo de pensar y de sentir típicamente helénico. Niega que tengan la más mínima validez y revoluciona por completo la manera de interpretar a la divinidad, que había sido peculiar del hombre antiguo. Después de las críticas de Jenófanes, el hombre occidental ya no podrá seguir concibiendo lo divino de acuerdo con formas y medidas humanas.

Sin embargo, las categorías de que disponía Jenófanes para criticar el antropomorfismo y denunciar la falacia de la religión tradicional eran las que provenían de la filosofía de la *physis* y de la cosmología jónica. Por consiguiente se comprende que después de haber negado con argumentos perfectamente correctos que pueda concebirse a Dios con formas humanas, Jenófanes afirme que Dios es el cosmos. Y al mismo tiempo se comprenden otras afirmaciones suyas, que a muchos han resultado enigmáticas y que en cambio son algo evidente desde la perspectiva del primer pensamiento griego. «Extendiendo su consideración a la totalidad del universo» nos dice Aristóteles, Jenófanes «afirmó que el uno es Dios». El uno de Jenófanes es pues el universo que, como dice él mismo, «es uno, Dios, el supremo entre los dioses y los hombres, y que ni por figura ni por pensamiento se asemeja a los hombres».

Y si el Dios de Jenófanes es el Dios-cosmos, se vuelven comprensibles las demás afirmaciones del filósofo:

> Todo entero él ve, todo entero él piensa, todo entero él oye.
>
> Pero sin esfuerzo, con la fuerza de su mente hace que todo vibre.
>
> Permanece siempre en el mismo lugar, sin moverse para nada,
> no es digno de él trasladarse de un sitio a otro.

En resumen: a Dios se le atribuye el ver, el oír, el pensar, así como la fuerza omnipotente que hace vibrar todas las cosas, pero no en dimensión humana, sino en dimensión cosmológica.

No se contradicen con esta visión las informaciones que nos llegan de los antiguos, que nos narran que Jenófanes consideró como principio la tierra, y tampoco sus precisas afirmaciones:

> Todo nace de la tierra y todo acaba en la tierra.
>
> Tierra y agua son todas las cosas que nacen y crecen.

En efecto, estas afirmaciones no se refieren al cosmos en su conjunto, que no nace ni muere, sino sólo a la tierra, a la esfera terrena. También adujo pruebas bastante inteligentes de estas afirmaciones, mencionando la presencia de fósiles marinos en las montañas, señal de que en una época anterior allí hubo agua y no tierra.

Jenófanes fue conocido asimismo por sus opiniones morales de gran altura, mediante las cuales afirmaba —en oposición a las ideas más generalizadas— la superioridad de los valores de la inteligencia y de la sabiduría sobre los valores vitales de la robustez y de la fuerza física de los atletas, que en Grecia eran veneradísimos. No es el vigor o la fuerza física lo que vuelven mejores a los hombres y a las ciudades, sino la fuerza de la mente. A ésta le corresponde el máximo honor.

3.2. *Parménides y su poema sobre el ser*

Parménides nació en Elea (ciudad de la península italiana, cuyo nombre actual es Velia, entre la punta Licosa y el cabo Palinuro) en la segunda mitad del siglo VI a.C., y murió a mediados del siglo V a.C. Fundó en Elea la escuela filosófica llamada precisamente eleática, que tendría un influjo muy notable sobre el pensamiento griego. Fue iniciado en la filosofía por el pitagórico Aminia. Se nos cuenta que fue un político activo y que otorgó sabias leyes a su ciudad. De su poema *Sobre la naturaleza* nos ha llegado el prólogo íntegro, casi toda la primera parte y algunos fragmentos de la segunda. Hace escasos años ha aparecido un busto que lo representa.

En el ámbito de la filosofía de la *physis*, Parménides se presenta como un innovador radical y, en cierto sentido, como un pensador revolucionario. En efecto, gracias a él la cosmología recibe una profunda y benéfica sacudida desde el punto de vista conceptual, transformándose —por lo menos en parte— en una ontología (teoría del ser).

Parménides pone la doctrina de su poema en los labios de una diosa que lo acoge con benignidad. (Él se imagina conducido a la presencia de la diosa en un carro tirado por veloces corceles y en compañía de las hijas del sol, quienes, al llegar a la puerta que da paso a los senderos de la Noche y del Día, convencen a su severa guardiana, la Justicia, para que la abra, y luego de atravesar el umbral decisivo, lo guían hasta la meta final.)

La diosa (que simboliza sin duda la verdad que se desvela), al final del prólogo, dice de modo solemne y programático:

> Es preciso que aprendas todo
> 1) de la verdad bien redonda el corazón inconmovible
> 2) y las opiniones de los mortales, en las que no existe certidumbre veraz;
> 3) también aprenderás esto: cómo es necesario que admita la existencia de las apariencias quien en todos los sentidos indaga todo.

Por lo tanto, la diosa parece indicar tres caminos: 1) el de la verdad absoluta, 2) el de las opiniones falaces (la *doxa* falaz), es decir, el de la falsedad y el error, y 3) finalmente, un camino que podría llamarse de la opinión plausible (la *doxa* plausible).

Recorramos estos caminos junto con Parménides.

1) El gran principio parmenidiano, que es el principio mismo de la verdad (el «corazón inconmovible de la verdad bien redonda»), es éste: es y es imposible que no sea; no es y es necesario que no sea:

> ¡Ea pues! yo hablaré, y tú escucha mis palabras.
> Sólo dos vías de investigación se pueden concebir:

> La una afirma: es y es imposible que no sea
> –Es el sendero de la certidumbre, la verdad lo acompaña.
>
> Es necesario que aquello que se presta a ser dicho y pensado sea; porque puede ser.
> Pero lo que no es no puede.
>
> Sólo un camino nos queda para recorrer: se presta a ser.

«Ser» y «no ser», en el contexto del razonamiento de Parménides, son tomados en su significado más íntegro y unívoco: el ser es la pura positividad y el no ser, la pura negatividad, siendo cada elemento absolutamente contradictorio con el otro.

¿Cómo justifica Parménides su gran principio básico? La argumentación es muy sencilla: todo lo que uno piensa y dice, es. No se puede pensar (y por lo tanto, decir), si no es pensando (y diciendo) aquello que es. Pensar la nada significa no pensar, y decir la nada significa no decir nada. Por ello la nada es impensable e indecible. El pensar y el ser coinciden:

> ...lo mismo es pensar y ser.
>
> Lo mismo es el pensar, y aquello por lo cual se cumple el pensamiento,
> porque sin el ser, en el cual se expresa,
> no hallarías el pensar: no hay ni habrá
> nada fuera del ser...

Hace ya tiempo que los intérpretes han indicado que este principio parmenidiano es la primera y notable formulación del principio de no contradicción, esto es, del principio que afirma la imposibilidad de que los contradictorios coexistan al mismo tiempo. Los contradictorios supremos son precisamente «ser» y «no ser»; si hay el ser, es necesario que no haya el no-ser. Parménides descubre el principio sobre todo en su vertiente ontológica; a continuación, se le estudiará también en sus vertientes lógicas, gnoseológicas y lingüísticas, y constituirá el punto de partida fundamental de toda la lógica occidental.

Teniendo presente el significado integral y unívoco que Parménides otorga al ser y al no-ser y, por lo tanto, al principio de no contradicción, resultan comprensibles los «signos» o «rasgos» esenciales —es decir, los atributos estructurales del ser— que en el poema se deducen de modo gradual, con una lógica férrea y con una lucidez absolutamente sorprendente, hasta el punto de que el propio Platón experimentaba aún su fascinación, como para calificar a nuestro filósofo de «venerable y terrible».

El ser es, en primer lugar, «no engendrado» e «incorruptible». No es engendrado porque, si lo fuese, o procedería de un no-ser —lo cual es absurdo, ya que el no-ser no es— o bien procedería del ser, cosa igualmente absurda, porque entonces ya sería. Por estas mismas razones es imposible que se corrompa (el ser no puede llegar al no-ser, porque el no-ser no es; ni puede avanzar hacia el ser, porque avanzar hacia el ser no es más que ser, y por lo tanto, permanecer).

El ser, pues, no tiene un «pasado», porque el pasado es aquello que ya no es, y tampoco un «futuro», que todavía no es. El ser es un «presente» eterno, sin comienzo ni final:

Retrato presunto de Parménides (segunda mitad del s. VI - primera mitad del s. V a.C.).
Fundó la escuela eleática y es el padre de la ontología occidental

Sólo le queda un camino a nuestra palabra: se presta a ser.
En este camino hay señales indicadoras:
Que el ser no es engendrado, y también, que es imperecedero:
En efecto, es un todo, inmóvil y sin final ni comienzo.
Ni otrora fue, ni será, porque es ahora todo a la vez,
uno, continuo. ¿Qué origen le buscarás?
¿Cómo y dónde habría crecido? Del no-ser, no te permito
ni decirlo ni pensarlo: en efecto, no es posible ni decir ni pensar
que no es. ¿Qué necesidad le habría jamás empujado
a nacer después o antes, en el supuesto de que proceda de la nada?
Así, es necesario que sea del todo o que no sea para nada.
Y ni siquiera del ser, concederá la fuerza de creencia veraz,
que nazca algo que sea distinto de él mismo: por esta razón ni el nacer
ni el morir le concedió Dike, haciendo más leve su servidumbre,
sino que lo mantiene sólidamente. El juicio sobre estas cosas así se resume:
es o no es. Se ha establecido, pues, por la fuerza de la necesidad,
que hay que abandonar uno de los caminos, porque es impensable e inexpresable,
porque no es la vía de lo verdadero, y que la otra es y es verdadera.
¿Y cómo podría existir el ser en el futuro? ¿Y cómo podría nacer?
En efecto, si nace, no es; y tampoco es, si es para ser en el futuro.
Y así, se apaga el nacer y desaparece el perecer.

Como consecuencia, el ser también es inmutable e inmóvil, porque tanto la movilidad como la mutación supone un no-ser hacia el cual tendría que moverse el ser o en el cual debería transmutarse. Por lo tanto este ser parmenidiano es «todo igual», el «ser se abraza con el ser», y no es pensable un «más que ser» y un «menos que ser», que supondrían una intervención del no-ser:

Ni hay tampoco no-ser que le impida alcanzar la plenitud ni es posible que el ser sea ora más lleno, ora más vacío de lo que es, porque es todo entero inviolable: igual a sí mismo por todas partes, semejantemente en la extensión de sus confines, ahí está.

Parménides proclama varias veces que su ser es algo limitado y finito, en el sentido de que es «acabado» y «perfecto». La igualdad absoluta, la finitud y la completitud le sugirieron la idea de esfera, figura que ya para los pitagóricos indicaba la perfección:

Puesto que hay un límite extremo, el ser es completo, similar a la masa de una esfera armoniosamente redonda que por todas sus partes se distancia con igual fuerza del centro.

Tal concepción del ser postulaba asimismo el atributo de la unidad que Parménides menciona al pasar, pero que sus discípulos pondrán en un primer plano.

La única verdad, pues, consiste en el ser no engendrado, incorruptible, inmutable, inmóvil, igual, esférico y uno. Todas las demás cosas no son más que nombres vacíos:

Así pues todas las cosas no son sino nombres
dados por los mortales en su credulidad:
nacer y perecer, ser y no ser,
cambiar de lugar y mudar de luminoso color.

2) El camino de la verdad es el camino de la razón (el sendero del día), el camino del error es substancialmente el de los sentidos (el sendero de la noche). Los sentidos parecerían dar testimonio del no ser, en la medida en

que parecen atestiguar la existencia del nacer y del morir, del movimiento y del devenir. Por eso la diosa exhorta a Parménides a no dejarse engañar por los sentidos y por las costumbres que éstos crean, y a contraponer a los sentidos la razón y su gran principio:

Pero tú aleja el pensamiento de este camino de búsqueda,
que el hábito nacido de muchas experiencias humanas en este camino te obligue
a usar el ojo que no ve, el oído que retumba
y tu lengua sonora: en cambio, con el pensamiento juzga la prueba junto con las múltiples refutaciones
que te ha sido ofrecida. Sólo le queda un camino a nuestra palabra: se presta a ser.

Es evidente que por el camino del error no sólo camina aquel que afirma expresamente que «el no-ser es», sino también aquel que cree que puede admitir al mismo tiempo el ser y el no-ser, y quien cree que las cosas pasan desde el ser al no-ser, y viceversa. Esta última postura —que es obviamente la más generalizada— incluye de manera estructural a la anterior. En resumen: el camino del error abarca las posturas de todos aquellos que, en la forma que sea, admiten explícitamente el no-ser, o que formulan razonamientos en que éste interviene, ya que el no-ser no es, porque es impensable e indecible.

3) No obstante, la diosa habla también de una tercera vía, la de las apariencias plausibles. Parménides en definitiva tuvo que reconocer la licitud de un tipo de razonamiento que sirviese para dar cuenta de los fenómenos y de las apariencias de las cosas, con tal de que no se opusiese a su principio básico y no admitiese al mismo tiempo el ser y el no-ser. Se comprende pues que en la segunda parte del poema (perdida en su mayor parte) la diosa exponga detalladamente «el ordenamiento del mundo tal como se aparece».

¿Cómo se podrán explicar de un modo plausible los fenómenos, sin contravenir el principio fundamental?

Las cosmogonías tradicionales habían sido construidas apelando a la dinámica de los opuestos, uno de los cuales había sido concebido como positivo y como ser, mientras que el otro era negativo y no-ser. Ahora bien, según Parménides el error reside en no haber comprendido que los opuestos hay que pensarlos como incluidos en la unidad superior del ser: los opuestos, en ambos casos, son «ser». Y así Parménides se propone una deducción de los fenómenos, partiendo de la pareja de opuestos «luz» y «noche», pero proclamando que «con ninguna de las dos existe la nada», es decir, que ambas son ser. Los fragmentos que han llegado hasta nosotros son demasiado escasos como para reconstruir las líneas maestras de esta deducción del mundo a partir de los fenómenos. Sin embargo, es evidente que en tal deducción, al haberse eliminado el no-ser, también ha sido eliminada la muerte, que es una forma de no-ser. Sabemos, en efecto, que Parménides atribuía sensibilidad a los cadáveres y, más exactamente, «sensibilidad al frío, al silencio y a los elementos contrarios». Lo cual significa que, en realidad, el cadáver no es tal. La obscura «noche» (el frío) en la que se disuelve el cadáver no es el no-ser, esto es, la nada. Por ello, el cadáver permanece en el ser y, de algún modo, continúa sintiendo y —por tanto— viviendo.

Se hace manifiesto, empero, que este intento estaba destinado a chocar con aporías insuperables. Una vez aceptadas como «ser», luz y noche (y en general los opuestos) tenían que perder sus rasgos diferenciales y convertirse en idénticas, puesto que ambas son ser, y el ser es «del todo idéntico». El ser parmenidiano no admite diferenciaciones cuantitativas o cualitativas. Y así, en la medida en que están englobados en el ser, los fenómenos quedan no sólo igualados, sino también inmovilizados, petrificados en la invariabilidad del ser.

Por tanto, el gran principio de Parménides —tal como él lo había formulado— salvaba el ser, pero no los fenómenos. Y esto cada vez se hará más evidente en las posteriores deducciones de sus discípulos.

3.3. *Zenón y el nacimiento de la dialéctica*

Las teorías de Parménides, sin lugar a dudas, asombraron mucho y suscitaron vivas polémicas. Sin embargo, dado que partiendo del principio antes expuesto, las consecuencias se imponen necesariamente y aquellas teorías se convierten en irrefutables, sus adversarios prefirieron seguir otro camino, mostrando de modo concreto y con ejemplos obvios que el movimiento y la multiplicidad son algo innegable.

Zenón, nacido en Elea entre el final del siglo VI y el principio del V a.C., se propuso responder a dichos intentos de refutación. Fue un hombre de naturaleza singular, tanto en su doctrina como en su vida. Luchando en defensa de la libertad contra un tirano, fue encarcelado. Sometido a tortura para obligarle a confesar el nombre de los compañeros con los que había urdido el complot, se cortó la lengua con los dientes y se la escupió en la cara al tirano. Otra versión de la tradición, en cambio, afirma que denunció a los más fieles colaboradores del tirano, con lo que éste se encargó personalmente de eliminarlos, aislándole y derrotándose a sí mismo. Esta narración refleja admirablemente el procedimiento dialéctico adoptado por Zenón en filosofía. De su libro sólo nos han llegado algunos fragmentos y testimonios.

Zenón afrontó decididamente las refutaciones elaboradas por los adversarios y los intentos de ridiculizar a Parménides. El procedimiento que utilizó consistía en demostrar que las consecuencias derivadas de los argumentos aducidos para refutar a Parménides eran aún más contradictorios y ridículos que las tesis que pretendían rechazar. Zenón, pues, descubrió la refutación de la refutación, es decir, la demostración mediante lo absurdo. Mostrando lo absurdo de las tesis que se le oponían, defendía el eleatismo. Zenón fundó así el método dialéctico y lo utilizó con tal habilidad que los antiguos quedaban maravillados.

Sus argumentos más conocidos son aquellos que se oponen al movimiento y a la multiplicidad. Comencemos por los primeros.

Se pretende en contra de Parménides que un cuerpo, moviéndose a partir de un punto, puede llegar a una meta determinada. Sin embargo, esto no es posible. En efecto, dicho cuerpo, antes de alcanzar la meta, debería recorrer la mitad del camino que tiene que recorrer, y antes, la mitad de la mitad, y por tanto la mitad de la mitad de la mitad , y así sucesivamente, hasta lo infinito (la mitad de la mitad de la mitad... jamás llega al cero).

En esto consiste el primer argumento, llamado de la «dicotomía». No menos célebre es el de «Aquiles», que demuestra cómo Aquiles —«el de los pies ligeros»— jamás podrá alcanzar la tortuga, cuya lentitud es proverbial. En efecto, se volverían a presentar idénticas dificultades que en el argumento precedente, pero de una manera dinámica, más bien que estática.

Un tercer argumento, llamado «de la flecha», demostraba que una flecha disparada por un arco —que de acuerdo con la opinión se halla en movimiento— en realidad está quieta. En cada uno de los instantes en los que es divisible el tiempo del vuelo, la flecha ocupa un espacio idéntico; pero aquello que ocupa un espacio idéntico se halla en reposo; entonces, si la flecha está en reposo en cada uno de los instantes, también debe estarlo en la totalidad (en la suma) de todos los instantes.

Un cuarto argumento se proponía demostrar que la velocidad, considerada como una de las propiedades esenciales del movimiento, no es algo objetivo sino relativo, y que asimismo el movimiento del cual constituye propiedad esencial es también relativo y no objetivo.

No menos famosos fueron sus argumentos en contra de la multiplicidad, que colocaron en un primer plano la pareja de conceptos uno-muchos, que en Parménides era más implícita que explícita. En la mayor parte de los casos estos argumentos pretendían demostrar que, para que exista la multiplicidad, es preciso que existan muchas unidades (dado que la multiplicidad es, por definición, multiplicidad de unidades). Sin embargo, el razonamiento demuestra (contra la experiencia y los datos fenoménicos) que tales unidades son impensables, puesto que comportan contradicciones insuperables y, por tanto, son absurdas y no pueden existir. Véase, por ejemplo, uno de los argumentos que demuestra en qué sentido son absurdas estas unidades, que habrían de constituir lo múltiple: «Si los seres son múltiples, es necesario que éstos sean tantos como son, y no más, y tampoco menos; ahora bien, si son tantos como son, deben ser finitos; pero si son múltiples, los seres son asimismo infinitos; en efecto, entre uno y otro de estos seres habrá siempre otros seres, y entre uno y otro de éstos habrá todavía otros (porque siempre es divisible hasta lo infinito cualquier cosa que se halle entre dos cosas determinadas); así, pues, los seres son infinitos.»

Otro argumento interesante negaba la multiplicidad basándose sobre la contradictoria conducta que manifiestan muchas cosas en conjunto, con respecto a cada una de ellas (o de sus partes). Por ejemplo, al caer muchos granos hacen ruido, pero uno solo —o un trozo de grano— no lo hace. Sin embargo, si el testimonio de la experiencia fuese verídico, no podrían darse tales contradicciones: un grano debería hacer ruido —en la debida proporción— al igual que lo hacen muchos granos.

Muy lejos de ser sofismas vacuos, estos argumentos constituyen una poderosa rebelión del *logos*, que pone en tela de juicio la experiencia misma, proclamando la omnipotencia de sus propias leyes. En seguida tendremos ocasión de comprobar cuáles han sido los beneficiosos efectos de esta rebelión del *logos*.

3.4. *Meliso de Samos y la sistematización del eleatismo*

Meliso nació en Samos entre finales del siglo VI y primeros años del V a.C. Fue un experto marino y político. En el 442 a.C., nombrado estratega por sus conciudadanos, derrotó a la flota de Pericles. Escribió un libro *Sobre la naturaleza o sobre el ser*, del cual se conservan algunos fragmentos.

Meliso sistematizó la doctrina eleática con una prosa clara y procediendo con rigor deductivo, corrigiéndola también en algunos puntos. En primer lugar afirmó que el ser debía ser infinito (y no finito, como decía Parménides), porque no tiene límites temporales ni espaciales y porque si fuese finito, debería limitar con su vacío, es decir, con un no-ser, lo cual es imposible. En la medida en que es infinito, el ser es también necesariamente uno; «en efecto, si hubiese dos, no podrían ser infinitos, sino que uno sería límite del otro». Este uno-infinito, además, fue calificado de «incorpóreo» por Meliso, no en el sentido de que fuese inmaterial, sino en el de carecer de cualquier figura determinante de los cuerpos. Por lo tanto no podría tener ni siquiera la figura perfecta de la esfera, como afirmaba Parménides. (El concepto de incorpóreo en el sentido de inmaterial nacerá con Platón.)

Un segundo punto en el que Meliso rectificó a Parménides consiste en la eliminación total de la esfera de la opinión, mediante un razonamiento de notable audacia especulativa. *a)* Las múltiples cosas, de las que los sentidos parecen darnos testimonio, existirían en la realidad y nuestro conocimiento sensible sería veraz, con una condición: cada una de estas cosas habría de permanecer siempre tal como se nos apareció la primera vez, esto es, con la condición de que cada cosa permaneciese siempre idéntica e inmutable como el Ser-Uno. *b)* Por lo contrario, sobre la base misma de nuestro conocimiento empírico, constatamos que las múltiples cosas que son objeto de percepción sensible nunca permanecen idénticas: se modifican, se alternan, se corrompen continuamente, de manera muy diferente a lo que exigiría el estatuto del ser y de la verdad. *c)* En consecuencia, hay una contradicción entre lo que por un lado reconoce la razón como condición absoluta del ser y de la verdad, y por el otro, lo que atestiguan los sentidos y la experiencia. *d)* Meliso elimina la contradicción mediante una decidida negación de la validez de los sentidos y de lo que los sentidos proclaman (en esencia, porque los sentidos proclaman el no-ser), en exclusivo beneficio de lo que proclama la razón. *e)* La única realidad, pues, consiste en el Ser-Uno: lo hipotéticamente múltiple sólo podría existir si fuese como el Ser-Uno. «Si los muchos existiesen —dice Meliso textualmente— debería ser cada uno como es el Uno.»

El eleatismo acaba así afirmando la existencia de un Ser eterno, infinito, uno, igual, inmutable, inmóvil, incorpóreo (en el sentido señalado antes), y negando de manera explícita y categórica lo múltiple, con lo cual se rechaza el derecho de los fenómenos a pretender un reconocimiento veritativo. Como es evidente, sólo un ser privilegiado —Dios— podría ser tal como lo exige el eleatismo, pero no todo ser.

Aristóteles reprochó a los eleáticos el llegar a las fronteras de la locura, exaltando la razón y llevándola a un estado de embriaguez tal, que no estaba dispuesta a entender y a aceptar nada más que a sí misma y a su propia ley. Si bien esto es cierto, también es verdad que el esfuerzo más notable de la especulación posterior —desde los pluralistas hasta Platón y el propio Aristóteles— consistirá precisamente en tratar de remediar esta «embriaguez» o «locura» de la razón, admitiendo las razones de la razón, pero buscando al mismo tiempo admitir las razones que posee también la experiencia. Se trataba, en conclusión, de salvar el principio de Parménides, pero de salvar asimismo los fenómenos.

4. Los físicos pluralistas y los físicos eclécticos

4.1. *Empédocles y las cuatro raíces*

El primer pensador que intentó resolver la aporía eleática fue Empédocles, nacido en Agrigento alrededor del 484/481 a.C., y fallecido en torno al 424/421 a.C. Poseyó una personalidad muy fuerte y además de filósofo fue místico, taumaturgo y médico, y también actuó como hombre público. Compuso un poema *Sobre la naturaleza* y un *Poema lústrico*, de los cuales nos han llegado algunos fragmentos. Las narraciones acerca de su muerte son de carácter legendario: según algunos, habría desaparecido durante un sacrificio; otros afirman en cambio que se lanzó por el cráter del Etna.

Según Empédocles, al igual que según Parménides, son imposibles el nacer y el perecer, entendidos como un provenir de la nada y un ir hacia la nada, porque el ser es, y el no-ser no es. No existen pues nacimiento y muerte, y lo que los hombres han calificado con esos nombres no son más que mezclas y disoluciones de determinadas substancias, que permanecen eternamente iguales e indestructibles. Tales substancias son el agua, el aire, la tierra y el fuego, que Empédocles llamó «raíces de todas las cosas».

Los jónicos habían elegido una u otra de estas realidades, en calidad de principio, del cual se derivaban las demás substancias mediante un proceso de transformación. La novedad de Empédocles consiste en haber proclamado la inalterabilidad cualitativa y la intransformabilidad de esas cuatro realidades. Nace así la noción de «elemento», como algo originario y «cualitativamente inmutable», que sólo es capaz de unirse y de separarse espacial y mecánicamente con respecto a los demás elementos. Como resulta evidente, se trata de una noción que únicamente podía nacer de la experiencia eleática, como intento de superar las dificultades que a ésta se le planteaban. Así surge también la llamada «concepción pluralista», que supera el monismo de los jónicos, además del monismo de los eleáticos. En efecto, incluso el pluralismo como tal —para la conciencia crítica— así como el concepto de elemento, sólo podían aparecer en cuanto respuesta a las drásticas negaciones de los eleáticos.

Hay pues cuatro elementos, que al unirse dan origen a las cosas y al separarse dan origen a su corrupción. ¿Cuáles son, empero, las fuerzas que los unen y los separan? Empédocles introdujo las fuerzas cósmicas del amor o de la amistad *(philia)* y del odio o de la discordia *(neikos),* que son causa —respectivamente— de la unión y de la separación de los elementos. Tales fuerzas, de un modo alterno, predominan una sobre otra, y viceversa, durante períodos de tiempo constantes, que han sido fijados por el destino. Cuando predomina el amor o la amistad, los elementos se juntan en una unidad; en cambio, cuando predomina la discordia, se separan.

Al revés de lo que a primera vista podría pensarse, el cosmos no nace cuando prevalece el amor o la amistad, porque el predominio total de esta fuerza hace que los elementos se junten para formar una unidad compacta, que Empédocles denomina Uno o Esfera (lo cual recuerda mucho la esfera parmenidiana):

> Pero en todas partes igual, y por todas infinita,
> redonda esfera, que goza de su envolvente soledad.

En cambio, cuando prevalecen de modo absoluto el odio o la discordia, los elementos se separan completamente, y tampoco en este caso existen las cosas y el mundo.

El cosmos y las cosas del mundo surgen por lo contrario durante los dos períodos de paso que van desde el principio de la amistad hasta el de la discordia, y luego desde el predominio de la discordia hasta el de la amistad. En cada uno de estos lapsos se da un progresivo nacer y un progresivo destruirse de un cosmos, lo cual supone necesariamente la acción conjunta de ambas fuerzas.

El momento de la perfección no reside en la constitución del cosmos, sino en la de la esfera.

Las reflexiones de Empédocles acerca de la constitución de los organismos, sus procesos vitales y sobre todo sus intentos de explicar los procesos cognoscitivos resultan de gran interés. Desde las cosas y desde sus poros se liberan efluvios que inciden sobre los órganos de los sentidos, de forma que éstos conozcan las partes que les son semejantes, de aquellos efluvios que provienen de las cosas: el fuego conoce al fuego, el agua conoce al agua, y así sucesivamente (en cambio, en la percepción visual se da el proceso inverso y los efluvios parten de los ojos; sin embargo, sigue vigente el principio de que lo semejante conoce lo semejante):

> Con la tierra percibimos la tierra, con el agua el agua
> con el éter el divino éter, con el fuego el fuego que derrite,
> con el amor el amor, con la contienda la dolorosa contienda.

El pensamiento, según esta arcaica visión del conocimiento, tiene su vehículo en la sangre y reside en el corazón. Por lo tanto, el pensar no es prerrogativa exclusiva del hombre.

En el *Poema lústrico* Empédocles se apropiaba y desarrollaba las cocepciones órficas, presentándose como profeta y mensajero de ellas. En versos sugerentes, expresaba la noción de que el alma humana es un demonio que ha sido expulsado del Olimpo debido a una culpa original, y que para expiarla ha sido arrojado al ciclo de los nacimientos bajo todas las formas de los vivientes. Entre otras cosas escribió:

> También yo soy uno de ellos, fugitivo de los dioses y errante,
> porque concedí fe a la furibunda contienda...
> Porque fui en un tiempo niño y niña,
> arbusto y pájaro y mudo pez en el mar....

En el poema Empédocles mencionaba las reglas de vida que pemitían purificarse y liberarse del ciclo de reencarnaciones, y volver a estar entre los dioses, «liberados, indemnes, inviolados por las aflicciones humanas».

Física, mística y teología forman en el pensamiento de Empédocles una compacta unidad. Para él las cuatro raíces —agua, aire, tierra y fuego— son divinas; también son divinas las fuerzas de amistad y discordia; Dios es la esfera; las almas son demonios que, como el resto de las cosas, están constituidas por los elementos y las fuerzas cósmicas. A diferencia de lo que muchos han afirmado, entre los dos poemas de Empédocles existe unidad de inspiración y no hay ninguna antítesis entre la dimensión física y la dimensión mística. En todo caso la dificultad consiste en lo contrario: en este universo en el cual todo es divino, incluso la misma discordia, no se ve qué es lo que no lo sería y cómo habría una diferencia entre alma y cuerpo, dado que ambos provienen de las mismas raíces. Habrá que esperar a Platón para tratar de responder a este problema.

4.2. *Anaxágoras de Clazomene: el descubrimiento de las homeomerías y de la inteligencia ordenadora*

Anaxágoras continúa el intento de solucionar la gran dificultad provocada por la filosofía de los eleáticos. Nacido en Clazomene alrededor del 500 a.C. y fallecido hacia el 428 a.C., Anaxágoras trabajó en Atenas durante treinta años. Probablemente fue mérito suyo el haber introducido el pensamiento filosófico en esta ciudad, destinada a convertirse en la capital de la filosofía antigua. Escribió un tratado *Sobre la naturaleza*, del cual poseemos fragmentos significativos.

También Anaxágoras se declara totalmente de acuerdo con la imposibilidad de que exista el no ser y que, por lo tanto, nacer y morir constituyen acontecimientos reales: «Los griegos, empero», escribe, «consideraban correctamente el nacer y el morir: en efecto, ninguna cosa nace ni muere, sino que a partir de cosas que son se produce un proceso de composición y de división; así, para hablar correctamente habría que llamar "componerse" al nacer, y "dividirse"al morir.»

Estas «cosas que son» y que al componerse y descomponerse dan origen al nacer y al morir de todas las cosas, no pueden ser únicamente las cuatro raíces de Empédocles. Agua, aire, tierra y fuego no están en condiciones de explicar las innumerables cualidades que se manifiestan en los fenómenos. Las semillas (*spermata*) o elementos de los que proceden las cosas, deben ser tantas como las innumerables cantidades de las cosas: «semillas que posean formas, colores y gustos de todas clases», es decir, infinitamente diversas. Estas semillas son pues lo originario cualitativo desde el punto de vista eleático, pero no sólo como engendrado (eterno), sino también como inmutable (ninguna cualidad se transforma en otra, precisamente por ser originaria). Estos «muchos» originarios son en definitiva, cada uno de ellos, lo mismo que Meliso consideraba que era el Uno.

No obstante, estas semillas no sólo son infinitas en número tomadas en conjunto (infinitas cualidades), sino también infinitas tomadas individualmente, es decir, también infinitas en cantidad: carecen de límite en su tamaño (son inagotables) y en su pequeñez, porque se pueden dividir hasta lo infinito, sin que la división llegue jamás a un límite, es decir, sin llegar a la nada (puesto que la nada no existe). Puede dividirse por tanto cualquier semilla (cualquier substancia-cualidad) en partes cada vez más pequeñas, y las partes que se obtengan poseerán siempre la misma cualidad, hasta lo infinito. Debido precisamente a esta característica de ser divisibles en partes que siempre son iguales, a tales semillas se las denomina «homeomerías» (el término aparece en Aristóteles, pero no es imposible que proceda de Anaxágoras), que significa «partes semejantes», «partes cualitativamente iguales» (que se obtienen cuando se divide cada una de las semillas).

Al principio estas homeomerías constituían una masa en la que todo «se mezclaba a la vez», de modo que «no se distinguía ninguna». Más tarde una Inteligencia (de la que hablaremos en seguida) produjo un movimiento, que convirtió la mezcla caótica en mezcla ordenada, de la que surgieron todas las cosas. Todas y cada una de las cosas, por consiguiente, son mezclas bien ordenadas, en las que existen todas las semillas de todas las cosas, si bien en una medida pequeñísima, diversamente proporcionada en cada caso. La predominancia de esta o de aquella semilla es lo que determina la diferencia entre las cosas. Por esto, dice acertadamente Anaxágoras: «Todo está en todo»; o también: «En cada cosa hay parte de todas las cosas.» En el grano de trigo prevalece una semilla determinada, pero en él se incluye todo, y en particular, el cabello, la carne, los huesos, etc.: «¿Cómo, si no —escribe—, podría producirse cabello de aquello que no es cabello, y la carne de lo que no es carne?» Por este motivo el pan (el trigo), al ser comido y asimilado, se transforma en cabellos, carne y todo lo demás: porque en el pan están las «semillas de todo». Ésta es una paradoja que se explica perfectamente, si se tiene en cuenta la problemática eleática, que Anaxágoras quería resolver: «La carne no puede nacer de la no-carne, ni el cabello del no-cabello, puesto que lo impide el vacío parmenidiano del no-es» (G. Calogero). Así el filósofo de Clazomene trataba de salvar la inmovilidad, tanto cuantitativa como cualitativa: nada viene de la nada ni va a la nada, sino que todo está en el ser desde siempre y para siempre, incluso la cualidad aparentemente más insignificante (el pelo, el cabello).

Hemos dicho que una inteligencia divina fue la que originó el movimiento de la mezcla caótica, permitiendo que nacieran las cosas. He aquí cómo la describe Anaxágoras en un fragmento que se ha conservado hasta nuestros días y que señala una de las cumbres del pensamiento presocrático:

> Todas las cosas tienen parte de las demás cosas, pero la inteligencia es ilimitada, independiente y no mezclada con otra cosa, sino que está sola en sí misma. En efecto, si no estuviese en sí misma, sino que estuviese mezclada con alguna otra cosa, participaría de todas las cosas, si estuviese mezclada con alguna. En todo hay parte de cada cosa, como he dicho antes, y las cosas mezcladas serían un obstáculo para ella, de modo que no tendría poder sobre algo, como lo tiene estando sola en sí misma. En efecto, es la más sutil y la más pura de todas las cosas, y posee pleno conocimiento de todo y tiene una grandísima fuerza. Y todas las cosas vivas, tanto las mayores como las menores, todas son dominadas por la inteligencia. Y ésta fue la que dio el impulso a la rotación universal, de forma que desde un principio se llevase a cabo el movimiento rotatorio. Primero el movimiento de rotación empezó siendo pequeño y se desarrolla y crece, y cada vez crecerá más. Y todas las cosas que se forman por

composición y las que se forman por separación y las que se dividen, todas fueron reconocidas por la inteligencia, y las que estaban a punto de ser y las que eran y ahora no son, y las que ahora son y las que serán, todas las dispuso la inteligencia, así como la rotación que siguen los astros, el sol, la luna y aquella parte de aire y de éter que se va formando. Precisamente fue la rotación la que emprendió el proceso de formación. Por separación de lo tenue se forma lo denso, de lo frío el calor, de lo obscuro lo luminoso, y de lo húmedo lo seco. Hay muchas partes de muchos. Por completo, sin embargo, nada se forma, ni se dividen las cosas entre sí, si no es por la inteligencia. La inteligencia es toda ella semejante, la mayor y la menor. Pero, de lo demás, nada es semejante a nada, sino que cada cosa está y estaba constituida por las cosas más llamativas de las cuales participa.

El fragmento —bastante conocido y con justicia celebrado— contiene una intuición realmente genial, esto es, la intuición de un principio que es una realidad infinita, separada de todo lo demás, la más sutil y más pura de las cosas, igual a sí misma, inteligente y sabia. Llegamos en este punto a un refinamiento muy notable del pensamiento presocrático; no nos hallamos todavía ante el descubrimiento de lo inmaterial, pero sin duda estamos en la fase que lo precede inmediatamente.

Platón y Aristóteles, aunque aprecian su descubrimiento, lamentan que Anaxágoras no haya utilizado la inteligencia de un modo sistemático y no sólo para salir de un apuro, prefiriendo a menudo explicar los fenómenos mediante los modelos usados por los filósofos anteriores. Sin embargo el choque con Anaxágoras señalará un giro decisivo en el pensamiento de Platón, quien nos dice —por boca de Sócrates— que se internó por la nueva senda de la metafísica debido al estímulo y a la desilusión que, al mismo tiempo, le produjo la lectura del libro de Anaxágoras.

4.3. *Leucipo, Demócrito y el atomismo*

El último intento de solucionar los problemas planteados por el eleatismo, permaneciendo en el ámbito de la filosofía de la *physis*, fue llevado a cabo por Leucipo y Demócrito, al descubrir el concepto de átomo.

Leucipo, nacido en Mileto, llegó a Italia, a Elea (donde conoció la doctrina eleática), a mediados del siglo v a.C., y de Elea pasó a Abdera, donde fundó la escuela que llegó a su culminación con Demócrito, que había nacido en esta última ciudad. Demócrito era algo más joven que su maestro. Nació quizás hacia el 460 a.C. y murió muy anciano, algunos años después que Sócrates. Le fueron atribuidas numerosísimas obras; es probable, sin embargo, que el conjunto de estos escritos constituya el corpus de la escuela, en el que confluían las obras del maestro y de algunos discípulos. Realizó viajes prolongados y adquirió una enorme cultura en ámbitos muy variados, la mayor que quizá haya reunido un filósofo hasta aquel momento.

También los atomistas reiteran la imposibilidad del no-ser y reafirman que el nacer no es más que un «agregarse de cosas que son», y el morir, un «disgregarse» o, mejor dicho un «separarse» de las cosas. La concepción de estas realidades originarias, empero, es muy nueva. Se trata de un «infinito número de cuerpos, invisibles por su pequeñez y su volumen». Estos cuerpos son indivisibles y, por tanto, son á-tomos (en griego, *atomos* significa «no-divisible») y, como es natural, no engendrables, indestructibles, inmutables. En cierto sentido, estos átomos se hallan más pró-

Demócrito (que vivió en la segunda mitad del s. v a.C.) fue el sistematizador del atomismo y la mente más universal de los presocráticos.

ximos al ser eleático que a las cuatro raíces —los elementos de Empédocles— o a las semillas u homeomerías de Anaxágoras, porque se hallan cualitativamente indiferenciados. Todos son un ser-pleno del mismo modo y sólo difieren entre sí en la forma o figura geométrica, y como tales siguen conservando la igualdad del ser eleático de sí mismo consigo mismo (la absoluta indiferenciación cualitativa). Los átomos de la escuela de Abdera son pues la fragmentación del Ser-Uno eleático en infinitos seres-unos, que aspiran a mantener el mayor número posible de rasgos del Ser-Uno eleático.

Sin embargo al hombre moderno la palabra «átomo» le recuerda de forma inevitable aquellos significados que el término ha adquirido en la física posterior a Galileo. En cambio para los filósofos de Abdera lleva el cuño de una forma de pensar típicamente griega. Indica una forma originaria y es por tanto átomo-forma, es decir, forma indivisible. El átomo se distingue de los demás átomos no sólo por la figura, sino también por el orden y por la posición. Y las formas, así como la posición y el orden, pueden variar hasta lo infinito. Naturalmente el átomo no se puede percibir con los sentidos, sino únicamente con la inteligencia. El átomo es pues la forma visible al intelecto.

Como es evidente, para ser pensado como lleno (de ser) el átomo supone necesariamente el vacío (de ser y, por lo tanto, el no-ser). El vacío, en efecto, es tan necesario como el lleno; sin vacío los átomos-formas no podrían diferenciarse y ni siquiera moverse. Átomos, vacío y movimiento constituyen la explicación de todo.

Al mismo tiempo se hace manifiesto que los atomistas han tratado de superar la gran aporía eleática, salvando al mismo tiempo la verdad y la opinión, es decir los fenómenos. La verdad es brindada por los átomos, que sólo se distinguen entre sí mediante las diferentes determinaciones geométrico-mecánicas (figura, orden y posición) y por el vacío; los diversos fenómenos posteriores y sus diferencias proceden de una diferente reunión de átomos, y del encuentro ulterior de las cosas que ellos producen, con nuestros propios sentidos. Escribe Demócrito: «Opinión el frío, opinión el calor; verdad los átomos y el vacío.» Es éste, sin duda, el intento más ingenioso de justificar la opinión (la *doxa*, como la llamaban los griegos), que haya tenido lugar en el ámbito de los presocráticos.

Con todo, es necesario efectuar una aclaración adicional acerca del movimiento. Los modernos estudios han demostrado que en el atomismo originario es preciso distinguir tres clases de movimiento: *a)* El movimiento primigenio de los átomos era un movimiento tan caótico como el flotar en todas direcciones del polvillo atmosférico que se vislumbra a través de los rayos solares que entran por una ventana. *b)* De este movimiento proviene un movimiento vertiginoso que hace que los átomos semejantes se agreguen entre sí, los átomos distintos se dispongan de modo diferente y se genere el mundo. *c)* Finalmente existe un movimiento de los átomos que se liberan de todas las cosas (que son compuestos atómicos) y que forman los efluvios (un típico ejemplo es el de los perfumes).

Es evidente que, puesto que los átomos son infinitos, también son infinitos los mundos que se derivan de ellos, distintos unos de otros (aunque en algún caso también podrían ser idénticos, ya que dentro de la infinita cantidad de combinaciones posibles, cabe que exista una combinación idéntica). Todos los mundos nacen, se desarrollan y después se corrompen, para dar origen a otros mundos, cíclicamente y sin final.

Los atomistas han pasado a la historia como aquellos que afirman un mundo al azar. Esto no quiere decir que no asignen causas al surgimiento del mundo (tales causas son las que se acaban de explicar), sino que no le asignan una causa inteligente, una causa final. El orden (el cosmos) es el resultado de un encuentro mecánico entre los átomos y no algo proyectado o producido por una inteligencia. La inteligencia misma sigue, y no precede, al compuesto atómico. Lo cual no impide, empero, que los atomistas hayan considerado que determinados átomos, en cierto sentido privilegiados, puros, esferiformes, de naturaleza ígnea, son los elementos constitutivos del alma y de la inteligencia. Según testimonios específicos, Demócrito habría considerado que tales átomos, además, eran lo divino.

El conocimiento proviene de los efluvios de los átomos que emanan de todas las cosas (como antes hemos dicho) y que entran en contacto con los sentidos. A través de dicho contacto, los átomos semejantes que se hallan fuera de nosotros inciden sobre aquellos semejantes que están en nosotros, del mismo modo que lo semejante conoce a lo semejante, como ya había afirmado Empédocles. Sin embargo Demócrito insistió asimismo sobre la diferencia entre conocimiento sensorial y conocimiento inteligible: el primero sólo nos brinda opiniones, mientras que el segundo nos da la verdad en el sentido antes señalado.

Demócrito fue famoso, asimismo, por sus magníficas sentencias morales, que parecen provenir sin embargo de la tradición de la sabiduría griega, y no de sus principios ontológicos. La noción central de esta ética consiste en que el «alma es la morada de nuestro destino», y que en el alma —y no en las cosas externas o en los bienes del cuerpo— es donde está la raíz de la felicidad o de la infelicidad. Una de sus máximas, finalmente, nos muestra cuánto había madurado en él una visión cosmopolita: «todos los países de la tierra están abiertos al hombre sabio: porque la patria del ánimo virtuoso es todo el universo.»

4.4. *La involución en sentido ecléctico de los últimos físicos y el retorno al monismo: Diógenes de Apolonia y Arquelao de Atenas*

Las últimas manifestaciones de la filosofía de la *physis* nos indican, por lo menos en parte, una involución en sentido ecléctico. En efecto, se tiende a combinar a un mismo tiempo las ideas de los filósofos precedentes. Algunos llevaron a cabo esto de un modo evidentemente desafortunado. Hubo quien intentó combinar a Tales con Heraclito, proponiendo como principio el agua, que habría engendrado el fuego, que venció al agua y engendró al cosmos. Otros pensaron que el principio era «un elemento más denso que el fuego y más sensible que el aire», o bien «un elemento más sutil que el agua, pero más espeso que el aire», concibiéndolo además como infinito. Se pone de manifiesto un intento de establecer una mediación entre Heraclito y Anaxímenes, en unos casos, y entre Tales y Anaxímenes, en otros.

En cambio, fue bastante más serio el intento de Diógenes de Apolonia, que ejerció su actividad en Atenas, entre el 440 y el 423 a.C. aproximadamente. Diógenes defiende la necesidad de volver al monismo del principio, porque en su opinión si hubiese muchos principios, de naturalezas diferentes entre sí, no podrían mezclarse ni actuar el uno sobre el otro. Por ello es necesario que todas las cosas nazcan por transformación de un mismo principio. Este principio es «aire infinito», pero está «dotado de mucha inteligencia».

Aquí se combinan al mismo tiempo Anaximandro y Anaxágoras. Éste es el fragmento más conocido, en el que se desarrolla este concepto:

> Y a mí me parece que aquello que los hombres llaman aire está dotado de inteligencia, y que rige y gobierna todo. Porque me parece que es Dios y que llega a todas partes, todo lo dispone y está dentro de todas las cosas. Nada hay que no participe de él: empero, ninguna cosa participa de él en la misma medida que otra y, por ello, son numerosas las formas del aire mismo y de la inteligencia. Es de muchos modos, en efecto, más cálido y más frío, más seco y más húmedo, más quieto y más rápido. Hay muchas otras modificaciones infinitas, de placer y de color. Las almas de todos los animales son también la misma cosa, aire más cálido que el de fuera —en el cual vivimos— pero mucho más frío que el que está cerca del sol. Ahora bien, este calor no es igual en todos los animales y tampoco en todos los hombres, pero no difiere mucho: difiere en la medida que es posible dentro de los límites de la semejanza de las cosas. Sin embargo, no pueden ser verdaderamente del mismo modo las cosas que cambian, éstas y aquéllas, antes de transformarse en lo mismo. Puesto que la transformación es de muchos modos, muchos y de muchos modos tienen que ser los animales, y debido al gran número de modificaciones, distintos entre sí en forma, en modo de vida y en inteligencia. No obstante, todos viven y ven y oyen por obra del mismo elemento, y de este mismo procede también su inteligencia.

Naturalmente nuestra alma es aire-pensamiento que respiramos al vivir y que exhalamos con nuestro último suspiro cuando morimos.

Diógenes, que identificó la inteligencia con el principio-aire, hizo de ella un uso sistemático y exaltó aquella visión finalista del universo, que en Anaxágoras resultaba limitada. Por lo demás, la concepción teleológica de Diógenes ejerció un influjo notable sobre el ambiente ateniense y constituyó uno de los puntos de partida del pensamiento socrático. Se atribuye a Arquelao de Atenas una concepción análoga. En efecto, parece que también él habló entre otras cosas de «aire infinito» y de «inteligencia». Numerosas fuentes lo llaman «maestro de Sócrates».

Aristófanes caricaturizó a Sócrates en *Las nubes*. Y las nubes, precisamente, son aire. Sócrates baja de las nubes y ora a las nubes, es decir, al aire. Sus contemporáneos, pues, vinculaban a Sócrates con estos pensadores, además de emparentarlo con los sofistas. No se puede prescindir de estos autores, en realidad, si se quiere entender a Sócrates en todos sus aspectos y lo que de él nos refieren las fuentes disponibles, como veremos más adelante.

PARTE TERCERA

EL DESCUBRIMIENTO DEL HOMBRE

LOS SOFISTAS, SÓCRATES Y LOS SOCRÁTICOS Y LA MEDICINA HIPOCRÁTICA

«Nos ordena conocer el alma aquel que nos advierte "Conócete a ti mismo".»

Sócrates

Sócrates (470/469-399 a.C.) es el descubridor de la esencia del hombre como *psyche*. A partir de Platón, se ha convertido en símbolo de la filosofía misma

Capítulo III

LA SOFÍSTICA: EL DESPLAZAMIENTO DEL EJE DE LA BÚSQUEDA FILOSÓFICA DESDE EL COSMOS HASTA EL HOMBRE

1. Orígenes, naturaleza y finalidad del movimiento sofista

«Sofista» es una palabra que significa «sabio», «experto en el saber». La acepción del término, por sí misma positiva, se convirtió en negativa a causa sobre todo de la toma de posición notablemente polémica de Platón y de Aristóteles. Éstos sostuvieron que, como ya había dicho Sócrates, el saber de los sofistas era aparente y no efectivo, y que además no se profesaba con objeto de una búsqueda desinteresada de la verdad, sino con fines de lucro. Platón, en especial, insiste sobre la peligrosidad —desde el punto de vista moral— de las ideas de los sofistas, además de su inconsistencia teórica. Durante mucho tiempo los historiadores de la filosofía aceptaron sin discusión los juicios de Platón y de Aristóteles acerca de los sofistas, además de las informaciones que ambos filósofos ofrecían sobre estos pensadores. En consecuencia, por regla general, el movimiento de los sofistas fue infravalorado y se le consideró básicamente como un momento de grave decadencia del pensamiento griego. Sólo en nuestro siglo ha sido posible efectuar una sistemática revisión de aquellos juicios, con la consiguiente revalorización radical de ese movimiento, desde el punto de vista histórico y filosófico. Actualmente todos comparten las conclusiones que extrae W. Jaeger: «Los sofistas son un fenómeno tan necesario como Sócrates y Platón; más aún, éstos sin aquéllos resultan del todo impensables.»

En efecto, los sofistas llevaron a cabo una revolución espiritual en sentido estricto, desplazando el eje de la reflexión filosófica desde la *physis* y el cosmos hasta el hombre y hasta lo que concierne la vida del hombre en tanto que miembro de una sociedad. Se comprende entonces que los temas dominantes de la sofística fuesen la ética, la política, la retórica, el arte, la lengua, la religión, la educación, es decir lo que hoy llamaríamos la cultura del hombre. Por lo tanto, cabe afirmar con exactitud que gracias a los sofistas se inicia el período humanista de la filosofía antigua.

Este radical desplazamiento del eje de la filosofía se explica por la acción conjunta de dos tipos diferentes de causas. Por un lado, como hemos visto, se habían ido agotando paulatinamente todas las posibilidades de la filosofía de la *physis*. Ya se habían recorrido todas sus sendas y el pensamiento físico había llegado a sus límites extremos. Era obligada la búsqueda de otro objetivo. Por otra parte, durante el siglo v a.C. tuvieron lugar fenómenos sociales, económicos y culturales que al mismo tiempo favorecieron el desarrollo de la sofística y, a su vez, fueron favorecidos por ella.

Recordemos antes que nada la lenta pero inexorable crisis de la aristocracia, que avanza al mismo ritmo que el poder del *demos,* del pueblo, cada vez mayor; la afluencia cada vez más numerosa de metecos a las ciudades, sobre todo a Atenas; el crecimiento del comercio que, superando los límites de cada ciudad por separado, las ponían en contacto con un mundo más amplio; la difusión de las experiencias y de los conocimientos de los viajeros, que provocaban el inevitable enfrentamiento entre las costumbres, las leyes y los usos helénicos, y costumbres, leyes y usos totalmente diferentes. Todos estos factores contribuyeron notablemente al surgimiento de la problemática sofística. La crisis de la aristocracia comportó asimismo la crisis de la antigua *arete*, de los valores tradicionales, que eran precisamente los valores más preciados de la aristocracia. La gradual consolidación del poder del *demos* y la ampliación a círculos más vastos de la posibilidad de acceder al poder, provocaron el resquebrajamiento de la convicción según la cual la *arete* estaba ligada al nacimiento (la virtud era algo innato y no algo adquirido), con lo cual pasó a primer plano el problema de cómo se adquiere la virtud política. La ruptura del restringido círculo de la *polis* y el conocimiento de costumbres, leyes y usos opuestos constituyeron la premisa necesaria del relativismo, engendrando la convicción de que aquello que se consideraba como eternamente válido carecía en cambio de valor, en otros ambientes y en otras circunstancias. Los sofistas supieron captar a la perfección estas demandas de la asendereada época que les tocó vivir, las supieron explicitar y les supieron otorgar su propio estilo y su propia voz. Esto explica por qué lograron tanto éxito, sobre todo entre los jóvenes. Estaban respondiendo a las necesidades reales del momento: decían a los jóvenes lo que éstos esperaban, cuando ya no les satisfacían los valores tradicionales que les proponía la generación anterior, ni la forma en que se les proponía.

Todo esto permite comprender mejor ciertos aspectos de la sofística poco apreciados en el pasado, o negativamente evaluados:

a) Es verdad que los sofistas, además de buscar el saber en cuanto tal, atendieron a cuestiones prácticas y que para ellos resultaba esencial el conseguir alumnos (a diferencia de los físicos). Sin embargo también es verdad que la finalidad práctica de las doctrinas de los sofistas tiene un aspecto notablemente positivo: gracias a ellos, el problema educativo y el afán pedagógico pasan a primer plano y asumen un nuevo significado. En efecto, se transforman en divulgadores de la idea según la cual la virtud (*arete*) no depende de la nobleza de la sangre y del nacimiento, sino que se basa en el saber. Se comprende así por qué para los sofistas la indagación de la verdad estaba necesariamente ligada con su difusión. La noción occidental de educación, basada en la difusión del saber, debe mucho a los sofistas.

b) Sin lugar a dudas los sofistas exigían una compensación a cambio de sus enseñanzas. Esto escandalizaba enormemente a los antiguos, porque para ellos el saber era consecuencia de una comunión espiritual desinteresada, en la medida en que sólo accedían al saber los aristócratas y los ricos, que tenían previamente resueltos los problemas prácticos de la vida y dedicaban al saber el tiempo libre de necesidades. Los sofistas, empero, habían convertido el saber en oficio y, por tanto, debían exigir una compensación para vivir y para poder difundirlo, viajando de ciudad en ciudad. Podrá criticarse sin duda a algunos sofistas por los abusos que ejercieron, pero no por el principio que se introdujo: mucho más tarde éste se convirtió en práctica generalizada. Los sofistas rompían así un esquema social que limitaba la cultura a determinadas clases de la población, ofreciendo la posibilidad de adquirirla al resto de clases sociales.

c) A los sofistas se les reprochó su carácter errante y el no respetar aquel apego a la propia ciudad, que para los griegos de entonces era una especie de dogma ético. Sin embargo, desde otro punto de vista, esta actitud también es algo positivo: los sofistas comprendieron que los estrechos límites de la *polis* ya no tenían razón de ser, convirtiéndose en portadores de demandas panhelénicas, y más que ciudadanos de una simple ciudad, se sintieron ciudadanos de la Hélade. En este aspecto supieron ver incluso más allá que Platón y Aristóteles, que continuaron considerando a la ciudad-estado como paradigma del Estado ideal.

d) Los sofistas manifestaron una notable libertad de espíritu con respecto a la tradición, las normas y las conductas codificadas, y mostraron una confianza ilimitada en las posibilidades de la razón. Por tal motivo fueron llamados los «ilustrados griegos», expresión que los define muy bien, entendida en el contexto histórico correspondiente.

e) Los sofistas no constituyeron en absoluto un bloque compacto de pensadores. L. Robin ha escrito con toda justicia que «la sofística del siglo v representa un conjunto de afanes independientes, destinados a satisfacer idénticas necesidades, apelando a medios análogos». Ya hemos visto cuáles eran estas necesidades. Debemos examinar ahora estos afanes independientes y estos medios análogos. Con objeto de orientarnos de una forma preliminar, es necesario distinguir entre tres grupos de sofistas: 1) los grandes y célebres maestros de la primera generación, que no carecían en absoluto de criterios morales y que el mismo Platón considera dignos de un cierto respeto; 2) los eristas, que llevaron a un exceso el aspecto formal del método, no se interesaron por los contenidos y carecieron asimismo de la altura moral de los maestros; 3) por último, los sofistas políticos, que utilizaron las ideas sofísticas en un sentido que hoy calificaríamos de «ideológico», esto es con finalidades políticas, y que cayeron en diversos excesos, llegando incluso a la teorización del inmoralismo. Nos detendremos más, evidentemente, en el primer grupo de sofistas, ya que los demás constituyen —de modo exclusivo o al menos predominante— una degeneración del fenómeno.

2. Protágoras y el método de la antilogía

El más famoso y el más celebrado de los sofistas fue Protágoras, nacido en Abdera en la década que va desde el 491 al 481 a.C., y fallecido a finales de ese mismo siglo. Viajó por toda Grecia y pasó varias temporadas en Atenas, donde logró un gran éxito. Fue muy apreciado por los políticos (Pericles le confió el encargo de preparar la legislación destinada a la nueva colonia de Turi, en el 444 a.C.). Su obra principal son *Las antilogías*, de la cual sólo poseemos algunos testimonios.

La proposición básica del pensamiento de Protágoras consistió en el siguiente axioma: «El hombre es la medida de todas las cosas, de las que son en aquello que son, y de las que no son en aquello que no son» (principio del *homo mensura*). Protágoras entendía por «medida» la norma del juicio, mientras que «todas las cosas» abarcaban todos los hechos y todas las experiencias en general. Tal axioma se convirtió en celebérrimo y ha sido considerado —y lo es, en efecto— casi como la carta magna del relativismo occidental. Mediante este principio Protágoras quería negar la existencia de un criterio absoluto que discrimine entre ser y no-ser, verdadero y falso. El único criterio es el hombre, el hombre individual: «Las cosas son para mí tal como se me aparecen, y son para ti tal como se te aparecen a ti.» Por ejemplo, este viento que sopla, ¿es frío o cálido? La respuesta, de acuerdo con el criterio de Protágoras, sería la siguiente: «Para quien tenga frío, es frío, y para el que no, no.» Entonces, si las cosas son así, nadie estaría en la falsedad, sino que todos estarían en la verdad (en su verdad).

El relativismo que se expresa a través del principio del *homo mensura* es profundizado de una forma adecuada mediante la obra ya mencionada, *Las antilogías*, en la que se demostraba que «acerca de cada cosa hay dos razonamientos que se contraponen entre sí». En otras palabras, con respecto a cada cosa es posible decir y contradecir, esto es, se pueden aducir razones que se anulan recíprocamente. En esto consistió precisamente el núcleo central de las enseñanzas de Protágoras: «Se trata de enseñar a criticar y a discutir, a organizar un torneo de razones contra razones» (L. Robin).

Se nos narra asimismo que Protágoras enseñaba a fortalecer el argumento más débil. Esto no quiere decir que Protágoras enseñase la injusticia y la iniquidad en contra de la justicia y la rectitud, sino sencillamente que enseñaba la manera en que —técnica y metodológicamente— era posible afianzar y conseguir la victoria del argumento (sea cual fuese su contenido objetivo) que en una discusión en unas circunstancias determinadas, pudiese resultar más débil.

La virtud enseñada por Protágoras consistía exactamente en la habilidad de hacer prevalecer cualquier punto de vista sobre su contrario. El éxito de sus enseñanzas estriba en el hecho de que los jóvenes, aprovechando esta habilidad, consideraban que se abrirían camino en las asambleas públicas, en los tribunales y en la vida política en general.

Para Protágoras, pues, todo es relativo: no existe una verdad absoluta y tampoco existen valores morales absolutos (bienes absolutos). Existe, empero, algo que es más útil, más conveniente y en consecuencia más oportuno. El sabio es aquel que conoce aquello relativo que es más útil, más conveniente y más oportuno, y que sabe convencer a los demás para que también lo reconozcan y lo pongan en práctica.

Sin embargo, el relativismo de Protágoras padeció una notable limitación en este aspecto. Parecería, en efecto, que mientras que el hombre es medida y mide realmente la verdad y la falsedad, en cambio resulta medido por la utilidad: ésta, en cierto modo, se presenta como algo objetivo.

En definitiva: para Protágoras, al parecer, el bien y el mal son respectivamente lo útil y lo perjudicial; lo mejor y lo peor son lo más útil y lo más perjudicial.

Protágoras no halló ninguna oposición entre su relativismo y su pragmatismo basado en la utilidad, debido a que lo útil en lo empírico aparece única y exclusivamente en el contexto de correlaciones, hasta el punto de que no se puede determinar en qué consiste si no se define al mismo tiempo el tema al que se refiere lo útil, el objetivo para el cual es útil, las circunstancias en las que es útil, y así sucesivamente. Lo útil según Protágoras era un concepto relativo. Por lo tanto afirmaba sin ambages que su sabiduría consistía en saber reconocer aquello que es nocivo o que es útil para la convivencia ético-política de los hombres, y en saber demostrarlo a los demás, convenciéndolos de ello. Sin embargo, según los testimonios que nos han sido transmitidos, es evidente que Protágoras no supo decir sobre qué bases y sobre qué fundamentos puede reconocer el sofista lo que es útil desde un punto de vista socio-político. Para lograrlo hubiera debido profundizar más en la esencia del hombre y determinar la naturaleza de ésta. Tal será la tarea que históricamente le corresponderá a Sócrates.

Finalmente sabemos que Protágoras afirmó: «De los dioses, no tengo la posibilidad de afirmar que son, o que no son.» Basándose en su método antilógico, se veía obligado a demostrar tanto los argumentos a favor de la existencia de los dioses, como los argumentos contrarios a ésta. Ello no significa que fuese ateo, como alguno ya supuso en la antigüedad, sino que era sólo un agnóstico desde el punto de vista racional (si bien desde el punto de vista práctico mantenía al parecer una actitud positiva hacia los dioses).

3. Gorgias y la retórica

Gorgias nació en Leontini, en Sicilia, alrededor del 485/480 a.C. y vivió en perfecta salud física durante más de un siglo. Viajó por toda Grecia, obteniendo amplios consensos. Su obra filosófica más profunda lleva el título *Sobre la naturaleza y sobre el no-ser* (inversión del título de la obra de Meliso).

Mientras que Protágoras parte del relativismo y edifica sobre él el método de la antilogía, Gorgias parte del nihilismo y sobre él construye su retórica. El tratado *Sobre la naturaleza y sobre el no-ser* es una especie de manifiesto del nihilismo occidental, estructurado sobre las tres tesis siguientes. 1) No existe el ser, esto es, nada existe. En efecto, los filósofos que han hablado del ser lo han definido de un modo que provoca conclusiones que se anulan mutuamente, con lo que el ser no podrá ser ni uno, ni múltiple, ni no engendrado, ni engendrado, y por lo tanto no será nada. 2) En el supuesto de que existiese el ser, no podría ser cognoscible. Para probar esta afirmación, Gorgias intentó quitar validez a la máxima parmenidiana según la cual el pensamiento es, siempre y únicamente, pensamiento del ser, y el no-ser es impensable. Hay cosas pensadas (por ejemplo pueden pensarse niños que corran sobre el mar) que no existen, y las hay no existentes (Escila, la Quimera) que son pensadas. Existe pues divorcio y ruptura entre ser y pensamiento. 3) En el supuesto de que fuese pensable, el ser resultaría inexpresable. La palabra no puede comunicar con valor de verdad nada distinto de sí misma: «Aquello que uno ve, ¿cómo (...) podría expresarlo con la palabra? ¿O cómo podría esto convertirse en manifiesto para quien lo escucha, sin haberlo visto? Al igual que la vista no conoce los sonidos, tampoco el oído oye los colores, sino los sonidos; dice, sin duda, quien dice, pero no dice ni un color ni una experiencia.»

Eliminada la posibilidad de llegar a una verdad absoluta (*aletheia*) parecería que a Gorgias sólo le queda el camino de la opinión (*doxa*). En cambio, Gorgias también niega esta opinión, considerándola la más falaz de las cosas. Busca avanzar por una tercera vía, la de la razón que se limita a iluminar hechos, circunstancias o situaciones de la vida de los hombres y de las ciudades, y tal vía «no es la ciencia que permite definiciones o reglas absolutas, ni la errabunda opinión individualista. Es (...) un análisis de la situación, una descripción de lo que se debe y no se debe hacer (...) Gorgias es así uno de los primeros representantes de una ética de la situación. Los deberes varían según el momento, la edad o la característica social; una misma acción puede ser buena o mala según quien la realiza. Es evidente que esta labor teórica —efectuada sin bases metafísicas y sin principios absolutos— comporta una amplia aceptación de opiniones generalizadas: esto explica la extraña combinación de novedad y de tradición que hallamos en Gorgias» (M. Migliori).

En cambio es nueva su postura con respecto a la retórica. Si no existe una verdad absoluta y todo es falso, la palabra adquiere una autonomía propia, casi carente de límites, porque no está sometida a los vínculos del ser. Dada su independencia onto-veritativa, se convierte —o puede convertirse— en algo dispuesto a todo. Y es aquí donde descubre Gorgias en lo teórico aquel aspecto de la palabra por el cual ésta, prescindiendo de toda verdad, puede hacerse portadora de persuasión, de creencia y de sugestión. La retórica es exactamente aquel arte que aprovecha hasta el fondo este aspecto de la palabra y que puede definirse como el arte de persuadir. Este arte, en la Grecia del siglo v a.C. era «el verdadero timón en las manos del hombre de Estado» (W. Jaeger). Al político en aquella época también se le llamaba «retórico», es decir experto en retórica. Para Gorgias ser retórico consiste en «ser capaces de persuadir a los jueces en los tribunales, a los consejeros en el consejo, a los miembros de la asamblea popular en la asamblea, y así en todas las demás reuniones que haya entre ciudadanos». El valor y la importancia política de la retórica se vuelve evidente, y por consiguiente se justifica el enorme éxito de Gorgias.

Por último Gorgias fue el primer filósofo que trató de teorizar lo que hoy denominaríamos «vertiente estética» de la palabra y la esencia de la poesía, que él definió así: «La poesía, en sus distintas formas, la considero y la llamo un discurso con metro, y quien la escucha se ve invadido por un estremecimiento de pavor, por una compasión que arranca las lágrimas, por una acuciante ansia llena de dolor, y el alma padece, por efecto de las palabras, un padecimiento que le es propio, al experimentar las fortunas y los infortunios de hechos y de personas extrañas.»

El arte, pues, al igual que la retórica, consiste en provocar sentimientos, pero a diferencia de aquélla, no se propone intereses prácticos, sino un engaño poético (*apate*) en cuanto tal (estética no patética). Y dicho engaño, naturalmente, es una pura ficción poética. Gorgias podía afirmar con razón que en esta clase de engaño «quien engaña actúa mejor que el que no engaña y quien resulta engañado es más sabio que el que no es engañado». El que engaña, esto es el poeta, es mejor debido a su capacidad creadora de ilusiones poéticas, mientras que el engañado es mejor porque está capacitado para comprender el mensaje de esa creatividad.

Tanto Platón como Aristóteles recogerán estos pensamientos, el primero para negar la validez al arte, y el segundo en cambio para descubrir la potencia catártica, purificadora, del sentimiento poético, como tendremos ocasión de ver.

4. Pródico y la sinonimia

Pródico nació en Ceo alrededor del 470/460 a.C. y enseñó en Atenas con éxito. Su obra cumbre se titulaba *Horai* (probablemente, diosas de la fecundidad).

Pródico también fue maestro en hacer discursos y Sócrates lo recuerda en tono de broma como su maestro. La técnica que proponía se basaba en la sinonimia, es decir, en distinguir entre los diversos sinónimos y en la exacta determinación de los matices que entraña el significado de cada uno. Como veremos, esta técnica no dejó de ejercer un influjo benéfico sobre la metodología socrática, que buscaba el «qué es», la esencia de las diversas cosas.

En ética se hizo famoso por su reinterpretación en clave sofista del célebre mito que representa a Hércules ante la bifurcación de senderos, teniendo que elegir entre la virtud y el vicio. En dicha reinterpretación de la virtud aparece como el medio más idóneo para obtener la verdadera ventaja y la verdadera utilidad.

Por último fue originalísima su interpretación de los dioses. Según Pródico los dioses son la encarnación de lo útil y de lo ventajoso: «Los antiguos consideraron como dioses, en virtud de la ventaja que de ello se derivaba, al sol, la luna, las fuentes y, en general, a todas las fuerzas que nos sirven para vivir, como por ejemplo el Nilo, en el caso de los egipcios.»

5. La corriente naturalista de la sofística: Hipias y Antifonte

Constituye un lugar común la afirmación según la cual los sofistas habrían contrapuesto la ley a la naturaleza. En realidad tal contraposición no se da en Protágoras ni en Gorgias ni en Pródico. En cambio, aparece en Hipias de Elis y en Antifonte, que vivieron a finales del siglo V a.C.

Hipias es famoso por haber propuesto una forma de conocimiento enciclopédico y por haber enseñado el arte de la memoria (mnemotécnica). Entre las materias de enseñanza concedía gran importancia a la matemática y a las ciencias naturales, porque pensaba que el conocimiento de la naturaleza era indispensable para una vida recta, que debía ajustarse precisamente a las leyes naturales, más que a las leyes humanas. La naturaleza une a los hombres, mientras que la ley a menudo los divide. Así la ley queda devaluada cuando se opone a la naturaleza y en la misma medida en que se oponga a ella. Por lo tanto surge la distinción entre un derecho o una ley natural y un derecho positivo, es decir, promulgado por los hombres. El primero es eternamente válido, el segundo es contingente. Se plantean así las premisas que llevará a una desacralización total de las leyes humanas, que serán consideradas como normas arbitrarias. Hipias, sin embargo, extrae de esa distinción consecuencias más positivas que negativas. En particular afirma que —basándose en la naturaleza, en las leyes de la naturaleza— carecen de sentido las discriminaciones de las leyes positivas que dividen a los ciudadanos en el seno de una misma ciudad. Nacía así un ideal cosmopolita e igualitario que para los griegos resultaba extremadamente novedoso.

Antifonte radicaliza la antítesis entre la naturaleza y la ley afirmando con terminología eleática que la naturaleza es la verdad y la ley positiva es la opinión, con lo cual la una es casi siempre antitética a la otra. Llega a decir, por consiguiente, que hay que seguir las leyes naturales y, cuando pueda hacerse con impunidad, transgredir las de los hombres.

Las concepciones igualitarias y cosmopolitas ya aparecidas en Hipias también son radicalizadas por Antifonte, que llega a afirmar además la igualdad entre todos los hombres: «Respetamos y veneramos a quien es de noble origen, pero el que posee orígenes humildes, no lo respetamos ni lo honramos. En esto nos comportamos como bárbaros los unos con los otros, porque por naturaleza todos somos absolutamente iguales, tanto los griegos como los bárbaros.»

La ilustración sofista ha eliminado aquí no sólo los viejos prejuicios de casta de la aristocracia y la clausura tradicional de la *polis*, sino también el prejuicio más radical —compartido por todos los griegos— acerca de su superioridad con respecto a los demás pueblos: cualquier ciudadano de cualquier ciudad es igual al de otra, cualquier hombre de cualquier clase es igual al de otra, cualquier hombre de cualquier país es igual al de otro país, porque por naturaleza todos los hombres son iguales a todos los demás hombres. Con todo, Antifonte no llega a decir en qué consiste tal igualdad y cuál es su fundamento: como máximo se limita a decir que todos somos iguales porque todos tenemos las mismas necesidades naturales, todos respiramos con la boca, con la nariz, etc. Una vez más, es preciso esperar a Sócrates para obtener la solución del problema.

6. Los eristas y los sofistas políticos

La antilogía de Protágoras al corromperse engendró la erística, el arte de disputar mediante palabras cuyo objetivo consistía en la disputa misma. Los eristas discurrieron toda una serie de problemas, que se planteaban de un modo que las posibles respuestas eran siempre refutables; dilemas que, aunque fuesen solucionados tanto en sentido afirmativo como negativo, siempre llevaban a respuestas que se podían contradecir; hábiles juegos conceptuales, elaborados mediante términos, que debido a su polivalencia semántica, siempre ponían al oyente en situación de verse derrotado. En resumen, los eristas inventaron toda aquella estructura de razonamientos capciosos y falsos que fueron llamados «sofismas». Platón en el *Eutidemo* representa la erística a la perfección mostrando toda su vacuidad.

En cambio, los llamados sofistas políticos extrajeron sus armas del nihilismo y de la retórica de Gorgias. Critias durante la segunda mitad del siglo v a.C. desacralizó el concepto de los dioses, considerándolos como una especie de espantapájaros hábilmente introducido por un hombre político, particularmente inteligente, con el propósito de hacer respetar las leyes que por sí mismas carecen de fuerza para imponerse, sobre todo en aquellos casos en los que los custodios de las leyes no pueden vigilar a los hombres.

Trasímaco de Calcedonia, durante las últimas décadas del siglo v a.C., llegó a sostener que «lo justo es la ventaja del más poderoso». Y Calicles, protagonista del *Gorgias* platónico, que si no fue un personaje histórico refleja sin embargo el modo de pensar de los sofistas políticos, afirmaba que por naturaleza es justo que el fuerte domine al débil y que lo subyugue por completo. No obstante, como ya hemos dicho, estas posturas constituyen una verdadera perversión de la sofística. Su otra cara, la más auténtica y positiva, es la que Sócrates nos revelará.

7. Conclusiones acerca de la sofística

Hemos comprobado que, aunque sea de modos diversos, los sofistas desplazaron el eje de la indagación filosófica desde el cosmos hasta el hombre. Y precisamente en tal desplazamiento reside su significado histórico y filosófico de mayor relevancia. Abrieron el camino a la filosofía moral, si bien no supieron alcanzar sus fundamentos últimos, porque no lograron determinar la naturaleza del hombre en cuanto tal. Sin embargo, incluso aquellos aspectos de la sofística que a muchos les han parecido exclusivamente destructivos, poseen un sentido positivo. Era preciso, en efecto, que determinadas cosas fuesen destruidas, para poderlas reconstruir sobre bases nuevas y más sólidas y era necesario quebrar ciertas perspectivas demasiado estrechas, con objeto de abrir otras más amplias. Recordemos los ejemplos más significativos.

Los naturalistas habían criticado las viejas concepciones antropomórficas de lo divino y las habían identificado con el principio. Los sofistas rechazaron a los viejos dioses, pero al rechazar también la búsqueda del principio avanzaron hacia una negación de lo divino. Protágoras se mostró agnóstico, Gorgias llegó aún más allá con su nihilismo. Pródico interpretó a los dioses como una hipóstasis de lo útil y Critias, como la invención ideológica elaborada por un político hábil. Sin lugar a dudas, después de estas críticas no se podía dar marcha atrás: para pensar lo divino, era preciso buscar y hallar una esfera más alta en la que colocarlo.

Cabe decir lo mismo acerca de la verdad. Antes de que surgiese la filosofía, la verdad no se distinguía de las apariencias. Los naturalistas contrapusieron el *logos* a las apariencias y sólo en él reconocieron la verdad. Protágoras, empero, escindió el *logos* en los «dos razonamientos» y descubrió que el *logos* dice y contradice; Gorgias rechazó el *logos* como pensamiento y sólo lo consideró como una palabra mágica, pero se encontró con una palabra que puede decir todo lo contrario de todo y, por lo tanto, que en realidad no puede expresar nada. Estas experiencias son trágicas, como ha afirmado un brillante intérprete de los sofistas. Más aún, cabe decir que son trágicas porque pensamiento y palabra han perdido su objeto y su regla, han perdido el ser y la verdad. La corriente naturalista de los sofistas —que, de alguna forma, aunque sea confusa, intuyó eso— se ilusionó con hallar un contenido, en cierto modo objetivo, a través del enciclopedismo; pero este enciclopedismo, en cuanto tal, se reveló como algo por completo inútil. La palabra y el pensamiento debían recuperar la verdad a un nivel más elevado.

Lo mismo es válido con respecto al hombre. Los sofistas destruyeron la vieja imagen del hombre característica de la poesía y de la tradición prefilosófica, pero no supieron construir una nueva. Protágoras consideró al hombre predominantemente como sensibilidad y sensación relativizadora; Gorgias, como sujeto de emociones móviles, susceptible de ser conducido en cualquier dirección mediante la retórica; y los sofistas que apelaron a la naturaleza, hablaron de hombre como si fuese una naturaleza biológica y animal, omitiendo o incluso silenciando su naturaleza espiritual. El hombre, para reconocerse a sí mismo, debía hallar una base más sólida. A continuación, veremos cómo Sócrates supo finalmente encontrarla.

Capítulo IV

SÓCRATES Y LOS SOCRÁTICOS MENORES

1. Sócrates y la fundación de la filosofía moral occidental

1.1. *La vida de Sócrates y la cuestión socrática (el problema de las fuentes)*

Sócrates nació en Atenas en el 470/469 a.C. y murió en el 399 a.C., condenado a muerte por impiedad (fue acusado de no creer en los dioses de la ciudad y de corromper a los jóvenes; no obstante, tras esas acusaciones se ocultaban resentimientos de diversas clases y maniobras políticas). Fue hijo de un escultor y de una comadrona. No fundó una escuela, como los demás filósofos, pero enseñó en lugares públicos (en los gimnasios, en las plazas públicas), como una especie de predicador laico, ejerciendo una enorme fascinación no sólo sobre los jóvenes, sino también sobre hombres de todas las edades, lo cual le ganó notables aversiones y enemistades.

Parece cada vez más evidente que en la vida de Sócrates hay que distinguir dos fases. En la primera frecuentó los físicos, sobre todo a Arquelao, quien —como ya hemos visto— profesaba una doctrina similar a la de Diógenes de Apolonia (que mezclaba de modo ecléctico a Anaxímenes con Anaxágoras). Se hizo eco del influjo de la sofística y se planteó sus mismos problemas, aunque en abierta polémica con las soluciones que proponían los sofistas mayores. No es extraño, pues, que Aristófanes —en su célebre comedia *Las nubes*, estrenada en el 423, cuando Sócrates no había llegado aún a los cincuenta años— presente un Sócrates muy distinto al Sócrates que nos describen Platón y Jenofonte, que es el Sócrates de la vejez, el Sócrates en el último tramo de su existencia.

No obstante, como ha manifestado A.E. Taylor con mucho acierto, los dos momentos de la vida de Sócrates tienen sus raíces en la etapa histórica en la que le tocó vivir, más que en los hechos de su vida individual: «No podemos ni siquiera comenzar a comprender a Sócrates, si no tenemos muy claro que su juventud y su primera madurez transcurrieron en una sociedad separada de aquella en la que se formaron Platón y Jenofonte, por un abismo tan considerable como el que divide a la Europa anterior a la guerra de la Europa de posguerra.» Sócrates no escribió nada, ya que consideraba que su mensaje debía comunicarse a través de la palabra viva, a través del diálogo y la oralidad dialéctica, como se ha dicho con precisión. Sus discípulos establecieron por escrito una serie de doctrinas que se le atribuyen. Esas doctrinas, sin embargo, a menudo no coinciden y, a veces, incluso se contradicen. Aristófanes caricaturiza a un Sócrates que, como hemos observado, no es el de la última madurez. En la mayor parte de sus diálogos Platón idealiza a Sócrates y lo convierte en portavoz de sus propias doctrinas; en consecuencia, resulta muy difícil determinar qué es lo que pertenece efectivamente a Sócrates y qué corresponde, en cambio, a replanteamientos y reelaboraciones que formula Platón. Jenofonte en sus escritos socráticos presenta a un Sócrates a escala reducida, con rasgos que a veces rozan lo superficial (habría sido realmente imposible que los atenienses tuviesen motivos para condenar a muerte a un hombre como Sócrates que nos describe Jenofonte). Aristóteles habla de Sócrates de forma ocasional; sin embargo, con frecuencia se ha considerado que sus afirmaciones son las más objetivas. Con todo, Aristóteles no fue contemporáneo suyo. Pudo sin duda documentarse acerca de lo que nos refiere; pero le faltó el contacto directo con el personaje, contacto que en el caso de Sócrates resulta insustituible. Finalmente los diversos socráticos, fundadores de las llamadas «escuelas socráticas menores», poco nos han dejado y este poco no sirve más que para iluminar un aspecto parcial de Sócrates.

En tal estado de cosas, se ha llegado a sostener la tesis de la imposibilidad de reconstruir la figura histórica y el auténtico pensamiento de Sócrates, y las investigaciones socráticas han conocido una grave crisis durante varios lustros. Hoy en día, sin embargo, se va abriendo camino el criterio que podría definirse como «perspectiva del antes y del después de Sócrates», más bien que una elección entre las diversas fuentes o una ecléctica combinación de éstas. Nos explicaremos mejor. Cabe constatar que a partir del momento en que Sócates actúa en Atenas la literatura en general y la filosofía en particular experimentan una serie de novedades de alcance muy considerable, que más tarde en el ámbito griego permanecen como adquisiciones irreversibles y puntos de referencia constante. Pero hay más aún: las fuentes que antes hemos mencionado —y también otras— concuerdan en atribuir a Sócrates la autoría de tales novedades, ya sea de modo explícito o implícito. Por tanto con un alto grado de probabilidad podremos referir a Sócrates aquellas doctrinas que la cultura griega recibe a partir del momento en que Sócrates actúa en Atenas y que nuestros documentos atribuyen a él. Si se replantea de acuerdo con estos criterios la filosofía socrática manifiesta un influjo tan notable en el desarrollo del pensamiento griego, y en general del pensamiento occidental, que puede compararse con una auténtica revolución espiritual.

1.2. *El descubrimiento de la esencia del hombre (el hombre es su «psyche»)*

Después de un lapso dedicado a escuchar la enseñanza de los últimos naturalistas, como hemos indicado antes, pero sin hallarse en absoluto satisfecho con éstos, Sócrates centró definitivamente su interés en la problemática del hombre. Los naturalistas, buscando resolver el problema del principio y de la *physis*, se contradijeron hasta el punto de sostener todo y lo contrario de todo (el ser es uno, el ser es muchos; nada se mueve, todo se mueve; nada se genera ni se destruye, todo se genera y todo se destruye); lo cual significa que se afanaron sobre problemas insolubles para el hombre. Por consiguiente Sócrates se centró sobre el hombre, al igual que los sofistas, pero a diferencia de ellos, supo llegar al fondo de la cuestión, como para admitir —a pesar de su afirmación general de no saber, de la que hablaremos después— que era un sabio en esta materia: «Por la verdad, oh atenienses, y por ninguna otra razón me he ganado este nombre, si no es a causa de una cierta sabiduría. ¿Y cuál es esta sabiduría? Tal sabiduría es precisamente la sabiduría humana (es decir, aquella que puede tener el hombre sobre el hombre): y con esta sabiduría es verdaderamente posible que yo sea sabio.»

Los naturalistas buscaban responder al interrogante: «¿Qué es la naturaleza y cuál es la realidad última de las cosas?» En cambio, Sócrates trata de responder al problema siguiente: «¿Cuál es la naturaleza y la realidad última del hombre? ¿Cuál es la esencia del hombre?»

Finalmente se llega a una respuesta precisa e inequívoca: el hombre es su alma, puesto que su alma es precisamente aquello que lo distingue de manera específica de cualquier otra cosa. Sócrates entiende por alma nuestra razón y la sede de nuestra actividad pensante y ética. En pocas palabras: el alma es para Sócrates el yo consciente, es decir, la conciencia y la personalidad intelectual y moral. En consecuencia, gracias a este descubrimiento —como ha sido puesto de relieve con toda justicia— «Sócrates creó la tradición moral e intelectual de la que Europa ha vivido siempre, a partir de entonces» (A.E. Taylor). Uno de los mayores historiadores del pensamiento griego ha precisado aún más: «la palabra "*alma*", para nosotros, debido a las corrientes espirituales a través de las cuales ha pasado a lo largo de la historia, siempre suena con un matiz ético y religioso; al igual que las palabras "servicio de Dios" y "cura de almas" (también utilizadas por Sócrates), suena a cristiana. Pero este significado superior lo adquirió por primera vez en la predicación protréptica de Sócrates» (W. Jaeger).

Es evidente que si el alma es la esencia del hombre, cuidar de sí mismo significa cuidar no el propio cuerpo sino la propia alma, y enseñar a los hombres el cuidado de la propia alma es la tarea suprema del educador, que fue precisamente la tarea que Sócrates consideró haberle sido encomendada por el Dios, como se lee en la *Apología*: «Que ésta... es la orden del Dios; y estoy persuadido de que para vosotros no habrá mayor bien en la ciudad que esta obediencia mía al Dios. En verdad, a lo largo de mi caminar no hago otra cosa que persuadiros, a jóvenes y viejos, de que no es el cuerpo de lo que debéis preocuparos ni de las riquezas ni de ninguna otra cosa, antes y más que del alma, para que ésta se convierta en óptima y virtuosísima; y que la virtud no nace de la riqueza, sino que la riqueza nace de la virtud, así como todas las demás cosas que constituyen bienes para el hombre, tanto para los ciudadanos individuales como para la polis.»

Uno de los razonamientos fundamentales realizado por Sócrates para probar esta tesis es la siguiente. Uno es el instrumento del cual nos valemos y otro es el sujeto que se vale de dicho instrumento. Ahora bien, el hombre se vale del propio cuerpo como de un instrumento, lo cual significa que son cosas distintas el sujeto —que es el hombre— y el instrumento, que es el cuerpo. A la pregunta de ¿qué es el hombre?, no se podrá responder que es su cuerpo, sino que es aquello que se sirve del cuerpo, la *psyche*, el alma (la inteligencia) es la que se sirve del cuerpo, de modo que la conclusión es inevitable: «Nos ordena conocer el alma aquel que nos advierte "Conócete a ti mismo".» Sócrates llevó esta doctrina suya hasta tal punto de conciencia y de reflexión crítica, que logró deducir todas las consecuencias que lógicamente surgen de ella, como veremos enseguida.

1.3. *El nuevo significado de «virtud» y la nueva tabla de valores*

En griego lo que nosotros hoy llamamos «virtud» se dice *arete*, como hemos mencionado ya, y significa aquello que convierte a una cosa buena y perfecta en aquello que es o, mejor aún, significa aquella actividad y modo de ser que perfecciona a cada cosa, haciéndola ser aquello que debe ser. (Los griegos hablaban, por lo tanto, de una virtud de los distintos instrumentos, de una virtud de los animales, etc.; por ejemplo, la virtud del perro consiste en ser un buen guardián, la del caballo, en correr con rapidez, y así sucesivamente.) En consecuencia la virtud del hombre no podrá ser más que lo que hace que el alma sea como debe ser, de acuerdo con su naturaleza, es decir, buena y perfecta. En esto consiste, según Sócrates, la ciencia o conocimiento, mientras que el vicio será la privación de ciencia y de conocimiento, es decir, la ignorancia.

De este modo Sócrates lleva a cabo una revolución en la tabla tradicional de los valores. Los verdaderos valores no son aquellos que están ligados a las cosas exteriores, como la riqueza, el poder o la fama, y tampoco aquellos que están ligados al cuerpo, como la vida, la fuerza física, la salud o la belleza, sino exclusivamente los valores del alma que se hallan todos incluidos en el conocimiento. Por supuesto, esto no significa que todos los valores tradicionales se conviertan en antivalores, sin más; significa sencillamente que por sí mismos carecen de valor. Sólo se convertirán en valores si se utilizan como lo exige el conocimiento, es decir, en función del alma y de su *arete.*

En resumen: riqueza, poder, fama, salud, belleza y otros factores semejantes «no parece que por su propia naturaleza puedan llamarse bienes en sí mismos, sino que más bien nos encontramos con esto: si son dirigidos por la ignorancia, se revelan como males mayores que sus contrarios, porque se hallan más capacitados para servir una mala dirección; en cambio si están dirigidos por el buen juicio y por la ciencia o el conocimiento, resultan bienes mayores; por sí mismos, ni unos ni otros tienen valor».

1.4. *Las paradojas de la ética socrática*

La tesis socrática antes enunciada implicaba dos consecuencias que muy pronto fueron consideradas como paradojas, pero que resultan bastante importantes y que hay que aclarar del modo conveniente. 1) La virtud (todas y cada una de las virtudes: sabiduría, justicia, fortaleza, templanza) es ciencia (conocimiento) y el vicio (todos y cada uno de los vicios), ignorancia. 2) Nadie peca voluntariamente y quien hace el mal lo hace por ignorancia del bien. Estas dos proposiciones resumen lo que ha sido denominado «intelectualismo socrático», en la medida en que reducen el bien moral a un hecho de conocimiento, considerando como algo imposible conocer el bien y no hacerlo. El intelectualismo socrático ha influido sobre todo en el pensamiento de los griegos, hasta el punto de transformarse en una especie de común denominador de todos los sistemas, tanto en la edad clásica como en la edad helenística. Sin embargo, a pesar de su exageración, las dos proposiciones mencionadas contienen algunos elementos muy importantes.

1) En primer lugar hay que señalar la poderosa carga sintética de la primera proposición. En efecto, la opinión común de los griegos antes de Sócrates (incluyendo también a los sofistas, que aspiraban a ser maestros de la virtud) consideraba las diversas virtudes como una pluralidad (la justicia, la santidad, la prudencia, la templanza, la sabiduría son todas ellas diferentes entre sí), cuyo nexo esencial no sabían captar. Dicho nexo era lo que convertía las diversas virtudes en una unidad (aquella que precisamente las transforma a todas y cada una de ellas en virtud). Además todos habían considerado que las diferentes virtudes eran algo que se basaba en las costumbres, en las convenciones y en los hábitos aprobados por la sociedad. Sócrates, en cambio, trata de someter la vida humana y sus valores al dominio de la razón (al igual que los naturalistas habían intentado someter al dominio de la razón el cosmos y sus manifestaciones). Puesto que para él la naturaleza misma del hombre es su alma —esto es, la razón— y las virtudes son aquello que perfecciona y actualiza plenamente la naturaleza del hombre —esto es, la razón— se vuelve evidente que las virtudes resultan ser una forma de ciencia y del conocimiento, dado que la ciencia y el conocimiento son lo que perfecciona el alma y la razón, como ya se ha dicho.

2) Las motivaciones que se hallan en la base de la segunda paradoja son más complejas. Sin embargo, Sócrates ha visto con mucha claridad que el hombre por su propia naturaleza busca siempre su propio bien y que, cuando hace el mal, en realidad no lo hace porque sea un mal, sino porque espera obtener de ello un bien. Decir que el mal es involuntario significa que el hombre se engaña al esperar que de él surja un bien, y que en realidad comete un error de cálculo y por lo tanto se equivoca. Con lo cual en última instancia es víctima de la ignorancia.

Ahora bien, Sócrates tiene toda la razón cuando afirma que la condición necesaria para hacer el bien consiste en el conocimiento (porque si no conozco el bien, no lo podré hacer); pero se equivoca cuando considera que, además de condición necesaria, es condición suficiente. Sócrates cae en definitiva en un exceso de racionalismo. Para hacer el bien, en efecto, se requiere también el concurso de la voluntad. Los filósofos griegos, empero, no han concedido ninguna atención a la voluntad, que en cambio se convertirá en elemento central y esencial para la ética de los cristianos. Para Sócrates, en conclusión, es imposible decir «veo y apruebo lo mejor, pero cuando actúo hago lo peor», porque quien ve lo que es mejor, necesariamente también lo realiza. Por consiguiente, para Sócrates como para casi todos los filósofos griegos, el pecado se reducirá a un error de cálculo, un error de la razón, una ignorancia del verdadero bien.

1.5. *El descubrimiento socrático del concepto de libertad*

La manifestación más significativa de la excelencia de la *psyche* o *razón* humana reside en lo que Sócrates denominó «autodominio» (*enkrateia*), esto es, en el dominio de uno mismo durante los estados de placer, de dolor y de cansancio, cuando uno está sometido a la presión de las pasiones y de los impulsos: «Cada hombre, considerando que el autodominio es la base de la virtud, debería procurar adquirirlo.» El autodominio, en substancia, significa el dominio de la propia animalidad mediante la propia racionalidad, significa que el alma se convierta en señora del cuerpo y de los instintos ligados con el cuerpo. Es comprensible, pues, que Sócrates haya identificado expresamente la libertad humana con este dominio racional de la animalidad. El hombre verdaderamente libre es aquel que sabe dominar sus instintos, y el hombre verdaderamente esclavo es aquel que no sabe dominar sus propios instintos y que se convierte en víctima de ellos.

Estrechamente vinculado con este concepto de autodominio y de libertad está el concepto de autarquía, es decir, de autonomía. Dios no tiene necesidad de nada, y el sabio es aquel que más se aproxima a este estado, aquel que trata de necesitar lo menos posible. En efecto, al sabio que vence a los instintos y elimina todo lo superfluo, le basta con la razón para vivir feliz.

Como se ha indicado con toda justicia, aquí nos hallamos ante una nueva concepción del héroe. Tradicionalmente el héroe era la persona capaz de triunfar sobre todos los enemigos, peligros, adversidades y fatigas exteriores; el nuevo héroe es aquel que sabe vencer a los enemigos interiores: «Solamente el sabio, que ha aplastado a los monstruos salvajes de las pasiones que se agitan en su pecho, es realmente suficiente para sí mismo: se encuentra lo más cerca posible de la divinidad, del ser que no tiene la necesidad de nada» (W. Jaeger).

1.6. *El nuevo concepto de felicidad*

La mayor parte de los filósofos griegos, precisamente a partir de Sócrates, presentó al mundo su propio mensaje como un mensaje de felicidad. En griego «felicidad» se dice *eudaimonia,* que originariamente significaba haberle tocado a uno en suerte un demonio guardián bueno y favorable, que garantizaba un destino favorable y una vida próspera y placentera. Los presocráticos, empero, ya habían interiorizado este concepto. Heraclito había escrito que «el carácter moral es el verdadero demonio del hombre y la felicidad es muy distinta de los placeres», y Demócrito había afirmado que «la felicidad no reside en los bienes externos, el alma es la morada de nuestro destino».

El discurso socrático profundiza y fundamenta de modo sistemático estos conceptos, basándose en las premisas que antes hemos mencionado. La felicidad no puede venir de las cosas externas ni del cuerpo, sino sólo del alma, porque ésta —y sólo ésta— es la esencia del hombre. El alma es feliz cuando está ordenada, es decir, cuando es virtuosa. «En mi opinión —dice Sócrates—, quien es virtuoso, ya sea hombre o mujer, es feliz, el injusto y el malvado son infelices.» Al igual que la enfermedad y el dolor físico es un desorden del cuerpo, la salud del alma consiste en su orden y este orden espiritual y esta armonía interior constituyen la felicidad.

Por ello, según Sócrates, el hombre virtuoso entendido en este sentido «no puede padecer ningún mal ni en la vida ni en la muerte». En la vida no, porque los demás pueden dañar sus posesiones o su cuerpo, pero jamás arruinar su armonía interior y el orden de su alma. Tampoco después de la muerte, porque si hay un más allá, el virtuoso obtiene un premio; si no lo hay, ya ha vivido bien esta vida, y el más allá es como un ser en la nada. En cualquier caso, Sócrates creyó con firmeza que la virtud logra su auténtico premio en sí misma, de manera intrínseca, es decir, esencial, y que vale la pena ser virtuoso, porque la virtud en sí misma es ya un fin. De acuerdo con Sócrates, el hombre puede ser feliz en esta vida, cualesquiera que sean las circunstancias en que le toque vivir y cualquiera que sea su destino en el más allá. El hombre es el verdadero artífice de su propia felicidad o infelicidad.

1.7. *La revolución de la «no violencia»*

Se ha discutido muchísmo acerca de las razones que motivaron la condena a muerte de Sócrates. Desde el punto de vista jurídico es evidente que era culpable del delito que se le imputaba. «No creía en los dioses de la ciudad» porque creía en un Dios superior, y «corrompía a los jóvenes» porque les enseñaba esta doctrina. Sin embargo, después de haberse defendido denodadamente ante el tribunal —buscando demostrar que se hallaba en posesión de la verdad— y no habiendo logrado convencer a los jueces, aceptó la condena y se negó a huir de la cárcel a pesar de que sus amigos habían organizado todo lo necesario para la fuga. Las motivaciones que le animaban eran ejemplares: la fuga habría significado una violación del veredicto y, por lo tanto, una violación de la ley. La verdadera arma de la que dispone el hombre es su razón y la persuasión. Si al hacer uso de la razón el hombre no logra sus objetivos mediante la persuasión, debe resignarse, porque la violencia es en sí misma algo impío. Platón pone en boca de Sócrates lo siguiente: «No se debe desertar, ni retirarse, ni abandonar el propio puesto, sino que en la guerra y ante un tribunal y en cualquier otro lugar, es preciso hacer aquello que mandan la patria y la ciudad, o bien persuadirlas acerca de qué es en realidad la justicia: pero hacer uso de la violencia es cosa impía.»

Jenofonte escribe: «Prefirió morir, permaneciendo fiel a las leyes, antes que vivir violándolas.»

Solón, al imponer leyes a Atenas, ya había proclamado con voz muy alta: «No quiero apelar a la violencia de la tiranía», sino a la justicia. Y un especialista ha señalado muy oportunamente lo siguiente: «Que en el Ática de los primeros siglos, un hombre a quien le cupo en suerte el poder no lo haya ejercido, sino que haya renunciado a él por amor a la justicia, es algo que ha tenido consecuencias incalculables para la vida jurídica y política de Grecia y de Europa» (B. Snell). No obstante, la postura que asumió Sócrates fue aún más importante. Con él, la noción de la revolución de la no violencia, además de explícitamente teorizada, quedó prácticamente demostrada con su propia muerte, transformándose así en una conquista perenne. Martin Luther King, el líder negro norteamericano de la revolución no violenta, apelaba a los principios socráticos, además de hacer referencia a los principios cristianos.

1.8. *La teología socrática*

¿Cuál era la noción de Dios que enseñaba Sócrates, y que sirvió de pretexto a sus enemigos para condenarlo a muerte, ya que era contraria a los dioses en que creía la ciudad? Era la concepción que filósofos naturalistas habían preparado de forma indirecta y que había culminado en el pensamiento de Anaxágoras y de Diógenes de Apolonia, consistente en el Dios-inteligencia ordenadora. Sócrates, no obstante, libera esta concepción de los supuestos propios de dichos filósofos (sobre todo, de los de Diógenes), eliminando factores de carácter físico y elevándola a un plano lo más exento posible de rasgos propios de la anterior filosofía de la naturaleza.

Sobre este tema sabemos muy poco a través de Platón, pero Jenofonte nos informa con amplitud. He aquí el razonamiento que leemos en los *Memorables*, que constituye la primera prueba racional de la existencia de Dios que haya llegado hasta nosotros y que servirá de base para todas las pruebas siguientes. *a)* Aquello que no es mero fruto del azar, sino que se ha constituido para lograr un objetivo y un fin postula una inteligencia que lo haya producido ex profeso. En particular, si observamos al hombre, advertiremos que todos y cada uno de su órganos poseen una finalidad, de modo que no pueden en ningún caso ser explicados como consecuencia del azar, sino únicamente como obra de una inteligencia que ha concebido expresamente dicha finalidad. *b)* En contra de este argumento cabría objetar que, si bien los artífices de esta tierra aparecen junto a sus obras, esta Inteligencia no se ve. Sin embargo, apunta Sócrates, la objeción no se sostiene, porque tampoco nuestra alma (inteligencia) se ve, y no obstante nadie se atreverá a afirmar que, puesto que el alma (inteligencia) no se ve, no existe, y que hacemos todo lo que hacemos por puro azar (sin inteligencia). *c)* Finalmente, de acuerdo con Sócrates, es posible establecer, sobre la base de los privilegios que posee el hombre con respecto a todos los demás seres (por ejemplo, la estructura física más perfecta y, sobre todo, la posesión de alma y de la inteligencia), que el artífice divino se ha cuidado del hombre de una forma totalmente peculiar.

Como se aprecia con facilidad, el argumento gira en torno a este núcleo central: el mundo y el hombre están constituidos de un modo tal (orden, finalidad) que sólo una causa adecuada (ordenadora, que otorga una finalidad y, por lo tanto, inteligente) puede dar razón de ellos. A quienes rechazaban este razonamiento, Sócrates —con su habitual ironía— les hacía notar que en nosotros hay una pequeña parte de todos los elementos que están presentes en el universo de una forma masiva, cosa que nadie osa negar. ¿Cómo podríamos pretender entonces los hombres el habernos quedado con toda la inteligencia que existe, y que fuera de nosotros no pueda existir otra inteligencia? Es evidente la incongruencia lógica de tal pretensión.

El Dios de Sócrates es inteligencia que conoce todas las cosas sin excepción, es actividad ordenadora y providencia. Una Providencia que, sin embargo, se ocupa del mundo y de los hombres en general, y también del hombre virtuoso en particular (para la mentalidad de los antiguos, lo semejante se halla en comunidad con lo semejante y, por lo tanto, Dios posee una comunidad estructural con el bueno), pero no con el individuo humano en cuanto tal (y muchísimo menos con el malvado). Una Providencia que se ocupa del individuo en cuanto tal aparecerá únicamente en el pensamiento cristiano.

1.9. *El* «daimonion» *socrático*

Entre los cargos que se formulaban contra Sócrates también se contaba el de introducir nuevos *daimonia*, nuevas entidades divinas. Sócrates en la *Apología* dice a este propósito: «la razón (...) es aquella que varias veces y en diversas circunstancias me habéis oído decir, esto es, que en ella se lleva a cabo algo divino y demoníaco, precisamente aquello que Meleto (el acusador) mofándose ha escrito en su acta de acusación: es como una voz que se hace sentir en mi interior desde que era niño, y que cuando se hace oír, siempre me aparta de aquello que estoy a punto de hacer, pero jamás me exhorta a hacer algo.» El *daimonion* socrático era por lo tanto una voz divina que le prohibía determinadas cosas: él la interpretaba como una suerte de privilegio que lo salvó más de una vez de los peligros o de experiencias negativas.

Los estudiosos han quedado bastante perplejos ante este *daimonion*, y las exegesis que se han propuesto acerca de él son muy diversas. Algunos han pensado que Sócrates ironizaba, otros han hablado de la voz de la conciencia y algunos mencionan el sentimiento que caracteriza al genio. Sin embargo, también podría apelarse a la psiquiatría y considerar la voz divina como un hecho patológico, o bien reclamar la intervención de las categorías psicoanalíticas. Resulta obvio, con todo, que al hacer esto se caería en lo arbitrario.

Para ceñirse a los hechos, es preciso decir lo siguiente. En primer lugar, hay que advertir que el *daimonion* no tiene nada que ver con el ámbito de las verdades filosóficas. En realidad la voz divina interior no le revela a Sócrates nada de la sabiduría humana de la que él es portador, ni tampoco ninguna de las proposiciones generales o particulares de su ética. Para Sócrates los principios filosóficos extraen su validez del *logos* y no de una revelación divina.

En segundo lugar, Sócrates no relacionó con el *daimonion* su opción moral de fondo, que sin embargo consideraba procedente de una orden divina: «Y hacer esto (hacer la filosofía y exhortar a los hombres que se cuidasen del alma) me fue ordenado por Dios, a través de vaticinios y de sueños, y mediante el resto de maneras gracias a los cuales el destino divino en ocasiones ordena al hombre que haga algo.» El *daimonion*, en cambio, no le ordenaba sino que le prohibía.

Si excluimos el ámbito de la filosofía y el de la opción ética de fondo, no queda otra cosa que el ámbito de los acontecimientos y de las acciones particulares. Es exactamente a este ámbito al que hacen referencia todos los textos disponibles acerca del *daimonion* socrático. Se trata pues de un hecho que se relaciona con el individuo Sócrates y con los acontecimientos particulares de su existencia: era una señal que, como ya se ha dicho, le disuadía de hacer determinadas cosas que le habrían perjudicado. Aquello de lo cual le disuadió con más firmeza fue la participación activa en la vida política. Sobre esto afirma Sócrates: «Lo sabéis bien, oh atenienses: que si por un instante me hubiese dedicado a los asuntos del Estado (de los que el demonio me apartó), habría muerto también en un instante y no habría hecho nada útil, ni para vosotros ni para mí.»

En resumen, el *daimonion* es algo que corresponde a la personalidad excepcional de Sócrates y que hay que colocar en el mismo plano que determinados momentos de concentración intensísima, bastante próximos al éxtasis místico, en el que a veces Sócrates quedaba suspendido y que en ocasiones duraba largo rato, fenómeno que nuestras fuentes mencionan expresamente. El *daimonion*, por tanto, no debe ponerse en relación con el pensamiento y con la filosofía de Sócrates; él mismo mantuvo ambas cosas en dos ámbitos distintos y muy separados, y lo mismo debe hacer el intérprete de su doctrina.

1.10. *El método dialéctico de Sócrates y su finalidad*

El método y la dialéctica de Sócrates también se hallan vinculados con su descubrimiento de la esencia del hombre como *psyche,* porque aspiran de un modo completamente consciente a despojar el alma de la ilusión del saber, logrando así curarla, con objeto de convertirla en idónea para acoger la verdad. En consecuencia, los fines del método socrático son básicamente de naturaleza ética y educativa, y sólo secundaria y mediatamente de naturaleza lógica y gnoseológica. En resumen: el diálogo con Sócrates llevaba a un examen del alma y a un dar cuenta de la propia vida, es decir, a un examen moral, como bien señalan sus contemporáneos. En un testimonio platónico se refiere: «Cualquiera que se encuentre cerca de Sócrates y que se ponga a razonar junto con él, sea cual fuere el tema que se trate, arrastrado por los meandros del discurso, se ve obligado de un modo inevitable a seguir adelante, hasta llegar a dar cuenta de sí mismo y a decir también de qué forma vive y en qué forma ha vivido, y una vez que ha cedido, Sócrates ya no lo abandona.»

Precisamente en este tener que dar cuenta de la vida propia, que era el objetivo específico del método dialéctico, Sócrates halla la verdadera razón que le costó la vida: para muchos, hacer callar a Sócrates condenándolo a muerte significaba liberarse de tener que desnudar la propia alma. No obstante, el proceso que Sócrates había desencadenado era ya irreversible y la eliminación física de su persona sería incapaz de detener dicho proceso. Por ello Platón pudo con toda razón poner en boca de Sócrates esta profecía: «Yo os digo, ciudadanos que me habéis matado, que sobre vosotros recaerá una venganza inmediatamente después de mi muerte, una venganza mucho más grande que la que vosotros os habéis tomado al matarme. Hoy vosotros habéis hecho esto con la esperanza de liberaros de tener que rendir cuentas de vuestra vida; y en cambio, os pasará todo lo contrario: os lo profetizo. No sólo yo, muchos otros os pedirán cuentas:

todos aquellos que hasta hoy yo detenía y en los que vosotros no reparabais. Y serán tanto más obstinados, cuanto más jóvenes son y cuanto más los desdeñáis vosotros. Porque si pensáis, matando a hombres, impedir que alguien os eche en cara vuestro vivir no recto, no pensáis bien. No, no es éste el modo de liberarse de aquéllos; ni es posible en absoluto, ni es hermoso; existe, empero, otra manera hermosísima y facilísima, no quitarle al otro la palabra, sino más bien esforzarse por ser cada vez más virtuoso y mejores.»

Una vez que hemos definido la finalidad del método socrático, debemos describir su estructura. La dialéctica de Sócrates coincide con el dialogar mismo (*dialogos*) de Sócrates, que consta de dos momentos esenciales: la refutación y la mayéutica. Al llevar a cabo esto, Sócrates se valía del disfraz del «no saber» y de la temidísima arma de la ironía. Hay que comprender adecuadamente cada uno de estos elementos.

1.11. *El «no saber» socrático*

Los sofistas más famosos, con respecto a su oyente, asumían la soberbia actitud del que todo lo sabe; Sócrates, al contrario, se colocaba ante su interlocutor en situación del que no sabe y del que tiene que aprenderlo todo. Sin embargo, este «no saber» socrático ha provocado muchas confusiones y hasta se ha llegado a ver en él el comienzo del escepticismo. En realidad, quería ser un planteamiento de ruptura *a)* con respecto al saber de los naturalistas, que se había revelado como vacío; *b)* con respecto al saber de los sofistas, que con demasiada frecuencia se había revelado como simple sabihondez, y *c)* con respecto al saber de los políticos y de los cultivadores de las diversas artes, que casi siempre se revelaba como algo inconsistente y acrítico. Pero había más aún: el significado de la afirmación del no saber socrático se calibra con exactitud si se lo pone en relación, no sólo con el saber de los hombres, sino también con el saber de Dios.

Hemos visto antes que para Sócrates Dios es omnisciente, extendiéndose su conocimiento desde el universo hasta el hombre, sin restricciones de ninguna clase. Precisamente cuando se lo compara con la magnitud de este saber divino, el saber humano aparece en toda su fragilidad y toda su pequeñez. Desde esta perspectiva no sólo aquel saber ilusorio del que antes hemos hablado, sino también la propia sabiduría humana socrática resulta un no saber. En la *Apología* es el mismo Sócrates quien explicita esta noción, interpretando las sentencias del oráculo de Delfos, según la cual nadie era más sabio que Sócrates: «El único sabio es el Dios: y esto quiso significar en su oráculo, que poco o nada vale la sabiduría del hombre; y al llamar sabio a Sócrates no quiso, creo yo, referirse precisamente a mí, Sócrates, sino sólo utilizar mi nombre como ejemplo; casi habría querido lo siguiente: hombres, entre vosotros es sapientísimo aquel que, como Sócrates, haya reconocido que en realidad su sabiduría no tiene valor.» La contraposición entre saber divino y saber humano era una de las antítesis predilectas de la sabiduría griega de la época anterior y Sócrates vuelve a reafirmarla.

Por fin hay que señalar el poderoso efecto irónico y la benéfica sacudida que provocaba el principio del no saber en las relaciones con el oyente: gracias a ello, saltaba la chispa del diálogo.

1.12. *La ironía socrática*

La ironía es la característica peculiar de la dialéctica socrática y no sólo desde un punto de vista formal, sino también desde una perspectiva substancial. En general «ironía» significa «simulación». En nuestro caso específico indica el juego bromista, múltiple y diverso, de las ficciones y estratagemas utilizadas por Sócrates para obligar a su interlocutor a dar razón de sí mismo. «Con la broma —ha escrito un documentado autor— Sócrates quita cierta máscara a las palabras o a los hechos, se muestra como entrañable amigo de su interlocutor, admira la capacidad y los méritos de éste, le pide consejo o instrucción, y así sucesivamente. Al mismo tiempo, empero, y para quien observe el proceso con más profundidad, se cuida de que la ficción resulte transparente» (H. Maier). En conclusión: lo jocoso siempre está en función de un objetivo serio y por tanto siempre es metódico.

A veces en sus simulaciones irónicas Sócrates fingía adoptar como propios los métodos de su interlocutor, sobre todo si éste era hombre culto y en particular si era filósofo. A continuación se dedicaba al juego de exagerarlos hasta límites caricaturescos, para después invertirlos con la lógica peculiar de dichos métodos, de forma que se hiciese patente la contradicción. Por debajo de los distintos disfraces que Sócrates iba utilizando siempre se veían no obstante los rasgos del disfraz esencial, al que antes hemos aludido: el no saber, la ignorancia. Se puede afirmar que en el fondo los polícromos disfraces de la ironía socrática no eran más que variantes de un disfraz básico, que —a través de un multiforme y habilísimo juego de ocultaciones— acababa siempre por reaparecer.

Quedan aún por esclarecer, sin embargo, los dos momentos de la refutación y la mayéutica, que son los momentos estructuralmente constitutivos de la dialéctica.

1.13. *La refutación y la mayéutica socráticas*

La refutación (*elenchos*) constituía en cierto sentido la *pars destruens* del método, es decir, la fase durante la cual Sócrates llevaba al interlocutor a reconocer su propia ignorancia. Obligaba a definir el tema sobre el cual versaba la indagación; después profundizaba de distintas maneras en la definición ofrecida, explicitando y subrayando las carencias y las contradicciones que implicaba; exhortaba a intentar una nueva definición y mediante el mismo procedimiento la criticaba y la refutaba; continuaba actuando de este modo hasta llegar al momento en que el interlocutor se declaraba ignorante.

Como es obvio, a los sabihondos y a los mediocres la discusión provocaba irritación o reacciones aún peores. En los mejores, en cambio, la refutación servía para purificar de las falsas certidumbres, esto es, para purificar de la ignorancia, con lo que Platón podía escribir a este respecto:

«Con relación a todas estas cosas... debemos afirmar que la refutación es la mayor, es la purificación fundamental, y quien no se haya beneficiado de ella, aunque se trate del Gran Rey, no puede ser considerado de otra forma que como impuro con las impurezas más graves, carente de educación y lleno de fealdad, precisamente en aquellas cosas en relación con las cuales convenía que estuviese purificado y que fuese hermoso en el máximo grado, alguien que hubiese querido de veras ser un hombre feliz.»

Pasamos ahora a la segunda etapa del método dialéctico. Para Sócrates, el alma sólo puede alcanzar la verdad si está preñada de ella; en efecto, tal como hemos comprobado, él se declaraba ignorante y negaba con decisión el estar en condiciones de comunicar a los demás un saber, o por lo menos, un saber constituido por unos contenidos determinados. Pero al igual que la mujer que está embarazada necesita de la comadrona para dar a luz, también el discípulo que tiene el alma encinta por la verdad requiere una especie de comadrona espiritual, que ayude a que la verdad salga a la luz, y en esto consiste la mayéutica socrática. He aquí la magnífica página de Platón, en la que se describe la mayéutica:

Ahora bien, mi arte obstétrico se asemeja en todo lo demás al de las comadronas, salvo en esto, en que trabaja con los hombres y no con las mujeres, y atiende a las almas parturientas y no a los cuerpos. Y mi mayor capacidad consiste en que, a través de ella, logro discernir con seguridad si el alma del joven da a luz un fantasma y una mentira, o bien algo vital y real. Porque tengo esto en común con las comadronas, que también yo soy estéril (...) de sabiduría; y el reproche que tantos me han formulado ya, de que interrogo a los demás, pero jamás manifiesto yo mismo cuál es mi pensamiento acerca de ningún tema, ignorante como soy, es un reproche justificadísimo. Y la razón consiste en esto precisamente, en que el Dios me obliga a actuar como partero, pero me prohibió engendrar. En mí mismo, pues, no soy nada sabio, ni de mí ha surgido ningún descubrimiento sabio que haya sido engendrado por mi espíritu; en cambio, aquellos que aman estar a mi lado, aunque al principio parezcan algunos de ellos completamente ignorantes, más adelante todos ellos si continúan frecuentando mi compañía, extraen de ella un provecho extraordinario, siempre que el Dios se lo permita, como lo comprueban ellos mismos y los demás. Y está claro que de mí no han aprendido nada, sino únicamente en sí mismos han hallado y engendrado muchas y hermosas cosas; sin embargo, el haberlos ayudado a engendrar, éste sí es el mérito que corresponde al Dios y a mí.

1.14. *Sócrates y la fundación de la lógica*

Durante mucho tiempo se ha sostenido que Sócrates, a través de su método, descubrió los principios fundamentales de la lógica occidental, es decir el concepto, la inducción y la técnica del razonamiento. En la actualidad, a pesar de todo, los estudiosos se muestran mucho más cautelosos. Sócrates desencadenó el proceso que llevó al descubrimiento de la lógica, contribuyendo de forma decisiva a dicho descubrimiento, pero no lo realizó él mismo de un modo reflexivo y sistemático.

En la pregunta «¿qué es?», con la que Sócrates agobiaba a sus interlocutores —como hoy se admite, cada vez en mayor medida— «no se abarcaba en absoluto el conocimiento teórico de la esencia lógica del concepto universal» (W. Jaeger). En efecto, mediante esta pregunta Sócrates aspiraba a desencadenar todo el proceso irónico-mayéutico y no pretendía para nada el llegar a definiciones lógicas. Sócrates abrió el camino que debía llevar al descubrimiento del concepto y de la definición y, antes, al descubrimiento de la esencia platónica. Ejerció un impulso notable en esta dirección, pero no estableció cuál habría de ser la estructura del concepto y la definición, al faltarle muchos de los instrumentos necesarios para este fin, que —como ya hemos dicho— fueron descubrimientos posteriores (platónicos y aristotélicos).

Lo mismo hay que decir con respecto a la inducción, que Sócrates aplicó sin duda en gran medida a través de su constante llevar al interlocutor desde el caso particular hasta la noción general, valiéndose sobre todo de ejemplos y de analogías; a pesar de todo, no la identificó a nivel teórico y, por tanto, no la elaboró de modo especulativo. Por lo demás, la denominación «razonamientos inductivos» no sólo no es socrática, sino que tampoco es platónica en sentido estricto: resulta típicamente aristotélica y supone todo lo adquirido a través de los *Analíticos*.

En conclusión, Sócrates fue una formidable mente lógica, pero no llegó personalmente a elaborar una lógica en el plano técnico. En su dialéctica se halla el germen de futuros descubrimientos lógicos de importancia, pero no descubrimientos lógicos como tales, formulados de modo consciente y técnicamente elaborados. Esto sirve de justificación del hecho de que las distintas escuelas socráticas hayan recorrido direcciones tan diferentes: algunas se propusieron únicamente finalidades éticas, descuidando sus implicaciones lógicas; otros, como Platón, desarrollaron en cambio las implicaciones lógicas y ontológicas de la doctrina socrática y hubo quienes, por lo contrario, extrajeron del aspecto dialéctico sus nervaduras erísticas, como comprobaremos.

1.15. *Conclusiones acerca de Sócrates*

El discurso socrático aportaba gran cantidad de hallazgos y de novedades, pero dejaba abiertos una serie de problemas. En primer lugar su razonamiento acerca del alma, que se limitaba a determinar la obra y la función que ejercía (el alma es aquello por lo cual somos buenos o malos), exigía una profundización: si se sirve del cuerpo y lo domina, quiere decir que es diferente del cuerpo; quiere decir que ontológicamente se distingue de él. Y entonces, ¿qué es? ¿Cuál es su ser? ¿En qué se diferencia del cuerpo?

Algo análogo hay que decir con respecto a Dios. Sócrates logra hacerle perder rasgos físicos. Su Dios es mucho más puro que el aire-pensamiento de Diógenes de Apolonia y en general se coloca decididamente por encima del horizonte de los físicos. ¿Qué es, empero, esta inteligencia divina? ¿En qué se distingue de los elementos físicos?

Hemos mencionado las aporías del intelectualismo socrático. Aquí sólo queremos completar lo que ya hemos dicho, señalando las demás aporías que están implícitas en la doctrina de la virtud-saber. Es verdad que el saber socrático no es algo vacío, como algunos han pretendido, puesto que tiene como objeto la *psyche* y el cuidado de la *psyche*, y puesto que uno se puede cuidar de la *psyche* por el mero hecho de despojarla de las ilusiones del saber y conducirla a la aceptación del no saber. A pesar de todo también es cierto que el discurso socrático deja la impresión en ciertos momentos de que se está evadiendo o, por lo menos, de que se queda bloqueado a medio camino. Y es cierto asimismo que en la forma que asumía el discurso socrático sólo tenía sentido en boca de Sócrates, respaldado por la fuerza irrepetible de su personalidad. En boca de sus discípulos, inevitablemente, ese discurso habría de reducirse mediante la eliminación de algunos temas de fondo de los cuales era portador, o por lo contrario tendría que ampliarse, mediante una profundización en dichos temas, fundamentándolos metafísicamente. Contra las simplificaciones efectuadas por las escuelas socráticas menores, será también Platón quien tratará de otorgar un contenido preciso a ese saber, estableciendo primero de un modo genérico que su objetivo supremo era el bien, y a continuación intentando atribuir a este bien una dimensión ontológica, mediante la construcción de una metafísica.

La ilimitada confianza socrática en el saber, en el *logos* en general (y no sólo en su contenido particular), se ve duramente conmocionada por los problemáticos resultados de la mayéutica. El *logos* socrático, en último término, no está en condiciones de lograr que todas las almas den a luz la verdad, sino sólo aquellas que están encintas. Admitir esto posee múltiples implicaciones que, sin embargo, Sócrates no sabe ni puede explicitar: el *logos* y el instrumento dialógico que se basa por completo en el *logos* no son suficientes para producir la verdad o, por lo menos, para lograr que se la reconozca y que se viva de acuerdo a esa verdad. Muchos le han dado la espalda al *logos* socrático: porque no se hallaban en estado de gravidez, según afirma el filósofo. Pero entonces, ¿quién fecunda el alma?, ¿quién la deja preñada? Sócrates no se ha planteado esta pregunta y, en cualquier caso, no habría podido responder a ella. En realidad el origen de esta dificultad es el mismo que presenta la conducta del hombre que ve y conoce lo que es mejor y, no obstante, hace lo peor. Y si al plantearla de esta forma Sócrates ha creído dar un rodeo a la dificultad apelando a su intelectualismo, en su otro planteamiento no ha sabido rodearla y se ha limitado a eludirla mediante la imagen de la gravidez, que es muy bella pero no soluciona nada.

Una última aporía aclarará aún más la fuerte tensión interna del pensamiento de Sócrates. Nuestro filósofo presentó su mensaje a los atenienses y en cierto modo pareció confinarlo en los estrechos límites de una ciudad. No presentó su mensaje de un modo manifiesto como mensaje dirigido a todos los griegos y a toda la humanidad. Condicionado, como es obvio, por la situación socio-política, no pareció caer en la cuenta de que dicho mensaje iba mucho más allá de las murallas de Atenas y era válido para todo el mundo.

El considerar que la esencia del hombre reside en el alma, que la auténtica virtud se halla en el conocimiento o que los principios básicos de la ética consisten en el autodominio y en la libertad interior, era algo que llevaba a proclamar la autonomía del individuo como tal. Sin embargo, serán los socráticos menores quienes formularán en parte dichas deducciones y habrá que esperar a los filósofos de la época helenística para que se expliciten de un modo adecuado.

Podríamos comparar a Sócrates con un Hermes bifronte: por un lado, su no saber parece resignarse a la negación de la ciencia y, por el otro, parecería consistir en una vía de acceso a una auténtica ciencia superior. Por un lado su mensaje puede ser interpretado como simple protréptica moral y, por el otro, como apertura hacia los hallazgos de la metafísica platónica. Por un lado su dialéctica puede parecer incluso sofística y erística y, por el otro, como base de la lógica científica. Por una parte su mensaje aparece circunscrito por las murallas de la *polis* ateniense mientras que, por otra, se abre con dimensión cosmopolita al mundo entero. En efecto, los socráticos menores se adueñaron de una cara de Hermes y Platón asumió la contraria, como tendremos ocasión de comprobar en las páginas siguientes.

Todo el Occidente es deudor con respecto al mensaje global de Sócrates.

2. Los socráticos menores

2.1. *El círculo de los socráticos*

En el párrafo 1.10 se ha leído la profecía que Platón pone en boca de Sócrates: después de su muerte los atenienses ya no tendrían que vérselas con un único filósofo que les pidiese cuentas de su vida, sino con muchos filósofos —con todos sus discípulos— que hasta aquel momento Sócrates había moderado. En efecto, se hizo realidad el que los discípulos que continuaron la obra socrática, sometiendo a examen la vida de los hombres y refutando las opiniones falsas, fueron numerosos e intrépidos, y mediante sus doctrinas lograron subvertir todos los esquemas de la tradición moral a la que se habían aferrado los acusadores de Sócrates. Más aún: ningún filósofo, antes o después de Sócrates, tuvo la ventura de poseer tantos discípulos directos y con tanta riqueza y variedad de orientaciones, como fueron aquellos que se formaron gracias a su magisterio.

Diógenes Laercio, en su *Vidas de filósofos*, entre todos los amigos de Sócrates señala siete como los más representativos e ilustres: Jenofonte, Esquines, Antístenes, Aristipo, Euclides, Fedón y el más grande de todos, Platón. Salvo Jenofonte y Esquines, que no se dedicaron propiamente a la filosofía (el primero fue, en esencia, un historiador, mientras que el segundo era un literato), los cinco restantes fueron otros tantos fundadores de escuelas filosóficas.

El sentido y el alcance de cada una de estas cinco escuelas fue muy diverso y también fueron muy diversas las conclusiones a las que llegaron, como veremos con detenimiento. Sin embargo, cada uno de estos fundadores de escuelas se sintió auténtico heredero de Sócrates o, incluso, el único auténtico. Dejaremos de lado, como es natural, a Jenofonte y a Esquines de Sfetto, quienes —como hemos dicho— no son propiamente filósofos e interesan más a la historia y a la literatura que a la historia de la filosofía. En cambio estudiaremos a continuación a Antístenes, Aristipo, Euclides y Fedón con sus respectivas escuelas, llamadas por diversas razones «escuelas socráticas menores». A Platón, debido a los notables avances que representó su obra, le dedicaremos todo un extenso capítulo.

Por lo demás, los antiguos ya habían distinguido claramente entre Platón y los demás discípulos de Sócrates, narrando esta hermosísima fábula del cisne: «Se cuenta que Sócrates había soñado que tenía sobre las rodillas un pequeño cisne que de pronto abrió sus alas, emprendió el vuelo y cantó suavemente. Al día siguiente, cuando Platón se le presentó como alumno, el maestro dijo que el pequeño cisne era precisamente él.»

2.2. *Antístenes y los comienzos del cinismo*

Entre los socráticos menores Antístenes fue la figura de mayor relevancia que vivió entre los siglos V y IV a.C. Fue hijo de padre ateniense y de madre tracia. Primero frecuentó a los sofistas y no se convirtió en discípulo de Sócrates hasta haber llegado a una edad bastante avanzada. Sólo nos han llegado unos cuantos fragmentos de las numerosas obras que se le atribuyen.

Antístenes puso de relieve en particular las extraordinarias capacidades práctico-morales de Sócrates: la capacidad de bastarse a sí mismo, la capacidad de autodominio, la fuerza de su ánimo, la capacidad de soportar fatigas, y limitó al mínimo indispensable los aspectos doctrinales, oponiéndose encarnizadamente a los desarrollos lógico-metafísicos que Platón había implantado en el socratismo.

En consecuencia, la lógica de Antístenes resulta más bien reductiva. Según nuestro filósofo no existe ninguna definición de las cosas simples. Conocemos estas cosas mediante la percepción y las describimos a través de analogías. La definición de las cosas complejas no es más que la descripción de los elementos simples que las constituyen. La instrucción debe proponerse la investigación de los nombres, esto es el conocimiento lingüístico. Sólo se puede afirmar de una cosa el nombre que le es propio (por ejemplo: el hombre es hombre), y por tanto únicamente se pueden formular juicios tautológicos (afirmando lo idéntico de lo idéntico).

La capacidad de bastarse a sí mismo (el no depender de las cosas y de los demás, el no tener necesidad de nada) de la que había hablado Sócrates, fue llevada por Antístenes hasta límites extremos y el ideal de la autarquía se convirtió en finalidad esencial de su filosofar.

También fue radicalizado el autodominio socrático, es decir, la capacidad de dominar los placeres (y los dolores). El placer, que para Sócrates no era ni un bien ni un mal, para Antístenes se convierte en un auténtico mal, que hay que evitar siempre y en toda circunstancia, como sostienen de manera icástica sus célebres máximas: «Quisiera antes enloquecer que experimentar un placer»; «si pudiese tener a mi alcance a Afrodita, la asaetearía».

Antístenes combatió además contra muchas de las ilusiones creadas por la sociedad, que no sirven más que para quitar la libertad y reforzar las cadenas de la esclavitud y llegó incluso a sostener que la carencia de gloria y de fama es un bien.

El sabio no debe vivir según las leyes de la ciudad sino según la ley de la virtud y ha de caer en la cuenta de que los dioses son numerosos por ley de la ciudad, pero que por naturaleza hay un solo Dios.

Es evidente que la ética de Antístenes comporta un esfuerzo continuado y un asiduo trabajo para el ser humano: trabajo para combatir el placer y los impulsos, trabajo para alejarse de las comodidades y de las riquezas, trabajo para renunciar a la fama, trabajo en oponerse a las leyes de la ciudad. Precisamente el trabajo fue considerado como un bien y estrechamente emparentado con la virtud. Antístenes, con el propósito de subrayar el alto aprecio que sentía por el trabajo (por el *ponos*, como lo denominaban los griegos), consagró su escuela a Hércules, el héroe de los trabajos legendarios. Incluso esto significaba una ruptura drástica con la opinión común, porque elevaba al nivel de dignidad y valor supremos algo de lo cual se evadía la mayoría.

Por último Antístenes modificó el mensaje socrático en sentido antipolítico e individualista. Llegó a sostener que su mensaje no sólo era válido para una elite, sino que también se dirigía a los malvados. Y a aquellos que le reprochaban tal cosa, les contestaba: «También los médicos están con los enfermos, sin que por esto se les contagie la fiebre.»

Antístenes fundó su escuela en el gimnasio de Cinosarges (Perro ágil). Quizás de aquí surgió el nombre de la escuela. Otras fuentes refieren que a Antístenes se le llamaba «perro puro». Diógenes de Sinope, a quien el cinismo debe su máximo florecimiento, era apodado «Diógenes el perro». Sobre este tema habremos de volver más adelante y ofreceremos nuevas indicaciones sobre la naturaleza y el significado de cinismo.

2.3. *Aristipo y la escuela cirenaica*

Aristipo nació en Cirene, ciudad fundada por colonos griegos en la costa de África, y vivió entre los últimos decenios del siglo V y la primera mitad del IV a.C. Viajó a Atenas para frecuentar a Sócrates. Sin embargo, la vida asendereada y rica que había llevado en Cirene y las costumbres contraídas antes de encontrarse con Sócrates condicionaron su aceptación del mensaje socrático.

En primer lugar, permaneció fija en él la convicción de que el bienestar físico era el bien supremo, hasta el punto de que llegó a considerar que el placer —como veremos— era el primer motor de la vida. Sócrates no había condenado el placer como si fuese un mal (cosa que sí hizo Antístenes), pero no lo consideró un bien en sí: únicamente la ciencia y la virtud eran bienes, y bien podía ser asimismo el placer, pero sólo en el caso de que se integrase en una vida regida por el conocimiento. Aristipo en cambio, rompiendo completamente el equilibrio de la postura socrática, afirmó que el placer siempre es un bien, provenga de donde provenga. Aristipo, en conclusión, fue un hedonista en sentido estricto, en un claro contraste con el mensaje socrático.

En segundo lugar, y siempre por las mismas causas, Aristipo asumió con respecto al dinero una actitud que para un socrático resultaba del todo desprejuiciada: llegó a cobrar las lecciones que daba, igual que hacían los sofistas, hasta el punto de que los antiguos le llamaron también «sofista» (como antes se ha dicho, para los antiguos los sofistas eran quienes ofrecían sus enseñanzas a cambio de una compensación económica). Diógenes Laercio nos refiere que Aristipo «fue el primero de entre los socráticos que pretendió ser compensado con dinero» y que intentó además enviarle dinero a Sócrates, con el resultado que bien puede imaginarse.

Es difícil —o casi imposible, a tenor de los testimonios que han llegado hasta nosotros— distinguir el pensamiento de Aristipo del de sus inmediatos sucesores. Su hija Areté recogió en Cirene la herencia espiritual del padre y la transmitió a su hijo, a quien impuso el mismo nombre que el abuelo (por lo que fue llamado Aristipo el Joven). Es probable que el núcleo esencial de la doctrina cirenaica haya sido configurado por la tríada Aristipo el Viejo - Areté - Aristipo el Joven. A continuación la escuela se dividió en diversas corrientes de escaso relieve, sobre las que hablaremos más adelante. Aquí nos limitaremos a tratar las doctrinas que pertenecen con verosimilitud a la etapa originaria de la escuela cirenaica.

Los cirenaicos rechazaron las investigaciones físicas, y consideraron que las matemáticas también eran superfluas, ya que no tienen ninguna relación con el bien y con la felicidad. Redujeron a lo esencial las indagaciones lógicas. Fueron fenomenistas que redujeron el conocimiento de las cosas a sensaciones, entendidas como estados subjetivos e incomunicables intersubjetivamente. Los nombres comunes no son otra cosa que convenciones, puesto que expresan en definitiva las experiencias de cada sujeto, que resultan imposibles de confrontar con las de los demás.

Por consiguiente se justifica la radical perspectiva hedonista que es peculiar de los cirenaicos. La felicidad para ellos reside en el placer que se obtiene y se disfruta en el instante. Más tarde, el placer es explicado como una especie de movimiento leve, mientras que el dolor es un movimiento violento. La carencia de placer o de dolor esto es —la ausencia del movimiento leve o violento— constituye el éxtasis, «semejante a la situación del que duerme» y, por lo tanto, ni placentero ni doloroso. El placer físico, al igual que el dolor físico, es superior al psíquico, y esto hace que los malvados sean castigados con dolores físicos. Los cirenaicos sostienen, sin embargo, que el hombre debe dominar los placeres y no dejarse dominar por ellos. Con respecto a determinadas posturas sofísticas, en los cirenaicos sólo hay de socrático el principio de autodominio, que deja de ser dominio sobre la vida instintiva y sobre la apetencia de placer, para transformarse en autodominio en placer. El placer no es deshonesto, sino el convertirse en víctima suya; el satisfacer las pasiones no es malo, sino el dejarse llevar por ellas cuando uno las está satisfaciendo; el gozo no es condenable, sino el exceso que se dé en él. La virtud socrática se convierte para los cirenaicos en un medio y un instrumento de placer y se reduce a aquel autodominio en el placer que hemos mencionado antes.

Es preciso señalar otro elemento: la actitud de ruptura que asumió Aristipo con relación al *ethos* de la *polis*. De acuerdo con la concepción tradicional, en la sociedad hay unos que mandan y otros que son mandados y, por consiguiente, el razonamiento educativo se planteaba como si no existiese otra posibilidad que la de formar personas aptas para mandar o para obedecer. Por lo contrario Aristipo proclama la existencia de una tercera opción: la de no encerrarse para nada en una ciudad, ser forastero en todas partes y vivir en consecuencia.

Las siguientes afirmaciones en sentido cosmopolita de los cirenaicos se integran plenamente en estas premisas que, por cierto, resultan más negativas que positivas, porque la ruptura de los esquemas de la *polis* se produce por motivos de egoísmo y de utilitarismo hedonista: una participación en la vida pública no permite gozar de la vida con plenitud. Con respecto a la postura de Sócrates, que puso su filosofar al servicio de las ciudades y que murió para permanecer fiel al *ethos* de la *polis*, la postura de Aristipo y de los cirenaicos no podía representar un contraste más tajante.

2.4. *Euclides y la escuela megárica*

Euclides nació en Megara, donde fundó la escuela que recibe el nombre de la ciudad. Los especialistas defienden la hipótesis de que su vida transcurrió entre el 435 y el 365 a.C. Estuvo muy próximo a Sócrates. Se narra, en efecto, que habiéndose roto las relaciones entre Megara y Atenas, los atenienses decretaron la pena de muerte para aquellos megarenses que entrasen en la ciudad. A pesar de todo Euclides continuó desplazándose periódicamente a Atenas por la noche y disfrazándose con vestidos femeninos.

Euclides se situó entre el socratismo y el eleatismo, como nos lo refieren con bastante claridad las escasas fuentes de que disponemos. Afirmó que el Bien es el Uno y lo concibió con los caracteres eleáticos de la identidad e igualdad absolutas de sí mismo consigo mismo. Al igual que Parménides eliminaba el no-ser como contrario al ser, así Euclides eliminaba las cosas contrarias al Bien, sosteniendo que no son. Por lo tanto, de acuerdo con esta postura, una vez más dejaba de haber lugar para la multiplicidad y para el devenir. Además, desde el punto de vista metodológico, Euclides prefirió —en lugar de los argumentos analógicos tan utilizados por Sócrates— la dialéctica de tipo zenoniano y, como se nos refiere, en las demostraciones no atacaba las premisas, sino las conclusiones.

A pesar de todo, si bien Euclides parece hasta ahora inclinarse del lado de los eleáticos, se revela como socrático apenas se tenga cuenta de que puso en relación con el Uno-Bien toda una serie de atributos decididamente socráticos. En efecto, se nos dice que Euclides afirmó que el Bien es uno, al cual se le denomina de muchas maneras: Sabiduría, Dios, Mente, y así sucesivamente. Ahora bien, la sabiduría era el conocimiento que Sócrates también identificaba con el Bien. Dios y Mente son rasgos típicos de la teología socrática, como antes se ha visto. Es asimismo socrática la doctrina atribuida a Euclides, según la cual la virtud es una sola, aunque se le den diversos nombres. Euclides, pues, procuró dar al socratismo el fundamento ontológico que le faltaba. En otras palabras, nos hallamos ante un intento rudimentario, que trata de hacer lo que de modo muy distinto hará Platón.

Tanto Euclides como los megáricos posteriores concedieron un amplio interés a la erística y a la dialéctica, hasta el punto que fueron denominados «erísticos» y «dialécticos». En este aspecto, como se ha comprobado, se aproximaban a los eleáticos; pero el mismo Sócrates, en realidad, se prestaba mucho a ser utilizado en este sentido. Es probable que Euclides haya atribuido a la dialéctica un carácter de purificación ética, como había hecho Sócrates. En la medida en que la dialéctica destruye las falsas opiniones de los adversarios, sirve para purificar del error y de la infelicidad que es consecuencia del error.

Los sucesores de Euclides, en particular Eubúlides, Alesino, Diodoro Crono y Estilpón, conquistaron la fama gracias sobre todo a sus perfeccionadas armas dialécticas (que utilizaron contra los adversarios, pero que también usaron en vacuos juegos de virtuosismo erístico). De ellos hablaremos más adelante.

2.5. *Fedón y la escuela de Elis*

Entre los socráticos menores, Fedón (a quien Platón dedicó su diálogo más bello) fue el menos original, a tenor de lo poco que nos ha sido transmitido de él. Diógenes Laercio nos dice: «Fedón de Elis, de los Eupátridas, fue capturado cuando cayó su patria y se le obligó a permanecer en una casa de vida airada. Pero cerrando la puerta, logró entrar en contacto con Sócrates y, por fin, incitados por éste, Alcibíades y Critón y sus amigos lo rescataron. A partir de entonces fue libre y se dedicaba a la filosofía.» Escribió diálogos, entre los que se cuentan el *Zopiro* y el *Simón*, que se han perdido. Después de la muerte de Sócrates fundó una escuela en su Elis natal.

Los testimonios existentes nos indican con bastante claridad que en su especulación adoptó dos direcciones: la erístico-dialéctica y la ética. Sin embargo, se distinguió sobre todo en esta última.

En su *Zopiro* desarrollaba la concepción de que el *logos* (el *logos* socrático) no halla ningún obstáculo en la naturaleza del hombre, en el sentido de que se halla en condiciones de dominar a los caracteres más rebeldes y a los temperamentos más apasionados. Zopiro era un fisonomista, es decir, pensaba que gracias a la fisonomía de las personas se podía averiguar su talante moral. Basándose en los rasgos del rostro de Sócrates, sentenció que el filósofo debía ser un hombre vicioso, suscitando la hilaridad general. Empero, el propio Sócrates salío en defensa de Zopiro, explicando que así había sido él en efecto, antes de que le transformase su logos filosófico.

Es evidente que Fedón ahondó en un aspecto de la filosofía socrática cuya eficacia había experimentado directamente (como hemos visto, el *logos* de Sócrates había logrado liberarlo de la abyección en que había caído, como prisionero en una casa de vida airada). Este aspecto, no obstante, reflejaba muy bien uno de los rasgos más típicos del intelectualismo de Sócrates, esto es, la convicción de la omnipotencia del logos y del conocimiento en el ámbito de la vida moral.

La escuela de Elis tuvo escasa duración. A Fedón le sucedió Plisteno, nacido en la misma ciudad. Sin embargo, una generación más tarde, Menedemo —procedente de la escuela del megárico Estilpón— recogió la herencia de la escuela de Elis y la trasladó a Eretria, donde junto con Asclepíades de Fliunte le impuso una dirección análoga a la de la escuela megárica, concediendo una atención privilegiada a los temas erístico-dialécticos, pero sin llevar a cabo aportaciones de relieve.

2.6. *Conclusiones acerca de los socráticos menores*

Lo que hemos venido exponiendo acerca de los socráticos habrá servido para persuadir al lector de que las diversas calificaciones que se han otorgado a estos pensadores —«menores», «semisocráticos», «socráticos unilaterales»— resultan bastante adecuadas. Algún especialista, como por ejemplo Robin, ha tratado de rechazarlas, pero equivocadamente. Se les puede calificar de «menores», si se tienen en cuenta los resultados que obtuvieron y si se comparan con los de Platón, cuya magnitud es innegablemente mayor, como demostrará de modo suficiente la exposición del pensamiento platónico.

Se les puede calificar de «semisocráticos», porque los cínicos y los cirenaicos son a medias sofistas, y los megáricos, a medias eleáticos. Además, entre Sócrates y las demás fuentes de inspiración no efectúan una mediación sintética propiamente dicha, sino que actúan de modo oscilante, porque no saben encontrar un fundamento nuevo para sus razonamientos.

Son asimismo «socráticos unilaterales», porque a través de su prisma sólo se filtra, por así decirlo, un único rayo de la luz emitida por Sócrates. Exaltan un único aspecto de la doctrina o de la figura del maestro, en perjuicio de los demás, y por tanto no pueden menos que deformarlo.

En cambio Robin tiene razón cuando señala que en los socráticos menores «el influjo de Oriente, que hasta ahora siempre había estado compensado en el espíritu griego por la tendencia racionalista, se afirma radicalmente en el pensamiento de Antístenes, hijo de la esclava tracia, y de Aristipo, el griego africano». Y también afirma con acierto que estos socráticos «son ya helenistas»: los cínicos son precursores de los estoicos, los cirenaicos lo son de los epicúreos, y los megáricos paradójicamente entregarán abundantes armas a los escépticos.

El descubrimiento teórico que distingue el enfoque platónico es aquel al que nos hemos referido varias veces y que el propio Platón en el *Fedón* denominó «segunda navegación», como veremos muy pronto. Se trata del descubrimiento metafísico de lo suprasensible. Y será precisamente este hallazgo el que, colocado en la base de las intuiciones socráticas, las elevará, las ensanchará, las enriquecerá, llevándolas a un resultado cuyo alcance filosófico e histórico es del todo excepcional.

CAPÍTULO V

EL NACIMIENTO DE LA MEDICINA COMO SABER CIENTÍFICO AUTÓNOMO

1. CÓMO NACIERON EL MÉDICO Y LA MEDICINA CIENTÍFICA

Los sacerdotes fueron los que ejercieron la práctica médica más antigua. Según la mitología el centauro Quirón fue el que enseñó a los hombres el arte de curar las enfermedades. Siempre de acuerdo con la leyenda, Asclepio fue discípulo de Quirón y muy pronto fue considerado hijo de deidades y divinizado él mismo. Se le llamó «médico», «salvador», y su símbolo fue la serpiente. En consecuencia, se le dedicaron templos en lugares saludables y en posiciones especialmente favorables, así como rituales y cultos. Los enfermos eran llevados a esos templos y se curaban, mediante prácticas o ritos mágico-religiosos. Gradualmente, sin embargo, junto a los sacerdotes de Asclepio aparecieron también médicos laicos, que se distinguían de aquéllos gracias a una preparación específica. Estos médicos ejercitaban su arte en tiendas y en viviendas fijas o viajando de uno a otro sitio (médicos ambulantes). Al lado de los templos de Asclepio surgieron escuelas para formar a dichos médicos, donde se reunían los enfermos y, por tanto, donde se hacía posible una mayor cantidad y una mayor diversidad de casos patológicos, Éste es el motivo por el que durante mucho tiempo se utilizó el nombre de «asclepíades» para denominar no sólo a los sacerdotes de Asclepio, sino a todos aquellos que practicaban el arte de curar las enfermedades, el arte propio del dios Asclepio, es decir, a todos los médicos.

Las escuelas médicas más famosas de la antigüedad surgieron en Crotona (donde se hizo famoso Alcmeón, miembro de la secta de los pitagóricos), en Cirene, en Rodas y en Cos. Es sobre todo en Cos donde la medicina logró elevarse al más alto nivel, por los méritos particulares de Hipócrates, que aprovechando las experiencias de las anteriores generaciones de médicos supo otorgar a la medicina el estatuto de ciencia, esto es, de conocimiento que se procura con un método específico.

Lo dicho hasta ahora sirve para poner de manifiesto que la ciencia médica no nació de las prácticas de los asclepíades, sacerdotes sanadores, sino de las investigaciones y de la experiencia de los médicos de estas escuelas de medicina anexas a los templos. Estos médicos paulatinamente fueron distanciándose de aquellos sacerdotes hasta romper decididamente

Hipócrates (460-370 a.C.) es el creador de la medicina científica griega (todavía hoy los médicos pronuncian el juramento de Hipócrates)

todo vínculo con ellos, definiendo de forma conceptual su propia identidad específica. Para comprender cómo se hizo posible esto y cómo la medicina científica fue asimismo una creación de los griegos, hay que recordar unos cuantos hechos muy importantes.

En el siglo actual se ha descubierto un papiro que contiene una compilación de medicina, que prueba que los egipcios con su sabiduría habían llegado ya a un estadio bastante avanzado en la elaboración de material médico, mediante la indicación de algunas reglas y de algunos nexos entre causa y efecto; por lo tanto, hay que convenir que el antecedente de la medicina se encuentra en Egipto. No obstante, sólo se trata de un antecedente, que con respecto a la medicina griega se halla en la misma relación que los descubrimientos matemático-geométricos egipcios con respecto a la creación de la ciencia de los números y de la geometría griega, que ya hemos mencionado (cf. p. 22s) y sobre las cuales volveremos dentro de poco.

La mentalidad científica creada por la filosofía de la *physis* fue la que hizo posible que la medicina se constituyese en ciencia. W. Jaeger ha ilustrado este punto a la perfección, en una página ejemplar que vale la pena citar:

> Siempre y en todo lugar ha habido médicos; pero el arte de sanar de los griegos se convirtió en arte metodológicamente consciente únicamente por la eficacia que sobre él ejerció la filosofía jónica de la naturaleza. Esta verdad no debe obscurecerse en lo más mínimo por el hecho de tomar en consideración la actitud declaradamente antifilosófica de la escuela hipocrática, a la que pertenecen las primeras obras que encontramos en la medicina griega. Sin el esfuerzo de búsqueda de los filósofos naturalistas jónicos más antiguos, dedicados a descubrir una explicación «natural» de cada fenómeno, sin su intento de relacionar cada efecto con una causa y de hallar en la cadena de causas y efectos un orden universal y necesario, sin su confianza inquebrantable en lograr penetrar todos los secretos del mundo a través de una observación de las cosas carentes de prejuicios y con la fuerza de un conocimiento racional, la medicina jamás se hubiese convertido en ciencia... Sin lugar a dudas, hoy se está en condiciones de aceptar que la medicina de los egipcios ya había conseguido elevarse por encima de aquella práctica de hechizos y conjuros que continuaba viva en las antiguas costumbres de la metrópoli griega en la época de Píndaro. A pesar de ello, únicamente la medicina griega —en la escuela de aquellos pensadores de leyes universales que fueron los filósofos, sus precursores— pudo elaborar un sistema teórico que sirviese de base a un verdadero movimiento científico.

A la influencia de la filosofía de los físicos se agrega además una particular destreza argumentativa que proviene de los sofistas y que se constata sin lugar a dudas en algunos tratados hipocráticos.

En conclusión, como ya hemos recordado, éste es un fenómeno fundamental para comprender el pensamiento occidental: la ciencia médica —al igual que las demás ciencias— pudo nacer, autodefinirse y desarrollarse en el ámbito de la mentalidad filosófica, es decir, en el ámbito del racionalismo etiológico creado por ésta.

2. Hipócrates y el «Corpus Hippocraticum»

Hemos dicho antes que Hipócrates fue el héroe fundador de la medicina científica. A pesar de ello, estamos muy mal informados sobre su vida. Parece haber vivido durante la segunda mitad del siglo v y los primeros decenios del IV a.C. (se han propuesto, de modo aproximativo, las fechas 460-370 a.C., pero son fechas aleatorias). Hipócrates fue el jefe de la escuela de Cos y enseñó medicina en Atenas, donde Platón y Aristóteles ya lo consideraban como arquetipo de gran médico. Se hizo tan célebre que la antigüedad nos ha transmitido con su nombre, no sólo sus obras, sino todas las de la escuela y todas las obras de medicina de los siglos V y IV. Así nació lo que ha sido llamado *Corpus Hippocraticum*, constituido por más de cincuenta tratados, que representa la más imponente documentación antigua, de carácter científico, que haya llegado hasta nuestros días.

Los libros que se pueden atribuir con un cierto margen de probabilidad a Hipócrates, o que por lo menos pueden considerarse como reflejo de su pensamiento, son *La antigua medicina*, que es una especie de manifiesto que proclama la autonomía del arte médico; *El mal sagrado*, que es una polémica en contra de la mentalidad de la medicina mágico-religiosa; *El pronóstico*, que es el descubrimiento de la dimensión esencial de la ciencia médica; *Los aires, las aguas y los lugares*, en el que se evidencian los estrechos vínculos que existen entre las enfermedades y el medio ambiente; las *Epidemias*, que son una enorme colección de casos clínicos; los famosos *Aforismos*, y el celebérrimo *Juramento*, del cual hablaremos más adelante.

Dado que la creación de la medicina hipocrática señala el ingreso de una nueva ciencia del saber científico y dado que Sócrates y Platón se hallan grandemente influidos por la medicina —la cual, nacida de la mentalidad filosófica, estimuló a su vez la especulación—, comentaremos con más detalle las obras culminantes del *Corpus Hippocraticum*. A este respecto, escribe Jaeger: «No se exagera al decir que la ciencia ética de Sócrates, que en los diálogos platónicos ocupa el centro de la discusión, habría sido impensable sin el modelo de la medicina, la cual Sócrates evoca tan a menudo. Ésta es la que resulta más afín, entre todas las ramas del conocimiento humano que entonces existían, incluidas la matemática y las ciencias naturales.» Veremos, pues, algunas de las nociones hipocráticas más famosas (la traducción de las citas que hacemos procede de *Opere di Ippocrate*, a cargo de M. Vegetti, Utet, Turín 1965).

3. Las obras culminantes del «Corpus Hippocraticum»

3.1. *El mal sagrado y la reducción de todos los fenómenos patológicos a una misma dimensión*

El mal sagrado en la antigüedad consistía en la epilepsia, en la medida en que se la juzgaba como resultado de causas no naturales y, por tanto, consecuencia de una intervención divina. En el extremadamente lúcido escrito que lleva este nombre, Hipócrates demuestra la tesis siguiente, de manera ejemplar. *a)* La epilepsia es considerada como mal sagrado porque aparece como un fenómeno sorprendente e incomprensible. *b)* En realidad existen enfermedades no menos sorprendentes, como ciertas manifestaciones febriles y sonambulismo. Por lo tanto, la epilepsia no es distinta de estas otras enfermedades. *c)* La ignorancia, pues, ha sido la causa que ha impulsado a juzgar la epilepsia como mal sagrado. *d)* En tal caso, aquellos que pretenden curarla con actos de magia son unos granujas y unos impostores. *e)* Además, estos últimos se hallan en contradicción con ellos mismos, porque pretenden curar males que se juzgan como divinos mediante prácticas humanas; así, estas prácticas en vez de ser expresiones de religiosidad y devoción son impías y ateas, porque pretenderían ejercer un poder sobre los dioses.

El poderoso racionalismo de esta obra adquiere un relieve muy notable, puesto que Hipócrates —lejos de ser ateo— da muestras de haber comprendido a la perfección cuál es la dimensión de lo divino y precisamente sobre esta base sostiene la imposibilidad de mezclar de manera absurda lo divino con las causas de las enfermedades. Las causas de todas las enfermedades pertenecen a una única e idéntica dimensión. Escribe: «No creo que el cuerpo del hombre pueda ser contaminado por un dios, lo más corruptible por lo más sagrado: pero si sucediera que haya sido contaminado u ofendido de alguna forma por un agente externo, por un dios será purificado y santificado, más bien que contaminado. Es ciertamente lo divino lo que nos purifica y nos santifica y nos limpia de nuestros gravísimos e impíos errores: y nosotros mismos trazamos los límites de los templos y de los recintos de los dioses, para que no los trasponga nadie que no sea puro, y al entrar nos rociamos con el hisopo, no para contaminarnos sino para limpiarnos, por si traíamos con nosotros alguna mancha.»

¿Cuál es entonces la causa de la epilepsia? Se trata de una alteración del cerebro, que proviene de las mismas causas racionales de las que provienen todas las demás alteraciones patológicas, una adición o substracción de seco y húmedo, calor o frío, etc. Por lo tanto, concluye Hipócrates, quien «sabe determinar en los hombres, mediante la dieta, lo seco y lo húmedo, el frío y el calor, ése también puede curar este mal, si logra comprender cuál es el momento oportuno para un buen tratamiento, sin ninguna clase de purificación o magia».

3.2. *El descubrimiento de la correspondencia estructural entre las enfermedades, el carácter del hombre y el medio ambiente, en la obra «Sobre los aires, las aguas y los lugares»*

El tratado *Sobre los aires, las aguas y los lugares* es uno de los más extraordinarios del *Corpus Hippocraticum*, y el lector de hoy no puede menos que sorprenderse ante la modernidad de algunos enfoques que allí aparecen. Dos son las tesis de fondo.

1) La primera constituye una ilustración paradigmática de lo que hemos señalado acerca del planteamiento mismo de la medicina como ciencia, cuya estructura racional procede de los razonamientos de los filósofos. Se contempla al hombre dentro del conjunto de circunstancias al que pertenece naturalmente, es decir en el contexto de todas las coordenadas que configuran el ambiente en que vive: las estaciones, sus modificaciones y sus influjos, los vientos típicos de cada región, las aguas características de cada lugar y sus propiedades, la posición de los lugares, el tipo de vida de sus habitantes. El pleno conocimiento de cada caso individual

depende, por lo tanto, del conocimiento del conjunto de estas variables, lo cual significa que para entender una parte es preciso entender el todo al cual esta parte pertenece. La naturaleza de los lugares y de los rasgos de éstos incide sobre la constitución y sobre el aspecto de los hombres y, por consiguiente, sobre su salud y sus enfermedades. El médico que quiere curar al enfermo debe conocer estas correspondencias con precisión.

2) La otra tesis (que es la más interesante) afirma que las instituciones políticas también influyen sobre el estado de salud y sobre las condiciones generales de los hombres: «Por estas razones, en mi opinión, son débiles los pueblos de Asia, y además por sus instituciones. En efecto, la mayor parte de Asia se halla regida por monarquías. Allí donde los hombres no son señores de sí mismos y de sus propias leyes, sino que están sujetos a déspotas, no piensan ya en cómo adiestrarse para la guerra, y sí en cómo parecer ineptos para el combate.» La democracia, pues, templa el carácter y la salud, mientras que el despotismo produce el efecto contrario.

3.3. *El manifiesto de la medicina hipocrática: «la antigua medicina»*

Hemos dicho antes que la medicina adeuda muchas cosas a la filosofía. Ahora es necesario precisar un poco más esta afirmación. La medicina, que surgió en el contexto del esquema general de racionalidad instaurado por la filosofía, pronto tuvo que marcar distancias con respecto a ésta, para no ser reabsorbida por ella. Por ejemplo, la escuela médica itálica había hecho uso de los cuatro elementos de Empédocles (agua, aire, tierra, fuego) para explicar la salud y la enfermedad, la vida y la muerte, cayendo en el dogmatismo que olvidaba la experiencia concreta y que Hipócrates considera muy perjudicial. *La antigua medicina* es una denuncia de este dogmatismo y reivindica para la medicina un estatuto antidogmático, independiente de la filosofía de Empédocles. Hipócrates escribe: «Todos los que se han dispuesto a hablar o a escribir de medicina, fundamentando su propio razonamiento en un postulado, el calor o el frío o lo húmedo o lo seco o cualquier otro que hayan escogido, simplificando en exceso la causa originaria de las enfermedades y de la muerte de los hombres, atribuyendo a todos los casos la misma causa, porque se basan sobre uno o dos postulados, ésos se hallan patentemente en el error...»

Hipócrates no niega que estos factores intervengan en la aparición de las enfermedades y de la salud, pero intervienen de un modo muy diverso y estructurado, porque en la naturaleza todo se halla mezclado entre sí (adviértase cómo Hipócrates se vale con habilidad del postulado de Anaxágoras según el cual todo está en todo, precisamente para derrotar los postulados de Empédocles): «Cualquiera, empero, podría decir: "Sin embargo, quien se halla calenturientamente debido a fiebres ardientes y a pulmonías y otras graves enfermedades, no se libera tan rápido de la fiebre, ni existe en ese caso alternancia de calor y de frío." Pero yo considero que precisamente en esto se da una prueba notabilísima, de que no sólo por el calor se hallan calenturientos los hombres, y que éste no es la única causa de las enfermedades, sino que la misma cosa es a la vez amarga y cálida, ácida y cálida, y así indefinidamente y recíprocamente, fría junto con las demás propiedades. Lo que resulta perjudicial, pues, es todo esto, y se incluye también el calor, que participa de la fuerza del factor dominante y que junto con él se agrava y crece, pero en sí mismo no posee más propiedades que las que le son peculiares.»

El conocimiento médico consiste en un conocimiento exacto y riguroso de la dieta más conveniente y de su justa medida. Esta precisión no puede derivar de criterios abstractos o hipotéticos, sino sólo de la experiencia concreta, de la sensación del cuerpo (lo cual suena como una especie de eco de Protágoras). El razonamiento, por consiguiente, no versará sobre la esencia del hombre en general, sobre las causas de su aparición, o cosas similares; tendrá que versar, en cambio, sobre qué es el hombre como ser físico concreto, que tiene relación con lo que come, con lo que bebe, con su régimen específico de vida, y factores de este tipo: «Considero de veras que una ciencia de algún modo cierta, acerca de la naturaleza, no puede derivarse de otra cosa que no sea la medicina, y que sólo podrá adquirirse cuando haya sido explorada por completo la propia medicina, utilizando un método correcto; pero de esto se está muy lejos, me refiero a conquistar un saber exacto sobre lo que es el hombre, sobre las causas que determinan su aparición, y otras cuestiones similares. Me parece necesario que, al menos, el médico sepa esto sobre la naturaleza y haga todo el esfuerzo por saber, si quiere de alguna forma cumplir con sus deberes, qué es el hombre en relación con lo que come y lo que bebe y a todo su régimen de vida, y qué consecuencias se derivan de cada cosa para cada uno...»

Las *Epidemias* (que significan «visitas») muestran en especial aquella precisión que Hipócrates exigía del arte médico y el método del empirismo positivo en funcionamiento, como descripción sistemática y ordenada de diversas enfermedades, único elemento que podía servir de base a aquel arte. Esta obra gigantesca rezuma toda ella el espíritu que, como se ha advertido con acierto, se condensa en la máxima que sirve de comienzo a la célebre colección de los *Aforismos* : «La vida es breve, el arte es largo, la ocasión, huidiza, el experimento, arriesgado y el juicio, difícil.»

Recordemos finalmente que Hipócrates codificó el pronóstico que —como se ha señalado— representa en el contexto hipocrático una síntesis de pasado, presente y futuro: sólo si enfoca el pasado, el presente y el futuro del enfermo, podrá el médico proyectar la perfecta terapia.

4. El «Juramento de Hipócrates»

Hipócrates y su escuela no se limitaron a otorgar a la medicina el estatuto teórico de ciencia, sino que llegaron a determinar con una lucidez realmente notable la dimensión ética del médico, el *ethos* o personalidad moral que lo debe caracterizar. Además del trasfondo social que se constata a la perfección a través de la conducta que se expone explícitamente (en la antigüedad, la ciencia médica se trasmitía de padres a hijos, relación que Hipócrates asimila a la existente entre maestro y discípulo), el sentido del juramento se resume mediante la proposición que en términos modernos expresaríamos así: médico, recuerda que el enfermo no es una cosa, ni un medio, sino un fin, un valor, y por tanto condúcete en coherencia con ello. He aquí el *Juramento de Hipócrates* en su integridad:

Juro ante Apolo médico y ante Asclepio y ante Higía y ante Panacea y ante los dioses todos y las diosas, llamándolos a testimonio, mantenerme fiel en la medida de mis fuerzas y de mi juicio a este juramento y a este pacto escrito. Consideraré a quien me ha enseñado este arte igual que a mis propios padres y pondré en común con él mis bienes, y cuando tenga necesidad de ello le reembolsaré mi deuda, y a sus descendientes los consideraré como hermanos y les enseñaré este arte, si desean aprenderlo, sin compensación alguna ni compromisos escritos; trasmitiré las enseñanzas escritas y verbales y cualquier otra parte del saber a mis hijos, así como a los hijos de mi maestro y a los alumnos que han subscrito el pacto y el jurado de acuerdo con la costumbre médica, pero a nadie más. Utilizaré la dieta para ayudar a los enfermos en la medida de mis fuerzas y de mi juicio, pero me abstendré de producir daño e injusticia. No daré a nadie ningún fármaco mortal, aunque me lo pida, ni jamás propondré tal consejo: igualmente, no daré a las mujeres pesarios para provocar el aborto. Conservaré puros y santos mi vida y mi arte. Tampoco operaré a quien sufra cálculos renales, sino que dejaré actuar a hombres expertos en esta práctica. A cuantas casas entre, iré a ayudar a los enfermos, absteniéndome de llevar voluntariamente injusticia o daño, y especialmente de todo acto de lujuria sobre los cuerpos de mujeres y hombres, libres o esclavos. Cuantas cosas vea y oiga en el ejercicio de mi profesión, e incluso fuera de ella, en mis relaciones con los hombres, si no tienen que divulgarse a los demás, las callaré como si fuesen un secreto sagrado. Si me mantengo fiel a este juramento y no lo olvido, que me sea dado gozar lo mejor de la vida y del arte, considerado con honor por todos y para siempre. En cambio, si lo transgredo y soy perjuro, que me suceda lo contrario a esto.

Quizás no todos sepan que, aún hoy, los médicos pronuncian el Juramento de Hipócrates: tanto debe a los griegos la civilización occidental.

5. El tratado «Sobre la naturaleza del hombre» y la doctrina de los cuatro humores

La medicina hipocrática ha pasado a la historia como aquella que se basaba sobre la doctrina de los cuatro humores: sangre, flema, bilis y atrabilis.

Ahora bien, en el *Corpus Hippocraticum* hay un tratado titulado *La naturaleza del hombre*, que codifica de forma paradigmática esta doctrina. Los antiguos lo consideraron como obra de Hipócrates, pero al parecer su autor fue Polibo, yerno de Hipócrates. Por otro lado, la rígida sistematización de este tratado sobre *La naturaleza del hombre* no está en línea con lo que se afirma en *La antigua medicina*. En realidad, lo que Hipócrates decía en *La antigua medicina* exigía un complemento teórico, un esquema general que suministrase el marco ordenador de la experiencia médica. Hipócrates había hablado de «humores», sin definir de un modo sistemático su número y sus cualidades. También había mencionado la influencia del calor, del frío y de las estaciones, como hemos visto, pero sólo como variables del medio ambiente. Polibo combina la doctrina de las cuatro cualidades, que procedía de los médicos itálicos, con las doctrinas hipocráticas oportunamente desarrolladas, y extrae el marco siguiente. La naturaleza del cuerpo humano está constituida por sangre, flema, bilis y atrabilis. El hombre está sano cuando estos humores se hallan recíprocamente proporcionados en propiedades y cantidades y la mezcla es completa. En cambio, está enfermo cuando hay un exceso o defecto y cuando desaparece aquella proporción. Con los distintos humores se corresponden las cuatro estaciones, así como el calor y el frío, lo seco y lo húmedo.

El gráfico siguiente sirve para ilustrar estos conceptos y añade algunas explicitaciones adicionales (el primer círculo representa los elementos de origen naturalista; el segundo, las cualidades que les corresponden; el tercero, los humores; el cuarto, las estaciones respectivas, que les son afines; los dos últimos, los temperamentos del hombre y su relativa disposición a las enfermedades. También se podrían agregar las correspondientes edades del hombre, pero es algo que resulta obvio, dada la perfecta coincidencia con las estaciones).

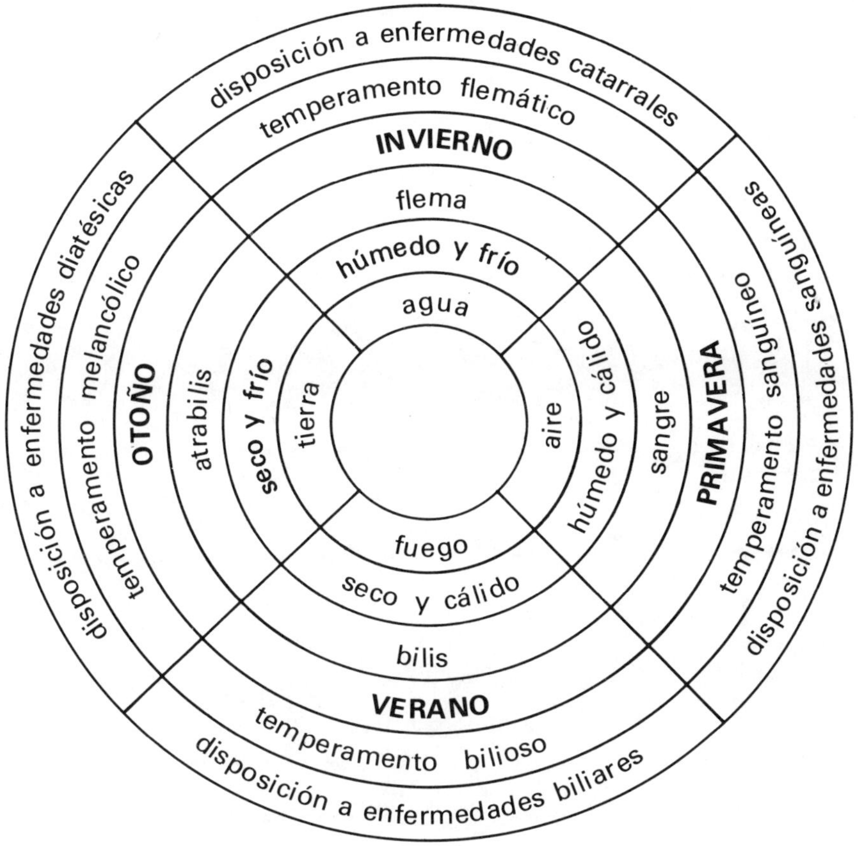

Este esquema tan claro, que conciliaba instancias opuestas, y la lúcida síntesis de doctrinas médicas que se basaba en él, garantizaron al tratado un enorme éxito. Galeno defenderá la autenticidad hipocrática del contenido de este escrito y lo complementará con una elaborada doctrina de los temperamentos, con lo cual este esquema se transformó en un hito dentro de la historia de la medicina y en punto de referencia durante dos mil años.

PARTE CUARTA

PLATÓN Y EL HORIZONTE DE LA METAFÍSICA

«Quien sea capaz de ver la totalidad es filósofo, quien no, no.»

Platón

Platón (428/427-347 a.C.) es el fundador de la metafísica occidental. Montaigne afirmó de él: «Sacudid y zarandead a Platón: todos, honrándose en convertirlo en algo propio, lo colocan en donde quieren.» Y Emerson agregará: «Platón es la filosofía.»

Capítulo VI

PLATÓN Y LA ACADEMIA ANTIGUA

1. La cuestión platónica

1.1. *Vida y obras de Platón*

Platón nació en Atenas en 428-427 a.C. Su verdadero nombre era Aristocles; Platón es un sobrenombre añadido, debido según algunos a su vigor físico, o según otros a la amplitud de su estilo o la anchura de su frente (en griego, *platos* significa precisamente amplitud, anchura, extensión). Su padre descendía del rey Codro, mientras que su madre pertenecía a la familia de Solón. Es obvio, pues, que desde muy joven Platón considerase como su ideal la vida política: el nacimiento, la inteligencia, las aptitudes personales, todo lo impulsaba en esta dirección. Se trata de un dato biográfico absolutamente esencial, que incidirá —y en profundidad— sobre la substancia misma de su pensamiento.

Aristóteles nos refiere que Platón primero fue discípulo del heraclitiano Cratilo y, después de Sócrates (el encuentro de Platón con Sócrates se produjo probablemente cuando aquél tenía veinte años). Sin embargo, la intención inicial de Platón al frecuentar a Sócrates fue la misma que la mayoría de los otros jóvenes, y no consistía en transformar la filosofía en objetivo de su propia vida, sino en prepararse mejor para la vida política, a través de la filosofía. Más tarde, los acontecimientos encaminaron en un sentido diferente la vida de Platón.

Platón tuvo un primer contacto directo con la vida política en el 404-403 a.C., cuando tomó el poder la aristocracia y dos allegados suyos —Cármides y Critias— desempeñaron funciones de primera línea en el gobierno oligárquico. No obstante, debió constituir sin duda una experiencia amarga y desilusionadora, a causa de los métodos sectarios y violentos que Platón vio poner en práctica precisamente a aquellos en que había depositado confianza.

Su disgusto, empero, ante los métodos de la política que se practicaba en Atenas debió llegar a un punto culminante en el 399 a.C., cuando Sócrates fue condenado a muerte. De la condena de Sócrates fueron responsables los demócratas, que habían reconquistado el poder. De este modo, Platón se convenció de que por el momento le convenía mantenerse al margen de la política militante. Después del 399 a.C., Platón se trasladó a Megara junto con algunos otros socráticos, como huésped de Euclides (probablemente, para evitar posibles persecuciones, como consecuencia de haber formado parte del círculo socrático). No obstante, en Megara no permaneció mucho tiempo.

En el 388 a.C., hacia los cuarenta años de edad, partió de viaje por Italia. (Si es cierto que, como se ha afirmado, Platón también viajó a Egipto y a Cirene, esto debió ocurrir antes del 388 a.C.; sin embargo, la autobiografía que aparece en la *Carta VII* nada nos dice de tales viajes.) Es probable que lo haya impulsado a ir a Italia el deseo de conocer las comunidades de los pitagóricos (como sabemos por la *Carta VII*, conoció a Arquitas). Durante este viaje, Platón fue invitado a Siracusa, en Sicilia, por el tirano Dionisio I. Platón esperaba, con seguridad, inculcar en el tirano el ideal del rey-filósofo (que ya había expuesto básicamente en el *Gorgias*, obra anterior al viaje). En Siracusa Platón chocó muy pronto con el tirano y con su corte (por sostener, precisamente, aquellos principios manifestados en el *Gorgias*). En cambio estableció un fuerte vínculo de amistad con Dión, pariente del tirano, en el que Platón creyó hallar un discípulo capaz de convertirse en rey-filósofo. Dionisio se irritó con Platón hasta el extremo de hacerlo vender como esclavo por un embajador espartano en Egina (quizás, más simplemente, al verse obligado a desembarcar en Egina, que estaba en guerra con Atenas, Platón fue retenido como esclavo). Afortunadamente, fue rescatado por Aníceris de Cirene, que se encontraba en Egina.

A su regreso a Atenas fundó la Academia (en un gimnasio situado en el parque dedicado al héroe Academo, de donde proviene el nombre de Academia), con toda verosimilitud el *Menón* constituye la primera proclamación de la nueva escuela. Muy pronto se consolidó la Academia y reclutó a gran número de jóvenes e, incluso, de hombres ilustres.

En el 367 a.C. Platón efectuó una segunda visita a Sicilia. Dionisio I había muerto y le había sucedido su hijo Dionisio II, quien en opinión de Dión habría podido favorecer mucho más que su padre los propósitos de Platón. Sin embargo, Dionisio II se reveló del mismo talante que su padre. Obligó a Dión a exiliarse, acusándolo de conspirar contra él, y retuvo a Platón casi en calidad de prisionero. Dionisio acabó por dejar en libertad a Platón para que regresase a Atenas, por la única razón de haber emprendido una guerra.

En el 361 a.C. Platón volvió por tercera vez a Sicilia. De regreso a Atenas, encontró allí refugiado a Dión, quien lo convenció de que aceptase una nueva y acuciante invitación de Dionisio (que quería que el filósofo retornase a su corte, para completar su propia preparación filosófica). Empero, el creer que habían cambiado los sentimientos de Dionisio fue un error. Hubiera corrido peligro incluso la vida de Platón, si no hubiesen intervenido Arquitas y los tarentitos, que le salvaron. En el 357 a.C., Dión logrará tomar el poder en Siracusa, pero no durante mucho tiempo; en efecto, fue asesinado en el 353 a.C.).

En el 360 Platón regresa a Atenas y allí permaneció dirigiendo la Academia, hasta su muerte en el 347 a.C.

Los escritos de Platón nos han llegado en su integridad. La ordenación que se les ha impuesto (conocida por nosotros gracias al gramático Trasilo) se basa en el contenido de los escritos. Las 36 obras están clasificadas en las nueve tetralogías siguientes:

I: *Eutifrón, Apología de Sócrates, Critón, Fedón;*
II: *Cratilo, Teeteto, Sofista, Político;*
III: *Parménides, Filebo, Banquete, Fedro:*
IV: *Alcibíades I, Alcibíades II, Hiparco, Amantes;*
V: *Teages, Cármides, Laques, Lisis;*
VI: *Eutidemo, Protágoras, Gorgias, Menón:*
VII: *Hipias menor, Hipias mayor, Ion, Menexeno;*
VIII: *Clitofonte, República, Timeo, Critias;*
IX: *Minos, Leyes, Epínomis, Cartas..*

La correcta interpretación y la valoración de estos escritos plantea una serie de complejos problemas, que en conjunto integran lo que se denomina la «cuestión platónica».

1.2. *La cuestión de la autenticidad y de la evolución de los escritos*

El problema inicial que surge ante los 36 escritos es el siguiente: ¿son todos ellos auténticos, o bien hay algunos que no lo son, y cuáles se hallan en este caso? La crítica del siglo pasado ha trabajado sobre este problema hasta límites increíbles, llegando hasta extremos hipercríticos verdaderamente exagerados (se ha llegado a dudar de la autenticidad de casi todos los diálogos). Más adelante, el problema ha ido perdiendo atractivo y hoy se tiende a considerar que casi todos los diálogos son auténticos o incluso todos ellos.

El segundo problema hace referencia a la cronología de estos escritos. No consiste en un mero problema de erudición, puesto que el pensamiento platónico se fue desarrollando gradualmente, creciendo sobre sí mismo y a veces incluso autocriticándose y autocorrigiéndose. A partir de finales del siglo pasado, y en parte valiéndose del estudio científico de las características de las distintas obras, se ha logrado responder aunque sea parcialmente a dicho interrogante.

Se ha partido de las *Leyes*, que son sin duda el último escrito de Platón y, después de un cuidadoso análisis de las características estilísticas de esta obra, se ha intentado establecer qué otros escritores poseen rasgos similares. Así se ha podido concluir —apelando asimismo a criterios colaterales— que los escritos del último período son, en orden cronológico, los siguientes: *Teeteto, Parménides, Sofista, Político, Filebo, Timeo, Critias* y *Leyes*. Después, se ha podido establecer que la *República* pertenece a la fase central de la producción platónica, que fue precedida por el *Fedón* y por el *Banquete* y seguida por el *Fedro*. Asimismo, se ha logrado comprobar que un grupo de diálogos representa el período de maduración y de paso desde la fase juvenil hasta la fase más original: es verosímil que el *Gorgias* pertenezca al período inmediatamente anterior al primer viaje a Italia y el *Menón* venga inmediatamente después de dicho viaje. Probablemente, también el *Cratilo* pertenece a esta etapa de maduración. El *Protágoras* constituye quizás la coronación de sus primeros años de actividad. La mayor parte de los demás diálogos, sobre todo los breves, son con seguridad escritos juveniles, lo cual nos confirma, por lo demás, la temática fielmente socrática que se discute en ellos. Sin duda, es posible que algunos hayan sido retocados y en parte rehechos en los años de madurez. De todos modos, en el actual estado de nuestros conocimientos, una vez comprobado que los llamados «diálogos dialécticos» (*Parménides, Sofista, Político, Filebo*) son obra del último Platón y que los grandes diálogos metafísicos son obras de madurez, aunque siga existiendo una cierta incertidumbre con respecto a los primeros escritos, es posible sin embargo reconstruir el pensamiento platónico de un modo bastante satisfactorio.

La evolución espiritual de Platón avanza de acuerdo con el siguiente itinerario.

En primer término se dedicó a la problemática predominantemente ética (ético-política), partiendo desde el punto exacto al cual había llegado Sócrates. A continuación cayó en la cuenta de la necesidad de recuperar los interrogantes de la filosofía de la *physis*. Sin embargo, la recuperación de los temas onto-cosmológicos de los físicos se produjo de un modo absolutamente original: mediante una auténtica revolución del pensamiento, que el mismo Platón llamó «segunda navegación», es decir, aquella navegación que lo llevó al descubrimiento de lo suprasensible (del ser suprafísico), como veremos en la segunda sección de este capítulo.

El descubrimiento del ser suprasensible y de sus categorías desencadenó un proceso de revisión de una serie de antiguos problemas, y provocó el nacimiento de otros nuevos, que Platón afrontó y ahondó paulatinamente de modo incansable, a través de los diálogos de la madurez y de la ancianidad. Trataremos este tema en el transcurso de la exposición de su pensamiento.

1.3. *Los escritos y las doctrinas no escritas: relaciones recíprocas*

Sobre todo en el curso de las últimas décadas, ha aparecido un tercer problema: el de las llamadas «doctrinas no escritas», que ha complicado bastante más la cuestión platónica, pero que ha adquirido desde muchos aspectos una importancia decisiva. Muchos autores consideran hoy, en efecto, que de la solución de este problema depende la correcta comprensión del pensamiento platónico en general y de la historia misma del platonismo en la antigüedad.

Algunas fuentes antiguas nos narran que Platón, en el seno de la Academia, desarrolló cursos titulados *Acerca del Bien*, que no quiso poner por escrito. En dichos cursos trataba sobre las realidades últimas y supremas, esto es, sobre los principios primeros, y adiestraba a sus discípulos para que entendiesen tales principios a través de un severo aprendizaje metódico y dialéctico. Platón se hallaba profundamente convencido de que estas realidades últimas y supremas no podían comunicarse si no era a través de la preparación oportuna y de las severas comprobaciones que sólo pueden tener lugar en el diálogo vivo y mediante la oralidad dialéctica.

Platón mismo nos refiere en su *Carta VII:* «El conocimiento de estas cosas no es en absoluto comunicable como los demás conocimientos sino que después de muchas discusiones efectuadas sobre estas cosas, y después de una comunidad de vida, repentinamente, como una luz que se enciende gracias a que salta una chispa, así nace en el alma, y se alimenta por sí mismo.» Más aún: «Estas cosas se aprenden necesariamente juntas, y al mismo tiempo se aprenden lo verdadero y lo falso que conciernen a toda la realidad, después de una aplicación total y después de mucho tiempo, como he dicho al principio: al entrar en contacto unas con otras, estas cosas —es decir, nombres, definiciones, visiones y sensaciones— y siendo puestas a prueba a través de benévolas refutaciones y ensayadas en discusiones sin rivalidades, resplandece súbitamente el conocimiento de cada cosa y la intuición del intelecto, para quien realice el esfuerzo máximo posible para la capacidad humana.» En resumen, alrededor de este punto Platón se ha manifestado con gran firmeza, y su decisión ha sido categórica: «Sobre estas cosas no he escrito nunca y nunca escribiré.»

A pesar de todo, los discípulos que asistieron a sus lecciones pusieron por escrito estas doctrinas *Acerca del Bien*, y nos han llegado algunas de estas relaciones. Platón desaprobó tales escritos, condenándolos expresamente, por considerarlos nocivos e inútiles debido a las razones antedichas; no obstante, también admitió que algunos de estos discípulos habían comprendido correctamente sus lecciones.

En conclusión, para comprender a Platón, además de los diálogos escritos, hemos de tener en cuenta también las doctrinas no escritas que nos han llegado a través de la tradición indirecta y que se refieren precisamente a la clave del arco del sistema. Hoy en día muchos estudiosos se hallan convencidos de que determinados diálogos y, en especial ciertas partes de algunos diálogos, que en el pasado se consideraban como algo enigmático o problemático, reciben nueva luz si se ponen en relación con la doctrinas no escritas. Los diálogos escritos inician un raciocinio que conduce a un nivel elevado, pero su punto culminante se encuentra en las doctrinas orales que se exponen en aquellas lecciones dadas en el seno de la Academia *Acerca del Bien* y que deberán constituir un punto esencial de referencia, al menos en la medida en que han llegado hasta nuestros días.

1.4. *Los diálogos platónicos y el Sócrates personaje de los diálogos*

Platón no quiso escribir sobre los últimos principios. Se negó asimismo a ser sistemático con respecto a aquellas cosas sobre las que se consideró en condiciones de escribir, y trató de reproducir el espíritu del dialogar socrático, imitando sus peculiaridades, es decir, reproduciendo su incesante interrogar una y otra vez, con el perpetuo aguijón de la duda, con los repentinos cambios de frente que impulsan mayéuticamente hacia la verdad, sin revelarla pero empujando al alma del oyente para que la encuentre, con las rupturas dramáticas que preparan para búsquedas posteriores: en suma, con toda la dinámica socrática en su integridad. Nació así el diálogo socrático, que se convirtió por derecho propio en un género literario propiamente dicho, adoptado por numerosos discípulos de Sócrates y más tarde por los filósofos siguientes. Probablemente, Platón fue el que lo inventó y, sin duda, su más brillante representante: más aún, el único auténtico, ya que sólo en él es reconocible la verdadera naturaleza del filosofar socrático, que en los demás escritores decae en una trillada afectación.

En consecuencia, para Platón el escrito filosófico constituirá un diálogo, cuyo protagonista será Sócrates en la mayoría de los casos, discutiendo con uno o más interlocutores. Junto a éstos, será muy importante el papel del lector, que también habrá de intervenir en calidad de interlocutor absolutamente insubstituible, porque muy a menudo se dejará al lector la tarea de extraer mayéuticamente la solución de muchos de los problemas discutidos.

Con base en lo que se acaba de exponer es evidente que el Sócrates de los diálogos platónicos, de persona histórica se transforma en personaje de la acción dialógica, de modo que para entender a Platón —como Hegel comprendió a la perfección— «no es preciso en absoluto indagar qué es lo que en los diálogos pertenece a Sócrates, o bien a Platón». En efecto, Platón realiza siempre —desde el comienzo — una transposición desde el plano histórico hasta el teórico, y en esta perspectiva teórica hay que interpretar todos los escritos platónicos. El Sócrates de los diálogos es, en realidad, Platón mismo, y el Platón escrito —por las razones antes explicadas— hay que leerlo teniendo presente al Platón no escrito. En cualquier caso, sería erróneo leer los diálogos como fuente absolutamente autónoma del pensamiento platónico, sin admitir la tradición indirecta.

1.5. *Recuperación y nuevo significado del mito en Platón*

Hemos comprobado cómo nace la filosofía en tanto que liberación del *logos* con respecto al mito y a la fantasía. Los sofistas efectuaron un uso funcional (se ha llegado a decir que un uso ilustrado, esto es, racionalista) del mito. Sócrates, empero, había condenado también esta utilización del mito, exigiendo un riguroso procedimiento dialéctico. Al principio Platón compartió esta postura socrática. Sin embargo, a partir del *Gorgias* comenzó a conceder valor al mito y a continuación lo empleó de manera constante y le adjudicó una gran importancia.

¿Cómo se explica este hecho? ¿Cómo es posible que la filosofía vuelva a incluir el mito? ¿Se trata, quizás de una involución, una parcial abdicación de las prerrogativas propias de la filosofía, una renuncia a la coherencia o, por lo menos, un síntoma de desconfianza en sí misma? En pocas palabras, ¿qué sentido tiene el mito en Platón? A este interrogante se han dado respuestas muy diversas. Las soluciones extremas provienen de Hegel y de la escuela de Heidegger.

Hegel y sus seguidores consideraron el mito platónico como un obstáculo para el pensamiento, una inmadurez del *logos* que todavía no ha adquirido una libertad plena. Por lo contrario, la escuela de Heidegger halla en el mito la expresión más auténtica del pensamiento platónico. En realidad, el *logos* capta el ser, pero no la vida, y el mito viene a ayudar en la explicación de la vida, imposible de captar a través del *logos*. La verdad se encuentra en un punto intermedio. Platón revaloriza el mito al mismo tiempo que empieza a revalorizar algunas de las tesis básicas del orfismo y la cuestión religiosa. Para él, el mito, más que una expresión de la fantasía, es expresión de fe y de creencia. En efecto, en muchos diálogos a partir del *Gorgias* la filosofía de Platón, por lo que respecta a determinados temas, se convierte en una especie de fe razonada: el mito busca una aclaración mediante el *logos* y el *logos* busca un complemento en el mito. En definitiva, Platón —una vez que la razón ha llegado a los límites extremos de sus posibilidades— encarga al mito la tarea de superar intuitivamente estos límites, elevando el espíritu hasta una visión o, por lo menos, hasta una tensión trascendente.

Además, es preciso señalar de un modo especial lo siguiente: el mito que Platón utiliza de forma metódica resulta esencialmente distinto del mito prefilosófico que aún no conocía el logos. Se trata de un mito que, como ya hemos dicho, no sólo es una expresión de fe más que de estupefacción imaginativa. Es también un mito que no subordina a sí mismo al *logos*, sino que lo estimula y lo fecunda en el sentido que hemos explicado antes. Por lo tanto, se trata de un mito que, al mismo tiempo que es creado, es también desmitificado, y el logos mismo le quita sus elementos fantásticos, con objeto de que conserve exclusivamente sus poderes de alusión y de intuición. El ejemplo más claro de lo que acabamos de afirmar se halla en el siguiente texto del *Fedón,* inmediatamente posterior a la narración de uno de los mitos más grandiosos, mediante el cual Platón trató de describir el destino de las almas en el más allá: «Sin ninguna duda, afirmar que las cosas sean verdaderamente así, tal como las he expuesto, no es propio de un hombre que tenga sentido común; sin embargo, afirmar que esto, o algo similar a esto, debe acontecer con nuestras almas y con nuestras moradas, ya que ha resultado que el alma es inmortal... pues bien, esto me parece que es oportuno y que justifica el arriesgarse a creerlo, puesto que el riesgo es hermoso. Y es necesario que con tales creencias nos hagamos un hechizo a nosotros mismos: y es por esto por lo que yo apelo a mi mito.»

En consecuencia, si se quiere entender a Platón, es preciso que el mito conserve su función y su validez junto con la función del *logos*, en el sentido antes expuesto. Se equivoca quien pretende eliminar el mito, en beneficio del puro *logos*, o quien se proponga colocarlo por encima del *logos*, como superación de éste (mitología).

1.6. *Pluridimensionalidad y polivalencia del filosofar platónico*

Con el trascurso de los siglos, Platón ha ido revelando gradualmente aspectos diferentes. En esta multiplicidad de aspectos reside precisamente el secreto de la fascinación que ha ejercido a lo largo de toda la historia espiritual de Occidente.

a) Ya a partir de los filósofos de la Academia se empezó a leer a Platón en clave metafísica y gnoseológica, hallando en la teoría de las ideas y del conocimiento de las ideas el punto de apoyo del platonismo. *b)* Más tarde, con el neoplatonismo, se creyó encontrar el mensaje platónico más auténtico en la temática religiosa, en el anhelo de lo divino y, en general, en su dimensión mística, que se hallan constantemente presentes en la mayoría de los diálogos. *c)* Estas dos interpretaciones, asumiendo diversas formas, se han perpetuado hasta la época contemporánea. En el presente siglo, sin embargo, ha surgido una tercera interpretación, original y sugerente, que considera que la esencia del platonismo reside en los temas políticos o, mejor dicho, ético-político-educativos, cuestiones que en el pasado se habían olvidado casi del todo o a cuya validez no se le había hecho plena justicia. Platón, no obstante, en la *Carta VII* (que hasta nuestro siglo no ha sido recuperada como auténtica) afirma claramente que su pasión fundamental consistía en la política. Su vida misma lo confirma sin lugar a dudas, sobre todo a través de sus experiencias en Sicilia. Paradójicamente, también lo confirman los títulos de las obras maestras de Platón, desde la *República* hasta las *Leyes*. *d)* Por último desde hace algunas décadas se ha recuperado la dimensión de la oralidad dialéctica y el sentido de aquellas cosas últimas que Platón deseaba que permaneciesen no escritas. Sin embargo, creemos que el verdadero Platón no se encuentra en ninguna de estas perspectivas, si se asumen por separado como válidas únicamente en sí mismas; el auténtico Platón se halla más bien en todas estas direcciones al mismo tiempo, con la dinámica que les es peculiar. Las tres primeras propuestas de interpretación en realidad arrojan luz sobre tres aspectos de la pluridimensionalidad y polivalente especulación platónica, sobre tres dimensiones, tres componentes o tres líneas de fuerza, que surgen de forma constante —con acentos o desde ángulos diversos— de cada uno de los escritos de Platón así como de su conjunto global. La cuarta interpretación, la de la oralidad dialéctica, explica la razón misma de esta polivalencia y pluridimensionalidad, y deja que se aprecien con claridad los auténticos perfiles del sistema platónico.

2. La fundación de la metafísica

2.1. *La segunda navegación o el descubrimiento de la metafísica*

En la filosofía platónica existe un punto fundamental, del que depende por completo el nuevo planteamiento de todos los problemas de la filosofía y el nuevo clima espiritual que sirve de trasfondo a dichos problemas y a sus soluciones, como hemos señalado antes. Este punto consiste en el descubrimiento de la existencia de una realidad suprasensible, es decir una dimensión suprafísica del ser (de un género de ser no físico), que ni siquiera había sido barruntada por la precedente filosofía de la *physis*. Todos los filósofos naturalistas habían tratado de explicar los fenómenos apelando a causas de tipo físico y mecánico (agua, aire, tierra, fuego, calor, frío, condensación, enrarecimiento, etc.).

El propio Anaxágoras, afirma Platón, que había aceptado la necesidad de introducir una Inteligencia universal para llegar a explicar las cosas, no supo aprovechar esta intuición y siguió concediendo un peso preponderante a las causas físicas tradicionales. Sin embargo, y éste es el fondo del problema, las causas de carácter físico y mecánico, ¿son las verdaderas causas o no serán sino simples «con-causas», es decir, causas al servicio de otras más elevadas, de nivel superior? La causa de lo que es físico y mecánico, ¿no residirá quizás en algo que no es físico y no es mecánico?

Para responder a estos problemas, Platón emprendió lo que él mismo denomina con una imagen simbólica una «segunda navegación». En la antigua terminología marinera, se llamaba «segunda navegación» a la que se emprendía cuando al desaparecer el viento y no sirviendo ya las velas, se apelaba a los remos. En la imagen platónica, la primera navegación simboliza el recorrido que realiza por la filosofía impulsada por el viento de la filosofía naturalista. La «segunda navegación», en cambio, representa la aportación personal de Platón, la navegación realizada gracias a sus propias fuerzas, es decir —metáforas aparte— su contribución personal. La primera navegación había resultado básicamente extraviada en su rumbo, porque los filósofos presocráticos no habían logrado explicar lo sensible a través de lo sensible mismo. Por lo contrario, la «segunda navegación» halla una nueva ruta que conduce al descubrimiento de lo suprasensible, esto es, del ser inteligible. En la primera navegación se permanece en una vinculación demasiado estrecha con los sentidos y lo sensible, mientras que en la segunda navegación Platón intenta una radical liberación con respecto a los sentidos y a lo sensible, y un desplazamiento decidido hacia el plano del puro razonamiento y de lo que se puede captar con el intelecto y con la mente exclusivamente. Se lee en el *Fedón*: «Tuve miedo de que mi alma quedase completamente ciega al mirar las cosas con los ojos y al tratar de captarlas con cualquiera de los otros sentidos. Y por eso decidí que debía refugiarme en los razonamientos *(logoi)* y considerar mediante éstos la verdad de las cosas (...). Me he internado en esta dirección y, en cada caso, tomando como base aquel razonamiento que me parezca más sólido, juzgo verdadero lo que concuerda con él, tanto con respecto a las causas como con respecto a las demás cosas, y lo que no concuerda lo juzgo no verdadero.» El sentido de esta segunda navegación resulta particularmente claro, si tenemos en cuenta los ejemplos que menciona el propio Platón.

¿Queremos explicar por qué es bella una cosa? Pues bien, para explicar ese «porqué» el filósofo naturalista recurriría a elementos puramente físicos, como el color, la figura, y otros elementos de esta clase. Sin embargo —afirma Platón— éstos no son verdaderas causas, sino medios o con-causas. Por lo tanto, es preciso postular la existencia de una causa superior, que por ser una verdadera causa será algo no sensible, sino inteligible. Se trata de la idea o forma pura de lo bello en sí, que —mediante su participación, su presencia, su comunidad o, en todo caso, una cierta relación determinante— hace que las cosas empíricas sean bellas, es decir, se realicen a través de la forma, del color y de la proporción que por fuerza se requieren para ser bellas.

He aquí un segundo ejemplo, no menos elocuente: Sócrates se halla en la cárcel, a la espera de ser condenado. ¿Por qué está en la cárcel? La explicación natural-mecanicista sólo está en condiciones de afirmar lo siguiente: porque Sócrates tiene un cuerpo que está formado por huesos y por nervios, músculos y articulaciones, que mediante la tensión y el relajarse de los nervios puede moverse y poner en funcionamiento los miembros; debido a ello, Sócrates habría movido las piernas, habría ido a la cárcel y se habría quedado allí. Ahora bien, es evidente lo inadecuado de tal explicación: no nos da, en realidad, el verdadero «porqué», la razón por la que Sócrates se halla en la cárcel, sino que se limita a explicar el medio o el instrumento que Sócrates se valió para caminar y para permanecer con su cuerpo en la cárcel. La verdadera causa por la que Sócrates ha sido encarcelado no es de orden mecánico y material, sino de orden superior, es un valor espiritual y moral: decidió aceptar el veredicto de los jueces y someterse a las leyes de Atenas, juzgando que esto era el bien y lo conveniente. En consecuencia, como resultado de dicha elección de carácter moral y espiritual, Sócrates ha movido los músculos y las piernas, ha ido a la cárcel y se ha quedado allí.

Podrían multiplicarse indefinidamente los ejemplos de este tipo. Platón afirma expresamente que lo que dice se aplica a todas las cosas. Esto significa que para que exista cualquier objeto físico, hay una causa suprema y última que no es de carácter físico, sino de carácter metafísico, como se dirá utilizando un término acuñado con posterioridad.

La segunda navegación conduce, pues, a reconocer la existencia de dos planos del ser: uno de ellos, fenoménico y visible, mientras que el otro es invisible, metafenoménico, aprehensible sólo con la mente y, en consecuencia, puramente inteligible. He aquí el texto mediante el cual Platón afirma con toda claridad este hecho:

—¿Y acaso no es verdad que, mientras estas cosas mutables las puedes ver, tocar o percibir con los otros sentidos corporales, en cambio aquellas otras que permanecen siempre idénticas no hay otro medio para captarlas si no es mediante el puro razonamiento y la mente, porque estas cosas son invisibles y no se pueden captar con la vista?

—Es muy cierto lo que dices, respondió.

—Supongamos, por tanto, si quieres —agregó él— dos especies de seres: una especie visible y otra invisible.

—Supongámoslas, respondió.

—Y que la invisible permanezca siempre en la misma condición y que la visible nunca permanezca en la misma condición.

—Supongamos esto también, dijo.

Sin ninguna duda, podemos afirmar que la segunda navegación platónica constituye una conquista que señala al mismo tiempo la fundación y la etapa más importante de la historia de la metafísica. En realidad, todo el pensamiento quedará decisivamente condicionado por esta distinción: ya sea en la medida en que se la acepte, como es obvio, o en la medida en que no se la acepte. En este último caso, tendrá que justificar de un modo polémico su no aceptación y siempre quedará dialécticamente condicionado por dicha polémica.

Con posterioridad a la segunda navegación platónica —y sólo después de ella— se podrá hablar de «material» e «inmaterial», «sensible» y «suprasensible», «empírico» y «metaempírico», «físico» y «suprafísico». Y es a la luz de tales categorías como los filósofos físicos precedentes resultan materialistas, y la naturaleza y el cosmos dejan de ser la totalidad de las cosas que son, para limitarse a ser la totalidad de las cosas que aparecen. El verdadero ser está constituido por la realidad inteligible.

2.2. *Lo supraceleste o el mundo de las ideas*

Estas causas de naturaleza no física, estas realidades inteligibles, fueron denominadas por Platón con el nombre de «idea» y *eidos*, que quieren decir «forma». Por lo tanto, las ideas de las que hablaba Platón no son simples conceptos, es decir, representaciones puramente mentales (el término adquirirá este significado mucho más tarde), sino que son entidades, substancias. Las ideas, pues, no son simples pensamientos, sino aquello que piensa el pensamiento una vez que se ha liberado de lo sensible, son el verdadero ser, el ser por excelencia. En resumen: las ideas platónicas son las esencias de las cosas, esto es, aquello que hace que cada cosa sea lo que es. Platón utilizó también el término «paradigma», para indicar que las ideas constituyen un modelo permanente de cada cosa (lo que debe ser cada cosa).

Sin embargo, las expresiones más famosas mediante las cuales Platón ha aludido a las ideas son, sin duda alguna, las fórmulas «en sí», «por sí» e incluso «en sí y para sí» (lo bello en sí, el bien en sí, etc.), que a menudo se han entendido erróneamente, al transformarse en objeto de encarnizadas polémicas, que comenzaron apenas Platón acuñó dichas nociones. En realidad, tales expresiones indican el rasgo de no relatividad y de estabilidad: en una palabra, expresan el carácter de absoluto. Afirmar que las ideas son «en sí y por sí» significa sostener que, por ejemplo, lo bello o lo verdadero no son tales de un modo exclusivo con respecto al sujeto individual (como pretendía Protágoras, por ejemplo), y que no son manipulables de un modo arbitrario por el sujeto, sino que por lo contrario se imponen al sujeto de un modo absoluto. Afirmar que las ideas son «en sí y por sí» significa que no se dejan arrastrar por la vorágine del devenir que arrastra las cosas sensibles: las cosas bellas sensibles se vuelven feas, pero esto no implica que se vuelva fea la causa de lo bello, es decir, la idea de lo bello. En definitiva: las verdaderas causas de todas las cosas sensibles son mutables por su propia naturaleza, no pueden cambiar también ellas, o en tal caso no serían las verdaderas causas, no serían las razones últimas y supremas.

El conjunto de las ideas, con los rasgos que acabamos de describir, ha pasado a la historia con el nombre de «hiperuranio», que se utiliza en el *Fedro* y que se ha vuelto celebérrimo, si bien no siempre ha sido entendido de modo correcto. Platón escribe:

> Este lugar supraceleste (hiperuranio) jamás ha sido cantado ni será cantado dignamente por los poetas de aquí abajo. Es así, empero, porque hay que tener el coraje de decir la verdad, sobre todo cuando se habla de la verdad. En realidad, la substancia (la realidad, el ser, es decir, las ideas) es la que realmente es, carente de color, sin figura e intangible, y que sólo puede ser contemplada por el timonel del alma, por el intelecto, y es el objeto propio del género de la verdadera ciencia, que ocupa este lugar. Porque el pensamiento de un dios se nutre de intelecto y de ciencia pura, también el de toda alma que se proponga acoger todo aquello que le corresponda, una vez que ha atisbado el ser, se regocija por ello y al contemplar la verdad se alimenta de ésta y se fortalece, hasta el momento en que la rotación circular la vuelve a conducir al mismo punto. Durante esta evolución contempla la justicia en sí, contempla la sabiduría, contempla la ciencia, no aquella a la que está vinculado el devenir, ni aquella que es mudable porque se halla en los distintos objetos que llamamos entes, sino aquella que es realmente ciencia del objeto que es realmente ser. Y después de haber contemplado del mismo modo las demás entidades reales y de haberse saciado de ellas, se sumerge otra vez en el interior del cielo y vuelve a casa.

Hay que advertir que «lugar hiperuranio» significa «lugar sobre el cielo» o «sobre el cosmos físico» y, por tanto, se trata de una representación mítica de una imagen que —si se entienden adecuadamente— indican un lugar que no es en absoluto un lugar. En realidad, a continuación las ideas se describen como poseedoras de rasgos que no tienen nada que ver con un lugar físico (carecen de figura y de color, son intangibles, etc.). En consecuencia, lo supraceleste constituye la imagen del mundo no espacial de lo inteligible (perteneciente al género del ser suprafísico). Platón subraya con precisión que este lugar supraceleste y las ideas que en él se encuentran «sólo son captados por la parte más elevada del alma», es decir, por la inteligencia y sólo por ésta. En definitiva, lo supraceleste es la meta a la que conduce la segunda navegación.

A modo de conclusión, mediante su teoría de las ideas Platón ha pretendido afirmar lo siguiente: lo sensible sólo se explica apelando a la dimensión de lo suprasensible, y lo relativo exige recurrir a lo absoluto, lo móvil a lo inmóvil, y lo corruptible a lo eterno.

2.3. *La estructura del mundo ideal*

Como ya hemos mencionado en diversas ocasiones, por lo menos de forma implícita, el mundo de las ideas está constituido por una multiplicidad, en la medida en que allí hay ideas de todas las cosas: ideas de valores estéticos, ideas de valores morales, ideas de las diversas realidades corpóreas, ideas de los distintos entes geométricos y matemáticos, etc. Al igual que el ser parmenidiano, esas ideas no han sido generadas, son incorruptibles, inmutables.

Ahora bien, la distinción entre los dos planos de ser —sensible e inteligible— supera de forma definitiva la antítesis entre Heraclito y Parménides. El perpetuo fluir con todos los rasgos que le son propios es lo característico del ser sensible; en cambio, la inmutabilidad y todo lo que ella implica es lo propio del ser inteligible. No obstante, quedan por resolver los dos grandes problemas que había planteado el eleatismo y que los pluralistas no habían sabido solucionar: cómo pueden existir los múltiples y cómo puede existir un «no ser». Se trata de dos problemas conectados de un modo muy estrecho, porque poseen el mismo fundamento, como se ha comprobado. Para poder formular su propia concepción de las ideas, que implica una multiplicidad estructural, Platón se veía obligado a afrontar abiertamente y resolver de manera clara ambos problemas.

En el diálogo que lleva simbólicamente el título de *Parménides*, y que quizás sea el más difícil de todos los diálogos, Platón había puesto en crisis la concepción de la unidad, tal como la entendían los eleáticos. Lo uno (o la unidad) no puede pensarse de una manera absoluta, es decir, de una manera que excluya toda multiplicidad: lo uno no existe sin los muchos, al igual que los muchos no pueden existir sin lo uno. Sin embargo, es en el diálogo *Sofista* donde Platón brinda la solución a la posibilidad de la existencia de la multiplicidad, gracias a la intervención de un personaje al que no se otorga un rostro y que recibe el nombre simbólico de «el Extranjero de Elea». Parménides tiene razón cuando afirma que no existe el no-ser, entendido como la negación absoluta del ser; se equivoca, empero, cuando cree que ésta es la única forma de no-ser. Existe el no-ser como diversidad o alteridad, cosa ésta que los eleáticos no habían comprendido. Toda la idea, para ser aquella idea que es, debe ser diferente a todas las demás, es decir, debe «no ser» todas las otras. Por ello, cada idea tiene una determinada dosis de ser, pero un infinito no-ser, en el sentido de que precisamente para ser la que es debe no ser todas las demás, como hemos visto. Por último, también se supera a Parménides al admitir una quietud y un movimiento ideales en el mundo inteligible: cada idea es de modo inmóvil ella misma; desde un punto de vista dinámico, sin embargo, constituye un movimiento ideal hacia las demás ideas, en la medida en que participa de otras o, por lo contrario, excluye la participación de otras.

De lo que hasta ahora llevamos dicho, se hace evidente que Platón concebía su mundo de ideas como un sistema organizado y ordenado jerárquicamente, en el que las ideas inferiores implican las superiores, que va elevándose hasta llegar hasta la Idea que se halla en el vértice de la jerarquía. Esta última Idea es condición de todas las otras, pero no resulta condicionada por ninguna (lo incondicionado o lo absoluto).

En la *República* Platón se pronunció de manera expresa aunque parcial acerca de este principio incondicionado que se halla en el vértice, afirmando que se trata de la Idea del Bien. Afirmó que el Bien no es sólo el fundamento que convierte a las ideas en cognoscibles y a la mente en cognoscente, sino que produce el ser y la substancia. Más aún: «el Bien no es substancia o esencia, sino que está por encima de la substancia, siendo superior a ésta en dignidad jerárquica y en poder». En sus diálogos Platón no escribió nada más acerca de este principio incondicionado y absoluto que está por encima del ser y del cual proceden todas las ideas. Prefirió en cambio reservar lo que tenía que decir para expresarlo en el ámbito de la oralidad, esto es, de sus lecciones, que precisamente llevaban el título *Acerca del Bien*. En el pasado, se consideraba que estas lecciones constituían la fase final del pensamiento platónico. Por lo contrario, los estudios más recientes y profundos han demostrado que fueron profesadas de forma paralela a la composición de los diálogos, como mínimo a partir de la época en que fue redactada la *República*.

Hemos hablado con anterioridad (cf. 1.3) acerca de la causa por la cual Platón se negó a escribir sobre estas cosas últimas y supremas. Lo que exponemos a continuación es cuanto se ha logrado reconstruir gracias a los relatos de sus discípulos.

El principio supremo —que era denominado «Bien» en la *República*— en las doctrinas no escritas recibía el nombre de «Uno». Sin embargo, la diferencia resulta perfectamente explicable porque, como veremos enseguida, el Uno reasume en sí mismo al Bien, en la medida en que todo lo que produce el Uno es bien (el bien constituye el aspecto funcional del Uno, como ha advertido con agudeza algún estudioso). Al Uno se contraponía un segundo principio, igualmente originario pero de inferior rango, entendido como principio indeterminado e ilimitado y como principio de multiplicidad. A este segundo principio se le denominaba «Díada» o «Dualidad de grande-y-pequeño», ya que era un principio que tendía simultáneamente a la infinita grandeza y a la pequeñez infinita y, por lo tanto, se le llamaba también «Dualidad indefinida» (o indeterminada, o ilimitada).

La totalidad de las ideas surge de la cooperación entre estos dos principios originarios. El Uno actúa sobre la ilimitada multiplicidad como principio limitante y de-terminante, es decir, como principio formal (principio que da forma, en la medida en que de-termina y de-limita). Mientras tanto el principio de la multiplicidad ilimitada sirve como substrato (como materia inteligible, para decirlo con una terminología posterior). Todas y cada una de las ideas, en consecuencia, son una mezcla de ambos principios (la delimitación de algo ilimitado). Además el Uno —en la medida en que de-limita— se manifiesta como Bien, porque la delimitación de lo ilimitado, que se configura como una forma de unidad en la multiplicidad, es esencia, orden, es perfección, es valor. Así el Uno *a)* es principio de ser (porque, como hemos visto, el ser —es decir, la esencia, la substancia, la idea— nace precisamente gracias a la delimitación de lo ilimitado); *b)* es principio de verdad y de cognoscibilidad, porque sólo aquello que está de-terminado resulta inteligible y cognoscible; *c)* es principio de valor, porque la delimitación implica, como hemos constatado, orden y perfección, es decir, positividad.

Finalmente, «por lo que podemos concluir a través de una serie de indicios, Platón definió la unidad como medida y, de modo aún más preciso, como medida exactísima» (H. Krämer). Dicha teoría, que resulta aseverada en especial por Aristóteles y por sus comentaristas antiguos, recibe una amplia confirmación a través del diálogo *Filebo* y revela una clara inspiración pitagórica. Es una traducción, en términos metafísicos, de lo que puede considerarse como el rasgo más peculiar del espíritu griego, que en todas sus diversas expresiones se ha manifestado como un poner límite a aquello que es ilimitado, como encontrar el orden y la justa medida.

Para comprender la estructura del mundo de las ideas de Platón debemos agregar otros dos factores esenciales. La generación de las ideas a partir de los principios (Uno y Díada) «no debe entenderse como si fuese un proceso de carácter temporal, sino como una metáfora que ilustra un análisis de estructura ontológica; dicha metáfora se propone permitir que el conocimiento, que se desarrolla de modo discursivo, comprenda el ordenamiento que caracteriza al ser, aprocesal y atemporal» (H. Krämer). Por consiguiente, cuando se afirma que antes se generan determinadas ideas y después otras, ello no significa suponer una sucesión cronológica, sino una graduación jerárquica, es decir una anterioridad y una posterioridad ontológicas. En este sentido, inmediatamente después de los principios vienen las ideas más generales, como por ejemplo las cinco ideas supremas de las que se habla en el diálogo *Sofista* (Ser, Quietud, Movimiento, Identidad, Diversidad) y otras similares (por ejemplo: Igualdad, Desigualdad, Semejanza, Desemejanza, etc.). Platón colocaba quizás en el mismo plano los llamados números ideales o ideas-números, arquetipos ideales que no hay que confundir con los números matemáticos. Tales ideas son jerárquicamente superiores a las demás, porque éstas participan de aquéllas (y por lo tanto, las suponen) y no al revés (por ejemplo, la idea de hombre implica identidad e igualdad con respecto a sí misma, y diferencia y desigualdad con respecto a las demás ideas; en cambio, ninguna de las ideas supremas mencionadas antes implica la idea de hombre). La relación de las ideas-número con las otras ideas era análoga: probablemente Platón consideraba que algunas ideas eran monádicas, otras diádicas, otras triádicas, y así sucesivamente, porque estaban ligadas con el uno, con el dos, con el tres, etc., por su configuración interna o por el tipo de relación que mantienen con las demás ideas. Sobre este punto, empero, nos hallamos muy mal informados.

En el escalón más bajo de la jerarquía del mundo inteligible se hallan los entes matemáticos, es decir, los números y las figuras geométricas. Tales entes (a diferencia de los números ideales) son múltiples (hay muchos unos, muchos doses, etc.; muchos triángulos, etc.), aunque sean inteligibles.

Más adelante, a partir de Filón de Alejandría y de Plotino, esta compleja esfera de la realidad inteligible platónica recibió el nombre de «cosmos noético». En efecto, éste constituye la totalidad del ser inteligible, es decir, de lo pensable, en todas sus vinculaciones y todas sus relaciones. En esto consistía exactamente lo que Platón, en el *Fedro*, llamaba «lugar supraceleste» y también «llanura de la verdad», donde las almas acuden a contemplar.

2.4. *Génesis y estructura del cosmos sensible*

Desde el mundo sensible, a través de la segunda navegación, nos hemos remontado hasta su verdadera causa, el mundo inteligible. Ahora, una vez que se ha comprendido la estructura del mundo inteligible, se hace posible comprender bastante mejor la génesis y la estructura del mundo sensible. Al igual que el mundo inteligible procede del Uno, que actúa como principio formal, y de la Díada indeterminada que actúa como principio material (inteligible), así el mundo físico procede de las ideas que actúan como principio formal y de un principio material, sensible esta vez, es decir, de un principio ilimitado e indeterminado de carácter físico.

Sin embargo, mientras que en la esfera de lo inteligible el Uno actúa sobre la Díada indeterminada sin necesidad de mediadores, porque ambos principios son de naturaleza inteligible, no sucede lo mismo en la esfera de lo sensible. La materia o receptáculo sensible —que Platón llama *chora* (especialidad)— sólo participa de lo inteligible en cierto modo oscuro y se halla a la merced de un movimiento informe y caótico. ¿Cómo es posible, entonces, que las ideas inteligibles actúen sobre el receptáculo sensible, y de este caos nazca el cosmos sensible? La respuesta que ofrece Platón es la siguiente. Existe un Demiurgo, esto es, un Dios hacedor, un Dios que piensa y que quiere (personal, por lo tanto), quien tomando como modelo el mundo de las ideas ha plasmado la *chora*, es decir, el receptáculo sensible, de acuerdo con dicho modelo, y de esta manera ha generado el cosmos físico.

Por consiguiente, resulta muy claro el esquema al que apela Platón para explicar el mundo sensible: hay un modelo (mundo ideal), hay una copia (el mundo sensible) y existe un Artífice que ha hecho la copia, sirviéndose del modelo. El mundo de lo inteligible (el modelo) es eterno y el Artífice (el intelecto) también es eterno. En cambio, el mundo sensible elaborado por el Artífice es algo que ha nacido, es decir, algo que ha sido engendrado en el sentido estricto del término: «Ha nacido —se lee en el *Timeo*— porque puede verse y tocarse y tiene un cuerpo, y tales cosas son todas ellas sensibles, y las cosas sensibles (...) están sujetas a procesos de generación y son engendradas.»

Sin embargo, el Demiurgo, ¿por qué ha querido engendrar el mundo? La respuesta platónica consiste en lo siguiente: el Artífice divino ha generado el mundo por bondad y amor al bien. He aquí el texto que contiene la respuesta que durante siglos será considerada como una de las cimas del pensamiento filosófico:

Digamos, pues, por qué razón el Artífice hizo la generación y este universo. Él era bueno y en alguien bueno jamás nace la envidia por algo. Al estar exento de esta última, quiso que todas las cosas se pareciesen a él lo más posible. Quien acepta como los hombres prudentes que ésta es la principal causa de la generación del universo, la acepta con toda razón. Porque Dios, queriendo que todas las cosas fuese buenas y, en lo posible, ninguna fuese mala, tomó todo aquello que siendo visible no se hallaba en estado de quietud y se agitaba de manera desarreglada y desordenada, y lo redujo del desorden al orden, juzgando que éste era mucho mejor que aquél. Ahora bien, al óptimo jamás le ha sido lícito, ni le es lícito, hacer algo que no sea lo más bello. Discurriendo, pues, se encontró con que entre las cosas naturalmente visibles, si se consideran en su integridad, ninguna que esté privada de intelecto sería jamás más bella que una que posea intelecto, y que era imposible que algo tuviese intelecto si carecía de alma. Con base en este razonamiento, colocando el intelecto en el alma y el alma en el cuerpo, fabricó el universo, para que la obra realizada por él fuese la más bella según la naturaleza y la mejor que fuese posible. Así, pues, un animal animado e inteligente, engendrado por la providencia de Dios.

En consecuencia, el Demiurgo hizo la obra más bella posible, animado por el deseo del bien: el mal y lo negativo que sigue habiendo en este mundo se deben al margen de irreductibilidad de la espacialidad caótica (es decir, de la materia sensible) a lo inteligible, de lo irracional a lo racional.

El texto que acabamos de transcribir pone de manifiesto que Platón concibe al mundo como algo vivo e inteligente. Ello es una consecuencia del hecho que lo concibe como perfecto y del hecho de que juzga a lo viviente y a lo inteligente como más perfecto que lo no viviente y lo no inteligente. Por lo tanto el Demiurgo otorgó al mundo un alma y un intelecto perfectos, además de un cuerpo perfecto. Creó así el alma del mundo (valiéndose de tres principios: la esencia, lo idéntico y lo diverso), y en ese alma, el cuerpo del mundo. El mundo resulta ser, pues, una especie de dios visible, y dioses visibles son asimismo las estrellas y los astros. Y dado que esta obra del Demiurgo se halla perfectamente construida, no se halla sujeta a la corrupción. Por lo tanto el mundo ha nacido, pero no perecerá.

Hay que comentar todavía algo más. El mundo inteligible existe en la dimensión de lo eterno, un «es» inmóvil, sin el «era» ni el «será». El mundo sensible, en cambio, existe en la dimensión del tiempo. ¿Qué es, entonces, el tiempo? La respuesta de Platón es que el tiempo consiste en la imagen móvil de lo eterno, una especie del desarrollo del «es» a través del «era» y del «será». Este desarrollo implica, de forma estructural, generación y movimiento. El tiempo, pues, ha nacido junto con el cielo, es decir, con la generación del cosmos. Esto significa que antes de la generación del mundo no existía el tiempo y que éste se inició junto con el mundo.

De este modo, el mundo sensible se convierte en cosmos, orden perfecto, porque simboliza el triunfo de lo inteligible sobre la necesidad ciega de la materia, gracias a la inteligencia del Demiurgo: «Dios, después de haber llevado a cabo con exactitud estas cosas en todas partes, hasta donde lo permitía la naturaleza de la necesidad (es decir, de la materia) espontánea o inducida, colocó por doquiera proporción y armonía.» Platón lleva hasta sus últimas consecuencias la antigua concepción pitagórica del cosmos.

2.5. *Dios y lo divino en Platón*

Al exponer el pensamiento platónico hemos utilizado los términos «divino» y «dios» en varias ocasiones. Ha llegado ahora el momento de determinar cuál es exactamente el sentido de la teología platónica. Alguien ha afirmado que Platón fue el fundador de la teología occidental. Tal afirmación resulta correcta, si se la interpreta en un sentido determinado. La segunda navegación, esto es, el descubrimiento de lo suprasensible, concedió a Platón por primera vez la posibilidad de contemplar lo divino precisamente a través de lo suprasensible, al igual que harán más tarde las posteriores concepciones de lo divino, más evolucionadas. Tanto es así, que actualmente seguimos considerando como algo equivalente creer en lo divino y creer en lo suprasensible. Desde este punto de vista, Platón es sin duda el creador de la teología occidental, en la medida en que ha descubierto la categoría (lo inmaterial) gracias a la cual se hace pensable lo divino. No obstante, es preciso agregar de inmediato que Platón, aunque haya conquistado el nuevo plano de lo suprasensible y haya implantado sobre él la problemática teológica, vuelve a plantear la opinión según la cual lo divino es estructuralmente múltiple, opinión que es una constante en toda la filosofía y la mentalidad griegas.

Entretanto, hemos de distinguir en la teología platónica entre lo divino impersonal, y Dios y los dioses personales. El mundo ideal es divino, en todos sus planos. La Idea del Bien es divina, pero no es Dios-persona; en la cumbre de la jerarquía de lo inteligible hay un ente divino (impersonal) y no un Dios (personal), al igual que las ideas son entes divinos (impersonales) y no dioses (personales).

En cambio el Demiurgo posee rasgos de persona, es decir, de Dios, puesto que conoce y quiere. Jerárquicamente, sin embargo, es inferior al mundo de las ideas, ya que no sólo no lo crea, sino que depende de él. El Demiurgo ni siquiera crea la *chora* o materia de la cual está hecho el mundo, ya que también ella le preexiste. Es un hacedor o artífice del mundo, no un creador del mundo. Los astros y el mundo concebidos como inteligentes y animados, también son dioses creados por el Demiurgo. Por lo demás Platón parece conservar algunas divinidades ya mencionadas por el antiguo politeísmo tradicional. El alma del mundo es divina y también lo son las almas de las estrellas y las almas humanas, junto a las que hay que enumerar asimismo a los demonios protectores —que acepta de la tradición— y los demonios mediadores, cuyo ejemplo más típico es Eros, como tendremos ocasión de ver.

Puede apreciarse que estamos ante un politeísmo estructural, incluso en el más teológico de los pensadores griegos. A este respecto Aristóteles ha logrado avanzar un paso más, dado que, invirtiendo los términos de la jerarquía, antepondrá un Dios que posee rasgos de persona a lo divino impersonal. No obstante, ni siquiera Aristóteles —ni ningún otro griego— conseguirá llegar a una visión monoteísta, que Occidente sólo podrá conocer a través de los textos de la Biblia.

3. El conocimiento, la dialéctica, la retórica, el arte y la erótica

3.1. *La anamnesis, raíz del conocimiento*

Hemos hablado hasta ahora del mundo de lo inteligible, de su estructura y del modo en que se refleja sobre lo sensible. Nos queda por examinar la forma en que el hombre puede acceder cognoscitivamente a lo inteligible. De alguna manera, todos los filósofos precedentes habían discutido el problema del conocimiento, pero no puede afirmarse que algunos de ellos lo haya planteado de forma específica y definitiva. Platón es el primero que lo expone en toda su claridad, gracias a los avances vinculados estructuralmente con el gran descubrimiento del mundo inteligible, aunque, como es obvio, las soluciones que proponen siguen siendo en gran medida aporéticas.

En el *Menón* se halla la primera respuesta al problema del conocimiento. Los erísticos habían tratado de bloquear la cuestión de una forma capciosa, afirmando que la investigación y el conocimiento son algo imposible. No se puede buscar ni conocer aquello que todavía no se conoce, porque aun en el caso de que fuese hallado no podría ser reconocido, al carecer del instrumento necesario para efectuar el reconocimiento. Tampoco es posible buscar aquello que ya se conoce, precisamente porque ya es conocido. Precisamente para superar tal aporía, Platón halla un camino novísimo: el conocimiento es *anamnesis*, esto es una forma de recuerdo, un reemerger de algo que existe desde siempre, en la interioridad de nuestra alma.

El *Menón* enuncia la doctrina desde un doble punto de vista: mítico y dialéctico. Es preciso examinar a ambos, para no arriesgarse a traicionar el pensamiento platónico. El primer punto de vista, de carácter mítico-religioso, se relaciona con las doctrinas órfico-pitagóricas, según las cuales —como ya es sabido— el alma es inmortal y renace en diversas ocasiones. Por lo tanto el alma ha contemplado y ha conocido toda la realidad, la realidad del más allá y la realidad de este mundo. Debido a ello, concluye Platón, es fácil de comprender cómo puede conocer y aprender el alma. Lo único que debe hacer es extraer de sí misma la verdad que posee substancialmente y que posee desde siempre: «extraer de sí misma» es un recordar.

Sin embargo, inmediatamente después, en el mismo *Menón*, las partes se invierten de modo absoluto: lo que era conclusión se convierte en interpretación filosófica de un dato de hecho, experimentado y comprobado. En cambio, lo que antes era suposición mitológica con funciones de fundamento se transforma en conclusión. Después de la exposición mitológica, Platón realiza un experimento mayéutico. Interroga a un esclavo, que no sabe geometría, y consigue que solucione —limitándose a interrogarle socráticamente— un complejo problema geométrico (que implica, en esencia, el conocimiento del teorema de Pitágoras). En consecuencia argumenta entonces Platón, puesto que el esclavo no había aprendido geometría con anterioridad y puesto que ninguno le había transmitido la solución, dado que él la ha obtenido por su cuenta, no cabe concluir más que la ha extraído del interior de sí mismo, de su propia alma. En otras palabras, que se ha acordado de ella. Aquí, como resulta evidente, la base de la argumentación no es un mito, sino una constatación de hecho: el esclavo, como cualquier otro hombre, puede extraer y obtener de sí mismo verdades que antes no conocía y que nadie le ha enseñado.

Los estudiosos han escrito a menudo que la doctrina de la anamnesis surgió en Platón debido a influjos órfico-pitagóricos. Sin embargo, una vez expuesto lo anterior, se aprecia con claridad que en la génesis de esta doctrina tuvo un peso similar, por lo menos, la mayéutica socrática. Es evidente que para lograr que surja mayéuticamente la verdad desde el alma, dicha verdad debe permanecer en el alma. La doctrina de la anamnesis viene a presentarse, por tanto, no sólo como corolario de la doctrina órfico-pitagórica de la metempsicosis, sino también como una justificación y una aseveración de la posibilidad misma de la mayéutica socrática.

Una comprobación ulterior de la anamnesis nos la proporciona Platón en el *Fedón*, en referencia sobre todo a los conocimientos matemáticos (de enorme importancia para determinar el descubrimiento de lo inteligible). En resumen, Platón expone la siguiente argumentación. Gracias a los sentidos, constatamos la existencia de cosas iguales, mayores o menores, cuadradas y circulares, y otras cosas análogas. Mediante una atenta reflexión, empero, descubrimos que los datos que nos ofrece la experiencia —todos los datos, sin excepción alguna— jamás se ajustan de un modo exacto a las nociones correspondientes que, no obstante, poseemos de manera indiscutible. Ninguna cosa sensible es, en ningún caso, perfecta y absolutamente cuadrada o circular, y sin embargo nosotros poseemos estas nociones de igualdad, de cuadrado y de círculos absolutamente perfectos. Entonces es preciso concluir que existe un desnivel entre los datos de la experiencia y las nociones que poseemos nosotros: estas últimas contienen un elemento adicional, en comparación con aquellos datos. ¿De dónde procede este *plus*? Como se ha visto, no procede ni puede proceder estructuralmente de los sentidos, es decir, desde fuera. No cabe otra conclusión que reconocer que procede de nuestro interior. Sin embargo, no puede venir de nuestro interior como creación del sujeto pensante: éste no crea dicho *plus*, lo halla y lo descubre. Tal *plus* se impone al sujeto de un modo objetivo, con independencia de cualquier poder que posea el sujeto mismo, de una manera absoluta. Por lo tanto, los sentidos sólo nos dan conocimientos imperfectos; aprovechando estos datos, ahondando y casi replegándose sobre sí misma, adentrándose en su interior, nuestra mente (nuestro intelecto) encuentra los correspondientes conocimientos perfectos. Y puesto que no los produce, sólo podemos inferir que los halla en sí misma y los obtiene por sí misma, como si fuesen una posesión originaria, recordándolos.

Platón insiste en el mismo razonamiento a propósito de las diversas nociones estéticas y éticas (hermoso, justo, bueno, santo, etc.) que, debido a ese *plus* que poseen con respecto a la experiencia sensorial, no pueden explicarse más que como una posesión originaria y pura de nuestra alma, es decir, como reminiscencia. Ésta supone, de modo estructural, una impronta que la Idea deja en el alma, una originaria visión metafísica del mundo ideal que permanezca siempre, aunque velada, en el alma de cada uno de nosotros. En el *Fedro*, así como en el *Timeo* posterior, Platón mantuvo esta doctrina y la reafirmó una vez más.

Algún estudioso ha reconocido en la reminiscencia de las ideas el primer descubrimiento occidental del *a priori*. Una vez aclarado que no se trata de una fórmula platónica, puede utilizarse sin duda tal expresión, a condición de que por ella no se entienda un *a priori* de tipo subjetivista-kantiano, sino un *a priori* objetivo. Las ideas son realidades objetivas absolutas que, mediante la anamnesis, se imponen como objeto de la mente. Puesto que la mente a través de la reminiscencia capta las ideas pero no las produce, ya que las capta con independencia de la experiencia (si bien con ayuda de la experiencia, en la medida en que debemos contemplar las cosas sensibles iguales para recordar lo Igual en sí mismo, y así sucesivamente), es plausible hablar de descubrimiento del *a priori* (es decir de la presencia en el hombre de conocimientos puros, con independencia de la experiencia) o de primera concepción del *a priori* en la historia de la filosofía occidental.

3.2. *Los grados del conocimiento: la opinión y la ciencia*

La anamnesis explica la raíz o la posibilidad del conocimiento, porque explica que el conocer se hace posible en la medida en que tenemos en nuestra alma una intuición originaria de lo verdadero. Deben determinarse posteriomente las fases y los modos específicos del conocer, cosa que Platón realizó en la *República* y en los diálogos dialécticos. En la *República* Platón parte desde el principio según el cual el conocimiento es proporcional al ser, de modo que sólo lo que es máximamente ser resulta perfectamente cognoscible, mientras que el no-ser es absolutamente incognoscible. Dado que existe una realidad intermedia entre el ser y el no-ser, esto es, lo sensible —que es una mezcla de ser y no-ser, porque está sujeto al devenir— Platón concluye entonces que existe un conocimiento intermedio entre ciencia e ignorancia, un conocimiento que no es conocimiento propiamente dicho y que se llama «opinión» *(doxa)*.

No obstante, para Platón la opinión es casi siempre falaz. También puede ser veraz y correcta, pero jamás puede poseer en su interior la garantía de la propia corrección. Siempre sigue siendo lábil, al igual que es lábil el mundo sensible al que hace referencia. Según afirma Platón en el *Menón*, para otorgar un fundamento a la opinión sería preciso vincularla con el conocimiento causal, es decir, consolidarla mediante el conocimiento de la causa (de la idea). Entonces, sin embargo, dejaría de ser una opinión y se transformaría en ciencia, o *episteme*.

Platón, empero, especifica más adelante que tanto la opinión *(doxa)* como la ciencia *(episteme)* poseen dos grados distintos. La opinión se divide en la mera imaginación *(eikasia)* y en creencia (*pistis*), mientras que la ciencia se divide en conocimiento medio *(dianoia)* y en pura intelección *(noesis)*. De acuerdo con el principio antes enunciado, cada grado y forma de conocimiento posee una forma y un grado correspondientes de realidad y de ser. La *eikasia* y la *pistis* se corresponden con dos grados de lo sensible: la primera se refiere a las sombras y a las imágenes sensibles de las cosas, y la segunda, a las cosas y a los objetos sensibles en sí mismos. La *dianoia* y la *noesis* hacen referencia a dos grados de lo inteligible o, según algunos expertos, a dos modos de captar lo inteligible. La *dianoia* (conocimiento medio, según una traducción bastante oportuna) sigue estando relacionada con elementos visuales (por ejemplo, las figuras que se dibujan durante las demostraciones geométricas) y con hipótesis; la *noesis* es una captación pura de las ideas y del principio supremo y absoluto del cual dependen todas (es decir, la Idea del Bien).

3.3. *La dialéctica*

Los hombres comunes se detienen en los dos primeros grados de la primera forma del conocer, es decir, en el opinar. Los matemáticos se elevan hasta la *dianoia* y sólo el filósofo accede a la *noesis* y a la ciencia suprema. El intelecto y la intelección, dejando de lado las sensaciones y todos los elementos ligados a lo sensible, captan —a través de un procedimiento que es a la vez discursivo e intuitivo— las ideas puras y sus nexos positivos y negativos, es decir, todos sus vínculos de implicación y de exclusión, elevándose de idea en idea hasta llegar a captar la Idea suprema, lo Incondicionado. Este procedimiento, mediante el cual el intelecto avanza o se mueve de idea en idea, constituye la dialéctica y por ello el filósofo es un dialéctico.

Ahora bien, habrá una dialéctica ascendente, que es aquella que libera de los sentidos y de lo sensible, lleva hasta las ideas y más tarde, de idea en idea, hasta la Idea suprema. Y habrá también una dialéctica descendente que recorre el camino opuesto: parte de la Idea suprema o de ideas generales y —avanzando por división *(diairesis)*, esto es, distinguiendo paulatinamente aquellas ideas particulares que están contenidas en las generales— llega a determinar cuál es el lugar que una idea en particular ocupa dentro de la estructura jerárquica del mundo ideal. En los diálogos de la última fase queda ilustrado con una especial amplitud este aspecto de la dialéctica.

Para concluir cabe afirmar que la dialéctica constituye la captación, basada en la intuición intelectual, del mundo ideal, de su estructura y del lugar que cada idea ocupa en dicha estructura, en relación con las demás: en esto consiste la verdad. Es evidente que el nuevo significado de «dialéctica» depende por completo de los resultados de la segunda navegación.

3.4. *El arte como alejamiento de lo verdadero*

La problemática platónica del arte hay que contemplarla en estrecha vinculación con la temática metafísica y dialéctica. Al determinar la esencia, la función, el papel y el valor del arte, Platón sólo se preocupa por establecer cuál es el valor de verdad que posee. Como es sabido, su respuesta es totalmente negativa: el arte no desvela, sino que vela la verdad, porque no es una forma de conocimiento; no mejora al hombre, sino que lo corrompe, porque es engañoso; no educa, deseduca, porque se dirige a las facultades arracionales del alma, que constituyen las partes inferiores de nuestro ser.

Ya en sus primeros escritos, Platón asume una actitud negativa ante la poesía, considerándola como algo decididamente inferior a la filosofía. El poeta jamás llega a ser tal por la ciencia o por el conocimiento, sino por una intuición irracional. El poeta, cuando compone sus obras, se halla fuera de sí, está obsesionado y, por lo tanto, no es consciente: no sabe dar razón de lo que hace ni sabe enseñar a los demás aquello que hace. El poeta es poeta por designio divino, no por virtud de un conocimiento.

Las concepciones acerca del arte que Platón manifiesta en el libro décimo de la *República* son más precisas y determinadas. El arte, a través de todas sus expresiones (como poesía, arte pictórico o plástico) es, desde un punto de vista ontológico, una *mimesis*, una imitación de acontecimientos sensibles (hombres, cosas, hechos y cuestiones de distintas clases). Ahora bien, sabemos que las cosas sensibles desde el punto de vista ontológico constituyen una imagen del eterno paradigma de la Idea, y por ello se alejan de lo verdadero en la misma medida en que la copia es algo que se aparta del original. Si el arte, a su vez, es una imitación de las cosas sensibles, de ello se infiere que se trata de una imitación de una imitación, una copia que reproduce una copia y que, por lo tanto, se halla triplemente alejada de la verdad.

El arte figurativo imita la mera apariencia y por eso los poetas hablan sin saber y sin conocer aquello de lo cual hablan. Su lenguaje desde el punto de vista de lo verdadero, no es más que un juego, una broma. Por consiguiente Platón está convencido de que el arte se dirige a la parte menos noble de nuestra alma y no a su parte más elevada. El arte corrompe y hay que apartarlo —o incluso eliminarlo— del Estado perfecto, a menos que se someta a las leyes de lo bueno y de lo verdadero. Adviértase que Platón no negó la existencia y el poder del arte, pero rechazó que el arte tuviese valor por sí mismo: el arte sirve a lo verdadero o sirve a lo falso, porque *tertium non datur*. Si se abandona a sus propios medios, el arte sirve a lo falso. Pero si quiere salvarse, el arte debe someterse a la filosofía, que es la única capaz de alcanzar lo verdadero, y el poeta ha de sujetarse a las reglas del filósofo.

3.5. *La retórica como mixtificación de lo verdadero*

En la antigüedad clásica la retórica poseía una enorme importancia, como hemos comprobado al hablar de los sofistas. No constituía, como para nosotros en épocas más modernas, algo relacionado con el artificio literario y, por lo tanto, situado al margen de la vida práctica. Se trataba, en cambio, de una fuerza civil y política de primerísima magnitud. Según Platón, la retórica —el arte de los políticos atenienses y de sus maestros— no es más que halago, lisonja, adulación, falsificación de la verdad. Al igual que el arte pretende representar e imitar todas las cosas sin poseer un verdadero conocimiento de ellas, la retórica se propone persuadir y convencer a todos acerca de todo, sin tener ningún conocimiento. Y así como el arte crea meros fantasmas, la retórica crea persuasiones vacuas y creencias ilusorias. El retórico es aquel que, aunque no sabe, posee la habilidad ante la mayoría de las personas de mostrarse más persuasivo que aquel que sabe de veras, apelando a los sentimientos y a las pasiones.

La retórica, al igual que el arte, se dirige pues a la parte menos noble del alma, a la parte más crédula e inestable. Por lo tanto, el retórico se halla tan apartado de lo verdadero como el artista, o más todavía, porque otorga voluntariamente a los fantasmas de lo verdadero las apariencias de la verdad, manifestando así una malicia que el artista no posee o tiene sólo en parte.

Al igual que la filosofía substituye a la poesía, la retórica debe ser reemplazada por la política verdadera, que coincide con la filosofía. Los poetas y los retóricos son al filósofo lo mismo que las apariencias son a la realidad, y los fantasmas de la verdad a la verdad.

Este severo juicio acerca de la retórica, que se emite en el *Gorgias*, queda un poco suavizado por el *Fedro*, donde se reconoce al arte de los discursos, esto es a la retórica, un derecho a la existencia, con la condición de que se someta a la verdad y a la filosofía. Sólo si se conoce la naturaleza de las cosas mediante la dialéctica y la naturaleza del alma, a la que se dirigen los discursos, será posible construir un verdadero arte retórico, un verdadero arte de persuadir mediante discursos.

3.6. *La erótica como vía alógica hacia lo absoluto*

Platón no vincula la temática de la belleza con la temática del arte (que es una imitación de la mera apariencia y no revela la belleza inteligible), sino con la temática del eros y del amor. Éste es entendido como fuerza mediadora entre lo sensible y lo suprasensible, fuerza que otorga alas y eleva, a través de los diversos grados de la belleza, hasta la metaempírica Belleza en sí. Y puesto que lo Bello, para los griegos, coincide con el Bien o es un aspecto del Bien, así el Eros es una fuerza que eleva hacia el Bien, y la erótica a su vez se manifiesta como una vía alógica que lleva hasta lo Absoluto.

El análisis que realiza Platón acerca del Amor es uno de los más espléndidos que llevó a cabo este pensador. El Amor no es ni bello ni bueno, sino que es sed de belleza y de bondad. El Amor, pues, no es un Dios (Dios es, sólo y siempre, bello y bueno), pero tampoco un hombre. No es mortal, pero tampoco es inmortal: es uno de aquellos seres demoníacos intermedios entre el hombre y Dios. El Amor es filo-sofo, en el sentido más rico del término. La *sophia*, esto es, la sabiduría, es poseída sólo por Dios; la ignorancia es propia de aquel que se halla totalmente exento de sabiduría. En cambio, la filo-sofía es lo propio de quien no es ni ignorante ni sabio, no posee el saber pero aspira a él, se halla siempre buscándolo, cuando encuentra algo se le escapa y debe volver a buscarlo, precisamente como hace un amante.

Aquello que los hombres acostumbran a llamar amor no es más que una partícula del verdadero amor: éste consiste en el deseo de lo bello, del bien, de la sabiduría, de la felicidad, de la inmortalidad, de lo Absoluto. El Amor posee muchos caminos que conducen a diversos grados de bien (toda forma de amor es deseo de poseer el bien para siempre). El verdadero amante, empero, es aquel que los sabe recorrer todos hasta el final, para alcanzar la visión suprema, es decir, hasta llegar a la visión de lo que es absolutamente bello.

a) El grado más bajo en la escala del amor es el amor físico, que es el deseo de poseer el cuerpo bello con objeto de engendrar, en lo bello, otro cuerpo. Éste amor físico ya es deseo de inmortalidad y de eternidad,

Schlecht ist jener gemeiner Liebhaber, der mehr den Leib als die Seele liebt (Bezug auf gleichgeschlechtliche Liebe)

Zeugungstriebs

«...porque la generación, aunque sea en una criatura mortal, es perennidad e inmortalidad».

b) A continuación, está el grado de los amantes que son fecundos no en sus cuerpos sino en sus almas, portadores de una simiente que nace y crece en la dimensión del espíritu. Entre los amantes pertenecientes a la dimensión del espíritu se hallan, en una escala progresivamente más elevada, los amantes de las almas, los amantes de las artes, los amantes de la justicia y de las leyes, los amantes de las ciencias puras.

c) Finalmente, en la culminación de la escala del amor, se halla la visión fulgurante de la Idea de lo Bello en sí, de lo Absoluto.

Platón profundiza en el *Fedro* acerca del problema de la naturaleza sintética y mediadora del amor, conectándolo con la doctrina de la reminiscencia. Como sabemos, en su vida originaria cuando formaba parte del séquito de los dioses, el alma había contemplado lo supraceleste y las ideas; después, al perder sus alas y precipitarse en un cuerpo, ha olvidado todos.

Sin embargo, aunque sea con esfuerzo, filosofando, el alma recuerda aquellas cosas que antes había visto. Tal recuerdo, en el caso particular de la Belleza, tiene lugar de un modo muy específico, porque es la única entre todas las ideas que posee la suerte privilegiada de ser extraordinariamente evidente y extraordinariamente amable. Este traslucirse de la Belleza ideal en lo bello sensible es algo que enardece el alma, que se ve presa del deseo de echarse a volar, para regresar al sitio desde donde había descendido. Este deseo constituye precisamente el Eros que, mediante el anhelo de lo suprasensible, hace que reaparezcan en el alma sus antiguas alas y pueda elevarse.

El amor (el «amor platónico») es nostalgia de lo Absoluto, tensión transcendente hacia lo metaempírico, fuerza que nos impulsa a volver hacia nuestro originario ser junto a los dioses.

4. La concepción del hombre

4.1. *La concepción dualista del hombre*

En la sección anterior, hemos explicado que la relación entre las ideas y las cosas no es dualista en el sentido más usual del término, puesto que las ideas constituyen la verdadera causa de las cosas. En cambio la concepción platónica de las relaciones entre el alma y cuerpo es dualista (en algunos diálogos, en un sentido total y radical) porque además del elemento metafísico-ontológico se introduce el factor religioso del orfismo, que transforma la distinción entre el alma (suprasensible) y cuerpo (sensible) en una oposición. Por dicho motivo, se considera que el cuerpo no es tanto el receptáculo del alma, a quien le debe la vida y sus capacidades (y en consecuencia, es un instrumento al servicio del alma, como afirmaba Sócrates), sino más bien la tumba y la cárcel del alma, es decir, un lugar de expiación del alma. Leemos en el *Gorgias*: «Y yo no me maravillaría si Eurípides estuviese en lo cierto cuando dice: "¿Quién podría saber si el vivir no es morir, y el morir no es vivir?", y que nosotros, en realidad, quizás estamos muertos. Ya he oído decir, por hombres sabios, que nosotros ahora estamos muertos, y que el cuerpo es una tumba para nosotros.»

Mientras tengamos cuerpo, estamos muertos, porque somos fundamentalmente nuestra alma, y el alma mientras se halle en un cuerpo está como en una tumba y por lo tanto insensibilizada. Nuestra muerte corporal en cambio es vivir, porque al morir el cuerpo el alma se libera de la cárcel. El cuerpo es la raíz de todo mal, es origen de amores alocados, pasiones, enemistades, discordias, ignorancia y demencia: precisamente, todo esto es lo que lleva la muerte al alma. Esta concepción negativa del cuerpo se atenúa en cierta medida en las últimas obras de Platón, pero jamás desaparece del todo.

Una vez dicho esto, es necesario además advertir que la ética platónica sólo en parte se halla condicionada por este dualismo extremo. De hecho sus teoremas y sus corolarios de fondo se apoyan más sobre la distinción metafísica de alma (ente afín a lo inteligible) y cuerpo (ente sensible) que sobre la contraposición mistérico-filosófica entre alma (demonio) y cuerpo (tumba y cárcel). De esta última proceden las formulaciones extremistas y la paradójica exageración de algunos principios, que en cualquier caso son válidos en el contexto platónico, incluso en el plano puramente ontológico. En definitiva, la segunda navegación sigue constituyendo el verdadero fundamento de la ética platónica.

4.2. *Las paradojas de la huida del cuerpo y la huida del mundo y su significado*

Una vez establecido esto, examinamos a continuación las dos paradojas más conocidas de la ética platónica, que con frecuencia han sido malinterpretadas, porque se ha atendido más a su apariencia externa de orden mistérico-filosófico, que a su substancia metafísica. Nos estamos refiriendo a las dos paradojas de la huida del cuerpo y de la huida del mundo.

1) La primera paradoja ha sido desarrollada sobre todo en el *Fedón*. El alma debe tratar de huir lo más posible del cuerpo y por ello el verdadero filósofo desea la muerte, y la verdadera filosofía es un ensayo de muerte. El sentido de esta paradoja se nos presenta con mucha claridad. La muerte es un episodio que, desde un punto de vista ontológico, únicamente hace referencia al cuerpo. No sólo no perjudica al alma, sino que le acarrea un gran beneficio, al permitirle una vida más verdadera, una vida completamente recogida en sí misma, sin obstáculos ni velos y plenamente unida a lo inteligible. Esto significa que la muerte del cuerpo inaugura la auténtica vida del alma. Por tanto al invertir la formulación de la paradoja no se cambia su sentido, sino que se especifica mejor: el filósofo es aquel que desea la vida verdadera (la muerte del cuerpo), y la filosofía es un ejercitarse en la verdadera vida, la vida en la pura dimensión del espíritu. La huida del cuerpo es el reencuentro con el espíritu.

2) También se hace evidente el significado de la segunda paradoja, la huida del mundo. Por lo demás Platón nos lo desvela de modo muy explícito, explicándonos que huir del mundo significa transformarse en virtuoso y tratar de asemejarse a Dios: «El mal no puede desaparecer, porque siempre tiene que haber algo opuesto y contrario al bien; tampoco puede

hallar cobijo entre los dioses, sino que debe por necesidad merodear sobre esta tierra y alrededor de nuestra naturaleza mortal. Por esto nos conviene disponernos a huir de aquí con la máxima celeridad, para subir más arriba. Y este huir es un asemejarse a Dios en aquello que le es posible a un hombre; y asemejarse a Dios es adquirir justicia y santidad y, al mismo tiempo, sabiduría.»

Como se ve, ambas paradojas tienen idéntico significado: huir del cuerpo quiere decir huir del mal del cuerpo, a través de la virtud y el conocimiento; huir del mundo quiere decir huir del mal del mundo, también a través de la virtud y el conocimiento; lograr virtud y conocimiento quiere decir hacerse semejantes a Dios, que, como se afirma en las *Leyes*, es medida de todas las cosas.

4.3. *La purificación del alma como conocimiento y la dialéctica como conversión*

Sócrates había considerado el cuidado del alma como la suprema obligación moral del hombre. Platón reafirma el mandamiento socrático, pero le añade un matiz místico, señalando que «cuidado del alma» significa «purificación del alma». Tal purificación se lleva a cabo cuando el alma transcendiendo los sentidos se posesiona del puro mundo de lo inteligible y de lo espiritual, uniéndose a él como a algo que le es similar y connatural. En este caso la purificación —algo muy diferente a las ceremonias órficas de iniciación— coincide con el proceso de elevación hasta el supremo conocimiento de lo inteligible. Hay que reflexionar precisamente sobre este valor de purificación que se atribuye a la ciencia y al conocimiento (valor que, en parte, los antiguos pitagóricos ya habían descubierto), con objeto de comprender las novedades del misticismo platónico. Éste no consiste en una contemplación estática y alógica, sino en un esfuerzo catártico de búsqueda y de ascenso progresivo hasta el conocimiento. Por eso se entiende a la perfección que, para Platón, el proceso del conocimiento racional sea al mismo tiempo un proceso de con-versión moral: en la medida en que el proceso del conocimiento nos lleva desde lo sensible hasta lo suprasensible, nos lleva desde un mundo hasta otro, nos conduce desde la falsa dimensión del ser hasta la verdadera. Por tanto, conociendo es como el alma se cuida, se purifica, se convierte y se eleva. En esto reside la verdadera virtud.

Esta tesis no sólo se expone en el *Fedón*, sino también en los libros centrales de la *República*: la dialéctica es una liberación de las servidumbres y las cadenas de lo sensible, es una conversión desde el devenir hasta el ser, es una iniciación al Bien supremo. Por lo tanto con toda justicia ha podido escribir W. Jaeger a este respecto: «Cuando se plantee el problema, no ya del fenómeno de la conversión como tal, sino del origen de la noción cristiana de conversión, hay que reconocer en Platón al primer autor de este concepto.»

4.4. *La inmortalidad del alma*

Sócrates consideraba que, para fundar la nueva moral, bastaba con comprender que la esencia del hombre es su alma (*psyche*). Por lo tanto no era necesario en su opinión determinar si el alma era o no inmortal; la virtud tiene su premio en sí misma, al igual que el vicio tiene el castigo en sí mismo. En cambio, el problema de la inmortalidad se convierte en algo esencial: si al morir el hombre se disuelve totalmente en la nada, no bastaría con la doctrina de Sócrates para refutar a quienes niegan todo principio moral (como por ejemplo los sofistas políticos, de los cuales Calicles, personaje del *Gorgias*, era un representante típico). Además, el descubrimiento de la metafísica y la aceptación del núcleo esencial del mensaje órfico imponían la cuestión de la inmortalidad como algo fundamental. Es muy explicable, pues, que Platón haya vuelto en más de una ocasión sobre este tema: de forma breve en el *Menón*, luego en el *Fedón* con tres pruebas sólidas, y más tarde con nuevas pruebas de refuerzo, en la *República* y en el *Fedro*.

Vamos a resumir brevemente la prueba central que se halla en el *Fedón*. El alma humana —afirma Platón— es capaz, como acabamos de ver, de conocer las cosas inmutables y eternas. Sin embargo, para poderlas captar, debe poseer como *conditio sine qua non* una naturaleza afín a ellas: en caso contrario, aquéllas superarían la capacidad de esta naturaleza. Y como aquellas cosas son inmutables y eternas, también el alma debe ser inmutable y eterna.

En los diálogos anteriores al *Timeo*, las almas parecían carecer de final y de nacimiento. En cambio, en el *Timeo* son engendradas por el Demiurgo, con la misma substancia con la que ha sido hecha el alma del mundo (compuesta de esencia, de identidad y de diversidad). Por tanto, se originan mediante un nacimiento pero, por peculiar disposición divina, no están sujetas a la muerte, al igual que no está sujeto a la muerte nada de lo que ha sido producido directamente por el Demiurgo.

Las diversas pruebas que proporciona Platón nos ofrecen un factor común: la existencia y la inmortalidad del alma únicamente tienen sentido si se admite que hay un ser metaempírico; el alma constituye la dimensión inteligible y metaempírica —y, por ello, incorruptible— del hombre. Con Platón, el hombre descubre que posee dos dimensiones. Y tal adquisición será irreversible, porque incluso aquellos que nieguen una de las dos dimensiones, otorgarán a la dimensión física —la única a la que le conceden existencia— un significado por completo distinto al que tenía cuando se ignoraba la dimensión espiritual.

4.5. *La metempsicosis y los destinos del alma después de la muerte*

Platón narra a través de numerosos mitos cuál será el destino del alma después de la muerte del cuerpo, cuestión que se manifiesta con bastante complejidad. Sería absurdo el pretender que las narraciones míticas tengan una linealidad lógica, que sólo puede proceder de los discursos dialécticos. El objetivo de los mitos escatológicos consiste en hacer creer, en formas diversas y mediante diferentes representaciones alusivas, ciertas verdades profundas a las que no se puede llegar con el puro *logos*, si bien éste no las contradice y en parte las rige.

Para hacerse una idea precisa acerca de cuál será el destino de las almas después de la muerte, en primer lugar hay que poner en claro la noción platónica de la metempsicosis. Como es sabido, la metempsicosis es una doctrina que afirma que el alma se traslada a través de distintos cuerpos, renaciendo en diversas formas vivientes. Platón recibe esta doctrina desde el orfismo, pero la amplía en distintos aspectos, presentándola básicamente en dos formas complementarias.

La primera forma es la que se nos presenta en el *Fedón* con todo detalle. Allí se dice que las almas que han vivido una vida excesivamente atada a los cuerpos, a las pasiones, a los amores y a los gozos de esos cuerpos, al morir no logran separarse completamente de lo corpóreo, que se les ha vuelto connatural. Por temor al Hades, esas almas vagan errantes durante un cierto tiempo alrededor de los sepulcros, como fantasmas, hasta que, atraídas por el deseo de lo corpóreo, se enlazan nuevamente a otros cuerpos de hombres o incluso de animales, según haya sido la bajeza de la vida moral que hayan tenido en su existencia anterior. En cambio, las almas que hayan vivido de acuerdo con la virtud —no la virtud filosófica, sino la corriente— se reencarnarán en animales mansos y sociables, o incluso en hombres justos. Según Platón, «a la estirpe de los dioses no puede agregarse quien no haya cultivado la filosofía y no haya abandonado con toda pureza su cuerpo, sino que solamente se le concede a aquel que ha sido amante del saber».

No obstante en la *República* Platón menciona un segundo tipo de reencarnación del alma muy distinto del anterior. Existe un número limitado de almas, de modo que si en el más allá todas recibiesen un premio o un castigo eternos, llegaría un momento en el que no quedaría ninguna sobre la tierra. Debido a este motivo evidente, Platón considera que el premio y el castigo ultraterrenos, después de haber vivido en este mundo, deben tener una duración limitada y un plazo establecido. Puesto que una vida terrena dura cien años como máximo, Platón —obviamente influido por la mística pitagórica del número diez— considera que la vida ultraterrena debe durar diez veces cien años, esto es, mil años (en el caso de las almas que han cometido crímenes enormes e irredimibles, el castigo continúa más allá del milésimo año). Una vez transcurrido este ciclo, las almas deben volver a encarnarse.

En el mito del *Fedro*, si bien con diferencias de modalidad y de ciclos de tiempo, se manifiestan ideas análogas, de las que se infiere que las almas recaen cíclicamente en los cuerpos y más tarde se elevan al cielo.

Nos encontramos, pues, ante un ciclo individual de reencarnaciones, vinculado a los avatares del individuo, y ante un ciclo cósmico, que es el ciclo del milenio. Precisamente a este último hacen referencia los dos célebres mitos: el de Er, que aparece en la *República*, y el del carro alado, que figura en el *Fedro*. Ambos serán examinados a continuación.

4.6. *El mito de Er y su significado*

Una vez finalizado su viaje milenario, las almas se reúnen en una llanura, donde se determinará su destino futuro. A este respecto, Platón lleva a cabo una auténtica revolución de la creencia griega tradicional, según la cual los dioses y la Necesidad serían los encargados de decidir el destino del hombre. Platón afirma que, al contrario, los paradigmas de las vidas se encuentran en el regazo de la moira Láquesis, hija de la Necesidad, pero que esos paradigmas no son impuestos, sino sólo propuestos a las almas. La elección queda atribuida por entero a la libertad de las almas. El hombre no es libre de vivir o no vivir, pero es libre de escoger cómo vivir desde un punto de vista moral, esto es, de vivir según la virtud o según el vicio:

> Y Er narró que, al llegar allí, debían aproximarse a Láquesis; y que antes que nada, un profeta puso en orden las almas, y tomando luego del regazo de Láquesis las suertes y los paradigmas de las vidas, encaramado en un elevado púlpito dijo: Esto dice la virgen Láquesis, hija de la Necesidad: «Almas efímeras, éste es el principio de otro período de aquella vida que consiste en correr hacia la muerte. No será el demonio quien os elija a vosotras, sino que vosotras escogeréis a vuestro demonio. Y el primero que eche a suertes que elija primero la vida a la cual más tarde se verá ligado por necesidad. La virtud no tiene dueño: según que uno la honre o la desprecie, tendrá más o menos parte de ella. La culpa es de quien escoge: Dios no tiene la culpa.»

Una vez dicho esto, un profeta de Láquesis echa a suertes los números que sirven para establecer el orden según el cual cada alma debe llevar a cabo su elección: el número que le cae más cerca es el que le toca a cada alma. Luego, el profeta extiende sobre la hierba los paradigmas de las vidas (paradigmas de todas las posibles vidas humanas y animales), en cantidad muy superior a la de las almas presentes. El alma a la que le toca escoger en primer lugar tiene a su disposición muchos más paradigmas vitales que la última. Sin embargo, esto no condiciona de modo irreversible el problema de la elección: también para el último existe la posibilidad de escoger una vida buena, aunque no una vida óptima. La elección realizada por cada uno es sellada más tarde por las otras dos moiras, Cloto y Átropos, convirtiéndose así en irreversible. Luego, las almas beben el olvido en las aguas del río Ameletes (río del olvido) y bajan a los cuerpos, en los que realizan la vida elegida.

Hemos dicho que la elección depende de la libertad de las almas, pero sería más exacto afirmar que depende del conocimiento o de la ciencia de la vida buena y de la mala, esto es, de la filosofía, que en Platón se convierte en fuerza que salva en este mundo y en el más allá, para siempre. El intelectualismo ético llega aquí hasta sus últimas consecuencias. Platón afirma: «Siempre que uno, cuando llega a esta vida de aquí, se dedique a filosofar de forma saludable y no le toque elegir suerte entre los últimos, existe la posibilidad —según lo que Er contaba de aquel mundo— no sólo de ser feliz en esta tierra, sino también de que el viaje desde aquí hasta allá, y el regreso hasta aquí, no se lleve a cabo de modo subterráneo y penoso, sino cómodamente y por el cielo.»

4.7. *El mito del carro alado*

En el *Fedro* Platón propuso otra visión del más allá, aún más complicada. Los motivos hay que atribuirlos probablemente al hecho de que ninguno de los mitos examinados hasta ahora explica la causa del descenso de las almas hasta los cuerpos, la vida inicial de las almas y las razones de su afinidad con lo divino. Originariamente, el alma estaba próxima a los dioses y en compañía de éstos vivía una vida divina. Debido a una culpa, cayó a un cuerpo sobre la tierra. El alma es como un carro alado tirado por dos caballos y conducido por un auriga. Los dos caballos de los dioses son igualmente buenos, pero los dos caballos de las almas humanas pertenecen a razas distintas: uno es bueno, el otro malo, y se hace difícil conducirlos. El auriga simboliza la razón, los dos caballos representan las partes alógicas del alma, es decir, la concupiscible y la irascible, sobre las que volveremos más adelante. Algunos creen, sin embargo, que auriga y caballos simbolizan los tres elementos con que el Demiurgo, según el *Timeo*, ha forjado el alma. Las almas forman el séquito de los dioses, volando por los caminos celestiales, y su meta consiste en llegar periódicamente junto con los dioses hasta la cumbre del cielo, para contemplar lo que está más allá del cielo: lo supraceleste (el mundo de las ideas) o, como dice también Platón, la Llanura de la verdad. No obstante, a diferencia de lo que sucede con los dioses, para nuestras almas resulta una empresa ardua el llegar a contemplar el Ser que está más allá del cielo y el lograr apacentarse en la Llanura de la verdad, sobre todo por causa del caballo de raza malvada, que tira hacia abajo. Por ello, ocurre que algunas almas llegan a contemplar el Ser, o por lo menos una parte de él, y debido a esto continúan viviendo junto con los dioses. En cambio, otras almas no llegan a alcanzar la Llanura de la verdad: se amontonan, se apiñan y, sin lograr ascender por la cuesta que conduce hasta la cumbre del cielo, chocan entre sí y se pisotean. Se inicia una riña, en la que se rompen las alas, y al perder su capacidad de sustentación, estas almas caen a la tierra.

Mientras el alma logra contemplar el Ser y verse apacentada en la Llanura de la verdad, no cae a la tierra y, ciclo tras ciclo, continúa viviendo en compañía de los dioses y de los demonios. La vida humana a la que da origen el alma al caer, resulta moralmente más perfecta en la medida en que haya contemplado más la verdad en lo supraceleste y será menos perfecta moralmente si es que ha contemplado menos. Al morir el cuerpo, es juzgada el alma, y durante un milenio —como sabemos a través de la *República*— gozará de su premio o sufrirá penas, de acuerdo con los méritos o deméritos de su vida terrena. Después del milésimo año, volverá a reencarnarse.

Con respecto a la *República*, sin embargo, en el *Fedro* aparece una novedad ulterior. Pasados diez mil años, todas las almas recuperan sus alas y regresan a la compañía de los dioses. Aquellas almas que durante tres vidas consecutivas hayan vivido de acuerdo con la filosofía, constituyen una excepción y disfrutan de una suerte privilegiada: recuperar las alas después de tres mil años. Por lo tanto, no hay duda de que en el *Fedro* el lugar en que las almas viven junto con los dioses (y al que retornan a los diez mil años) y el lugar en el que gozan del premio milenario, después de cada existencia vivida, son dos sitios distintos.

4.8. *Conclusiones acerca de la escatología platónica*

La verdad de fondo que los mitos tratan de sugerir y hacer creer consiste en una especie de fe razonada, como hemos visto en la sección introductoria. En síntesis, se reduce a lo siguiente. El hombre se encuentra de paso en la tierra y la vida terrena es como una prueba. La verdadera vida se halla en el más allá, en el Hades (lo invisible). El alma es juzgada en el Hades con base en el único criterio de la justicia y la injusticia, de la templanza y el libertinaje, de la virtud y del vicio. Los juicios del más allá no se preocupan de otra cosa. No se tiene en cuenta para nada el que se trate del alma del Gran Rey o del más humilde de sus súbditos: sólo se tiene en cuenta las señales de justicia o injusticia que lleve en sí misma. La suerte que le corresponde a las almas puede ser triple: *a)* si ha vivido en total justicia, recibirá un premio (irá a lugares maravillosos en las Islas de los Bienaventurados o a sitios aún mejores e indescriptibles); *b)* si ha vivido en total injusticia, hasta el punto de volverse incurable, recibirá un castigo eterno (será arrojada al Tártaro); *c)* si sólo cometió injusticias subsanables, es decir si vivió en una justicia parcial, arrepintiéndose además de sus propias injusticias, entonces sólo será castigada temporalmente (una vez expiadas sus culpas, recibirá el premio que merezca).

Además de las nociones de «juicio», «premio» y «castigo», en todos los mitos escatológicos se trasluce la idea del significado liberador de los dolores y sufrimientos humanos, que adquieren así un significado muy preciso: «El provecho llega a las almas sólo a través de dolores y padecimientos, tanto aquí en la tierra como en el Hades: nadie puede liberarse en otra forma de la injusticia.» Finalmente, se trasluce asimismo la idea constante de la fuerza salvífica de la razón y de la filosofía, esto es, de la búsqueda y de la visión de la verdad, que salva para siempre.

5. El Estado ideal y sus formas históricas

5.1. *La estructura de la «República» platónica*

En el *Gorgias*, Platón pone en boca de Sócrates las siguientes palabras: «Creo ser uno de los pocos atenienses, si no único, que examina el verdadero arte de la política, y el único entre sus contemporáneos que la practica.» El verdadero arte de la política es el arte que se cuida del alma y la convierte en lo más virtuosa posible. Por esto, es el arte del filósofo. A partir del *Gorgias*, en Platón ha ido madurando la tesis, que en la *República* se manifiesta de forma muy elaborada, según la cual la verdadera filosofía coincide con la verdadera política. Sólo si el político se transforma en filósofo (o viceversa) puede construirse la verdadera ciudad, es decir, el Estado auténticamente fundamentado sobre el supremo valor de la justicia y del bien. Es evidente, empero, que estas tesis sólo resultan plenamente inteligibles si se recobra su sentido histórico y, más en particular, si se recuperan determinadas concepciones refinadamente griegas: *a)* el antiguo sentido de la filosofía como conocimiento integral (de las razones supremas de todas las cosas); *b)* el sentido de la reducción de la esencia del hombre a su alma *(psykhe)*; *c)* la coincidencia entre individuo y ciudadano; *d)* la ciudad-estado como horizonte de todos los valores morales y como única forma posible de sociedad.

Sólo si se tienen muy presentes tales factores, cabe comprender la estructura de la *República,* la obra maestra de Platón, que constituye casi una *summa* del pensamiento del filósofo o por lo menos de aquel pensamiento que fue plasmado por escrito. Construir la ciudad quiere decir conocer al hombre y el lugar que éste ocupa en el universo. Según Platón, el Estado no es más que una ampliación de nuestra alma, una especie de gigantesca reproducción en enormes dimensiones de nuestra propia *psyche.* El problema central de la naturaleza de la justicia, que constituye el eje en torno al cual giran todos los demás temas, recibe una adecuada respuesta precisamente cuando se observa cómo nace (o cómo se corrompe) una ciudad perfecta.

El Estado nace porque cada uno de nosotros no es autárquico, es decir, no se basta a sí mismo y tiene necesidad de la ayuda de muchos otros hombres. 1) En primer lugar, se hacen necesarios los servicios de todos aquellos que satisfacen las necesidades materiales, desde el alimento hasta el vestido y la vivienda. 2) En segundo término, se requieren los servicios de algunos hombres que se dediquen a la custodia y a la defensa de la ciudad. 3) En tercer lugar, es necesario el esfuerzo de unos cuantos hombres que sepan gobernar de forma adecuada.

Por consiguiente, la ciudad tiene necesidad de tres estamentos: 1) la de los campesinos, artesanos y comerciantes; 2) la de los guardianes, y 3) la de los gobernantes.

1) El primer estamento constituido por hombres en los que predomina el aspecto concupiscible del alma, que es el aspecto más elemental. Esta clase social es buena cuando en ella prevalece la virtud de la templanza, que es una especie de orden, de dominio y disciplina de los placeres y deseos, y constituye asimismo la capacidad de someterse del modo conveniente a las clases superiores. La riqueza y los bienes materiales, que son administrados exclusivamente por esta clase, no deben ser ni demasiados ni demasiado escasos.

2) El segundo estamento está constituido por hombres en los que predomina la fuerza irascible (volitiva) del alma, es decir, hombres que se parecen a los perros de noble raza, dotados al mismo tiempo de mansedumbre y de fiereza. La virtud de esta clase social debe ser la fortaleza o la bravura. Los guardianes han de vigilar no sólo los peligros que provengan del exterior, sino también aquellos que procedan del interior. Por ejemplo, tendrán que evitar que en la primera de las clases sociales se produzca excesiva riqueza (que engendra ocio, lujo, amor indiscriminado por las novedades) o demasiada pobreza (que engendra los vicios opuestos). Además deberán proceder de forma que el Estado no crezca demasiado ni tampoco se empequeñezca en exceso. Han de procurar, asimismo, que los cargos otorgados a los ciudadanos sean los que correspondan a las naturalezas de éstos, y que se imparta a todos la educación más conveniente.

3) Los gobernantes, finalmente, son aquellos que saben amar a la ciudad más que los demás, cumpliendo con el celo necesario sus obligaciones y, sobre todo, conociendo y contemplando el Bien. Por lo tanto, en los gobernantes predomina el alma racional y su virtud específica es la sabiduría.

La ciudad perfecta es aquella en la que predomina la templanza en la primera clase social, la fortaleza o el valor en la segunda, y la sabiduría en la tercera. La justicia no es sino la armonía que se instaura entre estas tres virtudes: cuando cada ciudadano y cada clase social realizan lo mejor posible las funciones que les son propias y hacen aquello que por naturaleza y por ley están llamados a hacer, entonces se lleva a cabo la perfecta justicia.

Hablábamos antes del Estado como ampliación del alma. En efecto, en cada hombre se hallan las tres facultades del alma que se encuentran en los tres estamentos de la ciudad. He aquí la prueba de ello. Frente a los mismos objetos, existe en nosotros *a)* una tendencia que nos impulsa hacia ellos, el deseo; *b)* otra que, en cambio, nos refrena ante ellos y domina el deseo, esto es, la razón; *c)* empero, existe también una tercera tendencia, aquella por la cual nos airamos y enardecemos, y que no es ni razón ni deseo (no es razón, porque es pasional, y no es deseo, porque a menudo choca con éste, como sucede cuando nos airamos por haber cedido ante un deseo). En consecuencia, al igual que en la ciudad hay tres estamentos, también son tres las partes del alma: la concupiscible *(epithymetike)*, la irascible *(thymoeides)* y la racional *(logistike)*. La parte irascible (en el sentido mencionado), por su propia naturaleza, suele ponerse del lado de la razón, pero también puede aliarse con la parte inferior del alma, si se somete a los perniciosos efectos de una educación equivocada. Por lo tanto, habrá una perfecta correspondencia entre las virtudes de la ciudad y las del individuo. Éste es templado, cuando las partes inferiores armonizan con la superior y le obedecen; es fuerte o valeroso, cuando la parte irascible del alma sabe mantener con firmeza los dictados de la razón a través de cualquier peligro; es sabio, cuando la parte racional del alma posee la verdadera ciencia acerca de lo que conviene a todas las partes (la ciencia del bien). La justicia será aquella disposición del alma según la cual cada parte de ésta hace lo que debe hacer y como lo debe hacer.

Éste es, pues, el concepto de justicia según la naturaleza: que cada uno haga lo que le corresponde hacer, los ciudadanos y los estamentos en la ciudad, y las partes del alma en el alma. Hay justicia hacia fuera, en sus manifestaciones, sólo si la hay dentro, en su raíz, es decir, en el alma.

De este modo, Platón deduce el catálogo de las virtudes, la enumeración de las que más tarde serán denominadas «virtudes cardinales». Muy a menudo se olvida que este catálogo se halla ligado intrínsecamente con la psicología platónica y, de un modo particular, con la triple distinción entre alma concupiscible, irascible, y racional.

La ciudad perfecta debe tener una educación perfecta. La primera clase social no requiere una educación especial, porque las artes y los oficios se aprenden fácilmente a través de la práctica. Para las clases de los guardianes, Platón propuso la clásica educación gimnástico-musical, con objeto de robustecer de manera adecuada aquel elemento de nuestra alma del cual procede el valor y la fortaleza. En esta clase, Platón propuso la comunidad de todos los bienes: comunidad de los maridos y de las mujeres, y por lo tanto de los hijos, y la abolición de toda propiedad de bienes materiales. Era responsabilidad de la clase inferior —poseedora de la riqueza— proveer a las necesidades materiales de los guardianes. Los hombres y las mujeres de esta clase deben recibir idéntica educación y ocupar cargos idénticos. Los hijos, apartados enseguida de sus padres, deben ser criados y educados en sitios oportunos, sin que conozcan a sus propios padres. Esta concepción teórica tan aventurada fue sugerida por Platón con la intención de crear una especie de gran familia, en la que todos se amasen como padres, madres, hijos, hermanos, hermanas, parientes. Creía que de esta forma se eliminarían las razones que alimentan el egoísmo y las barreras de «lo mío» y «lo tuyo». Todos tendrían que decir «lo nuestro». El bien privado debería transformarse en bien común.

La educación que Platón proponía para los gobernantes coincidía con el aprendizaje requerido para dominar la filosofía (dada la coincidencia existente entre verdadero filósofo y verdadero político) y debía durar hasta los 50 años (Platón lo calificaba de «largo camino»). Entre los 30 y los 35 años tenía lugar el aprendizaje más difícil, es decir, el enfrentamiento con la dialéctica, y desde los 35 hasta los 50 años había que reemprender los contactos con la realidad empírica, desempeñando diversos cargos oficiales. La finalidad de la educación del político-filósofo consistía en llegar a conocer y contemplar el Bien, el máximo conocimiento, y en una fase posterior plasmar en sí mismo el Bien, con objeto de implantar más tarde el propio bien en la realidad histórica. De esta manera, el Bien emerge como primer principio, del cual depende todo el mundo ideal; el Demiurgo ha resultado ser el generador del mundo físico porque es bueno, y el Bien una vez más es considerado como fundamento de la ciudad y del actuar político.

Se comprenden, en consecuencia, las afirmaciones de Platón al final del libro IX de la *República*, según las cuales importa poco que exista o que pueda existir tal ciudad. Es suficiente con que cada uno viva de acuerdo con las leyes de esta ciudad, las leyes del bien y de la justicia. En definitiva, antes que en la realidad externa —en la historia— la ciudad platónica se realiza en el interior del hombre. Aquí radica en último término su auténtica sede.

5.2. *El* «Político» *y las* «Leyes»

Después de la *República*, Platón volvió a ocuparse expresamente de los temas políticos, sobre todo en el *Político* y en las *Leyes*. No se retractó del proyecto de la *República*, porque representa un ideal, pero intentó dar forma a algunas ideas que sirviesen para la construcción de un «Estado segundo», es decir, un Estado que venga después del ideal, un Estado que tenga en cuenta especialmente a los hombres tal y como son en la realidad, y no sólo como deberían ser.

En la ciudad ideal no se plantea el dilema acerca de quién debe ser el soberano: el hombre de Estado o la ley. La ley no es más que el modo que utiliza el perfecto hombre de Estado para realizar en la ciudad el Bien contemplado. En el Estado real, no obstante, donde con mucha dificultad cabría hallar hombres capaces de gobernar con virtud y ciencia por encima de la ley, ésta debe mostrarse soberana, y se hace preciso elaborar constituciones escritas.

Las constituciones que se han dado en la historia, imitaciones de la constitución ideal —o corrupciones de ella— pueden ser de tres tipos. 1)

Si gobierna un solo hombre, e imita al político ideal, tendremos una monarquía; 2) si es una multitud de hombres ricos la que imita al político ideal, habrá una aristocracia; 3) si es todo el pueblo el que gobierna, tratando de imitar al político ideal, hay una democracia. Cuando se corrompen estas formas de constitución y los gobernantes buscan su propio beneficio y no el del pueblo, aparecen: 1) la tiranía, 2) la oligarquía y 3) la demagogia. Cuando los Estados se hallan correctamente gobernados, la primera forma de gobierno es la mejor. En cambio, cuando están corrompidos, es mejor la tercera forma, porque al menos queda garantizada la libertad.

En las *Leyes*, finalmente, Platón aconseja dos nociones básicas: la constitución mixta, y la igualdad proporcional. Un exceso de poder produce un absolutismo tiránico, y demasiada libertad provoca demagogia. Lo mejor consiste en libertad atemperada, en su justa medida, por la autoridad. La verdadera igualdad no es la del abstracto igualitarismo a cualquier precio, sino la igualdad proporcional. En general, la noción de justa medida se halla presente desde el principio hasta el final de las *Leyes*. Platón revela expresamente cuál es su fundamento, de una gran finura teológica, cuando afirma que para nosotros los hombres Dios es la medida de todas las cosas.

6. Conclusiones acerca de Platón

6.1. *El mito de la caverna*

En el centro de la *República* se halla situado un mito celebérrimo, el de la caverna. Paulatinamente el mito ha ido siendo interpretado como símbolo de la metafísica, la gnoseología y la dialéctica, e incluso de la ética y la mística platónica: es el mito que mejor expresa todo el pensamiento de Platón, y con él concluiremos.

Imaginemos unos hombres que viven en una habitación subterránea, en una caverna cuya entrada está abierta hacia la luz en toda su anchura y con un largo vestíbulo de acceso. Imaginemos que los habitantes de esta caverna tienen las piernas y el cuello atados de una forma que les impide darse vuelta y que, por consiguiente, únicamente pueden mirar hacia la pared del fondo de la caverna. Imaginemos, luego, que a escasa distancia de la entrada de la caverna existe un muro de la altura de una persona; que detrás de esta pared —lógicamente, del todo ocultos por ella— caminen otros hombres que llevan sobre los hombros diversas estatuas de piedra y de madera, que representan toda clase de objetos; y que detrás de éstos arde encendida una hoguera. Imaginemos, además, que en la caverna haya eco y que los hombres que pasan más allá del muro hablen entre sí, de modo que por efecto del eco retumben sus voces desde el fondo de la caverna.

Si tales cosas ocurriesen, aquellos prisioneros no podrían ver más que las sombras de las estatuas que se proyectan sobre el fondo de la caverna y oirían el eco de las voces. Sin embargo, al no haber visto jamás otras cosas, creerían que aquellas sombras constituían la única y verdadera realidad, y también creerían que las voces del eco eran las voces producidas por aquellas sombras. Ahora bien, supongamos que uno de estos prisioneros logre con gran esfuerzo zafarse de sus ligaduras. Le costaría mucho acostumbrarse a la nueva visión que adquiriría. Una vez acostumbrado, empero, vería las estatuas moviéndose por encima del muro, y por detrás de ellas el fuego; comprendería que se trata de cosas mucho más verdaderas que las que antes veía y que ahora le parecen sombras. Supongamos que alguien saca fuera de la caverna a nuestro prisionero, llevándole más allá del muro. Al principio, quedaría deslumbrado por la gran luminosidad. Luego, al acostumbrarse, vería las cosas en sí mismas y por último —primero, reflejada en algo, y luego en sí misma— vería la luz del sol y comprendería que éstas —y sólo éstas— son las auténticas realidades y que el sol es causa de todas las demás cosas visibles.

¿Qué simboliza este mito?

6.2. *Los cuatro significados del mito de la caverna*

1) Antes que nada los distintos grados ontológicos de la realidad, es decir, los géneros del ser sensible y suprasensible, junto con sus subdivisiones: las sombras de la caverna son las meras apariencias sensibles de las cosas y las estatuas son las cosas sensibles. El muro es la línea divisoria entre las cosas sensibles y las suprasensibles. Más allá del muro, las cosas verdaderas simbolizan el verdadero ser y las ideas y el sol simbolizan la Idea del Bien.

2) En segundo lugar el mito simboliza los grados del conocimiento, en sus dos especies y en sus dos grados. La visión de las sombras simboliza la *eikasia* o imaginación y la visión de las estatuas es la *pistis* o creencia. El paso desde la visión de las estatuas hasta la visión de los objetos verdaderos y la visión del sol —primero mediata, y luego, inmediata— representa la dialéctica en sus diversos grados y la pura intelección.

3) En tercer lugar, el mito de la caverna simboliza también el aspecto ascético, místico y teológico del platonismo. La vida en la dimensión de los sentidos y de lo sensible es la vida en la caverna, mientras que la vida en la dimensión del espíritu es vida a plena luz. El pasar desde lo sensible hasta lo inteligible está específicamente representado como una liberación de las ataduras, una con-versión. La visión suprema del sol y de la luz en sí es la visión del Bien y la contemplación de lo divino.

4) No obstante, el mito de la caverna también manifiesta una concepción política refinadamente platónica. En efecto, el filósofo nos habla de un regreso a la caverna, por parte de aquel que se había liberado de las cadenas, y tal regreso tiene como objetivo la liberación de las cadenas que sujetan a quienes habían sido antes sus compañeros de esclavitud. Dicho regreso es sin duda el retorno del filósofo-político, quien —si se limitase a seguir sus propios deseos— permanecería contemplando lo verdadero. En cambio, superando su deseo, desciende para tratar de salvar también a los demás. El verdadero político, según Platón, no ama el mando y el poder, sino que usa el mando y el poder como un servicio, para llevar a cabo el bien. ¿Qué sucederá, por cierto, con el que vuelve a bajar a la caverna? Al pasar desde la luz a la sombra, dejará de ver, hasta no haberse acostumbrado otra vez a las tinieblas. Le costará readaptarse a los viejos hábitos

de sus compañeros de prisión, se arriesgará a que éstos no le entiendan y, considerado como un loco, quizás se arriesgue a ser asesinado. Esto fue lo que le sucedió a Sócrates y podría acontecerle lo mismo a cualquiera que actúe igual que él. Sin embargo, el hombre que haya «visto» el verdadero Bien tendrá que correr este riesgo y sabrá hacerlo, ya que es el que otorga sentido a su existencia.

7. La Academia platónica y los sucesores de Platón

La fundación de la escuela de Platón es posterior, en muy poco tiempo, al 388 a.C. y señala un acontecimiento memorable, dado que en Grecia no habían existido antes instituciones de esta clase. Es posible que el filósofo, para lograr el reconocimiento jurídico de la Academia, la presentase como comunidad de culto consagrada a las Musas y a Apolo, Señor de las Musas. Una comunidad de hombres que buscaban lo verdadero podía ser legalmente reconocida, con toda razón, bajo esta forma peculiar. La finalidad de la escuela no consistía en impartir un saber con objeto de una pura erudición, sino que se proponía formar —mediante el saber y su sistematización— hombres nuevos, capaces de renovar el Estado. Mientras vivió Platón la Academia estuvo regida bajo el principio de que el conocimiento vuelve mejores a los hombres y, por consiguiente, también a la sociedad y al Estado.

Precisamente con el fin de alcanzar este objetivo ético-político, la Academia abrió sus puertas a personalidades que poseían una formación y unas tendencias muy diversas. Ampliando en gran medida los horizontes socráticos, Platón invitó a dar clases a matemáticos, astrónomos e incluso a médicos, que promovieron fértiles debates en el seno de la escuela. Eudoxo de Cnido, por ejemplo, que fue el matemático y astrónomo más conocido de aquellos tiempos, participó en los debates acerca de la teoría de las ideas.

Con el primer sucesor de Platón, su sobrino Espeusipo —que dirigió la Academia desde el 347/346 hasta el 339/338— dio comienzo una acelerada involución de la escuela. Espeusipo negó la existencia de las ideas y de los números ideales, y redujo todo el mundo inteligible de Platón únicamente a los entes matemáticos. Además de éstos, admitió la existencia de magnitudes, el plano del alma y el de lo sensible, pero no supo deducir de manera orgánica y sistemática estos planos, a partir de principios supremos comunes.

A Espeusipo le sucedió Jenócrates, que estuvo al frente de la Academia desde el 339/338 hasta el 315/314 a.C. Rectificó las teorías de su predecesor, buscando una vía media entre éste y Platón. El Uno y la Díada son los principios supremos desde los cuales provienen todas las demás cosas. Jenócrates influyó, en especial, gracias a su división de la filosofía en tres partes: física, ética y dialéctica. Tal división gozó de un notable éxito, ya que durante medio milenio la utilizaron el pensamiento helenístico y el de la época imperial, para fijar la estructura del saber filosófico, como tendremos ocasión de comprobar.

Durante el medio siglo posterior a la muerte de Jenócrates, la Academia estuvo dominada por tres pensadores que provocaron una mutación de su clima espiritual, hasta el punto de volver casi irreconocible la escuela de Platón. Dichos pensadores fueron Polemón —que estuvo a cargo de la escuela—, Crates —que sucedió a Polemón durante un breve lapso— y Crantor, compañero y discípulo de Polemón. Tanto en sus escritos y en sus enseñanzas, como en su forma de vivir, dominan ya las solicitaciones de una época nueva. Como veremos, epicúreos, estoicos y escépticos dieron a tales demandas una expresión muy diferente.

PARTE QUINTA

ARISTÓTELES Y LA PRIMERA SISTEMATIZACIÓN OCCIDENTAL DEL SABER

«No hay que dar oídos a aquellos que aconsejan al hombre, puesto que es mortal, a limitarse a pensar cosas humanas y mortales; más bien al contrario, en la medida de lo posible, es preciso comportarse como inmortales y hacer todo lo necesario para vivir según la parte más noble que hay en nosotros.»

Aristóteles

Aristóteles (384/383-322 a.C.): fue el espíritu filosófico quizás más universal de los griegos. Dante lo definió como «maestro de aquellos que saben»

Capítulo VII

ARISTÓTELES Y EL PERIPATO

1. La cuestión aristotélica

1.1. *La vida de Aristóteles*

Aristóteles nació en el 384/383 a.C. en Estagira, en la frontera macedonia. Su padre, llamado Nicómaco, era un excelente médico que estaba al servicio del rey Amintas de Macedonia (padre de Filipo de Macedonia). Es presumible, por lo tanto, que durante cierto tiempo el joven Aristóteles, junto con su familia, haya vivido en Pela, donde se hallaba el palacio de Amintas, y allí haya frecuentado la corte. Sabemos con certeza que a los dieciocho años, es decir, en el 366/365 a.C., Aristóteles —que había quedado huérfano años atrás— viajó a Atenas e ingresó casi enseguida en la Academia platónica. Fue precisamente en la escuela de Platón donde Aristóteles maduró y consolidó su propia vocación filosófica de una manera definitiva, hasta el punto de que permaneció en la Academia durante veinte años, abandonándola sólo a la muerte de Platón. En la Academia Aristóteles trabó conocimiento con los científicos más famosos de aquella época, empezando por el célebre Eudoxo. Probablemente fue éste el personaje más influyente durante los primeros años en que Aristóteles frecuentó la Academia, período durante el cual Platón pasó una temporada en Sicilia. No cabe duda de que, a lo largo de los veinte años pasados en la Academia —años decisivos para la vida de un hombre— Aristóteles captó la esencia de los principios platónicos y los defendió a través de algunos escritos. Al mismo tiempo los sometió a profunda revisión, tratando de avanzar en nuevas direcciones. Al morir Platón (347 a.C.), cuando ya se encontraba a la mitad de su recorrido vital, Aristóteles prefirió dejar la Academia, porque la dirección de la escuela había recaído en Espeusipo. Éste acaudillaba la corriente de pensamiento más alejada de las convicciones que había ido madurando Aristóteles y, por lo tanto, abandonó Atenas y se instaló en Asia Menor.

Se abre, de este modo, una fase importantísima en la vida de Aristóteles. Junto con su célebre compañero de la Academia, Jenócrates, vivió primero en Aso —sobre la costa de la Tróade— donde fundó una escuela, en unión con los platónicos Erasto y Corisco, originarios de la ciudad de

Scepsi y que se habían convertido en consejeros de Hermías, hábil político, señor de Atarneo y de Aso. Aristóteles permaneció en Aso alrededor de tres años. Se trasladó luego a Mitilene en la isla de Lesbos impulsado probablemente por Teofrasto, nacido en una localidad de esa isla y que más tarde se transformaría en sucesor del propio Aristóteles. Tanto la fase de sus enseñanzas en Aso como la fase de Mitilene son fundamentales. Es probable que en Aso el Estagirita haya enseñado las disciplinas más estrictamente filosóficas, mientras que en Mitilene realizó en cambio investigaciones sobre ciencias naturales, iniciando y consolidando su valiosa colaboración con Teofrasto, quien desempeñará un papel muy importante en los destinos del Peripato.

En el 343/342 a.C. comienza un nuevo período en la vida de Aristóteles. Filipo el Macedonio lo llama a su corte y le confía la educación de su hijo Alejandro, personaje que estaba destinado a revolucionar la historia griega y que en aquel momento tenía trece años. Sin embargo nos ha llegado una información muy escasa acerca de las relaciones que se establecieron entre los dos personajes excepcionales —uno de los más grandes filósofos y uno de los más grandes políticos de todos los tiempos— que la suerte quiso unir. Si bien es cierto que Aristóteles pudo compartir la idea de unificar las ciudades griegas bajo el cetro de Macedonia, no entendió en ningún momento la idea de helenizar a los bárbaros y equipararlos con los griegos. En este ámbito el genio político del discípulo abrió perspectivas históricas bastante más nuevas y más audaces que las que correspondían a las categorías políticas del filósofo, puesto que se trataba de categorías básicamente conservadoras y, desde ciertos aspectos, incluso retrógradas. Aristóteles permaneció en la corte macedonia hasta que Alejandro subió al trono, hacia el 336 a.C. Es posible, sin embargo, que después del 340 a.C. haya vuelto a Estagira, cuando Alejandro ya se encontraba activamente comprometido en la vida política y militar.

Finalmente, en el 335/334 a.C., Aristóteles regresó a Atenas y alquiló algunos edificios cercanos a un pequeño templo consagrado a Apolo Liceo, de donde proviene el nombre de «Liceo» atribuido a la escuela. Como Aristóteles impartía sus enseñanzas mientras paseaba por los senderos del jardín vecino a los edificios, a su escuela también se le llamó «Peripato» (del griego *peripatos* = paseo) y sus seguidores fueron denominados «peripatéticos». El Peripato se contrapuso así a la Academia y durante determinado período de tiempo la eclipsó por completo. Éstos fueron los años más fecundos en la producción de Aristóteles, cuando se llevaron a cabo y se sistematizaron los tratados filosóficos y científicos que han llegado hasta nosotros.

En el 323 a.C., después de la muerte de Alejandro, hubo en Atenas una fuerte reacción antimacedonia, que también afectó a Aristóteles, culpable de haber sido maestro del gran monarca. Formalmente se le acusó de haber escrito en honor de Hermías un poema digno más bien de un dios. Para huir de sus enemigos, se retiró a Calcis, donde poseía bienes inmuebles heredados de su madre, dejando a Teofrasto la dirección del Peripato. Falleció en el 322 a.C., después de unos pocos meses de exilio.

1.2. *Los escritos de Aristóteles*

Los escritos de Aristóteles se dividen en dos grandes grupos: los exotéricos —compuestos en su mayoría de forma dialogada y destinados al gran público, es decir, afuera de la escuela— y los esotéricos, que constituían al mismo tiempo el resultado y la base de la actividad didáctica de Aristóteles, no estaban destinados al público en general sino a los discípulos y eran por tanto un patrimonio interno de la escuela. El primer grupo de escritos se ha perdido en su totalidad: de ellos no nos quedan más que algunos títulos y algunos fragmentos. Quizás el primer escrito exotérico fuese el *Grillo o de la retórica* —en el que Aristóteles defendía la postura platónica en contra de Isócrates— y los últimos, el *Protréptico* y *De la filosofía.* Otros escritos juveniles dignos de mención son: *Acerca de las ideas, Acerca del Bien,* el *Eudemo o del alma.* La atención de los expertos se ha centrado particularmente en tales obras, de las que se ha logrado recuperar determinada cantidad de fragmentos. Otros escritos del período inicial no son para nosotros más que títulos vacíos.

Por lo contrario, ha llegado hasta nosotros la mayor parte de las obras de escuela, que versan sobre toda la problemática filosófica y sobre algunas ramas de las ciencias naturales. Recordemos en primer lugar las obras estrictamente filosóficas. El *Corpus Aristotelicum*, de acuerdo con su actual ordenamiento, se abre con el *Organon*, título con el que se designó más tarde el conjunto de los tratados de lógica: *Categorías, De la interpretación, Analíticos primeros, Analíticos segundos o posteriores, Los tópicos, Refutaciones de los sofistas.* A continuación, vienen las obras sobre filosofía natural: la *Física, Del cielo, La generación y la corrupción,* los *Meteoros.* Con éstas están vinculadas aquellas obras de psicología constituidas por el tratado *Sobre el alma* y por un grupo de opúsculos recogidos bajo el título de *Parva Naturalia.* Los catorce libros de la *Metafísica* son la obra más famosa. Luego, vienen los trabajos de filosofía moral y política: la *Ética a Nicómaco*, la *Gran Ética*, la *Ética a Eudemo*, la *Política.* Finalmente, hay que recordar la *Poética* y la *Retórica.* Entre las obras que se refieren a las ciencias naturales, recordaremos la vasta *Historia de los animales, De las partes de los animales, El movimiento de los animales, La generación de los animales.*

1.3. *La cuestión acerca de la evolución de los escritos y la reconstrucción del pensamiento de Aristóteles*

Hasta comienzos del siglo actual las obras de Aristóteles fueron leídas de manera unitaria y sistemática. Pero a partir de los años veinte, dicho método ha sido puesto en tela de juicio y se ha calificado de antihistórico, intentando substituirlo por el método histórico-genético, que se propone reconstruir la curva evolutiva del filósofo y leer sus obras en función de dicha curva. Werner Jaeger, fundador de este método, propone una curva evolutiva que se inicia en una postura inicial de adhesión al platonismo y prosigue después con un criticismo cada vez mayor hacia el platonismo y las ideas trascendentes. Luego, pasa a través de una posición metafísica vinculada con el interés por las formas inmanentes a la materia, para llegar finalmente a una postura, si no de repudio, por lo menos de desinterés ante la metafísica y a un interés acentuado por las ciencias empíricas y por los datos constatados y clasificados empíricamente. En definitiva la historia espiritual de Aristóteles sería la historia de una desconversión del platonismo y de la metafísica, y de una conversión al naturalismo y al empirismo. Tal evolución se haría visible no sólo mediante una comparación entre lo que hemos logrado reconstruir de las obras exotéricas de Aristóteles —escritas en el período en que fue miembro de la Academia— y de las esotéricas, constituidas en su mayor parte por los cursos que Aristóteles dictó a partir del momento en que se instaló por su cuenta. Esa evolución se haría patente, asimismo, si tenemos en consideración únicamente a estas últimas obras, las esotéricas.

También éstas habrían sido elaboradas en fases sucesivas, a partir del período que el filósofo pasó en Aso. Habrían nacido con base en determinados núcleos originarios, muy platónicos, a los que paulatinamente se habrían añadido nuevos desarrollos en los que el Estagirita replanteaba los problemas desde nuevos puntos de vista, cada vez menos platónicos. Por lo tanto las obras de Aristóteles que leemos hoy habrían nacido mediante sucesivas estratificaciones y no sólo no poseerían una unidad literaria, sino que tampoco tendrían una homogeneidad filosófica y doctrinal. En realidad las obras de Aristóteles contendrían planteamientos de problemas y soluciones pertenecientes a momentos de la evolución del pensamiento aristotélico, no sólo distantes entre sí en cuanto al tiempo, sino también en cuanto a la inspiración teórica, lo que explicaría los contrastes existentes entre tales momentos y, a veces, sus patentes contradicciones.

Durante algunas décadas el método histórico-genético gozó de un éxito extraordinario, pero al cabo de medio siglo se ha agotado: al ir pasando paulatinamente por las manos de diferentes expertos, dio resultados no sólo distintos, sino contrarios a los que había obtenido Jaeger. Gracias a dicho método se han logrado gran cantidad de conocimientos acerca de los detalles de la filosofía aristotélica, especialmente del primer Aristóteles (se han intentado diversas reconstrucciones de las obras exotéricas). Ha aparecido toda una serie de contactos y de relaciones de los esotéricos con las doctrinas no escritas de Platón y con las de la Academia. Aristóteles ha dejado de ser aquel bloque monolítico al que antes se le comparaba: ha revelado unas raíces históricas concretas que antes se ignoraban o se menospreciaban, y ha manifestado en definitiva cuanto debe a su época y a sus predecesores. Sin embargo, hace ya tiempo que los expertos no creen en la posibilidad de reconstruir curvas evolutivas como la que propuso Jaeger. Si son leídas sin prejuicios, las obras de Aristóteles, aun careciendo de unidad literaria dado que se trata de lecciones y apuntes, revelan una unidad filosófica de fondo, aunque no de detalle y aunque se aprecien amplios márgenes de problematicidad. Tal unidad es precisamente, y en último término, la que ha interesado a la cultura occidental y la que continúa interesando a quienes se plantean interrogantes filosóficos.

1.4. *Las relaciones entre Platón y Aristóteles*

A Aristóteles no se le puede comprender si no se comienza por establecer cuál es su postura frente a Platón. Si se atiende al núcleo estrictamente teórico, se encuentran determinadas e importantes coincidencias de fondo, que en épocas posteriores han sido demasiado a menudo dejadas de lado, debido a un interés por contraponer a ambos filósofos y convertirlos en símbolos opuestos. No obstante, ya Diógenes Laercio en la antigüedad escribía: «Aristóteles fue el más genuino de los discípulos de Platón.» Se trata de un juicio acertado, si se entienden sus términos en un sentido correcto. Discípulo genuino de un gran maestro no es, precisamente, aquel que repite al maestro, sino el que a partir de las teorías del maestro intenta superarlas yendo más allá que su maestro, dentro del espíritu de éste, como podremos ver.

Las diferencias importantes entre ambos filósofos no se encuentran en la vertiente filosófica, sino en la esfera de los demás intereses. Aristóteles en las obras esotéricas abandonó el elemento místico-religioso-escatológico, tan apreciable en los escritos de su maestro. Como hemos visto, sin embargo, se trata de aquel componente platónico que hunde sus raíces en la religión órfica y se nutre más de la fe y de creencia que de *logos*. Al dejar de lado este componente en las obras esotéricas (sigue presente, en cambio, en las exotéricas), Aristóteles ha querido proceder, sin lugar a dudas, a un discurso filosófico más riguroso.

Una segunda diferencia fundamental entre Platón y Aristóteles reside en lo siguiente: Platón se interesó por las ciencias matemáticas, pero no por las ciencias empíricas (excepto por la medicina) y, en general, no manifestó ningún interés por los fenómenos empíricos en sí mismos considerados. Aristóteles, en cambio, mostró un interés muy vivo por casi todas las ciencias empíricas (y escaso aprecio por las matemáticas) y por los fenómenos en cuanto tales, como puros fenómenos, y además le apasionó la recogida y la clasificación de datos empíricos sin más. Sin embargo, este componente —del que Platón carece— no debe llevarnos a engaño: lo único que prueba es que Aristóteles, además de intereses puramente filosóficos, también poseía intereses por las ciencias empíricas, de los cuales carecía su maestro. Finalmente, hay que advertir una última diferencia. La ironía y la mayéutica socráticas, combinándose con una excepcional fuerza poética dieron origen en Platón, al menos en sus escritos y probablemente también en sus lecciones orales, a un discurso siempre abierto, a un filosofar que se plantea como una búsqueda sin pausa. El distinto espíritu científico de Aristóteles debía conducir, por necesidad, a una orgánica sistematización de las diversas aportaciones, a una distinción entre temas y problemas según su respectiva naturaleza y también a una diferenciación de los métodos con que se afrontan y se solucionan los diversos tipos de problemas. Así, a la espiral platónica llena de movilidad, que tendía a implicar y a entrelazar siempre todos los problemas, debía seguirle una sistematización estable, fijada con carácter definitivo, que abarque los diversos problemas del saber filosófico. Tal sistematización servirá para señalar las vías maestras por las que transcurrirá la problemática filosófica posterior: metafísica, física, psicología, ética, política, estética, lógica.

2. La metafísica

2.1. *Definición de la metafísica*

Aristóteles dividió las ciencias en tres grandes sectores: *a)* ciencias teóricas, es decir, ciencias que buscan el saber por sí mismo; *b)* ciencias prácticas, es decir, ciencias que buscan el saber para lograr por su intermedio la perfección moral, y *c)* ciencias creadoras o productivas, aquellas ciencias que buscan el saber con vistas a un hacer, con el propósito de producir determinados objetos. Las que poseen una dignidad y un valor más elevados son las primeras: la metafísica, la física —que abarca también la psicología— y la matemática. Por lo tanto, conviene iniciar nuestra exposición a partir de las ciencias teóricas, más aún, a partir de la más elevada de ellas: todas las demás ciencias adquieren su cabal significado gracias a ella y en función de ella.

¿Qué es la metafísica? Es sabido que el término «metafísica» (= lo que está más allá de la física) no es un término aristotélico. Quizás fue acuñado por los peripatéticos, si es que no surgió más tarde, con ocasión de la edición de las obras de Aristóteles realizada por Andrónico de Rodas, en el siglo I a.C.

En la mayoría de los casos Aristóteles utilizaba la expresión «filosofía primera» o incluso teología, en oposición a la filosofía segunda o física, pero el término metafísica fue considerado más expresivo y obtuvo las preferencias de la posteridad. En definitiva la filosofía primera constituye precisamente la ciencia que se ocupa de las realidades que están por encima de las realidades físicas. De manera constante y definitiva, fue denominado metafísica —siguiendo las huellas aristotélicas— todo intento del pensamiento humano que se propusiese ir más allá del mundo empírico para llegar a una realidad metaempírica.

Aristóteles definió la metafísica de cuatro maneras diferentes: *a)* la metafísica «indaga las causas y los principios primeros o supremos»; *b)* «indaga el ser en cuanto ser»; *c)* «indaga la substancia»; *d)* «indaga a Dios y la substancia suprasensible». Estas definiciones configuran y dan una perfecta expresión precisamente a las directrices de acuerdo con las cuales se había desarrollado todo el pensamiento precedente, desde Tales hasta Platón, directrices que ahora Aristóteles reúne en una síntesis poderosa. Adviértase que las cuatro definiciones aristotélicas de la metafísica no sólo se hallan en armonía con la tradición filosófica que precede al Estagirita, sino que están también en perfecta armonía entre sí. Una lleva estructuralmente a la otra y cada una de ellas conduce hacia las otras tres, en perfecta unidad. Quien busca las causas y los principios primeros, debe necesariamente encontrar a Dios, porque Dios es la causa y el primer principio por excelencia (en consecuencia, está haciendo teología). A partir de las demás definiciones, también se llega a idénticas conclusiones: preguntarse qué es el ser quiere decir preguntarse si sólo existe el ser sensible o también un ser suprasensible y divino (ser teológico). Asimismo, el problema sobre «qué es la substancia» implica el problema sobre «qué tipos de substancias existen», sólo las sensibles o también las suprasensibles y las divinas (lo cual es un problema teológico). Fundándose en esto, se comprende a la perfección que Aristóteles haya utilizado sin vacilar el término «teología» para indicar la metafísica, dado que las otras tres dimensiones conducen estructuralmente a la dimensión teológica.

¿Para qué sirve esta metafísica?, quizás se pregunte alguien. Plantearse dicha pregunta significa situarse en un punto de vista antitético al de Aristóteles. Éste afirma que la metafísica es la ciencia más elevada, precisamente porque no está vinculada con las necesidades materiales. La metafísica no es una ciencia que se proponga satisfacer objetivos prácticos o empíricos. Las ciencias que tienen esta clase de objetivos se hallan sometidas a éstos, no poseen un valor en sí y por sí, sino que valen en la medida en que llevan a cabo tales objetivos. En cambio, la metafísica es una ciencia que tiene valor en sí y por sí, porque su cuerpo reside en sí misma, y en este sentido es la ciencia libre por excelencia. En otras palabras, la metafísica no responde a necesidades materiales sino espirituales, a aquella necesidad que surge después de haber satisfecho las necesidades físicas: la pura necesidad de saber y conocer lo verdadero, la necesidad radical de responder a los «porqués» y, en especial al «porqué» último. Por ello Aristóteles escribe: «Todas las demás ciencias serán más necesarias para los hombres, pero no habrá ninguna superior a ella.»

2.2. *Las cuatro causas*

Die vier Gründe des Seienden

Una vez examinadas y explicadas las definiciones de metafísica desde el punto de vista formal, pasemos a examinar su contenido. Hemos dicho que la metafísica, en primer lugar, es presentada por Aristóteles como búsqueda de las causas primeras. Por lo tanto debemos establecer cuántas y cuáles son estas causas. Aristóteles ha llegado a la conclusión de que las causas deben necesariamente ser finitas en cuanto a su número y ha establecido que, por lo que respecta al mundo del devenir, se reducen a las cuatro siguientes, que ya habían sido vislumbradas confusamente por sus predecesores, en opinión del Estagirita: 1) causa *formal*; 2) causa *material*; 3) causa *eficiente*, y 4) causa *final*.

Las dos primeras no son más que la forma o esencia y la materia, que constituyen todas las cosas y de las que más adelante tendremos que hablar con mayor detenimiento. Recuérdese que «causa» y «principio», para Aristóteles, significan «condición» y «fundamento». Ahora bien, materia y forma son suficientes para explicar la realidad desde un punto de vista estático. En cambio, si la consideramos dinámicamente, en su devenir —al producirse y al corromperse— entonces ya no basta con esos elementos. Es evidente, por ejemplo, que si consideramos a un hombre determinado desde un punto de vista estático, ese hombre se reduce a su materia (carne y huesos) y a su forma (alma). En cambio, si lo consideramos desde una perspectiva dinámica y preguntamos «cómo ha nacido», «quién lo ha engendrado» o «por qué se desarrolla y crece», entonces se hacen precisas otras dos causas o razones: la causa eficiente o motora —el padre que lo ha engendrado— y la causa final, la finalidad o el objetivo al que se encamina el devenir del hombre.

1) die Form — Schale
2) der Stoff — Silber
3) die Wirkursache — Silberschmied
4) die Zweckursache — Schale für Opferhandlung

2.3. *El ser y sus significados*

Como hemos visto antes, Aristóteles nos ofrece en clave ontológica la segunda definición de metafísica: «Hay una ciencia que considera el ser en cuanto ser y las propiedades que le corresponden en cuanto ser. No se identifica con ninguna de las ciencias particulares. Ninguna de las demás ciencias considera el ser en cuanto ser universal, sino que, después de haber delimitado una de sus partes, cada ciencia estudia las características de dicha parte.» La metafísica, pues, considera el ser entero, mientras que las ciencias particulares únicamente consideran partes de él. La metafísica quiere llegar hasta las causas primeras del ser en cuanto ser, al «porqué» que da razón de la realidad en su totalidad. Las ciencias particulares se detienen en las causas particulares, en sectores particulares de la realidad.

¿Qué es el ser? Parménides y los eleáticos lo habían entendido como algo unívoco. Y la univocidad implica también la unicidad. Platón llevó a cabo un gran avance al introducir el concepto de «no-ser» como distinto, que permitía justificar la multiplicidad de los seres inteligibles. Platón, sin embargo, no se había atrevido a dar entrada en la esfera del ser al mundo sensible, que prefirió calificar de «intermedio» *(metaxy)* entre el ser y el no ser (porque deviene). Ahora Aristóteles introduce su gran reforma, que comporta una total superación de la ontología eleática: el ser posee múltiples significados y no uno solo. Todo lo que no sea pura nada pertenece con justo motivo a la esfera del ser, tanto si se trata de una realidad sensible como si se trata de una realidad inteligible. La multiplicidad y diversidad de significados del ser no implica una pura homonimia, porque todos y cada uno de los significados del ser comportan una referencia común a una unidad, es decir, una estructural referencia a la substancia. Por tanto el ser es substancia, o un accidente de la substancia, o una actividad de la substancia: siempre y en todos los casos, es algo que se relaciona con la substancia.

Aristóteles quiso efectuar una enumeración que abarcase todos los posibles significados del ser y distinguió así cuatro grupos fundamentales de significados: 1) el ser como *categorías* (o ser por sí); 2) el ser como *acto* y *potencia*; 3) el ser como *accidente*; 4) el ser como *verdadero* (y el no ser como falso).

1) Las *categorías* representan el grupo principal de significados del ser. Constituyen las divisiones del ser originarias o, como dice también Aristóteles, los supremos géneros del ser. Ésta es la lista de las categorías:

1. Substancia o esencia
2. Cualidad
3. Cantidad
4. Relación
5. Acción o actuar
6. Pasión o padecer
7. Dónde o lugar
8. Cuándo o tiempo

(9). Tener, llevar
(10). Estar

Hemos colocado entre paréntesis las dos últimas, porque Aristóteles las menciona en contadísimas ocasiones (quizás quiso llegar al número diez en honor de la década pitagórica; en la mayoría de los casos, sólo se refiere a ocho categorías). Hay que advertir que, a pesar de que se trata de significados originarios, únicamente la primera categoría posee una substancia autónoma, mientras que todas las demás presuponen a aquélla y se fundamentan en su ser (la cualidad y la cantidad se dicen siempre de una substancia, las relaciones se dan entre substancias, y así sucesivamente).

2) El segundo grupo de significados, relativos a la potencia y el acto, es también muy importante. Se trata de significados originarios, que no se pueden definir haciendo referencia a otros elementos, sino exclusivamente en una recíproca relación entre ambos, ilustrada mediante ejemplos. Existe una gran diferencia entre un ciego y alguien que tenga los ojos sanos, pero cerrados: el primero no es vidente, mientras que el segundo sí lo es. Es vidente en potencia pero no en acto: sólo cuando abre los ojos llega a serlo en acto. Decimos de un trigal recién plantado que es trigo en potencia, mientras que de la espiga madura decimos que es trigo en acto. Esta distinción desempeña un papel esencial en el sistema aristotélico, solucionando diferentes aporías en diversos ámbitos. La potencia y el acto —cosa que hay que tener muy en cuenta— se dan en todas las categorías (pueden hallarse en potencia o en acto una substancia, una cualidad, etc.).

3) El ser accidental es el ser casual y fortuito (aquello que ocurre). Se trata de un modo de ser que depende de otro ser y que además no está vinculado con éste de una manera esencial (por ejemplo, ocurre simplemente que, en este momento, yo esté sentado, o pálido, etc.). Es un tipo de ser, por tanto, que no siempre es ni lo es en la mayoría de los casos, sino que es a veces, casualmente.

4) El ser como verdadero es aquel tipo de ser característico de la mente humana, que piensa las cosas y sabe unirlas tal como están unidas en la realidad o separarlas tal como están separadas en la realidad. El ser falso, o mejor dicho, el no-ser falso aparece cuando la mente une lo que no está unido, o separa lo que está unido en la realidad.

La lógica se encarga de estudiar este último tipo de ser. Con respecto al ser accidental, no existe ciencia alguna, porque la ciencia no versa sobre lo fortuito, sino sobre lo necesario. La metafísica estudia sobre todo los dos primeros grupos de significados. Como se ha podido apreciar, todos los significados del ser giran en torno al significado central de substancia y, en consecuencia, la metafísica se ocupará de ella en especial: «Verdaderamente, lo que desde los tiempos antiguos, tanto antes como ahora, y siempre, constituye el eterno objeto de búsqueda o el eterno problema: "¿qué es el ser?", equivale a esto otro: "¿qué es la substancia?" (...); por eso también nosotros, principal, fundamental y únicamente, por así decirlo, debemos examinar qué es el ser entendido en este significado.»

2.4. *La problemática relacionada con la substancia*

Si se tiene en cuenta lo que acaba de manifestarse, es lógico que Aristóteles defina la metafísica como una teoría de la substancia. También esto explica por qué la problemática de la substancia es la más compleja y la más ardua, dado que dicha noción es el eje en torno al cual giran los demás significados del ser. Aristóteles considera que son dos los principales problemas relativos a la substancia: 1) ¿Qué substancias existen? ¿Existen sólo substancias sensibles (como sostienen algunos filósofos) o también hay substancias suprasensibles (como afirman otros filósofos)? 2) ¿Qué es la substancia en general, es decir, qué debe entenderse cuando se habla de substancia en general? El problema decisivo al que hay que responder es el enunciado en primer término. Sin embargo, es preciso comenzar por responder antes al segundo, porque «todos admiten que algunas cosas sensibles son substancias» y porque resulta metodológicamente oportuno «comenzar por aquello que para nosotros es más evidente» (y que todos admiten), avanzando luego hacia aquello que a los hombres nos resulta menos evidente (aunque en sí y por sí, por su propia naturaleza, sea más cognoscible).

¿Qué es entonces la substancia en general? 1) Los naturalistas afirman que el principio substancial reside en los elementos materiales; 2) los platónicos lo atribuyen a la *Forma*; 3) en cambio, a los hombres corrientes les parece que son substancias el individuo y la cosa concreta, hechos al mismo tiempo de forma y de material. ¿Quién está en lo cierto? Según Aristóteles, tienen razón todos y ninguno, al mismo tiempo, dado que estas respuestas —por separado— resultan parciales, unilaterales. En conjunto, por lo contrario, configuran la verdad.

1) La materia *(hyle)* es, sin duda, un principio constitutivo de las realidades sensibles, porque sirve como substrato de la forma (la madera es el substrato de la forma del mueble, la cerámica es el substrato del jarrón, etc.). Si eliminásemos la materia, eliminaríamos todas las cosas sensibles. No obstante, la materia por sí misma es potencialidad indeterminada y únicamente puede actualizarse y transformarse en algo determinado si recibe tal determinación mediante una forma. La materia, pues, sólo impropiamente es substancia.

2) La forma, en cambio, en la medida en que es el principio que determina, actualiza, realiza la materia, constituye aquello que es cada cosa —su esencia— y por lo tanto es substancia de pleno derecho (Aristóteles utiliza la expresión «lo que es» o «lo que era el ser», que los latinos traducirián como *quod quid est, quod quid erat esse*, y se sirve sobre todo de la palabra *eidos*, forma). No se trata, sin embargo, de la forma tal como la entendía Platón (la forma supraceleste transcendente), sino de una forma que es el elemento constitutivo intrínseco de la cosa misma (es una forma-en-la-materia).

3) También el compuesto de materia y forma, que Aristóteles denomina *synolon* (que significa precisamente el conjunto o el todo constituido por la materia y la forma) es substancia de pleno derecho, ya que reúne la substancialidad del principio material y del principio formal.

Por todo ello, alguno ha querido afirmar que substancia primera, en sentido estricto, son el compuesto y el individuo, y que la forma es una substancia segunda. Estas afirmaciones, que aparecen en las *Categorías*, son negadas por la *Metafísica*, donde se dice expresamente: «Llamo forma a la esencia de cada cosa y a la substancia primera.»

Por lo demás, el hecho de que Aristóteles en ciertos textos parezca indicar que el individuo y el compuesto concreto son la substancia por excelencia, mientras que en otros textos se considere que la forma es la substancia por excelencia, sólo constituye una aparente contradicción. En efecto, según el punto de vista en que uno se sitúe, cabe reponder de un modo o de otro. Desde un punto de vista empírico, que se limite a constatar los hechos, es evidente que el compuesto o el individuo concreto parece ser la substancia por excelencia. En cambio, no sucede lo mismo desde el punto de vista estrictamente teórico y metafísico: la forma es principio, causa y razón de ser —esto es, fundamento— y en relación con ella, el compuesto es principiado, causado y fundado. En este sentido estricto, la forma es la substancia por excelencia y con la más elevada justificación. En conclusión, *quoad nos*, lo concreto es la substancia por excelencia; en sí misma y por naturaleza, la substancia por excelencia es la forma. Por otro lado, si el compuesto agotase el concepto de substancia en cuanto tal, no sería pensable como substancia nada que no fuese compuesto. Así, Dios —y, en general, lo inmaterial y lo suprasensible— no podrían ser substancia. Por consiguiente, el problema de su existencia quedaría prejuzgado desde un principio.

Para finalizar, debemos decir que de este modo el sentido del ser se halla plenamente determinado. El ser, en su significado más fuerte, es la substancia. Ésta, en un sentido (impropio) es materia, en un segundo sentido (más apropiado) es compuesto y en un tercer sentido (y por excelencia) es forma. Por lo tanto, la materia es ser; el compuesto es ser, en un grado mayor, y la forma es ser, en el sentido más elevado del término. Se comprende así por qué Aristóteles calificó la forma de «causa primera del ser» (precisamente en la medida en que informa la materia y da fundamento al compuesto).

2.5. *La substancia, el acto, la potencia*

Las doctrinas expuestas deben ser complementadas con algunas puntualizaciones en relación con la potencia y el acto referidos a la substancia. La materia es potencia, potencialidad, en el sentido de que es una capacidad de asumir o de recibir la forma. El bronce es potencia de la estatua, porque es una capacidad efectiva de recibir y de asumir la forma de la estatua. La madera es potencia de los diversos objetos que se pueden fabricar con madera, porque es una capacidad concreta de asumir las formas de esos diferentes objetos. La forma, en cambio, se configura como acto o actualización de esa capacidad. El compuesto de materia y forma, si se considera en cuanto tal, será predominantemente acto; si se considera en su forma, será sin duda acto o entelequia; si se considera en su materialidad, en cambio, será mezcla de potencia y acto. Por consiguiente, todas las cosas que poseen materia siempre tienen en cuanto tales mayor o menor potencialidad. Por lo contrario, los seres inmateriales —las formas puras— son puro acto y están exentos de potencialidad.

Aristóteles, como ya hemos mencionado, también concede al acto el nombre de «entelequia», que significa realización, perfección actualizante o actualizada. El alma, en tanto que esencia y forma del cuerpo, es acto y entelequia del cuerpo (como veremos con más detenimiento dentro de poco); en general, todas las formas de las substancias sensibles son acto y entelequia. Por su parte, Dios es pura entelequia (al igual que las demás inteligencias motoras de las esferas celestes).

El acto, sigue diciendo Aristóteles, posee absoluta prioridad y superioridad sobre la potencia. Ésta no se puede conocer, en cuanto tal, si no se lo relaciona con el acto del cual es potencia. Además, el acto —que es forma— es condición, regla, fin y objetivo de la potencialidad (la realización de la potencialidad siempre tiene lugar mediante la forma). Por último, el acto es ontológicamente superior a la potencia, porque constituye el modo de ser de las substancias eternas.

2.6. *La substancia suprasensible*

Para completar el conocimiento del edificio metafísico aristotélico, nos queda por examinar el procedimiento que Aristóteles utiliza para demostrar la existencia de la substancia suprasensible. Las substancias son las realidades primeras, en el sentido de que todos los demás modos de ser —como hemos dicho repetidas ocasiones— dependen de la substancia. Por lo tanto, si todas las substancias fuesen corruptibles, no existiría absolutamente nada que fuese incorruptible. Sin embargo, dice Aristóteles, el tiempo y el movimiento son sin duda incorruptibles. El tiempo no ha sido engendrado y tampoco se corromperá. Antes de la generación del tiempo, tendría que haber existido un «antes», y con posterioridad a la destrucción del tiempo, debería haber un «después». Empero, «antes» y «después» no son otra cosa que tiempo. En otras palabras: el tiempo es eterno. El mismo razonamiento es válido también en el caso del movimiento, porque según Aristóteles el tiempo no es más que una determinación del movimiento. En suma, la eternidad del primero servirá para postular también la eternidad del segundo.

¿Con qué condición podrá subsistir un movimiento (o un tiempo) eterno? Fundándose en los principios establecidos por él al estudiar las condiciones del movimiento en la *Física*, el Estagirita responde: sólo en el caso de que subsista un primer Principio que sea su causa. ¿Y cómo debería ser este principio, para ser causa de un movimiento eterno?

a) En primer lugar, afirma Aristóteles, el Principio tiene que ser eterno: si el movimiento es eterno, también debe serlo su causa.

b) En segundo lugar, el Principio debe ser inmóvil: sólo lo inmóvil es «causa absoluta» de lo móvil. En la *Física* demostró Aristóteles este punto con todo rigor. Todo lo que está en movimiento, es movido por otro; este otro, si es movido a su vez, es movido por otro. Una piedra, por ejemplo, es movida por un bastón, el bastón a su vez es movido por la mano y ésta es movida por el hombre. Para explicar cualquier movimiento, hay que apelar a un principio que, en cuanto tal, no se ha movido, por lo menos con relación a aquello que él mueve. Sería absurdo el pensar que cabe la posibilidad de irse remontando de motor en motor hasta lo infinito: un proceso que llegue hasta lo infinito es siempre impensable en estos casos. Si esto es así, no sólo deben existir principios o motores relativamente inmóviles, que dan razón de cada movimiento en particular, sino que *a fortiori* debe haber un Principio absolutamente primero y absolutamente inmóvil, del cual depende el movimiento de todo el universo.

c) Por último, el principio debe estar totalmente exento de potencialidad, es decir, debe ser un puro acto. Si tuviese potencialidad, resultaría que no siempre sería movimiento en acto. Esto es algo absolutamente absurdo: en tal caso, no existiría un movimiento eterno de los cielos, un movimiento siempre en acto. Éste es el motor inmóvil, la substancia suprasensible que estábamos buscando.

Este primer motor, ¿cómo puede mover, permaneciendo absolutamente inmóvil? En el ámbito de las cosas que conocemos, ¿existe acaso algo que logre mover sin moverse él mismo? Aristóteles responde señalando como ejemplo de ello el objeto del deseo y de la inteligencia. El objeto del deseo es lo que es bello y bueno: lo bello y lo bueno atraen la voluntad del hombre, sin moverse para nada ellos mismos. Del mismo modo, sin moverse, lo inteligible mueve la inteligencia. Análogamente, el primer motor mueve igual que el objeto de amor atrae al amante y, en cuanto tal, permanece absolutamente inmóvil. Como se hace evidente, la causalidad del primer motor no es una causalidad de tipo eficiente (como la ejercida por una mano que mueve un cuerpo, o por un escultor que trabaja el mármol, o por un padre que engendra un hijo). Hablando con propiedad, se trata de una causalidad final (Dios atrae y por tanto mueve como perfección que es).

El mundo no ha tenido un comienzo. No ha existido un momento en el que haya habido un caos (o un no-cosmos): si así hubiese sido, el teorema de la prioridad del acto sobre la potencia habría caído en una contradicción. Primero, habría existido el caos —que es potencia— y luego el mundo, que es el acto. Esto resulta tanto más absurdo, en la medida en que Dios, por ser eterno, desde siempre ha atraído como objeto de amor al universo, el cual desde siempre ha debido existir tal como es.

2.7. *Los problemas concernientes a la substancia suprasensible*

Una vez demostrada la existencia de la substancia suprasensible antes de concluir debemos solucionar tres cuestiones: 1) cuál es la naturaleza de dicha substancia; 2) si existe una sola, o hay muchas; 3) cuáles son sus relaciones con lo sensible.

1) El Principio del cual dependen el cielo y la naturaleza es Vida. ¿Qué vida? La más excelente y perfecta de todas: la vida que a nosotros sólo nos es posible durante breve tiempo, la vida del puro pensamiento, la vida de la actividad contemplativa. Éste es el magnífico texto en el que Aristóteles describe la naturaleza del motor inmóvil:

> De un principio de esta clase, pues, dependen el cielo y la naturaleza. Y su modo de vivir es el más excelente: es aquel modo de vivir que a nosotros sólo se nos concede durante breve tiempo. En ese estado Él permanece siempre. Para nosotros esto resulta imposible, pero para Él no es imposible, porque el acto de su vivir es placer. También para nosotros, la vigilia, la sensación y el conocimiento son placenteros en grado sumo, precisamente porque son acto y en virtud de ello también son esperanzas y recuerdos (...). Si en esta afortunada condición en la que nosotros a veces nos encontramos, Dios se halla de modo perenne, se trata de algo maravilloso; si Él se halla en una condición superior, es algo todavía más maravilloso. Y Él, efectivamente, se encuentra en esta condición. Y Él también es Vida, porque la actividad de la inteligencia es vida, y Él es precisamente esa actividad. Y su actividad, que subsiste por sí misma, es vida óptima y eterna. Decimos que Dios, en efecto, es viviente, eterno y óptimo; por ello, a Dios le corresponde una vida perenne continua y eterna: éste, pues, es Dios.

¿En qué piensa Dios? Dios piensa la cosa más excelente. La cosa más excelente, empero, es Dios mismo. Dios, pues, se piensa a Sí mismo: es actividad contemplativa de Sí mismo, «es pensamiento de pensamiento». Éstas son las afirmaciones textuales del filósofo: «El pensamiento que es pensamiento o en cuanto tal tiene por objeto aquello que es por sí mismo más excelente, y el pensamiento que es tal en máximo grado tiene por objeto aquello que es excelente en máximo grado. La inteligencia se piensa a sí misma, captándose como inteligible. Se convierte en inteligible al intuirse y pensarse a sí misma, de modo tal que coinciden inteligencia e inteligible. La inteligencia es aquello que es capaz de captar lo inteligible y la substancia, y está en acto cuando los posee. Por lo tanto, más aún que aquella capacidad, es esta posesión lo que tiene de divino la inteligencia, y la actividad contemplativa, es lo más placentero y lo más excelente que existe. Por tanto, si la Inteligencia divina es lo más excelente que existe, se piensa a sí misma, y su pensamiento es pensamiento de pensamiento.»

Dios, pues, es eterno, inmóvil, acto puro, está exento de potencialidad y de materia, es vida espiritual y pensamiento de pensamiento. Al ser así, como es obvio, no puede tener un tamaño determinado y debe carecer de partes y ser indivisible. Asimismo, debe ser impasible e inalterable.

2) ¿Esta substancia es única o acaso existen otras que le sean afines? Aristóteles no creyó que el motor inmóvil bastase para explicar, él solo, el movimiento de todas las esferas que en su opinión constituían el cielo. Una sola esfera es la que se encarga de mover las estrellas fijas, que poseen un movimiento sumamente regular. Pero entre las estrellas y la tierra existen otras 55 esferas, las cuales moviéndose con movimientos diferentes son las que explican los movimientos de los demás astros. Tales esferas son movidas por inteligencias análogas al motor inmóvil, inferiores a él y ordenadas según una jerarquía descendente. También se hallan jerárquicamente ordenadas, en paralelo con las inteligencias, las distintas esferas situadas entre la esfera de las estrellas fijas y la tierra. ¿Es esto una forma de politeísmo?

Para Aristóteles, al igual que para Platón —y, en general, para los griegos— lo divino designa un ámbito amplio, en el cual entran, por diversos motivos, realidades múltiples diferentes. Ya en los naturalistas, lo divino abarcaba estructuralmente numerosos entes. Lo mismo cabe afirmar de Platón. Igualmente, para Aristóteles el motor inmóvil es divino, las substancias suprasensibles y los inmóviles motores de los cielos son divinos y también es divina el alma intelectiva de los hombres. Es divino todo lo que es eterno e incorruptible. Una vez establecido esto, hay que agregar que Aristóteles realizó un intento unificador. Antes que nada, reservó sólo para el primer motor la utilización explícita del término Dios en sentido fuerte, reafirmó su unicidad y de ésta dedujo también la unicidad del mundo. El duodécimo libro de la *Metafísica* se cierra con la solemne afirmación de que las cosas no quieren estar mal gobernadas por una multiplicidad de principios, afirmación sancionada además por un significativo verso de Homero: «El gobierno de muchos no es bueno, que haya un solo comandante.»

En Aristóteles, pues, se da un monoteísmo más tendencial que efectivo. Tendencial, porque Aristóteles trató de separar nítidamente el primer motor de los demás motores, colocándolo sobre un plano distinto por completo, de modo que pudiese ser calificado de «único» con toda legitimidad, deduciendo de ese mismo rasgo la unicidad del mundo. Por otra parte, se quebranta esta exigencia tendencial, ya que las 55 substancias motoras son asimismo substancias eternas e inmateriales, que no dependen del primer motor en cuanto a su ser. El Dios aristotélico no es el creador de las 55 inteligencias motoras, y de aquí surgen todas las dificultades que hemos comentado. El Estagirita no ha explicado en lo más mínimo la relación exacta que se da entre Dios y estas substancias y las esferas que ellas mueven. La edad media transformará estas substancias en las famosas inteligencias angélicas de carácter motor, pero solamente podrá llevar a cabo esta transformación apelando al concepto mismo de creación.

3) Dios se piensa a sí mismo, pero no piensa las realidades del mundo y de los hombres individuales, cosas imperfectas y mutables. Para Aristóteles, en efecto, es absurdo que la Inteligencia divina piense determinadas cosas; ella piensa lo que es más divino y más digno de honor, y el objeto de su pensar es aquello que no cambia. Esta limitación del Dios aristotélico depende del hecho de que Él no creó el mundo, sino que es más bien el mundo el que, en cierto sentido, se ha producido en tendencia hacia Dios, atraído por la perfección.

Otra limitación del Dios aristotélico, que posee el mismo fundamento que la anterior, consiste en el hecho de que Él es objeto de amor, pero no ama (o como máximo, sólo se ama a sí mismo). Los individuos en cuanto tales no son, para nada, objeto del amor divino: Dios no se inclina hacia los hombres y, menos aún, se inclina hacia el hombre individual. Cada hombre, como cada cosa, tiende hacia Dios de un modo peculiar, pero Dios, como no puede conocer a ninguno de los hombres en particular, tampoco los puede amar. En otras palabras: Dios sólo es amado, pero no es amante; es objeto pero no sujeto de amor. Para Aristóteles, al igual que para Platón, es impensable que Dios (lo absoluto) ame algo (algo distinto a sí mismo), puesto que el amor es siempre una tendencia a poseer algo de lo cual se carece y Dios no carece de nada. Para los griegos resulta totalmente desconocida la dimensión del amor como don gratuito de sí mismo. Además, Dios no puede amar, porque es inteligencia pura y —según Aristóteles— la inteligencia pura es impasible y, en cuanto tal, no ama.

2.8. *Relaciones entre Platón y Aristóteles en torno a lo suprasensible*

Aristóteles criticó severamente el mundo de las ideas platónicas mediante numerosos argumentos, demostrando que si dichas ideas estuviesen separadas, es decir, fuesen trascendentes —como afirmaba Platón— no podrían ser causa de la existencia de las cosas y tampoco podrían serlo de su cognoscibilidad. Para poder desempeñar esta función, es preciso que las formas se integren en el mundo sensible y se vuelvan inmanentes. La doctrina del «sinolo» de materia y forma constituye la propuesta que presenta Aristóteles como alternativa a Platón. Aristóteles, sin embargo, no pretende con esto negar la existencia de realidades suprasensibles, como ya hemos comprobado ampliamente, sino limitarse a negar que lo suprasensible sea como Platón lo imaginaba. El mundo de lo suprasensible no es un mundo de inteligibles, sino de inteligencias, en cuyo vértice se halla la inteligencia suprema. Las ideas o formas, en cambio, son la trama inteligible de lo sensible, como hemos dicho.

Aristóteles representa un indudable avance con respecto a Platón, en lo que a este tema se refiere, pero en el ardor de la polémica efectuó un corte demasiado tajante entre el intelecto y las formas inteligibles. Las diversas formas parecerían surgir como resultado de la atracción que Dios ejerce sobre el mundo y debido a los movimientos celestes provocados por aquella atracción, pero no constituyen pensamientos de Dios. Debían pasar aún varios siglos para que se lograse sintetizar la propuesta platónica con la aristotélica, convirtiendo el mundo de las formas en el cosmos noético presente en el pensamiento de Dios.

3. La física y la matemática

3.1. *Características de la física aristotélica*

Para Aristóteles, la segunda ciencia teórica es la física o filosofía segunda, cuyo objeto de investigación consiste en la substancia sensible (que es segunda con respecto a la suprasensible, primera), intrínsecamente caracterizada por el movimiento, a diferencia de la metafísica, que tenía por objeto la substancia inmóvil. La palabra «física» quizás pueda provocar que el lector moderno se llame a engaño. Para nosotros, la física se identifica con la ciencia de la naturaleza en el sentido de Galileo, es decir, interpretada cuantitativamente. En cambio para Aristóteles la física es la ciencia de las formas y de las esencias. Comparada con la física moderna, la aristotélica resulta una ontología o una metafísica de lo sensible, más que una ciencia positiva.

Por lo tanto, no habrá de sorprendernos el hecho de que en los libros de la *Física* se hallen numerosas consideraciones de carácter metafísico, dado que los ámbitos de las dos ciencias se comunican estructuralmente entre sí. Lo suprasensible es causa y razón de lo sensible, y tanto la indagación metafísica como la indagación física (aunque con un sentido distinto) acaban en lo suprasensible.

Más aún: el método de estudio que se aplica a ambas ciencias es idéntico o, por lo menos, afín.

3.2. *Teoría del movimiento*

Si la física es la teoría de la substancia en movimiento, se hace evidente que la explicación de ese movimiento constituirá su parte principal. Sabemos ya cómo es que el movimiento se convirtió en problema filosófico, después de haber sido negado como apariencia ilusoria por los eleáticos. También sabemos que, desde la época de los pluralistas, el movimiento se transformó en una noción recuperada y, en parte, justificada. Nadie, sin embargo, y ni siquiera Platón, había sabido establecer en qué consistía su esencia y su estatuto ontológico.

Los eleáticos habían negado el devenir y el movimiento porque —de acuerdo con las tesis de fondo que aquéllos mantenían— suponían un no-ser, en el sentido antes mencionado. Aristóteles llega a la solución de la aporía con toda brillantez.

Gracias a la metafísica sabemos que el ser posee muchos significados y que un grupo de estos significados se halla determinado por la pareja «ser en potencia» y «ser en acto». Comparado con el ser en acto, puede llamarse no-ser al ser en potencia o, más exactamente, no ser en acto. Como es evidente, se trata de un no-ser relativo, dado que la potencia es real, porque es capacidad real y posibilidad efectiva de llegar al acto. Ahora bien, el movimiento o el cambio en general consisten, precisamente, en pasar desde el ser en potencia hasta el ser en acto (el movimiento es «el acto o la actualización de lo que es en potencia en cuanto tal», afirma Aristóteles).

Así, el movimiento no supone en absoluto el no-ser como una nada, sino el no-ser como potencia, lo cual es una forma de ser, se desarrolla en el cauce del ser y constituye un paso desde el ser (potencial) hasta el ser (actualizado). No obstante, Aristóteles agrega otros razonamientos en torno al movimiento y llega a establecer cuáles son todas las formas posibles de movimiento y cuál es su estructura ontológica.

Volvamos, otra vez, a la distinción originaria entre los diversos significados del ser. Hemos visto que la potencia y el acto se refieren a las diversas categorías y no sólo a la primera. Por consiguiente, también el movimiento, que es un paso desde la potencia al acto, se referirá a las diversas categorías. Por ello, de la lista de las categorías cabe deducir las diversas formas de cambio. Considérense en particular las categorías de 1) substancia, 2) cualidad, 3) cantidad y 4) lugar.

1) El cambio según la substancia es la generación y la corrupción.
2) El cambio según la cualidad es la alteración.
3) El cambio según la cantidad es el aumento y la disminución.
4) El cambio según el lugar es la traslación.

«Cambio» es un término genérico que se adecua a estas cuatro situaciones; «movimiento», por lo contrario, es una palabra que designa genéricamente las últimas tres y, de modo específico, la última.

En todas sus formas, el devenir supone un substrato (el ser potencial), que pasa desde un término hasta su opuesto; en el primer caso, desde un término hasta su contradictorio, y en los otros tres, desde un término hasta su contrario. La generación consiste en que la materia asuma una forma, mientras que la corrupción es una pérdida de la forma. La alteración es una mutación de la cualidad, y el aumento y la disminución consisten en pasar desde lo pequeño hasta lo grande, y viceversa; el movimiento local es el paso desde un punto hasta otro punto. Sólo los compuestos (los sinolos) de materia y forma pueden cambiar, porque sólo la materia implica potencialidad: la estructura hilemórfica (integrada por materia y forma) de la realidad sensible, que necesariamente implica materia —y por tanto potencialidad— es la raíz de todo movimiento.

3.3. *El espacio, el tiempo, lo infinito*

Las nociones de espacio y tiempo se hallan vinculadas con esta concepción del movimiento.

1) Los objetos son y se mueven no en el no-ser (que no es), sino en un «donde», en un lugar, que tiene que ser algo. Además, según Aristóteles, existe un lugar natural hacia el que cada elemento parece tender por su propia naturaleza: el fuego y el aire tienden hacia la altura, y la tierra y el agua hacia abajo. Alto y bajo no son algo relativo, sino determinaciones naturales.

Entonces, ¿qué es el lugar? Aristóteles efectúa una primera caracterización del fenómeno, distinguiendo entre el lugar que es común a muchas cosas, y el lugar que es propio de cada objeto: «El lugar, por una parte, es aquel sitio común en el que están todos los cuerpos; por otra, es el sitio particular en el que, de manera inmediata, está un cuerpo (...), y si el lugar es aquello que contiene de manera inmediata a cada cuerpo, será entonces un cierto límite.» Posteriormente Aristóteles precisa lo siguiente: «El lugar es lo que contiene aquel objeto del cual es lugar y que no es nada de la cosa misma que ese objeto contiene.» Uniendo las dos descripciones, el lugar será «el límite del cuerpo continente, en cuanto se halla contiguo al contenido».

Por último Aristóteles manifiesta que no hay que confundir el lugar con el recipiente. El primero es inmóvil, mientras que el segundo es móvil. En cierto sentido, cabe decir que el lugar es el recipiente inmóvil, mientras que el recipiente es un lugar móvil: «Y al igual que el vaso es un lugar transportable, así también el lugar es un vaso que no se puede transportar. Por eso, cuando una cosa que está dentro de otra, se mueve y se cambia en una cosa movida —como un barquichuelo en un río— ésta se sirve de lo que contiene como de un vaso, más bien que de un lugar. El lugar, por lo contrario, ha de ser inmóvil: por ello el río entero es lugar, porque lo entero es inmóvil. El lugar, pues, es el primer límite inmóvil del continente.» Esta definición se hizo muy famosa y los filósofos medievales la fijaron en la fórmula siguiente: *terminus continentis immobilis primus.*

De acuerdo con esta concepción del espacio, el movimiento general del cielo sólo será posible en sentido circular, es decir, sobre sí mismo. El vacío resulta impensable. De hecho, si se entiende como proponían los filósofos anteriores, en cuanto lugar en el que no hay nada, representa una contradicción flagrante con respecto a la definición que acabamos de ofrecer.

2) ¿Qué es el tiempo, esa misteriosa realidad que parece huir continuamente, dado que en él «algunas partes han sido, otras van a ser, pero ninguna es»? Aristóteles, para resolver la cuestión, apela al movimiento y al alma. El tiempo se halla estrechamente conectado con el movimiento, como consecuencia de que, cuando no percibimos movimiento o cambio, tampoco percibimos el tiempo. Ahora bien, la continuidad es una característica del tiempo, en sentido general. En lo que es continuo se distinguen el «antes» y el «después», y el tiempo se halla íntimamente vinculado a esta distinción entre antes y después. Escribe Aristóteles: «Cuando hemos determinado el movimiento mediante la distinción del antes y el después, también conocemos el tiempo y entonces decimos que el tiempo realiza su

recorrido, cuando percibimos el antes y el después en el movimiento.» De aquí procede la célebre definición: «el tiempo es el número del movimiento según el antes y el después.»

Ahora bien, la percepción del antes y el después —y a través de ella, el número del movimiento— supone necesariamente el alma: «Cuando (...) pensamos los extremos como algo distinto del medio, y el alma nos sugiere que los instantes son dos —el antes y el después— entonces nosotros decimos que entre estos instantes existe un tiempo, puesto que el tiempo parece ser aquello que está determinado por el instante y éste permanece como fundamento.»

Si el alma es el principio espiritual numerador y condición, por tanto, de la distinción entre el número y lo numerado, entonces el alma se convierte en *conditio sine qua non* del tiempo mismo, y se comprende perfectamente la aporía que plantea Aristóteles en este texto de enorme importancia histórica: «Cabría (...) dudar si el tiempo existe o no, sin la existencia del alma. Si no se admite la existencia del numerador, tampoco habrá número. El número es lo que ha sido numerado o lo numerable. Pero si es cierto que en la naturaleza de las cosas sólo el alma o el intelecto que hay en el alma poseen la capacidad de numerar, resulta imposible la existencia del tiempo sin la del alma.» Este pensamiento constituye una notable anticipación de la perspectiva agustiniana y de las concepciones espiritualistas de esa época, que sólo en época reciente ha suscitado la atención que merecía.

3) Aristóteles niega que exista un infinito en acto. Y cuando habla de infinito, entiende sobre todo un cuerpo infinito, de modo que los argumentos que aduce en contra de la existencia de un infinito en acto se dirigen en realidad contra la existencia de un cuerpo infinito. Lo infinito sólo existe como potencia o en potencia. Por ejemplo, el número es un infinito en potencia, porque a cualquier número es posible añadirle siempre otro número, sin llegar jamás a un límite extremo más allá del cual no se pueda avanzar. También el espacio es un infinito en potencia, porque es divisible hasta lo infinito, en la medida en que el resultado de la división es siempre una magnitud que, como tal, cabe seguir dividiendo. Por último, el tiempo es también un infinito potencial: no puede existir todo a la vez en acto, pero se desarrolla y crece sin fin. Aristóteles no vislumbró, ni siquiera de lejos, la idea de que lo infinito fuese una noción inmaterial, precisamente porque él enlazaba lo infinito con la categoría de la cantidad, que sólo es válida en el orden sensible. Es explicable, asimismo, que acabase por sancionar de modo definitivo la idea pitagórica —y, en general, propia de casi toda la cultura griega— según la cual lo finito es perfecto y lo infinito, imperfecto.

3.4. *El éter o quintaesencia y la división del mundo físico en mundo sublunar y mundo celestial*

Aristóteles dividió la realidad sensible en dos esferas claramente diferenciadas entre sí: por un lado, el mundo sublunar y, por el otro, el mundo supralunar o celestial. El mundo sublunar se caracteriza por todas las formas del cambio, entre las cuales predominan la generación y la corrupción. En cambio, los cielos están caracterizados por un único movimiento local y, más exactamente, por el movimiento circular. En las esferas celestiales y en los astros no puede haber generación, ni corrupción, ni alteración, ni aumento ni disminución. En todas las épocas los hombres siempre han visto los cielos tal como nosotros los contemplamos: es la experiencia misma la que afirma que jamás han nacido y, al igual que no han nacido nunca, son también indestructibles. La diferencia entre mundo supralunar y mundo sublunar reside en la diferente materia que los compone. La materia constitutiva del mundo sublunar consiste en la potencia de los contrarios y es suministrada por los cuatro elementos (tierra, agua, aire y fuego) que Aristóteles, en contra del eleatizante Empédocles, considera transformables recíprocamente, con objeto de explicar más a fondo que Empédocles la generación y la corrupción. En cambio, la materia con la que están hechos los cielos es el éter, que sólo posee la potencia de pasar de uno a otro punto y por eso es susceptible de recibir únicamente el movimiento local. También se lo llamó «quintaesencia» o «quinta substancia», porque se añade a las cuatro de los demás elementos (agua, aire, tierra, fuego). Mientras que el movimiento característico de los cuatro elementos es rectilíneo (los elementos pesados se mueven hacia abajo y los ligeros van hacia arriba), el movimiento del éter es circular (el éter, pues, ni es pesado ni es ligero). El éter no es engendrado, es incorruptible, no está sujeto al crecimiento o a la alteración, ni a otras modificaciones que impliquen estos cambios. Por tal motivo, también son incorruptibles los cielos, que están constituidos por el éter.

Más adelante, el pensamiento medieval recogerá también esta doctrina de Aristóteles y sólo al iniciarse la edad moderna desaparecerá la distinción entre mundo sublunar y mundo supralunar, junto con los supuestos que implicaba. Hemos dicho al principio que la física aristotélica (y gran parte de su cosmología) es en realidad una metafísica de lo sensible. Por lo tanto, no nos puede sorprender el hecho de que la *Física* esté repleta de consideraciones metafísicas y que además culmine con la demostración de la existencia de un primer motor inmóvil. Radicalmente convencido de que si no existiese lo eterno, tampoco existiría el devenir, el Estagirita coronó sus investigaciones físicas demostrando con rigor la existencia de este principio.

Una vez más, se manifiesta como algo absolutamente determinante el éxito logrado por la segunda navegación y el carácter irreversible de las aportaciones del platonismo.

3.5. *La matemática y la naturaleza de sus objetos*

Aristóteles no dedicó una atención especial a las ciencias matemáticas. Experimentó por ellas un interés bastante inferior al manifestado por Platón, que casi había convertido las matemáticas en una vía obligatoria de acceso a la metafísica de las ideas, y que había hecho escribir sobre el portal de su Academia: «No entre quien no sea geómetra.» Sin embargo, también en este ámbito el Estagirita supo efectuar una contribución peculiar y relevante, determinando, por primera vez de un modo correcto, cuál es el estatuto ontológico de los objetos que constituyen el objeto de las ciencias matemáticas. Vale la pena recordar con detalle en qué consiste esta contribución.

Platón y numerosos discípulos suyos habían considerado que los números y los objetos matemáticos en general eran «entidades ideales separadas de las cosas sensibles». Otros platónicos habían tratado de suavizar esta noción tan estricta, convirtiendo los objetos matemáticos en algo inmanente a las cosas sensibles, conservando con firmeza la convicción de que constituían realidades inteligibles distintas de lo sensible. Aristóteles refuta ambas concepciones, juzgándolas a cual más absurda y, por lo tanto, absolutamente inaceptables. En su opinión, podemos considerar las cosas sensibles —prescindiendo de todas sus otras copropiedades— sólo en cuanto cuerpos con tres dimensiones. Si seguimos avanzando en el proceso de abstracción, podemos considerar las cosas sólo con dos dimensiones, es decir, como superficies, prescindiendo de todo lo demás. Posteriormente, podemos considerar las cosas únicamente como longitudes y, luego, como unidades indivisibles que poseen una posición en el espacio, esto es, como puntos. Finalmente también podemos considerar las cosas como puras unidades, es decir, como entidades indivisibles y sin posición espacial, en cuanto unidades numéricas.

Ésta es la solución aristotélica. Los objetos matemáticos no son entidades reales, pero tampoco son algo irreal. Subsisten potencialmente en las cosas sensibles y nuestra razón las separa mediante la abstracción. Se trata, pues, de entes de razón, que sólo subsisten en acto en nuestras mentes, en virtud precisamente de nuestra capacidad de abstracción (subsisten como separados sólo en nuestra mente y exclusivamente gracias a ella). En potencia subsisten en las cosas en cuanto propiedad intrínseca suya.

4. La psicología

4.1. *El alma y sus tres partes*

La física aristotélica no sólo indaga el universo físico y su estructura, sino también los seres que están en el universo, los seres inanimados carentes de razón y los seres animados dotados de razón (los hombres). El Estagirita dedica una atención muy particular a los seres animados, elaborando al respecto numerosos tratados, entre los cuales destaca por su profundidad, su originalidad y su valor especulativo el célebre tratado *Sobre el alma*, que debemos examinar a continuación.

Los seres animados se distinguen de los inanimados porque poseen un principio que les otorga vida y tal principio es el alma. ¿Qué es el alma? Aristóteles para responder a esta pregunta apela a su concepción metafísica hilemórfica de la realidad, según la cual todas las cosas en general son un compuesto de materia y forma, donde la materia es potencia, mientras que la forma es entelequia o acto. Naturalmente esto también se aplica a los seres vivientes. Ahora bien, observa el Estagirita, los cuerpos vivientes tienen vida pero no son vida: constituyen una especie de substrato material y potencial, cuya forma y cuyo acto es el alma. Nos encontramos así con la famosa definición de alma, que ha tenido tanto éxito: «Es necesario que el alma sea substancia, en cuanto forma de un cuerpo físico que tiene vida en potencia; pero la substancia como forma es una entelequia (acto); el alma, pues, es la entelequia de un cuerpo de esa clase»; «el alma, por lo tanto, es la entelequia primera de un cuerpo físico que tiene vida en potencia».

Puesto que los fenómenos de la vida —sostiene Aristóteles— suponen determinadas operaciones constantes y tajantemente diferenciadas (hasta el punto de que algunas de ellas pueden subsistir en determinados seres, sin que estén presentes también las demás), también el alma, que es principio de vida, debe poseer capacidades, funciones o partes que presidan dichas operaciones y las regulen. Los fenómenos y las funciones fundamentales de la vida son: *a)* de carácter vegetativo: nacimiento, nutrición y desarrollo; *b)* de carácter sensitivo-motor: sensación y movimiento, y *c)* de carácter intelectivo: conocimiento, deliberación y elección. Basándose en lo que antes hemos mencionado, Aristóteles introduce la distinción entre *a)* alma vegetativa, *b)* alma sensitiva y *c)* alma intelectiva o racional.

Las plantas sólo poseen el alma vegetativa; los animales, la vegetativa y la sensitiva; los hombres poseen el alma vegetativa, la sensitiva y la racional. Al poseer el alma racional, el hombre debe poseer las otras dos, y al poseer el alma sensitiva, el animal tiene que poseer la vegetativa; en cambio, es posible tener el alma vegetativa y carecer de las otras dos. Por lo que respecta al alma intelectiva, el razonamiento es distinto y complicado, como veremos más adelante.

4.2. *El alma vegetativa y sus funciones*

El alma vegetativa es el principio más elemental de la vida, el principio que gobierna y regula las actividades biológicas. Mediante su noción de «alma» Aristóteles supera claramente las explicaciones acerca de los procesos vitales que suministraban los naturalistas. La causa del crecimiento no reside en el fuego o en el calor, ni tampoco en la materia en general: el fuego y el calor, todo lo más son con-causas y no la causa verdadera. En todo proceso de nutrición y de crecimiento está presente una especie de regla que proporciona magnitud y crecimiento, cosa que el fuego no puede producir por sí mismo y que sería inexplicable si no existiese algo más allá del fuego. Dicha regla es precisamente el alma. Por consiguiente tampoco el fenómeno de la nutrición puede explicarse como relación mecánica entre elementos semejantes (según afirmaban algunos) o entre determinados elementos contrarios. La nutrición consiste en la asimilación de lo no semejante, que el alma hace posible gracias al calor.

Por último, el alma vegetativa preside la reproducción, objetivo de toda forma de vida finita en el tiempo. Cualquier forma de vida, incluso la más elemental, está hecha para la eternidad y no para la muerte, como sostiene Aristóteles en este magnífico texto:

> La operación que para los vivientes resulta más natural de todas (para aquellos vivientes que se hallan perfectamente desarrollados, carecen de defectos y no poseen una generación espontánea) es la de producir otro ser igual a sí mismos: un animal produce un animal, una planta, otra planta, con objeto de participar, en la medida que sea posible, en lo eterno y lo divino. Todos aspiran a ello y éste es el fin por el cual llevan a cabo todo lo que realizan por

naturaleza (...). Puesto que los vivientes no pueden participar con continuidad de lo eterno y de lo divino, por razón de que ninguno de los seres corruptibles puede permanecer idéntico y numéricamente uno, entonces cada uno de éstos participa en la medida en que le es posible participar, unos más y otros menos, y permanece no él, sino otro semejante a él, y no uno en cuanto al número, pero sí uno en cuanto a la especie.

4.3. *El alma sensitiva, el conocimiento sensible, el apetito y el movimiento*

Los animales, además de las funciones examinadas en el parágrafo anterior, poseen sensaciones, apetitos y movimiento. Por lo tanto, habrá que admitir otro principio que presida estas funciones: el alma sensitiva. La sensación es la primera función del alma sensitiva y, de las tres que hemos distinguido es la más importante y sin duda la más característica. Los pensadores anteriores habían explicado la sensación como una afección, una pasión o una alteración que padece lo semejante por obra de lo semejante (véanse, por ejemplo, Empédocles y Demócrito), o como una acción que lo semejante padece por obra de lo que no se le asemeja. Aristóteles se inspira en estos pensadores, pero avanza mucho más allá. Una vez más busca en la doctrina metafísica de la potencia y el acto la clave para interpretar la sensación. Nosotros poseemos facultades sensitivas que no están en el acto, sino en potencia, esto es, son capaces de recibir sensaciones. Sucede con ellas lo mismo que con el combustible: no se quema si no entra en contacto con un elemento comburente. Así la facultad sensitiva, desde simple capacidad de sentir se convierte en sentir en acto, al enfrentarse con el objeto sensible. Aristóteles sostiene literalmente: «La facultad sensitiva es en potencia lo que la cosa sensible es ya en acto (...). Padece, pues, en la medida en que no es semejante; pero una vez que ha padecido, se convierte en semejante y es como aquél.»

Cabe plantearse, empero, un interrogante: ¿qué significa el que la sensación consista en hacer semejante a lo sensible? Evidentemente, no se trata de un proceso de asimilación como el que tiene lugar en la nutrición: en ésta se asimila la materia, mientras que en la sensación sólo se asimila la forma. «En general, para cada sensación es preciso tener en cuenta que el sentido es aquello que posee la capacidad de recibir las formas sensibles sin la materia, al igual que la cera recibe la impronta del anillo sin recibir el hierro o el oro, esto es, recibe la impronta del hierro o del oro, pero no en cuanto hierro u oro. De manera similar, el sentido padece por obra de cada ente que posee calor, sabor o sonido, pero no en cuanto cada uno de estos entes recibe el nombre de esa cosa particular, sino en la medida en que posee determinada cualidad y en virtud de la forma.»

El Estagirita somete a examen los cinco sentidos y los sensibles que son propios de cada uno de estos sentidos. Cuando un sentido capta el propio sensible, entonces resulta infalible la sensación consiguiente. Además de los sensibles propios, existen los sensibles comunes que, como por ejemplo el movimiento, la quietud, la figura, la magnitud, no son percibidos por ninguno de los cinco sentidos en particular, pero pueden ser percibidos por todos. Puede hablarse, pues, de un sentido común que es una especie de sentido no específico o, mejor dicho, es un sentido que actúa de manera no específica, cuando capta los sensibles comunes. Además puede hablarse sin duda de sentido común para referirse al sentir el sentir, o al percibir el percibir. Cuando el sentido actúa de una manera no específica, entonces puede caer fácilmente en errores.

De la sensación proceden la fantasía, que es una producción de imágenes, y la memoria, que es una conservación de imágenes. También la experiencia procede de la sensación y surge gracias a la acumulación de hechos recordados.

El apetito y el movimiento son las otras dos funciones del alma sensitiva, que hemos mencionado al comienzo del parágrafo. El apetito nace como consecuencia de la sensación: «Todos los animales poseen como mínimo un sentido, el tacto; quien tiene una sensación, empero, siente placer y dolor, cosas agradables y dolorosas, y quien prueba estas cosas tiene también deseo: el deseo es el apetito de lo placentero.»

Finalmente, el movimiento de los seres vivientes se deriva del deseo: «El motor es único, la facultad apetitiva» y, más particularmente, el deseo, que es una especie de apetito. El deseo se pone en movimiento por obra del objeto deseado, que el animal capta mediante las sensaciones o del cual posee una representación sensible. El apetito y el movimiento, por tanto, dependen estrechamente de la sensación.

4.4. *El alma intelectiva y el conocimiento racional*

La sensibilidad no puede reducirse a la mera vida vegetativa y al principio de la nutrición: contiene un *plus*, que sólo se explica si se hace intervenir el principio del alma sensitiva. De igual modo, el pensamiento y las operaciones a él vinculadas —por ejemplo, la elección racional— no pueden reducirse simplemente a la vida sensitiva y a la sensibilidad. Contienen un *plus*, que sólo cabe explicar si se introduce un principio adicional: el alma racional. Debemos referirnos ahora a esta cuestión.

El acto intelectivo es análogo al acto perceptivo, en la medida en que es un recibir o asimilar las formas inteligibles, al igual que la percepción era un asimilar las formas sensibles. No obstante, el acto intelectivo difiere profundamente del acto perceptivo, porque no se halla mezclado con el cuerpo y lo corpóreo: «El órgano de los sentidos no perdura sin el cuerpo, mientras que la inteligencia perdura por su cuenta.»

Aristóteles explica el conocer intelectivo al igual que el perceptivo en función de las categorías metafísicas de potencia y acto. La inteligencia, por sí misma, es capacidad y potencia de conocer las formas puras. A su vez, las formas están contenidas en potencia en las sensaciones y en las imágenes de la fantasía. Es preciso, pues, que algo traduzca *en acto* esta doble potencialidad, de modo que el pensamiento se actualice captando en acto la forma, y la forma contenida en la imagen se convierta en concepto captado y poseído en acto. De este modo surge aquella distinción que se convierte en origen de innumerables problemas y discusiones, tanto en la antigüedad como en el medioevo, acerca del intelecto potencial y el intelecto actual o, para usar la terminología que se transformará en lenguaje técnico (pero que en Aristóteles sólo está potencialmente), la distinción entre intelecto posible e intelecto agente. He aquí el texto en el que se menciona esta distinción, texto que constituirá un punto de referencia constante a lo largo de los siglos:

Puesto que en toda la naturaleza existe algo que es materia y que es propio de cada género de cosas (y esto es lo que es en potencia todas las cosas), y algo que es causa eficiente, porque las produce todas, como hace por ejemplo el arte con la materia, es necesario que también en el alma existan tales diferenciaciones. Hay, pues, un intelecto potencial, en la medida en que se convierte en todas las cosas, y un intelecto agente, en la medida en que las produce todas, y que es una especie de estado similar a la luz: en cierto sentido, también ésta convierte los colores en potencia en colores en acto. Y este intelecto está separado, es impasible y carece de mezcla, y posee una esencia intacta: el agente siempre es superior al paciente y el principio es superior a la materia (...). Separado (de la materia), es únicamente aquello que es y esto solo es inmortal y eterno.

Aristóteles afirma expresamente que este intelecto agente está en el alma. Caen por su base, pues, las interpretaciones defendidas ya desde la época de los antiguos intérpretes, según las cuales el intelecto agente es Dios (o un Intelecto divino separado). Es cierto que Aristóteles afirma que el intelecto procede de fuera y sólo él es divino, mientras que las facultades inferiores del alma ya se hallan en potencia en el semen masculino y a través suyo pasan al nuevo organismo que se forma en el seno materno. Sin embargo, también es cierto que, aunque venga de fuera, permanece en el alma durante toda la vida del hombre. La afirmación según la cual el intelecto viene de fuera significa que es irreductible al cuerpo por su propia naturaleza intrínseca y, por lo tanto, trasciende a lo sensible. Significa que en nosotros existe una dimensión metaempírica, suprafísica y espiritual. Y esto es lo divino que hay en nosotros. Si bien el intelecto agente no es Dios, refleja los rasgos de lo divino y sobre todo su absoluta impasibilidad, como sostiene Aristóteles en este texto:

Pero el intelecto parece estar en nosotros como una realidad substancial y que no se corrompe. Si se corrompiese, ello debería suceder por el debilitamiento que provoca la vejez. Ahora, sucede en cambio lo mismo que ocurre a los órganos sensoriales: si a un viejo se le otorgase un ojo adecuado, vería de igual manera que un joven. Por lo tanto, la vejez no se debe a una afección que padezca el alma, sino el sujeto en el que se encuentra el alma, como acontece en los estados de embriaguez y en las enfermedades. La actividad del pensar y del razonar languidece cuando otra parte en el interior del cuerpo se daña, pero ello en cuanto tal es impasible. El razonar, el amar o el odiar no son afecciones del intelecto, sino del sujeto que posee el intelecto, en cuanto posee dicho intelecto. Por ello, una vez que haya desaparecido ese sujeto, no recuerda y no ama: recordar y amar no son algo propio del intelecto, sino del compuesto que ha perecido, mientras que el intelecto es ciertamente algo más divino e impasible.

Aristóteles en su *Metafísica*, una vez obtenido el concepto de Dios con los rasgos que hemos visto anteriormente, no logró resolver las numerosas aporías que implicaba dicha noción. Tampoco ahora, después de haber llegado al concepto de lo espiritual que hay en nosotros, está en condiciones de resolver las numerosas aporías que se siguen de él. ¿Este intelecto es individual? ¿Cómo es que procede desde fuera? ¿Qué relación tiene con nuestra individualidad y con nuestro yo? ¿En qué relación está con nuestra conducta moral? ¿Carece totalmente de un destino escatológico? ¿Qué sentido tiene su supervivencia con respecto al cuerpo?

Algunos de estos interrogantes ni siquiera han sido planteados por Aristóteles y estarían destinados a no tener ninguna respuesta estructural. Para plantearlos como tema de análisis, y sobre todo para solucionarlos adecuadamente, habrían requerido el llegar al concepto de creación, el cual, como sabemos, no sólo es ajeno a Aristóteles sino a toda la cultura griega.

5. Las ciencias prácticas: la ética y la política

5.1. *El fin supremo del hombre: la felicidad*

En la sistematización del saber, después de las ciencias teóricas aparecen las ciencias prácticas, que hacen referencia a la conducta de los hombres y al fin que se proponen alcanzar, ya sea como individuos o como miembros de una sociedad política. El estudio de la conducta o de la finalidad del hombre como individuo es el de la ética, y el estudio de la conducta y de la finalidad del hombre como parte de una sociedad es la política. Comencemos por la ética.

Todas las acciones humanas tienden hacia fines, que constituyen bienes. El conjunto de las acciones humanas y el conjunto de los fines particulares a los que tienden éstas se hallan subordinados a un fin último, que es el bien supremo, que todos los hombres coinciden en llamar «felicidad»

¿Qué es la felicidad? *a)* Para la mayoría, consiste en el placer y el gozo. Sin embargo, una vida que se agota en el placer es una vida que convierte a los hombres en semejantes a esclavos y que es sólo digna de los animales. *b)* Para algunos la felicidad es el honor (para el hombre de la antigüedad, el honor equivalía a lo que para el hombre de hoy es el éxito). No obstante, el honor es algo extrínseco que en gran medida depende de quien lo confiere. En cualquier caso, es más valioso aquello por lo cual se merece el honor, que no el honor mismo, su resultado y consecuencia. *c)* Para otros la felicidad reside en acumular riquezas. Pero ésta, según Aristóteles, es la más absurda de las existencias: es una vida contra natura, porque la riqueza sólo es un medio para conseguir otras cosas y no sirve como fin en sí mismo.

El bien supremo que puede realizar el hombre —y por lo tanto, la felicidad— consiste en perfeccionarse en cuanto hombre, es decir, en aquella actividad que distingue al hombre de todas las demás cosas. No puede consistir en un simple vivir como tal, porque hasta los seres vegetativos viven, ni tampoco en la vida sensitiva, que es compartida también con los animales. Sólo queda, pues, la actividad de la razón. El hombre que quiere vivir bien, debe vivir de acuerdo con la razón, siempre. «Si planteamos como función propia del hombre un determinado tipo de vida (esta actividad del alma y las acciones que van acompañadas por la razón) y como función propia del hombre de valor el llevarla a cabo bien y a la perfección (...), entonces el bien del hombre consiste en una actividad del alma según su virtud, y así las virtudes son más de una, según la mejor y la más perfecta. Pero es preciso agregar: en una vida plena. Una golondrina no hace verano, ni siquiera un solo día: así, un solo día no convierte a ningún hombre en bienaventurado o feliz.»

Como se ve, aquí se asume en su totalidad el razonamiento socrático-platónico. Aristóteles reafirma claramente que cada uno de nosotros es alma y que es la parte más elevada del alma: «Y si el alma racional es la parte dominante y mejor, parecería que cada uno de nosotros consista precisamente en ella»; «está claro que somos, sobre todo, intelecto». Aristóteles proclama que los valores del alma son los valores supremos, si bien, con su acusado sentido realista, reconoce una utilidad incluso a los bienes materiales en cantidad necesaria. Éstos, aunque con su presencia no están en disposición de dar la felicidad, pueden comprometerla en parte con su ausencia.

5.2. *Las virtudes éticas como justo medio o centro entre extremos*

El hombre es principalmente razón, pero no sólo razón. En el alma hay algo que es ajeno a la razón y se opone y se resiste a ella, pero que sin embargo participa de la razón. Más exactamente: «La parte vegetativa no participa en nada de la razón, mientras que la facultad del deseo y, en general, de los apetitos, participa de ella en cierto modo, en la medida en que la escucha y la obedece.» El dominio de esta parte del alma y el sometimiento de ésta a los dictados de la razón es la virtud ética, la virtud de la conducta práctica.

Este tipo de virtud se adquiere mediante la repetición de una serie de actos sucesivos, esto es, mediante el hábito: «Adquirimos las virtudes gracias a una actividad anterior, como sucede también en las otras artes. Las cosas que hay que haber aprendido antes de hacerlas, las aprendemos haciéndolas. Por ejemplo, se llega a ser constructor construyendo, y tañedor de lira tañéndola. Del mismo modo, llevando a cabo acciones justas nos convertimos en justos, realizando acciones templadas, somos templados, y haciendo acciones valerosas, nos transformamos en valientes.» Las virtudes se convierten así en una especie de costumbres, estados o modo de ser, que nosotros mismos hemos creado de la manera antes mencionada. Puesto que son numerosos los impulsos y las tendencias que debe moderar la razón, también son muchas las virtudes éticas, pero todas tienen en común una característica esencial. Los impulsos, las pasiones y los sentimientos tienden al exceso o al defecto (demasiado o demasiado poco). Al intervenir la razón, debe indicar cuál es la justa medida, que es la vía media entre dos excesos. El valor, por ejemplo, es una vía media entre la temeridad y la cobardía, la liberalidad es el justo medio entre prodigalidad y avaricia. Aristóteles sostiene con mucha claridad: «La virtud que se refiere a pasiones y acciones, en las que el exceso y el defecto constituyen errores y son reprobados, mientras que el punto medio es alabado y constituye la rectitud: estas dos cosas son propias de la virtud. La virtud, pues, es una especie de intermedio, ya que tiende constantemente hacia el medio. Además es posible errar de muchos modos (...), pero obrar rectamente sólo es posible de un modo (...). Y por tales razones, el exceso y el defecto son propios del vicio, mientras que el medio es propio de la virtud: se es bueno de un único modo, pero malo, de diversas maneras.»

Obviamente, este medio no consiste en una especie de mediocridad, sino una culminación, un valor, en la medida en que es un triunfo de la razón sobre los instintos. Se da aquí una especie de síntesis de toda aquella sabiduría griega que había hallado su más típica expresión en los poetas gnómicos, en los Siete Sabios, que habían considerado como suprema regla del actuar la vía media, el «nada en exceso» y la justa medida. También nos encontramos aquí con la aportación de la enseñanza pitagórica que atribuía al límite la perfección y también se aprovecha la noción de «justa medida», que tanto aparece en Platón.

Entre todas las virtudes éticas destaca la justicia, que consiste en la justa medida según la cual se distribuyen los bienes, las ventajas y las ganancias, y sus contrarios. Como buen griego, Aristóteles reafirma el más alto elogio de la justicia: «Se piensa que la justicia es la más importante de las virtudes y que ni la estrella vespertina ni el lucero del alba son tan dignos de admiración; y al igual que el proverbio afirmamos: en la justicia están comprendidas todas las virtudes.»

5.3. *Las virtudes dianoéticas y la perfecta felicidad*

Aristóteles denomina «virtud dianoética», en cambio, la perfección del alma racional en cuanto tal. El alma racional posee dos aspectos, según se dirija a las cosas cambiantes de la vida del hombre o a las realidades inmutables y necesarias, las verdades y los principios supremos. En consecuencia, las virtudes dianoéticas serán fundamentalmente dos: la prudencia *(phronesis)* y la sabiduría *(sophia)*. La prudencia consiste en dirigir bien la vida del hombre, esto es, deliberar con corrección acerca de lo que es el bien o el mal para el hombre. La sabiduría, en cambio, es el conocimiento de aquellas realidades que están por encima del hombre: la ciencia teórica y, de un modo especial, la metafísica. Precisamente en el ejercicio de esta última virtud, que constituye la perfección de la actividad contemplativa, el hombre alcanza la máxima felicidad y llega a rozar lo divino, como afirma Aristóteles en este texto tan elocuente:

> Si se reconoce que la actividad del intelecto se distingue por su dignidad, ya que se trata de una actividad teórica, si no atiende a otro fin que no sea ella misma, si obtiene el placer que le es propio (lo cual ayuda a intensificar la actividad), si por fin el hecho de ser autosuficiente, de ser una especie de ocio, de no producir cansancio, en la medida en que le sea posible a un hombre, y si todas las demás cosas que se atribuyen a un hombre bienaventurado se manifiestan en conexión con esta actividad (...): entonces, por consiguiente, ésta será la perfecta felicidad del hombre, cuando abarque la duración completa de una vida, puesto que no hay nada incompleto entre los elementos de la felicidad. Sin embargo, una vida de este tipo será demasiado elevada para un hombre. En efecto, no vivirá así en cuanto hombre, sino en la medida en que hay algo divino en él. En la misma medida en que este elemento divino supera a la naturaleza humana compuesta, también superará su actividad a la actividad correspondiente a la otra clase de virtudes. Por lo tanto, si el intelecto, en comparación con el hombre, es un realidad divina, la actividad según el intelecto será asimismo divina, en comparación con la vida humana. No hay que dar oídos a aquellos que aconsejan al hombre —dado que el hombre es mortal— que se limite a pensar cosas humanas y mortales. Al contrario, siempre que sea posible hay que conducirse como inmortales y hacer todo lo necesario para vivir según la parte más noble que hay en nosotros. Si bien posee un tamaño reducido, por su potencia y por su valor es muy superior a todas las demás.

De manera aún más acentuada, Aristóteles reitera tales conceptos en este otro texto, que es como el sello distintivo de su ética y de todo su pensamiento acerca del hombre: «De modo que la actividad de Dios, que se distingue por su bienaventuranza, será contemplativa. Por consiguiente, la actividad humana que le resulte más afín será la que produzca una mayor felicidad. Una prueba de ello es que todos los demás animales no participan de la felicidad, porque carecen completamente de tal facultad. Para los dioses toda la vida es bienaventurada, mientras que para los hombres sólo lo es en la medida en que les corresponde alguna semejanza con aquel tipo de actividad; en cambio, ningún otro animal es feliz, porque no participa para nada de la contemplación. Por consiguiente, en el mismo grado en que haya contemplación, en ese mismo grado habrá felicidad...»

Es la formulación más típica de aquel ideal que los antiguos filósofos de la naturaleza habían tratado de llevar a cabo en su vida, que Sócrates había comenzado a explicitar desde un punto de vista conceptual y que Platón ya había expuesto teóricamente. En Aristóteles, sin embargo, aparece el tema de la afinidad de la vida contemplativa con la vida divina, elemento que no se daba en Platón, porque el concepto de Dios como Mente suprema, Pensamiento de pensamiento, no surge sino en Aristóteles.

5.4. *La psicología del acto moral*

Aristóteles posee también el mérito de haber tratado de superar el intelectualismo socrático. Como buen realista, había comprendido perfectamente que una cosa es conocer el bien y otra muy distinta el hacer y actualizar el bien. Por lo tanto, trató de determinar cuáles son los procesos psíquicos que presupone el acto moral. Llamó sobre todo la atención acerca del acto de la elección *(prohairesis)*, uniéndolo estrechamente con el de deliberación. Cuando queremos alcanzar determinados fines, mediante la deliberación establecemos cuántos y cuáles son los medios que hay que poner en práctica para llegar a aquellos fines, desde los más remotos hasta los más próximos. La elección actúa sobre estos últimos, poniéndolos en acto. La elección, para Aristóteles, únicamente hace referencia a los medios, no a los fines; por tanto nos vuelve responsables, pero no necesariamente buenos (o malos). El ser buenos depende de los fines, y para Aristóteles los fines no son objeto de elección sino de volición. La voluntad, empero, quiere siempre el bien y sólo el bien o, mejor dicho, aquello que se nos presenta con apariencia de bien. Para ser bueno, entonces, hay que querer el verdadero bien, no el aparente, pero el bien verdadero sólo lo sabe reconocer el hombre virtuoso, esto es, bueno. Como puede apreciarse, se dan vueltas en círculo, interesantísimo por lo demás.

Lo que Aristóteles busca y aún no logra encontrar, es el libre arbitrio. Precisamente por esto, sus análisis al respecto son de un gran interés, aunque resulten aporéticos. Aristóteles comprendió y defendió que «el hombre virtuoso ve lo verdadero en cada cosa, en cuanto regla y medida de todas las cosas». Sin embargo, no ha explicado cómo y por qué el hombre se vuelve virtuoso. Por eso no sorprende el hecho de que Aristóteles llegue a sostener que, una vez que alguien se vuelve vicioso, no puede no serlo, aunque en un principio hubiese sido posible no convertirse en vicioso. Es obligado reconocer que no sólo Aristóteles, sino que ningún filósofo griego logró resolver estas aporías. Tendrá que llegar el pensamiento cristiano para que la cultura occidental descubra los conceptos de voluntad y de libre arbitrio.

5.5. *La ciudad y el ciudadano*

El bien del individuo es de la misma naturaleza que el bien de la ciudad. Este último, sin embargo, es más hermoso y más divino, porque pasa desde la dimensión de lo privado hasta la de lo social, ante la cual los griegos eran especialmente sensibles, dado que concebían al individuo en función de la ciudad y no la ciudad en función del individuo. Por lo demás, Aristóteles expresa de modo paradigmático esta forma de pensar de los griegos, cuando define al hombre como animal político (es decir, no como animal que se limita a vivir en sociedad, sino como animal que vive en una sociedad políticamente organizada), y escribe textualmente: «Quien no puede entrar a formar parte de una comunidad, quien no tenga necesidad de nada y se baste a sí mismo, no es parte de la ciudad, es una fiera o un dios.»

Empero Aristóteles no considera ciudadanos a todos los que viven en una ciudad y sin los cuales ésta no podría subsistir. Para ser ciudadano es preciso tomar parte en la administración de los asuntos públicos: formar parte de las asambleas que legislan y gobiernan la ciudad y que administran la justicia. Por consiguiente, el colono o el miembro de una ciudad conquistada no podían ser ciudadanos. Tampoco los trabajadores, aunque fuesen libres (es decir aunque no fuesen metecos o extranjeros) podían ser ciudadanos, porque carecían del tiempo libre necesario para participar en la administración de la cosa pública. Así, los ciudadanos quedan muy limitados en número, mientras que todos los demás habitantes de la ciudad acaban por convertirse, de alguna manera, en medios para satisfacer las necesidades de los ciudadanos. Las estructuras sociopolíticas vigentes en aquel momento histórico condicionan el pensamiento aristotélico sobre este tema y le llevan a efectuar una teoría de la esclavitud. Para él el esclavo es como un instrumento que precede y condiciona los demás instrumentos, y es utilizado para producir objetos y bienes de uso, además de servicios. El esclavo es esclavo por naturaleza, como se infiere del texto siguiente:

> Todos los hombres que difieren de sus semejantes, tanto como el alma difiere del cuerpo y el hombre se distingue de la fiera (y se hallan en esta condición aquellos cuya tarea implica el uso del cuerpo, que es lo mejor que poseen), son esclavos por naturaleza y lo que más les conviene es someterse a la autoridad de alguien (...). Es esclavo por naturaleza aquel que pertenece en potencia a alguien (y por eso se convierte en posesión en acto de otro) y sólo participa de la razón en lo que respecta a la sensibilidad inmediata, sin poseerla estrictamente, mientras que los demás animales ni siquiera poseen el grado de razón que corresponde a la sensibilidad, sino que se limitan a obedecer sus pasiones. Y su modo de empleo difiere muy poco, porque tanto unos como otros —los esclavos y los animales domésticos— se utilizan para los servicios necesarios al cuerpo.

Puesto que el esclavo era a menudo un prisionero de guerra, Aristóteles experimentó la necesidad de establecer que los esclavos no debían proceder de las guerras de los griegos contra los griegos, sino de las guerras de los griegos contra los bárbaros, dado que éstos son inferiores por naturaleza. Se trata del viejo prejuicio racial de los helenos, que Aristóteles comparte, pagando tambien en este caso un oneroso tributo a la propia época y sin caer en la cuenta de que contradice los principios de su propia filosofía, que justicarían un avance en la dirección opuesta.

5.6. *El Estado y sus formas*

El Estado puede asumir diversas formas, es decir, distintas constituciones. La constitución es «la estructura que ordena la ciudad, estableciendo el funcionamiento de todos los cargos y, sobre todo, de la autoridad soberana». Dado que el gobierno puede ser ejercido por 1) un solo hombre, 2) unos pocos hombres o 3) la mayor parte de los hombres, y además quien o quienes gobiernen pueden hacerlo *a)* de acuerdo con el bien común o *b)* exclusivamente en su propio interés, entonces se harán posibles tres formas de gobierno recto y tres formas de gobierno corrompido: *1a)* monarquía; *2a)* aristocracia; *3a) politeia*; *1b)* tiranía; *2b)* oligarquía, y *3b)* democracia.

Aristóteles entiende por «democracia» un gobierno que, olvidando el bien común, se propone favorecer de manera indebida los intereses de los más pobres y, por tanto, entiende la democracia en el sentido de demagogia. Según él el error en que cae esta forma de gobierno demagógico consiste en afirmar que, ya que todos son iguales en la libertad, todos pueden y deben ser iguales asimismo en todo lo demás.

Aristóteles afirma que en abstracto las dos primeras formas de gobierno son las mejores. Con realismo, empero, sostiene que —en particular, dado que los hombres son como son— la mejor forma es la *politeia*, constitución que en substancia valora a la clase media. Prácticamente la *politeia* es un camino intermedio entre la oligarquía y la democracia o, si se prefiere, una democracia atemperada por la oligarquía, que posee las virtudes de esta última pero carece de sus defectos.

5.7. *El Estado ideal*

La finalidad del Estado es moral y por eso resulta obvio que debe proponerse el incremento de los bienes del alma, el incremento de la virtud. Aristóteles afirma que «podemos llamar feliz y floreciente a la ciudad virtuosa. Es imposible que logre la felicidad quien no realice buenas acciones, y nadie —ni un individuo ni una ciudad— puede realizar buenas acciones sin virtud y buen juicio. El valor, la justicia, el buen sentido de una ciudad poseen la misma potencia y forma, cuya presencia en un ciudadano particular hacen que se le llame justo, prudente y sabio». Aquí, de hecho, vuelve a enunciarse el gran principio platónico de la correspondencia existente entre el Estado y el alma del ciudadano singular.

Para Aristóteles la ciudad perfecta debería poseer medida humana: ni demasiado poblada ni demasiado poco. Asimismo el territorio debería tener análogos caracteres: lo bastante grande como para satisfacer las necesidades, pero sin producir cosas superfluas. Las cualidades que deberían poseer los ciudadanos son las características propias de los griegos: un camino intermedio o, mejor dicho, una síntesis entre los rasgos propios de los pueblos nórdicos y los de los pueblos orientales. Los ciudadanos (quienes, como sabemos, son los que gobiernan directamente) serán en su edad juvenil guerreros, luego pasarán a ser consejeros y, en la ancianidad, se convertirán en sacerdotes. De este modo se aprovechará en su justa medida la fuerza que existe en los jóvenes y la prudencia característica de los ancianos. Por último, dado que la felicidad depende de la felicidad de cada uno de los ciudadanos, será preciso mediante la adecuada educación transformar a cada ciudadano en lo más virtuoso posible. El ideal supremo que debe proponerse el Estado consiste en vivir en paz y en hacer las cosas que son bellas (contemplar). Aristóteles describe dicho ideal en el siguiente texto, que resulta tan sugerente:

> Introduciendo en las acciones una distinción análoga a aquella realizada con respecto a las partes del alma, podremos decir que son preferibles aquellas acciones que proceden de la parte mejor del alma, porque todos considerarán que es mejor aquello que tiende hacia el fin más elevado. Cualquier género de vida puede dividirse también en dos, según tienda hacia las ocupaciones y el trabajo o hacia la libertad de cualquier compromiso, hacia la guerra o hacia la paz. En correspondencia con estas dos distinciones, las acciones son necesarias y útiles o son bellas. Al elegir estos ideales de vida es preciso seguir las mismas preferencias que sirven para las partes del alma y para las acciones que de ella se originan: hay que escoger la guerra teniendo como objetivo la paz, el trabajo buscando como objetivo el liberarse de él, y las cosas necesarias y útiles para poder alcanzar las que son bellas. El legislador debe tener en cuenta todos los elementos que acabamos de analizar, las partes del alma y las acciones que las caracterizan, procurando siempre las que son mejores, las que puedan servir como fines y no se limiten a ser simples medios. Este criterio debe guiar al legislador en su actitud ante las diversas concepciones de la vida y los distintos tipos de acciones. Hay que llevar a cabo el trabajo, hacer frente a la guerra y realizar las cosas necesarias y útiles, pero aún más se vuelve preciso practicar el libre ocio, el vivir en paz y hacer las cosas bellas (contemplar).

6. La lógica, la retórica y la poética

6.1. *La lógica o analítica*

El Estagirita dividó y sistematizó las ciencias de acuerdo con un esquema en el que no hay lugar para la lógica, porque ésta considera la forma que debe poseer cualquier tipo de razonamiento que se proponga demostrar algo y, en general, que quiere tener valor probatorio. La lógica muestra cómo procede el pensamiento cuando piensa, cuál es la estructura del razonamiento, cuáles son sus elementos, cómo se hace posible elaborar demostraciones y cuándo. Por lo tanto, el término *organon* —que significa «instrumento», introducido por Alejandro de Afrodisia para designar la lógica en su conjunto y posteriormente utilizado como título del conjunto de escritos aristotélicos que versan sobre lógica, define correctamente el concepto y la finalidad de la lógica aristotélica, que quiere proporcionar los instrumentos mentales necesarios para afrontar cualquier tipo de indagación.

Es preciso observar, sin embargo, que el término «lógica» no fue utilizado por Aristóteles para designar lo que nosotros entendemos hoy con esta denominación. Dicho término tuvo origen en la época de Cicerón (y quizás de procedencia estoica), pero es probable que sólo se haya consolidado a partir de Alejandro de Afrodisia. El Estagirita denominaba la lógica mediante el término «analítica», y los escritos fundamentales del *Organon* llevan precisamente el título de «Analíticos». La analítica —del griego *analysis*, que significa solución— explica el método mediante el cual nosotros, partiendo de una conclusión determinada, la resolvemos en aquellos elementos de los cuales procede, es decir, en las premisas y en los elementos que la originan, con lo que la fundamentamos y la justificamos.

6.2. *Las categorías o predicamentos*

El tratado sobre las categorías estudia aquello que debe considerarse como el elemento más sencillo de la lógica. Si tomamos una proposición como «el hombre corre» o «el hombre vence» y rompemos el nexo que las une, separando el sujeto del predicado, obtenemos palabras sin conexión, carentes de todo vínculo con la proposición inicial: «hombre», «vence», «corre» (es decir, términos no combinados y que al combinarse dan origen a la proposición). Aristóteles afirma: «De las cosas que se dicen sin ninguna conexión, cada una de ellas significa la substancia, la cantidad, la cualidad, la relación, el dónde, el cuándo, el estar en una posición, el tener, el hacer o el padecer.» Como puede apreciarse, se trata de las categorías, que ya conocemos a través de la *Metafísica*.

Desde el punto de vista metafísico las categorías representan los significados fundamentales del ser, pero desde el punto de vista lógico serán por consiguiente los géneros supremos a los que debe poderse atribuir cualquier término de la proposición. Tomemos la proposición «Sócrates corre» y descompongámosla: obtendremos «Sócrates», que entra en la categoría de la substancia, y «corre», que entra en la categoría del hacer. Así, si digo «Sócrates está ahora en el Liceo» y descompongo dicha proposición, «en el Liceo» se reduce a la categoría del «dónde», mientras que «ahora» se reduce a la categoría de «cuándo», y así sucesivamente.

Boecio tradujo «categoría» mediante el término «predicamento». Sin embargo, la traducción sólo expresa en parte el sentido del término griego y, al no ser lo bastante adecuada, da origen a numerosas dificultades, que se eliminan en gran parte si se conserva el nombre original. En efecto, la primera categoría actúa siempre como sujeto y sólo de manera impropia puede funcionar como predicado, al decir por ejemplo: «Sócrates es un hombre» (esto es, Sócrates es una substancia). Las otras categorías actúan como predicados o, si se prefiere constituyen los modelos supremos de todos los predicados posibles, los géneros supremos de los predicados. Como es natural, dado que la primera categoría constituye el ser sobre el cual se apoya el ser de las otras, la primera categoría será el sujeto y las demás categorías tendrán por fuerza que referirse a este sujeto y por lo tanto sólo ellas podrán ser predicados propiamente dichos.

Cuando nos detenemos en los términos de una proposición, aislados cada uno de ellos y tomados en sí mismos, no tenemos ni verdad ni falsedad: la verdad (o la falsedad) jamás se halla en los términos tomados por separado, sino en el juicio de quien los vincula y en la proposición que expresa dicha conexión.

6.3. *La definición*

Como es obvio, puesto que las categorías no son meramente aquellos términos que resultan de la descomposición de la proposición, sino los géneros a los cuales cabe reducir dichos términos o bajo los que caen, como consecuencia las categorías son algo primario e imposible de reducir posteriormente y, por lo tanto, no son definibles: no existe algo más general a lo que podamos recurrir para determinarlas.

Llegamos así al problema de la definición, que Aristóteles no trata en las *Categorías*, sino en los *Analíticos segundos* y en otros escritos. Sin embargo, dado que la definición se corresponde con los términos y los conceptos, conviene hablar de ella a esta altura.

Se ha dicho que las categorías son indefinibles, porque son los géneros supremos. También son indefinibles los individuos, por razones opuestas: son algo particular y se hallan en las antípodas de las categorías. Sólo se les puede percibir. No obstante, entre las categorías y los individuos existe toda una gama de nociones y de conceptos, que van desde lo más general hasta lo menos general y son aquellos que normalmente constituyen los términos de los juicios y de las proposiciones que formulamos (el nombre que indica al individuo sólo puede actuar como sujeto). Todos estos términos, que se hallan entre la universalidad de las categorías y la particularidad de los individuos, podemos conocerlos precisamente a través de la definición *(horismos)*.

¿Qué significa definir? Quiere decir determinar qué es el objeto indicado por la palabra, más que explicar el significado de ésta. Por eso, Aristóteles formula la definición como «un discurso que expresa la esencia», o «un discurso que expresa la naturaleza de las cosas». Para definir algo se requieren el género y la diferencia, dice Aristóteles, o de acuerdo con la fórmula clásica que expresa el pensamiento aristotélico, el género próximo y la diferencia específica. Si queremos saber qué significa «hombre» mediante un análisis debemos establecer cuál es el género próximo al que pertenece, que no es el de viviente (también son vivientes las plantas), sino el de animal (además de la vida vegetativa, el animal posee vida sensitiva). Luego, hemos de analizar las diferencias que determinan el género animal, hasta que encontremos la diferencia última que distingue al hombre, que es racional. El hombre, pues, es un animal (género próximo) racional (diferencia específica). La esencia de las cosas está representada por la diferencia última que caracteriza al género.

Como es natural, a la definición de los conceptos separados se aplica todo lo que se ha dicho con respecto a las categorías: una definición puede ser válida o no serlo, pero nunca será verdadera o falsa, ya que la verdad o la falsedad implican siempre una unión o una separación de conceptos, lo cual sólo ocurre en el juicio y en la proposición, de los que ahora tenemos que hablar.

6.4. *Los juicios y las proposiciones*

Tenemos ante nosotros un juicio cuando unimos los términos entre sí y afirmamos o negamos algo con respecto a otra cosa. El juicio, por lo tanto, es el acto mediante el cual afirmamos o negamos un concepto de otro concepto. La expresión lógica del juicio constituye el enunciado o proposición.

El juicio y la proposición constituyen la forma más sencilla de conocimiento y nos permite conocer de manera directa el nexo entre un predicado y un sujeto. Lo verdadero y lo falso nacen junto con el juicio, es decir, con la afirmación y la negación. Lo verdadero aparece cuando mediante el juicio se une lo que está unido en la realidad o se separa lo que está realmente separado. En cambio, se origina lo falso cuando el juicio une aquello que no está unido (o separa lo que no está separado). La enunciación o proposición que expresa el juicio, por tanto, siempre expresa una afirmación o negación y es verdadera o falsa. Adviértase que no todas las frases constituyen una proposición que interese a la lógica: las frases que expresan ruegos, invocaciones, exclamaciones o similares caen fuera del ámbito de la lógica y hacen referencia al discurso de carácter retórico o poético. A la lógica sólo pertenece el discurso apofántico o declarativo.

Aristóteles realiza una serie de distinciones en el ámbito de los juicios y de las proposiciones, dividiéndolos en afirmativos y negativos, universales, singulares y particulares, y estudia también las modalidades de acuerdo con las que unimos un predicado a un sujeto (según la simple aserción, según la posibilidad o según la necesidad. Por ejemplo: A es B, es posible que A sea B, es necesario que A sea B).

6.5. *El silogismo en general y su estructura*

Cuando afirmamos o negamos algo, esto es, cuando juzgamos o formulamos proposiciones, aún no estamos razonando. Como es obvio, tampoco razonamos cuando nos limitamos a formular una serie de juicios o a enumerar una serie de proposiciones inconexas entre sí. En cambio, estamos razonando cuando pasamos desde un juicio hasta otro juicio, desde una proposición hasta otra proposición que tengan entre sí determinados nexos y que de alguna manera sean unas la causa de las otras, las unas antecedentes y las otras consecuentes. No existe razonamiento a menos que haya este nexo, esta consecuencialidad. El silogismo constituye precisamente el razonamiento perfecto, aquel razonamiento en el cual la conclusión a la que se llega es efectivamente la consecuencia que surge por necesidad de su antecedente.

En general en un razonamiento perfecto debe haber tres proposiciones, dos de las cuales actúan como antecedentes y reciben el nombre de premisas. La tercera proposición es el consecuente, es decir, la conclusión que se extrae de las premisas. En todo silogismo intervienen siempre tres términos, uno de los cuales sirve como bisagra que une a los otros dos. Veamos el ejemplo clásico de silogismo:

1) Si todos los hombres son mortales,
2) y si Sócrates es hombre.
3) entonces Sócrates es mortal.

Como puede apreciarse, el hecho de que Sócrates sea mortal es una consecuencia que surge necesariamente de haber establecido antes que todos los hombres son mortales y que Sócrates es un hombre. «Hombre» es el término al que se apela para llegar a la conclusión. La primera de las proposiciones del silogismo se llama premisa mayor, la segunda es la premisa menor y la tercera, la conclusión. Los dos términos que resultan unidos en la conclusión se llaman «extremo menor» el primero (esto es, el sujeto, Sócrates) y «extremo mayor» el segundo (el predicado, mortal). Dado que estos términos se hallan unidos entre sí mediante otro término, que hemos calificado de bisagra, este último recibe el nombre de «término medio», término que lleva a cabo la mediación.

Aristóteles, empero, no sólo estableció qué es el silogismo, sino que procedió a una serie de complejas distinciones entre las diferentes figuras posibles en los silogismos y entre los diferentes modos válidos de cada figura.

Las diversas figuras *(schemata)* del silogismo están determinadas por las diferentes posiciones que el término medio puede ocupar con respecto a los extremos, en las premisas. El término medio puede ser *a)* sujeto en la premisa mayor y predicado en la menor; *b)* predicado, tanto en la premisa mayor como en la menor, y *c)* sujeto en ambas premisas. Por lo tanto, habrá tres posibles figuras en el silogismo (en las cuales posteriormente se dan una serie de posibles combinaciones, según se trate de premisas universales o particulares, afirmativas o negativas).

El ejemplo antes mencionado pertenece a la primera figura, que es según Aristóteles la más perfecta, porque es la más natural, en la medida en que manifiesta con la máxima claridad el proceso de mediación. Por último, Aristóteles estudió el silogismo modal, que es aquel silogismo que tiene en cuenta la modalidad de las premisas, ya mencionada en el parágrafo anterior.

6.6. *El silogismo científico o demostración*

El silogismo, en cuanto tal, muestra cuál es la esencia misma del razonar, la estructura de la inferencia, y por lo tanto prescinde del contenido de verdad de las premisas (y por consiguiente, de las conclusiones). En cambio, el silogismo científico o demostrativo se distingue del silogismo en general precisamente porque tiene en cuenta, además de la corrección formal de la inferencia, el valor de la verdad de las premisas (y de las consecuencias).

Las premisas del silogismo científico tienen que ser verdaderas, por las razones que hemos expuesto; además deben ser primarias, es decir, no deben necesitar a su vez una demostración anterior a ellas y más conocida que ellas. En otras palabras, deben ser inteligibles y claras por sí mismas, y más universales que las conclusiones, ya que han de contener la razón de éstas. Llegamos así a un punto delicadísimo para la doctrina aristotélica de la ciencia: ¿cómo conocemos las premisas? Ciertamente, no podría ser a través de otros silogismos, porque en tal caso llegaríamos hasta el infinito. Habrá que utilizar otro camino, por lo tanto.

¿Cuál es este camino?

6.7. *El conocimiento inmediato: inferencia e intuición*

El silogismo constituye un proceso substancialmente deductivo, en la medida en que extrae verdades particulares de verdades universales. Pero, ¿cómo se captan las verdades universales? Aristóteles nos habla de *a)* inducción y *b)* intuición, que son procesos en cierto modo opuestos al silogístico pero que, en todos los casos, el silogismo presupone.

a) La inducción es el procedimiento a través del cual desde lo particular se llega hasta lo universal. A pesar de que en los *Analíticos* Aristóteles trata de mostrar cómo se puede tratar de manera silogística la inducción misma, se trata de un intento absolutamente aislado. El Estagirita suele reconocer en cambio que la inducción no es un razonamiento, sino un «ser conducido» desde lo particular hasta lo universal, por una especie de visión inmediata o de intuición, hecha posible gracias a la experiencia. En esencia la inducción constituye el proceso abstractivo.

b) En cambio la intuición es la captación pura por el intelecto de los primeros principios. Como ya había dicho Platón, aunque de manera diferente, también Aristóteles admite una intuición intelectiva. De hecho, la posibilidad del saber mediato supone estructuralmente un saber inmediato.

6.8. *Los principios de la demostración y el principio de no contradicción*

Las premisas y los principios de la demostración se captan por inducción o por intuición. A este propósito hay que advertir que cada ciencia asumirá, ante todo, sus propios principios y premisas, es decir, principios y premisas que son exclusivos de ella. En primer lugar asumirá la existencia del ámbito o, mejor dicho en términos lógicos, la existencia del sujeto sobre el cual versarán todas sus determinaciones, que Aristóteles denomina género-sujeto. Por ejemplo, la aritmética asumirá la existencia de la unidad y del número; la geometría, la existencia de la magnitud espacial, y así sucesivamente. Cada ciencia caracterizará su sujeto por medio de la definición.

En segundo lugar, cada ciencia procederá a definir el significado de una serie de términos que le pertenecen (la aritmética, por ejemplo, definirá el significado de par, impar, etc.; la geometría definirá el significado de conmensurable, inconmensurable, etc.), pero no supondrá la existencia de tales términos, aunque llegue a demostrarla, probando que se trata de característica que corresponde a su objeto.

En tercer lugar, para lograrlo, las ciencias tendrán que apelar a ciertos axiomas, esto es, a proposiciones verdaderas con una verdad intuitiva, y éstos son los principios en virtud de los cuales se da la demostración. He aquí un ejemplo de axioma: «Si de cantidades iguales se restan cantidades iguales, sigue habiendo cantidades iguales.»

Hay algunos axiomas que son comunes a varias ciencias (como el que acabamos de citar) y otros lo son a todas las ciencias sin excepción, como el principio de no contradicción (no se puede afirmar y negar del mismo sujeto, al mismo tiempo y en la misma relación, dos predicados contradictorios) o el de tercero excluido (no es posible que exista un término medio entre dos términos contradictorios). Se trata de los famosos principios que pueden calificarse de trascendentales, esto es, válidos para cualquier forma de pensar en cuanto tal (ya que son válidos para todo ente, en cuanto tal), conocidos por sí mismos y primeros. Constituyen las condiciones incondicionadas de toda demostración y resultan obviamente indemostrables, porque cualquier forma de demostración los presupone. En el cuarto libro de la *Metafísica*, Aristóteles mostró que es posible una especie de prueba dialéctica de estos principios lógicos supremos, mediante la refutación *(elenchos)*. La refutación consiste en constatar cómo cualquiera que niegue estos principios se ve obligado a utilizarlos, precisamente para negarlos. Por ejemplo, quien diga que el principio de no contradicción no es válido, si pretende que tenga sentido su afirmación, debe excluir la afirmación contradictoria a la suya y, por lo tanto, ha de aplicar el principio de no contradicción en el momento mismo en que lo esté negando. Todas las verdades últimas son de esta clase: para negarlas se está obligado a apelar a ellas y, en consecuencia, a reafirmarlas.

6.9. *El silogismo dialéctico y el silogismo erístico*

Sólo se está ante un silogismo científico cuando las premisas son verdaderas y poseen las características antes mencionadas. Cuando en lugar de ser verdaderas las premisas resultan simplemente probables, fundadas sólo en la opinión, estaremos entonces ante el silogismo dialéctico, que Aristóteles estudia en los *Tópicos*. El silogismo dialéctico, según Aristóteles, sirve para hacernos capaces de discutir. En particular sirve para establecer, cuando discutimos con gente corriente o con personas doctas, cuáles son los puntos de partida de nuestros interlocutores y en qué medida las conclusiones a las que llegan se hallan en correspondencia con aquéllos. Esto se consigue, no desde puntos de vista ajenos a nuestros interlocutores, sino precisamente desde su propio punto de vista. Por consiguiente el silogismo dialéctico nos enseña a discutir con los demás, suministrándonos los instrumentos necesarios para sintonizar con ellos. Además le sirve a la ciencia no sólo para debatir con corrección los pros y contras de diferentes cuestiones, sino para comprobar los primeros principios. Éstos, al ser —como ya sabemos— imposibles de deducir a través de silogismos, sólo pueden captarse de modo inductivo o intuitivo.

Por último, un silogismo puede proceder no sólo de premisas basadas en la opinión, sino también de premisas que parecen fundamentarse en la opinión, pero que en realidad no se basan en ella. Nos hallamos, entonces, ante un silogismo erístico.

Se da también el caso de que muchos silogismos sólo sean en apariencia y que parezcan llegar a una conclusión, pero que en realidad sólo concluyen debido a algún error. Estamos, así, ante los paralogismos, es decir, razonamientos erróneos. Los *Elencos sofísticos* o *Refutaciones sofísticas* estudian con precisión las refutaciones (*elenchos* quiere decir refutación) sofísticas, es decir, falaces. La refutación correcta es un silogismo cuya conclusión contradice la contradicción del adversario. En cambio, las refutaciones de los sofistas y, en general, sus argumentaciones parecían correctas pero en realidad no lo eran y se valían de una serie de trucos para inducir al engaño a los inexpertos.

6.10. *Conclusiones acerca de la lógica aristotélica*

Kant afirmó que la lógica aristotélica —que él entendía como lógica puramente formal, si bien en realidad se halla fundamentada en la ontología de la substancia y en la estructura categorial del ser— nació perfecta. Después de los descubrimientos de la lógica simbólica nadie puede volver a repetir este juicio, dado que la aplicación de los símbolos ha agilizado enormemente el cálculo lógico y ha rectificado muchas cosas. Además, resulta muy difícil afirmar que el silogismo constituye la forma propia de toda mediación y de toda inferencia, como creía Aristóteles. Sin embargo, a pesar de cuantas objeciones puedan plantearse o se hayan planteado a la lógica aristotélica y a pesar de todo lo verdadero que pueda haber en las obras que abarcan desde el *Nuevo Órgano* de Bacon hasta el *Sistema de Lógica* de Stuart Mill, así como en los estudios que van desde la lógica trascendental kantiana hasta la hegeliana lógica de la razón (lógica del infinito) o, por último, en las áreas lógicas de la contemporánea metodología de la filosofía, lo cierto es que la lógica occidental en su conjunto se halla enraizada en el *Organon* de Aristóteles, que —como hemos afirmado antes— continúa siendo una piedra miliar en la historia del pensamiento occidental.

6.11. *La retórica*

Aristóteles, al igual que Platón, se halla firmemente convencido de que la tarea de la retórica no consiste en enseñar o instruir acerca de la verdad o de determinados valores en particular. Tal labor era propia de la filosofía, por un lado, y de las ciencias y artes particulares, por el otro. En cambio, el objetivo de la retórica es persuadir o, mejor dicho, descubrir cuáles son los modos y los medios necesarios para persuadir.

La retórica, pues, es una especie de metodología de la persuasión, un arte que analiza y define los procedimientos mediante los cuales el hombre intenta convecer a los demás hombres, estableciendo cuáles son sus estructuras fundamentales. En consecuencia, desde el punto de vista formal la retórica se muestra análoga a la lógica, que estudia las estructuras del pensar y del razonar. En particular, presenta ciertas analogías con aquella parte de la lógica que Aristóteles denomina «dialéctica». Como se ha dicho, la dialéctica estudia las estructuras del pensar y del razonar que se basan, no en elementos científicamente fundamentados, sino en elementos procedentes de la opinión que parecen aceptables a todos los hombres o a una gran mayoría de ellos. De forma similar la retórica estudia aquellos procedimientos mediante los cuales los hombres aconsejan, acusan, se defienden, elogian —actividades todas ellas específicas del persuadir— en general, partiendo de opiniones probables, pero no de conocimientos científicos.

Las argumentaciones que suministra la retórica, en consecuencia, no deben basarse en las premisas originarias desde las que se inicia la demostración científica, sino de aquellas convicciones comúnmente admitidas, desde las que parte la dialéctica. Además, la retórica no hará en sus demostraciones ninguna ostentación de los diferentes momentos en los cuales llegaría a perderse el oyente común, sino que extraerá rápidamente la conclusión de las premisas, omitiendo —por las razones mencionadas— la mediación lógica. Esta clase de razonamiento retórico se llama «entimema». El entimema es, pues, un silogismo que parte de premisas probables —de convicciones comunes y no de principios primeros— y que es conciso y no está desarrollado en diversos pasos. Además del entimema, la retórica utiliza el ejemplo, que no implica mediación lógica de ningún tipo, sino que convierte en inmediata e intuitivamente evidente aquello que se pretende probar. Análogamente a como el entimema retórico se corresponde con el silogismo dialéctico, el ejemplo retórico se corresponde con la inducción lógica, ya que desarrolla una función del todo similar.

6.12. *La poética*

¿Cuál es la naturaleza del hecho y del discurso poético y qué es lo que se propone? Para comprender la respuesta dada por nuestro filósofo al problema, hay que centrar la atención en dos conceptos: 1) la mimesis y 2) la catarsis.

1) Platón había reprobado severamente el arte, precisamente porque se trata de una mimesis, una imitación de cosas fenoménicas, que —como es sabido— son a su vez una imitación de los eternos paradigmas de las ideas. El arte se convierte en copia de una copia, apariencia de una apariencia, con lo que la verdad se debilita hasta que desaparece. Aristóteles se opone tajantemente a este modo de concebir el arte e interpretar la mimesis artística desde una perspectiva opuesta. Tanto es así, que la convierte en una actividad que, no sólo no reproduce pasivamente la apariencia de las cosas, sino que casi las recrea de acuerdo con una nueva dimensión, tal como afirma el texto siguiente:

> La tarea del poeta no consiste en decir las cosas sucedidas, sino aquellas que podrían suceder y las posibilidades que existan de acuerdo con la verosimilitud y la necesidad. El historiador y el poeta no difieren por el hecho de que uno habla en prosa y el otro en verso (puesto que la obra de Heródoto, si estuviese en verso, no sería por ello menos historia, en verso, de lo que es, sin versos), sino que difieren en esto: uno dice las cosas que han acontecido y el otro, aquellas que podrían acontecer. Y por esto, la poesía es algo más noble y más filosófico que la historia, porque la poesía versa más bien sobre lo universal, mientras que la historia trata de lo particular. Lo universal es esto: qué especie de cosas, a qué especie de personas, les acontece decir o hacer según verosimilitud o necesidad, lo cual se propone la poesía, llegando a utilizar nombres propios. En cambio, es particular lo que hizo Alcibíades y lo que padeció.

La dimensión según la cual el arte imita es, pues, la de lo posible y lo verosímil. Es precisamente esta dimensión la que universaliza los contenidos del arte, y los eleva a nivel universal (como es obvio, no se trata de universales lógicos, sino simbólicos, fantásticos, como se dirá más adelante).

2) Mientras que la naturaleza del arte consiste en la imitación de lo real según la dimensión de lo posible, su finalidad consiste en la purificación de las pasiones. Aristóteles afirma tal cosa refiriéndose explícitamente a la tragedia, «que por medio de la piedad y del terror acaba efectuando la

purificación de dichas pasiones». Desarrolla una noción análoga en referencia a la música.

¿Qué significa, pues, purificación de las pasiones? Algunos han considerado que Aristóteles habla de una purificación de las pasiones en sentido moral, casi de una sublimación de éstas, quitándoles lo que tienen de perjudicial. Otros, en cambio, han entendido la catarsis de las pasiones en el sentido de una supresión o eliminación temporal de las pasiones, en un sentido casi filosófico, y por lo tanto en el sentido de liberación a través de las pasiones. Mediante los escasos textos que han llegado hasta nosotros, se manifiesta con claridad que la catarsis poética no es para nada una purificación de carácter moral, ya que se la distingue de manera expresa de esta última. Al parecer, aunque con vacilaciones e incertidumbre, Aristóteles entrevió en aquella agradable liberación realizada por el arte, algo análogo a lo que hoy llamamos «placer estético». Platón había condenado el arte, entre otras cosas, porque desencadena los sentimientos y las emociones, reduciendo el elemento racional que sirve para dominarlos. Aristóteles invierte de manera absoluta la interpretación platónica: el arte nos descarga de emotividad, no nos carga de ella, y la clase de emoción que nos provoca —de una naturaleza muy particular— no sólo no nos perjudica, sino que nos cura.

7. La rápida decadencia del Peripato después de la muerte de Aristóteles

La suerte que recayó sobre Aristóteles en su escuela, durante toda la época helenística y hasta los comienzos de la era cristiana, fue muy poco afortunada. Su discípulo más importante, colaborador e inmediato sucesor suyo, Teofrasto —que sucedió a Aristóteles en el 323/322 a.C. como escolarca del Peripato, hasta el 288/284 a.C.—, estuvo sin duda a la altura de su maestro por la vastedad de sus conocimientos y por la originalidad de su investigación en el ámbito de las ciencias. Sin embargo, no logró captar y hacer captar a los demás el aspecto filosófico más profundo de Aristóteles. Aún más incapaces de comprender a Aristóteles se mostraron sus demás discípulos, que rápidamente retrocedieron a concepciones materialistas de carácter presocrático, mientras el sucesor de Teofrasto, Estratón de Lámpsaco (que rigió el Peripato desde el 288/284 a.C. hasta el 274/270 a.C.) señala la ruptura más notable con el aristotelismo.

No obstante, además de este olvido o de esta falta de entendimiento del maestro por parte de sus discípulos, y que —como hemos visto— también se dio en la Academia platónica, existe otro hecho que explica el infortunio de Aristóteles. Al morir Teofrasto, dejó los edificios del Peripato a la escuela, pero legó a Neleo de Scepsi la biblioteca que contenía todas las obras no publicadas de Aristóteles. Sabemos que Neleo se llevó la biblioteca al Asia Menor y que, al fallecer éste, quedó en poder de sus herederos. Éstos, por su parte, escondieron los preciosos manuscritos en un sótano, para evitar que cayesen en poder de los reyes Atálidas, que estaban creando la biblioteca de Pérgamo. Dichos escritos permanecieron ocultos hasta que un bibliófilo llamado Apelicón los adquirió y los transportó nuevamente a Atenas. Poco después de la muerte de Apelicón, fueron confiscados por Sila (86 a.C.) y llevados a Roma, confiando su transcripción al gramático Tiranión. Andrónico de Rodas (décimo sucesor de Aristóteles), en la segunda mitad del siglo I antes de Cristo, fue el primero que hizo una edición sistemática de esos escritos. Sobre esta cuestión hemos de hablar más adelante.

A partir de la muerte de Teofrasto, pues, el Peripato se vio privado de aquello que puede considerarse como el instrumento más importante de una escuela filosófica. En particular, se vio privado de aquella producción aristotélica —consistente en los apuntes y los materiales de clase, los llamados escritos esotéricos— que contenía el mensaje más profundo y más original del Estagirita. Es muy cierto que, como algunos han hecho notar, se habían llevado a cabo reproducciones de estos escritos y que, por lo tanto, algunas copias permanecieron en el Peripato. Por consiguiente, el relato que nos narra Estrabón manifiesta un tono excesivamente novelesco. También es cierto que un atento estudio de los antiguos catálogos de las obras de Aristóteles que han llegado hasta nosotros nos revelan que habían quedado en circulación algunas copias de los escritos esotéricos aristotélicos, además de las que fueron transportadas al Asia Menor. A pesar de todo, sea cual fuere la verdad al respecto, hay dos hechos indiscutibles: el Peripato mostró durante largo tiempo una ignorancia con respecto a la mayor parte de los escritos esotéricos y éstos sólo volvieron a escena después de la edición de Andrónico. Si después de Teofrasto, el Peripato quedó en posesión de alguna obra esotérica de Aristóteles, nadie estuvo en condiciones durante más de dos siglos y medio de sacarle ningún provecho. Durante la época helenística se estudiaron de forma predominante —casi con exclusividad y con un interés cada vez menor— las obras exotéricas, únicas que Aristóteles había publicado y que carecían de la fuerza y de la profundidad teórica que caracterizan las obras esotéricas.

Así, el Peripato no logró ejercer un influjo filosófico de relieve y sus debates apenas fueron más allá de las paredes de la escuela. Ahora el alimento espiritual de los nuevos tiempos procedía ya de otras escuelas: el movimiento cínico, el Jardín de Epicuro, el estoicismo de Zenón y el movimiento escéptico de Pirrón.

PARTE SEXTA

LAS ESCUELAS FILOSÓFICAS DE LA ÉPOCA HELENÍSTICA

CINISMO, EPICUREÍSMO, ESTOICISMO, ESCEPTICISMO, ECLECTICISMO Y EL GRAN FLORECIMIENTO DE LAS CIENCIAS PARTICULARES

«Resulta vano el discurso de aquel filósofo
que no cure algún mal del ánimo humano.»

Epicuro

Alejandro Magno (356-323 a.C.): fue el creador del helenismo

Capítulo VIII

EL PENSAMIENTO FILOSÓFICO EN LA ÉPOCA HELENÍSTICA

1. La revolución de Alejandro Magno y el paso desde la época clásica a la época helenística

1.1. *Las consecuencias espirituales de la revolución efectuada por Alejandro Magno*

Hay pocos acontecimientos históricos que, debido a su importancia y a sus consecuencias, señalen de modo emblemático el fin de una época y el comienzo de otra. La gran expedición de Alejandro Magno (334-323 a.C.) es uno de ellos y uno de los más significativos, no sólo por las consecuencias políticas que provocó, sino por toda una serie de modificaciones concomitantes. Éstas determinaron un giro radical en el espíritu de la cultura griega, giro que señaló el final de la era clásica y el inicio de una nueva era.

La consecuencia de mayor importancia política, provocada por la revolución de Alejandro, fue el hundimiento de la relevancia sociopolítica de la *Polis*. Filipo de Macedonia, padre de Alejandro, mientras realizaba su propósito de hegemonía macedónica sobre Grecia, ya había comenzado a minar sus libertades, si bien había respetado formalmente las ciudades. Alejandro, empero, con su designio de una monarquía universal y divina —que habría reunido no sólo las diversas ciudades, sino también países y razas diversas— asestó un golpe mortal a la antigua noción de ciudad-estado. Alejandro no logró realizar su designio debido a su prematura muerte en el 323 a.C. y quizás los tiempos tampoco se hallaban maduros para ese objetivo. No obstante, después del 323 a.C., en Egipto, Siria, Macedonia y Pérgamo se formaron nuevos reinos. Los nuevos monarcas concentraron el poder en sus manos y las ciudades-estado al ir perdiendo poco a poco sus libertades y su autonomía dejaron de hacer la historia que habían creado en el pasado.

Quedaba destruido así aquel valor fundamental de la vida espiritual de la Grecia clásica, que constituía el punto de referencia del actuar moral y que tanto Platón en su *República* como Aristóteles en su *Política* habían no sólo elaborado teóricamente, sino hasta sublimado y substancializado, convirtiendo la *Polis* en la forma ideal de Estado perfecto y no una mera forma histórica. Como consecuencia, a ojos de quienes vivieron la revolución de Alejandro, estas obras filosóficas perdían su significado y su vitalidad, dejaban súbitamente de sintonizar con los tiempos y se situaban en una perspectiva lejana.

1.2. *La propagación del ideal cosmopolita*

Al ocaso de la *Polis* no le siguió el nacimiento de organismos políticos dotados de nueva fuerza moral y capaces de dar origen a nuevos ideales. Las monarquías helenísticas, surgidas a partir del disuelto imperio de Alejandro y que antes hemos mencionado, fueron organismos inestables, incapaces de implicar a sus ciudadanos en una tarea común o de constituir un punto de referencia para la vida moral. De ciudadano, en el sentido clásico del término, el griego se transforma en súbdito. La vida de los nuevos Estados se desarrolla con independencia de su voluntad. Las nuevas habilidades que importan ya no son las antiguas virtudes cívicas, sino determinados conocimientos técnicos que no pueden hallarse en poder de todos, porque exigen estudios y disposiciones especiales. En cualquier caso, pierden el antiguo contenido ético y conquistan otro más propiamente profesional. El administrador de los asuntos públicos se convierte en funcionario, el soldado es mercenario y, junto a ellos, nace el hombre que, sin ser ya el antiguo ciudadano ni el nuevo técnico, asume ante el Estado una actitud de desinterés neutral o incluso de aversión. Las nuevas filosofías teorizarán acerca de esta nueva realidad, situando el Estado y la política entre las cosas neutras, es decir, moralmente indiferentes o hasta dignas de ser evitadas.

En el 146 a.C. Grecia pierde la libertad convirtiéndose en una provincia romana. Lo que Alejandro había soñado lo llevaron a cabo los romanos, de una forma muy distinta. El pensamiento griego, al no ver una alternativa adecuada a la *Polis*, se refugió en el ideal del cosmopolitismo, considerando al mundo entero como si fuese una ciudad, hasta el punto de incluir en esta cosmo-polis no sólo a los hombres, sino también a los dioses. De este modo se desvanece la antigua equivalencia entre hombre y ciudadano, y el hombre se ve obligado a buscar una nueva identidad.

1.3. *El descubrimiento del individuo*

Esta nueva identidad es la del individuo. Durante la edad helenística el hombre comienza a descubrirse según esta dimensión nueva. «La educación cívica del mundo clásico formaba ciudadanos; la cultura de la edad que se inicia con Alejandro forja individuos. En las grandes monarquías helenísticas los vínculos y las relaciones entre el hombre y el Estado se vuelven cada vez menos estrechos e imperiosos. Las nuevas formas políticas, en las que el poder es poseído por uno solo o por unos cuantos, conceden cada vez más a cada uno la posibilidad de forjar a su manera la propia vida y la propia personalidad moral. Incluso en las ciudades en que perduran los antiguos ordenamientos —tal como sucede en Atenas, al menos en el aspecto formal— la antigua vida cívica, que se ha degradado, parece sobrevivirse a sí misma, lánguida, atemorizada, entre veleidades de reacciones reprimidas y sin un consentimiento profundo en los ánimos. El individuo se encuentra ya libre ante sí mismo» (E. Bignone). Como es obvio, partiendo desde el descubrimiento del individuo, en ocasiones se cae en los excesos del individualismo y del egoísmo. Empero, la revolución ha sido de tal entidad que no resultaba fácil moverse con equilibrio en la nueva dirección.

Como resultado de la separación entre hombre y ciudadano, surge la separación entre ética y política. Hasta Aristóteles la ética clásica estaba basada en la identidad entre hombre y ciudadano y, por ello, estaba implantada en la política y más bien subordinada a ésta. Por primera vez en la historia de la filosofía moral, y gracias al descubrimiento del individuo, en la época helenística la ética se estructura de manera autónoma, basándose en el hombre en cuanto tal, en su singularidad. Las tentaciones y las caídas en el egoísmo, de las que hemos hecho mención, constituyen una exageración negativa de dicho descubrimiento.

1.4. *El hundimiento de los prejuicios racistas sobre la diferencia natural entre griegos y bárbaros*

Los griegos habían considerado que los bárbaros eran por naturaleza incapaces de adquirir cultura y de actividades libres y, por lo tanto, eran esclavos por naturaleza. También Aristóteles, como hemos visto, elaboró teóricamente esta convicción en la *Política*. Por lo contrario, Alejandro intentó —y no sin éxito— la gigantesca empresa de asimilar a los bárbaros vencidos y su equiparación con los griegos. Hizo instruir a miles de jóvenes bárbaros según los cánones de la cultura griega y los hizo adiestrar en el arte de la guerra de acuerdo con las técnicas griegas (331 a.C). Además, ordenó que los soldados y los oficiales macedonios contrajesen matrimonio con mujeres persas (324 a.C.).

Los filósofos, por lo menos a nivel teórico, también pondrán en discusión el prejuicio de la esclavitud. Epicuro no sólo tratará con familiaridad a los esclavos, sino que les hará participar en sus enseñanzas. Los estoicos enseñarán que la verdadera esclavitud es la de la ignorancia y que a la libertad del saber pueden acceder tanto el esclavo como su soberano. La historia del estoicismo concluirá de modo simbólico con las dos grandes figuras de Epicteto y Marco Aurelio, un esclavo liberto y un emperador.

1.5. *La transformación de la cultura helénica en cultura helenística*

Al propagarse entre los distintos pueblos y las diferentes razas, la cultura helénica se convirtió en helenística. Obligadamente, esta difusión implicó una pérdida de profundidad y de pureza. Al entrar en contacto con tradiciones y creencias diversas, la cultura helénica no pudo menos que asimilar algunos de sus elementos. Se hicieron sentir los influjos de Oriente. Y los nuevos centros de cultura, Pérgamo, Rodas y sobre todo Alejandría —con la fundación de la Biblioteca y del Museo, gracias a los Ptolomeos— acabaron por obscurecer a la propia Atenas. Si ésta logró seguir siendo la capital del pensamiento filosófico, Alejandría se convirtió primero en centro del florecimiento de las ciencias particulares, y a finales de la época helenística y en especial durante la época imperial, se transformó también en el centro de la filosofía.

Incluso de Roma, militar y políticamente vencedora —a la cual sin embargo la Hélade había conquistado para sí desde el punto de vista cultural— llegaron nuevos estímulos con el sello del realismo latino, que contribuyeron a crear y a difundir el fenómeno del eclecticismo, del cual hablaremos más adelante. Los más eclécticos de los filósofos fueron aquellos que estuvieron en un contacto más intenso con los romanos, y el más ecléctico de todos fue el romano Cicerón.

Es comprensible, pues, que el pensamiento helenístico se haya interesado sobre todo por los problemas morales, que afectan a todos los hombres. Al plantear los grandes problemas de la vida y al proponer algunas soluciones al respecto, los filósofos de esta época crearon algo verdaderamente grandioso y excepcional. El cinismo, el epicureísmo, el estoicismo, el escepticismo propusieron modelos de vida en los que los hombres continuaron inspirándose durante más de medio milenio y que se convirtieron en paradigmas espirituales, conquistas definitivas en sentido estricto.

2. El florecimiento del cinismo y la desaparición de las escuelas socráticas menores

2.1. *Diógenes y la radicalización del cinismo*

Como ya hemos visto, desde un punto de vista doctrinal Antístenes fue el fundador del cinismo o, por lo menos, de sus aspectos principales. No obstante, le tocó a Diógenes de Sinope la fortuna de convertirse en principal exponente y casi en símbolo de este movimiento. Diógenes fue un contemporáneo, algo mayor, de Alejandro. Una fuente antigua nos refiere, además, que murió en Corinto el mismo día en que Alejandro murió en Babilonia. Su encuentro con Antístenes habría tenido lugar, según un testimonio de la antigüedad, en la siguiente forma: «Al llegar a Atenas, Diógenes se tropezó casualmente con Antístenes. Como éste —que no quería acoger a nadie como alumno— lo rechazaba, continuó perseverando con tozudez, hasta salirse con la suya. Y en una ocasión en que Antístenes levantó el bastón contra él, Diógenes le acercó la cabeza, agregando: “Golpea, que no encontrarás madera tan dura que me haga desistir de lograr que me digas algo, como a mí me parece que es tu deber.” A partir de entonces se convirtió en oyente suyo.

Diógenes no sólo llevó hasta sus últimas consecuencias las cuestiones planteadas por Antístenes, sino que las supo convertir en auténtica vida con un rigor y una coherencia tan radicales, que durante siglos enteros fueron considerados como algo verdaderamente extraordinario. Diógenes provocó la ruptura de la imagen clásica del hombre griego, y la nueva imagen que propuso fue muy pronto considerada como un paradigma. Durante la primera parte de la época helenística y, más tarde, durante la época imperial, se reconoció en dicha imagen la expresión de una parte esencial de las propias exigencias fundamentales.

El programa de nuestro filósofo se expresa por completo en la célebre frase «busco al hombre», que —como se nos narra— Diógenes pronunciaba caminando con una linterna encendida en pleno día, por los sitios más atestados de gente. Con una ironía evidente y provocadora, Diógenes quería dar a entender lo siguiente: busco al hombre que vive de acuerdo con su esencia más auténtica, busco al hombre que, más allá de todas las exterioridades, de todas las convenciones sociales, y más allá de los caprichos de la suerte y de la fortuna, sabe encontrar su genuina naturaleza, sabe vivir conforme a ella y, así, sabe ser feliz.

Una antigua fuente nos refiere: «Diógenes el Cínico clamaba repetidamente que los dioses han concedido a los hombres fáciles medios de vida, pero que sin embargo los han ocultado a los ojos humanos.» Precisamente, Diógenes se propuso la tarea de volver a situar ante la vista de los hombres esos fáciles medios de vida, demostrando que el hombre siempre tiene a su disposición lo que se necesita para ser feliz, a condición de que sepa darse cuenta de cuáles son las exigencias reales de su naturaleza.

Hay que entender en este contexto sus afirmaciones acerca de la inutilidad de las matemáticas, la física, la astronomía y la música, y sobre lo absurdo de las construcciones metafísicas. El comportamiento, el ejemplo, la acción substituyen la mediación conceptual. Con Diógenes, el cinismo se convierte en la más anticultural de las filosofías que hayan conocido Grecia y el Occidente. También en este contexto hay que interpretar sus conclusiones extremistas, que lo llevaban a proclamar que las necesidades verdaderamente esenciales del hombre son aquellas de tipo elemental que provienen de su animalidad. Teofrasto cuenta que Diógenes «vio en una ocasión cómo corría un ratón de aquí para allá, sin meta definida (no buscaba un lugar para dormir, no tenía miedo de la obscuridad ni tampoco deseaba algo de lo que corrientemente se considera deseable), y así descubrió el remedio de sus dificultades». Se trata, pues, de un animal que le enseña al cínico una manera de vivir: vivir sin metas (sin las metas que la sociedad propone como necesarias), sin necesidad de casa ni de vivienda fija y sin las comodidades que brinda el progreso.

Ésta es la forma en que Diógenes, según el testimonio de los antiguos, puso en práctica sus teorías: «Diógenes fue el primero en doblar su capa debido a la necesidad de dormir en su interior, y llevaba una alforja para guardar los víveres; utilizaba indistintamente todos los lugares para todos los usos, para comer, para dormir o para conversar. Y acostumbraba a decir que los atenienses también le habían procurado dónde habitar: señalaba el pórtico de Zeus y la sala de las procesiones (...). En cierta ocasión había ordenado a alguien que le proporcionase una casita; como éste tardaba, escogió como vivienda un tonel que había en el Metroon, como atestigua él mismo.» La representación de Diógenes en el tonel se convirtió en un símbolo de lo poco que basta para vivir.

Para Diógenes, esta manera de vivir coincide con la libertad. Cuanto más se eliminan las necesidades superfluas, más libre se es. Los cínicos insistieron sobre el tema de la libertad, en todos los sentidos, hasta el extremo del paroxismo. En la libertad de palabra *(parrhesia)* llegaron hasta los límites del descaro y de la arrogancia, incluso ante los poderosos. En la libertad de acción *(anaideia)* avanzaron hasta extremos licenciosos. Aunque mediante esta *anaideia* lo que Diógenes pretendía demostrar era la no naturalidad de las costumbres griegas, no siempre conservó la mesura, cayendo en excesos que explican la carga de significado negativo con que ha pasado a la historia el término «cínico», carga que aún hoy posee. He aquí algunos testimonios significativos: «Diógenes acostumbraba a hacer todas las cosas a la luz del día, incluso aquellas que se refieren a Deméter y Afrodita»; «durante un banquete, algunos le tiraron los huesos como si fuese un perro; Diógenes se levantó y orinó sobre ellos, como un perro»; «en una ocasión alguien le hizo entrar en una casa suntuosa y le prohibió escupir. Entonces Diógenes se aclaró la garganta desde lo más profundo y le escupió en la cara, diciendo que no había podido encontrar otro sitio peor»; «cuando tenía necesidad de dinero, se dirigía a sus amigos diciéndoles que no lo pedía como regalo sino como restitución».

Diógenes resumía el método que conduce a la libertad y a la virtud en dos nociones esenciales: el ejercicio y la fatiga, que consistían en la práctica de una vida adecuada para acostumbrar el físico y el espíritu a las fatigas impuestas por la naturaleza y, al mismo tiempo, adecuada para habituar al hombre al dominio de los placeres o, más bien, a su desprecio. Este desprecio por los placeres —que ya había predicado Antístenes— resulta esencial para la vida del cínico, puesto que el placer no sólo ablanda el cuerpo y el espíritu, sino que pone en peligro la libertad, convirtiendo al hombre en esclavo —por diversos motivos— de las cosas y de los hombres que se hallan relacionados con los placeres. Los cínicos también ponían en tela de juicio el matrimonio, al que substituían por una convivencia acordada entre hombre y mujer. Y naturalmente, se discutía la ciudad: el cínico se proclama ciudadano del mundo.

La «autarquía» —esto es bastarse a sí mismo— junto con la apatía y la indiferencia ante todo constituían los objetivos de la vida cínica. Este episodio, famosísimo y hasta simbólico, define el espíritu del cinismo a la perfección: en cierta ocasión, mientras Diógenes tomaba el sol, se le acercó el gran Alejandro, el hombre más poderoso de la tierra, y le dijo: «Pídeme lo que quieras», a lo que Diógenes respondió: «No me tapes el sol.» Diógenes no necesitaba para nada el extraordinario poderío de Alejandro. Para estar satisfecho, le bastaba con el sol, que es la cosa más natural, a disposición de todos. Mejor dicho, le bastaba con la profunda convicción de la inutilidad de aquel poderío, dado que la felicidad procede del interior del hombre y no de fuera de él.

Quizás fue Diógenes el primero que adoptó, para autodefinirse, el término «perro», vanagloriándose de este epíteto que los demás le endilgaban con desprecio y explicando que se llamaba «perro» por el motivo siguiente: «Meneo alegremente la cola ante quien me da algo, ladro contra el que nada me da, muerdo a los bribones.»

Diógenes expresaba muchas de las actitudes de la época helenística, si bien de forma unilateral. Sus contemporáneos entendieron esto así y le erigieron una columna de mármol de Paros con esta inscripción: «El bronce cede ante el tiempo y envejece, pero tu gloria, oh Diógenes, permanecerá intacta durante la eternidad, porque sólo tú enseñaste a los mortales la doctrina según la cual la vida se basta a sí misma y señalaste el camino más fácil para vivir.»

2.2. *Crates y otros cínicos de la época helenística*

Crates fue discípulo de Diógenes y una de las figuras más significativas en la historia del cinismo. Vivió probablemente hasta comienzos del siglo III a.C. Reafirmó la noción según la cual las riquezas y la fama no son bienes y valores, sino que para el sabio constituyen males. En cambio, son bienes sus contrarios, la pobreza y la obscuridad. Sobre Crates se nos narra lo siguiente: «Al vender su patrimonio, puesto que pertenecía a una familia distinguida, obtuvo unos doscientos talentos que distribuyó a sus conciudadanos (...). Diógenes lo convenció de que abandonase sus campos para que allí paciesen las ovejas, y de que arrojase al mar el dinero que poseyese (...). Perseveró en su propósito, no dejándose disuadir por sus parientes que venían a visitarlo y a los cuales tuvo que perseguir a menudo con un bastón (...). Entregó su dinero a un banquero, a condición de que, si sus hijos permanecían profanos e incultos, les diese el dinero. Pero si se convertían en filósofos, lo distribuyese entre el pueblo; porque sus hijos, si se dedicaban a la filosofía, no tendrían necesidad de nada.»

El cínico debía ser apátrida, porque la Polis es algo expugnable y no constituye el refugio del sabio. Cuando Alejandro le preguntó si quería que fuese reconstruida su ciudad natal, le respondió: «¿Y de qué servirá? Quizás otro Alejandro vuelva a destruirla.» En una de sus obras escribió: «Mi patria no posee una sola torre ni un solo techo; pero dondequiera que sea posible vivir bien, en cualquier punto del universo entero, allí estará mi ciudad, allí está mi casa.»

Crates contrajo matrimonio, pero con una mujer llamada Hiparquia que había abrazado el cinismo, y junto con ella vivió la vida cínica. Su completa ruptura con la sociedad también queda demostrada mediante el episodio según el cual habría otorgado a su hija en matrimonio a prueba durante treinta días.

Durante el siglo III a.C. tenemos noticias de cierto número de cínicos: Bión de Borístenes, Menipo de Gadara, Teletes, Menedemo. Al parecer, se remonta a Bión la codificación de la diatriba, forma literaria que gozará de una gran fortuna. La diatriba es un diálogo breve, de carácter popular, con un contenido ético, y que a menudo se escribe en un lenguaje mordaz. En substancia, se trata de un diálogo socrático redactado con estilo cínico. Las composiciones de Menipo se convirtieron en modelos literarios. Luciano se inspirará en ellas e incluso las sátiras latinas de Lucilio y Horacio se inspirarán en los rasgos de fondo de los escritos cínicos, que *ridendo castigant mores*.

Durante los dos últimos siglos de la era pagana el cinismo languideció. El eclipse del cinismo se produjo por agotamiento de su carga interna, y además por razones sociales y políticas: la doctrina y la vida cínicas eran algo incompatible con el sólido sentido ético de la romanidad. El juicio de Cicerón resulta bastante elocuente: «Hay que rechazar en bloque el sistema cínico, porque es algo contrario a la vergüenza, sin la cual no puede haber nada correcto, nada honrado.»

2.3. *El significado y los límites del cinismo*

El cinismo, sobre todo en la formulación realizada por Diógenes y Crates —como hemos señalado antes— respondía a algunas de las exigencias de fondo de la época helenística. Por tal motivo, tuvo un éxito no muy inferior al de las otras grandes filosofías nacidas en esta conflictiva época.

La denuncia cínica de las grandes ilusiones que sacuden vanamente a los hombres, es decir; 1) la búsqueda del placer, 2) el apego a la riqueza, 3) el ansia de poder, 4) el deseo de fama, de brillo y de éxito, y el firme convencimiento de que tales ilusiones siempre en todos los casos conducen al hombre a la infelicidad, serán vueltos a proclamar por el estoicismo de Zenón, el Jardín de Epicuro y el escepticismo de Pirrón, convirtiéndose en un lugar común repetido a lo largo de los siglos. La exaltación de la autarquía y de la apatía —entendidas como condiciones esenciales para la sabiduría y, por lo tanto, la felicidad— se transformará en el hilo conductor del pensamiento helenístico.

La menor vitalidad que mostró el cinismo, en comparación con el estoicismo, el epicureísmo y el escepticismo, se debe a *a)* su extremismo y anarquismo y, por lo tanto, *b)* su desequilibrio de base y *c)* su objetiva pobreza espiritual.

a) El extremismo del cinismo consiste en que no se salva casi nada de su sistemática puesta en discusión de las convenciones y los valores consagrados por la tradición, careciendo el cinismo de propuestas de valores positivos, que se planteen como alternativas.

b) El desequilibrio de base del cinismo se debe al hecho de que reduce al hombre en definitiva a su animalidad, considerando como esenciales —y, por lo tanto, de necesaria satisfacción— casi exclusivamente las necesidades animales o, si se prefiere, las necesidades del hombre primitivo. Al mismo tiempo, empero, propone al sabio un modelo de vida para cuya realización hacen falta energías espirituales que van mucho más allá que las poseídas por la pura animalidad o el hombre en su estado primitivo. Requieren la actividad superior de la *psyche* socrática, la cual sin embargo va siendo olvidada poco a poco por el cinismo.

c) Por último, la pobreza espiritual del cinismo no sólo consiste en un repudio de la ciencia y de la cultura, sino también en la reducción de los aspectos propiamente filosóficos de su mensaje, hasta el punto de que éste resulta incapaz de justificarse teóricamente a sí mismo. La intuición emocional de la validez de su propio mensaje constituye el verdadero y único fundamento del cinismo.

Los antiguos definieron el cinismo como «el camino breve hacia la virtud». En filosofía, sin embargo, junto con Hegel debemos afirmar que no existen caminos breves, atajos. Incluso el estoicismo, que recogió los temas esenciales del cinismo en un porcentaje mucho mayor que todas las demás filosofías helenísticas, prolongó de forma considerable el camino breve hacia la virtud. Gracias precisamente a esta mediación y a este buscar dar razón a fondo de sí mismo y de sus propias afirmaciones de base, el estoicismo conquistó los espíritus en medida mucho más notable que el cinismo, substituyendo radicalmente a éste.

2.4. *Desarrollo y final de las otras escuelas socráticas menores*

Las demás escuelas socráticas menores se desarrollaron con escaso vigor a lo largo del siglo IV a.C., y a principios del siglo III sus diversos mensajes ya se habían desvanecido. Las nuevas escuelas helenísticas, que recogieron algunos de sus temas, avanzaron mucho más que ellas y se impusieron gracias a poseer una consistencia mucho más notable.

Los segundos cirenaicos fracturaron la unidad de la doctrina originaria de la escuela y llegaron a poner en crisis el principio mismo sobre el que ésta se apoyaba. Se dividieron en tres corrientes, respectivamente encabezadas por Hegesias —llamado «el persuasor de muerte»— Aníceris y Teodoro, llamado «el ateo». Hegesias consideró que el placer era el fin de la vida, pero lo declaró inalcanzable, cayendo por lo tanto en una especie de pesimismo y afirmando que todas las cosas resultaban completamente indiferentes. Aníceris y sus seguidores trataron de evitar estas consecuencias extremas, sosteniendo que hay muchos otros valores que contribuyen a la felicidad, por ejemplo, la amistad, la gratitud, el honrar a los padres y el amor a la patria. Teodoro se propuso recorrer un camino intermedio, adoptando algunas ideas cínicas, y se hizo famoso sobre todo por las refutaciones que realizó con respecto a todas las opiniones manifestadas por los griegos acerca de los dioses, motivo del cual fue llamado «el ateo».

La escuela megárica desarrolló en especial la dialéctica, como ya se ha mencionado, y también los aspectos erísticos de ésta. No descuidó las doctrinas morales, pero en tal ámbito no produjo ideas demasiado originales. El componente eleático de la doctrina se impuso al estrictamente socrático y, por consiguiente, las polémicas desatadas por los megáricos en contra de Platón y de Aristóteles fueron más de retaguardia que de vanguardia. Eubúlides fue célebre por haber formulado algunas paradojas erístico-dialécticas, cuya fama se prolongó durante mucho tiempo. Diodoro Crono se dio a conocer debido a la polémica contra la concepción aristotélica de la potencia y por la reducción de todo el ser al acto. Estilpón (aprox. 360-280 a.C.) fue el último personaje famoso de la escuela. Negó la validez de todas las formas de lógica discursiva y defendió la exclusiva validez del juicio de identidad (el hombre es el hombre, el bien es el bien, etc.), con un espíritu evidentemente eleático. El éxito de esta escuela en el mundo antiguo estuvo en función, en gran medida, del atractivo que tenían para los helenos los virtuosismos de la discusión dialéctica.

3. Epicuro y la fundación del Jardín («Kepos»)

3.1. *El Jardín de Epicuro y sus nuevas finalidades*

En orden cronológico la primera de las grandes escuelas helenísticas fue la de Epicuro, que surgió en Atenas hacia finales del siglo IV a.C. (probablemente en el 307/306 a.C.). Epicuro había nacido en Samos en el 341 a.C. y ya había enseñado en Colofón, Mitilene y Lámpsaco. El traslado de la escuela a Atenas constituía en sentido estricto un desafío de Epicuro a la Academia y al Peripato, el comienzo de una revolución espiritual. Epicuro se había dado cuenta de que tenía algo nuevo que decir,

Epicuro (341-270 a.C.) fundó el Jardín, una de las principales escuelas filosóficas de la época helenística y de la filosofía griega en general

algo que tenía futuro ante sí, mientras que a las escuelas de Platón y de Aristóteles les quedaba casi exclusivamente el pasado. Aunque se trataba de un pasado próximo, desde el punto de vista cronológico, los nuevos acontecimientos lo habían convertido súbitamente en algo remoto, desde una perspectiva espiritual. Por lo demás, incluso los sucesores de Platón y Aristóteles —como hemos visto— estaban vaciando, en el interior de sus escuelas, el mensaje de los fundadores.

El lugar que eligió Epicuro para su escuela expresa la revolucionaria novedad de su pensamiento: no se trataba de un gimnasio, símbolo de la Grecia clásica, sino de un edificio con un jardín —un huerto, más bien— en las afueras de Atenas. El jardín estaba alejado del tumulto de la vida pública ciudadana y cercano al silencio de la campiña, aquel silencio y aquella campiña que no les decían nada a los filósofos clásicos, pero que se convierten en algo muy importante para la nueva sensibilidad helenística. De aquí proviene el nombre de Jardín (en griego, *Kepos*) con que fue denominada la escuela, y las expresiones «los del Jardín» o «los filósofos del Jardín» se transformaron es sinónimas de seguidores de Epicuro o epicúreos. De la riquísima producción de Epicuro nos han llegado en su integridad las *Cartas* dirigidas a Heródoto, Pitocles y Meneceo (dedicadas a resumir sus doctrinas), dos series de *Aforismos* y varios fragmentos.

El mensaje que procedía del Jardín puede resumirse en unas cuantas proposiciones generales: *a)* la realidad es algo perfectamente penetrable y cognoscible por la inteligencia del hombre; *b)* en las dimensiones de lo real hay espacio suficiente para la felicidad del hombre; *c)* la felicidad es carencia de dolor y de perturbación; *d)* para lograr esta felicidad y esta paz, el hombre sólo tiene necesidad de sí mismo; *e)* no le hacen falta, pues, la ciudad, las instituciones, la nobleza, las riquezas, ninguna otra cosa y ni siquiera los dioses. El hombre es perfectamente autárquico.

Con respecto a este mensaje, se hace evidente que todos los hombres son iguales, porque todos aspiran a la paz mental, todos tienen derecho a ella y todos, si quieren, pueden alcanzarla. Por consiguiente, el Jardín quiso abrir sus puertas a todos: a nobles y a plebeyos, a libres y esclavos, a hombres y mujeres, e incluso a hetairas en busca de redención. La nueva doctrina que procedía del Jardín era original precisamente en su espíritu peculiar, en la clave espiritual que la caracterizaba: no constituía un movimiento a la moda, con un atractivo exclusiva o predominantemente intelectual, sino la llamada a un tipo de vida del todo inhabitual. En Epicuro, como ha sido justamente señalado por los modernos especialistas, se da más de un rasgo que recuerda la figura del profeta y del santo en una dimensión mundana. «El Jardín servía de base para instruir a los misioneros, y la casa era centro de una intensa propaganda. Los fragmentos que han llegado hasta nosotros nos informan sobre la difusión del movimiento, incluso en la vida del fundador. Sabemos de cartas "a los amigos de Lámpsaco", "a los amigos de Egipto", "a los amigos de Asia", "a los filósofos de Mitelene". A través de su literatura epistolar dirigida a sus comunidades dispersas por el Oriente, Epicuro parece un precursor de san Pablo» (B. Farrington). Obviamente Epicuro es precursor de Pablo sólo en el espíritu misionero y no en el contenido de su mensaje. La fe epicúrea es una fe en este mundo, negadora de toda trascendencia y radicalmente ligada con la dimensión de lo natural y lo físico. Resultan radicalmente discutidos y negados por ella los resultados metafísicos de la segunda navegación platónica, al igual que todos los avances aristotélicos.

3.2. *La canónica epicúrea*

En substancia Epicuro aceptó la división realizada por Jenócrates con respecto a la filosofía: lógica, física y ética. La primera debe elaborar los cánones según los cuales reconocemos la verdad, la segunda estudia la constitución de lo real y la tercera, la finalidad del hombre (la felicidad) y los medios para alcanzarla. Es en función exclusiva de la tercera como se elaboran las dos primeras.

Platón había afirmado que la sensación confunde al alma y distrae del ser. Epicuro invierte por completo esta postura, sosteniendo que al contrario la sensación, y sólo ella, capta el ser de modo infalible. Ninguna sensación se equivoca nunca, Cicerón nos refiere: «Epicuro llegó hasta el extremo de decir que, si una sensación una sola vez en la vida nos indujese a un error, ya no existiría la posibilidad de creer en ninguna sensación»; «Epicuro temía que, si una sola de las sensaciones se nos revelase como engañosa, no pudiese afirmarse la verdad de ninguna otra. Llamaba a los sentidos "mensajeros de la verdad"». Los argumentos que Epicuro aducía en favor de la absoluta verosimilitud de todas las sensaciones son las siguientes: 1) En primer lugar, la sensación es una afección, algo pasivo y, en cuanto tal, es provocada por algo de lo cual ella constituye un efecto correspondiente y adecuado. 2) En segundo lugar, la sensación es objetiva y verdadera porque ha sido producida y garantizada por la estructura atómica de la realidad (de la que hablaremos más adelante). De todas las cosas brotan conjuntos de átomos, que constituyen imágenes o simulacros, y la penetración en nosotros de tales simulacros es, precisamente, la que produce la sensación. Las sensaciones son registros objetivos de los simulacros en cuanto tales, incluso en aquellos casos en que se considera erróneamente que son ilusiones de los sentidos. Por ejemplo, cuando un objeto aparece bajo formas diferentes, en función del lugar o de la distancia a la que nos encontramos: el simulacro del objeto cercano es, en efecto, distinto del simulacro del objeto lejano. Por lo tanto, lo que para algunos constituye una prueba de que los sentidos engañan, es en realidad una prueba de su objetividad. 3) Por último, la sensación es algo arracional y, por lo tanto, incapaz de quitar o de añadir algo a sí misma: por consiguiente, es objetiva.

Como segundo criterio de verdad, Epicuro proponía las prolepsis, anticipaciones o prenociones, que son las representaciones mentales de las cosas, es decir, la memoria de lo que a menudo se nos ha mostrado desde fuera. La experiencia deja en la mente una impronta de las pasadas sensaciones y dicha impronta nos permite conocer por adelantado los rasgos de las cosas correspondientes, aunque no las tengamos ahora delante nuestro. Para decirlo con otras palabras, nos anticipa las características que tendrán las cosas cuando la sensación nos las ponga otra vez ante nosotros. La prolepsis, pues, anticipa la experiencia, pero sólo porque —y en medida en que— haya sido producida ella misma por la experiencia. Los nombres son expresión natural de estas prolepsis y también ellos constituyen una manifestación natural de la acción originaria de las cosas sobre nosotros.

Como tercer criterio de verdad Epicuro coloca los sentimientos de placer y de dolor. Las afecciones de placer y de dolor son subjetivas, por las mismas razones que lo son todas las sensaciones. Sin embargo, dichas afecciones poseen una importancia muy peculiar. Al igual que todas las demás sensaciones, sirven como criterio para distinguir lo verdadero de lo falso, el ser del no ser. Además constituyen el criterio axiológico que sirve para discriminar el bien del mal, y de este modo constituyen el criterio de la elección o la no elección, es decir, la regla de nuestro actuar.

Sensaciones, prolepsis y sentimientos de placer y dolor poseen una característica común, que garantiza su valor de verdad: la evidencia inmediata. Por lo tanto, mientras nos limitemos a la evidencia y aceptemos como verdadero lo que es evidente, no podemos errar, porque la evidencia siempre procede de la acción directa que ejercen las cosas sobre nuestro ánimo. Evidente en sentido estricto es, entonces, sólo aquello que resulte tan inmediato como las sensaciones, las anticipaciones y los sentimientos. Sin embargo, como el razonar no se puede limitar a lo inmediato, al tratarse de una operación de mediación, surge la opinión y, con ella, nace la posibilidad del error. Por lo tanto, mientras que las sensaciones, las prolepsis y los sentimientos siempre son verdaderos, las opiniones a veces pueden ser verdaderas y a veces falsas. Debido a ello, Epicuro trató de determinar los criterios que sirven para distinguir las opiniones verdaderas de las falsas.

Son verdaderas aquellas opiniones que *a)* reciben una aseveración fehaciente, esto es, una confirmación procedente de la experiencia y de la evidencia, y *b)* no reciben una aseveración contraria, esto es, no son desmentidas por la experiencia y la evidencia. En cambio, son falsas las opiniones que *a)* reciben una aseveración contraria, es decir, son desmentidas por la experiencia y la evidencia, y *b)* no reciben una aseveración fehaciente, es decir, no reciben confirmación procedente de la experiencia y la evidencia.

Hay que advertir que la evidencia constituye siempre el parámetro a través del cual se mide y se reconoce la verdad. En todo caso, se trata siempre de una evidencia meramente empírica: es la evidencia que aparece ante los sentidos y no la que aparece ante la razón. Se aprecian aquí más que nunca las onerosas hipotecas sensistas de la canónica epicúrea, que la convierten en inadecuada e insuficiente con respecto a las exigencias de la construcción de la física epicúrea misma. De hecho, los conceptos básicos de la física epicúrea —los átomos, el vacío o la declinación de los átomos— no son cosas evidentes de por sí, ya que en ningún caso resultan sensorialmente comprobables. Sin embargo, afirma Epicuro, se trata de cosas no evidentes que se han supuesto y opinado con objeto de dar razón de los fenómenos y en acuerdo con éstos. Como es obvio, Epicuro está muy lejos de poder demostrar que precisamente los átomos, el vacío, la declinación, etc., sean las únicas cosas que puedan suponerse para explicar los fenómenos. Hay otros principios, completamente distintos a éstos, que podrían alardear también de falta de aseveración contraria procedente de la experiencia.

Recordemos por último que desde hace tiempo los expertos han indicado que, a partir de la afirmación según la cual todas las sensaciones son verdaderas, cabe deducir tanto un objetivismo absoluto —tal como hace Epicuro— como un absoluto subjetivismo, lo cual es el caso de Protágoras. La verdad es que, cualquier hipótesis, no sólo la física sino también la ética epicúreas van mucho más allá de lo que permitiría por sí misma la canónica, como hemos constatado.

3.3. *La física epicúrea*

¿Por qué es necesario elaborar una física o una ciencia de la naturaleza, de la realidad en su conjunto? Epicuro responde: «Si no nos perturbasen el temor ante los fenómenos celestiales y ante la muerte —que puede ser algo que nos toque de cerca— y desconocer la frontera de los placeres y dolores, no tendríamos necesidad de la ciencia de la naturaleza.» Esto significa que debe elaborarse la física para proporcionar un fundamento a la ética.

La física de Epicuro es una ontología, una visión global de la realidad en su totalidad y en sus principios últimos. Epicuro, sin embargo, no sabe crear una ontología nueva: para expresar su propia visión materialista de la realidad en una forma positiva (es decir, no limitándose a negar la tesis platónico-aristotélica), se remonta a nociones y figuras teóricas ya elaboradas, precisamente en el ámbito de la filosofía presocrática. Entre todas las perspectivas presocráticas, era inevitable casi que Epicuro escogiese la de los atomistas, porque ésta, después de la segunda navegación platónica, era sin duda la que resultaba más materialista de todas. El atomismo, como hemos visto, es una respuesta concreta a las aporías planteadas por el eleatismo, un intento de mediar entre el logos eleático, por una parte, y la experiencia, por la otra. A la lógica del atomismo pasó gran parte de la lógica eleática (Leucipo, el primer atomista, fue discípulo de Meliso y, en general, el atomismo fue la más rigurosamente eleática de las propuestas pluralistas). Por consiguiente, era inevitable que la lógica eleática pasase también a Epicuro.

Los fundamentos de la física epicúrea pueden definirse y formularse en los términos que siguen.

a) «Nada nace del no ser»: si así no fuese, se daría el absurdo de que todo podría generarse de otra cosa cualquiera, sin necesidad de una simiente generadora. Nada «se disuelve en la nada»: si así fuese, a esta altura todo habría perecido ya y no existiría nada. Y puesto que nada nace y nada perece, el todo —la realidad en su totalidad— siempre ha sido como es ahora y siempre será igual. No puede cambiarse en otra cosa que no sea el todo y tampoco existe nada que esté en condiciones de cambiarlo.

b) Este todo —es decir, la totalidad de la realidad— está determinado por dos elementos esenciales: los cuerpos y el vacío. Los sentidos mismos nos prueban la existencia de los cuerpos, mientras que la existencia del espacio y del vacío se infiere del hecho de que existe el movimiento. Para que haya movimiento, es necesario que exista un espacio vacío en el cual puedan desplazarse los cuerpos. El vacío no es un no-ser absoluto, sino espacio o, como dice Epicuro, naturaleza intangible. Entre los cuerpos y el vacío *tertium non datur*, porque no es pensable algo que sea existente de por sí y que no sea afección de los cuerpos.

c) La realidad, tal como la concibe Epicuro, es infinita. En primer lugar, es infinita en cuanto totalidad. Es evidente asimismo que, para que el todo pueda ser infinito, deben ser infinitos cada uno de sus principios constitutivos. Tendrá que ser infinita la multitud de los cuerpos e infinita será la extensión del vacío (si fuese finita la multitud de los cuerpos, éstos se dispersarían en el vacío infinito, y si fuese finito el vacío, éste no podría acoger en su seno los infinitos cuerpos). Vuelve así a imponerse el concepto de infinito, en contra de las concepciones platónicas y aristotélicas.

d) Algunos de los cuerpos son compuestos, mientras que otros son simples y absolutamente indivisibles (átomos). Se vuelve necesario aceptar la existencia de los átomos, porque en caso contrario habría que admitir una divisibilidad de los cuerpos hasta el infinito, cosa que llevaría en definitiva a que las cosas se disolviesen en el no ser, lo cual es absurdo como sabemos.

La concepción del átomo según Epicuro difiere en tres puntos fundamentales de la de los antiguos atomistas (Leucipo y Demócrito).

1) Los atomistas antiguos señalaban que las características esenciales del átomo eran la figura, el orden y la posición. Epicuro, en cambio, indica que los rasgos esenciales consisten en la figura, el peso y el tamaño. Las diferentes formas de los átomos (que no sólo son formas regulares de orden geométrico, sino formas de todas las clases, y que en todos los casos son siempre y únicamente formas diferentes desde el punto de vista cuantitativo, pero no distintas desde una perspectiva cualitativa, como las formas platónicas o aristotélicas, ya que es idéntica la naturaleza de todos los átomos) resultan necesarias para explicar las distintas cualidades fenoménicas de las cosas que percibimos. Lo mismo se aplica también al tamaño de los átomos (el peso, en cambio, como veremos después con más detenimiento, se hace necesario para explicar el movimiento de los átomos). Las formas atómicas deben ser muy diversas y muy numerosas, pero no infinitas: si fuesen infinitas, su tamaño debería ser variable hasta el infinito, con lo cual llegarían a ser visibles, cosa que no ocurre. En cambio es infinita la cantidad global de átomos.

2) Una segunda diferencia consiste en la introducción de la teoría de los mínimos. Según Epicuro, todos los átomos, desde los más grandes hasta los más pequeños, son física y ontológicamente indivisibles. Sin embargo, el mero hecho de ser cuerpos dotados de figura y, por lo tanto, de extensión y tamaños diversos —aunque dentro del ámbito de los dos límites antes mencionados— implica que tengan partes. Si no fuese así, carecería de sentido hablar de átomos pequeños y átomos grandes. Como es obvio, se trata de «partes» ontológicamente no separables, porque sólo resultan distinguibles desde un punto de vista lógico e ideal, dado que el átomo es estructuralmente indivisible. El tamaño de estas partes del átomo, por el mismo motivo eleático que impedía que los átomos disminuyeran de tamaño hasta el infinito, deberá detenerse en determinado límite, al cual Epicuro llama «mínimo» y que constituye como tal la unidad de medida. Adviértase que Epicuro no sólo habla de los mínimos haciendo referencia a los átomos, sino también al espacio (al vacío), al tiempo, al movimiento y a la declinación de los átomos (sobre la que después hablaremos). En

todos estos casos, los mínimos constituyen la unidad analógica de medida.

3) La tercera diferencia versa sobre la concepción del movimiento originario de los átomos. Epicuro interpreta así este movimiento: no se trata de aquel girar en todas direcciones del que hablaban los antiguos atomistas, sino de un movimiento de caída hacia abajo en el espacio infinito, debido al peso de los átomos. Se trata de un movimiento rapidísimo, tan veloz como el pensamiento e igual para todos los átomos con independencia de su peso. Esta corrección de las concepciones del atomismo antiguo resulta un híbrido bastante desafortunado, porque demuestra de forma diáfana que el pensamiento del infinito se halla inevitablemente comprometido por el sensismo, que no sabe sacudirse de encima la representación empírica de lo alto y lo bajo (nociones relacionadas con lo finito). ¿Cómo es que los átomos no caen en trayectorias paralelas, hasta el infinito, sin tocarse jamás? Para solucionar esta dificultad, Epicuro introdujo la teoría de la declinación de los átomos *(clinamen)*. Según esta teoría los átomos pueden desviarse en cualquier momento del tiempo y en cualquier punto del espacio, con respecto a la línea recta y durante un intervalo mínimo, encontrándose así con los demás átomos.

La teoría del *clinamen* no sólo se introdujo por razones físicas sino también y sobre todo por razones éticas. En el sistema del atomismo antiguo todo sucede por necesidad: el hado y el destino son soberanos absolutos. No obstante, en un mundo en el que predomine el destino, no hay sitio para la libertad humana y, por lo tanto, tampoco hay lugar para una vida sabia. Oponiéndose a la necesidad dominante en el sistema de los antiguos atomistas, Epicuro escribe: «Y en verdad habría sido mejor el creer en los mitos sobre los dioses, que no volverse esclavos de aquel hado que predican los físicos: aquel mito ofrece una esperanza, la posibilidad de aplacar a los dioses mediante honores, mientras que en el hado existe una necesidad implacable.

Como ya pusieron de manifiesto los antiguos, esta declinación de los átomos contradice las premisas del sistema, porque es generada sin causa por el no ser. Esto resulta tanto más grave, cuanto que Epicuro reafirma con energía que de la nada, nada procede. En consecuencia Epicuro, para introducir el *clinamen*, contradice el principio eleático, el cual —como se ha visto— se halla en la base de su física. Para hallar refugio ante la necesidad, el hado y el destino, arroja el cosmos en poder de lo fortuito. El *clinamen*, que no está regido por leyes o por normas de este tipo, no consiste en una libertad, porque toda finalidad y toda inteligencia le son ajenas: es una mera casualidad. No puede buscarse y hallarse la libertad en la esfera de lo físico y lo material, sino exclusivamente en una esfera superior, la de lo espiritual. Por lo demás, como hemos dicho con anterioridad, estas aporías nos ayudan a comprender mejor la complejidad del pensamiento de Epicuro y sus verdaderas dimensiones.

De los infinitos principios atómicos se derivan mundos infinitos; algunos son iguales o análogos al nuestro, mientras que otros son muy diferentes. Hay que advertir, además, que todos estos infinitos mundos nacen y se desvanecen, algunos con más rapidez y otros más lentamente a lo largo del tiempo. Por lo tanto, los mundos no sólo son infinitos en la infinitud del espacio, en un momento determinado del tiempo, sino que también son infinitos en la infinita sucesión temporal. A pesar de que en cada instante haya mundos que nacen y mundos que mueren, Epicuro puede afirmar que el todo no cambia. No sólo los elementos constitutivos del universo siguen siendo perennemente tal cual son, sino que todas sus combinaciones posibles se hallan siempre actualizadas, a causa precisamente de la infinitud del universo que siempre permite la actualización de todas las posibilidades.

No hay ninguna inteligencia, ningún proyecto, ninguna finalidad que se sitúe en la raíz de esta constitución de infinitos universos. Ni siquiera está allí la necesidad, sino el *clinamen*, es decir, lo casual y lo fortuito. Epicuro, y no Demócrito, es en realidad el filósofo que entrega el mundo al azar.

El alma, como todas las demás cosas, es un agregado de átomos. Este agregado se halla formado en parte por átomos ígneos, aeriformes y ventosos, que constituyen la parte irracional y alógica del alma, y en parte de átomos que son distintos de los demás y que no poseen un nombre específico, los cuales constituyen su parte racional. Por lo tanto, el alma, al igual que todos los demás agregados, no es eterna sino mortal. Esta consecuencia surge necesariamente de las premisas materialistas del sistema.

Epicuro no tuvo ninguna duda acerca de la existencia de los dioses. En cambio, negó que se ocupasen de los hombres o del mundo. Viven felices en los «entremundos», es decir, en los espacios existentes entre mundo y mundo. Son numerosísimos, hablan una lengua semejante al griego —la lengua de los sabios— y su vida transcurre con alegría, alimentada por su sapiencia y su mutua compañía. Epicuro aducía diversos argumentos para demostrar la existencia de dioses. 1) Tenemos de ellos un conocimiento evidente y, por tanto, incontrovertible, 2) dicho conocimiento no es poseído exclusivamente por algunos, sino por todos los hombres de todos los tiempos y lugares; 3) el conocimiento que tenemos de ellos, al igual que cualquier otro de nuestros conocimientos, puede ser producido por simulacros o efluvios que procedan de ellos y, en consecuencia, es algo objetivo.

Hay que poner de manifiesto un hecho muy importante: Epicuro, al igual que subraya la diversidad de los átomos que constituyen el alma racional, en comparación con todos los demás, admite también que la conformación de los dioses «no es cuerpo, sino "casi cuerpo", no es alma, sino "casi alma"». Sólo es preciso advertir que, aquí, el «casi» echa a perder todo el razonamiento filosófico y pone inevitablemente al descubierto la insuficiencia del materialismo atomista. Como todas las demás cosas, los dioses deben estar constituidos por átomos, pero cualquier compuesto atómico es susceptible de disolución, mientras que los dioses son inmortales. Si afirmamos que el compuesto químico que constituye a los dioses a diferencia del que constituye a todas las demás cosas, no se disuelve porque sus pérdidas —las que padece debido al continuo flujo de átomos que forman los simulacros— son vueltas a llenar de manera continua, lo único que se consigue es desplazar el problema. De hecho, no hay ningún modo de explicar el motivo del estatuto privilegiado de estos compuestos. Entonces, a Epicuro no le queda otra salida que aquella aporética afirmación del «casi cuerpo», que revela de manera indubitable la incapacidad estructural del atomismo para explicar a los dioses, así como para explicar la unidad de la conciencia que existe en nosotros, del mismo modo que el *clinamen* se manifiesta estructuralmente insuficiente para explicar la libertad.

3.4. *La ética epicúrea*

Si la esencia del hombre es material, también será necesariamente material su bien específico, aquel bien que actualizado y realizado otorga la felicidad. Sea cual fuere este bien, la naturaleza, considerada en su inmediatez, nos lo comunica sin ambages, tal como se ha visto antes: el bien es el placer. Los cirenaicos ya habían extraído la misma conclusión. Epicuro, no obstante, rectifica radicalmente el hedonismo de aquéllos. Los cirenaicos sostenían que el placer es un movimiento suave, mientras que el dolor es un movimiento violento, y negaban que fuese placer el estado intermedio de quietud, esto es, la ausencia de dolor. Epicuro no sólo admite este tipo de placer en reposo (catastemático), sino que le otorga la máxima importancia, considerándolo como el límite supremo, la culminación del placer. Además, mientras que los cirenaicos consideraban que los placeres y dolores físicos eran superiores a los psíquicos, Epicuro defiende exactamente lo contrario. Como era un excelente investigador de la realidad del hombre, Epicuro comprendió a la perfección que, en mucha mayor medida que los gozos o los sufrimientos del cuerpo —circunscritos en el tiempo— tienen importancia los ecos interiores y los movimientos de la psique que acompañan a aquéllos y que duran mucho más.

El verdadero placer para Epicuro consiste en la ausencia de dolor en el cuerpo *(aponía)* y la carencia de perturbación en el alma *(ataraxia)*. Éstas son las palabras del filósofo: «Cuando afirmamos que el placer es un bien, no nos referimos para nada a los placeres de los disipados, que consisten en embriagueces, como creen algunos que ignoran nuestras enseñanzas o las interpretan mal. Aludimos a la ausencia de dolor del cuerpo, a la ausencia de perturbación en el alma. Ni las libaciones y los festejos ininterrumpidos ni el gozar de muchachos y de mujeres, ni el comer pescado o todo lo demás que puede brindar una mesa opulenta, es el origen de la vida feliz. Sólo lo es aquel sobrio razonar que escudriña a fondo las causas de todo acto de elección y de rechazo, y que expulsa las opiniones falsas, por medio de las cuales se adueña del alma una gran perturbación.»

Si esto es así, el elemento que rige nuestra vida moral no es el placer en cuanto tal, sino la razón que juzga y discrimina, es decir, la sabiduría práctica que elige entre los placeres aquellos que no acarrean dolores y perturbaciones, y desprecia aquellos placeres que ofrecen un gozo momentáneo, pero ocasionan dolores y perturbaciones posteriores.

Para garantizar el logro de aponía y la ataraxia, Epicuro distinguió entre: 1) placeres naturales y necesarios; 2) placeres naturales pero no necesarios; 3) placeres no naturales y no necesarios. A continuación estableció que el objetivo deseado se alcanza satisfaciendo siempre el primer tipo de placeres, limitándose con relación al segundo tipo y huyendo siempre del tercero. A este propósito, Epicuro asume una posición que sin exagerar puede calificarse de «ascética», por las razones siguientes.

1) Entre los placeres del primer grupo, los naturales y necesarios, Epicuro sólo enumera aquellos que están íntimamente ligados con la con-

servación de la vida del individuo. Son éstos los únicos verdaderamente provechosos, en la medida en que eliminan los dolores del cuerpo: por ejemplo, el comer cuando se tiene hambre, el beber cuando se tiene sed, el reposar cuando se está fatigado, y así sucesivamente. De este grupo se excluye el deseo y el placer del amor, porque es una fuente de perturbación. 2) Entre los placeres del segundo grupo, en cambio, Epicuro menciona todos aquellos deseos y placeres que constituyen las variaciones superfluas de los placeres naturales: comer bien, beber licores refinados, vestir de manera rebuscada, etc. 3) Finalmente, entre los placeres del tercer grupo, no naturales y no necesarios, Epicuro colocaba los placeres vanos, que son los nacidos de las vanas opiniones de los hombres: todos aquellos placeres vinculados al deseo de riqueza, poderío, honores y cosas semejantes.

Los deseos y los placeres del primer grupo son los únicos que hay que satisfacer siempre y en todos los casos, porque poseen por naturaleza un límite preciso, que consiste en la eliminación del dolor: una vez que éste ha desaparecido, el placer ya no crece más. Los deseos y placeres del segundo grupo carecen de ese límite, porque no hacen desaparecer el dolor corporal: sólo modifican el placer y pueden provocar un daño notable. Finalmente los placeres del tercer grupo no quitan el dolor del cuerpo y además provocan siempre una perturbación en el alma. Esto explica a la perfección las siguientes conclusiones: «la riqueza, de acuerdo con la naturaleza, consiste toda ella en comida, agua y un abrigo cualquiera para el cuerpo; la riqueza superflua provoca en el alma un ilimitado aumento en los deseos.» Si ponemos una valla a nuestros deseos y los reducimos a aquel primer núcleo esencial, lograremos riqueza y felicidad abundantes, porque para procurarnos aquellos placeres nos bastamos a nosotros mismos, y en este bastarnos a nosotros mismos (autarquía) reside la mayor riqueza y felicidad.

Cuando se apoderan de nosotros los males físicos no queridos, ¿qué debemos hacer? Epicuro responde: si se trata de un mal leve, el dolor físico es siempre soportable y jamás llega a ofuscar la alegría del ánimo. Si es agudo, pasa con rapidez; y si es muy agudo, conduce rápidamente a la muerte, la cual constituye siempre, como veremos, un estado de absoluta insensibilidad.

¿Y los males del alma? Sobre ellos no es preciso extenderse, porque no son otra cosa que los producidos por las opiniones falaces y por los errores de la mente. La filosofía de Epicuro se presenta como el remedio más eficaz y el antídoto más seguro contra aquellos males.

¿Y la muerte? La muerte es un mal únicamente para quienes comparten opiniones falsas en torno a ella. Puesto que el hombre es un compuesto alma en un compuesto cuerpo, la muerte no es más que la disolución de estos compuestos: los átomos se esparcen por todas partes, la conciencia y la sensibilidad dejan de existir, y del hombre sólo quedan desechos que se dispersan, esto es, nada. Por consiguiente, la muerte no es algo temible en sí mismo, porque cuando llega, ya no sentimos nada, y después de ella no queda nada de nosotros, ya que tanto nuestra alma como nuestro cuerpo se disuelven completamente. Por último, tampoco quita nada a la vida por la que hemos atravesado, ya que a la absoluta perfección del placer no le es necesaria la eternidad.

Para el fundador del Jardín la vida política resulta substancialmente innatural. Implica continuos dolores y perturbaciones; perjudica la aponía y la ataraxia y, por lo tanto, compromete la felicidad. Aquellos placeres que muchos piensan obtener gracias a la vida política, son una mera ilusión: de la vida política los hombres esperan obtener poderío, fama y riqueza, que son deseos y placeres no naturales y no necesarios —como sabemos— y, por tanto, espejismos vacuos y engañosos. Se comprende muy bien, entonces, la invitación de Epicuro: «Liberémonos de una vez por todas de la cárcel de las ocupaciones cotidianas y de la política.» La vida pública no enriquece al hombre, sino que lo dispersa y lo disipa. Por eso el epicúreo se apartará y vivirá lejos de la muchedumbre: «Retírate a ti mismo, sobre todo cuando te veas obligado a estar entre la multitud.» «Vive oculto», prescribe el célebre mandato epicúreo. Sólo en este entrar en sí mismo y permanecer en sí mismo puede hallarse la tranquilidad, la paz del alma, la ataraxia. Para Epicuro el bien supremo no consiste en las coronas de los reyes y de los poderosos de esta tierra, sino en la ataraxia: «La corona de la ataraxia es incomparablemente superior a la corona de los grandes imperios.»

Basándose en estas premisas, es evidente que Epicuro, con respecto al derecho, a la ley y a la justicia, debía ofrecer una interpretación en clara antítesis con la opinión clásica de los griegos y con las tesis de Platón y de Aristóteles. El derecho, la ley y la justicia únicamente tienen valor y sentido cuando están relacionados con lo útil y en la medida en que lo están. Su fundamento objetivo es la utilidad. El Estado, que en el pasado había sido una realidad moral dotada de validez absoluta, se convierte así en una institución relativa, que nace de un mero contrato con vista a lo útil. En lugar de fuente y coronación de los valores morales supremos, se transforma en simple instrumento de tutela de los valores vitales. Se vuelve condición necesaria pero no suficiente de la vida moral. La justicia se convierte en un valor relativo, subordinado a lo útil.

No podría darse una inversión más radical del mundo ideal platónico y la ruptura con el sentimiento griego clásico de la vida no podría ser más decidida. El hombre ha dejado así de ser hombre-ciudadano, y se ha convertido en mero hombre-individuo. Entre estos individuos el único vínculo realmente efectivo es la amistad, que consiste en un nexo libre que une a quienes sienten, piensan y viven de modo idéntico. En la amistad nada se impone desde fuera y de modo innatural y, por lo tanto, nada viola la intimidad del individuo. En el amigo el epicúreo ve casi otro sí mismo. La amistad no difiere de lo útil: es lo útil sublimado. Primero se busca la amistad para conseguir determinados beneficios ajenos a ella y luego, una vez que ha surgido, se convierte ella misma en fuente de placer y, por lo tanto, fin. Es lógico que Epicuro afirme lo siguiente: «De todas las cosas que procura la sabiduría, con vistas a la vida feliz, el bien más grande consiste en la adquisición de la amistad»; «La amistad recorre la tierra, anunciando a todos que nos despertemos con objeto de darnos alegrías unos a otros».

3.5. *El cuádruple fármaco y el ideal del sabio*

Epicuro proporcionó a los hombres un cuádruple remedio, como se ha visto. Demostró que 1) son vanos los temores ante los dioses y el más allá; 2) es absurdo el terror ante la muerte, que no es nada; 3) el placer, cuando es correctamente entendido, se halla a disposición de todos; 4) el mal dura poco o es fácilmente soportable. El hombre que sepa administrarse este cuádruple remedio (cuádruple fármaco) adquiere la paz del espíritu y la felicidad, en la cual nada ni nadie pueden hacer mella. Convirtiéndose así en dueño absoluto de sí mismo, el sabio ya no tiene nada que temer, ni siquiera los males más atroces o las torturas: «El sabio será feliz, incluso entre los tormentos.» Séneca escribe: «Epicuro dice también que el sabio, aunque sea abrasado dentro del toro de Fálaris, gritará: esto es suave y no me toca para nada»; «asimismo, Epicuro dice que es dulce arder entre las llamas».

Evidentemente, afirmar que el sabio puede ser feliz incluso en las torturas más atroces —de las cuales el toro de Fálaris es un ejemplo extremo— constituye un modo paradójico de sostener que el sabio es absolutamente imperturbable. Epicuro mismo lo demostró cabalmente, cuando entre los espasmos del mal que lo llevaba a la muerte escribió a un amigo el último adiós, proclamando que su vida era dulce y feliz. Así Epicuro, gracias a su ataraxia está en condiciones de defender que el sabio puede rivalizar en felicidad hasta con los dioses: si se deja de lado la eternidad, Zeus no posee más que un sabio.

A los hombres de su tiempo, que carecían ya de todo aquello que había otorgado una vida segura a los antiguos griegos y que estaban atormentados por el temor y por la angustia de vivir, Epicuro les señala una novísima senda para reencontrar la felicidad. Les ofrece una doctrina que representa un desafío a la suerte y a la fatalidad, porque mostraba que la felicidad puede provenir de nuestro interior, sean como fueren las cosas externas a nosotros, porque el bien verdadero, en la medida en que vivimos y mientras vivamos, está siempre y exclusivamente en nosotros. El verdadero bien es la vida, para mantener la vida basta con muy poco y este poco se halla a disposición de todos, de cada hombre. Todo el resto es vanidad.

Sócrates y Epicuro son paradigmas de dos grandes fes o, más bien, de dos religiones laicas: la fe y la religión de la justicia, la fe y la religión de la vida.

3.6. *El epicureísmo en la época helenística*

Epicuro no se limitó a proponer su doctrina a sus seguidores, sino que la impuso con una disciplina muy severa, hasta el punto de que en el Jardín no podían existir conflictos entre ideas o desarrollos doctrinales de importancia, al menos sobre los temas de fondo. Los escolarcas se sucedieron en Atenas desde la muerte de Epicuro (270 a.C.) hasta la primera mitad del siglo I a.C. Se sabe que durante la segunda mitad de este siglo se vendió el terreno sobre el que se levantaba la escuela de Epicuro y que, por lo tanto, el Jardín había dejado de existir en Atenas. Sin embargo, la doctrina de Epicuro había hallado una segunda patria en Italia. En el siglo I a.C., por medio de Filodemo de Gadara (nacido a finales del siglo II a.C. y fallecido entre el 40 y el 30 a.C.) se constituyó un círculo de epicúreos, de carácter aristocrático, que tuvo su sede en una villa de Herculano que era propiedad de Calpurnio Pisón, conocido e influyente hombre político —fue cónsul en el 58 a.C.— y gran mecenas. Las excavaciones realizadas en Herculano han permitido encontrar los restos de la villa y de la biblioteca, constituida por escritos epicúreos y del propio Filodemo.

No obstante, la aportación más notable al epicureísmo provino de Tito Lucrecio Caro, que constituye un *unicum* en la historia de la filosofía en todos los tiempos. Nació al principio del siglo I a.C. y falleció a mediados de ese mismo siglo. El *De rerum natura*, que compuso para cantar con versos admirables la doctrina de Epicuro, es el poema filosófico más grande de todos los tiempos. Por lo que respecta a la teoría, Lucrecio repite con fidelidad a Epicuro. Su novedad consiste en la poesía, en el modo en que supo exponer el mensaje que procedía del Jardín. «Para liberar a los hombres, Lucrecio comprendió que no se trataba de obtener, en los momentos de fría reflexión, su adhesión a algunas verdades de orden intelectual, sino que era preciso convertir esas verdades —como habría podido decir Pascal— en comprensibles para el corazón» (P. Boyancé). En efecto, si se comparan los textos del poema lucreciano con los correspondientes textos de Epicuro, se descubrirá que casi siempre la diferencia es ésta: el filósofo utiliza el lenguaje del logos, mientras que el poeta añade los persuasivos tonos del sentimiento, de la intuición fantástica. En resumen, se trata de la magia del arte. Subsiste una sola diferencia, por lo demás, entre Epicuro y Lucrecio: aquél supo aplacar su angustia, incluso a nivel existencial; Lucrecio, en cambio, fue víctima de ella y se suicidó a los 44 años de edad.

4. La fundación de la escuela estoica

4.1. *Génesis y desarrollo de la escuela estoica*

Al acabar el siglo IV a.C., cuando había pasado poco más de un lustro desde la fundación del Jardín, nacía en Atenas otra escuela, destinada a convertirse en la más famosa de la época helenística. Su fundador fue un joven de raza semita, Zenón, que había nacido en Citio, en la isla de Chipre, alrededor del 333/332 a.C. y que se había trasladado a Atenas en el 312/311 a.C., atraído por la filosofía. Al principio, Zenón tuvo relaciones con el cínico Crates y con Estilpón de Megara. Asistió también a las lecciones de Jenócrates y Polemón. Releyó a los antiguos físicos y, como veremos, hizo propios algunos conceptos de Heraclito. Sin embargo, el acontecimiento que más influyó sobre él fue quizás la fundación del Jardín. Al igual que Epicuro, Zenón renegaba de la metafísica y de toda forma de trascendencia. Al igual que Epicuro, concebía la filosofía como un arte de vivir, desconocido para las demás escuelas o llevado a la práctica por ellas sólo de un modo imperfecto. Zenón aceptó la noción epicúrea de filosofía y su correspondiente forma de plantear los problemas, pero no admitió la solución que proponía a estos problemas, convirtiéndose en encarnizado adversario de los dogmas del Jardín. Le repugnaban profundamente las dos ideas básicas del sistema: la reducción del mundo y del hombre a un mero revoltillo de átomos y la identificación del bien del hombre con el placer, así como todos los corolarios que se desprendían de estos dos principios. No sorprende, pues, encontrar en Zenón y en sus seguidores la completa inversión de una serie de tesis epicúreas. Sin embargo, tampoco hay que olvidar que ambas escuelas tenían los mismos objetivos y la misma fe materialista y que, por consiguiente, se trata de dos filosofías que se mueven en el mismo plano de la negación de la trascendencia, y no de dos filosofías que se mueven en planos opuestos.

Zenón no era ciudadano ateniense y, por ello, no poseía el derecho de comprar un edificio. En consecuencia, profesaba sus enseñanzas en un pórtico, que había sido pintado por el pintor Polignoto. En griego, «pórtico» se dice *stoa*, y por tal motivo la nueva escuela recibió el nombre de «Stoa» o «Pórtico» y sus seguidores fueron llamados «los de la Stoa» o «los del Pórtico», o bien, simplemente «estoicos». En el Pórtico de Zenón, a diferencia del Jardín de Epicuro, se admitía la discusión crítica acerca de los dogmas del fundador de la escuela. Debido a ello éstos fueron sometidos a profundizaciones, revisiones y replanteamientos. Por consiguiente, mientras que la filosofía de Epicuro no sufrió modificaciones importantes (en la práctica y de manera exclusiva o predominante, fue meramente repetida y glosada, permaneciendo inmutable en lo esencial) la filosofía de Zenón recibió notables innovaciones y evolucionó de manera muy considerable.

Los expertos han puesto en claro que hay que distinguir tres períodos en la historia de la escuela estoica: 1) el período antiguo, desde finales del siglo IV hasta finales del III a.C., en el que la filosofía del Pórtico se ve paulatinamente desarrollada y sistematizada por tres grandes escolarcas: Zenón, Cleantes de Aso (que dirigió la escuela desde 262 hasta el el 232 a.C. aproximadamente) y sobre todo Crisipo de Soli (que rigió la escuela desde el 232 a.C. hasta el último lustro del siglo III a.C.); fue principalmente este último —también él de origen semita— quien fijó de modo definitivo la doctrina de la primera fase de la escuela, a través de más de 700 libros, que se han perdido en su totalidad; 2) el período medio, que se desarrolla entre los siglos II y I a.C. y que se caracteriza por las infiltraciones eclécticas en la doctrina originaria; 3) el período del estoicismo romano o del nuevo estoicismo, situado ya en la era cristiana, en el cual la doctrina se convierte esencialmente en meditación moral y asume fuertes tonalidades religiosas, en conformidad con el espíritu y con las aspiraciones de los nuevos tiempos.

El pensamiento de cada uno de los representantes del estoicismo antiguo es difícil de diferenciar. Se han perdido todos los textos escritos y aquellos que nos han transmitido las doctrinas estoicas mediante testimonios indirectos, se refieren a innumerables obras de Crisipo. Éstas, elaboradas con una dialéctica y una habilidad muy refinadas, han hecho empalidecer al resto de la producción de los anteriores pensadores del estoicismo, provocando casi su desaparición. Crisipo, entre otras cosas, fue quien desbarató las tendencias heterodoxas que habían surgido en la escuela, por obra de Aristón de Quíos y Herilo de Cartago, y que habían desembo-

Presunto retrato de Zenón de Citio (333/332-262 a.C.), fundador del estoicismo, la mayor de las escuelas filosóficas de la época helenística

cado en auténticos cismas. Por este motivo la exposición de la doctrina del estoicismo antiguo es antes que nada una exposición de su doctrina en la formulación llevada a cabo por Crisipo. También en lo que concierne a los pensadores del estoicismo medio, Panecio y Posidonio, resultan escasos los testimonios detallados, pero ambos pensadores son claramente diferenciables. En cambio, por lo que respecta al estoicismo romano, poseemos obras completas, numerosas y ricas. Comenzaremos con la exposición de los elementos básicos del estoicismo antiguo.

4.2. *La lógica del estoicismo antiguo*

También Zenón y el estoicismo aceptan la triple división de la filosofía, establecida por la Academia y que en esencia había sido admitida por Epicuro, como hemos visto antes. No sólo la aceptan: la acentúan y no dejan de elaborar nuevas imágenes que ilustren con la mayor eficacia la relación que existe entre las tres partes. Los estoicos comparan la filosofía en conjunto a un huerto de árboles frutales, en el que la lógica constituye el muro exterior que delimita el ámbito propio y que al mismo tiempo sirve como baluarte defensivo. Los árboles representan la física, porque son una especie de estructura fundamental, sin la cual no existiría el huerto. Los frutos, que son el objetivo que se propone conseguir el huerto, representan la ética.

Los estoicos, al igual que los epicúreos, atribuían a la lógica la tarea primordial de proporcionar un criterio de verdad. Y también al igual que los epicúreos, señalaban que la base del conocimiento está en la sensación, que es una impresión provocada por los objetos en nuestros órganos sensibles y que se transmite al alma y se imprime en ella, engendrando la representación. La representación verdadera no implica sin embargo un mero sentir, sino que postula asimismo un asentir, un consentimiento o un aprobar procedente del *logos* que hay en nuestra alma. La impresión no depende de nosotros, sino de la acción que los objetos ejercen sobre nuestros sentidos. No somos libres de aceptar dicha acción o de substraernos a ella, pero sí somos libres de tomar posición ante las impresiones y las representaciones que se forman en nosotros, otorgándoles el asentimiento *(synkatathesis)* de nuestro *logos*, o bien negándonos a concederlo. Sólo cuando damos nuestro asentimiento se produce la aprehensión *(katalepsis)*, y la representación que ha recibido dicho asentimiento se convierte en representación comprensiva o cataléptica. Este asentimiento es el único criterio y garantía de verdad.

La espontaneidad del asentimiento proclamada por los estoicos resulta con mucho el elemento más difícil de entender, pero también es el más importante. En realidad esta libertad de asentimiento es notablemente ambigua y disminuye hasta casi desaparecer, cuando se trata de comprobar su consistencia. Los estoicos están muy lejos de pensar que el *logos*, con respecto a la sensación, posee una autonomía o una función reguladora como la que hallamos en las gnoseologías modernas y también están lejos de pensar que la representación cataléptica es una especie de síntesis o una especie de mediación que realice el espíritu sobre los datos sensoriales. En definitiva la libertad de asentimiento consiste en aceptar y decir que sí a la evidencia objetiva y rechazar y decir no a la no evidencia. Los estoicos están realmente convencidos de que en la práctica, cuando nos hallamos efectivamente ante el objeto, se producen en nosotros una impresión y una representación dotadas de tanta fuerza y tanta evidencia, que de manera natural nos vemos conducidos al asentimiento y a la representación comprensiva. A la inversa, cuando poseemos una representación comprensiva y otorgamos el asentimiento a una representación, es seguro que nos hallamos ante un objeto real. Por lo tanto, en esta concepción del criterio de verdad, el supuesto de una correspondencia plena entre la presencia real del objeto y la representación evidente que nos lleva al asentimiento, acaba por convertirse en el factor auténticamente predominante. No resultará difícil, pues, que los escépticos descubran en este punto de la doctrina estoica un cúmulo de contradicciones y muestren que ninguna representación en cuanto tal se presenta con unos rasgos que merezcan o no merezcan nuestro asentimiento, sin posibilidad alguna de equívoco.

En esencia la verdad que para los estoicos es propia de la representación cataléptica es debida al hecho de que ésta consiste en una acción y una modificación material y corpórea que las cosas producen en nuestra alma, y que provoca una respuesta igualmente material y corpórea procedente de nuestra alma. Por razones que tendremos ocasión de examinar mejor más adelante, la verdad misma según los estoicos es algo material, es un cuerpo. Los estoicos admitieron, sin embargo, que desde la representación cataléptica nosotros pasamos a la intelección y al concepto. Admitieron también nociones o prolepsis congénitas a la naturaleza humana. Por consiguiente se vieron obligados a dar cuenta de la naturaleza de los universales. Para los estoicos el ser es siempre y únicamente cuerpo y, por lo tanto, individual. En consecuencia, lo universal no puede ser cuerpo: es algo incorpóreo, no en el sentido platónico —positivo— sino en el sentido negativo de realidad empobrecida de ser, una especie de ser exclusivamente ligado a la actividad del pensamiento.

Los estoicos se alejaron de forma notable de Aristóteles, tomando la proposición como elemento base de la lógica (lógica proposicional) y concediendo un interés privilegiado a los silogismos hipotéticos y disyuntivos, que no habían sido elaborados teóricamente por Aristóteles. No obstante, esta parte de la lógica estoica, que en la actualidad se ha revalorizado en gran medida, permanece al margen del sistema. La representación cataléptica continúa siendo el verdadero punto de referencia para los estoicos, por los motivos antes expuestos.

4.3. *La física del estoicismo antiguo*

La física del estoicismo antiguo es una forma —la primera forma— del materialismo monista y panteísta.

a) El ser, afirman los estoicos, sólo es aquello que posee la capacidad de actuar y de padecer. Sin embargo, sólo el cuerpo tiene estas características y, por lo tanto, la conclusión es que ser y cuerpo son idénticos. También las virtudes son corpóreas y lo son los vicios, el bien y la verdad.

b) Este materialismo, en vez de asumir la forma del mecanicismo pluralista y atomista de los epicúreos, se configura en un sentido hilemórfico, hilozoísta y monista.

Los estoicos, en realidad, hablan de dos principios del universo, uno pasivo y otro activo, pero identifican el primero con la materia y el segundo con la forma (o mejor dicho, con el principio informante), y sostienen que el uno es inseparable del otro. Además, según ellos la forma es la Razón divina, el *Logos*, Dios. He aquí dos testimonios procedentes de la antigüedad: «Según los estoicos, los principios del universo son dos, lo activo y lo pasivo. El principio pasivo es la substancia carente de cualidades, la materia. El principio activo es la razón en la materia, es decir, el Dios. Y Dios, que es eterno, es el demiurgo creador de todas las cosas en el proceso de la materia»; «los discípulos de Zenón afirman de modo unánime que Dios penetra en toda la realidad, y que es ora inteligencia, ora alma, ora naturaleza (...)».

De este modo se comprende por qué los estoicos identificaban su Dios-*physis-logos* con el fuego-artífice, con el hereclitiano «rayo que lo gobierna todo», o incluso con el *pneuma*, que es el soplo inflamado, aire dotado de calor. El fuego es el principio que todo lo transforma y todo lo penetra; el calor es el principio *sine qua non* de todo nacimiento, de todo crecimiento, y, en general, de todas las formas de vida.

Para el estoicismo, la penetración de Dios —que es corpóreo— a través de la materia y de toda la realidad —que también es corpórea— se hace posible en virtud del dogma de la total conmixtión de los cuerpos. Al rechazar la teoría atómica de los epicúreos, los estoicos admiten la divisibilidad de los cuerpos hasta el infinito y, por lo tanto, la posibilidad de que las partes de los cuerpos se puedan unir íntimamente entre sí, de modo que dos cuerpos puedan fundirse a la perfección en uno solo. Como es obvio, esta tesis implica la afirmación de la penetrabilidad de los cuerpos y coincide con ella. Por aporética que resulte dicha tesis, la forma de materialismo monista que adoptó el estoicismo la exige en todos los casos.

El monismo estoico se comprende aún mejor si se considera la doctrina de las llamadas «razones seminales». El mundo de las cosas y las cosas del mundo nacen procedentes de la única materia-substrato que determina paulatinamente el *logos* inmanente, que es también él uno solo y, sin embargo, es capaz de diferenciarse en las infinitas cosas. El *logos* es como la simiente de todas las cosas, es como una simiente que contiene muchas simientes (los *logoi spermatikoi*, que los latinos traducirán mediante la expresión *rationes seminales*). Una fuente antigua manifiesta: «Los estoicos afirman que Dios es inteligente, fuego creador, que procede metódicamente a engendrar el cosmos y abarca en sí mismo todas las razones seminales, de acuerdo con las cuales se engendran las cosas según el hado.» «Dios es (...) la razón seminal del cosmos.»

Así, las ideas o formas platónicas y las formas aristotélicas son asumidas por el único Logos, que se manifiesta a través de infinitas simientes creativas, fuerzas o potencias germinadoras que actúan en el interior de la materia, como algo estructuralmente inmanente a ella, de manera que resultan imposibles de separar de ella. El universo en su conjunto es, pues, como un único y gran organismo, en el que el todo y las partes se armonizan y simpatizan: sienten en correspondencia la una con la otra y en correspondencia con el todo (doctrina de la simpatía universal).

c) Puesto que el principio activo, Dios, es inseparable de la materia y puesto que no hay materia sin forma, Dios está en todo y todo es Dios. Dios coincide con el cosmos. Las fuentes antiguas lo expresan así: «Zenón señala que el cosmos todo y el cielo son la substancia de Dios»; «llaman Dios a todo el cosmos y a sus partes». El ser de Dios se vuelve uno con el ser del mundo, hasta el punto de que todo —el mundo y sus partes— es Dios. Ésta es la primera concepción panteísta explícita y elaborada de la antigüedad: la de los presocráticos no era más que una forma de panteísmo implícito y no consciente. Sólo después de la distinción entre los planos de la realidad —efectuada por Platón— y de la negación crítica de dicha distinción, se hace posible un panteísmo consciente de sí mismo.

Basándose en todo lo expuesto hasta ahora, es posible comprender cabalmente la curiosa postura que asumieron los estoicos en relación con lo incorpóreo. Reducir el ser a un cuerpo implica, como consecuencia necesaria, reducir lo in-corpóreo —lo que carece de cuerpo— a algo carente de ser. A lo incorpóreo, puesto que le falta la corporeidad, también le faltan aquellos rasgos que son característicos del ser, y así, no puede ni actuar ni padecer. Por eso los estoicos consideran que, además de los conceptos universales, también son incorpóreos el lugar, el tiempo y el infinito, dado que se trata de cosas incapaces de actuar y de padecer (además, las dos últimas son asimismo infinitas).

Esta concepción de lo incorpóreo suscita numerosas aporías, de las que, al menos en parte, los estoicos mismos fueron conscientes. El interrogante surge con toda espontaneidad: si lo incorpóreo no tiene ser porque no es cuerpo, entonces es no-ser, es nada. Para evadirse de tal dificultad, algunos estoicos se vieron obligados a negar que el ser sea el género supremo y que sea predicable de todas las cosas, afirmando en cambio que el género más amplio de todos es el «algo». Resulta evidente que tal doctrina, al subvertir el estatuto mismo de la ontología clásica, debía caer finalmente en una maraña de contradicciones, que provocó la perplejidad de los propios estoicos.

Como es natural, en este contexto perdía todo sentido la tabla de las categorías aristotélicas, que son las supremas divisiones o los supremos géneros del ser. Los estoicos redujeron las categorías a dos fundamentales, a las que añadieron otras dos, que se sitúan sin embargo en un plano muy distinto. Las dos categorías fundamentales son: la substancia, entendida como substrato material, y la cualidad, entendida como cualidad que en unión indivisible con el substrato determina la esencia de las cosas individuales. Las otras dos categorías están constituidas por los modos y por los modos relativos. Sin embargo, sobre el estatuto ontológico de estas dos últimas los estoicos no se pronunciaron con claridad.

En contra del mecanicismo de los epicúreos los estoicos defienden con ardor una rigurosa concepción finalista. Si todas las cosas sin excepción han sido producidas por el principio divino inmanente, que es Logos, inteligencia y razón, todo es rigurosa y profundamente racional, todo es como la razón que quiere que sea y como no puede dejar de querer que sea, todo es como debe ser y como está bien que sea, y el conjunto de todas las cosas es perfecto. Ante la obra del Artífice inmanente no se levanta ningún obstáculo ontológico, puesto que la materia misma es el vehículo de Dios, y así todo lo que existe tiene un significado preciso y está hecho en el mejor de los modos posibles. El todo es perfecto en sí: aunque cada cosa en sí misma considerada resulte imperfecta, poseen su perfección en el designio del todo.

Estrictamente ligada a esta concepción, se halla la noción de providencia *(pronoia)*. La providencia estoica —adviértase atentamente— no tiene nada que ver con la providencia de un Dios personal. Aquélla no es más que el finalismo universal, en cuanto es aquello que hace que cada cosa —hasta la más pequeña— se haga bien y de la mejor manera posible. Se trata de una providencia inmanente y no trascendente, que coincide con el Artífice inmanente, con el alma del mundo.

Esta providencia inmanente de los estoicos, contemplada desde otra perspectiva, se revela también como hado y como destino *(heimarmene)*, es decir como necesidad ineluctable. Los estoicos interpretaron este hado como la serie irreversible de las causas, como el orden natural y necesario de todas las cosas, como el lazo indisoluble que vincula todos los seres, como el *logos* según el cual acontecen las cosas acontecidas, «las que suceden suceden, y las que sucederán sucederán». Puesto que todo depende del *logos* inmanente, todo es necesario (al igual que todo es providencial, en el sentido antes mencionado), incluso el acontecimiento más insignificante. Nos hallamos en la situación más opuesta posible a los epicúreos, quienes a través de la declinación de los átomos habían dejado en cambio todas las cosas en manos del azar y de lo fortuito.

En el contexto de este fatalismo, ¿cómo se salva la libertad del hombre? La verdadera libertad del sabio consiste en identificar sus propios deseos con los del destino, queriendo en unión del hado lo mismo que quiere el hado. Se trata de una libertad que reside en la aceptación racional del hado, que es racionalidad. El destino es el *logos*, y por eso querer lo que quiere el destino es lo mismo que querer lo que quiere el *logos*. La libertad, pues, es plantearse la vida en plena sintonía con el *logos*. Por eso escribía Cleantes:

> «Guíame, oh Zeus, y tú, Destino, hasta el término,
> sea cual sea, que os plugo señalarme.
> Avanzaré con presteza, porque aunque tarde,
> por ser cobarde, de todas maneras tendré que llegar allí.»

He aquí un elocuente texto procedente de una fuente antigua, que ejemplifica muy bien la noción antes mencionada: «Los estoicos también sostuvieron con certeza que todas las cosas dependen del sino y se sirvieron del siguiente ejemplo. Cuando un perro está atado a la parte posterior de un carro, si quiere seguirlo, es arrastrado y lo sigue, haciendo por necesidad incluso aquello que hace por propia voluntad. En cambio, si no quiere seguirlo, de todas maneras se verá obligado a hacerlo. En realidad, lo mismo sucede también con los hombres. Aunque no quieran avanzar, se verán obligados a llegar en todo caso hasta donde haya sido establecido por el sino.» Séneca, traduciendo un verso de Cleantes, pronunciará una tendencia lapidaria: *Ducunt volentem fata, nolentem trahunt*.

Queda aún por ilustrar un punto esencial, con referencia a la cosmología de los estoicos. Al igual que los presocráticos, los estoicos también consideraron que el mundo había sido engendrado y que por lo tanto era corruptible (lo que nace, al llegar a cierta altura, debe morir). Por lo demás, la experiencia misma les decía que, así como existe un fuego que crea, existe también un fuego o un aspecto del fuego que quema, reduce a cenizas y destruye. Es impensable que las cosas individuales de este modo se hallen sujetas a la corrupción y no lo esté el mundo constituido por ellas. La conclusión era obligada: a veces el fuego crea y a veces destruye. Por consiguiente, cuando llegue el fatídico final de los tiempos tendrá lugar la conflagración universal, una combustión general del cosmos *(ekpyrosis)*, que será al mismo tiempo una purificación del universo, y solamente habrá fuego. A la destrucción del mundo le seguirá un renacimiento de éste *(palingenesia)*, mediante la cual todo volverá a renacer, exactamente igual a como era antes *(apocatastasis)*. Renacerá el cosmos, este mismo cosmos, que durante toda la eternidad continuará siendo destruido y luego volviendo a reproducirse, no sólo en su estructura general sino también en los acontecimientos particulares (en una especie de perpetuo retorno). Renacerá cada hombre que haya vivido sobre la tierra y será tal como fue en su vida anterior, hasta en los más mínimos detalles. Por lo demás, es idéntico el *logos*-fuego y también son idénticas las simientes, las razones seminales, las leyes de su desarrollo y las concatenaciones de las causas según las cuales las razones seminales se desarrollan en general y en particular.

En el ámbito del mundo, como hemos visto, el hombre ocupa una posición predominante. En último término, esta situación de privilegio se debe a que es el ser que en mayor medida participa del *logos* divino. Además del cuerpo, el hombre está constituido por el alma, que es un fragmento del alma cósmica y, por tanto, un fragmento de Dios: el alma universal, como sabemos, no es otra cosa que Dios. Por supuesto, el alma es corpórea: fuego o *pneuma*.

El alma penetra todo el organismo físico, vivificándolo. El hecho de que sea material no es ningún impedimento para ello: como hemos visto, los estoicos admiten la penetrabilidad de los cuerpos. Precisamente en cuanto que penetra todo el organismo humano y preside sus funciones esenciales, los estoicos distinguen en el alma ocho partes: una central, llamada «hegemónico» —esto es, la parte que dirige, la cual coincide básicamente con la razón—, cinco partes que forman los cinco sentidos, la parte que rige la fonación y por último la parte que rige la generación. Además de las ocho partes, los estoicos distinguieron diferentes funciones en una misma parte. Por ejemplo, el hegemónico o parte principal del alma posee las capacidades de percibir, asentir, apetecer y razonar. El alma sobrevive a la muerte del cuerpo, al menos durante cierto tiempo. Según algunos estoicos, las almas de los sabios sobreviven hasta la próxima conflagración.

4.4. *La ética del estoicismo antiguo*

La parte más significativa y más viva de la filosofía del Pórtico, sin embargo, no coincide con su original y audaz física, sino con su ética. Fue gracias a su mensaje ético que los estoicos durante más de medio milenio supieron transmitir a los hombres una doctrina verdaderamente eficaz, que fue considerada como algo que iluminaba con nueva luz el sentido de la vida. Para los estoicos, al igual que para los epicúreos, el objetivo de la vida es alcanzar la felicidad. Y ésta se obtiene viviendo según la naturaleza.

Si observamos al ser viviente, en general comprobamos que se caracteriza por una tendencia a conservarse a sí mismo, a apropiarse de su mismo ser y de todo lo que sea adecuado para conservarlo, y a evitar todo lo que le sea contrario, conciliándose consigo mismo y con las cosas que son conformes a su propia esencia. Los estoicos indican esta característica fundamental de los seres mediante el término *oikeiosis* (apropiación, atracción, *conciliatio*). La deducción del principio de la ética parte precisamente de la *oikeiosis*. En las plantas y en los vegetales en general esta tendencia es inconsciente; en los animales se halla vinculada con determinado instinto o impulso primigenio, mientras que en el hombre la razón especifica y rige dicho impulso originario. Vivir conforme a la naturaleza significa vivir llevando a cabo con plenitud esta apropiación o conciliación del propio ser y de aquello que lo conserva y lo actualiza. En especial, dado que el hombre no es un mero ser viviente, sino un ser racional, el vivir según la naturaleza será un vivir conciliándose con el propio ser racional, conservándolo y actualizándolo plenamente.

Las nociones de *oikeiosis* y de instinto originario invierten así el fundamento de la ética epicúrea. A la luz de estos parámetros, placer y dolor se transforman en un *posterius*, dejando de ser un *prius*. En otras palabras, son algo que viene después y como consecuencia, cuando la naturaleza ya ha buscado y encontrado aquello que la conserva y la realiza. Como el instinto de conservación y la tendencia al incremento en el ser es un elemento primario y originario, entonces, el bien será aquello que conserva e incrementa nuestro ser, y el mal en cambio aquello que lo perjudica y lo destruye. Al instinto primario, pues, se halla vinculada estructuralmente la tendencia a valorar, en el sentido de que dicho instinto mide todas las cosas y las considera como bienes o como males, según resulten provechosas o perjudiciales. El bien es lo provechoso o lo útil; el mal es lo nocivo. Hay que advertir, sin embargo, que los estoicos insisten en diferenciar al hombre de todas las demás cosas, mostrando que no se halla determinado de modo exclusivo por su naturaleza puramente animal, sino sobre todo por su naturaleza racional, por el privilegio de que en él se manifiesta el *logos*. Por tanto, el principio de valorización antes mencionado asumirá dos planos diferentes, cuando haga referencia a la *physis* racional. Un plano es el que se relaciona con aquello que sirve para la conservación y el incremento de la vida animal, y otro plano distinto es el que se relaciona con lo que sirve para la conservación y el incremento de la vida de la razón y del logos. Según los estoicos, el bien moral consiste en aquello que incrementa el *logos*, y el mal, aquello que lo perjudica. El auténtico bien para el hombre es sólo la virtud y el verdadero mal sólo el vicio.

¿Cómo habremos de considerar aquello que conviene a nuestro cuerpo y a nuestra naturaleza biológica? ¿Y cómo denominaremos a lo contrario de esto? La tendencia estoica de fondo consiste en negar a todas estas cosas la calificación de bienes y de males porque —como se ha comprobado— bien y mal sólo son aquello que aprovecha o que daña al *logos*, y por tanto sólo el bien y el mal morales. Por consiguiente, todas aquellas cosas que son relativas al cuerpo, sean o no perjudiciales, son consideradas como indiferentes *(adiaphora)* o, más exactamente, moralmente indiferentes. Entre éstas se enumeran tanto las cosas físicas y biológicamente positivas, por ejemplo, vida, salud, belleza, riqueza, etc., como las físicas y biológicamente negativas, por ejemplo, muerte, enfermedad, fealdad, pobreza, el ser esclavo, emperador, etcétera.

Esta separación tan tajante entre bienes y males, por un lado, y cosas indiferentes, por el otro, es sin duda una de las características más típicas de la ética estoica, que ya en la antigüedad provocó enorme perplejidad, entusiastas aprobaciones o disensos, y suscitó múltiples debates entre los adversarios e incluso entre los seguidores mismos de la filosofía del Pórtico. En efecto, gracias a esta escisión radical, podían colocar al hombre al abrigo de los males de la época en la que vivían: todos los males provocados por el hundimiento de la antigua Polis, y todos los peligros, las inseguridades y las adversidades procedentes de las conmociones políticas y sociales que habían seguido a aquel hundimiento, resultaban simplemente negados como males y confinados dentro de la categoría de cosas indiferentes. Era éste un modo bastante audaz de otorgar nueva seguridad al hombre, enseñándole que los bienes y los males siempre derivan exclusivamente del interior del propio yo y nunca del exterior. Así, se le podía convencer de que la felicidad podía lograrse a la perfección, de un modo del todo independiente de los acontecimientos externos; se podía ser feliz hasta en medio de los tormentos físicos, como afirmaba también Epicuro.

La ley general de la *oikeiosis* implicaba que, dado que todos los seres poseen el instinto de conservarse a sí mismos y dado que precisamente este instinto es origen de las valoraciones, hay que admitir como positivo todo aquello que conserva e incrementa a los seres, aun en el simple plano físico y biológico. Por lo tanto debe admitirse como positivo para los hombres —y no sólo para los animales— todo aquello que es conforme a la naturaleza física y que garantiza, conserva e incrementa la vida, por ejemplo, la salud, la fuerza, el vigor del cuerpo y de los miembros, y así sucesivamente. Los estoicos llamaron «valor» o «estima» a este elemento positivo según la naturaleza, mientras que al opuesto negativo lo llamaron «carencia de valor» o «carencia de estima».

Por consiguiente, aquellos intermedios que se hallan entre los bienes y los males dejan de ser completamente indiferentes o, mejor dicho, aunque continúan siendo moralmente indiferentes, desde el punto de vista físico se convierten en valores y disvalores. Para nuestra naturaleza animal, los primeros serán objeto de preferencia, mientras que los segundos serán en cambio objeto de aversión. Nace así una segunda distinción, en estrecha dependencia de la primera, entre indiferentes preferidos y no preferidos o rechazados.

Estas distinciones no sólo corresponderían a la exigencia de atenuar de modo realista la dicotomía demasiado tajante entre bienes y males e indiferentes, de por sí paradójica. Además, hallaban en los supuestos del sistema una justificación aún mayor que dicha dicotomía, por las razones ya expuestas. Por eso se comprende a la perfección que el intento de Aristón y de Herilo de sostener la absoluta *adiaphoria* o indiferencia de las cosas que no son ni bienes ni males, haya encontrado una radical oposición en Crisipo, que defendió la posición de Zenón y la consagró de modo definitivo.

Las acciones humanas que se realizan en todos sus aspectos de acuerdo con el *logos* son acciones moralmente perfectas, y las contrarias son acciones viciosas o errores morales. Entre las primeras y las segundas, empero, existe toda una zona de acciones que corresponde a los indiferentes. Cuando tales acciones se llevan a cabo conforme a la naturaleza —es decir, de un modo racionalmente correcto— adquieren una plena justificación moral, y se llaman «acciones convenientes» o «deberes». La mayor parte de los hombres son incapaces de realizar acciones moralmente perfectas: para realizarlas, hay que adquirir con anterioridad la perfecta ciencia del filósofo, puesto que la virtud, como perfeccionamiento de la racionalidad humana, no puede ser otra cosa que ciencia, como afirmaba Sócrates. Son capaces, en cambio, de llevar a cabo acciones convenientes, es decir, cumplir con sus deberes. Para los estoicos, las leyes no son convenciones humanas, sino expresiones de la Ley eterna que proviene del eterno *Logos*. Lo que las leyes prescriben son los deberes que en el sabio, gracias a la perfecta disposición de su espíritu, se convierten en auténticas acciones morales perfectas, mientras que en el hombre corriente no superan el plano de las acciones convenientes.

El concepto de *kathekon* constituye, en esencia, una creación estoica. Los romanos lo traducirán mediante el término *officium* y con su sensibilidad práctico-jurídica contribuirán a destacar con más nitidez los perfiles de esta acción moral, que en la época actual denominamos «deber». Con anterioridad a los estoicos en la cultura griega se puede encontrar —como es obvio— la noción correspondiente a lo que el Pórtico llama *kathekon*, si bien expresado en otros términos y en ningún caso delimitado como problema unitario, sin que nunca se haya formulado de manera consciente y precisa. Max Pohlenz opina que Zenón extrajo del patrimonio espiritual semítico el concepto de «mandamiento», tan familiar a los judíos, creando el concepto de *kathekon* mediante el injerto de la noción de mandamiento sobre el concepto griego de *physis*, lo cual resulta verosímil. Lo cierto es que Zenón y el Pórtico, al elaborar el concepto de *kathekon*, otorgaron a la historia espiritual de Occidente una aportación de primera magnitud: en sus diversas versiones, el concepto de «deber» se ha transformado en una auténtica categoría del pensamiento moral occidental. Sin embargo los estoicos también aportan novedades en lo que concierne a la interpretación del vivir social.

La naturaleza impulsa al hombre a conservar su propio ser y a amarse a sí mismo. Este instinto primordial no limita su ámbito a la mera conservación del individuo: de inmediato, el hombre amplía la *oikeiosis* a sus hijos y a sus parientes, y de manera inmediata, a todos sus semejantes. La naturaleza, al igual que obliga a amarse a sí mismo, obliga a amar también a los que hemos engendrado y a los que nos han engendrado. Y también es la naturaleza la que nos empuja a unirnos a los demás y a ayudarles.

Dejando de vivir en el claustro de su individualidad, como prescribía Epicuro, el hombre vuelve a ser animal comunitario. La nueva fórmula demuestra que no se trata de un simple retorno al pensamiento aristotélico, que definía al hombre como animal político. El hombre, más que haber sido hecho para asociarse en una *polis*, ha sido hecho para unirse en sociedad con todos los hombres. Basándose en esto, los estoicos proclaman un ideal acusadamente cosmopolita.

También sobre la base de sus conceptos de *logos* y de *physis*, los estoicos supieron poner en crisis —mucho más que los otros filósofos— los antiguos mitos de la nobleza de sangre y la superioridad de la raza, así como la institución de la esclavitud. A la nobleza se la llama con cinismo «escoria y raspadura de la igualdad»; se proclama que todos los pueblos son capaces de alcanzar la virtud; se afirma que el hombre es estructuralmente libre: «Ningún hombre es esclavo por naturaleza.» Los nuevos conceptos de nobleza, libertad y esclavitud quedan vinculados con la sabiduría y la ignorancia: el sabio es el verdaderamente libre y el necio es el verdaderamente esclavo.

Se produce, pues, una total ruptura de los supuestos de la política aristotélica: por lo menos en el pensamiento, el *logos* ha restablecido la fundamental igualdad entre los hombres.

Falta por analizar un último punto: la célebre doctrina de la apatía. Las pasiones, de las que depende la infelicidad del hombre, son para los estoicos un error de la razón o una consecuencia directa de dicho error. Dado que se trata de errores del *logos*, es evidente que carece de sentido para los estoicos moderar o circunscribir las pasiones. Como ya decía Zenón, hay que destruirlas, extirparlas, erradicarlas totalmente. El sabio, preocupándose por su *logos* y tratando de que sea lo más recto posible, no permitirá que nazcan siquiera las pasiones en su corazón o las aniquilará en el preciso momento en que nazcan. En esto consiste la famosa apatía estoica, en la eliminación y la ausencia de cualquier pasión, que en todos los casos representa nada más que una perturbación del ánimo. La felicidad, pues, es apatía, impasibilidad.

La apatía que caracteriza al estoico llega a grados extremos y acaba por ser de una frialdad auténticamente congeladora y hasta inhumana. Dado que la piedad, la compasión y la misericordia son pasiones, el estoico las arrancará lejos de sí, como puede apreciarse en este testimonio: «La misericordia forma parte de los defectos y los vicios del alma: es misericordioso el hombre necio y superficial»; «el sapiente no se conmueve en favor de nadie; a nadie condena una culpa cometida. No es propio de un hombre fuerte el dejarse vencer por los ruegos ni apartarse de la justa severidad».

La ayuda que el estoico brinde a los demás hombres será algo aséptico, distante de cualquier simpatía humana, al igual que el frío *logos* está lejos del calor del sentimiento. El sabio se moverá entre sus semejantes con una actitud de total alejamiento: cuando haga política o cuando contraiga matrimonio, se preocupe de sus hijos o entable amistades, y acabará así por sentirse un extraño ante la vida misma. En realidad el estoico, a diferencia del epicúreo, no es un entusiasta de la vida ni un amante de ella. Y mientras Epicuro gozaba incluso en los últimos instantes de su vida —feliz, a pesar de los tormentos de la enfermedad— Zenón con su actitud paradigmática, después de una caída en la que reconocía la señal del destino, se arrojaba en brazos de la muerte, casi feliz por acabar de vivir, gritando: «Ya voy, ¿por qué me llamas?»

4.5. *El estoicismo medio: Panecio y Posidonio*

Panecio, nacido en Rodas alrededor del 185 a.C. y muerto a principios del siglo I a.C., comenzó a regir la escuela del Pórtico en el 129 a.C. Tuvo el mérito de devolver a la escuela su antiguo esplendor, si bien al precio de ciertas concesiones al eclecticismo. Modificó algunos elementos de la psicología y recuperó determinados aspectos de la física (abandonó la idea de conflagración cósmica y abrazó la concepción de la eternidad del mundo). Sobre todo, mitigó las asperezas de la ética, afirmando que con la virtud no basta para la felicidad y que también hacen falta buena salud, medios económicos suficientes y fuerza. Concedió gran valor a los deberes, centrando toda su atención en ellos. Finalmente repudió la noción de apatía. La importancia de Panecio reside en el valor otorgado a los deberes. Su obra *Sobre los deberes* influyó mucho en Cicerón, que recibió de Panecio el concepto de *officium*, transmitiéndolo a Occidente como una conquista definitiva del pensamiento moral.

Posidonio, nacido en Apamea entre el 140 y el 130 a.C. y fallecido poco después del 51 a.C., dio continuidad al nuevo curso que su maestro Panecio había implantado en la escuela estoica. Sin embargo, no le sucedió como escolarca, sino que prefirió abrir otra escuela en Rodas. Compartió la idea fundamental de su maestro, según la cual la verdad no se halla exclusivamente encerrada en los dogmas del Pórtico y que, por consiguiente, de las demás escuelas podían proceder aportaciones oportunas. Posidonio, pues, abrió el estoicismo a los influjos platónicos e incluso aristotélicos, y no vaciló en rectificar a Crisipo apelando a Platón, si bien conservó con solidez en lo substancial la perspectiva de fondo de la escuela estoica.

Nos hallamos escasamente informados acerca de los intentos de corrección de los dogmas de la doctrina estoica que realizó Posidonio, ya que sólo nos han llegado algunos fragmentos de sus obras. Pero este filósofo destacó más aún por sus formidables conocimientos científicos. Probablemente, como han puesto de relieve algunas investigaciones recientes, su mérito mayor consiste en haber intentado adaptar la doctrina estoica al progreso que las ciencias habían desarrollado con posterioridad a la fundación del Pórtico. No cabe duda de que Posidonio, en cuanto a la vastedad de los conocimientos y a la variedad de sus saberes, fue la mente más universal que tuvo Grecia, después de Aristóteles. Sus contemporáneos se dieron cuenta cabalmente de la excepcionalidad del personaje y fueron muchos a escucharle a Rodas, no sólo desde Grecia sino también desde Roma. Allí se trasladaron figuras como Cirerón y el gran Pompeyo. Esta cita de Cicerón explica a la perfección cuál era la estatura del filósofo:

> También yo he visto varias veces personalmente a Posidonio, pero quiero narrar aquello que contaba Pompeyo. Regresaba éste de Siria y cuando llegó a Rodas quiso ir a escuchar a Posidonio. Le dijeron que estaba muy enfermo —tenía un violento ataque de artritis— pero Pompeyo quiso igualmente ir a visitar a aquel grandísimo filósofo. Cuando llegó hasta él y lo hubo saludado, hizo grandes elogios de él y le dijo que sentía mucho no poder oírlo. Entonces Posidonio dijo: «No, no: nunca permitiré que, por culpa de un dolor físico, un hombre como tú haya hecho inútilmente el camino.» Y estando Posidonio tendido en el lecho —contaba Pompeyo— debatió con profundidad y elocuencia precisamente la tesis de

que no existía ningún bien, fuera del bien moral. Y en el momento en que el dolor se volvía más acuciante, repetía: «¡No te esfuerzes tanto, dolor! Eres gravoso, es cierto, pero jamás admitiré que seas un mal.»

La antigua doctrina estoica, según la cual el dolor físico no es un verdadero mal, halla en este testimonio una magnífica confirmación.

5. El escepticismo y el eclecticismo

5.1. *Pirrón y la moral escéptica*

Antes de que Epicuro y Zenón fundasen sus escuelas respectivas, Pirrón —nacido en Elis— había comenzado a difundir el nuevo mensaje escéptico a partir del 323 a.C. o poco después. Dio comienzo así un movimiento de ideas destinado a asumir un desarrollo notable en el mundo antiguo. Al igual que el Jardín y el Pórtico, estaba destinado a crear un modo de pensar y una nueva actitud espiritual, que permanecerán en la historia de las ideas de Occidente como puntos obligados de referencia.

Pirrón había nacido en Elis entre el 365 y el 360 a.C. Junto con Anaxarco de Abdera, filósofo seguidor del atomismo, tomó parte en la expedición de Alejandro a Oriente (334-323 a.C.). Este acontecimiento influyó mucho sobre su espíritu, demostrándole que de manera repentina podía destruirse todo lo que hasta entonces había sido considerado como indestructible y que carecían de fundamento inveteradas convicciones de los griegos. En Oriente Pirrón se encontró con los gimnosofistas, una especie de sabios de la India, de quienes aprendió el sentido de la vanidad de todas las cosas (uno de estos gimnosofistas, Calano, se provocó la muerte de forma voluntaria, echándose a las llamas y soportando impasible el tormento de las quemaduras). Alrededor del 324-323 a.C. Pirrón regresó a Elis, donde vivió y enseñó, sin escribir ninguna obra. Murió entre el 275 y el 270 a.C.

Pirrón no fundó una escuela propiamente dicha y sus discípulos se relacionaron con él de una manera diferente a los esquemas tradicionales. Más que discípulos en sentido estricto, se trataba de admiradores y de imitadores: buscaban en el maestro sobre todo un nuevo modelo de vida, un paradigma existencial al que hacer referencia constante, una prueba segura de que, a pesar del hundimiento de los antiguos valores ético-políticos, aún se podía lograr la felicidad y la paz del espíritu, aunque se considerase imposible construir o proponer otra serie de valores.

Precisamente en esto radica la novedad que distingue el mensaje de Pirrón con respecto a los filósofos anteriores, que buscaban la solución de otros problemas, y con respecto a los de su propia época. Estos últimos, los fundadores del Jardín y del Pórtico, buscaban la solución del mismo problema de fondo, el problema de la vida. Pirrón, en oposición a ellos, sostiene la convicción de que es posible vivir con arte una vida feliz, aun sin la verdad y sin los valores, al menos de la forma en que habían sido concebidos y venerados en el pasado. ¿Cómo llegó Pirrón a esta convicción tan atípica, en comparación con el racionalismo generalizado de los griegos? ¿Cómo pudo extraer una regla de vida y construir una sabiduría, renunciando al ser y a la verdad y declarando que todas las cosas eran una vana apariencia?

La respuesta de Pirrón aparece en un valioso testimonio del peripatético Aristocles, que la recibe directamente de las obras de Timón, discípulo inmediato de Pirrón: «Pirrón de Elis (...) no dejó escrita ninguna obra; pero su discípulo Timón afirma que el que pretenda ser feliz debe mirar estas tres cosas: 1) en primer lugar, cómo son las cosas por naturaleza; 2) en segundo lugar, cuál debe ser nuestra disposición hacia ellas; 3) por último, qué pasará si nos comportamos así. Él afirma que Pirrón muestra que las cosas 1) son de igual forma, sin diferencias, sin estabilidad, indiscriminadas; por eso, nuestras sensaciones y nuestras opiniones no son ni verdaderas ni falsas. 2) No es preciso, por lo tanto, otorgar nuestra confianza a éstas, sino carecer de opiniones, de inclinaciones, de sacudidas, diciendo acerca de todas las cosas «es no más de lo que no es» o «es y no es», o bien «ni es ni no es». 3) Aquellos que se encuentren en esta disposición, Timón afirma que lograrán primero la apatía y luego la imperturbabilidad.

1) De los tres elementos básicos del pirronismo, que aparecen en el texto antes citado, el primero es el más importante y el más difícil de interpretar. La dificultad reside en lo siguiente: ¿Pirrón quiere decir que las cosas en sí mismas son indiferentes, inmensurables e indiscernibles, o bien afirma que son así, no en sí mismas, sino sólo para nosotros? La indiferencia de las cosas, ¿es objetiva o subjetiva? La mayor parte de los intérpretes —en su gran mayoría, bajo la influencia del escepticismo posterior— han creído en el pasado que Pirrón pretendía simplemente decir que *nosotros los hombres,* no poseemos los instrumentos (sentidos y razón) adecuados para captar las diferencias, las magnitudes y las determinaciones de las causas. En realidad, empero, este texto parece afirmar lo contrario. No dice: ya que las sensaciones y las opiniones son inadecuadas, las cosas resultan para nosotros indiferenciadas, inmensurables e indiscriminadas. Por lo contrario sostiene que las cosas mismas son indiferenciadas, inmensurables e indiscriminadas, y que precisamente como consecuencia de ello los sentidos y las opiniones no pueden afirmar ni la verdad ni la falsedad. En conclusión, son las cosas las que, al ser como son, incapacitan los sentidos y la razón para llegar a la verdad y a la falsedad, y no viceversa. Pirrón, por lo tanto, negó el ser y los principios del ser, reduciéndolo todo a apariencia, como nos dice otro texto importante de Timón: «Pero la apariencia domina totalmente, allí adonde llegue.» Este fenómeno (apariencia), como tendremos ocasión de comprobar, fue transformado por los escépticos posteriores en el fenómeno entendido como apariencia de algo que está más allá de lo que aparece (una cosa en sí), extrayendo de esta transformación numerosas deducciones que en realidad no parecen estar presentes en Pirrón.

La postura de Pirrón es más compleja, como lo demuestran las palabras de otro fragmento de Timón que pone en boca de Pirrón:

> Ahora diré lo que me parece que es,
> una palabra de verdad, si posee un recto canon,
> que eterna es la naturaleza de lo divino y del bien,
> de los cuales deriva al hombre la vida más igual.

Las cosas, de acuerdo con nuestro filósofo, son meras apariencias en función del principio dualista de la existencia de cosas en sí, que son inaccesibles para nosotros. Además, también son apariencias, en función de la contraposición a aquella naturaleza de lo divino y del bien, de la que habla el fragmento de Timón. Si se compara con esta naturaleza de lo divino y del bien, ante Pirrón todo aparece como irreal y, como vamos a constatar, él lo vivirá así, incluso desde un punto de vista práctico.

En este contexto, no cabe duda de que existe un trasfondo casi religioso que inspira el escepticismo de Pirrón. El abismo que supone que hay entre la única naturaleza de lo divino y del bien y todas las demás cosas, implica una visión casi mítica de éstas y una valoración extremadamente rigurosa de la vida: no concede un significado autónomo a las cosas del mundo y, en cambio, concede realidad a lo divino y al bien. Esta interpretación nos permite explicar el motivo por el cual Cicerón jamás consideró escéptico a Pirrón. Según Cicerón, se trataba de un moralista que profesaba una doctrina de carácter extremo, según la cual la virtud era el bien único y exclusivo, y en comparación con él no valía ir tras esas cosas. Resulta bastante significativo que Cicerón mencione siempre a Pirrón acompañado de Aristón, que fue el más riguroso de los estoicos y conocido por haber rechazado la acomodaticia noción de valores y disvalores de los intermedios entre el bien y el mal. La vinculación particular y sistemática de Pirrón con el escepticismo sólo aparece con Enesidemo, lo cual explica, entre otras cosas, tanto la postura de Cicerón como el hecho bastante elocuente de que un seguidor de Pirrón, llamado Numenio, haya afirmado que el maestro también dogmatizaba, es decir, también poseía algunas certidumbres.

2) Si las cosas son indiferentes, inmensurables e indiscernibles, y si por consiguiente los sentidos y la razón no pueden afirmar ni la verdad ni la falsedad, la única actitud correcta que puede asumir el hombre consiste en no otorgar confianza alguna a los sentidos o a la razón. Es preciso permanecer *adoxastos*, es decir, sin opinión. Hay que abstenerse del juicio —el opinar siempre es juzgar— y por consiguiente carecer de inclinación, sin inclinarse hacia una cosa más bien que hacia otra, y carecer de turbación, no dejándose conmover por nada. En otros términos, hay que permanecer indiferentes.

Esta abstención del juicio se expresó más adelante a través de la noción de *epoche*, de origen estoico. Como se ha puesto de relieve hace poco, Zenón afirmaba la necesidad de que el sabio no conceda su asentimiento a lo que es incomprensible y que se limite a suspender el juicio *(epoche)*, concediendo asentimiento sólo a lo que es evidente. Como veremos después, Arcesilao y Carnéades en polémica con los estoicos defienden que el sabio debe suspender el juicio sobre todas las cosas, dado que nada es evidente. El término *epoche* fue utilizado también por el neoplatónico Enesidemo para expresar el concepto de abstención del juicio, se convirtió en un término técnico y por lo tanto fue referido a Pirrón. Al parecer, habría que concluir que Pirrón hablaba de ausencia de juicio o falta de juicio (que lleva a la afasia) y que el término *epoche* es posterior, pero expresa el mismo concepto.

3) En diversas ocasiones a lo largo de la *Metafísica*, Aristóteles sostiene que, quien niega el principio supremo constituido por el ser, debería

callar y no manifestar absolutamente nada, para ser coherente con dicha negación. Ésta es precisamente la conclusión que extrae Pirrón al proclamar la afasia. Y ésta implica la ataraxia, es decir, la carencia de perturbación, la quietud interior, la vida más igual.

Pirrón se hizo célebre por haber dado prueba en multitud de ocasiones de esa falta de perturbación y de una indiferencia total. Se cuenta que perdió la imperturbabilidad en dos ocasiones. Una vez se vio agitado por la agresión de un perro rabioso, y a quien le reprochó el no haber sabido mostrar y conservar la imperturbabilidad, respondió que era difícil despojarse completamente del hombre. Sin duda, en esta respuesta se halla la clave de la filosofía pirrónica. Este «despojarse completamente del hombre» no tiene como propósito la total anulación del hombre —el no ser absoluto— sino que, al contrario, coincide con la realización de aquella «naturaleza de lo divino y del bien, de la que proviene al hombre la vida más igual», mencionada en el fragmento de Timón. Se trata, en definitiva, de la realización de aquella vida que no siente el peso de las cosas, las cuales en comparación con aquella naturaleza no son más que apariencias indiferentes, inmensurables e indiscriminadas. El «despojarse completamente del hombre» consiste en llevar a la práctica la impasibilidad del sabio, viviendo aquella vida tan igual que surge de la naturaleza de lo divino y del bien, que es eterna, en la medida en que supera las apariencias cambiantes y anula todos los efectos huidizos y contradictorios que ejercen sobre nosotros.

El éxito obtenido por Pirrón resulta bastante elocuente. Demuestra, en efecto, que no nos hallamos en un caso esporádico o ante un sentir extraño a su época provocado por influjos orientales. Muchos de los rasgos del sabio estoico se repiten en el sabio escéptico. El propio Epicuro admiraba la forma de vivir de Pirrón y a menudo pedía noticias sobre él a Nausífanes. Y en su patria Pirrón recibió estimación y honores hasta el punto de ser elegido sumo sacerdote, alabándolo Timón como semejante a un dios.

El discípulo más importante de Pirrón fue Timón de Fliunte, que nació entre el 325 y el 320 a.C. y murió entre el 235 y el 230 a.C. La importancia de Timón reside en haber puesto por escrito las doctrinas del maestro, sistematizándolas, y en haber tratado de compararlas con las de los demás filósofos, poniéndolas así en circulación. Si no hubiese existido Timón, es probable que hubiese resultado distinta la historia del escepticismo y quizás el patrimonio pirrónico se hubiese dispersado en gran parte.

Según algunas fuentes, la escuela acaba con Timón; y permanece en silencio hasta el siglo I a.C. Otras fuentes, en cambio, ofrecen una serie de nombres que testimonian la continuidad de la escuela hasta Sexto Empírico y Saturnino, que son los últimos escépticos de la antigüedad. Aun en el caso de que así fuese, lo cierto es que los representantes de la escuela después de Timón y hasta llegar a Enesidemo, no son más que nombres vacíos, carentes de significado. En realidad con Enesidemo se inaugura una nueva fase del escepticismo, sobre la que hablaremos en el próximo capítulo.

5.2. *La Academia escéptica de Arcesilao*

El escepticismo no se agota en el círculo de pensadores que se formó en torno a Pirrón. Mientras que Timón se dedicaba a fijar y desarrollar en sus escritos las directrices básicas del pirronismo, en la Academia platónica Arcesilao (nacido en Pitane en el 315 a.C. aproximadamente y fallecido alrededor del 240 a.C.) inauguraba una nueva etapa de la escuela, asumiendo posturas que en ciertos aspectos se aproximaban a las de Timón y Pirrón. Arcesilao utilizó ampliamente el método irónico-refutatorio, que Sócrates y Platón utilizaban para buscar lo verdadero, en el nuevo sentido escéptico, dirigiéndolo de manera abierta e implacable contra los estoicos especialmente y, sobre todo, contra Zenón. Había que refutar el estoicismo con sus mismas armas y había que reducirlo al silencio. De un modo particular, Arcesilao sometió a una severa crítica el criterio estoico de verdad, que los filósofos del Pórtico identificaban —como ya sabemos— con la representación cataléptica. El núcleo de su crítica consistía en lo siguiente: «Si la aprehensión consiste en el asentimiento ante la representación cataléptica, no existe tal aprehensión. En primer lugar, porque el asentimiento no tiene lugar en relación con la representación, sino en relación con la razón: los asentimientos son juicios. En segundo lugar, porque no se encuentra ninguna representación que resulte verdadera hasta el punto de excluir toda falsedad.» En consecuencia, cuando asentimos, nos arriesgamos a asentir a algo que puede ser también falso. Del asentimiento no surge jamás certidumbre ni verdad, sino exclusivamente opinión. Se plantea entonces el siguiente dilema: el sabio estoico tendrá que contentarse con opiniones o —si tal cosa le resulta inaceptable, puesto que sólo es sabio quien posee la verdad— habrá de suspender el asentimiento, ser acataléptico. Arcesilao, una vez establecido que nunca existe una evidencia absoluta, generaliza la suspensión del juicio que los estoicos recomendaban sólo para los casos de falta de evidencia.

Ya hemos manifestado que Arcesilao, y no Pirrón, parece haber sido el creador del término *epoche*, si no también del concepto mismo, en el contexto de la polémica antiestoica. Como hemos visto, empero, Pirrón hablaba ya de abstención del juicio y de *adoxia*. Por lo tanto, lo que hizo Arcesilao fue profundizar en el concepto pirrónico y desarrollarlo, aplicándolo hábilmente a la polémica antiestoica.

Como es natural, los estoicos reaccionaron con fuerza y objetaron que la radical suspensión del asentimiento implicaba la imposibilidad de solucionar el problema de la vida (único problema que, como sabemos, interesaba a la filosofía de la época) y convertía en imposible cualquier acción. Arcesilao replicó mediante el argumento del *eulogon* o lo razonable, que puede resumirse del modo siguiente. No es verdad que, al suspender el juicio, se haga imposible la acción moral. Los estoicos, para explicar las frecuentes acciones morales, habían introducido el concepto de deberes, considerándolos como acciones que tienen su propia justificación plausible y razonable. Únicamente el sabio era capaz de realizar acciones morales perfectas, pero todos eran capaces de cumplir con sus deberes. Esto demuestra, por tanto, que la acción moral se hace posible aunque no se encuentre la Verdad ni la certeza absoluta, puesto que los «deberes» son posibles de cumplir aun careciendo de la verdad y la certeza absolutas. El sentido del argumento parece consistir en que basta con lo razonable o lo plausible para llevar a cabo acciones rectas. Quien realiza acciones razonables es feliz, pero la felicidad implica sabiduría *(phronesis)*. En consecuencia, las acciones efectuadas de acuerdo con el criterio de lo razonable son sabias y son asimismo auténticas acciones rectas. Con esto se demuestra, apelando a las mismas armas de los estoicos, que es suficiente con lo razonable y que son absurdas las pretensiones del sabio estoico y de su moral superior.

A Arcesilao, por último, se le atribuye un dogmatismo esotérico, junto a su escepticismo exotérico. En otras palabras esto significa que habría hecho profesión de escepticismo hacia afuera y de dogmatismo platónico en el interior de la Academia con los discípulos más íntimos. Es probable, sin embargo, que se trate sólo de una ficción, ya que las fuentes de que disponemos no están en condiciones de confirmar para nada tal hipótesis.

5.3. *Carnéades y el desarrollo del escepticismo académico*

Durante alrededor de medio siglo la Academia avanzó de modo cansino por el camino que había abierto Arcesilao. Carnéades, nacido en Cirene en torno al 219 a.C. y fallecido en el 129 a.C., hombre dotado de un enorme vigor intelectual y de una excepcional capacidad dialéctica unida a una habilidad retórica extraordinaria, fue quien se encargó de otorgarle un nuevo impulso. Tampoco Carnéades escribió nada, limitándose a una enseñanza exclusivamente oral.

Según Carnéades no existe ningún criterio de verdad en general, como nos refiere una fuente antigua: «Carnéades, por lo que se refiere al criterio de verdad, se opuso no sólo a los estoicos, sino a todos los filósofos que le precedieron. Su primer argumento, dirigido al mismo tiempo contra todos los filósofos, es aquel en el que establece que no existe en absoluto ningún criterio de verdad: ni el pensamiento, ni la sensación, ni la representación, ni ninguna otra de las cosas que existen. Todas estas cosas, en conjunto, nos engañan.»

Al faltar un criterio general y absoluto de verdad, desaparece también toda posibilidad de hallar una verdad particular. Sin embargo, no por esto desaparece también la necesidad de la acción. Precisamente para resolver el problema de la vida, Carnéades propone su famosa doctrina de lo probable, que puede resumirse en los siguientes términos:

a) Con respecto al objeto, su representación es verdadera o falsa. En cambio, con respecto al sujeto aparece como verdadera o falsa. Dado que lo objetivamente verdadero escapa al hombre, hay que atenerse al criterio de lo que aparece como verdadero y esto es lo probable *(pithanon)*.

b) Dado que las representaciones se dan siempre vinculadas entre sí, aquella representación que se halla acompañada por otras, de manera que ninguna de éstas la contradice, es la que nos ofrece un grado más elevado de credibilidad. Se tiene entonces la representación persuasiva y no contradicha, que posee un mayor grado de probabilidad, como es obvio.

c) Por último, se tiene una representación persuasiva no contradicha y examinada por todas partes, cuando a las garantías de los dos tipos precedentes se añade asimismo la garantía de un examen metódico y completo

Carnéades (que vivió entre el siglo III y el II a.C.) fue el representante más insigne de la Academia escéptica

de todas las representaciones vinculadas a ella. Aquí hallamos un grado aún mayor de probabilidad. En aquellas circunstancias en que sea preciso decidir con urgencia, nos tendremos que contentar con la primera representación. Si tenemos más tiempo, trataremos de obtener la segunda. Y si disponemos de todo el tiempo requerido para proceder a un examen completo, conseguiremos la tercera clase de representación.

Basándose en esta doctrina se ha hablado de probabilismo de Carnéades, considerándolo como una vía intermedia entre el escepticismo y el dogmatismo. Sin embargo, en época reciente la crítica ha mostrado que la doctrina de lo probable de Carnéades, más que como una profesión de dogmatismo mitigado, hay que entenderla como argumentación dialéctica que se propone invertir el dogmatismo de los estoicos, al igual que sucede con la doctrina de lo razonable o lo plausible de Arcesilao. En otras palabras, Carnéades habría buscado demostrar que el sabio estoico, dado que no existía un criterio absoluto de verdad, adoptaba —al igual que todos los hombres— el criterio de lo probable.

Veamos cuál es su razonamiento. Si no existe una representación comprensiva, todo es incomprensible (acataléptico) y hay que asumir una de estas dos posturas: *a)* la *epoche*, la suspensión del asentimiento y del juicio, o *b)* el asentimiento otorgado a aquello que, sin embargo, resulta objetivamente incomprensible. Si bien desde un punto de vista teórico la primera posición es la correcta, para vivir los hombres debemos abrazar en cambio la segunda postura, por motivos prácticos. Ni siquiera los estoicos constituyen una excepción a ello: por tanto, su actuar no estará basado sobre el fantasmal criterio absoluto de verdad, sino sobre el criterio de probabilidad, que es un criterio subjetivo y no objetivo, y el único del cual dispone el hombre en todos los casos.

5.4. *El giro ecléctico de la Academia: Filón de Larisa*

A partir del siglo II a.C. se hace cada vez más fuerte la tendencia hacia el eclecticismo, hasta convertirse en predominante durante el siglo I a.C. e incluso más tarde. La palabra «eclecticismo» procede del griego *ek-legein,* que significa elegir y reunir, tomando de diversas partes. El eclecticismo, pues, se proponía reunir en un conjunto lo mejor —o lo que se creía que era lo mejor— de las diversas escuelas.

Las causas que produjeron este fenómeno eran numerosas: el agotamiento de la carga vital de las diferentes escuelas; la polarización unilateral de su problemática; la erosión que el escepticismo había provocado en muchas barreras teóricas; el probabilismo difundido por la Academia, el influjo del espíritu práctico de los romanos y el valor concedido al sentido común.

Todas las escuelas se vieron contagiadas por el eclecticismo. El Jardín no resultó demasiado afectado, debido a la actitud cerrada a cualquier debate o posibilidad de modificación, que Epicuro había prescrito. El Peripato aristotélico sufrió consecuencias moderadas. El Pórtico fue contagiado de un modo más acentuado, conservando siempre, no obstante, el espíritu originario y auténtico que lo caracterizaba. En cambio la Academia mostró una disponibilidad total a la influencia ecléctica: una vez más, desvió su camino, rechazando el escepticismo radical. Por lo demás, era de una lógica aplastante el que la Academia misma se convirtiese en tribuna de la doctrina ecléctica. Ya en el tiempo de Arcesilao había renunciado a la fidelidad a su propio patrimonio espiritual y a su propio pasado y, por lo tanto, nada conservaba como razón de su existencia. Además el escepticismo dialéctico que había abrazado debía llevarla fatalmente a una salida de tipo ecléctico.

Filón de Larisa, que fue escolarca hacia el 110 a.C., introdujo oficialmente el eclecticismo en la Academia. La novedad de Filón, expuesta alrededor del 87 a.C. a través de dos libros escritos en Roma, consistía sin duda en lo que menciona Sexto Empírico en el texto siguiente: «Filón afirma que, con respecto al criterio estoico, es decir, la representación cataléptica, las cosas son incomprensibles; pero en cuanto a la naturaleza de las cosas mismas, son comprensibles.»

De acuerdo con la interpretación de Cicerón, el texto significa lo siguiente: el criterio estoico de verdad (la representación comprensiva) no es válido, y puesto que no se sostiene ni siquiera el criterio estoico, que es el más perfecto, no existe ningún criterio válido. Esto no implica que las cosas sean objetivamente incomprensibles; se trata simplemente de que no son comprendidas por nosotros. Al admitir esto Filón se aparta del escepticismo. Afirmar que las cosas son comprensibles en cuanto a su naturaleza significa realizar una afirmación cuya intencionalidad ontológica, a tenor de los cánones escépticos, es dogmática. Supone admitir una verdad ontológica, aunque se niegue la posibilidad de su correlato lógico y gnoseológico. El escéptico no puede decir: «Existe la verdad, soy yo el que no la reconoce.» Lo único que puede afirmar es: «No sé si existe la verdad; sólo sé que, en cualquier caso, yo no la conozco.»

Los historiadores de la filosofía han advertido desde hace tiempo que Filón se vio empujado a esta innovación por una objeción planteada a la doctrina de Carnéades por su discípulo Antíoco y que había superado a su maestro. Carnéades afirmaba: *a)* existen representaciones falsas (que no producen ninguna certeza); *b)* no existen representaciones verdaderas que se distingan perfectamente, gracias a un rasgo específico, de las falsas (por lo tanto, no pueden distinguirse con nitidez las representaciones ciertas de las que no lo son). Sin embargo, Antíoco objetó lo siguiente: la primera proposición (que acepta de modo tajante la posibilidad de distinguir proposiciones falsas) contradice a la segunda (que afirma lo contrario), y viceversa. Por lo tanto, si se acepta la primera, es inválida la segunda, y si se acepta la segunda, es inválida la primera. En cualquier hipótesis, la postura de Carnéades queda conmocionada en su base.

He aquí la respuesta de Filón, que Cicerón también hace suya: no es necesario suprimir del todo la verdad y hay que admitir la distinción entre verdadero y falso. Sin embargo, no poseemos un criterio que nos lleve a esta verdad y, por lo tanto, a la certidumbre. Sólo poseemos apariencias, que nos dan una mera probabilidad. No llegamos a una percepción cierta de lo objetivamente verdadero, pero nos aproximamos a ella mediante la evidencia de lo probable.

Nace así un nuevo concepto de lo probable, que ya no es aquella noción irónico-dialéctica mediante la cual Carnéades refutaba a los estoicos. Ahora lo probable se halla cargado de una valencia decididamente positiva, ausente del contexto en que se movía Carnéades. Admitir la existencia de la verdad otorga a lo probable una intencionalidad ontológica. Éste, por consiguiente, se convierte en aquello que para nosotros se halla en lugar de lo verdadero y se distingue de lo no probable en la medida en que se aproxima a lo verdadero.

De las dos proposiciones estoicas: *a)* existe lo verdadero; *b)* existe un criterio para captar lo verdadero, Carnéades niega tanto la una como la otra, mientras que Filón sólo niega la segunda. No obstante, aceptar la primera modifica el sentido de la negación de la segunda y, sobre todo, rectifica la valencia de lo probable: comparado con lo objetivamente verdadero, se transforma de algún modo en su reflejo positivo.

5.5. *La consolidación del eclecticismo: Antíoco de Ascalón*

Antíoco fue discípulo de Filón, nació a principios de los años veinte del siglo II a.C. y falleció poco después del 69 a.C. Se separó del escepticismo de Carnéades antes que su maestro. Con sus críticas, indujo a su maestro a cambiar de derrotero, como hemos podido constatar. Filón se había limitado a afirmar la existencia de lo objetivamente verdadero, sin osar declararlo sin más como algo cognoscible por el hombre y colocando la probabilidad positiva en el lugar de la certeza. Antíoco, en cambio, dio el gran paso con el que se clausura definitivamente la historia de la Academia escéptica, declarando que la verdad no sólo existe, sino que también es cognoscible, reemplazando la probabilidad mediante la certeza veritativa.

Con el fundamento otorgado por tales afirmaciones, Antíoco podía presentarse perfectamente como el restaurador del auténtico espíritu de la Academia. Las aspiraciones de Antíoco, sin embargo, no se plasmaron en resultados efectivos. En la Academia de Antíoco no renació Platón, sino una ecléctica mezcolanza de doctrinas, carentes de dirección, de alma y de vida autónoma. No obstante, Antíoco estaba convencido de que platonismo y aristotelismo constituían una filosofía idéntica, que expresaban los mismos conceptos pero apelaban a nombres y lenguajes diferentes. Aún más elocuente fue el hecho de que Antíoco llegó a defender que la filosofía de los estoicos era substancialmente idéntica a la platónico-aristotélica y que se distinguía de ésta sólo en la forma. Juzgó asimismo que determinadas novedades innegables de los estoicos no eran más que mejoras, complementos y profundizaciones de Platón, hasta el punto de que Cicerón pudo escribir: «Antíoco, que era llamado Académico, era en realidad un verdadero estoico, con poquísimas cosas diferentes.»

En esencia Antíoco sostiene que los dos objetivos fundamentales, cuya posibilidad de logro habían discutido todos los escépticos —el criterio de verdad y la doctrina del sumo bien— resultan en realidad irrenunciables para cualquiera que se considere filósofo y pretenda tener algo que decir a los hombres.

El escéptico, al dudar acerca de nuestras representaciones (es decir, sobre el criterio de verdad), invierte el sentido de aquello que sirve de base a la existencia humana. Por un lado, al negar el valor de la representación, queda comprometida la posibilidad misma de las diversas artes, que nacen de la memoria y de la experiencia. Por el otro, al negar el valor

Cicerón (106-43 a.C.) es el representante más ilustre del pensamiento ecléctico

del criterio, desaparece toda posibilidad de determinar qué es el bien, la posibilidad de determinar qué es la virtud y, por tanto, desaparece la posibilidad de fundamentar una auténtica vida moral. Sin una certidumbre sólida y sin una sólida convicción acerca del fin de la vida humana y las tareas esenciales que debe llevar a cabo, el compromiso moral se desvanece.

Según Antíoco tampoco cabe atrincherarse en el ámbito de lo meramente probable sin el criterio distintivo de lo verdadero, porque en esa hipótesis ni siquiera se hallará lo probable. Si no puede efectuarse una distinción entre representaciones verdaderas y falsas, ya que carecen de una diferencia específica entre sí, tampoco será posible establecer cuál es la representación que se encuentra próxima a lo verdadero o menos lejana de ello y cuál está en situación contraria. En consecuencia, para salvar lo probable habrá que reintroducir lo verdadero. Ni siquiera estaremos en condiciones de suspender en todos los casos el asentimiento. La evidencia de determinadas percepciones comporta de modo natural el asentimiento. Además, sin él no tendremos memoria, ni experiencia y, en general, no podremos llevar a cabo ninguna acción, con lo cual quedaría bloqueada toda la existencia.

No cabe acusar a los sentidos de que nos engañen. Si los órganos sensoriales no están dañados y las condiciones externas son las adecuadas, como ya había subrayado Aristóteles, los sentidos no nos engañan y tampoco lo hacen las representaciones. No vale apelar, como argumentos en contra, a los sueños, las alucinaciones o los fenómenos de esta clase. Este tipo de representaciones no está dotado de la misma evidencia que las representaciones sensoriales normales. Es innegable, asimismo, la validez de los conceptos, las definiciones y las demostraciones: lo atestigua la existencia misma de las artes, imposibles de concebir sin tal validez. En último término, lo demuestran también los razonamientos de los escépticos, que sólo pueden tener sentido en la medida en que los conceptos y las demostraciones en general tengan un sentido.

Finalmente hemos visto ya el dilema mediante el cual Antíoco puso en crisis a su maestro Filón, obligándolo a abandonar a Carnéades. En opinión de Antíoco, si se le coloca entre la espada y la pared, el escepticismo se verá obligado a reconocer de una forma inexorable las verdades que niega, con lo cual acabará por desaparecer.

5.6. *La postura de Cicerón*

Cicerón nació en el 106 a.C. y murió en el 43 a.C., asesinado por los soldados de Antonio. Las numerosas obras filosóficas que han llegado hasta nosotros fueron escritas por él durante la última etapa de su vida. En el 46 a.C. escribió las *Paradoxa Stoicorum*; en el 45 a.C., los *Academica*, que sólo nos han llegado en parte; también de ese año es el *De finibus bonorum et malorum*. En el 44 a.C. se publicaron las *Tusculanae disputationes* y el *De natura deorum* y se escribió el *De officiis*. Hay que añadir también otras obras: *De fato, De divinatione, Cato maior de senectute y Laelius de amicitia*. Recordemos, asimismo, las obras políticas *De re publica* y *De legibus*. Del *De re publica* nos han llegado los dos primeros libros no completos del todo, fragmentos del III, del IV y del V, y gran parte del libro VI, que ya en la antigüedad tuvo vida autónoma bajo el título de *Somnium Scipionis*.

Al igual que Filón y Antíoco son los representantes más típicos del eclecticismo en Grecia, Cicerón es el representante más típico del eclecticismo romano. Antíoco se sitúa decididamente a la derecha de Filón, para emplear una metáfora moderna, mientras que Cicerón sigue más bien la línea de Filón. El primero elabora un eclecticismo decididamente dogmático, mientras que el segundo es partidario de un eclecticismo que de modo cauto y moderado se aproxima al escepticismo. No hay duda de que, desde el punto de vista filosófico, Cicerón se halla por debajo de ambos y no ofrece ninguna novedad comparable a las formulaciones del probabilismo positivo de Antíoco o a la sagaz crítica antiescéptica de Filón.

Si nos ocupamos de Cicerón en una historia de la filosofía antigua, es más por motivos culturales que teóricos. En primer lugar, Cicerón nos brinda en cierto sentido el más hermoso paradigma de la más pobre de las filosofías, que mendiga jirones de verdad a todas las escuelas. En segundo lugar, Cicerón es con mucho el más eficaz, el más vasto y el más famoso puente a través del cual la filosofía griega se vuelca en el área de la cultura romana y, más tarde, en todo Occidente. Tampoco es éste un mérito teórico, sino un éxito de mediación, de difusión y de divulgación cultural. Todo ello no es óbice para que Cicerón tenga intuiciones felices, e incluso agudas, sobre problemas particulares, especialmente sobre problemas morales —el *De officiis* y las *Tuscalanae* son, con gran probabilidad, sus obras más vitales— y lleve a cabo penetrantes análisis. Sin embargo, se trata de intuiciones y de análisis que se sitúan, por así decirlo, en los sectores ínfimos de la filosofía. Sobre los problemas más elevados poco tiene que decir como sucede con todos los demás representantes de la filosofía romana.

Los maestros que frecuentó Cicerón nos indican con claridad cuál era el horizonte de su pensamiento. En su juventud asistió a las lecciones del epicúreo Fedro y, más tarde, a las del también epicúreo Zenón. Frecuentó los cursos del estoico Diodoto, conoció a fondo el pensamiento de Panecio y estableció estrechos vínculos de amistad con Posidonio. Fue influido de modo decisivo por Filón de Larisa y, durante una temporada, asistió a las clases de Antíoco de Ascalón. Leyó a Platón, a Jenofonte, al Aristóteles exotérico y a algunos filósofos de la antigua Academia y del Peripato, pero siempre dentro de los parámetros de la filosofía de su tiempo. De todos recogió algo y en todos buscó soluciones a determinados problemas, salvo quizás en los epicúreos, con los cuales polemizó de manera muy enérgica. Él mismo se definió como académico de la corriente filónica: también para él en la base de la filosofía se encuentra la probabilidad positiva. Al llevar a cabo una ecléctica fusión de diversas corrientes, Cicerón no contribuyó de un modo esencial en los aspectos teóricos, puesto que dicha fusión ya había sido realizada por los maestros que él había tenido ocasión de escuchar. Cicerón, en definitiva, se limitó a replantearla en términos latinos y a amplificarla cuantitativamente.

C. Marchesi ha escrito con justicia: «Cicerón no aportó ideas nuevas al mundo (...). Su mundo interior es pobre, porque brinda asilo a todas las voces.» Su mayor aportación reside, pues, en la difusión y en la divulgación de la cultura griega. Dentro de este ámbito, constituye de veras una figura esencial para la historia espiritual de Occidente. «También aquí —escribe asimismo Marchesi— se manifesta la fuerza divulgadora y animadora del ingenio latino: porque ningún griego habría sido capaz de difundir, como hizo Cicerón, el pensamiento griego por todo el mundo.»

Capítulo IX

EL DESARROLLO DE LA CIENCIA EN LA ÉPOCA HELENÍSTICA

1. La fundación del Museo y de la Biblioteca y sus consecuencias

Al principio del capítulo anterior hemos examinado las consecuencias provocadas por la expedición de Alejandro en el ámbito de la vida espiritual de los griegos y la serie de transformaciones en la visión tradicional acerca del hombre y de la vida, que exigieron el nacimiento de los nuevos movimientos filosóficos que acabamos de exponer. Entre otras cosas hemos mencionado el surgimiento de nuevos centros culturales en Pérgamo, Rodas y sobre todo en Alejandría. Atenas logró conservar su primacía en el terreno de la filosofía, pero Alejandría se convirtió en un gran centro de cultura científica, que alcanzó las más altas cumbres conquistadas por el mundo antiguo.

¿Cómo fue posible este fenómeno? Examinemos con brevedad las razones socio-político-culturales que nos permiten responder a este interrogante.

Las obras de construcción de la ciudad, que Alejandro dedicó a la memoria de su propio nombre, se iniciaron en el 332 a.C. y duraron mucho tiempo. El lugar había sido elegido con una intuición infalible: al hallarse próxima a la desembocadura del Nilo, la ciudad aprovechará al mismo tiempo los beneficios procedentes del cultivo de las tierras del interior y los beneficios obtenidos mediante el comercio. La población aumentó con rapidez y a los elementos locales se agregaron otros provenientes de todas partes, entre los que cabe destacar especialmente a los hebreos. La población griega, por supuesto, era la predominante: precisamente, sin embargo, fue en este contexto cosmopolita donde la dimensión cultural helénica en sentido estricto se ensanchó en el sentido helenístico antes explicado (cf. p. 205).

Ptolomeo Lago después de la muerte de Alejandro recibió el poder sobre Egipto. Sus sucesores lo conservaron durante largo tiempo, manteniendo las tradicionales estructuras socio-políticas que habían asegurado a ese país una vida milenaria. Impidieron, pues, la helenización de Egipto, con la única excepción de Alejandría, a la que intentaron atraer a los intelectuales griegos, buscando por todos los medios transformarla en capital cultural del mundo helenístico. Nació así una ciudad modernísima dentro de un Estado con estructura oriental, ciudad que poseyó un destino único o, por lo menos, absolutamente excepcional.

A partir del 297 a.C. aproximadamente, Demetrio de Falero, que procedía de las filas de los peripatéticos y que por razones políticas había tenido que refugiarse en Alejandría, tuvo intensos contactos con Ptolomeo I Soter, que cada vez fueron haciéndose más estrechos. Demetrio tuvo la idea de fundar en Alejandría algo que fuese como un Peripato de proporciones mucho mayores, construido de acuerdo con las nuevas exigencias y adaptado a ellas. Llamó a Alejandría al propia escolarca del Peripato, Estratón de Lámpsaco, que se convirtió además en preceptor del hijo del rey.

El propósito de Demetrio y de Ptolomeo consistía en reunir en una gran institución todos los libros y todos los instrumentos científicos necesarios para las investigaciones, con objeto de suministrar a los estudiosos un material que no habrían podido encontrar en ninguna otra parte, induciéndolos así a venir a Alejandría. De esta manera nació el Museo (que significa institución consagrada a las Musas, protectoras de las actividades intelectuales), junto al cual se hallaba la Biblioteca. El primero ofrecía todos los aparatos necesarios para las indagaciones médicas, biológicas, astronómicas; la segunda brindaba toda la producción literaria de los griegos. Con Ptolomeo II la Biblioteca llegó a la inmensa cantidad de 500 000 libros, que fue aumentando paulatinamente hasta los 700 000 y constituyó la más grandiosa reunión de libros del mundo antiguo. La Biblioteca tuvo directores famosos. Han llegado hasta nosotros todos los nombres del período áureo: Zenodoto, Apolonio de Rodas, Eratóstenes, Arístides de Bizancio, Apolonio Eidógrafo, Aristarco de Samotracia. Estos hombres, como veremos de inmediato, construyeron las bases de la ciencia filológica. El Museo, en cambio, atrajo matemáticos, astrónomos, médicos, geógrafos, los cuales manifestaron en el ámbito de esta institución lo mejor que haya producido la antigüedad.

2. El nacimiento de la filología

Zenodoto, el primer bibliotecario, inició la sistematización de los volúmenes, pero fue Calímaco quien durante el reinado de Ptolomeo II (283-247) compiló los *Pinakes*, es decir los catálogos. En estos 120 libros, fueron ordenados los volúmenes por sectores y por géneros literarios, ordenando alfabéticamente los autores, elaborando una breve biografía de éstos, sistematizando la producción de cada autor y solucionando los problemas causados por las atribuciones dudosas. Los *Catálogos* de Calímaco constituyeron la base de todo el trabajo posterior.

En cambio Zenodoto preparó la primera edición de Homero y quizás fue quien se encargó de dividir en 24 libros la *Ilíada* y la *Odisea*. También Aristófanes de Bizancio (257-180 a.C.) y Aristarco de Samotracia (217-145 a.C.) prepararon ediciones de Homero. Aristarco es especialmente importante, ya que constituye la principal fuente de nuestra tradición. Con objeto de controlar los numerosos ejemplares que poseía la Biblioteca, descubrió y eliminó los versos interpolados y señaló los que parecían sospechosos. Los escoliastas posteriores se atuvieron a sus comentarios. Dionisio de Tracia, discípulo de Aristarco, elaboró la primera *Gramática griega* que conocemos, aprovechando las aportaciones que habían realizado en este terreno los peripatéticos y los estoicos. En el 145 se refugió en Rodas, al ser expulsado por Ptolomeo VII Evergetes II, llamado también *Physkon*, por razones que más adelante mencionaremos.

La interpretación alegórica de Homero y de otros poetas, en cambio, fue codificada por Crates de Mallos en Pérgamo. A partir de entonces fue difundiéndose y consolidándose poco a poco, hasta convertirse en predominante durante la época imperial. Entre otros, fue adoptada por los estoicos.

En este período se populariza también el género literario de la biografía, del cual conservamos pocos testimonios. Sin embargo, por lo que respecta a los filósofos, conocemos el posterior resumen efectuado por Diógenes Laercio, que utilizó en gran medida buena parte de los materiales recogidos durante esta etapa. Recordemos, por último, que gracias a este movimiento filológico y a sus adquisiciones se hizo posible la edición de las obras esotéricas de Aristóteles, de la que hemos hablado antes con extensión. Cabe afirmar, pues, que las modernas y refinadísimas técnicas utilizadas para la edición crítica de textos antiguos tienen en la Alejandría helenística sus raíces históricas.

3. El gran florecimiento de las ciencias particulares

3.1. *Las matemáticas: Euclides y Apolonio*

Debido al estilo peculiar del pensamiento griego, sin lugar a dudas fue la matemática la ciencia que gozó de mayor aprecio, desde Pitágoras hasta Platón. Recordemos que la tradición afirma que, en la entrada de la Academia, Platón hizo grabar la siguiente inscripción: «Que no entre quien no sea geómetra.» Tanto en los pitagóricos como en el platonismo, hemos constatado cuál fue la función y cuál el influjo que ejerció la matemática.

A Euclides, uno de los primeros científicos que se trasladó a Alejandría, le correspondió el honor de construir la *summa* del pensamiento matemático griego a través de los *Elementos*, cuyo planteamiento conceptual siguió siendo válido hasta prácticamente el siglo XIX. No conocemos casi nada acerca de la vida de Euclides. Los datos que poseemos nos llevan a situar el punto culminante de su existencia hacia el 300 (se suele considerar como probables las fechas 330-277 a.C.). Se han conservado también otras obras de Euclides (los *Datos*, la *Óptica*, los *Cálculos*, que nos han llegado en su versión árabe), pero son menos significativas. Si fuese verdad una anécdota que nos refiere Proclo, su carácter quedaría ejemplificado de modo elocuente: al preguntarle el rey Ptolomeo si no habría un camino más sencillo para introducirse en la matemática, Euclides, respondió: «En las matemáticas no hay caminos regios.»

El procedimiento utilizado en los *Elementos* es el del discurso axiomático: una vez establecidas ciertas cosas, de ellas se siguen otras por necesidad, concatenadas estructuralmente. Las estructuras de la deducción, tal como aparecen en la lógica aristotélica, operan de una manera muy precisa, al igual que su planteamiento teórico general. Y ya que el planteamiento de la lógica aristotélica implica definiciones, principios o axiomas comunes y postulados específicos para cada ciencia, los *Elementos* de Euclides presentan asimismo una serie de definiciones, cinco postulados y los axiomas comunes. Las definiciones sirven para calibrar los términos que entran en el razonamiento; los axiomas comunes constituyen especificaciones del principio de no contradicción, sobre el cual según Aristóteles hay que basarse para desarrollar cualquier clase de discurso lógico. Por su parte los postulados son supuestos fundamentales, de carácter básicamente intuitivo (y por lo tanto, inmediatos, no demostrables, no mediados por otra noción) que configuran el substrato mismo del razonamiento. Como se sabe, el quinto postulado ha planteado gran cantidad de problemas y, en el intento de resolverlos, nacieron las geometrías no euclidianas. Como tendremos que hablar de éstas en su momento (cf. vol. III, p. 327ss, donde se ilustra mediante gráficos el quinto postulado), ahora no entraremos en el detalle de las cuestiones que se refieren a los postulados.

En cambio, hemos de advertir que Euclides, entre los procedimientos de argumentación, utiliza con frecuencia el método de la reducción al absurdo, que no es otro que el célebre *elenchos*, poseedor de una historia gloriosa que se inicia con la escuela eleática y, en particular, con los famosos argumentos de Zenón (cf. cap. II, p. 60s), y prosigue con Gorgias y la dialéctica socrática, con Platón y con Aristóteles.

Además de este método, Euclides apela también al que más tarde recibirá el nombre de «método de exhaustión», aplicado sobre todo en sus últimos libros, pero que en el décimo se formula por vez primera de manera paradigmática: «Suponiendo que se nos han dado dos magnitudes desiguales, si se substrae de la mayor una magnitud más grande que la mitad, a lo que queda se le quita otra magnitud mayor que la mitad, y se continúa así sucesivamente, quedará una magnitud que será menor que la magnitud menor que se ha supuesto en un principio.» El ejemplo que acostumbra a exponerse para aclarar de manera intuitiva esta proposición es el siguiente: sean A la magnitud mayor, por ejemplo, un círculo, y B la menor. Ahora, restemos al círculo un tamaño mayor que su mitad, por ejemplo, inscribiendo en él un cuadrado (y restando, así, la superficie del cuadrado de la del círculo). Restaremos después a lo que queda otra magnitud mayor que la mitad, por ejemplo, buscando los arcos determinados por los lados del cuadrado y obteniendo así un octágono, que restaremos a la superficie del círculo. Si continuamos procediendo de este modo, bisecando una y otra vez, obtendremos un polígono que se aproxima cada vez más al círculo y, por lo tanto, una magnitud tal que, restada de la del círculo, será menor que la magnitud B supuesta al principio, sea ésta cual fuere. Por este camino, se hace siempre posible hallar una magnitud que sea más pequeña que otra dada, por reducida que sea ésta, porque no existe una magnitud mínima. A. Frajese ha recordado oportunamente, a este propósito, que Anaxágoras afirmaba que siempre existe un más pequeño que lo pequeño (infinita divisibilidad de las homeomerías), al igual que siempre hay algo más grande con respecto a cualquier cosa grande. El antecedente de este método, por tanto, se encuentra en Anaxágoras.

Para dar una idea de la riqueza de contenido de los *Elementos*, recordemos con brevedad los temas que allí se tratan. En los libros I-IV se expone la geometría del plano, en el v la teoría de las proporciones, que en el vi se aplica a la geometría del plano. Los libros vii, viii y ix versan sobre la teoría de los números, en el x se estudia lo que suele denominarse irracionalidad algebraica, mientras que en los tres últimos libros se trata la geometría del espacio. A menudo se ha debatido la originalidad del contenido de estos *Elementos*. Está fuera de duda que Euclides aprovechó todo lo que los griegos habían pensado al respecto durante los tres siglos anteriores. Sin embargo, tampoco cabe la menor duda de que su genialidad consiste en la síntesis realizada: es sobre todo gracias a la forma de esta síntesis que la matemática griega pasó a la historia.

Después de Euclides y dejando de un lado a Arquímedes, del cual hablaremos enseguida, el más grande matemático griego fue Apolonio de Perga, que vivió en la segunda mitad del siglo iii a.C. Estudió en Alejandría, pero enseñó en Pérgamo. Han llegado hasta nosotros sus *Secciones cónicas*. El tema no era del todo nuevo, pero Apolonio replanteó a fondo la cuestión, la expuso de manera rigurosa y sistemática, e introdujo asimismo la terminología técnica necesaria para designar los tres tipos de secciones de cono: elipse, parábola, e hipérbole. Los historiadores de la matemática consideran que las *Secciones cónicas* son una obra maestra de primera magnitud, por lo que los autores modernos poco han podido agregar en este terreno. Si Apolonio hubiese aplicado sus descubrimientos a la astronomía, habría revolucionado las teorías griegas acerca de las órbitas planetarias. Como es sabido, sin embargo, tal aplicación no se llevará a cabo hasta Kepler, en la edad moderna.

3.2. *La mecánica: Arquímedes y Herón*

Arquímedes nació en Siracusa alrededor del 287. Su padre, Fidias, era astrónomo. Viajó a Alejandría, pero no permaneció ligado al ambiente del Museo. Vivió casi siempre en Siracusa, a cuya casa reinante se hallaba unido por lazos de parentesco y amistad. Murió en el 212, asesinado durante el saqueo de la ciudad por las tropas romanas mandadas por Marcelo. A pesar de que Marcelo había ordenado que se le conservase con vida, en señal de honor hacia el gran adversario que había defendido durante tanto tiempo la ciudad diseñando ingeniosísimas máquinas bélicas, un soldado le quitó la vida mientras se hallaba inmerso en sus estudios. Según la tradición, en el instante final sus últimas palabras consistieron en una frase que se hizo famosa en esta forma: *Noli turbare circulos meos* (la forma original que nos refiere Valerio Máximo es: *Noli obsecro circulum istum disturbare*). Arquímedes quiso que sobre su tumba se grabase, como símbolo, una esfera inscrita en un cilindro, como recuerdo de algunos de sus descubrimientos más significativos en este terreno. Cuando Cicerón desempeñó el cargo de cuestor de Sicilia, en el 75 a.C., halló su tumba y la hizo restaurar, con muestras de gran veneración.

Se han conservado muchas de sus numerosas obras: *Sobre la esfera y sobre el cilindro, Sobre la medida del círculo, Sobre las espirales, Sobre la cuadratura de la parábola, Sobre los conoides y los esferoides, Sobre el equilibrio de los planos, Sobre los cuerpos flotantes, El arenario* y una obra *Sobre el método*, dedicada a Eratóstenes.

Muchos historiadores de la ciencia antigua consideran que Arquímedes fue el más genial de los científicos griegos. Sus aportaciones más brillantes son las relacionadas con la problemática de la cuadratura del círculo y la rectificación de la circunferencia. En su escrito original *Sobre la medida del círculo* —del cual sólo nos ha llegado un extracto— Arquímedes habría llegado hasta el polígono de 384 lados. El material expuesto en las obras *Sobre la esfera y sobre el cilindro* y *Sobre los conoides y los esferoides* contiene importantes aprovechamientos de los *Elementos* de Euclides y aún hoy constituye un capítulo decisivo de los tratados de geometría. Cabe decir lo mismo de las conclusiones a las que llegó en su tratado sobre las *Espirales*.

En su tratado de los *Cuerpos flotantes*, Arquímedes configuró las bases de la hidrostática. En las proposiciones 5 y 7 se leen los conocidos principios: «De las magnitudes sólidas, aquella que es más ligera que el líquido, cuando es abandonada en el líquido, se sumerge de modo que un volumen de líquido igual al de la parte sumergida, tenga el mismo peso que toda la magnitud sólida»; «las magnitudes más pesadas que el líquido, al ser abandonadas en este líquido, se desplazan hacia abajo, hasta el fondo, y resultarán tanto más ligeras dentro del líquido, cuanto sea el peso del líquido que tenga un volumen igual al volumen de la magnitud sólida» (éste es el conocido «principio de Arquímedes»).

En el *Equilibrio de los planos*, en cambio, estableció las bases teóricas de la estática. En particular estudió las leyes de la palanca. Imaginemos un plano recto que se apoya sobre un punto y en cuyos dos extremos colocamos dos pesos iguales. A distancias iguales del centro, ambos pesos estarán en equilibrio; a distancias desiguales, aparece una inclinación hacia el peso que se encuentra a mayor distancia. Basándose en esto, Arquímedes llega a la ley según la cual dos pesos están en equilibrio cuando se hallan a distancias que estén en proporción recíproca a sus pesos específicos. La frase con la que ha pasado a la historia, y que se suele citar en latín: *Da mihi ubi consistam et terram movebo* («Dame un punto de apoyo y levantaré la Tierra») define la grandiosidad del descubrimiento. Arquímedes habría pronunciado esta frase botando en el mar una nave gigantesca, gracias a un sistema de palancas. La frase nos la refiere Simplicio, uno de los últimos neoplatónicos del mundo antiguo.

El *Arenario*, por su parte, es importante para la aritmética griega. Arquímedes idea en él un sistema para expresar números muy grandes, cosa que el sistema griego de indicar los números mediante letras del alfabeto había convertido en imposible. De forma voluntariamente provocativa calculó el número de granos de arena (de aquí el título) que habrían sido necesarios para colmar el cosmos. Por elevado que sea este número de granos de arena —que él calcula— siempre se tratará de un número enorme, en efecto, pero siempre determinado.

En el pasado se ha hecho notar que las demostraciones de Arquímedes a menudo resultan complicadas y pesadas (sobre todo cuando utiliza el método por exhaustión). Su escrito *Sobre el método*, dedicado a Eratóstenes —de quien hablaremos más adelante— y descubierto a principios del siglo actual, muestra por lo contrario que Arquímedes no procedía de acuerdo con métodos complejos y artificiosos cuando llevaba a cabo sus descubrimientos. En sus investigaciones con frecuencia apelaba a un mé-

Presunto busto de Arquímedes (287-212 a.C.), uno de los más geniales matemáticos griegos
y el más famoso de los ingenieros antiguos

todo inductivo e intuitivo (a través de la mecánica): construía modelos y luego pasaba a la constatación, demostrando con rigor lo que había obtenido por aquella vía. En este texto Arquímedes imparte una auténtica lección de método:

> Viéndote..., como he dicho, diligente y egregio maestro de filosofía, capaz de apreciar también en las matemáticas la teoría que [te] corresponda [considerar], decidí escribirte y exponerte en el mismo libro los rasgos de cierto método, mediante el cual te será otorgada la posibilidad de considerar cuestiones matemáticas por medio de la mecánica. Y estoy convencido de que este [método] será igualmente útil para la demostración de los mismos teoremas. Algunas de las [propiedades] que primero se me han presentado a través de la mecánica, más tarde han sido demostradas [por mí] mediante la geometría, puesto que la investigación [realizada] por medio de este método no es una [verdadera] demostración. Resulta más fácil, después de haber obtenido con [este] método algún conocimiento sobre las cosas investigadas, llevar a cabo la demostración, en vez de buscar sin ninguna noción previa. Por eso, incluso de estos teoremas, cuya demostración encontró Eudoxo por primera vez, acerca del cono y de la pirámide, que el cono sea la tercera parte del cilindro, y la pirámide [es la tercera parte] del prisma que tiene la misma base e igual altura, una parte no pequeña [del mérito] hay que atribuirla a Demócrito, quien dio a conocer por primera vez esta propiedad de la figura mencionada, sin demostración.

Arquímedes fue un matemático y se consideró como tal, es decir, alguien que trataba teóricamente los problemas; consideraba que sus estudios de ingeniería eran algo marginal. Y sin embargo, dichos estudios hicieron que fuese muy admirado, tanto en su tiempo como en épocas posteriores , ya que los hallazgos que realizó en este terreno cautivaban la fantasía mucho más que sus dificilísimas especulaciones matemáticas. Las máquinas balísticas que ideó para defender Siracusa, los aparatos para transportar pesos, la invención de una bomba de irrigación basada en el principio de la llamada «rosca de Arquímedes» y sus descubrimientos relacionados con la estática y la hidrostática, le convierten en el ingeniero más notable del mundo antiguo. La tradición afirma que, durante el sitio de Siracusa, ideó la utilización de los espejos ustorios (difícilmente se trata de una mera leyenda, puesto que Luciano de Samosata ya menciona la cuestión). Construyó un planetario, que más tarde fue transportado a Roma y que provocó la admiración de Cicerón. Vitrubio narra cómo llegó Arquímedes a descubrir el peso específico, es decir, la relación entre peso específico y volumen. Por todo lo que sabemos acerca del método intuitivo mediante el cual Arquímedes lograba sus descubrimientos, antes de ofrecer una prueba razonada de éstos, se trata de una narración verosímil en grado sumo, aunque nadie pueda garantizar su historicidad. El relato —que aparece hasta en los libros de las escuelas primarias— refiere lo siguiente: Hierón, rey de Siracusa, quiso ofrecer al templo una corona de oro. El orfebre, empero, quitó una parte del oro y la sustituyó por plata, que fundió con el resto del oro en una aleación. En apariencia, la corona era perfecta. Sin embargo, surgió la sospecha del delito y, al no poder Hierón justificar su sospecha, rogó a Arquímedes que solucionase el caso, reflexionando sobre lo que había pasado. Arquímedes empezó a pensar con intensidad y mientras se preparaba para tomar un baño, observó que al entrar en la bañera (que en aquella época no era más que una tina) salía agua en proporción al volumen del cuerpo que entraba. Intuyó así, de pronto, el sistema con el que se podría comprobar la pureza del oro de la corona. Arquímedes preparó dos bloques, uno de oro y otro de plata, ambos de igual peso que la corona. Los hundió a ambos en agua, midiendo el volumen de agua que desplazaba cada uno y la diferencia relativa entre ambos. Luego, constató si la corona desplazaba un volumen de agua igual al desplazado por el bloque de oro. Si no ocurría esto, significaría que el oro de la corona había sido alterado. Debido al entusiasmo del descubrimiento se precipitó fuera de la tina de baño, y corrió a su casa completamente desnudo, gritando «lo he descubierto, lo he descubierto», que en griego se dice *eureka,* exclamación que se transformó en proverbial y que hoy sigue utilizándose. Se discutió extensamente cuál fue el procedimiento utilizado por Arquímedes, ya que Vitrubio es muy genérico en su relato. Galileo se estrenó precisamente con un escrito sobre este tema: *Discurso del S. Galileo Galilei acerca del artificio que utilizó Arquímedes para descubrir el robo del oro en la corona de Hierón.*

Entre los matemáticos e ingenieros del mundo antiguo hay que mencionar a Herón, a quien se atribuye una serie de descubrimientos. No obstante, se desconocen los datos relacionados con su vida. Es probable que haya vivido entre el siglo III a.C. y el I d.C. La cuestión se vuelve complicada porque *a)* Herón era un nombre común y *b)* servía también para designar el ingeniero como tal. Quizás lo que nos ha llegado bajo el nombre de Herón no le corresponde a un solo autor. Al parecer, mucho de lo que se adjudica a Herón pertenece a la época helenística. En todo caso, se trata de una cuestión que sigue abierta, ya que aún no ha sido resuelta de manera satisfactoria.

3.3. *La astronomía: el geocentrismo tradicional de los griegos, el revolucionario intento heliocéntrico de Aristarco y la restauración geocéntrica de Hiparco*

La concepción astronómica de los griegos —salvo algunas excepciones que mencionaremos— fue geocéntrica. Se imaginaba que las estrellas, el Sol, la Luna y los planetas rotaban alrededor de la Tierra con un movimiento circular perfecto. En consecuencia, se pensaba que existía una esfera encargada de conducir las llamadas estrellas fijas y una esfera para cada planeta, todas ellas concéntricas con respecto a la Tierra. Recordemos que «planeta» (procedente de *planomai*, que quiere decir «voy errabundo») significa «estrella errante», esto es, estrella que presenta movimientos complejos y aparentemente no regulares (de ahí su nombre). Ya Platón había comprendido que, para explicar el movimiento de los planetas, no alcanzaba con una sola esfera para cada uno. Su contemporáneo Eudoxo (que vivió en la primera mitad del siglo IV), el más ilustre huésped científico de la Academia, trató de solucionar el problema. Conservando con firmeza la hipótesis del movimiento circular perfecto de las esferas que conducen los planetas, había que explicar cuántas hacían falta para dar cuenta de sus aparentes anomalías: su aproximarse aparentemente regular, su desplazarse a derecha e izquierda según la latitud. La hipótesis de Eudoxo asumió un carácter geométrico y fue realmente muy ingeniosa: para explicar las anomalías de los planetas introdujo tantos movimientos esféricos como eran necesarios para —combinándose entre sí— dar como resultado los desplazamientos de los astros que observamos. Quizás fue

G. Schiapparelli el primer estudioso de la historia de la astronomía que trató de aclarar de modo adecuado este mecanismo, como se refiere resumidamente en este texto:

Eudoxo imaginó que... cada cuerpo celeste era transportado en círculo por una esfera giratoria sobre dos polos, dotada de una rotación uniforme. Supuso, además, que el astro se hallaba adherido a un punto del ecuador de esta esfera, de modo que durante la rotación describía un círculo máximo, colocado sobre el plano perpendicular al eje de rotación de la esfera. Para dar cuenta de las variaciones en la velocidad de los planetas, de su quietud y de su retroceso, y de sus desviaciones a derecha e izquierda en el sentido de la latitud, no era suficiente con dicha hipótesis. Convenía suponer que el planeta se hallaba animado por otros movimientos análogos al primero, los cuales al superponerse producían aquel movimiento único, irregular en apariencia, que podemos observar. Eudoxo estableció, por tanto, que los polos de la esfera que transportaba el planeta no estaban inmóviles, sino que se hallaban regidos por una esfera mayor, concéntrica a la primera, que a su vez giraba con movimiento uniforme y con velocidad propia, alrededor de dos polos distintos de los primeros. Y puesto que ni siquiera con esta suposición se lograba representar las apariencias de ninguno de los siete astros errantes, Eudoxo fijó los polos de la segunda esfera dentro de una tercera, concéntrica a las dos primeras, y más grande que ellas, a las que atribuyó otros polos y otra velocidad característica. Y si no bastaba con tres esferas, añadió una cuarta, que abarcaba las tres anteriores, que llevaba en sí misma los dos polos de la tercera y que también rotaba a su propia velocidad alrededor de sus propios polos. Al examinar los efectos de todos estos movimientos combinados en conjunto, Eudoxo descubrió que, si se escogían de modo conveniente las posiciones de los polos y las velocidades de rotación, se podían representar con corrección los movimientos del Sol y de la Luna, suponiendo que cada uno de éstos se hallaba transportado por tres esferas. En cambio, los movimientos más variados de los planetas requerían cuatro esferas para cada uno de éstos. Las esferas motoras de cada astro eran completamente independientes de las que servían para mover a todos los demás. En cuanto a las estrellas fijas, bastaba con una única esfera, aquella que produce la rotación diurna del cielo.

En total, pues, Eudoxo supuso 26 esferas. No se ocupó de las relaciones de las esferas motoras de cada planeta con las del planeta siguiente y tampoco estudió los eventuales influjos de unas sobre otras. Quizás imaginaba este complicado sistema como mera hipótesis geométrico-matemática, sin otorgar una dimensión física a las esferas. Su discípulo Calipo consideró necesario aumentar en siete el número de las esferas, con lo que éstas se convirtieron en 33. Aristóteles, por su parte, al introducir el elemento celeste llamado éter, otorgó al sistema una dimensión física. En consecuencia, tuvo que introducir esferas que se desplazaban con movimiento retrógrado, con objeto de neutralizar el efecto de las esferas del planeta superior sobre las del planeta inferior. Estas esferas con movimiento retrógrado han de ser tantas como las de los movimientos supuestamente necesarios para cada planeta, menos una. Se llegaba así a la cifra de 55. El cuadro sinóptico de la página siguiente ilustra los sistemas astronómicos de Eudoxo, Calipo y Aristóteles (los números en negrita en la columna de Aristóteles indican las esferas con movimiento retrógrado).

Heráclides Póntico, contemporáneo de Eudoxo, realizó un intento verdaderamente nuevo y original, al suponer que la Tierra está situada en el centro y rueda mientras que el cielo está quieto. Según un antiguo testimonio no del todo seguro Heráclides supuso también, con objeto de explicar algunos fenómenos que la hipótesis de Eudoxo dejaba inexplicados, que Venus y Mercurio rotaban en círculo alrededor del Sol, el cual rotaba a su vez en torno a la Tierra. Sin embargo, esta tesis no tuvo éxito, por el momento al menos.

En la primera mitad del siglo III —por tanto, en la época helenística— surgió el intento más revolucionario de la antigüedad, por obra de Aristarco de Samos, llamado «el Copérnico antiguo». Como nos relata Arquímedes, Aristarco supuso «que las estrellas fijas eran inmutables y que la Tierra giraba alrededor del Sol, describiendo un círculo». Como puede apreciarse, Aristarco recoge la tesis de Heráclides Póntico, pero avanza más allá, al sostener que el Sol es el centro en torno al cual rotan todos los astros. Al parecer, concibe la idea de un cosmos infinito. Afirma que la esfera de las estrellas fijas —cuyo centro era el mismo centro del Sol— era tan grande, que el círculo que describía la Tierra al moverse se hallaba tan lejos de las estrellas fijas «como el centro de una esfera con respecto a su superficie». Lo cual significa, en consecuencia, que se hallaba a una distancia infinita. El único astrónomo que aceptó la tesis de Aristarco fue Seleuco de Seleucia (que vivió alrededor del 150 a.C.). Por lo contrario, Apolonio de Perga —el gran matemático que ya hemos mencionado— y sobre todo Hiparco de Nicea recharazon la tesis, volviendo a imponer el geocentrismo que se mantuvo hasta Copérnico.

Planetas	*Cantidad de esferas según Eudoxo*	*Cantidad de esferas según Calipo*	*Cantidad de esferas según Aristóteles*
Saturno	4	(+ 0) 4	(+ **3**) 7
Júpiter	4	(+ 0) 4	(+ **3**) 7
Marte	4	(+ 1) 5	(+ **4**) 9
Venus	4	(+ 1) 5	(+ **4**) 9
Mercurio	4	(+ 1) 5	(+ **4**) 9
Sol	3	(+ 2) 5	(+ **4**) 9
Luna	3	(+ 2) 5	(+ **0**) 5
Total	26	(+ 7) 33	(+ **22**) 55

Son numerosas las razones que obstaculizaron el avance de las tesis heliocéntricas: *a)* la oposición religiosa; *b)* la oposición de las sectas filosóficas, entre ellas, las helenísticas; *c)* las diferencias con respecto al sentido común, que considera el geocentrismo como algo mucho más natural; *d)* algunos fenómenos que parecían continuar sin explicación. Era suficiente con eliminar las complicaciones aducidas por Eudoxo —con su multiplicidad de esferas— substituyéndolas por hipótesis nuevas que, aunque mantuviesen el enfoque general geocéntrico y las órbitas circulares de los planetas, pudieran perfectamente «salvar los fenómenos», como se decía entonces, esto es, explicar aquello que aparece ante la vista y ante la experiencia. Tales hipótesis se reducen a dos, muy importantes: 1) la de los epiciclos, que ya Heráclides anticipó en cierta medida, y 2) la de los excéntricos.

1) La hipótesis de los epiciclos consistía, como ya se ha dicho, en admitir que los planetas rotaban alrededor del Sol, que a su vez giraba alrededor de la Tierra.

2) La hipótesis del excéntrico consistía en proponer la existencia de órbitas circulares en torno a la Tierra, cuyo centro no coincidía con el centro de ésta y que por lo tanto era excéntrico con respecto a la Tierra.

Hiparco de Nicea, que floreció hacia mediados del siglo II a.C., brindó la explicación más convincente para la mentalidad de entonces, dando razón de los movimientos de los astros, basándose en estas hipótesis. Por ejemplo, la distancia variable entre el Sol y la Tierra, así como las estaciones, se explican fácilmente si se supone que el Sol gira de acuerdo con una órbita excéntrica respecto de la Tierra. Mediante una hábil combinación de ambas hipótesis, Hiparco logró dar cuenta de todos los fenómenos celestes. De este modo quedó a salvo el geocentrismo y, a la vez, todos los fenómenos celestes parecieron recibir una explicación.

Plinio ensalza así a nuestro astrónomo: «El mismo Hiparco, que nunca será lo bastante elogiado —ya que ninguno mejor que él ha demostrado que el hombre posee afinidad con los astros y que nuestras almas forman parte del cielo— descubrió una nueva estrella, diferente, y que nació en su época. Al comprobar que se desplazaba el lugar en que brillaba, se planteó el problema acerca de si esto no sucedía con más frecuencia y si las estrellas que consideramos fijas no se moverían también. Por consiguiente, osó lanzarse a una empresa que resultaría ímproba hasta para un dios: contar las estrellas para la posteridad, y catalogar los astros mediante instrumentos inventados por él, a través de los cuales podía indicar sus posiciones y tamaños, de modo que desde aquí se pudiese reconocer con facilidad, no sólo si las estrellas morían o nacían, sino también si alguna se desplazaba o se movía, si crecía o si se empequeñecía. Así, dejó el cielo como herencia a todos los hombres, en el caso de que se hallase un hombre que estuviese en condiciones de recoger tal legado.» ¡Y como herencia dejó un catálogo de casi 850 estrellas!

3.4. *El apogeo de la medicina helenística con Herófilo y Erasístrato, y su involución posterior*

En el Museo durante la primera mitad del siglo III a.C. se llevaron a cabo investigaciones muy importantes sobre anatomía y fisiología, gracias sobre todo a los médicos Herófilo de Calcedonia y Erasístrato de Ceos. La posibilidad de dedicarse a la investigación con el exclusivo propósito de incrementar el saber, los aparatos disponibles en el Museo, así como la protección de Ptolomeo Filadelfo —que autorizó la disección de cadáveres— hicieron que dichas ciencias realizasen progresos muy notables. Es cierto, además, que Herófilo y Erasístrato llegaron incluso a efectuar operaciones de vivisección en algunos malhechores, con autorización regia y suscitando escándalo.

Se deben a Herófilo muchos descubrimientos en el ámbito de la anatomía descriptiva (algunos llevan todavía su nombre). Herófilo superó definitivamente la concepción según la cual el órgano central del cuerpo vivo era el corazón, demostrando que el cerebro constituía ese núcleo vital. Logró demostrar asimismo la distinción entre nervios sensitivos y nervios motores. Herófilo, recogiendo una idea de su maestro Praxágoras, estudió las pulsaciones e indicó su valor como síntoma para el diagnóstico. Por último, recogió la doctrina de los humores, de origen hipocrático.

Erasístrato distinguió entre arterias y venas, y afirmó que aquéllas transportaban el aire, mientras que las venas llevaban la sangre. Los historiadores de la medicina han explicado este equívoco, aclarando que *a)* con el término «arteria», los griegos designaban también la tráquea y los bronquios; *b)* en los animales muertos sometidos a disección la sangre pasa de las arterias a las venas. Sus explicaciones fisiológicas adoptaron criterios inspirados en el mecanicismo, especialmente en el de Estratón de Lámpsaco. Por ejemplo, la digestión en su conjunto se explicaba en función de la mecánica de los músculos, mientras que la absorción de alimentos por los tejidos se atribuía al principio que pasó a la historia como principio del *horror vacui*, según el cual la naturaleza tiende a llenar cualquier vacío.

Este momento tan brillante no duró demasiado. Ya Filino de Cos, discípulo de Herófilo, se separó del maestro y —probablemente bajo el influjo del escepticismo— dio pie a aquella escuela que recibirá el nombre de *Médicos empíricos*, que no admitían la importancia teórica de la medicina, confiando exclusivamente en la experiencia. Serapión de Alejandría consolidó esta corriente, que gozó de gran aprecio hasta que en la era cristiana se fundió por obra de Menodoto con el neoescepticismo (cf. p. 281ss). Recordemos, por último, que la doctrina de Erasístrato según la cual el aire circula por las arterias, constituye un antecedente de aquella tendencia de la medicina que sobre todo por influjo del estoicismo concederá gran relieve al *pneuma*, fluido vital de naturaleza aérea que se inspira junto con el aire (medicina pneumática). Cuando hablemos de Galeno tendremos ocasión de examinar la más sofisticada de las formulaciones de esta doctrina, sintetizada junto con la tradicional doctrina de los humores.

3.5. *La geografía: Eratóstenes*

La obra de Eratóstenes comportó una sistematización de la geografía. El rey Ptolomeo II le llamó a Alejandría en el 246 para que ocupase el cargo de director de la Biblioteca, como ya hemos recordado. Fue amigo de Arquímedes y estaba versado en muchos campos del saber, sin llegar a dominar ninguno de una forma concluyente. Su mérito histórico reside en haber aplicado la matemática a la geografía y en haber dibujado el primer mapamundi ajustado al criterio de los meridianos y los paralelos.

Basándose en cálculos ingeniosos y elaborados con corrección metodológica Eratóstenes logró calcular también las dimensiones de la Tierra. El resultado que obtuvo fue una circunferencia de 250 000 estadios de extensión (o de 252 000 estadios, según otras fuentes). En la antigüedad el valor del estadio no era siempre el mismo; sin embargo, si es cierto que el estadio adoptado por Eratóstenes fue el de 157,5 metros, la cifra resultante es inferior en sólo unas cuantas decenas de kilómetros a la que se calcula en la actualidad.

3.6. *Conclusiones acerca de la ciencia helenística*

Al exponer la ciencia helenística en sus diversos sectores, hemos podido comprobar que nos hallamos ante un fenómeno nuevo en gran medida, tanto en sus aspectos cualitativos como en su intensidad. Los historiadores de la ciencia han advertido con razón que la característica distintiva del fenómeno reside en el concepto de especialización. El saber se diferencia en sus distintas partes y trata de definirse en el ámbito de cada una de estas partes de manera autónoma, es decir, con una lógica propia y no como simple aplicación de la lógica del conjunto formado por las partes. Dicha especialización, según el modo corriente de entender este fenómeno, supone una doble liberación: *a)* de la religión tradicional o, en todo caso, de un tipo de mentalidad religiosa que considera como infranqueables determinados límites en ciertos ámbitos; *b)* de la filosofía y de los dogmas relacionados con ella.

Sin ninguna duda todo esto es cierto, pero hay que llevar a cabo algunas matizaciones. *a)* Es innegable que en Grecia los pensadores siempre gozaron de libertad religiosa. Por otra parte, hay que reconocer que la disección de cadáveres y la vivisección en seres humanos habría resultado imposible en Atenas y que sólo se produjo gracias a la protección de los Ptolomeos y en un ambiente como el de Alejandría, carente de prejuicios y paradójicamente situado en un Egipto enclaustrado todavía en sus estructuras orientales. (Sin embargo, ¿la vivisección de criminales fue un verdadero progreso? ¿O habrá sido más bien una cesión total ante la curiosidad del científico? Para éste, ¿deja acaso el criminal de ser un hombre?) *b)* También es auténtica la independencia de la filosofía, pero no hay que exagerarla, sino redimensionarla. Los sistemas helenísticos, como hemos visto, son los más dogmáticos que hayan existido en el mundo antiguo. Epicuro, al igual que los estoicos, sostenía que el saber debe poseer dogmas y que éstos son intocables. El hecho de que Atenas continuase siendo la capital de la filosofía y Alejandría se convirtiese en la capital de la ciencia —y existiese tanta distancia entre ambas ciudades— colocó la ciencia alejandrina al abrigo de aquellos dogmas y liberó sus procesos de desarrollo.

Sin embargo, jamás se insistirá lo bastante sobre el hecho de que fueron los peripatéticos como Demetrio de Falero y Estratón de Lámpsaco quienes proyectaron una organización que reprodujese el Peripato pero en mayores dimensiones. Puesto que Demetrio había sido discípulo de Teofrasto, el científico del Peripato, no hay que exagerar demasiado aquella escisión que muchos pretenden subrayar. Por lo demás, el mismo Aristóteles dio pruebas de saber investigar mediante un riguroso método empírico, como se aprecia en la *Historia de los animales* o en su *Colección de las constituciones*. Teofrasto continuó estas investigaciones en el área de la botánica, de modo que la investigación especializada de Alejandría tiene sus antecedentes precisamente en el Peripato. Cabría decir que, por principio, el nuevo espíritu de las nuevas escuelas helenísticas era reticente ante las investigaciones especializadas, pero que el antiguo espíritu aristotélico no lo era en absoluto.

En cualquier caso, sigue existiendo el hecho de que la característica esencial de la ciencia ha sido la especialización, que se ha llevado a cabo sin necesidad de elaborar un trasfondo filosófico o, más bien, con una explícita puesta entre paréntesis de dicho trasfondo. Hay que mencionar, asimismo, otro punto muy importante. La ciencia especializada alejandrina no sólo se liberó de los prejuicios religiosos y de los dogmas filosóficos, sino que quiso asumir su propia identidad autónoma con respecto a la técnica. Si juzgásemos con mentalidad actual, lo lógico sería pensar en la existencia de una alianza entre ambas. La ciencia helenística sólo desarrolló el aspecto teórico de las ciencias particulares, menospreciando la vertiente técnica aplicada, en su sentido moderno. La mentalidad tecnológica se halla en las antípodas de la ciencia antigua. Se acostumbra a citar la actitud de Arquímedes ante sus propios descubrimientos en el campo de la mecánica, que él interpretaba, si no como un esparcimiento, sin duda ninguna como un aspecto marginal de su verdadera actividad, que era la de matemático puro.

Hay que interrogarse sobre el porqué de este hecho, que nos parece hoy tan poco natural. En la mayoría de los casos, se ha atribuido la causa de este fenómeno a las peculiares condiciones socio-económicas del mundo antiguo. El esclavo ocupa el lugar de la máquina y el amo no tenía necesidad de aparatos especiales para evitar la fatiga o solucionar problemas prácticos. Además, puesto que el bienestar sólo beneficiaba a una minoría, no se hacía necesaria la explotación intensiva de la producción agrícola o artesanal. En definitiva, la esclavitud y las disparidades sociales habrían sido el trasfondo que permite comprender la ausencia de la necesidad de máquinas. A este propósito, hay que recordar la distinción que Varrón efectúa entre tres tipos de instrumentos: *a)* los parlantes (esclavos); *b)* los parlantes a medias (bueyes) y *c)* los mudos (instrumentos mecánicos). El propio Aristóteles había teorizado acerca de esta cuestión: «el operario, en las técnicas, pertenece a la categoría de los instrumentos», «el esclavo es una propiedad animada y todo operario es como un instrumento que precede y condiciona a los demas instrumentos». Sin duda alguna, todo esto resulta fundamental para explicar los fenómenos que estamos estudiando. No obstante, el factor clave es otro. La ciencia helenística fue la que fue, porque a pesar de cambiar el objeto de la indagación si lo comparamos con el de la filosofía (atendiendo a las partes, más bien que al conjunto), conservó el espíritu de la antigua filosofía, el espíritu contemplativo que los griegos llamaban «teórico». El espíritu del viejo Tales —de quien se cuenta que, absorto en la contemplación del cielo, cayó en una fosa, y a quien Platón calificaba de símbolo del más auténtico espíritu teórico— se halla en su plenitud en Arquímedes, en su supremo lema *Noli turbare circulos meos* pronunciado ante el soldado romano que estaba a punto de matarlo, y en su gozoso «¡éureka!». También se encuentra en aquella anécdota según la cual Euclides, al pedirle uno que le explicase para qué servía su geometría, por toda respuesta ordenó que se le diese dinero, una especie de limosna, como la que se da a un mendigo. Ptolomeo mismo presentará su astronomía como una verdadera ciencia en el sentido de la antigua filosofía y Galeno afirmará que el óptimo médico, para serlo efectivamente, tiene que ser filósofo. En conclusión, la ciencia griega estaba animada por una fuerza «teórico-contemplativa» —por aquella fuerza que impulsaba a considerar las cosas visibles como trasunto que permite acceder a lo invisible— que la mentalidad pragmático-tecnológica de nuestra época parece haber eliminado o, por lo menos, dejado al margen.

PARTE SÉPTIMA

LA EVOLUCIÓN FINAL DE LA FILOSOFÍA ANTIGUA

LAS ESCUELAS DE LA ÉPOCA IMPERIAL, PLOTINO Y EL NEOPLATONISMO, Y LOS ÚLTIMOS AVANCES DE LA CIENCIA ANTIGUA

«El anhelo del hombre no sólo debe tender a verse exento de culpa, sino a ser Dios.»

Plotino

Séneca —nacido entre finales de la época pagana y principios de la era cristiana, y fallecido en el 65 d.C.— fue el representante más ilustre del neoestoicismo romano. Sigue mostrándose, aún hoy, como un escritor, conmovedor y lleno de vida

Capítulo X

LAS ESCUELAS FILOSÓFICAS PAGANAS DURANTE LOS PRIMEROS SIGLOS DE LA ERA CRISTIANA

1. Últimos testimonios del epicureísmo y su desaparición

1.1. *La vitalidad del epicureísmo durante los dos primeros siglos de la era cristiana*

Después de una crisis que probablemente duró bastante, el Jardín volvió a revivir en Atenas. Durante el siglo II d.C., según nos refieren numerosos testimonios, era una institución viva. Quizás el documento más interesante lo constituye una carta de Plotina, viuda de Trajano y perteneciente a la escuela epicúrea, dirigida al emperador Adriano. En dicha carta se pedían determinadas concesiones a favor de la escuela, en especial la libre elección del sucesor en la dirección, aun en la hipótesis de que no poseyese la ciudadanía romana. Esto prueba entre otras cosas que los emperadores anteriores habían restringido severamente la libertad de la escuela y que, por lo tanto, ésta manifestaba una vitalidad que atraía la atención de los políticos. El emperador Marco Aurelio, por su parte, financió con fondos públicos una cátedra de filosofía epicúrea. No obstante, el documento más importante —que atestigua la vitalidad del epicureísmo en el siglo II d.C.— es el grandioso libro mural que hizo grabar Diógenes de Enoanda en Asia Menor. En este libro se ofrece una síntesis del mensaje epicúreo, y las excavaciones arqueológicas a partir de finales del siglo pasado han dado a conocer amplios fragmentos.

¿Por qué decidió Diógenes llevar a cabo una empresa tan imponente? Había hallado en Epicuro la doctrina que otorga la paz y tranquilidad al alma, y por amor a todos los hombres dotados de buen sentido, para que no se extraviasen en búsquedas vanas y no fuesen presa de temores sin fundamento, quiso poner a su disposición el mensaje de la salvación. Éstas son sus palabras:

> Estando ya en el ocaso de la vida, debido a la vejez, cuando ya falta poco para que me separe de la vida con un hermoso canto a la saciedad de todas las cosas placenteras, quise ayudar enseguida —para que no me sea impedido por la muerte— a quienes poseen buen sentido. Si sólo un hombre, o dos, o tres, o cuatro, o cinco, o seis (o cuantos existan, oh hombre, en el número de las personas de buen sentido, pero no muchos en ningún caso) estuviesen en una mala disposición de ánimo, llamándolos a mí uno por uno haría todo lo

que estuviese en mi mano para llevarlos a una óptima decisión. Empero, puesto que —como dije antes— la mayor parte de los hombres padece la frecuente enfermedad, como si fuese una pestilente epidemia, de sus propias falsas opiniones acerca de las cosas, y dado que estos enfermos cada vez son más numerosos (se contagian como ovejas, unos a otros, por su espíritu de imitación) y puesto que además es justo que yo esté dispuesto a salir en ayuda de aquellos que vendrán después que nosotros (en la medida en que también son nuestros, aunque aún no hayan nacido) y asimismo es deber de humanidad el preocuparse por los forasteros que se hallan entre nosotros, y ya que los auxilios ofrecidos por este escrito afectan a muchas personas, quise poner en común los remedios de la salvación, por medio de este pórtico. Muy pronto podréis conocer todas las formas en que éstos han ido apareciendo paulatinamente. Hemos hecho desaparecer los temores, que sin razón se habían adueñado de nosotros; luego, en cuanto a los dolores, hemos cortado de raíz aquellos que son vanos y con cuidado hemos ido poco a poco reduciendo aquellos que son naturales, convirtiéndolos en algo infinitamente pequeño...

Diógenes no quiso limitar este mensaje a sus conciudadanos y lo extendió no sólo a los forasteros, sino también a los extranjeros: a todos los hombres sin distinción, tanto griegos como bárbaros, porque los hombres todos son ciudadanos de aquella única patria que es el mundo. «Y sin duda, también hacemos esto por los llamados extranjeros, que en realidad no son tales: porque, de acuerdo con cada división de la tierra, todos tienen su propia patria, pero con respecto al conjunto completo de este mundo, la única patria de todos es toda la tierra y la única morada es el mundo.» Esta doctrina había nacido y se había desarrollado sobre todo en el ámbito del Pórtico (y asimismo entre los cínicos), pero a esta altura el epicureísmo podía también asumirla, porque concordaba con sus principios de fondo.

1.2. *La desaparición del epicureísmo*

El escrito mural de Diógenes de Enoanda representa probablemente la última y más significativa manifestación de epicureísmo. A principios del siglo III d.C., Diógenes Laercio, si bien no compartió sin más la doctrina del Jardín, dio muestras palpables de apreciarla más que a todas las otras, dedicando a Epicuro y al Jardín el décimo libro completo de sus *Vidas de los filósofos*, que es el libro con el que concluye toda su obra. Precisamente a través de este libro han llegado hasta nosotros las obras de Epicuro que aún podemos leer en su integridad.

Por lo que respecta en particular al Jardín de Atenas —el cual, como ya hemos dicho, había resurgido como institución— hay que advertir que, en el caso de que haya llegado hasta el siglo III, en ninguna eventualidad pudo sobrevivir más allá del 267 d.C., año en que la invasión de los hérulos destruyó los lugares en que se piensa estaba situada la sede de la escuela. Sin duda alguna, en el siglo IV d.C. el epicureísmo se había extinguido ya. Como nos atestigua el emperador Juliano, los libros de Epicuro habían sido destruidos y la mayor parte de ellos habían desaparecido de la circulación. Los mensajes del neoplatonismo por un lado y del cristianismo por el otro habían conquistado casi por completo a los espíritus de esta época.

2. El renacimiento de la filosofía del Pórtico en Roma: el neoestoicismo

2.1. *Características del neoestoicismo*

El último florecimiento de la filosofía del Pórtico tuvo lugar en Roma, donde asumió rasgos peculiares y específicos, hasta el punto que los historiadores de la filosofía coincidieron en utilizar el término de «neoestoicismo» para calificarlo. A este propósito hay que advertir que el estoicismo fue la filosofía que contó siempre en Roma con el mayor número de seguidores y de admiradores, tanto en el período republicano como en el período imperial. La desaparición de la república, con la consiguiente pérdida de libertades ciudadanas, reforzó de modo notable en los espíritus más sensibles el interés por los estudios en general y por la filosofía estoica en particular. Las características generales del espíritu romano, que sentía como auténticamente esenciales sólo los problemas prácticos y no los puramente teóricos, junto con los rasgos particulares del momento histórico que analizamos, nos permiten explicar con facilidad la curva peculiar que adopta la problemática de la última etapa del Pórtico.

a) En primer lugar, el interés por la ética —que ya se hallaba en primer plano a partir del estoicismo medio— en el Pórtico romano de la época imperial se convierte en predominante y, en algunos pensadores, en casi exclusivo.

b) Se reduce de forma apreciable el interés por los problemas lógicos y físicos, la teología misma, que formaba parte de la física, adquiere matices que pueden calificarse de espiritualistas, al menos desde un punto de vista tendencial.

c) El individuo, al haberse suavizado notablemente los lazos que le vinculan al Estado y a la sociedad, buscaba su propia perfección en la interioridad de su conciencia, creando así una atmósfera intimista, que jamás había aparecido en la filosofía anterior, por lo menos en esta medida tan elevada.

d) Hizo irrupción un fuerte sentimiento religioso, que transformó de manera bastante acentuada el talante espiritual del viejo Pórtico. En los escritos de los nuevos estoicos hallamos toda una serie de preceptos que recuerdan los preceptos evangélicos, por ejemplo, el parentesco común de todos los hombres con Dios, la fraternidad universal, la necesidad del perdón, el amor al prójimo y hasta el amor a aquellos que nos hacen mal.

e) El platonismo, que ya había ejercido cierto influjo sobre Posidonio, inspiró numerosas páginas de los estoicos romanos, con sus nuevas características medioplatónicas. Merece una especial atención el hecho de que haya ejercido una influencia inequívoca precisamente el concepto de filosofía y de vida moral como asimilación a Dios y como imitación de Dios.

2.2. *Séneca*

Lucio Anneo Séneca nació en Córdoba entre finales de la época pagana y comienzos de la era cristiana. Participó activamente y con éxito en la vida política de Roma. Condenado al suicidio por Nerón en el 65 d.C., Séneca se dio muerte a sí mismo con estoica firmeza y con una admirable presencia de ánimo. De la rica producción de Séneca han llegado hasta nosotros: *De providentia, De constantia sapientis, De ira, Ad Marciam de consolatione, De vita beata, De otio, De tranquillitate animi, De brevitate vitae, Ad Polybium de consolatione, Ad Helviam matrem de consolatione* (todos estos escritos reciben también el nombre conjunto de *Dialogorum libri*). Además de éstos, también se conservan: *De clementia, De beneficiis, Naturales quaestiones* (en ocho libros) y la imponente colección de las *Epístolas a Lucilio* (124 cartas agrupadas en 20 libros). Asimismo poseemos algunas tragedias, destinadas más a la lectura que a la representación y en cuyos personajes se encarna la ética de Séneca (*Hercules furens, Troades, Phoenissae, Medea, Phaedra, Oedipus, Agamemnon, Thyestes, Hercules Oetaeus*).

Sin ninguna duda, Séneca es uno de los representantes del Pórtico en los que se vuelve más evidente aquella preocupación por la idea de Dios, aquella tendencia a abandonar el panteísmo y aquellas actitudes espiritualistas de las que hemos hablado antes, inspiradas todas ellas por una acusada sensibilidad religiosa. Es cierto que en muchos textos Séneca parece plenamente coherente con el dogma panteísta del Pórtico: Dios es la providencia inmanente, es la razón intrínseca que se plasma en la materia, es la naturaleza, el hado. Sin embargo, allí donde la reflexión de Séneca se muestra más original al captar e interpretar el sentimiento de lo divino, su noción de Dios asume rasgos espirituales y hasta personales, que superan los esquemas de la ontología estoica.

También en el campo de la psicología se encuentra un fenómeno similar. Séneca subraya el dualismo entre alma y cuerpo con unos matices que a menudo recuerdan de cerca el *Fedón* platónico. El cuerpo es peso, vínculo, cadena, cárcel del alma; el alma es el verdadero hombre, que tiende a liberarse del cuerpo para alcanzar la pureza. Como resulta evidente, estas nociones no concuerdan con las afirmaciones estoicas de que el alma es el cuerpo, es substancia pneumática y tenue hálito, afirmaciones que Séneca reitera a pesar de todo. Lo cierto es que intuitivamente Séneca va más allá del materialismo estoico; después, al faltarle las categorías ontológicas necesarias para fundamentar y desarrollar tales intuiciones, se queda a medio camino de la conclusión.

Basándose siempre en el análisis psicológico que domina a la perfección, Séneca descubre la *conscientia* en cuanto fuerza espiritual y moral fundamental para el hombre, y la coloca en un primer plano, como nadie había hecho antes que él, en el ámbito de la filosofía griega y romana. La conciencia es un conocimiento lúcido del bien y del mal, originario e imposible de eliminar. Nadie puede esconderse ante ella, porque el hombre no puede ocultarse ante sí mismo. El malvado puede huir del castigo de la ley, pero no de la conciencia que le remuerde de forma inexorable y que es el juez más implacable.

Como ya hemos visto con anterioridad el Pórtico insiste sobre el hecho de que la disposición del ánimo determina la moralidad de la acción. Sin embargo, esta disposición del ánimo, en conformidad con la tendencia básicamente intelectualista de toda la ética griega, desemboca en el conocimiento que es propio del sabio y se confunde con dicho conocimiento. Séneca avanza un poco más y habla expresamente de «voluntad». Por primera vez en el pensamiento clásico, habla de la voluntad como facultad distinta del conocimiento. En el logro de este descubrimiento la lengua latina le prestó a Séneca una ayuda decisiva: en efecto, el griego no posee ningún término que se corresponda perfectamente con *voluntas*. No supo, empero, otorgar el adecuado fundamento teórico a su descubrimiento.

Existe otro rasgo que distingue a Séneca del estoicismo antiguo y de la totalidad de los filósofos griegos: su acentuado sentido del pecado y de la culpa, que mancilla a todos los hombres. El hombre es estructuralmente pecador, afirma nuestro filósofo. De forma indudable, esta afirmación se halla en una antítesis total con la prentendida perfección que el estoico antiguo de manera dogmática atribuía al sabio. Séneca, en cambio, piensa que si alguien jamás pecase, no sería hombre: el propio sabio, en la medida en que es hombre, no puede no pecar.

En el ámbito estoico quizás haya sido Séneca el pensador que más radicalmente se opuso a la institución de la esclavitud y a las distinciones sociales. El verdadero valor y la verdadera nobleza sólo son concedidos por la virtud y ésta se encuentra a disposición de todos sin distinción alguna: lo único que quiere es el «hombre desnudo». La nobleza y la esclavitud sociables dependen de la suerte, y entre los antepasados más antiguos de todos los hombres hay tanto siervos como nobles. En un principio, todos los hombres eran completamente iguales. La única nobleza que posee sentido es aquella que el hombre se construye en la dimensión del espíritu. Ésta es la norma que Séneca propone para regular el modo en que debe comportarse el amo ante el esclavo y el superior ante el inferior: «Compórtate con los inferiores como quisieras que se comportasen contigo aquellos que se hallan por encima de ti.» Esta máxima está muy próxima al espíritu evangélico. Por lo que respecta a la relación entre los hombres en general, Séneca coloca en su base la fraternidad y el amor. El texto siguiente expresa su pensamiento de manera paradigmática:

> La naturaleza nos hace hermanos, engendrándonos de los mismos elementos y destinándonos a los mismos fines. Puso en nosotros un sentimiento de amor recíproco mediante el cual nos ha hecho sociables, ha otorgado a la vida una ley de equidad y de justicia y, según los principios ideales de su ley, es más dañoso ofender que ser ofendido. Dicha ley prescribe que nuestras manos estén siempre dispuestas a hacer el bien. Conservamos siempre en el corazón y en los labios aquel verso: «Soy hombre, y nada de lo humano me es ajeno.» Tengamos siempre presente este concepto, que hemos nacido para vivir en sociedad. Y nuestra sociedad humana es semejante a un arco construido con piedras, que no cae, porque las piedras oponiéndose las unas a las otras se sostienen mutuamente y por lo tanto sostienen el arco.

2.3. *Epicteto*

Epicteto nació en Hierápolis, en Frigia, entre el 50 y el 60 d.C. Poco después del 70 d.C., siendo aún esclavo, empezó a frecuentar los cursos de Musonio, que le revelaron su propia vocación de filósofo. Expulsado de Roma por Domiciano, junto con otros filósofos (en el 88/89 d.C. o en el 92/93 d.C.), abandonó Italia y se retiró a la ciudad de Nicópolis en el Epiro, donde fundó una escuela que obtuvo un gran éxito y atrajo oyentes de muchas partes. No se conoce la fecha de su muerte (que algunos sitúan en el 138 d.C.). Epicteto no escribió ninguna obra, puesto que quería acomodarse al modelo del filosofar socrático. Afortunadamente, asistió a sus lecciones el historiador Flavio Arriano, que tuvo la feliz idea de ponerlas por escrito, quizás durante el segundo decenio del siglo II d.C. Así nacieron las *Diatribas*, divididas en ocho libros, de los cuales se conservan cuatro. Arriano compiló también un *Manual (Encheiridion),* extrayendo las máximas más significativas de las *Diatribas.*

El gran principio de la filosofía de Epicteto consiste en dividir las cosas en dos grupos: *a)* las que se hallan en nuestro poder (opiniones, deseos, impulsos y aversiones); *b)* las que no se hallan en nuestro poder (todas aquellas que no constituyen actividades nuestras: cuerpo, parientes, propiedades, reputación, etc.). El bien y el mal sólo se encuentran en el grupo de las cosas que están en nuestro poder, puesto que dependen de nuestra voluntad. No se encuentran en el otro grupo, porque las cosas que no se hallan en nuestro poder no dependen de nuestra voluntad.

En esta dirección filosófica ya no hay lugar para el compromiso con los «indiferentes» o con las cosas intermedias. La elección es radical, perentoria y definitiva: los dos grupos de cosas no pueden buscarse al mismo tiempo, ya que las unas implican la pérdida de las otras, y viceversa. Todas las dificultades de la vida y todos los errores que se cometen dependen de que no se tenga en cuenta esta distinción fundamental. Quien elige la segunda clase de cosas —la vida física, el cuerpo y sus placeres, las propiedades— no sólo se enfrenta con desengaños y contrariedades, sino que además pierde su libertad, al convertirse en esclavo de aquellas cosas y de aquellos hombres que constituyen o dispensan los bienes y las ventajas materiales. En cambio, quien rechaza en bloque las cosas que no dependen de nosotros y centra su atención en aquellas que dependen de nosotros, se vuelve auténticamente libre: lleva a cabo actividades que son nuestras, vive la vida que quiere y, por consiguiente, alcanza la satisfacción espiritual, la paz del alma.

Epicteto coloca la *prohairesis* como fundamento moral, en lugar de un criterio abstracto de verdad. La *prohairesis* (pre-elección, pre-decisión) es la decisión y la elección de fondo, que el hombre realiza de una vez para siempre y mediante la cual determina la clave de su ser moral, de la que dependerá todo lo que haga y la forma en que lo haga. Como es evidente, para Epicteto la auténtica *prohairesis* coincide con la aceptación de su gran principio, que sirve para distinguir las cosas que están en nuestro poder de aquellas que no lo están, y que establece que sólo las primeras son bienes. También es obvio que, una vez realizada esta elección fundamental, las elecciones particulares —cada una de las acciones— surgirán como consecuencias de aquélla. La elección fundamental constituye la substancia de nuestro ser moral. Por lo tanto Epicteto puede afirmar con razón: «No eres carne o huesos, sino elección moral: y si ésta es bella, tú serás bello.»

Al lector moderno es posible que la elección fundamental le parezca un acto de la voluntad. Si así fuese, la ética de Epicteto sería una ética voluntarista. En realidad, no es así: la *prohairesis* es un acto de la razón, es un juicio cognoscitivo. El fundamento de la *prohairesis* sigue siendo la noción socrática de ciencia.

Epicteto no rechaza la concepción inmanentista que es propia del Pórtico, pero le introduce una considerable vertiente espiritual y religiosa. Los gérmenes que coloca en ella, aunque no lleven a la superación del panteísmo materialista, conducen sin embargo a una posición que se halla al límite de la ruptura y que sirve para agrietar en diversos puntos la doctrina del estoicismo antiguo.

Dios es inteligencia, ciencia, recta razón, bien. Dios es providencia que se ocupa de las cosas en general y de cada uno de nosotros en particular. Obedecer al *logos* y hacer el bien, en consecuencia, quiere decir obedecer a Dios, hacer la voluntad de Dios; servir a Dios significa, asimismo, alabar a Dios. La libertad coincide con el someterse al querer de Dios.

El tema del parentesco del hombre con Dios —tema que ya había surgido en el estoicismo antiguo— también asume inflexiones muy espiritualistas y casi cristianas.

Al igual que sucedía en Séneca, tampoco Epicteto sabe otorgar a las nuevas cuestiones que plantea la adecuada base ontológica. Todo lo que Epicteto nos dice acerca del hombre (acerca de la elección fundamental) resultaría mucho más correcto desde el punto de vista teórico si estuviese colocado en el seno de una metafísica dualista de tipo platónico, y no en el de la concepción monista-materialista del estoicismo. Y lo que nos dice acerca de Dios supondría unos avances metafísicos más maduros incluso que los elaborados por Platón y por Aristóteles a este respecto.

2.4. *Marco Aurelio*

Marco Aurelio nació en el 121 d.C. Subió al trono a los cuarenta años, en el 161. Murió en el 180. Su obra filosófica, redactada en lengua griega, se titula *Pensamientos* y consiste en una series de máximas, sentencias y reflexiones compuestas incluso a lo largo de las duras campañas militares, que no tenían como objetivo el ser publicadas. Una de las características del pensamiento de Marco Aurelio que más impresiona al lector de sus *Pensamientos* es la insistencia con que se expone y se reitera la caducidad de las cosas, su paso inexorable, su monotonía, su insignificancia y su nulidad substancial.

Este sentimiento acerca de las cosas se halla ya definitivamente alejado del sentimiento griego, no sólo del vigente en la época clásica, sino también del que es propio del primer helenismo. El mundo antiguo está desapareciendo y el cristianismo conquista los espíritus de un modo inexorable. Ya se está llevando a la práctica una gigantesca revolución espiritual, que vacía el antiguo significado que poseían todas las cosas. Y precisamente esta alteración es la que crea en el hombre un sentido de la nulidad del todo.

Marco Aurelio, empero, está profundamente convencido de que el antiguo mensaje estoico continúa en disposición de mostrar que las cosas y la vida tienen un sentido, más allá de su aparente nulidad. *a)* En el plano ontológico y cosmológico, la visión panteísta del Uno-todo —origen y destino de todo— rescata las existencias individuales de la falta de sentido y de la vaciedad. *b)* En el plano ético y antropológico, el deber moral es el que otorga sentido a la vida. En este plano, y en más de un momento, Marco Aurelio llega a refinar determinados conceptos de la ética estoica hasta el punto de rozar conceptos evangélicos, si bien sobre bases distin-

El emperador Marco Aurelio (121-180 d.C.): fue el último de los grandes estoicos de la Antigüedad

tas. Marco Aurelio no vacila en quebrantar expresamente la ortodoxia estoica, sobre todo cuando trata de fundamentar la distinción entre el hombre y las demás cosas, y la relación del hombre con los dioses.

Como es sabido, el estoicismo distinguía en el hombre un cuerpo y un alma, concediéndole a ésta una clara preeminencia. Sin embargo, la distinción nunca pudo ser radical, puesto que el alma seguía siendo siempre un ente material, un soplo cálido —un *pneuma*— y, por lo tanto, con la misma naturaleza ontológica que el cuerpo. Marco Aurelio rompe este esquema y supone en el hombre tres principios constitutivos: *a)* el cuerpo, que es carne; *b)* el alma, que es soplo o *pneuma*; *c)* el intelecto o mente *(nous)*, superior al alma. El estoicismo identificaba al hegemónico o principio rector del hombre (la inteligencia) con la parte más elevada del alma, pero Marco Aurelio lo coloca fuera del alma y lo identifica con el *nous*, con el intelecto.

Si tenemos en cuenta lo que acabamos de exponer, se comprende a la perfección que el alma intelectiva constituya para Marco Aurelio nuestro verdadero yo, el refugio seguro al que debemos retirarnos para defendernos de todo peligro y para hallar las energías que nos hacen falta para vivir una vida digna de seres humanos.

El hegemónico —es decir, el alma intelectiva, que es nuestro demonio— es invencible, si quiere. Nada puede obstaculizarlo, nada puede hacerlo ceder, nada puede afectarlo, ni el fuego ni el hierro, ni ninguna clase de violencia, si él no quiere. Sólo puede afectarlo el juicio que él emita sobre las cosas; pero en ese caso no son las cosas las que le angustian, sino las opiniones falsas que él mismo ha generado. Si se mantiene recto e incorrupto, el *nous* es el refugio que concede al hombre la paz absoluta.

El estoicismo antiguo ya había subrayado el vínculo común que enlaza a todos los hombres, pero sólo el neoestoicismo romano elevó este vínculo hasta convertirlo en mandamiento de amor. Marco Aurelio se internó sin reservas por este camino : «Y es propio del alma racional amar al prójimo, lo cual es verdad y humildad.» El sentimiento religioso de Marco Aurelio también va mucho más allá que el del antiguo estoicismo. «Dar gracias a los dioses desde lo profundo del corazón», «tener a Dios siempre en la mente», «invocar a los dioses», «vivir con los dioses», son significativas expresiones que aparecen una y otra vez en los *Pensamientos*, cargadas de nuevas connotaciones. A este respecto, el siguiente pensamiento es el más elocuente de todos:

> Los dioses, o no pueden nada, o pueden algo. Si nada pueden ¿por qué elevas plegarias ante ellos? Si pueden algo, ¿por qué no les ruegas que te concedan no temer ni desear ninguna de estas cosas, no amargarte por ninguna de ellas, en lugar de obtenerla o de evitarla? Porque, en cualquier caso, si pueden prestar ayuda a los hombres, deben prestársela también en esto. Quizás digas: «Los dioses me han concedido la facultad de actuar a este respecto.» Entonces, ¿no es mejor que tú te beneficies libremente de lo que está en tu poder, en lugar de afanarte con servilismo y cobardía por lo que no se encuentra en tu poder? y además, ¿quién te ha dicho que los dioses no nos ayudan incluso en aquello que está en nuestro poder? Comienza a rogarles en este sentido y ya verás.

El estoicismo llegó con Marco Aurelio a su triunfo más elevado, en la medida en que —como ha sido puesto de relieve con justicia— «un emperador, el soberano de todo el mundo conocido, se profesó estoico y obró como estoico» (M. Pohlenz). Sin embargo, inmediatamente después de Marco Aurelio, el estoicismo comenzó su ocaso definitivo y pocas generaciones después, en el siglo III d.C., desapareció como corriente filosófica autónoma.

3. El renacimiento del pirronismo y el neoescepticismo

3.1. *Enesidemo y el replanteamiento del pirronismo*

El giro ecléctico-dogmático que se había producido en la Academia y sobre todo la toma de posiciones próximas al estoicismo por parte de Antíoco, obligaron a algunos pensadores —convencidos todavía de la validez de las posturas escépticas defendidas por Arcesilao y por Carnéades— a denunciar el nuevo dogmatismo y a formular un replanteamiento aún más radical de las tesis escépticas. Debido a ello, Enesidemo de Cnosos abrió en Alejandría una nueva escuela escéptica, no escogiendo como punto de referencia a un pensador vinculado con la Academia —que ya se hallaba definitivamente comprometido— sino a un pensador que, reinterpretado de un modo particular, podía inspirar y nutrir mejor que nadie el nuevo escepticismo. Este modelo fue hallado en Pirrón de Elis y los *Razonamientos pirrónicos* escritos por Enesidemo se convirtieron en el manifiesto del nuevo movimiento. La obra —que está dedicada a Lucio Tubero, un ilustre romano vinculado con el círculo de los Académicos— es todo un desafío, a causa de su elocuente e innovador programa. Todos los elementos a nuestra disposición sugieren como fecha de redacción de este escrito alrededor del año 43 a.C., inmediatamente después de la muerte de Cicerón. Éstos son los puntos esenciales del manifiesto de Enesidemo:

> Los filósofos de la Academia son dogmáticos: afirman ciertas cosas sin incertidumbres y rechazan otras sin vacilar. En cambio, los seguidores de Pirrón hacen profesión de duda y se hallan libres de todo dogma. Ninguno de ellos ha afirmado jamás que todas las cosas sean comprensibles o incomprensibles, sino que no son más en un modo que en el otro, o que a veces son comprensibles y a veces no lo son, o bien que son comprensibles para uno y no lo son para otro. Tampoco han dicho que todas en conjunto o algunas de ellas sean perceptibles, sino que no son más perceptibles que no perceptibles, o que a veces son perceptibles y a veces no lo son, o bien que para uno son perceptibles y para otro no lo son. En realidad, no existe lo verdadero o lo falso, lo probable o lo improbable, el ser o el no ser, sino que la misma cosa —por así decirlo— no resulta más verdadera que falsa, o más probable que improbable, o más ser que no ser, o a veces esto y a veces aquello, o para uno de una clase y para el otro de otra. En general, los pirrónicos no definen nada y ni siquera definen esto: que nada se pueda definir. En cambio, dice: nosotros hablamos sin tener que expresar lo que es objeto de pensamiento. Sostienen asimismo que los filósofos de la Academia —especialmente, los contemporáneos— se remontan a veces a opiniones estoicas y, a decir verdad, parecen estoicos que polemizan con otros estoicos.

Afirmar que una cosa «no es más esto que aquello» —como hemos visto que sucedía en Pirrón— implicaba la negación de la validez de los principios de identidad, de no contradicción y de tercero excluido. Por lo tanto implicaba la negación de la substancia y de la estabilidad en el ser de las cosas, y comportaba en consecuencia su total indeterminación o, como reiteró también Enesidemo, su desorden y su confusión. Enesidemo se propuso de forma programática mostrar que esta confusión era precisamente la condición natural de las cosas. Para conseguirlo, puso de manifiesto que, a la aparente fuerza persuasiva de las cosas, siempre se pueden contraponer consideraciones dotadas de igual grado de credibilidad, que anulan —o por lo menos compensan en sentido contrario— aquella fuerza persuasiva aparente. Con este fin elaboró lo que hoy podríamos calificar de tabla de las categorías supremas de la duda y que los antiguos llamaban los «tropos» o «modos» que conducen a la suspensión del juicio.

Ésta es la tabla de los tropos, que se hizo muy famosa. 1) Los distintos seres vivos poseen constituciones muy diferentes, que implican sensaciones contrastantes entre sí. 2) Aunque nos limitemos en nuestro examen a los seres humanos, advertimos que entre ellos existe una diversidad tal en el cuerpo y en lo que se llama alma, que comporta asimismo radicales diversidades en las sensaciones, en los pensamientos, en los sentimientos y en las actitudes prácticas. 3) Incluso en el mismo hombre individual, difiere la estructura de cada sentido, lo cual implica sensaciones que contrastan entre sí. 4) En el individuo humano también resultan bastante cambiantes las disposiciones, los estados de ánimo y las situaciones; por consiguiente, también lo serán las correspondientes representaciones. 5) Según posean distinta educación o pertenezcan a diversos pueblos, los hombres manifiestan opiniones diferentes acerca de todo (valores morales, Dios, leyes, etc.). 6) No existe ninguna cosa que aparezca en toda su pureza: todo se halla mezclado entre sí y, por lo tanto, esto condiciona nuestras representaciones. 7) La distancia y la posición en que se encuentran los objetos condicionan las representaciones que de ellos tenemos. 8) Los efectos que producen las cosas varían según la cantidad de éstas. 9) Nosotros captamos todas las cosas en relación con otras, nunca por sí solas. 10) Los fenómenos, según la frecuencia con que aparezcan, modifican nuestro juicio. Por todos estos motivos, pues, se impone la suspensión del juicio *(epoche)*.

La elaboración de esta tabla no fue más que una primera aportación de Enesidemo al relanzamiento del pirronismo. Además, nuestro filósofo intentó reconstruir el mapa de las dificultades que impiden la construcción de una ciencia, desmantelando sistemáticamente las condiciones y los fundamentos postulados por la ciencia. Para hacerlo tuvo que apelar, en cierta medida, a algunas de las argumentaciones que ya habían sido utilizadas por el escepticismo académico. La posibilidad de la ciencia supone, en general, tres cosas; *a)* la existencia de la verdad; *b)* la existencia de las causas (de los principios o razones causales); *c)* la posibilidad de una inferencia metafenoménica, es decir, la posibilidad de entender las cosas que se ven en cuanto signos (efectos) de cosas que no se ven (y que deben postularse como causas necesarias para explicar las cosas que se ven).

Enesidemo trató de invalidar estos tres factores, insistiendo de modo especial en el segundo. Se propuso redactar con este objeto otra tabla de tropos, es decir, de errores típicos que comete el que quiera buscar la causa de las cosas. A lo largo de estas críticas Enesidemo, sin lugar a dudas, demostró una gran perspicacia. Hay que observar, empero, que Enesidemo, al formular estas críticas y al elaborar esta tabla, se manifestaba en realidad profundamente penetrado por aquella mentalidad etiológica (la mentalidad típica de la filosofía griega) que quería destruir. En efecto, procede a una detallada enumeración de las causas por las que no sería posible investigar las causas: lo que pretendía, en definitiva, era descubrir las causas por las que no es posible descubrir las causas. Éste es uno de los más elocuentes ejemplos que sirven para demostrar cómo ciertas verdades quedan reafirmadas, precisamente en el momento en que se pretende negarlas.

Al denunciar la pretensión de hallar las causas de los fenómenos, se alude al problema de la inferencia o, para emplear el lenguaje de los antiguos, al problema de los signos, al que Enesidemo dedicó un análisis específico, quizás el primero que se haya realizado en el ámbito del pensamiento antiguo. El principio según el cual lo que aparece (el fenómeno) es una rendija que se abre sobre lo invisible, resume una profunda convicción de toda la filosofía y toda la ciencia griega. De acuerdo con este principio y partiendo de lo que se manifiesta a los sentidos, es posible remontarse a lo que no entra en el ámbito de éstos. En otras palabras, se hace posible inferir, partiendo del fenómeno, la causa metafenoménica. Así, el fenómeno se transforma en signo, en indicio de otra cosa, que no aparece ante los sentidos: la causa fenoménica. Enesidemo quiso poner en tela de juicio este principio, mostrando que las cosas que aparecen sólo pueden ser interpretadas como signos de una manera arbitraria y por lo tanto indebida. Cuando se pretende interpretar un fenómeno como si fuese un signo, uno ya se está situando en un plano metafenoménico: se entiende aquel fenómeno como si fuera el efecto (que aparece) de una causa (que no aparece). En otras palabras, se presupone (indebidamente) la existencia de un nexo ontológico causa-efecto y su validez universal.

Sexto Empírico nos refiere que Enesidemo combinó su escepticismo con el hereclitismo y en sus *Hipótesis pirrónicas* escribe textualmente: «Enesidemo afirmaba que la corriente escéptica es una senda que conduce a la filosofía heraclitiana», lo cual se comprende a la perfección. A partir del instante en que Enesidemo disolvía el ser en el aparecer, el «en sí» en el «para nosotros», la substancia en el accidente —como ya había hecho Pirrón— eliminaba el fondo estable del ser y de la substancia. Por consiguiente, había que desembocar en el heraclitismo o, mejor dicho, en aquella forma de heraclitismo que dejando de lado la ontología del *logos* y de la armonía de los contrarios, ya a partir de Cratilo había puesto el acento sobre la movilidad universal y sobre la inestabilidad de todas las cosas. Pirrón, en cambio, había desembocado —como ya hemos visto— en una forma de eleatismo en negativo, paralela al tipo de heraclitismo que acabamos de mencionar.

Enesidemo tuvo que ocuparse a fondo de las ideas morales, sobre todo con el objetivo de demoler las doctrinas de sus adversarios en este ámbito. Negó que los conceptos de bien, de mal y de indiferentes (preferibles y no preferibles) perteneciesen al dominio de la comprensión humana y del conocimiento. Criticó además la validez de las nociones propuestas por los dogmáticos con respecto a la virtud. Por último puso en discusión de modo sistemático la posibilidad de entender como fin la felicidad, el placer, la sabiduría o cualquier otro concepto similar, oponiéndose a todas las escuelas filosóficas. Defendió sin términos medios la inexistencia de un *telos,* es decir, de un fin. Para él, como para los escépticos que le precedieron, el único fin podía consistir, en el mejor de los casos, en la suspensión del juicio y su consiguiente estado de imperturbabilidad.

3.2. *El escepticismo desde Enesidemo hasta Sexto Empírico*

Poseemos escasas referencias sobre la historia del escepticismo posterior a Enesidemo. Sólo conocemos bien a Sexto Empírico, cuyas obras principales han llegado hasta nosotros, y que vivió alrededor de dos siglos más tarde que Enesidemo. Al parecer, a lo largo de este lapso, el escepticismo siguió primero las huellas de Enesidemo y más tarde, se fundió con la corriente de la medicina empírica, convirtiéndose así en un escepticismo sensible a vertientes empíricas. Agripa, que vivió en la segunda mitad del siglo I d.C. o entre los siglos I y II d.C., continuó avanzando por el camino que había recorrido Enesidemo. Agripa se hizo famoso sobre todo por la redacción de una nueva tabla de los tropos, más radical que la anterior, en la que trataba de demostar la relatividad de las sensaciones y de los razonamientos. La tabla puede resumirse en tres puntos. Quien pretenda explicar mediante un razonamiento, cae por fuerza en uno de los siguientes errores: 1) se pierde en un proceso hasta el infinito; 2) incurre en un círculo vicioso, en el llamado «dialelo» (la cosa que se toma como explicación y la cosa que se quiere explicar se necesitan recíprocamente); 3) se apela a puntos de partida que son meramente hipotéticos.

Con Menodoto de Nicomedia, que vivió probablemente en la primera mitad del siglo II d.C., se lleva a cabo la fusión entre escepticismo y medicina empírica. Quizás se remonte a Menodoto la distinción entre signos indicativos y signos rememorativos (y la consecuente declaración de legitimidad de estos últimos), que aún no estaba presente en Enesidemo. El signo rememorativo, para describirlo en términos modernos, es una simple asociación mnemónica entre dos o más fenómenos, adquirida a través de la experiencia, por haber constatado en distintas ocasiones que dichos fenómenos se presentan unidos en la práctica. Cuando se presenta uno de estos fenómenos, por ejemplo el humo, esa asociación permite inferir el otro o los otros fenómenos (por ejemplo, el fuego, su luz y su calor).

En general, sin embargo, junto al planteamiento negativo que es propio del escepticismo pirrónico, Menodoto exponía el elemento positivo consistente en apelar a la experiencia y en el uso del método empírico. Precisamente este nexo positivo con la experiencia es la novedad que caracteriza la última fase del escepticismo inaugurado por Menodoto, que llega a la madurez y a la plena conciencia únicamente con Sexto Empírico.

Sexto vivió durante la segunda mitad del siglo II d.C. y murió probablemente al comenzar el siglo III d.C. No sabemos dónde ejerció la enseñanza. Al parecer, ya en la época del maestro de Sexto, la escuela se había trasladado fuera de Alejandría. Además de las *Hipotiposis pirrónicas*, nos han llegado otras dos obras de Sexto: *Contra los matemáticos*, en seis libros, y *Contra los dogmáticos*, en cinco libros. Suelen citarse bajo el título unitario *Contra los matemáticos* (se entiende aquí por matemáticos aquellos que profesan artes y ciencias) y de acuerdo con la numeración de los libros desde uno hasta once. El fenomenismo de Sexto se formula en términos claramente dualistas: el fenómeno se convierte en la impresión o la afección sensible del sujeto y, como tal, se contrapone al objeto, a la cosa externa, diferente del sujeto, y a la que se supone como causa de la afección sensible del sujeto. El fenomenismo de Pirrón y de Enesidemo, al disolver la realidad en su mero aparecer, era una forma de fenomenismo absoluto, metafísico. Hay que recordar que el fenomenismo de Pirrón conducía expresamente a admitir una naturaleza de lo divino y del bien que vive eternamente y de la cual proviene hasta el hombre la vida más igual. El de Enesidemo, por su parte, llevaba de manera expresa a una visión heraclitiana de lo real. En cambio, el fenomenismo de Sexto Empírico constituye una forma de fenomenismo con un carácter rigurosamente empírico y antimetafísico. El fenómeno, en cuanto simple afección del sujeto, no agota en sí toda la realidad, sino que deja en su exterior el objeto externo. A éste no se lo declara incognoscible de derecho —lo cual implicaría caer en una forma de dogmatismo negativo— pero se lo considera, al menos, incognoscible de hecho.

Sexto admite la licitud de que el escéptico asienta a determinadas cosas, esto es, a las afecciones vinculadas con las representaciones sensoriales. Se trata de un asentimiento empírico y, por lo tanto, no dogmático: «Aquellos que dicen que los escépticos suprimen los fenómenos, me da la impresión de que no han oído lo que se afirma entre nosotros: nosotros no subvertimos aquello que, sin el concurso de la voluntad, nos lleva a asentir en conformidad con la afección provocada por la representación sensible (...); y éstos son los fenómenos.»

La fusión del escepticismo con el empirismo médico comportó también en el campo de la ética un notable distanciamiento con respecto a las posiciones del pirronismo originario. Sexto construye una especie de ética del sentido común, muy elemental, e intencionadamente primitiva. Escribe: «No sólo no contrariamos la vida, sino que la defendemos, asintiendo sin dogmatismo a todo lo que ella nos confirma, pero oponiéndonos a las cosas que los dogmáticos inventan por su cuenta.»

De acuerdo con Sexto se hace posible vivir según la experiencia común y según la costumbre, si nos atenemos a estas cuatro reglas elementales: *a)* seguir las indicaciones de la naturaleza; *b)* seguir los impulsos de nuestras afecciones, que nos empujan, por ejemplo, a comer cuando tenemos hambre y a beber cuando sentimos sed; *c)* respetar las leyes y las costumbres del propio país, aceptando desde un punto de vista práctico la correspondiente valoración de la piedad como bien y la impiedad como mal; *d)* no permanecer inactivo, sino ejercer algún arte.

El escepticismo empírico, como consecuencia, no predica la apatía sino la «metriopatía», es decir, la moderación de las afecciones cuya necesidad ha sido comprobada. También el escéptico padece hambre, frío y otras afecciones semejantes. Sin embargo, se niega a considerarlas como males objetivos, males por naturaleza, y limita así las perturbaciones que provienen de tales afecciones. Sexto ya no puede tomar en consideración la idea de que el escéptico debe mostrarse absolutamente impasible debido a la nueva valoración que se otorga a la experiencia.

Además, volver a valorar la vida común implica asimismo conceder un nuevo valor a lo útil. Recuérdese que cultivar las artes es el cuarto precepto de la ética empírica de Sexto. Y el fin por el cual se cultivan las artes consiste expresamente en la utilidad de la vida.

Por último, cabe señalar el hecho de que el logro de la imperturbabilidad —la ataraxia— sea presentado por Sexto casi como una consecuencia casual de la renuncia del escéptico a emitir juicios acerca de la verdad. En otras palabras, como una casual e inesperada consecuencia de la suspensión del juicio, como afirma el propio Sexto al servirse de la elocuente imagen de Apeles en este texto:

Quien (...) duda si una cosa es un bien o un mal por naturaleza, ni huye ni persigue nada con ardor: por eso, sigue imperturbable. Por lo tanto, al escéptico le sucede aquello que se narra del pintor Apeles. Cuentan que Apeles, al pintar un cabllo, quiso reproducir con su pincel la espuma que salía de su boca. Al verse incapaz de lograrlo, renunció a ello y arrojó contra el cuadro la esponja en la que mojaba el pincel, teñido con distintos colores. La esponja golpeó contra el caballo y dejó en él una señal que parecía espuma. Los escépticos, asimismo, esperaban conseguir la imperturbabilidad anulando la desigualdad que existe entre los datos procedentes de los sentidos y los datos de la razón. Al no poder obtenerla, suspendieron el juicio, y esta suspensión —como por azar— llevaba detrás de la imperturbabilidad, como el cuerpo la sombra.

3.3. *El final del escepticismo antiguo*

Con Sexto Empírico el escepticismo celebra a un tiempo su propio triunfo y su propia destrucción. El propio Sexto llegó a vislumbrar este hecho. Escribe en las *Hipotiposis pirrónicas*, a propósito de las fórmulas canónicas del escepticismo: «Por lo que concierne a todas las expresiones escépticas, hay que tener presente esto, que no afirmamos de manera absoluta que sean verdaderas, ya que decimos que pueden anularse por sí mismas, limitándose ellas mismas junto con las cosas a las que se refieren; sucede algo similar con las medicinas purgantes, que no sólo expulsan los humores del cuerpo, sino que también son expelidas ellas mismas, en compañía de los humores.»

Y en su obra mayor, a propósito de la objeción según la cual la demostración escéptica que pretende demostrar la no existencia de la demostración se autodestruye, Sexto insiste: «Aunque ella (la demostración de la imposibilidad de la demostración) se eliminase a sí misma, no por ello quedaría confirmada la existencia de la demostración. ¡Hay muchas cosas que se hacen así mismas aquello que hacen a las demás! Al igual que el fuego, que cuando consume la leña se destruye a sí mismo, y que los purgantes, que al arrojar los humores del cuerpo también se expulsan a sí mismos, la argumentación aducida en contra de la demostración —después de haber eliminado toda demostración— también se rechaza a sí misma.»

Estas imágenes tan elocuentes, en nuestra opinión, expresan a la perfección en qué ha consistido una de las funciones históricas que ha ejercido el escepticismo antiguo, si es que no ha sido la función principal: una función catártica o liberadora. En efecto, el escepticismo antiguo no destruyó la filosofía antigua, que después de él aún recorre un camino lleno de historia gloriosa. Sin embargo, destruyó cierta filosofía o, mejor dicho, una determinada mentalidad dogmática relacionada con esta filosofía: destruyó aquella mentalidad dogmática que había sido creada por los grandes sistemas helenísticos, sobre todo por el sistema estoico. Es muy ilustrativo el hecho de que el escepticismo en sus diversas formas, nazca, se desarrolle y muera en sincronía con el nacer, el desarrollarse y el morir de los grandes sistemas helenísticos. Con posterioridad a Sexto, la filosofía emprende nuevos derroteros.

4. La reaparición del cinismo

Durante la época helenística no se agotó la vitalidad del cinismo. Resurgió en la época imperial (Demetrio, el primer cínico del cual conocemos el nombre, floreció probablemente hacia mediados del siglo I d.C.) y continuó existiendo hasta el siglo IV d.C., durante casi medio milenio. Para comprender esta reaparición del cinismo hay que tener en cuenta los tres componentes que caracterizan esta filosofía tan particular y que señalan las tres direcciones en las que actuó con respecto a la vida espiritual del mundo antiguo: *a)* la vida cínica; *b)* la doctrina cínica; *c)* el modo de expresarse, es decir, la forma literaria que es propia de las obras de los cínicos.

Por lo que concierne a este último punto, hay que advertir que los cínicos ya habían dado lo mejor de sí durante los primeros siglos de la edad helenística. En particular la diatriba se había convertido ya en un género literario en sentido estricto, muy difundido y casi insustituible. En lo que atañe al segundo elemento —la doctrina cínica en sentido restringido— el cinismo renacido no logró ofrecer novedades significativas, porque ya con Diógenes había alcanzado los límites extremos de la radicalización. Por lo tanto, sólo quedaban dos posibilidades: *a)* replantear un cinismo que abarcase tesis procedentes de doctrinas afines (del estoicismo, en particular), mostrándose sensible en cierto modo a las dimensiones religiosas y místicas que aparecen en la nueva edad; *b)* resucitar, aunque con ciertas limitaciones, el radicalismo del cinismo originario, colocando en primer plano y de diversas formas sus vertientes libertarias. Los cínicos de la época imperial, cuyo conocimiento ha llegado hasta nosotros, siguieron en algunos casos el primero de estos dos caminos (Demetrio y Dión Crisóstomo, en el siglo I d.C.), y en otros casos el segundo (Enómao, Demónates y Peregrino Proteo, en el siglo II d.C.), sin obtener resultados excesivamente interesantes.

En lo que respecta a la vida cínica, cabe indicar que durante la época imperial constituyó el verdadero factor de atracción y el estímulo más fuerte. En esta época el aspecto práctico del cinismo fue lo que tuvo verdadera importancia. Por eso se explica muy bien el hecho de que Antístenes, fundador del cinismo, haya desaparecido paulatinamente en las sombras, eclipsado de manera tajante por las figuras de Diógenes y de Crates. En efecto, Antístenes sólo vivió en parte aquella vida cínica creada y vivida de forma paradigmática por Diógenes y por Crates. Es preciso advertir en este contexto que la nueva propuesta del paradigma de la vida cínica halló algunos espíritus elegidos que la acogieron con sinceridad de intención. Sin embargo también se encontró con numerosos aventureros que desnaturalizaron su significado y que contribuyeron progresivamente a desacreditarla y a superficializarla.

Entre los siglos I y II d.C. Epicteto lamenta este hecho, contraponiendo a las caricaturas del cinismo que existían en su época la elevación del auténtico ideal cínico. Luciano en el siglo II d.C. también denuncia a los perdularios que se disfrazaban de cínicos. La situación en el siglo IV d.C. no era muy distinta, como se desprende de los escritos del emperador Juliano. Para éste la verdadera filosofía cínica es la más universal y natural, porque no exige estudios o conocimientos particulares y se basa en dos principios muy elementales: *a)* conócete a ti mismo; *b)* desprecia las opiniones vanas y sigue la verdad. Juliano, empero, no ve en los cínicos de su tiempo la encarnación de estos principios y se encuentra más bien con el envilecimiento de la filosofía y con la presunción según la cual la divisa cínica, la ignorancia, la audacia y la desvergüenza —o como afirma también, el cubrir de improperios a los dioses y el ladrar de los hombres— constituyen el camino más corto para llegar a la virtud.

Juliano llega incluso a comparar a los cínicos de su tiempo con los cristianos que renunciaban al mundo. Tal comparación, por supuesto, quería expresar el máximo desprecio, en la intención de Juliano (al ser éste apóstata, los cristianos son galileos sacrílegos). No obstante, la comparación expresa una verdad profunda (también en épocas modernas ha tenido fortuna la definición de los cínicos como los «capuchinos de la antigüedad»). En efecto, lo que muchos de los cínicos —los auténticos— de la época imperial buscaban sin duda en la vida era lo que los anacoretas en Oriente, primero, y los monjes en Occidente, después, se propusieron llevar a cabo dentro del ámbito cristiano. A éstos, sin duda, pertenecía el futuro.

5. El renacer del aristotelismo

5.1. *La edición de Andrónico del* Corpus Aristotelicum *y el redescubrimiento de los escritos esotéricos*

Hemos mencionado con anterioridad las vicisitudes novelescas por las que tuvieron que pasar las obras esotéricas de Aristóteles. Recogiendo lo que ya hemos dicho y completándolo, podemos resumir así las etapas más notables de aquellas vicisitudes:

a) Neleo, nombrado por Teofrasto como heredero de la biblioteca del Peripato, se llevó los escritos aristotélicos a su ciudad natal, Scepsi, en Asia Menor, donde no fueron ni sistematizados ni utilizados. *b)* Sin duda, se habían realizado algunas copias de algunos de estos escritos o, por lo menos, de algunas de sus partes. Tanto en Atenas como en la Biblioteca de Alejandría, y probablemente también en Rodas, patria del peripatético Eudemo, debían existir copias de los escritos esotéricos. Sin embargo, se convirtieron en letra muerta, ya que no tenemos ninguna prueba de que hayan sido leídos, estudiados a fondo y asimilados por ninguno de los filósofos de la época helenística. *c)* La exhumación de los escritos esotéricos de Aristóteles fue obra de Apelicón, que también procedió a publicarlos, pero de un modo tan incorrecto que se volvieron poco comprensibles. *d)* Más tarde, los valiosos manuscritos de Aristóteles fueron confiscados por Sila y llevados a Roma, donde el gramático Tiranión se dedicó a un sistemático trabajo de reordenación, que no logró terminar. *e)* En Roma se pusieron en circulación algunos ejemplares de obras esotéricas, a través de determinados libreros. También en este caso, se trataba de copias bastante incorrectas, encargadas con exclusivo ánimo de lucro a amanuenses inexpertos. *f)* La edición sistemática de los escritos de Aristóteles fue obra de Andrónico de Rodas, en los veinte años posteriores a la muerte de Cicerón. Andrónico también compiló los catálogos comentados, llevando así a cabo una tarea que constituía la premisa indispensable y el fundamento del renacer del aristotelismo.

Andrónico no se limitó a suministrar una lectura inteligible de los textos, sino que se preocupó asimismo de reagrupar aquellos escritos que versaban sobre la misma materia, reordenándolos de acuerdo con su contenido, de la manera más orgánica posible. Combinó algunos tratados breves, más o menos autónomos y que tenían incluso su propio título específico, con tratados de dimensiones más amplias, dedicados a los mismos temas. En algunas ocasiones otorgó un nuevo título a las obras así integradas. Es bastante probable, por ejemplo, que se remonte a Andrónico la organización de todas las obras lógicas en un *corpus* único. Procedió de forma análoga con los diversos escritos sobre física, metafísica, ética, política, estética y retórica. La ordenación general y particular que Andrónico impuso al *Corpus Aristotelicum* se consolidó definitivamente. Condicionó toda la tradición posterior e incluso las ediciones modernas. En conclusión: la edición de Andrónico —como se dijo antes— estaba auténticamente destinada a hacer época, en todos los sentidos del término. No resulta exagerado afirmar que, sin la edición de Andrónico, la historia de la filosofía occidental, en la que tanto interviene el aristotelismo, no habría sido la que fue.

5.2. *Nacimiento y difusión del comentario a los escritos esotéricos*

A diferencia de las obras exotéricas publicadas por Aristóteles, las obras esotéricas —lecciones destinadas al uso interno de la escuela— resultaban bastante difíciles y a menudo parecían obscuras. Era preciso, por lo tanto, reconstruir el sentido de estas obras. Había que replantear aquella labor de mediación que en el antiguo Peripato se llevaba a cabo mediante las lecciones. Nació así el comentario, que poco a poco fue haciéndose cada vez más perfecto, hasta llegar a la explicación de cada frase del texto aristotélico.

Andrónico y los peripatéticos del siglo I a.C. influidos por él (Boeto de Sidón, Senarco de Seleucia, Nicolás de Damasco) prepararon el camino, llevando a cabo paráfrasis, monografías y exposiciones resumidas. Con los aristotélicos de los dos primeros siglos de la era cristiana y de principios del siglo III, el comentario se consolidó y se convirtió en el género literario mediante el cual había que leer e interpretar a Aristóteles. Alejandro de Ege, Aspasio, Adrasto de Afrodisia, Hermino: son los comentadores que trabajan en esta época, pero sobre todos ellos se destaca Alejandro de Afrodisia, que se impuso con gran autoridad en la materia y que fue considerado el comentador por excelencia.

La notable consolidación del método del comentario a los esotéricos y su sorprendente expansión —el gran número de comentarios sobre las mismas obras parecía estimular la paulatina creación de otros, que se añadía a aquéllos— demuestran que el interés de los seguidores de Aristóteles se había concentrado sobre las obras de escuela, las obras esotéricas. En comparación con éstas, las obras publicadas para los lectores en general —las obras exotéricas— habían perdido casi por completo su antiguo atractivo. Poco a poco fueron relegadas o escasamente utilizadas, hasta caer en el olvido. Sólo así se explica que se hayan perdido y que sólo hayan llegado hasta nosotros las obras de la escuela. Después de haber gozado de tanta admiración y notoriedad, los exotéricos fueron condenados al olvido, mientras que los esotéricos, que durante tanto tiempo habían permanecido casi del todo desconocidos, pasaron a la historia como una conquista definitiva.

Ettore Bignone ha explicado con mucho acierto los motivos espirituales que contribuyeron a este desarrollo. Los hombres de los primeros siglos del helenismo, afirma Bignone, amaron la sencillez y la claridad lúcida. Los escritos de la escuela del Estagirita no correspondían para nada a estos criterios. Por lo tanto, los contados estudiosos que tenían a su disposición alguno de los escritos esotéricos de Aristóteles no se sintieron para nada atraídos por éstos, ya que poseían unos rasgos exactamente opuestos a los que exigía el gusto de la época. «Sin embargo —prosigue Bignone— las épocas cambian y con ellas los espíritus. Lo que para una es defecto para otra es mérito. Y la claridad lúcida, que constituía en la época anterior una ventaja del Aristóteles exotérico, a muchos les pareció vulgar, durante los siglos correspondientes al imperio. Los ánimos se apasionan ahora por lo recóndito y lo misterioso (...). Este amor a lo oculto va poco a poco conduciendo hacia las obras esotéricas de Aristóteles el interés de los siglos posteriores a la época clásica, ya en su decadencia. Una vez superadas las primeras asperezas, se comprende su profundidad y su belleza. Se acaba por comprender que aquí se encuentra su pensamiento más profundo y más maduro. Para ello, sin embargo, se hizo necesaria una larga experiencia de siglos.»

5.3. *Alejandro de Afrodisia y su noética*

Sabemos muy poco sobre la vida de Alejandro. Parece haber ocupado una cátedra de filosofía en Atenas, entre el 198 y el 211 d.C., bajo el reinado de Septimio Severo. De los numerosos comentarios escritos por Alejandro, han llegado hasta nosotros los correspondientes a los *Primeros Analíticos* (libro I), los *Tópicos*, la *Meteorología*, la *Metafísica* (según los expertos, sólo sería auténtica la parte que se refiere a los libros I-V) y el pequeño tratado *Sobre la sensación*. A Alejandro se le conoce sobre todo por su interpretación de la teoría del intelecto, y sus ideas al respecto ejercieron un influjo notable sobre el pensamiento de la edad media e incluso del renacimiento. Por tal motivo, hemos de dedicarle una cierta atención.

Alejandro distinguió en el hombre tres especies de intelecto: *a)* el intelecto físico o material, que es pura posibilidad o potencia de conocer todas las cosas (tanto las sensibles como las inteligibles); *b)* el intelecto adquirido o *in habitu*, el cual mediante la realización de su potencialidad adquiere su perfección propia: el hábito de pensar, consistente en abstraer la forma existente en la materia; *c)* el intelecto agente o productivo, es decir, la causa que permite al intelecto material la actividad del pensar y, así, convertirse en intelecto *in habitu*.

Alejandro se aparta del Estagirita al no admitir que el intelecto agente esté en nuestra alma, y convirtiéndolo en una entidad única para todos los hombres, identificándolo además con el primer principio, con el Motor Inmóvil, que es Pensamiento de pensamiento.

Se plantea así el problema acerca de cómo puede lograr el intelecto agente —que es Dios— que el intelecto material se convierta en intelecto *in habitu*, adquiriendo el hábito abstractivo. Alejandro proporciona dos respuestas diferentes al problema, que se contemplan recíprocamente. El intelecto agente, por su propia naturaleza, es tanto inteligible supremo como intelecto supremo y constituye la causa del hábito abstractivo del intelecto material, ya sea *a)* como inteligible supremo o *b)* como intelecto supremo.

a) Como inteligible supremo, el intelecto productivo es causa o condición del hábito abstractivo de nuestro intelecto, en la medida en que al ser el inteligible por excelencia es causa de la inteligibilidad de todas las demás cosas, es la forma suprema que concede forma a todas las demás cosas. Nuestro intelecto sólo conoce las cosas en cuanto éstas son inteligibles y poseen forma, y el hábito abstractivo no es más que la capacidad de captar lo inteligible y la forma. Como es evidente, Alejandro aprovecha tesis aristotélicas, pero las amplía de manera notable en un sentido platonizante (recuérdese la doctrina de la *República*).

b) Sin embargo, el intelecto productivo es causa del hábito abstractivo de nuestro intelecto también en su calidad de supremo intelecto o, mejor dicho, como supremo inteligible que por su propia naturaleza es también intelecto supremo. En definitiva, Alejandro postula como necesaria una acción directa e inmediata del intelecto productivo sobre el intelecto material, además de la acción indirecta y mediata que antes hemos examinado.

Para que el intelecto productivo pueda operar de este modo, es preciso que entre en nuestra alma y que, por lo tanto, esté en nosotros. No obstante, debido a la identificación que realiza Alejandro entre el intelecto productivo y la causa primera — es decir, Dios— debe tratarse de una presencia que venga de fuera y que no es parte constitutiva de nuestra alma. El famoso «intelecto que viene de fuera» *(nous thurathen)*, del que hablaba Aristóteles, se convierte para Alejandro casi en la impronta inteligible (una impronta inteligible trascendente) en nuestro intelecto, que se forma cuando pensamos el intelecto productivo. Es, pues, la presencia de un inteligible que es también suprema inteligencia y que nos da la capacidad de separar las formas inteligibles de las cosas y de reconocerlas como inteligibles, colocándose Él mismo como punto de referencia.

Por consiguiente, la participación inmediata en el Intelecto divino (el intelecto que viene de fuera) es la condición *sine qua non* del conocer humano. Además, es evidente que el contacto de nuestro intelecto con el intelecto divino tiene que ser inmediato y, por tanto, intuitivo. Alejandro habla asimismo de asimilación de nuestro intelecto al intelecto divino, utilizando un lenguaje que recuerda el del platonismo medio.

Alejandro defiende la mortalidad de nuestra alma, y, en particular, del intelecto material o potencial, y del *intellectus in habitu*, que consiste simplemente en la actualización y perfeccionamiento de aquél. Sin embargo, habla también de la inmortalidad del intelecto que viene de fuera, defendiendo así una tesis que no encuentra paralelismos en la historia precedente del pensamiento griego ni tampoco en la posterior. Cuando captamos intuitivamente el intelecto divino, nuestro intelecto se transforma en ese intelecto, asimilándose a él y convirtiéndose en inmortal, en cierto sentido. Sabemos ya que la captación del intelecto divino por parte de nuestro intelecto es lo que Alejandro llama «intelecto que viene de fuera». De ella se sigue que sólo este último es inmortal, mientras que nuestro intelecto individual continúa siendo mortal. Alejandro proponía, quizás, una especie de inmortalidad impersonal.

Para poder satisfacer a fondo estas nuevas exigencias místicas, el aristotelismo debía transformarse en profundidad, apropiándose de las tesis platónicas y, por tanto, perdiendo su propia identidad. Se comprende, pues, que con posterioridad a Alejandro el aristotelismo sólo haya podido sobrevivir en cuanto momento propedéutico o complementario del platonismo.

En este sentido, los comentadores neoplatónicos alejandrinos leerán y comentarán a Aristóteles. Con Alejandro, empero, acaba la tradición aristotélica como tal.

6. El platonismo medio

6.1. *El renacimiento del platonismo en Alejandría y su expansión*

Cuando en el año 86 a.C. Sila conquistó Atenas, se apoderó de los bosques sagrados y mandó cortar los árboles de la Academia, el más verde de los suburbios, y también los del Liceo. De este modo fue devastada la sede de la Academia, que ya se había visto sometida a un gradual desvirtuamiento interno de su mensaje, que culminó con el eclecticismo de Antíoco, quien llegó a aceptar algunos dogmas del Pórtico,

Poco después, no obstante, el platonismo renacía en Alejandría gracias a Eudoro (en la segunda mitad del siglo I a.C.), expandiéndose después por otras partes, aumentando de forma paulatina su propia consistencia e influjo, hasta culminar en la gran síntesis neoplatónica de Plotino, en el siglo III d.C. El platonismo que va desde Eudoro hasta finales del siglo II d.C. ya no posee los rasgos del platonismo antiguo y aún no ha adquirido las características que únicamente Plotino sabrá imprimirle. Presenta, además, diversas incertidumbres, oscilaciones y contradicciones, provocadas por los distintos contactos entre lo viejo y lo nuevo. En consecuencia, para designar el platonismo de estos siglos, los expertos han acuñado el término «platonismo medio», que significa precisamente aquel platonismo que se halla en el medio, entre el antiguo y el nuevo.

6.2. *Características del platonismo medio*

a) El rasgo más típico del platonismo medio —es decir, el común denominador de todos sus representantes, casi sin excepción— consiste en lo que, recordando la conocida imagen platónica, podríamos llamar un reemprender la segunda navegación, recuperando sus conquistas esenciales y las principales consecuencias que de ellas se derivan. El platonismo medio recupera lo suprasensible, lo inmaterial y lo trascendente, y destruye de modo tajante los puentes con el materialismo dominante desde hacía ya mucho tiempo.

b) Lógica consecuencia de lo anterior fue un replanteamiento de la teoría de las ideas. Algunos platónicos de este período la reformularon en profundidad, tratando de integrar la postura asumida por Platón con la posición aristotélica. Albino y su círculo consideraron las ideas en su aspecto trascendente como pensamientos de Dios (el mundo de lo inteligible fue identificado con la actividad y con el contenido de la inteligencia suprema), y en su aspecto inmanente, como formas de las cosas. La transformación de la teoría de las ideas se vio acompañada, como es natural, por una transformación paralela de la concepción referente a toda la estructura del mundo de lo incorpóreo, con resultados que presagian con claridad el neoplatonismo.

c) El *Timeo* fue el texto que los representantes de este período consideraron como punto de referencia y del cual extrajeron el esquema que sirvió para replantear la doctrina platónica. En efecto, para la difícil tarea de reducir a sistema la filosofía platónica y para intentar una síntesis de ésta, el *Timeo* era el diálogo que ofrecía con mucha diferencia la estructura más sólida.

d) La doctrina de los principios del Platón esotérico —es decir, la doctrina de la Mónada y de la Díada— fue recogida en parte, pero permaneció en un segundo plano. Tuvo mucho mayor importancia en el ámbito del movimiento neopitagórico, simultáneo al platonismo medio. Se trataba de algo inevitable, ya que el aparato teórico del *Timeo* y la reducción de las ideas a pensamientos de Dios no dejaban lugar alguno a la doctrina de la Mónada y de la Díada.

e) Incluso para los representantes del platonismo medio, al igual que para los filósofos de la época precedente, siguió siendo preeminente el problema ético, aunque replanteado y fundamentado de un modo nuevo. Para todas las escuelas helenísticas el lema que había predominado era el siguiente: confórmate a la naturaleza *(physis)*, entendiendo a ésta de un modo materialista-inmanentista. El platonismo medio prescribió un nuevo objetivo: confórmate a Dios, asimílate a Dios, imita a Dios. El redescubrimieto de la trascendencia, lógicamente, debía modificar de manera paulatina toda la perspectiva vital de la época helenística. Para el platonismo medio, precisamente, la auténtica clave de la vida moral consiste en asimilarse a lo divino trascendente e incorpóreo.

6.3. *Los representantes del platonismo medio*

En la primera mitad del siglo I d.C. se desarrolla la actividad de Trasilo, a cuyo nombre está ligada la división de los diálogos en tetralogías. Onasandro también vivió en el siglo I d.C. Entre los siglos I y II d.C. se sitúa a Plutarco de Queronea, discípulo del egipcio Amonio, que había constituido en Atenas un círculo de platónicos. Calvisio Tauro, maestro de Herodes Ático y de Aulo Gelio, estuvo vinculado con Plutarco. En la primera mitad del siglo II d.C. vivió Gayo, con cuya escuela están al parecer relacionados Albino, Apuleyo y el anónimo autor de un comentario al *Teeteto*, que ha llegado parcialmente hasta nosotros, y que poseen un gran interés. En el siglo II d.C. encontramos también a Teón de Esmirna, Nigrino (al que Luciano hizo célebre), Nicóstrato, Ático, Harpocración, Celso, el retórico Máximo de Tiro y Severo. En esta época el platonismo ya se había impuesto en tanto que pensamiento casi ecuménico.

Sólo se ha conservado una parte bastante exigua de la producción de estos autores, salvo en casos muy contados. Poseemos obras de Plutarco (en gran cantidad), de Teón de Esmirna, Albino, Apuleyo y Máximo de Tiro. De otros representantes del platonismo medio sólo poseemos fragmentos. Y hay alguno del cual apenas conocemos el nombre. Los documentos íntegros y más significativos que se conservan son el *Didascálico* de Albino y algunos tratados de Plutarco.

6.4. *Significado e importancia del platonismo medio*

Durante mucho tiempo se infravaloró la importancia del platonismo medio, pero si no hubiese existido, el neoplatonismo habría resultado casi inexplicable. Plotino en sus lecciones se dedicó básicamente a comentar textos del platonismo medio y textos peripatéticos influidos por el platonismo medio. Los exponentes del platonismo medio, además, no se limitaron a formular algunos problemas de fondo, sino también las correspondientes soluciones. También es importante el platonismo medio para comprender el primer pensamiento cristiano, es decir, la patrística inicial. Ésta, con anterioridad al nacimiento del neoplatonismo, tomó del platonismo medio las categorías de pensamiento que utilizó para fundamentar filosóficamente la fe. Por consiguiente, el platonismo medio representa uno de los eslabones esenciales para la historia del pensamiento occidental.

Las limitaciones de este movimiento consisten en el hecho de que los intentos de replantear y resistematizar el platonismo tuvieron altibajos y, por así decirlo, se quedaron a medio camino. Ninguno de los exponentes del platonismo medio logró alcanzar una síntesis definitiva y ni siquiera una síntesis paradigmática. En el platonismo medio no faltaron hombres de ingenio, pero careció de genio creador o recreador, con lo cual se convirtió en filosofía de transición, a mitad del camino que conduce desde Platón hasta Plotino.

7. El neopitagorismo

7.1. *El renacimiento del pitagorismo*

La antigua escuela pitagórica permaneció activa hasta principios del siglo IV a.C. El síntoma más significativo de la crisis de la escuela lo constituye el episodio ya mencionado de la venta por parte de Filolao, contemporáneo de Sócrates, de los libros pitagóricos, que hasta entonces habían sido mantenidos en secreto. Sin embargo, en la época helenística —quizá ya a partir del siglo III a.C.— renace el pitagorismo. Al principio las cosas ocurren de una manera un tanto ambigua. Bajo el falso nombre de antiguos pitagóricos, algunos desconocidos publicaron una serie de escritos, con el propósito obvio de que doctrinas de filosófos posteriores fuesen consideradas como pitagóricas. Los escritos y los testimonios que se conservan de estos falsos pitagóricos no poseen demasiado interés filosófico, pero sí tienen interés cultural y documental. En cambio, los nuevos pitagóricos, que se presentan a cara descubierta y con su propio nombre, poseen un mayor interés y, en especial, los exponentes de la corriente metafísica.

7.2. *Los neopitagóricos*

A continuación, elaboraremos un cuadro general de estos nuevos pitagóricos. Publio Nigidio Figulo es el primer neopitagórico cuyo verdadero nombre conocemos y pertenece al mundo romano. Cicerón, contemporáneo suyo, le atribuye expresamente el mérito de haber devuelto la vida a la secta pitagórica, que hacía tiempo se había extinguido. En realidad en el mundo romano el pitagorismo había continuado existiendo, sobre todo en sus aspectos éticos, religiosos y mistéricos, más allá de una organización de secta o escuela en sentido estricto. Lo prueba, por ejemplo, la leyenda según la cual el rey Numa estuvo en relación con Pitágoras, y el consecuente surgimiento —a comienzos del siglo II a.C.— de falsificaciones de libros pitagorizantes que se atribuyeron al propio Numa. No obstante, el mérito de Nigidio Figulo consistió en haber reconstruido el pitagorismo como secta y como escuela, si bien ésta desde el punto de vista filosófico no estaba destinada a conseguir resultados particularmente significativos.

Al principio de la era cristiana se originó el llamado Círculo de los Sextios, fundado por Quinto Sextio y probablemente guiado después por su hijo. Este círculo, al que pertenecieron Soción de Alejandría, Lucio Crasicio de Tarento y Fabiano Papirio, tuvo un éxito notable pero se dispersó rápidamente. Séneca, sobre quien Sextio ejerció un apreciable influjo, da testimonio de las afinidades existentes entre la ética de este pensador y la ética estoica. Sin embargo, los Sextios se alejaron del estoicismo, al defender la incorporeidad del alma. Soción recogió asimismo la doctrina de la metempsicosis. Una característica típica de la escuela consistía en la práctica cotidiana del examen de conciencia, que se recomienda en los *Versos áureos* atribuidos a Pitágoras.

El neopitagorismo metafísico estuvo representado por Moderato de Gades, que vivió en el siglo I d.C., por Nicómaco de Gerasa, que vivió en la primera mitad del siglo II d.C., por Numenio de Apamea, en la segunda mitad de este mismo siglo, y por Cronio, seguidor de Numenio. El aspecto místico del neopitagorismo está representado por Apolonio de Tiana, que vivió en el siglo I d.C. A petición de Julia Domna, esposa de Septimio Severo, Filóstrato escribió su bibliografía en el siglo III d.C., con la intención de presentar a Apolonio como fundador de un nuevo culto religioso, basado en la interioridad y la espiritualidad.

7.3. *Las doctrinas de los neopitagóricos*

A continuación expondremos las características de lo que en sentido más estricto se suele llamar neopitagorismo, doctrina que floreció entre el final de la era pagana y los dos primeros siglos después de Cristo.

a) De manera simultánea al platonismo medio, los neopitagóricos llevan a cabo el redescubrimiento y la reafirmación de lo incorpóreo y lo inmaterial, esto es, recuperan el horizonte que se había perdido a través de los sistemas de la época helenística.

b) Los neopitagóricos no entienden lo incorpóreo del mismo modo que los representantes del platonismo medio, que se basaban de modo predominante en la metafísica del intelecto, de origen aristotélico, y en la de las ideas, de origen puramente platónico. Los neopitagóricos apelan a la doctrina de la Mónada, la Díada y los números. Esta doctrina sólo es pitagórica de un modo indirecto y está vinculada más bien con las teorías de Platón (con sus doctrinas no escritas), de Espeusipo y de Jenócrates.

Los números expresan elementos metanuméricos: principios más profundos que, debido a su dificultad, no pueden ser representados en sí mismos. En cambio, a través de los números pueden exponerse con mayor claridad, en el sentido que más adelante veremos con mayor detenimiento.

c) La doctrina de la Mónada y de la Díada queda sometida a una profundización de cierta magnitud. A partir de la formulación originaria, que veía en la Mónada y la Díada el supremo par de contrarios, surge una tendencia cada vez más acentuada a colocar la Mónada en un lugar de absoluto privilegio, distinguiendo entre una primera y una segunda mónada, y sólo a esta última se contrapone la Díada. Además, se intenta inferir toda la realidad desde la Mónada suprema, incluyendo la propia Díada. Sobre este punto, la terminología se muestra indecisa: algunos llaman Uno a la primera Mónada, mientras que otros llaman Uno a la segunda.

d) Se concede escaso relieve a la doctrina de las ideas y siempre subordinándola a la doctrina de los números. Éstos no son entendidos exclusivamente en el sentido antes mencionado, sino también de un modo teológico, o más bien, teosófico. Se desarrolla, pues, una auténtica aritmología o aritmosofía.

e) En lo que concierne a la concepción del hombre, los neopitagóricos ponen en auge la doctrina de la espiritualidad del alma y de su inmortalidad. Por consiguiente también recogen y reafirman la doctrina de la metempsicosis. Al hombre se le señala como finalidad el apartamiento de lo sensible y la unión con lo divino.

f) La ética neopitagórica asume fuertes componentes místicos. La propia filosofía es interpretada como revelación divina. La imagen ideal del filósofo, identificada de manera paradigmática con Pitágoras, no es tanto la de un hombre perfecto, como la de un ser semejante a un demonio o a un dios o, al menos, la imagen de un profeta o de un hombre superior que tiene trato con los dioses.

7.4. *Numenio de Apamea y la fusión entre neopitagorismo y platonismo medio*

El neopitagorismo llega con Numenio a su punto culminante, pero al mismo tiempo desaparece, al fundirse con el movimiento del platonismo medio, contemporáneo suyo. Ya desde sus orígenes el platonismo medio se había caracterizado precisamente por el redescubrimiento de lo incorpóreo y muy pronto, o quizás al mismo tiempo, el neopitagorismo se alineó en la misma postura. Numenio, ahora, no sólo la vuelve a sostener, sino que le concede una relevancia inmensa.

Para los filósofos griegos, como ya sabemos, el problema metafísico por excelencia se resume en la pregunta: ¿qué es el ser? Numenio vuelve a formularlo precisamente de este modo. La respuesta que proporciona a esa pregunta no sólo supone una genérica superación del materialismo, sino más bien una sistemática inversión de éste. El ser no puede identificarse con la materia, porque ésta es indeterminada, desordenada, irracional, incognoscible, al revés del ser, que es inmutable. En general, el ser no puede identificarse con un cuerpo: de por sí, los cuerpos están sometidos a un continuo cambio y tienen necesidad en todos los casos de algo que les haga perdurar. A su vez, este algo no puede ser un cuerpo, porque tendría también la necesidad de un principio ulterior que garantizase su estabilidad y su permanencia. Ese algo, pues, habrá de ser incorpóreo. El ser, entonces, constituirá la realidad inmutable y eterna de lo incorpóreo, y esto es lo inteligible.

Lo sensible, es decir, lo corpóreo, no es ser, sino devenir. Aquí no nos encontramos simplemente —como podría pensarse a primera vista, al leer estas tesis— ante la antigua ontología de Parménides, reformada a través de las conquistas de la segunda navegación de Platón. En efecto, el Ser que realmente es y jamás deviene ni perece, lo incorpóreo, es también el bíblico «Aquel que es». Numenio estaba convencido de que la enseñanza de Platón se correspondía con las antiguas enseñanzas de Moisés, que él conocía perfectamente y que interpretaba de forma alegórica, a la manera de Filón el Judío —de quien hablaremos después— como nos refieren las fuentes que han llegado hasta nosotros. Numenio llegaba aún más allá que Filón: no sólo estaba convencido de que la concepción de lo incorpóreo y del Ser que Platón profesaba se correspondía con la de Moisés, sino que afirmaba que en el fondo Platón no era más que un «Moisés aticista», es decir, un Moisés que hablaba en lengua ática.

¿Qué estructura tiene el ser y lo incorpóreo? En el platonismo medio —sobre todo, en el del siglo II d.C.— se comprueba una clara tendencia a concebir la realidad inmaterial en un sentido jerárquico-hipostático, y a una configuración de carácter triádico en esa jerarquía. Numenio lleva esta tendencia hasta el máximo nivel de claridad, antes de Plotino. Él primer Dios tiene trato exclusivamente con las puras esencias, es decir, con las ideas; el segundo Dios, en cambio, se ocupa de la constitución del cosmos. Numenio considera que la idea del Bien o Bien en sí, de la que Platón habla en la *República* y de la que hace depender las demás ideas, coincide con el primer Dios. En cambio, el Demiurgo que constituye el cosmos —del que Platón habla en el *Timeo*— es calificado de bueno, pero no es el Bien; es distinto, pues, del Dios supremo y es el segundo Dios. De

Él no depende el mundo de las ideas supremas, que depende del primero, sino el mundo generado. El segundo Dios imita al primero, piensa las esencias producidas por el primero y las reproduce en el cosmos. El primer Dios es superior a la esencia, pero no al intelecto. Coincide con el supremo intelecto, como afirmaba el platonismo medio, mientras que el segundo Dios —absolutamente simple— es estable e inmóvil o, mejor dicho, posee una inmovilidad que es movimiento connaturalizado. Aristóteles hablaba de actividad sin movimiento, que es la que básicamente quiere expresar Numenio.

El primer Dios actúa y produce sin cambiar, y de este actuar inmutable dependen en última instancia el orden, la estabilidad y la salvación de todos los seres. El segundo Dios, en cambio, es en cierto sentido doble. Por un lado contempla los inteligibles y, por el otro, actúa sobre la materia, construye y gobierna el cosmos. Numenio afirma expresamente que el orden que el segundo Dios otorga a la materia procede de la esfera de las ideas. La contemplación del segundo Dios —de la cual proviene la capacidad de juicio del Demiurgo— está dirigida hacia el primer Dios y su impulso hacia la acción procede del deseo. El tercer Dios, que es el segundo en su función específicamente demiúrgica —en su función ordenadora de la materia informe (Díada)— no es otra cosa que lo que el mismo Numenio denomina «alma del mundo» o, más exactamente, «alma buena» del mundo. Admite, en efecto, la existencia de una alma malvada del mundo, que es la propia de la materia sensible.

Son numerosas las coincidencias que cabría encontrar entre Numenio y Plotino: algunas de ellas son relativas a determinados corolarios y otras hacen referencia a los fundamentos mismos del sistema. En primer lugar es preciso reconocer que los tres dioses de Numenio poseen una serie de características comunes a las tres hipóstasis plotinianas. Además, se convierten en determinantes ciertas anticipaciones, aunque imperfectamente formuladas y expresadas, de algunos principios que constituirán los puntos decisivos de la metafísica plotiniana.

Numenio anticipa el principio inspirador de la procesión de las hipóstasis plotinianas, de acuerdo con el cual lo Divino da sin que lo empobrezca su dar, como se lee en este fragmento: «Las cosas divinas, en cambio, son tales que, otorgadas como don aquí abajo, siguen siendo de allá arriba y no se alejan de allí, y permaneciendo allá arriba, aprovechan a quienes las recibe sin provocar perjuicio al que las da (...). Del mismo modo, puedes ver una luz encendida por otra luz, que tiene luz aunque no la haya quitado a la primera: se ha encendido su material al aproximarse a aquel fuego.»

Es muy notable también la afirmación de Numenio según la cual la contemplación del Dios segundo que mira al primero constituye la base de la que procede la posibilidad de la creación del cosmos. La contemplación, en efecto, desempeña una función decisiva en el sistema plotiniano. Además, Numenio formula el principio según el cual cabe sostener que, en cierto sentido, todo está en todo, en la manera en que Plotino lo utilizará después. Finalmente, en este magnífico fragmento se contiene un sorprendente adelanto de la doctrina de la plotiniana *unio mystica* con el Bien:

> Es preciso que el hombre, después de haberse alejado de las cosas sensibles, entre en íntima unión con el Bien, solo ante el Solo, allá donde no hay ningún hombre, ni otro ser vivo, ni ningún cuerpo, ni grande ni pequeño, pero donde existe una maravillosa soledad, inefable e indescriptible, allá donde está la morada del Bien, sus ocupaciones y sus esplendores, el Bien mismo en la paz y en la benignidad, Él, el Tranquilo y el Señor, que trasciende la misma esencia, benévolo. Y si alguien que permanezca aferrado a las cosas sensibles, se imagina que el Bien vuela hacia él, y viviendo en los placeres cree que logrará el Bien, ése se equivoca por completo.

Con Numenio, pues, hemos llegado de veras hasta el umbral del neoplatonismo.

7.5. *El* CORPUS HERMETICUM *y los* ORÁCULOS CALDEOS

Durante la era helenística, en los primeros siglos de la época imperial —sobre todo en los siglos II y III d.C.— se desarrolló una literatura de tipo filosófico-soteriológico-religioso que ha llegado en parte hasta nosotros. Esta literatura es muy diversa, pero posee un rasgo común: pretende haber sido revelada directamente por Thot, dios egipcio escriba, intérprete y mensajero de los dioses, que los griegos identificaron con su dios Hermes, y llamaron Hermes Trismegistos (tres veces supremo). De aquí procede el nombre de literatura «hermética», es decir, inspirada por Hermes.

La base doctrinal de esta literatura consiste en una forma de metafísica inspirada en el platonismo medio y el neopitagorismo, junto con la típica distinción jerárquica del mundo suprasensible. La finalidad de esta doctrina es la salvación, que depende del conocimiento *(gnosis)*, que el hombre tiende a lograr en parte con sus propias fuerzas, pero que en último término es un don que recibe como fruto de sus elecciones morales. Los Padres de la Iglesia, comenzando por Tertuliano y por Lactancio, debido a lo elevado de los conceptos manifestados en estos escritos, consideraron que Hermes Trismegistos era una especie de antiguo profeta pagano de Cristo, y lo mismo se pensó en la edad media y el renacimiento. En cambio, hoy se sabe con certeza que estos escritos son apócrifos y fueron redactados por diversos autores que se ocultan bajo la máscara del dios egipcio.

Los *Oráculos caldeos* son una obra escrita en hexámetros al parecer por Juliano el Teurgo, en el siglo II d.C., de la que se conservan algunos fragmentos. Presenta muchas semejanzas con los escritos herméticos, pero en lugar de estar relacionada con la sabiduría egipcia, se vincula con la caldea.

El autor afirma que ha recibido de los dioses estos oráculos. Las doctrinas metafísicas que contienen se hallan inspiradas en el platonismo medio, en el neopitagorismo, y presentan muchas coincidencias con Numenio.

Su novedad consiste en la noción de «tríada», mediante la cual se interpreta toda la realidad. «La tríada contiene todas las cosas y de todas ellas es medida.» Ademas, los *Oráculos* exponen la doctrina de la teurgia, que es el arte de la magia aplicado a fines religiosos. El teólogo habla acerca de Dios, y el teurgo en cambio evoca a los dioses y actúa sobre ellos. Las prácticas teúrgicas purifican el alma y garantizan la unión con lo divino por una senda alógica. Los últimos neoplatónicos consideraron los *Oráculos caldeos* como un auténtico libro sagrado y lo utilizaron de la misma forma que los cristianos utilizan la Biblia.

Plotino (205-270 d.C.) es el último gran representante de la antigüedad greco-romana

Capítulo XI

PLOTINO Y EL NEOPLATONISMO

1. Génesis y estructura del sistema plotiniano

1.1. *Ammonio Sacas, maestro de Plotino*

Con Numenio de Apamea se llega a los umbrales del neoplatonismo, pero fue en la escuela de Ammonio Sacas en Alejandría, entre los siglos II y III d.C., donde se forjaron las líneas maestras de este movimiento. A través de Porfirio sabemos que Ammonio fue educado en una familia cristiana, pero cuando empezó a dedicarse a la filosofía, volvió a la religión pagana. No fue una celebridad aclamada en su tiempo: llevó una vida discreta y apartada de los fastos de este mundo. Cultivó la filosofía como ejercicio no sólo de inteligencia, sino también de vida y de ascesis espiritual, en compañía de contados discípulos en estrecha unión con él. No dejó ninguna obra escrita, y resulta bastante difícil reconstruir su pensamiento. Sin embargo, poseyó una profundidad y un alcance excepcionales, como cabe deducir entre otras cosas de los hechos siguientes. Plotino al llegar a Alejandría asistió a las lecciones de todas las celebridades que entonces enseñaban filosofía en la ciudad, sin que nadie le dejara satisfecho. Un amigo lo llevó a la presencia de Ammonio, y después de haber escuchado una sola clase, exclamó: «¡Éste es el hombre que buscaba!» y permaneció a su lado durante once años. A través de Porfirio, además, sabemos que Plotino «se ajustaba al espíritu de Ammonio en el método de investigación» y sabemos asimismo que gran parte del contenido de su pensamiento provenía de Ammonio.

Dado que los escritos de los más brillantes discípulos paganos de Ammonio se han perdido en su totalidad y sólo se conservan las *Ennéadas* de Plotino, no estamos en condiciones de saber cuánto le debe Plotino a Ammonio. Sin embargo, resulta muy elocuente el siguiente hecho que se nos relata. A la escuela de Plotino llegó un día un ex condiscípulo suyo en la escuela de Ammonio. Plotino no quería comenzar la lección y, ante la insistencia de su amigo, replicó: «Cuando el orador sabe que habla a personas que ya conocen lo que él va a decir, desaparece todo entusiasmo.» Y luego de una breve conversación, se marchó. No es aventurado pensar que la relación entre Ammonio y Plotino haya sido semejante a la que existió entre Sócrates y Platón. Entre los discípulos más célebres de Ammonio se cuentan el pagano Orígenes, Longino, Herennio. También el cristiano Orígenes —del que hablaremos más adelante— asistió a las clases de Ammonio, antes quizás que Plotino llegase a Alejandría.

1.2. *La vida, las obras y la escuela de Plotino*

Plotino entró a formar parte del círculo de Ammonio en el 232 d.C., cuando tenía 28 años, ya que había nacido en el 205 d.C. en Licópolis. Permaneció allí hasta el 243 d.C., año en que abandonó Alejandría para seguir al emperador Gordiano en su expedición oriental. Después del fracaso de la expedición, a causa del asesinato del emperador, Plotino decidió trasladarse a Roma, donde llegó en el 244 d.C., abriendo allí una escuela. Profesó sus enseñanzas entre el 244 y el 253 d.C. sin escribir ninguna obra, manteniéndose a un pacto establecido entre Herennio y el pagano Orígenes, que prescribía no divulgar doctrinas de Ammonio por escrito. No obstante, Herennio y Orígenes rompieron el pacto y Plotino comenzó en el 254 d.C. a fijar sus lecciones por escrito. Su discípulo Porfirio dio un orden a estos tratados, que se elevan a la catidad de 54, dividiéndolos en seis grupos de nueve, a causa del significado metafísico del número nueve. Esto explica el título de *Ennéadas* (en griego *ennea* significa «nueve») otorgado a estos escritos, que se conservan en su totalidad y que, junto con los diálogos platónicos y los libros esotéricos de Aristóteles, contienen uno de los mensajes filosóficos más elevados de la antigüedad y de Occidente.

La escuela de Plotino probablemente no se parecía a ninguna de las que le habían precedido. Platón había fundado la Academia para formar hombres mediante la filosofía que se dedicasen a renovar el Estado. Aristóteles había fundado el Peripato con el propósito de organizar la búsqueda del saber. Pirrón, Epicuro, Zenón habían fundado sus movimientos espirituales para otorgar a los hombres la ataraxia, es decir, la paz y la tranquilidad del alma. En cambio, la escuela de Plotino quería enseñar a los hombres el modo de apartarse de la vida de aquí abajo para reunirse con lo divino y poderlo contemplar, hasta culminar en una trascendente unión extática.

Plotino gozó de grandísimo prestigio. A sus lecciones asistieron hombres políticos muy poderosos. El emperador Galieno y su esposa Solonina apreciaron al filósofo hasta el punto de tomar en consideración su proyecto de fundar en Campania, al sur de Roma, una ciudad de filósofos. Esta ciudad debía llamarse Platonópolis, y sus habitantes tendrían que observar las leyes de Platón, esto es, vivir llevando a la práctica la unión con lo divino. El proyecto fracasó debido a las intrigas cortesanas. Plotino murió a los 66 años, en el 270 d.C., a causa de un mal que le había obligado a interrumpir sus clases y a apartarse lejos de sus amigos. Las últimas palabras, dirigidas a su médico Eustoquio, constituyen un auténtico testamento espiritual, que representa a la perfección la doctrina plotiniana: «Tratad de volver a unir lo divino que existe en vosotros, a lo divino que existe en el universo.»

1.3. *El Uno como primer principio absoluto, productor de sí mismo*

Plotino realiza una nueva fundamentación en sentido estricto de la metafísica clásica, conquistando posiciones diferentes a las de Platón y Aristóteles. Es cierto que en Platón se aprecian temas plotinianos *ante litteram* y que en la historia posterior del platonismo estos temas se incrementan de un modo considerable. El neopitagorismo, el platonismo medio y el neoaristotelismo constituyen fases esenciales, sin las que el neoplatonismo resultaría impensable, pero en Plotino esa problemática se convierte en algo nuevo y muy original.

Según Plotino todo ente es tal en virtud de su unidad: si desaparece la unidad, desaparece el ente. Existen principios de unidad en diferentes planos, pero todos suponen un supremo principio de unidad, que él denomina «Uno». Platón ya había colocado al Uno en el vértice del mundo ideal, pero lo había concebido como algo ilimitado y limitante. Plotino, en cambio, concibe al Uno como infinito. Sólo los naturalistas habían hablado de un principio infinito, pero lo habían dotado de dimensiones físicas. Plotino descubre lo infinito en la dimensión de lo inmaterial y lo describe como ilimitada potencia productora. Como consecuencia, dado que el ser, la substancia y la inteligencia habían sido considerados por la filosofía clásica como finitos, Plotino coloca a su Uno por encima del ser y de la inteligencia.

En Platón también se vislumbra la concepción del Uno-Bien como por encima del ser e implícitamente por encima de la inteligencia. No obstante, la causa radical y última de este «ser por encima» sólo se halla en Plotino y consiste precisamente en la infinitud del Uno. Es comprensible que Plotino tienda a ofrecer descripciones y definiciones predominantemente negativas del Uno. Dado que éste es infinito, no se le ajusta ninguna de las determinaciones de lo finito, que son todas ellas de carácter posterior. El Uno, pues, es «inefable (...) puesto que cualquiera que sea la palabra que pronuncies, siempre habrás expresado algo (determinado). A pesar de ello, la expresión "más allá de todo" (...) es la única que entre todas responde a la verdad». Y cuando Plotino atribuye al Uno rasgos positivos, no se está contradiciendo, porque utiliza un lenguaje analógico. Hay que advertir que el término «Uno» aplicado al principio, no significa un uno en particular ni un uno matemático, sino el Uno en sí, es decir, la razón de ser de toda unidad, lo absolutamente simple que es razón de ser de lo complejo y de lo múltiple. Y esta simplicidad, en cuanto es principio, no es pobreza, sino potencia de todas las cosas, riqueza infinita. El otro término que Plotino utiliza con más frecuencia es el de «Bien» *(agathon)*. Se trata, como es obvio, no de un bien particular, sino del Bien en sí o, mejor dicho, de lo que está bien para todas las demás cosas que tienen necesidad de Él. Es el Bien absolutamente trascendente, el Super-Bien.

Queda claro, así, el sentido de las afirmaciones plotinianas según las cuales el Uno está por encima del ser, del pensamiento y de la vida. Estas afirmaciones no significan que el Uno sea no-ser, no-pensamiento, no-vida, sino que al contrario, es Super-ser, Super-pensamiento, Super-vida. El Uno absoluto, pues, es causa de todo lo demás. Sin embargo, Plotino se plantea el siguiente interrogante: ¿por qué hay lo Absoluto y por qué es lo que es? Ningún filósofo griego se había formulado esta pregunta, que quizás Plotino enunció como resultado de su polémica antignóstica y que llega en su osadía hasta los propios límites de la metafísica. La contestación de Plotino alcanza una de las cumbres más elevadas del pensamiento occidental: el Uno «se autopone», es «actividad autoproductora», es «el Bien que se crea a sí mismo». Es como ha querido ser: «Su voluntad y su esencia coinciden (...), y como quiere ser, así también es.» Y ha querido ser como es, porque es «lo más elevado que puede imaginarse». El Uno es actividad autoproductora, absoluta libertad creadora, causa de sí mismo, es lo que existe en sí y por sí, es «el que trasciende a sí mismo». La concepción del Absoluto como *causa sui,* del que hablará la filosofía moderna, se encuentra ya presente con plenitud en Plotino, tanto en lo temático como en lo sistemático. Gracias a esta concepción, Plotino alcanza cimas más altas que las conquistadas por Platón y por Aristóteles.

1.4. *La procesión de las cosas desde el Uno*

¿Por qué y cómo proceden del Uno las demás cosas? ¿Por qué el Uno, que se satisface por sí mismo, no ha permanecido en sí mismo? La respuesta que Plotino da a este problema constituye también uno de los puntos culminantes de la antigüedad y un *unicum* en la historia de la filosofía de Occidente. La respuesta a este problema, en realidad, con frecuencia se ha malinterpretado, porque casi todos los lectores de las *Ennéadas* no han ido más allá de las imágenes que aduce Plotino para ilustrarla. Sin duda, la imagen de la luz es la más famosa de todas. Se representa la procedencia de todas las cosas desde el Uno como irradiación de luz desde una fuente luminosa en forma de círculos sucesivos: «Existe, sí, algo que podría llamarse un centro: en torno a éste, un círculo que irradia el esplendor que emana de aquel centro; en torno a ambos (centro y primer círculo) otro círculo: ¡luz que da luz!» Otras imágenes también famosas son las del fuego que despide calor, la sustancia olorosa que da perfume, la fuente inagotable que engendra ríos, la vida del árbol que desde la raíz produce y penetra el todo, o los círculos concéntricos que van expandiéndose paulatinamente desde un único centro.

Estas imágenes se limitan a ilustrar un punto doctrinal: el Uno produce todas las cosas permaneciendo en reposo. Al permanecer, engendra, y su actividad generadora ni lo empobrece ni lo condiciona para nada. Lo que es engendrado es inferior al generador y no es utilizado por éste. Sin embargo, la doctrina plotiniana es algo mucho más rico que las simples imágenes de que se valió Plotino con objetivos puramente didácticos y se refleja en este texto modélico:

¿Cómo es que, permaneciendo quieto, se derivan las cosas desde él? En virtud de la fuerza actuante. Ésta es doble: *a)* una está encerrada en el ser; *b)* la otra brota hacia fuera del ser particular de cada cosa. *a)* La que pertenece al ser, es precisamente aquella cosa individual en acto; *b)* la que brota fuera de él y que debe necesariamente acompañar a cada cosa, es distinta de aquella cosa individual. Así sucede, por ejemplo, en el fuego: *a)* existe, por una parte, el calor que entra de pleno derecho en su esencia; *b)* por otra parte, existe el calor que nace como algo derivado de la esencia, en la medida en que el fuego —en su simple perseverar como fuego— ejerce la fuerza actuante que se halla originariamente encerrada en su ser. Lo mismo sucede en el mundo superior y allí, con mayor razón: mientras el Uno *a)* persevera en su propio modo de ser, *b)* la fuerza actuante, que ha nacido de la perfección y de la energía combinada que en él existe, se hipostatiza, porque surge desde una potencia enorme, ciertamente la suprema de todas.

Existe, pues, *a)* una actividad del Uno, que es aquella por la cual el Uno es Uno y permanece Uno, y *b)* una actividad que procede desde el Uno, que es aquella por la cual proceden otras cosas desde el Uno. Como es obvio, la segunda actividad depende de la primera. Ahora bien, *a)* la actividad del Uno consiste en el autoponerse del Uno, en su libertad autocreadora; por lo tanto, se trata de una actividad libre por excelencia; *b)* en cambio, la actividad que procede desde el Uno es *sui generis*, porque es una necesidad que depende de un acto de libertad (podría decirse que es una necesidad voluntaria). Con esto es suficiente para dar a entender que no se puede hablar de «emanación», sino que se debe hablar de «procesión» de las cosas desde el Uno, y que la procesión no es una mera necesidad del tipo acostumbrado, porque es consecuencia de la actividad suprema, es decir, de la libertad absoluta. En términos teológicos, cabría decir que para Plotino Dios no crea libremente lo distinto de Sí, sino que se autocrea libremente a Sí mismo. Este Sí, al autocrearse libremente, actúa como una potencia infinita que se expande por necesidad, produciendo lo distinto de Sí.

1.5. *La segunda hipóstasis: el «nous» o espíritu*

De esta primera realidad suprema, o hipóstasis, se deriva la segunda, que Plotino llama *nous*. Este *nous* puede asimilarse al intelecto supremo aristotélico, que contiene en sí mismo todo el mundo platónico de las ideas, es decir, la inteligencia que piensa la totalidad de los inteligibles. La traducción de *nous* por «intelecto» empobrece el significado originario del término. Por eso, sería mejor traducirlo por «espíritu», como prefieren muchos, entendiendo por esta noción la unión que existe entre el supremo Pensamiento y lo supremo Pensado.

El espíritu nace de la forma que describiremos a continuación. La actividad que procede desde el Uno es como una potencia informe (una especie de materia inteligible) que para subsistir debe *a)* contemplar el principio del que se deriva y fecundarse o colmarse de Él; *b)* volverse sobre sí misma y contemplarse, colmada y fecunda. *a)* En el primer momento, nace el ser, o substancia, o contenido del pensamiento; *b)* en el segundo momento, nace el pensamiento en sentido estricto. También nace así la multiplicidad (dualidad) de pensamiento y de pensado, y la multiplicidad en lo pensado; el espíritu, cuando se ve a sí mismo fecundado por el Uno, contempla en sí mismo la totalidad de las cosas, es decir, la totalidad de las ideas. Mientras que el Uno era la potencia de todas las cosas, el espíritu se convierte en todas las cosas o en la explicación de todas las cosas, a nivel ideal. El mundo platónico de las ideas consiste, pues, en el *nous*, el espíritu. Las ideas no sólo son pensamiento del espíritu, sino que son ellas mismas espíritu, pensamiento. El espíritu plotiniano se transforma así en el Ser por excelencia, el Pensamiento por excelencia, la Vida por excelencia. Es cosmos inteligible en el que cada idea refleja el todo, y en el que, viceversa, en el todo se hacen patentes todas las ideas.

Es el mundo de la pura Belleza, ya que la Belleza consiste esencialmente en forma.

1.6. *La tercera hipóstasis: el alma*

El Uno, si quiere convertirse en mundo de las formas y pensamiento, es decir, en pensar, debe hacerse espíritu. De igual modo, si quiere crear un universo y un cosmos físico, debe hacerse alma. El alma procede desde el espíritu de la misma manera en que éste procede del Uno. Hay *a)* una actividad del espíritu, que es la que lo convierte en tal espíritu y que coincide con la que examinamos en el parágrafo anterior y *b)* una actividad que procede desde el espíritu. El resultado de la actividad que procede desde el espíritu no es, de manera inmediata, alma. De manera análoga a lo que hemos expuesto a propósito del espíritu en relación con el Uno, la potencia que procede desde la actividad del espíritu se dirige a contemplar el propio espíritu. Al dirigirse hacia el espíritu, el alma extrae su propia subsistencia (hipóstasis) y, a través del espíritu, ve al Uno y entra en contacto con el mismo Bien. Este nexo del alma con el Uno-Bien constituye uno de los ejes centrales de todo el sistema plotiniano, es decir, el fundamento de la actividad creadora del alma y de la posibilidad del retorno al Uno.

La naturaleza específica del alma no consiste en el puro pensar. Si así fuese, no se distinguiría del espíritu. Ella es la que da vida a todas las demás cosas que existen, a todas las cosas sensibles, ordenándolas, rigiéndolas y gobernándolas: «Cuando el alma mira aquello que es antes que ella, el alma piensa; cuando se mira a sí misma, se conserva; y cuando mira aquello que es después que ella, el alma ordena, rige, manda sobre ello.» Este orden, este regir y mandar coinciden con el engendrar y con el hacer que vivan las cosas mismas. El alma, pues, es principio de movimiento y es movimiento ella también. Es la última diosa, es decir, la última realidad inteligible, la realidad fronteriza con lo sensible y, al mismo tiempo, causa de éste. El alma ocupa una posición intermedia y, por lo tanto, tiene una especie de duplicidad de caras: al engendrar lo corpóreo, aunque continúe siendo una realidad incorpórea, le acontece tener trato con lo corpóreo que ha producido, pero no al modo de lo corpóreo. Puede entrar en cualquier parte de lo corpóreo sin perder la unidad de su ser, y puede así encontrarse toda en todo. En este sentido cabe decir que el alma es divisible e indivisible, una y múltiple. El alma, por lo tanto, es «uno y muchos», mientras que el Espíritu es «uno-muchos», el primer principio es sólo uno y los cuerpos son sólo muchos.

Para entender correctamente esta última afirmación, debemos recordar que para Plotino la pluralidad del alma no es sólo horizontal sino también vertical, en el sentido de que existe una jerarquía de almas. *a)* En primer lugar, está el Alma suprema, el alma como hipóstasis pura que continúa en estrecha vinculación con el espíritu del cual proviene; *b)* luego existe el Alma del Todo, que es el alma creadora del mundo y del universo físico; *c)* existen por último las almas particulares, las que bajan a animar los cuerpos, los astros y todos los seres vivos. Evidentemente, todas las almas proceden de la primera y mantienen con ella una relación de uno y muchos. Además, son distintas del Alma suprema, sin estar separadas de ella.

La *physis* o naturaleza se halla estrechamente conectada con el Alma del Todo y constituye su frontera extrema. En Plotino la naturaleza es la actividad productora de las formas de lo sensible, actividad que lleva a cabo el alma. Asimismo es una forma de contemplación, en la medida en que el alma es productora de formas para la materia sólo porque es visión o contemplación de formas que provienen de manera mediata del espíritu y de las ideas del espíritu.

1.7. *La procesión del cosmos físico*

Con el alma finaliza la serie de hipóstasis del mundo incorpóreo e inteligible y, como hemos dicho, a ella le acompaña el mundo sensible. ¿Por qué la realidad no termina con el mundo incorpóreo y existe también un mundo corpóreo? ¿Cómo ha surgido lo sensible? ¿Qué valor tiene? La novedad que introduce Plotino en la explicación del origen del cosmos físico consiste, sobre todo, en el hecho de que trata de deducir la materia, sin presuponerla como si fuese algo que desde toda la eternidad haya de contraponerse al primer principio. La materia sensible deriva de su causa en cuanto posibilidad última, es decir, como etapa final del proceso en el que la fuerza productora se va debilitando hasta agotarse. De este modo la materia se transforma en agotamiento total y por tanto en extrema privación de la potencia del Uno (y por eso mismo, del Uno), o bien en otros términos, privación del Bien (que coincide con el Uno). En este sentido, la materia es mal, pero el mal no es una fuerza negativa que se oponga a lo positivo, sino simple carencia o privación de lo positivo. A tal privación también se la llama no-ser, porque es distinta del ser y está por debajo de él. La materia no nace del Alma suprema, totalmente activa en la contemplación. Como ya se ha dicho, surge de la franja extrema del alma del universo, allí donde la contemplación posee menos impulso, en la medida en que el alma se dirige más hacia sí misma que hacia el espíritu. Esta contemplación debilitada es cualitativamente homogénea con respecto a la del Alma superior, pero posee una intensidad inferior: resulta cuantitativamente más débil y a medida que decrece se va desvaneciendo. De este modo la materia, que es producto de esta actividad contemplativa debilitada, ya no tiene fuerza para dirigirse hacia quien la ha engendrado, y contemplar a su vez. En consecuencia corresponde al alma misma adueñarse de ella, ordenarla, informarla y conservarla en conexión con el ser.

El mundo físico nace de esta manera: *a)* primero, el alma pone la materia, que es como la extremidad del círculo de luz que se transforma en oscuridad; *b)* a continuación, otorga una forma a esta materia, eliminando su oscuridad y recuperándola, en la medida de lo posible, para la luz. Como es obvio, ambas operaciones no se distinguen desde el punto de vista cronológico, sino exclusivamente desde una perspectiva lógica. La primera acción del alma consiste en apartarse de la contemplación y la segunda, en una recuperación de la contemplación misma. El mundo físico es un espejo de formas, que a su vez son reflejo de ideas, y de esta manera, todo es forma y todo es *logos*. El panformalismo o panlogismo plotiniano es total, como demuestra de modo inequívoco este texto: «El universo está encadenado por los vínculos de las formas desde la cumbre hasta la base: primero, la materia, que está atada por las formas de los elementos; luego, sobre las formas vienen otras formas, luego otras más; al final resulta difícil encontrar la materia oculta bajo tantas formas. Empero, como también la materia es una cierta forma —aunque ínfima— este mundo nuestro es íntegramente forma, y forma son todas las cosas; puesto que el modelo era ya forma.»

¿Cómo nace la temporalidad? La respuesta de Plotino es muy ingeniosa. La temporalidad nace a partir de la actividad misma con la que el alma crea el mundo físico (es decir, lo que no es inteligible: éste se sitúa en la dimensión de lo eterno). El alma, poseída por el deseo de transmitir a otro la visión de arriba y no contenta con verlo todo simultáneamente, sale de la unidad, avanza y se prolonga mediante una serie de actos que se suceden entre sí, colocando así —en una sucesión de antes y después— lo que en la esfera del espíritu es simultáneo. El alma crea la vida como temporalidad, como copia de la vida del espíritu que existe en la dimensión de eternidad. La vida como temporalidad es vida que transcurre en momentos sucesivos y que, por lo tanto, se dirige siempre hacia momentos posteriores y se halla cargada siempre de los momentos ya transcurridos.

Desde esta perspectiva, nacer y morir no son más que una variación del alma, que refleja sus formas como en un espejo, una variabilidad en la que nada perece y todo se conserva, porque nada puede resultar eliminado por el ser.

El cosmos físico, si se juzga con una visión adecuada, es perfecto. En efecto, se trata de una copia que imita un modelo, pero no es el modelo. Como imagen, empero, resulta la más bella imagen del original. El cosmos mismo, por lo demás, como todas las hipóstasis del mundo suprasensible, «existe para Él y mira hacia arriba». Plotino lleva la espiritualización del cosmos hasta los límites del *acosmismo*: la materia es una forma ínfima, el cuerpo es forma, el mundo es una móvil variación de formas, la forma está ligada a las ideas del espíritu y el espíritu lo está al Uno.

1.8. *Origen, naturaleza y destino del hombre*

El hombre no nace en el momento en que nace el mundo físico, sino que preexiste en el estado de pura alma: «Antes de que sucediese nuestro nacimiento, morábamos allá arriba: éramos hombres y estábamos determinados de modo individual, y también éramos dioses, almas sin mezcla.»

¿Por qué descienden las almas a los cuerpos? A este problema se responde de una forma contradictoria. Por un lado Plotino sostiene que el alma debe bajar a los cuerpos para actualizar todas las potencialidades del universo, es decir, por una necesidad ontológica. Al mismo tiempo afirma que hubiese sido mejor que no descendiese y que dicho descenso es una especie de culpa (una especie de audacia y de temeridad). La contradicción se debe a que en los sistemas no creacionistas siempre resulta problemática la procedencia de lo múltiple desde el Uno y, por lo tanto, la encarnación del alma en un cuerpo. Plotino trató de aclarar la cuestión de la manera siguiente, distinguiendo entre dos especies distintas de culpas del alma.

b) La primera especie consiste, en general, en el descenso mismo que, como hemos visto, es involuntario, en la medida en que resulta inevitable. El castigo que corresponde a esta culpa reside en la propia dolorosa experiencia de bajar a un cuerpo. Con este necesario descenso coincide el deseo de pertenecerse, el retirarse a la individualidad del alma. Según Plotino, en esto consiste precisamente el convertirse en alma de un cuerpo individual.

b) En cambio, la segunda especie de culpa hace referencia al alma que ya se ha encarnado y consiste en un exceso de preocupación por el propio cuerpo, con todo lo que ello implica, alejándose de su propio origen para ponerse al servicio de las cosas exteriores y, por tanto, olvidándose de sí misma.

No es la primera clase de culpa, sino la segunda, la que constituye el gran mal del alma, el mal que la lleva a olvidar sus propios orígenes.

El hombre es, fundamentalmente, su alma, y todas las actividades de la vida humana dependen del alma. Ésta es impasible y sólo es capaz de actuar. Para Plotino, incluso la sensación es un acto cognoscitivo del alma. Cuando experimentamos una sensación, nuestro cuerpo padece una afección procedente de otro cuerpo. Nuestra alma, en cambio, entra en acción, no sólo en el sentido de que no olvida la afección corporal, sino que también juzga esta clase de afecciones. Según Plotino, en la impresión sensorial que se produce en los órganos corporales, el alma contempla, si bien en grado más débil, los vestigios de formas inteligibles. En consecuencia, para el alma la sensación es una forma de contemplar lo inteligible a través de lo sensible. Por lo demás, esto no es más que un corolario de la concepción plotiniana del mundo físico: los cuerpos son producidos por los *logoi*, es decir, por las formas racionales del alma del universo, que a su vez constituyen un reflejo de las ideas. En último término los cuerpos se reducen a estos *logoi*, de modo que las sensaciones en cierto sentido no son otra cosa que pensamientos obscuros, mientras que los pensamientos de los inteligibles son sensaciones claras. Para nuestro filósofo la sensación es posible en la medida en que el alma inferior —que siente— está unida al alma superior, que posee una percepción de los inteligibles puros, la anamnesis platónica. El sentir del alma inferior capta las formas sensibles irradiándolas con una luz que emana de ella y que le llega desde aquella posesión originaria de las formas, que caracteriza al alma superior.

Plotino considera que la memoria, los sentimientos, las pasiones, las voliciones y todo lo que está ligado con estos fenómenos son actividades del alma, al igual que la sensación. La actividad más elevada del alma consiste en la libertad, que se halla estrechamente vinculada con la inmaterialidad. La libertad es la volición del Bien. La libertad del Uno es libertad de autoponerse como Bien absoluto, mientras que la libertad del espíritu es permanecer indisolublemente ligado al bien y la libertad del alma es tender hacia el Bien, a través del espíritu, en diversos grados.

Los destinos del alma consisten en volver a unirse con lo divino. Plotino recupera la escatología platónica, pero sostiene que ya en esta tierra es posible llevar a cabo el apartamiento de lo corporal y el retorno al Uno.

Los filósofos de la época helenística ya habían insistido mucho sobre el hecho de que la felicidad completa puede disfrutarse en esta tierra, incluso entre los tormentos físicos. Plotino reitera con firmeza esta noción, pero advierte que el ser feliz incluso al ser atormentado físicamente, en el «toro de Fálaris» (en medio de las torturas), se hace posible porque existe en nosotros un elemento trascendente que puede unirnos a lo divino mientras está sufriendo el cuerpo. De este modo se vuelve patente lo ilusorio del que había sido supremo ideal de la época helenística, si se lo buscaba en el plano de la pura inmanencia. Sólo si se encuentra sólidamente enlazado con la trascendencia, se convierte en hacedero aquello que la época helenística había buscado infructuosamente a lo largo de direcciones contrapuestas.

1.9. *El retorno a lo Absoluto y al éxtasis*

Los caminos del regreso a lo Absoluto son múltiples: *a)* la virtud; *b)* la erótica platónica; *c)* la dialéctica. A estas vías tradicionales Plotino añade una cuarta: la simplificación, que es una reunión con el Uno y el éxtasis *(unio mystica)*. En efecto, las hipóstasis proceden del Uno por una especie de diferenciación y alteridad ontológica, a las que en el hombre se agregan también las alteridades morales. La reunificación con el Uno se lleva a cabo mediante la eliminación de estas alteridades. Tal cosa es posible porque la alteridad no existe en la hipóstasis del Uno: «El Uno, al estar exento de toda alteridad, se halla eternamente presente; nosotros, en cambio, sólo nos aproximamos a Él cuando no tenemos ninguna alteridad.» Para el hombre, despojarse de toda alteridad significa volver a entrar en sí mismo, en su propia alma; después, despojarse de los elementos afectivos de su alma; luego, de la palabra y de la razón discursiva y, finalmente, sumergirse en la contemplación de Él.

La frase «despojados de todo» resume de modo literal el proceso de total purificación del alma que quiere unirse al Uno. En este contexto, sin embargo, despojarse de todo no significa empobrecerse o anularse a sí mismo, sino que por lo contrario significa crecer, llenarse de Dios, del Todo, de lo Infinito: «Creces tú mismo, después de echado fuera lo demás; y después de tal renuncia, se te hace presente el Todo: pero si bien se presenta a quien sabe renunciar, no se aparece para nada en cambio al que se queda con las demás cosas. No creas que vino para estar junto a ti, pero cuando no está junto a ti, has sido tú quien se ha marchado. Y si tú te has marchado, no es que te hayas apartado de Él (Él siempre estará presente) o que te hayas ido a otro lugar, sino que, aun quedándote presente, te has dirigido hacia la parte opuesta (la parte de las cosas).»

Por lo menos en una ocasión, Plotino llama «éxtasis» a esta unificación con el Uno. El éxtasis plotiniano no es un estado de inconsciencia, sino de hiperconsciencia; no es algo irracional o hiporracional, sino hiperracional. En el éxtasis el alma se ve deificada y colmada de Uno. Es indudable el hecho de que el judío Filón difundió la doctrina del éxtasis en el ambiente alejandrino. Sin embargo, hay que observar que Filón, de acuerdo con el espíritu bíblico, entendía el éxtasis como una gracia, como don gratuito de Dios, en armonía con la noción bíblica según la cual es Dios quien se entrega a Sí mismo y las cosas por Él creadas al hombre. Plotino, en cambio, introduce el éxtasis en una perspectiva que se mantiene fiel a las categorías del pensamiento griego: Dios no se entrega a Sí mismo a los hombres, sino que éstos pueden subir hasta Él y reunirse con Él debido a su fuerza y a su capacidad natural, porque así lo quieren.

1.10. *Originalidad del pensamiento plotiniano: la contemplación creadora*

Como hemos comprobado, el momento decisivo de la procesión metafísica —es decir, el momento creador en el que nace la hipóstasis— coincide con la contemplación. A este respecto, Plotino insistió una y otra vez, sabedor de que afirmaba algo insólito:

Todo aspira a una contemplación y se dirige a este fin: los vivientes dotados de razón, la naturaleza que está en las plantas y la tierra que las engendra. Todas las criaturas, en la medida en que les es posible, llegan a un estado conforme a la naturaleza y cada una a su modo accede a la contemplación; algunas la consiguen captando su realidad, otras sólo una imitación o una imagen.» Se ha descrito el modo en que nace el espíritu al contemplar al Uno, y el alma, al contemplar el espíritu. ¿Y la naturaleza, y la praxis? También éstas son contemplación. «Pero la naturaleza es contemplación y cosa contemplada a un mismo tiempo: porque es forma racional. Por esto precisamente, porque es contemplación, cosa contemplada y forma racional, sólo por esto y en la medida en que es todo esto, crea. Así, la creación se nos ha mostrado con claridad como contemplación; es producto de contemplación, de una contemplación que sólo es pura contemplación, y no hace otra cosa que crear, porque es contemplación.»

La praxis misma, hasta en su nivel inferior, busca por un recodo extraviado llegar a la contemplación. En efecto, quien se dedica a la acción, ¿qué finalidad se propone? «No, sin duda, la de no conocer, sino en cambio la de conocer un objeto determinado, contemplarlo...» En conclusión, para Plotino la actividad espiritual del ver y del contemplar se transforma en crear. Cuanto más rica sea la actividad y la acción, más rica resultará la contemplación. Y la contemplación es un silencio metafísico.

En este contexto el retorno al Uno mediante el éxtasis se convierte en retorno mediante la contemplación del Uno. El éxtasis es simplificación y ésta es eliminación de alteridad, separación de todo lo terreno, es contemplación, en la que se funden sujeto contemplante y objeto contemplado. En esto consiste la célebre «huida en solitario hasta el Solo» con que concluyen las *Enneadas*: «Y he aquí la vida de los dioses y de los hombres divinos y bienaventurados: separación de las demás cosas de aquí abajo, vida a la que ya no agradan las cosas terrenales, huida en solitario hasta el Solo.»

2. Evolución del neoplatonismo y final de la filosofía pagana antigua

2.1. *Visión general de las escuelas neoplatónicas, sus corrientes y representantes*

Ofrecemos la siguiente perspectiva general, para resumir lo que antes se ha expuesto y completar el panorama de la filosofía pagana durante el período tardo-antiguo.

1) Primera escuela de Alejandría, fundada por Ammonio Sacas, probablemente alrededor del 200 d.C., y que alcanzó su apogeo durante la primera mitad del siglo III d.C. Como sabemos, los miembros más famosos de esta escuela fueron Herennio, el pagano Orígenes y Plotino, además del célebre literato Longino. (Es probable que también el cristiano Orígenes haya sido alumno de Ammonio.)

2) Escuela fundada en Roma por Plotino en el 244 d.C. y que floreció especialmente durante la segunda mitad del siglo III. Los miembros más significativos de esta escuela fueron Amelio y Porfirio (233/234-305 d.C.); este último desarrolló su actividad en Sicilia.

3) Escuela de Siria, fundada por Jámblico (nacido entre el 240 y el 250 d.C. y fallecido alrededor del 325 d.C.) poco después del 300 y que llegó a su época culminante en las primeras décadas del siglo IV d.C. A esta escuela pertenecieron Teodoro de Asine, Sópatro de Apamea y Desipo.

4) Escuela de Pérgamo, fundada por Edesio, discípulo de Jámblico, poco después de la muerte de este último. Representantes de esta escuela lo fueron Máximo, Crisancio, Prisco, Eusebio de Mindo, Eunapio, el emperador Juliano el Apóstata y su colaborador Salustio. La desaparición de la escuela coincide con la muerte de Juliano (363 d.C.).

5) Escuela de Atenas, fundada por Plutarco de Atenas entre finales del siglo IV y principios del V d.C., y consolidada por Siriano. Su miembro más insigne fue Proclo. Otros exponentes de ellas fueron Domnino, Isidoro, Damascio, Simplicio y Prisciano. Un edicto de Justiniano clausuró la escuela en el 529 d.C.

6) Segunda escuela de Alejandría, entre cuyos representantes se cuentan Hipacías, Sinesio de Cirene, Hierocles de Alejandría, Hermías, Ammonio —hijo de Hermías—, Juan Filopón, Asclepio, Olimpiodoro, Elías, David y Esteban de Alejandría. Esta escuela nació o, mejor dicho, renació al mismo tiempo que la escuela de Atenas y perduró hasta comienzos del siglo VII d.C.

Con respecto a la doctrina de estas escuelas, es preciso tener en cuenta lo siguiente:

a) Plotino y su escuela (del mismo modo quizás que Ammonio y su círculo) representan la tendencia metafísico-especulativa pura. Plotino separó claramente su filosofía no sólo de la religión positiva sino también de las prácticas mágico-teúrgicas, y hasta su religiosidad misma adquirió un carácter marcadamente filosófico. Como tendremos ocasión de ver, los inmediatos seguidores de Plotino, si bien cedieron en algunos factores, no lograron modificar el planteamiento de su maestro, a no ser en aspectos parciales y no substanciales.

b) En cambio, la escuela de Jámblico y la de Atenas representan una especie de síntesis o, si se prefiere, una combinación entre la tendencia filosófica y la místico-religioso-teúrgica. El neoplatonismo deja de ser una mera especulación filosófica y se convierte en fundamentación y defensa apologética de la religión politeísta, incorporando las prácticas mágico-teúrgicas como complemento o incluso como coronación de la filosofía.

c) La escuela de Pérgamo representa un período de notable involución religioso-teúrgica y de claro declive de los elementos filosófico-especulativos.

d) La segunda escuela de Alejandría posee un carácter predominantemente erudito y tiende a la simplificación del neoplatonismo. Su importancia histórica y filosófica se debe sobre todo a los comentarios a Aristóteles elaborados por la escuela de Ammonio, hijo de Hermías (Asclepio, Olimpiodoro, David, Esteban), que en parte han llegado hasta nosotros. Como ya hemos dicho, estos autores leían a Aristóteles como preparación introductoria a Platón.

Proclo es el único de estos filósofos que posee rasgos destacados. Sin embargo, hay que mencionar la importancia —de carácter histórico, sobre todo— que manifiestan Porfirio y Jámblico, responsables del nuevo curso filosófico-teúrgico que asume el neoplatonismo. Al parecer, Porfirio se propuso innovar en la doctrina plotiniana sobre todo en los aspectos metafísicos. Los estudios más recientes ponen de relieve que pretendió colocar en la cúspide de la jerarquía una ennéada, esto es, tres hipóstasis, caracterizada cada una de ellas por una tríada, por el influjo quizás de los *Oráculos caldeos*.

Jámblico avanzó mucho más allá, desdoblando al parecer el Uno en un primer y un segundo Uno. Además, dividió las hipóstasis plotinianas del espíritu en dos planos: el inteligible, que se subdivide en una tríada, y el intelectual, que más tarde se divide también de modo triádico. Es posible que entre ambos planos haya introducido el plano de lo inteligible e intelectual, que luego se divide en tríadas. Asimismo, dividió en una tríada la hipóstasis del alma. Tales hipóstasis no sólo se presentaban con el aspecto metafísico, sino también con el aspecto religioso, y eran consideradas como dioses, con lo cual se podía justificar racionalmente el politeísmo. A partir de Teodoro de Asine, discípulo de Jámblico, los neoplatónicos avanzan por este camino de las distinciones hipostáticas, hasta llegar a Proclo y a Damascio, en quienes esta tendencia llega a su punto culminante. Sobre Proclo, empero, es preciso llevar a cabo una exposición más detallada.

2.2. *Proclo: la última voz original en la antigüedad pagana*

Proclo nació en Constantinopla en el 410 y murió en el 485 d.C. Ha llegado hasta nosotros buena parte de su rica producción intelectual. Mencionemos los comentarios a algunos diálogos platónicos y, en especial, la *Teología platónica* y los *Elementos de teología*. No nos detendremos en considerar su compleja sistematización del mundo inteligible, con todas sus divisiones y subdivisiones triádicas, porque no reside en ella la grandeza de Proclo. Éste se distinguió por una profundización en las leyes que rigen la procesión de la realidad, es decir, por una profundización en aquel factor que, como hemos visto, representaba la principal conquista del neoplatonismo.

En primer lugar, hay que señalar la perfecta descripción que llevó a cabo Proclo acerca de la ley natural que rige la generación de todas las cosas. Esta generación es considerada como un proceso circular constituido por tres momentos: 1) la manencia *(mone)*, el perdurar o permanecer en sí mismo del principio; 2) la procesión *(proodos)*, o el surgir desde el principio; 3) el retorno o la conversión *(epistrophe)*, el regresar al principio. Hemos visto que Plotino ya había individualizado estos tres momentos, que desempeñan en su sistema una función bastante más compleja de lo que se suele creer. Sin embargo, Proclo va más allá de Plotino, llevando esta ley triádica a un nivel excepcional de refinamiento especulativo. La ley no sólo es válida en general, sino también en particular, en la medida en que expresa el ritmo característico de la realidad en su conjunto y en todos y cada uno de sus momentos por separado.

El Uno, al igual que cualquier otra realidad que produce algo distinto de sí mismo, produce debido a su perfección y sobreabundancia de poder. Ahora bien, todo ente productivo 1) permanece tal como es (en virtud de su perfección) y, a causa de este permanecer inmóvil e imposible de menguar, produce. 2) La procesión no es una transición en la que el producto que surge de ella consista en una parte dividida del productor, sino que es una especie de multiplicación del propio productor, en virtud de la potencialidad de éste. Además, lo que procede es semejante a aquello de lo cual procede, y la semejanza es previa a la desemejanza: ésta sólo consiste en que el productor es mejor, es decir, más poderoso que lo producido. 3) Por consiguiente, las cosas derivadas poseen una afinidad estructural con sus causas; además, aspiran a mantenerse en contacto con ellas y, por lo tanto, retornar a ellas. Las hipóstasis nacen, pues, por vía de semejanza y no de desemejanza.

El proceso triádico es considerado como un círculo. No se trata de un círculo en el sentido de una serie sucesiva de momentos, como si entre manencia, procesión y retorno existiese una distinción cronológica según el antes y el después, sino en el sentido de una distinción lógica: existe una coexistencia de momentos, dado que todo proceso es un perenne permanecer, un perenne proceder y un perenne retornar. Asimismo, hay que subrayar que, de acuerdo con el principio de la semejanza antes mencionado, no sólo la causa permanece en cuanto causa, sino que también el producto, en cierto sentido, permanece en la causa en el mismo momento en que procede de ella, puesto que el proceder no es un separarse, es decir, un convertirse en algo totalmente distinto.

Una segunda ley, estrechamente vinculada con la que acabamos de exponer, es la del llamado «ternario». Los estudios especializados habían señalado, hace ya tiempo, que dicha ley constituía la clave de la filosofía de Proclo, pero no se había difundido en la *communis opinio*; en la actualidad, ciertas investigaciones recientes han confirmado la cuestión y la han colocado en un primer plano. Proclo considera que toda realidad, en todos los planos, desde lo incorpóreo a lo corpóreo, está constituida por dos componentes esenciales: 1) el límite *(peras)* y 2) lo ilimitado *(apeiron)* o infinito (que son como forma y materia); 3) por consiguiente, todo ente es una especie de mezcla o síntesis de ambos (evidentemente, se trata de una tesis procedente del *Filebo* y de las doctrinas no escritas de Platón).

La ley del ternario (que consiste en que todo ente se halla constituido por el límite, lo ilimitado y la diferente combinación de tales factores) no sólo es válida para las hipóstasis superiores, sino también para el alma, los entes matemáticos y los entes físicos: para todo, en suma, sin excepción alguna. En este contexto, la materia (sensible) viene a ser la última infinitud (o ilimitabilidad) y, por lo tanto, en cierto sentido es buena (en contra de lo que pensaba Plotino), en la medida en que es la última efusión del Uno, según la unitaria ley de la realidad.

Los *Elementos de teología*, dedicados a ilustrar estos principios y a exponer las leyes generales del sistema, siguen siendo la obra más vivaz de Proclo. En ella el filósofo se desembaraza en gran parte de la preocupación dominante en la *Teología platónica* —defender el politeísmo pagano y fundar un panteón metafísico que pudiese acoger a todos los dioses— y se concentra en lo esencial, presentándonos un tratado metafísico de primera magnitud. Esto es, precisamente, lo que garantizará a esta obra un gran éxito, que llega incluso hasta la edad media.

2.3. *El final de la filosofía antigua pagana*

El final de la filosofía antigua pagana está señalado por una fecha oficial: el 529 d.C., año en el que Justiniano prohibió a los paganos todo cargo público y, por lo tanto, dirigir escuelas y enseñar. He aquí un significativo texto del *Código* de Justiniano:

> Prohibimos que enseñen ninguna doctrina aquellos que se encuentran afectados por la locura de los impíos paganos. Por eso, que ningún pagano finja instruir a aquellos que por desgracia los frecuentan, ya que en realidad no hacen otra cosa que corromper las almas de los discípulos. Además, que no reciba subvenciones públicas, porque no posee ningún derecho procedente de escrituras divinas o de edictos estatales para obtener licencia en cosas de esta clase. Si alguien, aquí (en Constantinopla) o en las provincias, es hallado culpable de este delito y no se apresura a volver al seno de nuestra santa Iglesia, junto con su familia, es decir, junto a su mujer y sus hijos, sobre él caerán las sanciones susodichas, sus propiedades quedarán confiscadas y ellos mismos habrán de marchar al exilio.

Tanto este edicto, como la fecha en que fue promulgado, son sin duda bastante importantes para la suerte de la filosofía greco-pagana. Sin embargo, hay que advertir que el 529 d.C., al igual que todas las fechas que cierran o abren una época, no es otra cosa que una ratificación pública de algo que ya era una realidad, provocada por toda una serie de acontecimientos precedentes. El edicto del 529, pues, no hizo más que acelerar y establecer jurídicamente aquel final al que la filosofía pagana antigua se hallaba destinada de un modo inexorable.

Capítulo XII

LA CIENCIA ANTIGUA EN LA ÉPOCA IMPERIAL

1. La decadencia de la ciencia helenística

Hemos constatado que el momento privilegiado de la ciencia helenística fue relativamente breve: alrededor de un siglo y medio.

En el 145 a.C. se produce la primera gran crisis del Museo y de la Biblioteca. El rey Ptolomeo Physkon se encontró en un grave litigio con los intelectuales griegos por motivos políticos y, al no poder quebrar su resistencia, les obligó a abandonar Alejandría. Este hecho señaló la ruptura de la gran alianza entre los representantes de la inteligencia griega y el trono egipcio, y abrió una fase de decadencia que se convirtió en irreversible. A continuación, el Museo y la Biblioteca reemprendieron sus actividades, pero en un tono notablemente menor.

El 47 a.C. es el momento de la segunda etapa de la crisis. Durante la campaña de César en Egipto es incendiada la Biblioteca. En aquella fecha, antes del incendio, los libros habían alcanzado la cifra de 700 000, algo enorme para aquellos tiempos. Muchos volúmenes se salvaron del incendio voraz, pero, a pesar de ello, las pérdidas fueron irrecuperables y muy graves.

Octaviano conquistó Alejandría en el 30 a.C. y Egipto se convirtió en provincia del Imperio romano. Por lo tanto, es comprensible que durante la época imperial Alejandría ya no tuviese un papel comparable, ni siquiera de lejos, con el que había desempeñado durante la época helenística. Roma se había transformado en el nuevo centro, con unos intereses diferentes y otro talante espiritual. Los romanos poseían intereses prácticos y operativos y apreciaban los resultados concretos e inmediatos. En resumen: a los romanos les resultaba extraña aquella dimensión especulativo-teórica que, como hemos visto, no sólo había nutrido la gran filosofía griega, sino también la gran ciencia helenística.

Se comprende así que la época imperial haya sido una época de epígonos, de figuras de segunda categoría, salvo unas cuantas excepciones notables, sobre todo en el campo de la astronomía con Ptolomeo en Alejandría, y en el terreno de la medicina con Galeno en Roma. Ahora debemos hablar de estas dos grandes figuras de la ciencia antigua, puesto que la herencia que nos dejaron ha constituido hasta los tiempos modernos un punto de referencia, sirviendo de puente entre la antigüedad y el mundo moderno.

2. Ptolomeo y la síntesis de la astronomía antigua

2.1. *Vida y obras de Ptolomeo*

Ptolomeo de la Ptolemaida (alto Egipto) vivió durante el siglo II d.C., probablemente entre el 100 y el 170. Nos han llegado numerosas obras suyas, de entre las que destaca la *Composición matemática* (*Mathematike Syntaxis*), que es la *summa* del pensamiento astronómico del mundo antiguo, de modo análogo a lo que los *Elementos* de Euclides representan para las matemáticas. La *Composición matemática* es conocida por el nombre de *Almagesto,* con que fue bautizada por los árabes. Al ser calificada con el adjetivo *megistos,* que significa en griego «el más grande» (el mayor tratado de astronomía), los árabes transliteraron dicho adjetivo y lo deformaron ligeramente, convirtiéndolo en *magesto* y agregando el artículo *al.*

Otras obras dignas de mención son la *Hipótesis sobre los planetas,* la *Geografía,* la *Óptica,* los *Harmónicos, Sobre el juicio y sobre el hegemónico,* y el *Tetrabiblon* (que significa libro con cuatro partes). Este último es una especie de complemento astrológico del *Almagesto* y tanto en la edad media como en el renacimiento tuvo un gran éxito, porque codificaba de un modo equilibrado, integrándolas en un razonamiento científico, las creencias acerca del influjo de los astros y la posibilidad de efectuar predicciones.

2.2. *El sistema ptolemaico*

En el *Almagesto* Ptolomeo situó de modo preciso su investigación en el ámbito del saber tal como había sido delimitado por Aristóteles. Éste había afirmado que las ciencias se dividen en creadoras, prácticas y teóricas, y que estas últimas se dividen en física, matemática y teología (metafísica). Ptolomeo se muestra convencido de la clara superioridad de las ciencias teóricas y, entre éstas, concede preeminencia a las matemáticas. La teología posee un objeto demasiado elevado, «en una lejanía que se encuentra más allá de las cosas más altas de este mundo», y «absolutamente separado de las cosas sensibles». La física, en cambio, hace referencia a entes sometidos al cambio, ya que estudia las cosas en cuanto están sujetas al movimiento, cosa que explica su preferencia por la matemática. Ptolomeo escribe: «De aquí [de los razonamientos que acabamos de recordar] he extraído estas consideraciones: a los otros dos géneros de la parte teórica [teología y física] habría que atribuir más bien el carácter de conjetura, que no el de aprehensión científica: al género teológico, por su absoluta invisibilidad e inconcebibilidad, y al físico, por la inestabilidad y la obscuridad de la materia, de modo que no se puede esperar que en estos dos géneros se llegue a un acuerdo entre los filósofos. Sólo el género matemático, si se encara con rigor, ofrece a quien lo cultiva una ciencia sólida y cierta, dado que la demostración aritmética o la geométrica se lleva a cabo mediante procedimientos incontrovertibles.» Por eso, Ptolomeo opta por investigar en las matemáticas y sobre todo en aquella parte suya que tiene como objeto las cosas divinas y celestiales, que son inmutables y ontológicamente estables, y permiten una aprehensión clara y ordenada, colaborando asimismo con las otras ciencias. Según Ptolomeo, «de un modo preeminente puede abrirle el camino al género teológico, puesto que sólo ella puede aproximarse correctamente a la actividad inmóvil y separada, moviéndose en las cercanías de ésta, donde se hallan aquellas substancias que son sensibles, movientes y movidas [los cielos], siendo empero eternas y carentes de modificaciones, en cuanto a los desplazamientos y al orden de los movimientos». Asimismo, resulta de utilidad para la física en el estudio de los movimientos.

En opinión de Ptolomeo, la astronomía posee también una importancia ética y educativa concreta: «Por lo que respecta a la nobleza de las acciones y del carácter, esta ciencia más que ninguna otra nos hará inteligentes, por la semejanza, el orden, la simetría y la ausencia de vanidad que se contemplan en las cosas divinas, y convertirá a quien la cultive en amante de esta belleza divina, de manera que mediante el hábito se transformará en algo casi natural una disposición del ánimo afín a esta belleza.»

Una vez expuesto el marco teórico de la obra, examinemos los conceptos técnicos de base. Por lo que respecta al mundo y la Tierra, son cinco sus tesis fundamentales: 1) el mundo (el cielo) es esferiforme y se mueve del mismo modo que una esfera; 2) de manera análoga, la Tierra considerada en su conjunto es esferiforme; 3) ésta se halla situada en el medio del mundo, como un centro; 4) en lo que se refiere a las distancias y los tamaños, la Tierra es como un punto, en comparación con la esfera de las estrellas fijas (la que abarca el cielo); 5) la Tierra no realiza ningún movimiento de lugar, es inmóvil. Dado que estas tesis son el fundamento del sistema geocéntrico, que perdurará hasta la revolución copernicana, las ilustraremos con brevedad, exponiendo los principales argumentos de Ptolomeo.

1) La experiencia nos muestra que el cielo es esferiforme y se mueve de forma circular. Hace tiempo que los hombres han llegado a esta conclusión, al ver que el Sol, la Luna y los astros se desplazan desde Oriente hasta Occidente siguiendo círculos paralelos, y al comprobar la regularidad y la constancia de los lugares en que tienen lugar los ortos y los ocasos. El centro de dichas revoluciones, de acuerdo siempre con la experiencia, es único y coincide con la Tierra. Ningún otro tipo de movimiento que no fuese el esferiforme podría explicar los fenómenos que se observan.

2) Que la Tierra es redonda lo prueba, por ejemplo, el hecho de que el Sol, la Luna y las estrellas no salen y no se ocultan en el mismo momento para aquellos que se encuentran en distintos puntos de la Tierra: lo hacen antes para quienes habitan en los países de Oriente, y después para aquellos que habitan en los países de Occidente. Además, entre otras cosas, lo prueba el hecho de que quien navega hacia montes o lugares elevados, sea cual fuere su dirección de procedencia, ve cómo éstos aumentan progresivamente de altitud, como si surgiesen del mar.

3) Si la Tierra no estuviese en el centro del universo, numerosos fenó-

menos quedarían inexplicados. Ptolomeo resume así su pensamiento sobre esta cuestión: «Si la Tierra no se hallase en el centro se trastocaría por completo todo el orden observado en los aumentos y disminuciones de la noche y el día. Además, no podrían ocurrir eclipses de Luna en la posición diametralmente opuesta al Sol, con respecto a todas las partes del cielo, dado que a menudo la interposición de la Tierra se produciría estando estos dos astros en posiciones no diametralmente opuestas, sino separadas por intervalos inferiores a un semicírculo.»

4) Entre otras cosas, el hecho de que, desde cualquier parte de la Tierra que se observen, los tamaños de los astros y sus recíprocas distancias resulten siempre iguales, es una prueba de que la Tierra —con respecto a la esfera de las estrellas fijas— posee una dimensión comparable a un punto.

5) La Tierra está inmóvil en el centro, porque es el punto hacia el cual caen todos los cuerpos pesados. Se equivocan los que afirman que la Tierra gira alrededor del mismo eje desde Occidente hasta Oriente, llevando a cabo un giro cada día. Si así fuese, el movimiento debería ser bastante violento (dado que se realiza en el lapso de un día), y todos los cuerpos que no estén apoyados sobre la Tierra tendrían que aparecer ante nosotros realizando un movimiento en dirección contraria. Además, no podrían verse las nubes desplazándose hacia el Oriente, ni se podría ver nada que sea arrojado y que vuele, porque la velocidad del movimiento de la Tierra lo superaría siempre. Y si se afirmase que también el aire es arrastrado junto con los cuerpos en el aire, en ese caso todo debería parecer estático y no se vería que nada retrocediese o avanzase.

El cielo está constituido por éter, de naturaleza esferiforme e incorruptible. El movimiento de las estrellas fijas se explica mediante el movimiento rotatorio uniforme de la esfera etérea concéntrica de las estrellas fijas. En cambio, los movimientos del Sol, la Luna y los otros cinco planetas se explican gracias a la hipótesis ya emitida por Hiparco y que resulta reformulada con ingenio y completada hábilmente. Los dos puntos básicos son: 1) hay que tener en cuenta todos los fenómenos (las aparentes anomalías de los movimientos astrales); 2) hay que explicarlos en todos los casos limitándose a recurrir a movimientos uniformes y circulares, puesto que éstos son los movimientos apropiados a la naturaleza de las cosas divinas. Los nuevos tipos de movimiento circular son: 1) los de las órbitas excéntricas, es decir aquellas cuyo centro no coincide con el de la Tierra, y 2) los de las órbitas epicíclicas, es decir aquellas que giran alrededor de un centro colocado sobre un círculo, que a su vez gira. El círculo rotante al que se refiere el epiciclo recibe el nombre de deferente. Los epiciclos situados sobre deferentes excéntricos con respecto a la Tierra y calculados en la cantidad y el modo convenientes, lograban explicar geométricamente todos los fenómenos, es decir, todas las aparentes irregularidades de los planetas. Ptolomeo, pues, perfeccionó el sistema explicativo propuesto por Hiparco. El movimiento de los planetas está causado por una fuerza vital, de la que están dotados por naturaleza. Esto servía para resolver el acostumbrado problema de los motores, al igual que las complejidades aristotélicas al respecto.

El ingenio con que Ptolomeo presentó sus cálculos, combinando los epiciclos y los excéntricos, garantizó a su teoría un éxito sin precedentes en el campo astronómico y lo convirtió en la autoridad por excelencia en esa materia, durante catorce siglos. Además, la elegancia con que supo conjugar este racionalismo geométrico de su visión cósmica con su doctrina de los influjos astrales sobre la vida de los hombres, hizo que la doctrina ptolomaica fuese aún mejor aceptada por la última etapa de la cultura griega, que reencontraba —traducida en términos de razón matemática— su antigua fe en el destino que gobierna todas las cosas.

3. Galeno y la síntesis de la medicina antigua

3.1. *Vida y obras de Galeno*

Galeno nació en Pérgamo, alrededor del 129 d.C. Estudió en su ciudad natal y más tarde en Corinto y en Alejandría. Volvió a Pérgamo en el 157 y ocupó el cargo —entonces ambicionado— de médico de gladiadores. Alrededor del 163 viajó a Roma, donde permaneció unos tres años. Regresó a Pérgamo para huir de una epidemia que se había declarado en Roma, y desde allí pasó a Esmirna, donde asistió a los cursos de Albino, representante del platonismo medio. Sin duda aprendió mucho de Albino, si se tiene en cuenta la notable presencia de doctrinas platónicas en sus escritos.

En el 168 se produce un giro decisivo en la vida de Galeno. El emperador Marco Aurelio lo llamó a Roma, invitándole a acompañarlo como médico personal suyo en la expedición contra los germanos. Una serie de acontecimientos obligaron a que el emperador, apenas hubo finalizado los preparativos de la campaña, regresase a Roma. Allí permaneció Galeno como médico personal de Cómodo, hijo del emperador, mientras éste partía una vez más. Como médico de palacio (siguió en ese cargo hasta después de la muerte de Marco Aurelio) tuvo suficiente desahogo y tiempo como para dedicarse a sus investigaciones y a la redacción de sus principales libros. Fue tanta su fama que, aún en vida suya, se escribían y se vendían libros apócrifos, que se le atribuían. El propio Galeno nos narra con evidente complacencia haber asistido a una divertidísima escena en una tienda, en la que un docto romano desmentía a un librero, afirmando a grandes voces que el libro que le quería vender como obra de Galeno era apócrifo, porque estaba escrito en un griego incorrecto, indigno de la pluma de Galeno. Éste murió probablemente alrededor del 200 d.C.

La producción literaria de Galeno fue inmensa. Abarcaba, sin duda, varios millares de páginas. Se han perdido muchos de sus escritos (algunos ya en vida del autor), pero conservamos un número bastante considerable: un centenar de títulos. El catálogo redactado por el propio Galeno en su obra *Mis libros,* aunque se limita a los encabezamientos generales bajo los cuales enumera y sistematiza sus distintos tratados, sirve para darnos una idea acerca del carácter ingente de su obra escrita. Éste es el esquema: 1) obras terapéuticas; 2) libros de doctrina sobre el pronóstico; 3) comentarios a Hipócrates; 4) libros polémicos contra Erasístrato; 5) libros referentes a Asclepíades; 6) libros sobre las divergencias con respecto a los médicos metódicos; 7) libros útiles para las demostraciones; 8) libros de filosofía moral; 9) libros referentes a la filosofía de Platón; 10) obras referentes a la filosofía de Aristóteles; 11) obras concernientes a las divergencias con la filosofía estoica; 12) obras relativas a la filosofía de Epicuro; 13) libros sobre argumentos gramaticales y retóricos. Entre las más conocidas de las obras que han llegado hasta nosotros, recordemos: *Procedimentos anatómicos, Utilidad de las partes, Las facultades naturales, El método terapéutico,* el *Arte médica* —que se hizo muy famoso— y los *Comentarios a Hipócrates.*

3.2. *La nueva imagen del médico: el verdadero médico también debe ser filósofo*

Galeno quiere presentarse como restaurador de la antigua dignidad del médico, de la que Hipócrates había sido el ejemplo más ilustre y un paradigma viviente. En opinión de Galeno, los médicos de su tiempo habían olvidado a Hipócrates y le habían vuelto la espalda. A tales médicos les formula tres acusaciones gravísimas: 1) ser ignorantes; 2) ser corruptos; 3) estar absurdamente divididos.

1) Según Galeno, la ignorancia de los nuevos médicos consistía sobre todo en *a*) no poseer ya un conocimiento metódico de la naturaleza del cuerpo humano; *b*) no saber ya distinguir, por consiguiente, entre los géneros y las especies de las enfermedades; *c*) no poseer nociones claras de lógica, sin las cuales no pueden hacerse diagnósticos. Si se ignoran estas cosas, el arte médica se convierte en una mera práctica empírica.

2) La corrupción de los nuevos médicos consiste en *a*) abandonarse a costumbres licenciosas; *b*) una sed insaciable de dinero; *c*) la pereza, vicios todos ellos que embotan la mente y la voluntad. Galeno afirma: «De modo que es necesario que la persona que quiera convertirse en tal [médico óptimo] no sólo menosprecie las riquezas, sino que ame extremadamente los esfuerzos. No es posible que sea amante del esfuerzo alguien que se embriaga, se llena de comida o se entrega a los placeres sexuales o, para decirlo en pocas palabras, sirve a los genitales y al vientre. Por ello, se ha establecido que el médico verdadero es tan compañero de la templanza como de la verdad.» Debido a la corrupción, ya no aparecen hombres de la talla de Fidias entre los escultores, de Apeles entre los pintores o de Hipócrates entre los médicos. Sin embargo, después de haber aprendido todo lo que fue descubierto por Hipócrates y aplicándose intensamente durante el resto de una vida, sería posible descubrir lo que aún falta. Éste debería ser el propósito de la medicina. Agrega Galeno, empero: «No es... posible alcanzar el objetivo de ésta, si se supone que la riqueza es más valiosa que la virtud y si se aprende el arte no en beneficio de los hombres, sino con propósitos de lucro.» Por lo tanto al médico le es necesario el conocimiento de lo verdadero, la práctica de la virtud y el ejercicio de la lógica, de modo que «quien es un verdadero médico, es siempre un filósofo».

3) Por lo que respecta a la división en sectas, hay que recordar que desde hacía tiempo la medicina había experimentado una ruptura, que se había iniciado inmediatamente después de Erasístrato, como antes hemos expuesto. Con el paso del tiempo, la doctrina médica se había ido polarizando en tres posturas distintas: *a*) la de los llamados «dogmáticos», así

Galeno (129-201 d.C.) constituyó hasta el renacimiento el arquetipo del médico por excelencia. Así fue representado en el siglo XVI

denominados porque defendían que la razón desempeñaba un papel decisivo en el conocimiento de los factores de salud y enfermedad sobre los que se basa el arte médica; *b*) la de los empíricos, que sostenían que la pura experiencia era suficiente para el arte médica; *c*) la de los metódicos —que se autodenominaron así para distinguirse de los dogmáticos— en opinión de los cuales el arte médica se basaba en algunas nociones esquemáticas muy sencillas («astricción» y «flujo») mediante las cuales explicaban todas las enfermedades. Galeno rechaza con decisión a estos últimos, considerándolos un auténtico peligro debido a su superficialidad. Denuncia asimismo la unilateralidad de los otros dos grupos, pero considera posible una mediación: su método, en efecto, conjuga el factor lógico con el experimental, juzgando igualmente necesarios a ambos.

3.3. *La gran elaboración enciclopédica de Galeno y sus elementos*

A través de su ingente obra, Galeno elaboró una grandiosa enciclopedia del saber médico y de los conocimientos que le sirven de base. En esta enciclopedia confluyó gran parte del material adquirido con anterioridad, pero Galeno posee el mérito de haberle otorgado una nueva forma y de haberlo enriquecido con aportaciones personales. Ya han sido establecidos con precisión cuáles son los orígenes principales que sirven de fundamento a la imponente construcción galénica. M. Vegetti los resume en los siguientes términos: *a*) los conocimientos anatómicos adquiridos por los médicos del Museo de Alejandría, y sobre todo por Herófilo y Erasístrato; *b*) elementos de la zoología y la biología de Aristóteles, ampliamente reestructurados en el contexto de una teleología más rigurosa; *c*) la doctrina de los elementos, de las cualidades y de los humores, procedente de la escuela hipocrática; *d*) las doctrinas del calor innato y del *pneuma,* que provenían sobre todo de Posidonio, con las oportunas modificaciones; *e*) el *Timeo,* leído en el espíritu del platonismo medio —de acuerdo con las enseñanzas de Albino— como marco de conjunto y como esquema general para la construcción de la enciclopedia médica. A estos elementos se agrega la concepción teleológica general que procede sobre todo de la tradición platónico-aristotélica, pero llevada hasta sus consecuencias extremas, con una clave específicamente suya. Ilustraremos ahora brevemente algunos de estos puntos, y de los demás hablaremos más adelante.

Por lo que respecta a la anatomía, hay que advertir que Galeno logró una preparación muy sólida, no sólo por el motivo antes mencionado, sino también gracias a la práctica asidua de la disección y la vivisección, realizadas especialmente con monos, y, además, por haber llevado a cabo él mismo —después de unos primeros intentos vacilantes, en los que mandaba desollar los animales por un sirviente— todas las operaciones necesarias para su propósito. Llegó a diseccionar un elefante. Su tratado sobre los *Procedimientos anatómicos* refleja los resultados de estas pacientes experiencias.

En lo concerniente a la doctrina de los elementos, de las cualidades y de los humores, debe recordarse que Galeno la toma sobre todo del tratado *Sobre la naturaleza del hombre* (cf. p. 114), desarrollándola con amplitud y combinándola con la famosa doctrina de los temperamentos. De las cuatro cualidades (cálido, frío, seco y húmedo) y de los cuatro elementos, atemperados de forma conveniente, proceden todas las cosas. Este temperamento no es una simple mezcla, sino una mezcla que implica una total compenetración de las partes que se mezclan y no una mera yuxtaposición o emulsión de las partes. La calidad específica de cada cuerpo procede del buen temperamento de las cualidades opuestas, que coincide de forma substancial con lo que clásicamente se denominaba «justa medida». El buen temperamento del hombre es una resultante del buen temperamento de las diversas partes del cuerpo. Los humores —es decir, la sangre, la flema, la bilis amarilla y la bilis negra— no son elementos originarios, sino que provienen de los primeros elementos y de sus cualidades. Cada uno de ellos posee la propiedad de ser húmedo, seco, cálido y frío, pero no en un sentido absoluto, sino en el sentido de que en cada uno prevalece una de estas características.

En cuanto a la concepción teleológica de Galeno, que constituye una señal inconfundible de su pensamiento, cabe mencionar que puede considerarse como una absolutización del principio de la explicación finalista, tal como la presenta sobre todo Platón en el *Fedón,* así como del principio aristotélico según el cual la naturaleza no hace nada sin una razón. He aquí uno de los textos más significativos al respecto, extraído de la *Utilidad de las partes:* «La causa primera de todo lo que acontece, como ya advirtió Platón, es el objetivo de su acción. Por eso, a quien pregunte la causa de tu ida al mercado, no se le puede dar una respuesta mejor; si se relega esta causa, sería ridículo que alguien, en vez de decir que había venido (al mercado) para comprar cierto artículo, o un esclavo, o para encontrarse con un amigo o para restituir determinada cosa, olvidase estas respuestas y dijese que ha ido al mercado porque tiene dos pies en condiciones de moverse con facilidad y de permanecer bien sujetos al suelo. También éste ha mencionado quizás una causa, pero no la causa real ni la primaria, sino la instrumental, una condición necesaria más bien que una causa.» En la misma obra se lee también esta afirmación, en la que se reitera el núcleo del pensamiento de Galeno: «Hemos demostrado de modo suficiente... que ninguna de las partes cuya finalidad es la vida, y ninguna de aquellas cuya finalidad es vivir mejor, podía construirse de otra manera mejor que la que ahora manifiesta.»

El finalismo es obra del arte de la Naturaleza o del Artífice Divino. No sólo se revela en el hombre, sino en todos los animales, hasta los más pequeños, de manera admirable: «... Cualquier otro animal que quieras someter a disección te mostrará igualmente tanto el arte como la sabiduría del artífice, y cuanto más pequeño sea, tanto mayor será la maravilla que experimentarás, al igual que los objetos que los artesanos cortan en porciones diminutas.»

El gran tratado del que estamos hablando acaba precisamente con un épodo, como una grandiosa «alabanza a Dios»: «Sabemos que en los poetas mélicos, que algunos llaman líricos, hay tanto una estrofa y una antistrofa como, en tercer lugar, un épodo (canto añadido) que proferían ante los altares, celebrando a los dioses. Comparando este libro con un épodo, le he dado metafóricamente esta denominación.»

3.4. *Las doctrinas básicas del pensamiento médico de Galeno*

Como acabamiento y coronación de las doctrinas de los antiguos, Galeno presenta su propia doctrina de las facultades naturales, a las cuales dedica una obra, cuyo título es precisamente *Las facultades naturales*. Todas las cosas se derivan de las cuatro cualidades que interactúan entre sí (como antes se ha expuesto), mediante sus específicas facultades originarias (facultades productoras de calor, frío, sequedad y humedad). Sin embargo, todo organismo se engendra, se desarrolla y vive gracias a una serie de actividades específicas. Estas actividades se llevan a cabo de acuerdo con una norma concreta de la naturaleza, que Galeno llama «facultad». Tales facultades son numerosísimas: por ejemplo, la facultad hemopoyética en las venas, la facultad digestiva en el estómago, la facultad de latir en el corazón, etc. Galeno se propone estudiar y catalogar todas las facultades principales. Entre éstas, hay dos que aparecen como fundamento de todas las demás: la facultad atractiva, que atrae a sí lo que es apropiado, y la repulsiva o expulsiva, que expele aquello que no se halla dominado por el humor, o que resulta extraño. Esto se produce en el ámbito de una simpatía global de los diversos órganos y de las diversas partes entre sí. Galeno otorga a esta doctrina una importancia fundamental, en la medida en que garantiza una coherencia concreta y una aplicación específica y generalizada de su finalismo integral.

Una segunda doctrina básica de Galeno consiste en recuperar la distinción platónica del alma dividida en tres partes: 1) alma racional; 2) alma irascible, y 3) alma concupiscible, introduciendo esta distinción en un nuevo contexto antropológico, anatómico y fisiológico. El alma racional o intelectiva tiene su sede en el cerebro, la irascible en el corazón, y la concupiscible en el hígado. El alma racional que se halla en el cerebro tiene su propio vehículo en el *pneuma* animal o psíquico (soplo, aire) que circula a través del sistema nervioso (el cual se alimenta del aire inspirado). Galeno menciona también un *pneuma* vital que circula en el corazón y en las arterias (producto del aire que respiramos y de la exhalación de los humores, en especial de la sangre), mientras que sugiere tímidamente la hipótesis de un *pneuma* natural «que podría estar contenido en el hígado y en las venas», en el que circula la sangre proveniente de la nutrición.

Esta recuperación de las tres partes del alma de Platón implica una materialización del alma, en la medida en que el alma racional resulta una función o una facultad del cerebro, la irascible una función del corazón y la concupiscible una función del hígado, que actúan en todo el organismo, mediante el *pneuma* psíquico, el *pneuma* vital y el calor innato, y la sangre y (eventualmente) el *pneuma* natural. Galeno no acepta las tesis típicas del *Fedón*.

3.5. *Las razones del gran éxito de Galeno*

La notable sistematización del saber médico y de las disciplinas sobre las que se basa, un esquema teórico claro (platónico y aristotélico) y su elevado sentido religioso y moral garantizaron al pensamiento galénico un enorme éxito en la edad media y en el renacimiento. No obstante, le sucedió a Galeno algo parecido a lo ocurrido con Aristóteles: su doctrina fue tomada como dogma, fue repetida de manera literal y, por lo tanto, su espíritu quedó desnaturalizado. Muchos de sus errores perduraron largo tiempo y, en cuanto tales, constituyeron un obstáculo al avance de la medicina. Es preciso distinguir, sin embargo, entre Galeno y el galenismo, al igual que hay que distinguir entre Aristóteles y el aristotelismo. Así como en la época moderna se hizo necesario poner en discusión a Aristóteles para destruir el aristotelismo, también fue necesario poner en discusión a Galeno para destruir el galenismo. Con todo, sigue siendo indiscutible la talla histórica excepcional de este personaje.

4. El final de las grandes instituciones científicas alejandrinas y el ocaso de la ciencia en el mundo antiguo

En el primer parágrafo del presente capítulo hemos recordado los hechos que provocaron la crisis irreversible de las instituciones científicas que engrandecieron a Alejandría. Para completar el cuadro, recordaremos ahora los acontecimientos que marcaron el fin de dichas instituciones. Algunos cristianos veían un peligro en aquellas instituciones científicas que mantenían conceptualmente con vida la religión pagana, conservando la gran cultura a la que había servido de soporte. Sucedió así que en el 391 d.C. el obispo Teófilo dio pábulo a un saqueo de la Biblioteca, que provocó nuevas y graves pérdidas. El golpe de gracia, empero, vino de los mahometanos, quienes —una vez conquistada Alejandría— decidieron en el 641 d.C. la total destrucción de la Biblioteca, al considerar por completo inútil cualquier libro que no fuese el Corán.

Resulta imposible de valorar la gravedad de las pérdidas provocadas por estos sucesos. Sin embargo, hay que advertir algo importante. Los libros de la Biblioteca de Alejandría consistían en rollos de papiro, muy incómodos de manejar. En Pérgamo, a este respecto, se produjo una revolución. Al haber prohibido los egipcios la exportación de papiros, que constituían entonces el material más precioso para la escritura, los sabios de Pérgamo (rival de Alejandría) prepararon un material que se mostró aún más idóneo para la escritura: el pergamino, así denominado por su lugar de origen. Su invención se remonta a la segunda mitad del siglo I d.C. y en el transcurso de los tres siglos siguientes se impuso definitivamente. Nació el códice de pergamino, y todo lo que nos ha llegado del mundo antiguo nos ha sido transmitido de esta forma, bastante más práctica y más sólida que el antiguo rollo.

Volviendo a Alejandría, recordemos que, si bien fue perdiendo paulatinamente su antiguo esplendor en el terreno científico por los motivos explicados, la ciudad continuó siendo un centro filosófico muy importante. En ella floreció la última filosofía griega, con la escuela de Ammonio (entre los siglos II y III d.C.) y la escuela de los grandes comentadores neoplatónicos de Aristóteles (siglos V-VI d.C.), que ya hemos mencionado. También en Alejandría tuvo lugar el primer intento de fusión entre filosofía griega y pensamiento bíblico, con Filón el Judío, durante la primera mitad del siglo I d.C. (recordemos que en Alejandría eran muy numerosos los judíos). Sobre todo, empero, en Alejandría floreció la escuela catequética, a partir de finales del siglo II d.C., en la que se intentó realizar la primera síntesis de gran envergadura entre filosofía helénica y mensaje cristiano. Nació así la patrística, que edificó las bases del pensamiento medieval y europeo, sobre la cual hemos de extendernos con amplitud.

PARTE OCTAVA

LA REVOLUCIÓN ESPIRITUAL DEL MENSAJE BÍBLICO

«En verdad, en verdad os digo: nadie puede ver el reino de Dios, si no vuelve a nacer.»

Evangelio según Juan

El monte Sinaí: la tradición afirma que éste fue el monte sobre el cual Dios entregó a Moisés las Tablas de la Ley

Capítulo XIII

LA BIBLIA Y SU MENSAJE

1. Estructura y significado de la Biblia

1.1. *Los libros que constituyen la Biblia*

Biblia en griego significa «libros». Es una forma plural (de *biblion*) que, en latín y en las demás lenguas modernas, ha sido transliterada como singular, para indicar el libro por antonomasia. En realidad, la Biblia no es un solo libro, sino una colección de libros, cada uno de ellos provisto de un título y de unas peculiaridades específicas, con una extensión diferente y con diversos estilos literarios y redaccionales. Se ha hablado con razón de la Biblia como de una colección de colecciones de libros, puesto que algunos de sus libros son a su vez colecciones de libros.

Los libros de la Biblia se dividen en dos grandes grupos: *a*) los libros del Antiguo Testamento (redactados desde alrededor del 1300 hasta el 100 a.C.; los primeros libros, sin embargo, se remontan a una tradición oral antiquísima), y *b*) los del Nuevo Testamento, que se remontan todos ellos al siglo I d.C. y están centrados exclusivamente en el nuevo mensaje de Cristo.

Los libros del Antiguo Testamento que la Iglesia católica reconoce como canónicos (es decir, que contienen el canon o la regla a la cual debe atenerse el creyente, en lo que concierne a las verdades de fe) son 46, que se dividen de la manera siguiente:

Libros históricos:

1. *Génesis*
2. *Éxodo*
3. *Levítico*
4. *Números*
5. *Deuteronomio*

(Estos cinco libros de Moisés también reciben el nombre de *Pentateuco,* que significa «conjunto de cinco libros». Se les llama asimismo *Torah,* que quiere decir «Ley», es decir, los libros que contienen la ley.)

6. *Josué*
7. *Jueces*
8. *Rut*

Génesis

(Estos cuatro libros también reciben el título conjunto de *Reyes* I, II, III y IV)

9. *Samuel,* libro I
10. *Samuel,* libro II
11. *Reyes,* libro I
12. *Reyes,* libro II

13. *Crónicas* (*Paralipómenos*), libro I
14. *Crónicas* (*Paralipómenos*), libro II

Éxodo

(Estos libros también son llamados *Esdras* I y II)

15. *Esdras*
16. *Nehemías*
17. *Tobías*
18. *Judit*
19. *Ester*
20. *Macabeos,* libro I
21. *Macabeos,* libro II

Levítico

Libros sapienciales o poéticos:

22. *Job*
23. *Salmos*
24. *Proverbios*
25. *Eclesiastés*
26. *Cantar de los Cantares*
27. *Sabiduría*
28. *Eclesiástico*

Libros proféticos:
(Este primer grupo es llamado «de los profetas mayores», debido a la extensión de sus escritos)

29. *Isaías*
30. *Jeremías*
31. *Lamentaciones*
32. *Baruc*
33. *Ezequiel*
34. *Daniel*

(Este segundo grupo es llamado «de los profetas menores», por lo reducido de sus escritos)

35. *Oseas*
36. *Joel*
37. *Amós*
38. *Abdías*
39. *Jonás*
40. *Miqueas*
41. *Nahúm*
42. *Habacuc*
43. *Sofonías*
44. *Ageo*
45. *Zacarías*
46. *Malaquías*

Este canon, que ya se había consolidado entre los cristianos del siglo IV, fue ratificado definitivamente por el Concilio de Trento. En cambio, los protestantes adoptaron el canon hebreo, del cual hablaremos de inmediato.

Los judíos sólo admitieron 36 libros (dividiéndolos en Torah, Profetas y Libros, excluyendo a *Tobías, Judit, Macabeos* I y II, *Sabiduría, Eclesiástico, Baruc,* e incluso una parte de *Daniel,* que son libros redactados originariamente en lengua griega, o que sólo nos son conocidos en su texto griego. (En la actualidad, sin embargo, nos hallamos en condiciones de establecer que dicha restricción se remonta a los fariseos de Palestina, que pensaban que después de Esdras había cesado la inspiración divina, mientras que otras comunidades hebraicas incluían también algunos de estos libros entre los libros sagrados. En efecto, en los descubrimientos realizados en Qumrán en 1947, que sacaron a la luz numerosos libros pertenecientes a una comunidad judía existente en la época de Cristo, han sido encontrados el libro de *Tobías* y el *Eclesiástico,* lo cual prueba que no estaban excluidos de los libros sagrados.)

Los libros del Nuevo Testamento reconocidos como canónicos son 27, y se dividen de la siguiente forma:

Cuatro *Evangelios,* con los *Hechos de los Apóstoles*	1. *Evangelio* según Mateo 2. *Evangelio* según Marcos 3. *Evangelio* según Lucas 4. *Evangelio* según Juan 5. *Hechos de los Apóstoles*
Un *corpus* de cartas de san Pablo (o atribuidas a él)	6. *Carta a los Romanos* 7. *Primera carta a los Corintios* 8. *Segunda carta a los Corintios* 9. *Carta a los Gálatas* 10. *Carta a los Efesios* 11. *Carta a los Filipenses* 12. *Carta a los Colosenses* 13. *Primera carta a los Tesalonicenses* 14. *Segunda carta a los Tesalonicenses* 15. *Primera carta a Timoteo* 16. *Segunda carta a Timoteo* 17. *Carta a Tito* 18. *Carta a Filemón* 19. *Carta a los Hebreos*
Siete cartas de apóstoles, o atribuidas a apóstoles	20. *Carta de Santiago* 21. *Primera carta de Pedro* 22. *Segunda carta de Pedro* 23. *Primera carta de Juan* 24. *Segunda carta de Juan* 25. *Tercera carta de Juan* 26. *Carta de Judas*
Libro profético de Juan:	27. *Apocalipsis*

En la actualidad los expertos suelen considerar en la mayoría de los casos que la Carta a los Hebreos no fue escrita por Pablo, si bien su autor se halla próximo a la perspectiva paulina.

Los textos de la Biblia fueron redactados en tres lenguas: hebreo (la mayor parte del Antiguo Testamento), una parte reducida en arameo (dialecto hebreo) y en griego (algunos textos del Antiguo Testamento y todo el Nuevo; sólo el Evangelio de Mateo fue redactado, con toda verosimilitud, primero en arameo y luego se tradujo al griego). Dos traducciones fundamentales han tenido una enorme importancia histórica y no sólo para la antigüedad. La traducción al griego de todo el Antiguo Testamento, llamada de los Setenta y que se inició en Alejandría bajo el reinado de Ptolomeo Filadelfo (285-246 a.C.), se convirtió en punto de referencia dentro del área cultural griega para los propios judíos helenizados, además de serlo para los griegos (numerosas referencias de los Evangelios mismos están en relación con ella). A partir del siglo II d.C., la Biblia se tradujo también al latín. La traducción realizada por san Jerónimo entre el 390 y el 406 fue la que se impuso de manera estable, hasta el punto de ser adoptada oficialmente por la Iglesia, y es conocida con el nombre de *Vulgata,* porque fue considerada como la traducción latina por excelencia. Pronto alcanzó gran difusión.

1.2. *El concepto de «Testamento»*

Hemos visto que las dos partes de la Biblia se llaman Antiguo y Nuevo Testamento. ¿Qué significa «Testamento»? Este término traduce el griego *diatheke* e indica el pacto o la alianza que Dios ofreció a Israel. En este pacto (el ofrecimiento de un pacto y de lo que éste supone), la iniciativa es unilateral, es decir, depende por completo de Dios, que fue quien lo ofreció. Y Dios lo ofreció por pura benevolencia, esto es, como un don gratuito.

He aquí algunos textos especialmente significativos. En Génesis 9, después del diluvio, Dios dice a Noé y a sus hijos: «He aquí que yo establezco mi alianza con vosotros, y con vuestra futura descendencia, y con toda alma viviente que os acompaña... Establezco mi alianza con vosotros, y no volverá nunca más a ser aniquilada toda carne por las aguas del diluvio, ni habrá más diluvio para destruir la tierra.» En Éxodo 24, leemos el texto más significativo que hace referencia al antiguo testamento, es decir, a la alianza del Sinaí entre Dios e Israel, que iba a durar hasta la venida de Cristo: «Vino, pues, Moisés y refirió al pueblo todas las palabras de Yahvéh y todas sus normas. Y todo el pueblo respondió a una voz: "Haremos todo cuanto ha dicho Yahvéh." Entonces escribió Moisés todas las palabras de Yahvéh; y, levantándose de mañana, alzó al pie del monte un altar y doce estelas por las doce tribus de Israel. Luego mandó a algunos jóvenes, de los hijos de Israel, que ofreciesen holocaustos e inmolaran novillos como sacrificios de comunión para Yahvéh. Tomó Moisés la mitad de la sangre y la echó en vasijas; la otra mitad la derramó sobre el altar. Tomó después el libro de la alianza y lo leyó ante el pueblo, que respondió: «Obedeceremos y haremos todo cuanto ha dicho Yahvéh." Entonces tomó Moisés la sangre, roció con ella al pueblo y dijo: "Ésta es la sangre de la alianza que Yahvéh ha hecho con vosotros, según todas estas palabras."»

Y en el profeta Jeremías (31,31ss) se halla la promesa de una nueva alianza (la que debía ser inaugurada por Cristo): «He aquí que días vienen —oráculo de Yahvéh— en que yo pactaré con la casa de Israel (y con la casa de Judá) una nueva alianza: no como la alianza que pacté con sus padres, cuando les tomé de la mano para sacarles de Egipto; que ellos rompieron mi alianza, y yo hice escarmiento en ellos —oráculo de Yahvéh—. Sino que ésta será la alianza que yo pacte con la casa de Israel, después de aquellos días —oráculo de Yahvéh—: pondré mi ley en su interior y sobre sus corazones la escribiré, y yo seré su Dios y ellos serán mi pueblo. Ya no tendrán que adoctrinar más el uno a su prójimo y el otro a su hermano, diciendo: "Conoced a Yahvéh", pues todos ellos me conocerán del más chico al más grande —oráculo de Yahvéh— cuando perdone su culpa y de su pecado no vuelva a acordarme.»

El autor de la Carta a los Hebreos (9,11) explica así el sentido que posee el nuevo testamento y la nueva alianza, ratificada con la venida de *Cristo*:

> Pero presentándose Cristo como sumo sacerdote de los bienes futuros, a través de una tienda mayor y más perfecta, no fabricada por mano de hombre, es decir, no de este mundo, penetró en el santuario una vez para siempre, no con sangre de machos cabríos ni de novillos, sino con su propia sangre, consiguiendo una redención eterna. Pues si la sangre de machos cabríos y de toros y la ceniza de vaca santifica con su aspersión a los contaminados, en orden a la purificación de la carne, ¡cuánto más la sangre de Cristo, que por el Espíritu eterno se ofreció a sí mismo sin tacha a Dios, purificará de las obras muertas nuestra conciencia para rendir culto a Dios vivo! Por eso es mediador de una nueva alianza, para que, interviniendo su muerte para redención de las transgresiones de la primera alianza, los que han sido llamados reciban la herencia eterna prometida. Pues donde hay testamento se requiere que conste la muerte del testador, ya que el testamento es válido en caso de defunción, no teniendo valor en vida del testador. Así tampoco la primera alianza se inauguró sin sangre. Pues Moisés, después de haber leído a todo el pueblo todos los preceptos según la ley, tomó la sangre de los novillos y machos cabríos con agua, lana escarlata e hisopo, y roció el libro mismo y a todo el pueblo diciendo: Ésta es la sangre de la alianza que Dios ha ordenado para vosotros. Igualmente roció con sangre la tienda y todos los objetos del culto; pues según la ley, casi todas las cosas han de ser purificadas con sangre, y sin efusión de sangre no hay remisión.

En Mateo (26,27), Cristo pronuncia estas palabras: «Tomó luego un cáliz y, dadas las gracias, se lo dio diciendo: "Bebed todos de él, porque ésta es mi sangre de la alianza (*diatheke*), que va a ser derramada por muchos para perdón de los pecados."»

1.3. *La inspiración divina de la Biblia*

En numerosos textos de la Biblia se hace referencia a la inspiración divina de los escritos bíblicos, y a la orden de escribir formulada por el mismo Dios.

En el libro del Éxodo puede leerse: «Yahvéh dijo a Moisés: "Escribe estas palabras..."»; «Yahvéh dijo a Moisés: "Escribe esto en un libro para recuerdo..."» En Isaías (30,8) se afirma: «Ahora ven, escríbelo en una tablilla, grábalo en un libro...» Juan, al comienzo del Apocalipsis (1,9ss), se expresa así: «Yo, Juan, vuestro hermano y compañero de la tribulación, del reino y de la paciencia en el sufrimiento en Jesús, me encontraba en la isla llamada Patmos, a causa de la palabra de Dios y del testimonio de Jesús. Caí en éxtasis un día del Señor, y oí detrás de mí gran voz, como de trompeta, que decía: "Escribe en un libro lo que veas y envíalo a las siete iglesias..."»

En cuanto a la inspiración procedente de Dios, leemos en Jeremías: «Tú serás como mi boca.» En la Segunda carta de Pedro (1,20) se dice: «Pero, ante todo, tened presente que ninguna profecía de la escritura puede interpretarse por cuenta propia; porque nunca profecía alguna ha venido por voluntad humana, sino que hombres movidos por el Espíritu Santo han hablado de parte de Dios.» Lucas (24,27) escribe que el Mesías, «empezando por Moisés y continuando por todos los profetas, les explicó lo que había sobre él en todas las escrituras». Y Pablo vuelve a reiterar: «Toda escritura está divinamente inspirada.»

Los mandamientos, además, han sido escritos directamente por Dios. En Éxodo, 24,12, se lee: «Dijo Yahvéh a Moisés: "Sube hasta mí, al monte; quédate allí, y te daré las tablas de piedra —la ley y los mandamientos— que tengo escritos para su instrucción."» Y en 34,1: «Dijo Yahvéh a Moisés: "Labra dos tablas de piedra como las primeras, sube donde mí, al monte y yo escribiré en ellas las palabras que había en las primeras que rompiste."»

2. Ideas bíblicas fundamentales con particular importancia filosófica: más allá del horizonte de los griegos

2.1. *El alcance revolucionario del mensaje bíblico*

La Biblia se presenta, pues, como palabra de Dios. Como tal, su mensaje es objeto de fe. Quien pretenda poner la fe entre paréntesis y leer la Biblia como científico puro, igual que se lee un texto de Platón o de Aristóteles, llevaría a cabo una operación contraria al espíritu de dicha escritura.

La Biblia cambia completamente de significado según sea leída creyendo que se trata de la palabra de Dios, o no creyéndolo. Sin embargo, aunque no constituya una filosofía en el sentido griego del término, la visión general de la realidad y del hombre que la Biblia nos presenta —en la medida en que se refiere a algunos de los contenidos esenciales de los que también se ocupa la filosofía— implica una serie de ideas fundamentales que poseen una importancia, también filosófica, de primer orden. Se trata de ideas importantes hasta tal punto, no sólo para los creyentes sino también para los no creyentes, que la difusión del mensaje bíblico modificó de manera irreversible el rostro espiritual de Occidente. En pocas palabras, puede decirse que la palabra de Cristo, contenida en el Nuevo Testamento (que se presenta como revelación que completa, perfecciona y corona la revelación de los profetas que aparece en el Antiguo Testamento) produjo una revolución tan vasta que modificó todos los términos de todos los problemas que el hombre se había planteado desde el punto de vista filosófico en épocas anteriores, y que condicionó asimismo los términos en que habían de plantearse a partir de entonces. El mensaje bíblico condicionará de un modo positivo, como es obvio, a aquellos que lo acepten, pero también condicionará a quienes lo rechacen: en primer lugar, como término dialéctico de una antítesis (la antítesis adquiere sentido sólo en función de la tesis a la que se contrapone) y, más en general, como un horizonte espiritual en sentido estricto, que se impondrá de una forma imposible de eliminar con posterioridad. Para comprender lo que estamos expresando aquí, resulta paradigmático el título (que representa todo un programa espiritual) del célebre ensayo del idealista y no creyente Benedetto Croce: *Por qué no podemos no llamarnos cristianos*, que significa que el cristianismo, una vez que ha aparecido, se convierte en horizonte imposible de relegar a un segundo plano.

Después de la difusión del mensaje bíblico, sólo podrán adoptarse estas posturas: *a*) filosofar desde la fe, es decir, creyendo; *b*) filosofar tratando de distinguir entre el ámbito de la razón y el de la fe, creyendo también; *c*) filosofar desde fuera, de la fe y contra la fe, es decir, no creyendo. Ya no será posible filosofar desde fuera de la fe, en el sentido de filosofar como si el mensaje bíblico jamás hubiese entrado en la historia. Por este motivo el horizonte bíblico continúa siendo un horizonte estructuralmente imposible de superar, en el sentido mencionado antes: es un horizonte más allá del cual uno no puede colocarse, tanto en el caso de que se crea como en el de que no se crea.

Una vez establecido lo anterior, hay que exponer las principales ideas bíblicas que poseen una relevancia filosófica, comparándolas de modo estructural con la perspectiva precedente, adoptada por los griegos.

2.2. *El monoteísmo*

La filosofía griega había llegado a concebir la unidad de lo divino como la unidad de una esfera que por esencia admitía en su propio ámbito una pluralidad de entidades, de fuerzas y de manifestaciones, con grados y planos jerárquicos diferentes. No había llegado, pues, a concebir la unicidad de Dios y, por consiguiente, jamás se había planteado como un dilema la cuestión acerca de si Dios era uno o muchos, y por lo tanto había permanecido siempre más acá de una concepción monoteísta. Sólo mediante la difusión del mensaje bíblico en Occidente, se impone la noción de un Dios uno y único. La dificultad que experimenta el hombre para llegar a esta concepción queda demostrada por el mandamiento divino «No tendrás otro Dios que no sea Yo» (lo cual significa que el monoteísmo no es en absoluto una noción espontánea), y por las continuas recaídas en la idolatría (que siempre implica una concepción politeísta) por parte del pueblo hebreo, a través del cual se ha transmitido este mensaje. Con esta noción de un Dios único, con un poder infinito, radicalmente distinto a todo lo demás, nace una nueva y radical concepción de la trascendencia y se elimina cualquier posibilidad de considerar como divino en el sentido fuerte del término a ninguna otra cosa. Incluso los máximos pensadores griegos, Platón y Aristóteles, habían considerado como divinos (o como dioses) a los astros. Platón había llamado «Dios visible» al cosmos y «Dioses creados» a los astros, y en las *Leyes* había auspiciado una religión denominada «astral», basada en estos supuestos. La Biblia rechaza en bloque toda forma de politeísmo y de idolatría, y cualquier compromiso de este género. Leemos en el Deuteronomio: «Y cuando levantes tu mirada hacia el cielo y veas el Sol, la Luna y las estrellas, todo el ejército celestial, no te dejes arrastrar, no te prosternes ante ellos y no les rindas culto...» La unicidad del Dios bíblico supone una trascendencia absoluta, que concibe a Dios como algo totalmente distinto a todas las demás cosas, de una manera impensable en el contexto de los filósofos griegos.

2.3. *El creacionismo*

Hemos visto con anterioridad cuántos y cuáles fueron los diversos tipos de solución propuestos por los griegos en lo que concierne al problema del origen de los seres: desde Parménides, que solucionaba la cuestión negando cualquier forma de devenir, a los pluralistas, que hablaban de «reunión» o «combinaciones» de elementos eternos, a Platón, que proponía un demiurgo y una actividad demiúrgica, a Aristóteles, que se refería a la atracción de un Motor inmóvil, a los estoicos, que proponían una forma de monismo panteísta, o a Plotino, que hablaba de una procesión metafísica. Hemos comprobado, asimismo, las diferentes aporías que se manifestaban en estas soluciones.

En cambio, el mensaje bíblico habla de creación, desde el comienzo mismo: «En el principio creó Dios los cielos y la tierra.» Y los creó a través de su palabra. Dios dijo, y las cosas fueron. Al igual que las demás cosas del mundo, Dios creó directamente también al hombre: «Dios dijo: "Hagamos al hombre..."» Dios no se sirvió de algo preexistente, como el demiurgo platónico, ni tampoco se valió de intermediarios en la creación. Todo lo produjo de la nada. Gracias a esta concepción de creación de la nada, caían por la base la mayor parte de las aporías que desde la época de Parménides habían obstaculizado la ontología griega. De la nada se originan todas las cosas, sin distinción alguna. Dios crea libremente, mediante un acto de su voluntad, por causa del bien. Produce las cosas como un don gratuito. Lo creado, pues, es algo positivo. La Biblia, al hablar de la creación, subraya con insistencia: «Y vio Dios que era bueno.» La concepción platónica del *Timeo,* que también sostiene que el demiurgo fabricó el mundo a causa del bien, se presenta aquí en una nueva perspectiva y en un contexto mucho más coherente.

El creacionismo se impondrá como la solución por excelencia del antiguo problema de cómo y por qué los muchos se derivan del Uno, y lo finito de lo infinito. La definición que Dios da de Sí mismo a Moisés, «Yo soy el que soy», será interpretada en cierto sentido como la clave para entender ontológicamente la doctrina de la creación: Dios es el ser por su misma esencia, y la creación es una participación en el ser. Dios es el ser, y las cosas creadas tienen ser, pero no lo son (lo han recibido por participación).

2.4. *El antropocentrismo*

La concepción antropocéntrica entre los filósofos griegos manifestó un alcance bastante limitado. En los *Memorables* de Jenofonte encontramos vestigios de antropocentrismo, que constituyen un eco de las ideas socráticas. Más adelante hallamos interesantes avances a este respecto en el estoicismo de Zenón y de Crisipo. Sin embargo, como se ha constatado recientemente, Zenón y Crisipo eran de origen semita, y por eso Pohlenz ha formulado la hipótesis de que su antropocentrismo representaba un eco de las ideas bíblicas, que procedía de su patrimonio cultural específico. En cualquier caso el antropocentrismo no fue un rasgo característico del pensamiento griego: por lo contrario, éste acostumbra a presentarse como notablemente cosmocéntrico. El hombre y el cosmos se hallan estrechamente vinculados y jamás se contraponen radicalmente: el cosmos, al igual que el hombre, es concebido en la mayoría de los casos como dotado de alma y de vida. Por mucho que los griegos hayan reconocido la dignidad y la grandeza del hombre, esto siempre se lleva a cabo desde una perspectiva global de tipo cosmocéntrico. El hombre, de acuerdo con el horizonte helénico, no constituye la realidad más elevada del cosmos, como advierte este texto aristotélico: «Existen muchas otras cosas que, por naturaleza, son más divinas (y perfectas) que el hombre, como —refiriéndonos a las más visibles— los astros que componen el universo.»

En la Biblia, por lo contrario, el hombre no es considerado como un elemento del cosmos —una cosa más, entre las cosas del cosmos— sino como una privilegiada criatura de Dios, hecha a imagen del mismo Dios y, por lo tanto, dominadora y señora de todas las demás cosas creadas por Dios. En el Génesis se lee: «Dijo Dios: "Hagamos al hombre a imagen nuestra, según nuestra semejanza, y domine en los peces del mar, en las aves del cielo, en los ganados y en todas las alimañas, y en toda sierpe que serpea sobre la tierra."» Y más adelante: «Entonces Yahvéh Dios formó al hombre con polvo del suelo e insufló en sus narices aliento de vida, y resultó el hombre un ser viviente.» El Salmo 8 lo expone de forma paradigmática:

> Al ver tu cielo, hechura de tus dedos,
> la Luna y las estrellas, que fijaste tú,
> ¿qué es el hombre para que de él te acuerdes,
> el hijo de Adán para que de él te cuides?
> Apenas inferior a un dios le hiciste,
> coronándole de gloria y de esplendor;
> le hiciste señor de las obras de tus manos,
> todo fue puesto por ti bajo sus pies;
> ovejas y bueyes, todos juntos,
> y aun las bestias salvajes,
> y las aves del cielo, y los peces del mar,
> que surcan las sendas de las aguas.

Puesto que el hombre está hecho a imagen y semejanza de Dios, debe esforzarse por todos los medios para asemejarse a Él. Se afirma en el Levítico: «No debéis contaminaros. Porque vuestro Dios soy Yo, Yahvéh, que os hizo salir de la tierra de Egipto para ser vuestro Dios: vosotros habéis de ser santos como Yo soy santo.» También los griegos hablaban de asimilarse a Dios, pero pretendían conseguirlo mediante el intelecto, mediante el conocimiento. En cambio, la Biblia emplea la voluntad como instrumento de asimilación. Asemejarse a Dios, santificarse, significa hacer la voluntad de Dios, esto es, querer lo que quiere Dios. Y es esta capacidad de hacer libremente la voluntad de Dios lo que eleva al hombre por encima de todas las cosas.

2.5. *El Dios legislador y la ley como mandato divino*

Los griegos habían considerado la ley moral como la ley de la *physis,* la ley de la naturaleza misma: una ley que se impone, al mismo tiempo, a Dios y a los hombres, en la medida en que no ha sido formulada por Dios, sino que Dios mismo se halla vinculado a ella. La noción de un Dios que prescribe una ley moral (un Dios legislador) es algo ajeno a todos los filósofos griegos. Por lo contrario el Dios bíblico entrega al hombre la ley como mandato. Primero la impuso directamente a Adán y Eva: «Y Dios impuso al hombre este mandamiento: "De cualquier árbol del jardín puedes comer, mas del árbol de la ciencia del bien y del mal no comerás, porque el día que comieres de él, morirás sin remedio."» Más tarde, como hemos visto antes, Dios escribe directamente los mandamientos.

La virtud (el supremo bien moral) consiste en la obediencia a los mandamientos de Dios, y esta obediencia coincide con la santidad, virtud que la visión naturalista de los griegos colocaba en segundo plano. Por lo contrario el pecado (el supremo mal moral) consiste en una desobediencia a Dios, y se dirige contra Dios, al ir en contra de sus mandatos. Dice el Salmo 119:

> Enséñame, Yahvéh, el camino de tus preceptos,
> yo lo quiero guardar hasta el final.
> Hazme entender, para guardar tu ley
> y observarla de todo corazón.
> Llévame por la senda de tus mandamientos
> porque tengo mi complacencia en ella.

Y en el Salmo 51 podemos leer:

> Contra ti, contra ti solo he pecado,
> lo malo a tus ojos cometí.

La vida de Cristo, su pasión y su muerte, se desarrollan por completo bajo el signo de hacer la voluntad del Padre que lo ha enviado. También en el Nuevo Testamento, el objetivo supremo de la vida —el amor de Dios— coincide con cumplir la voluntad de Dios, con seguir a Cristo que ha llevado a cabo a la perfección dicha voluntad.

El antiguo intelectualismo griego se transforma así del todo en un voluntarismo. La ley moral es el «querer de Dios» y la virtud del hombre consiste en querer lo que quiere Dios. La buena voluntad (la pureza de corazón) se convierte en signo distintivo del hombre moral.

2.6. *La Providencia personal*

Sócrates y Platón habían mencionado al Dios Providencia: el primero de modo intuitivo y el segundo al referirse al demiurgo que construye y gobierna el mundo. Aristóteles, en cambio, ignora esta noción, al igual que la mayoría de los filósofos griegos, exceptuando a los estoicos. Sin embargo, cabe pensar que también en este caso dicha noción proceda de un acervo cultural originario, cuyas raíces se remonten al origen semita de los fundadores del estoicismo, como sugiere Pohlenz. Sea como fuere, lo cierto es que la providencia de los griegos nunca se refiere al hombre individual. La providencia estoica coincide con el hado y no es más que el aspecto racional de la necesidad con la que el *logos* produce y gobierna todas las cosas. En cambio, la Providencia bíblica no sólo es la propia de un Dios personal en grado sumo, sino que —además de a lo creado en general— se dirige en particular a cada hombre individual, a los más humildes y más necesitados, y a los pecadores mismos (recuérdense las parábolas del hijo pródigo y de la oveja perdida). He aquí uno de los textos más conocidos y más significativos a este respecto, extraído del Evangelio de Mateo:

> Por eso os digo: No andéis preocupados por vuestra vida, qué comeréis, ni por vuestro cuerpo, con qué os vestiréis. ¿No vale más la vida que el alimento, y el cuerpo más que el vestido? Mirad las aves del cielo: no siembran, ni cosechan, ni recogen en graneros; y vuestro Padre celestial las alimenta. ¿No valéis vosotros mucho más que ellas? Por lo demás, ¿quién de vosotros puede, por más que se preocupe, añadir un solo codo a la medida de su vida? Y del vestido, ¿por qué preocuparos? Observad los lirios del campo, cómo crecen; no se fatigan, ni hilan. Pero yo os digo que ni Salomón, en toda su gloria, se pudo vestir como uno de ellos. Pues si a la hierba del campo, que hoy es y mañana se echa al horno, Dios así la viste, ¿no lo hará mucho más con vosotros, hombres de poca fe? No andéis, pues, preocupados diciendo: ¿Qué vamos a comer?, ¿qué vamos a beber?, ¿con qué nos vamos a vestir? Que por todas esas cosas se afanan los gentiles; y ya sabe vuestro Padre celestial que tenéis necesidad de todas ellas. Buscad primero su Reino y su justicia, y todas esas cosas se os darán por añadidura. Así que no os preocupéis del mañana: el mañana se preocupará de sí mismo. Cada día tiene bastante con su inquietud.

En el sentido escribe Lucas: «Si uno de vosotros tiene un amigo y, acudiendo a él a medianoche, le dice: "Amigo, préstame tres panes, porque ha llegado de viaje a mi casa un amigo mío y no tengo qué ofrecerle", y aquél, desde dentro, le responde: "No me molestes; la puerta ya está cerrada, y mis hijos y yo estamos acostados; no puedo levantarme a dártelos", os aseguro, que si no se levanta a dárselos por ser su amigo, al menos se levantará por su importunidad, y le dará cuanto necesite. Yo os digo: Pedid y se os dará; buscad y hallaréis; llamad y se os abrirá. Porque todo el que pide, recibe; el que busca, halla; y al que llama, se le abrirá.»

También en el Antiguo Testamento aparece con la misma dimensión y el mismo alcance este sentido de confianza total en la Providencia divina, como se aprecia por ejemplo en el bellísimo Salmo 91:

> Tú que dices: «¡Mi refugio Yahvéh!»,
> y haces de Elyón tu asilo.
> No ha de alcanzarte el mal,
> ni la plaga se acercará a tu tienda;
> que él dará orden sobre ti a sus ángeles
> de guardarte en todos tus caminos.

Te llevarán ellos en sus manos,
para que en piedra no tropiece tu pie;
pisarás sobre el áspid y la víbora,
hollarás al leoncillo y al dragón.
«Pues él se abraza a mí, yo he de librarle;
le exaltaré, pues conoce mi nombre.
Me llamará y le responderé;
estaré a su lado en la desgracia,
le libraré y le glorificaré.
Hartura le daré de largos días,
y haré que vea mi salvación.»

Es éste un mensaje de seguridad total, destinado a imponerse sobre las frágiles seguridades humanas que habían construido los sistemas de la época helenística. Ninguna seguridad puede ser absoluta si no posee un nexo estable con lo Absoluto, y el hombre experimenta la necesidad de precisamente este tipo de seguridad total.

2.7. *El pecado original, sus consecuencias y su redención*

Basándonos en lo ya manifestado, es evidente el sentido que tiene el pecado original. Al igual que cualquier otro pecado, constituye una desobediencia, la desobediencia al mandato original de no comer el fruto del árbol de la ciencia del bien y del mal. La raíz de esta desobediencia fue la soberbia del hombre, el no tolerar ninguna limitación, el rechazar los vínculos del bien y del mal (los mandatos), y por lo tanto, querer ser como Dios. Dios había dicho: «No debéis comer del árbol de la ciencia del bien y del mal, o moriréis.» La tentación del Maligno insinúa: «¡No, no moriréis! Dios sabe que en el momento en que comáis de él, vuestros ojos se abrirán y seréis como Dioses, conocedores del bien y del mal.» A la culpa de Adán y Eva —que ceden a la tentación y transgreden el mandato divino— le sigue, en calidad de castigo divino, la expulsión del Paraíso terrenal con todas sus consecuencias. Entran así en el mundo el mal, el dolor y la muerte, el alejamiento de Dios. Y en Adán pecó toda la humanidad: con Adán, el pecado se introdujo en la historia de los hombres y, junto con el pecado, todas sus consecuencias. Pablo escribe: «Por obra de un solo hombre entró el pecado en el mundo, y a través del pecado, la muerte; así pasó la muerte a todos los hombres, porque todos pecaron...»

El hombre solo no habría podido salvarse del pecado original y de todas sus consecuencias. Y así como la creación fue un don, al igual que fue un don la antigua alianza tantas veces traicionada por el hombre, la redención también constituyó un don, el más grande de todos. Dios se hizo hombre, y con su pasión y muerte redimió del pecado a la humanidad, y con su resurrección venció a la propia muerte, consecuencia del pecado. En la Carta a los romanos, Pablo escribe:

¿O es que ignoráis que cuantos fuimos bautizados en Cristo Jesús, fuimos bautizados en su muerte? Fuimos, pues, con él sepultados por el bautismo en la muerte, a fin de que, al igual que Cristo fue resucitado de entre los muertos por medio de la gloria del Padre, así también nosotros vivamos una vida nueva. Porque si nos hemos hecho una misma cosa con él por una muerte semejante a la suya, también nos haremos por una resurrección semejante; sabiendo que nuestro hombre viejo fue crucificado con él, a fin de que fuera destruido este cuerpo de pecado y cesáramos de ser esclavos del pecado. Pues el que está muerto, queda exento del pecado. Y si hemos muerto con Cristo, creemos que también viviremos con él, sabiendo que Cristo, una vez resucitado de entre los muertos, ya no muere más, y que la muerte no tiene ya señorío sobre él. Su muerte fue un morir al pecado, de una vez para siempre; mas su vida, es un vivir para Dios. Así también vosotros, consideraos como muertos al pecado y vivos para Dios en Cristo Jesús. No reine, pues, el pecado en vuestro cuerpo mortal de modo que obedezcáis a sus apetencias. Ni ofrezcáis vuestros miembros como armas de injusticia al servicio del pecado; sino más bien ofreceos vosotros mismos a Dios como muertos retornados a la vida; y vuestros miembros, como armas de justicia al servicio de Dios. Pues el pecado no dominará ya sobre vosotros, ya que no estáis bajo la ley sino bajo la gracia.

La venida de Cristo, su pasión que sirvió para expiar el antiguo pecado que entró en el mundo con Adán, y su resurrección resumen todo el sentido del mensaje cristiano, que invierte por completo el marco característico del pensamiento griego. Los filósofos griegos habían mencionado una culpa originaria, extrayendo esta noción de los misterios órficos, y habían enlazado en cierto modo el mal que padece el hombre con esta culpa. En primer lugar, sin embargo, se hallaban muy lejos de explicar cuál era la naturaleza de esta culpa (reléase, por ejemplo, el mito platónico del *Fedro* (cf. p. 148). En segundo lugar los filósofos griegos estaban convencidos de que *a)* el ciclo de los nacimientos (la metempsicosis) anularía naturalmente la culpa en los hombres corrientes; *b*) los filósofos podían liberarse de las consecuencias de dicha culpa en virtud del conocimiento, es decir, por esfuerzo humano, de manera autónoma. El nuevo mensaje, además de mostrar la realidad mucho más perturbadora de la culpa original, que constituye una rebelión contra Dios, pone en evidencia que ninguna fuerza natural o del intelecto humano podría redimir al hombre. Era necesaria la intervención de Dios mismo hecho hombre y la participación del hombre en la pasión de Cristo, según una dimensión que resultaba ignorada casi del todo por los griegos: la dimensión propia de la fe.

2.8. *La nueva dimensión de la fe y el Espíritu*

La filosofía griega había minusvalorado la fe o creencia *(pistis)* desde el punto de vista cognoscitivo. Hacía referencia a las cosas sensibles, mutables y, por lo tanto, constituía una forma de opinión *(doxa)*. Es cierto que Platón le concedía valor como componente del mito, pero en conjunto el ideal de la filosofía griega es la *episteme,* el conocimiento. Todos los pensadores griegos, como hemos comprobado, consideraban que el conocimiento era la virtud por excelencia del hombre y la realización de la esencia misma del hombre. El nuevo mensaje cristiano exige que el hombre trascienda esta dimensión, invirtiendo los términos del problema y colocando *la fe por encima de la ciencia.*

Esto no significa que la fe no posea su propio valor cognoscitivo. Sin embargo, se trata de un valor cognoscitivo de naturaleza muy diferente al del conocimiento racional e intelectual, y que sólo se impone a quien posea dicha fe. Como tal, ésta constituye una auténtica provocación para el intelecto y la razón.

Más adelante hablaremos de las consecuencias de tal provocación.

Ahora hemos de captar cuál es su sentido global. Pablo en su Primera carta a los Corintios, nos lo revela con toda claridad:

> Pues el mensaje de la cruz es una necedad para los que se pierden; mas para los que se salvan —para nosotros— es fuerza de Dios. Porque dice la escritura: «Destruiré la sabiduría de los sabios, y reprobaré la prudencia de los prudentes.» ¿Dónde está el sabio? ¿Dónde el docto? ¿Dónde el sofista de este mundo? ¿Acaso no entonteció Dios la sabiduría del mundo? De hecho, como el mundo mediante su propia sabiduría no conoció a Dios en su divina sabiduría, quiso Dios salvar a los creyentes mediante la necedad de la predicación. Así, mientras los judíos piden señales y los griegos buscan sabiduría, nosotros predicamos a un Cristo crucificado: escándalo para los judíos, necedad para los gentiles: mas para los llamados, lo mismo judíos que griegos, un Cristo, fuerza de Dios y sabiduría de Dios. Porque la necedad divina es más sabia que la sabiduría de los hombres, y la debilidad divina, más fuerte que la fuerza de los hombres. ¡Mirad, hermanos, quiénes habéis sido llamados! No hay muchos sabios según la carne ni muchos poderosos ni muchos de la nobleza. Ha escogido Dios más bien lo necio del mundo, para confundir a los sabios. Y ha escogido Dios lo débil del mundo, para confundir lo fuerte. Lo plebeyo y despreciable del mundo ha escogido Dios; lo que no es, para reducir a la nada lo que es. Para que ningún mortal se gloríe en la presencia de Dios. De él os viene que estéis en Cristo Jesús, al cual hizo Dios para nosotros sabiduría, justicia, santificación y redención, a fin de que, como dice la escritura: «El que se gloríe, gloríese en el Señor.» Yo, hermanos, cuando fui a vosotros, no fue con el prestigio de la palabra o de la sabiduría a anunciaros el testimonio de Dios, pues no me precié de saber entre vosotros sino a Jesucristo, y éste crucificado. Y me presenté ante vosotros débil, tímido y tembloroso. Y mi palabra y mi predicación no tuvieron nada de los persuasivos discursos de la sabiduría, sino que fueron una demostración del Espíritu y del poder para que vuestra fe se fundase, no en sabiduría de hombres, sino en el poder de Dios. Sin embargo, hablamos de sabiduría entre los perfectos, pero no de sabiduría de este mundo ni de los príncipes de este mundo, próximo a desaparecer; sino que hablamos de una sabiduría de Dios, misteriosa, escondida, destinada por Dios desde antes de los siglos para gloria nuestra, desconocida de todos los príncipes de este mundo, pues de haberla conocido no hubieran crucificado al Señor de la Gloria. Más bien, como dice la escritura, anunciamos «lo que ni el ojo vio, ni el oído oyó, ni al corazón del hombre llegó, lo que Dios preparó para los que le aman. Porque a nosotros nos lo reveló Dios por medio del Espíritu», y el Espíritu todo lo sondea, hasta las profundidades de Dios. En efecto, ¿qué hombre conoce lo íntimo del hombre sino el espíritu del hombre que está en él? Del mismo modo, nadie conoce lo íntimo de Dios, sino el Espíritu de Dios. Y nosotros no hemos recibido el espíritu del mundo, sino el Espíritu que viene de Dios, para conocer las gracias que Dios nos ha otorgado, de las cuales también hablamos, no con palabras aprendidas de la sabiduría humana, sino aprendidas del Espíritu, expresando realidades espirituales en términos espirituales. El hombre naturalmente no capta las cosas del Espíritu de Dios; son necedad para él. Y no las puede entender, pues sólo el Espíritu puede juzgarlas. En cambio, el hombre espiritual lo juzga todo; y a él nadie puede juzgarle. Porque ¿quién conoció el pensamiento del Señor para instruirle? Pero nosotros poseemos el pensamiento de Cristo.

De este mensaje, que se aparta de todos los esquemas tradicionales, nace una nueva antropología (que había sido ampliamente anticipada por el Antiguo Testamento). El hombre ya no es simplemente cuerpo y alma (entendiendo por «alma» la razón y el intelecto), en dos dimensiones, sino que se añade una tercera dimensión: cuerpo, alma y espíritu. El espíritu consiste precisamente en esta participación en lo divino a través de la fe, la apertura del hombre a la palabra divina y a la sabiduría divina, que le colman de una nueva fuerza y le otorgan en cierto sentido una nueva estatura ontológica. La nueva dimensión de la fe, pues, es la dimensión del espíritu en el sentido bíblico. Los griegos habían conocido la dimensión del *nous*, pero no la del *pneuma*. Ésta será, en cambio, la dimensión de los cristianos.

2.9. *El «eros» griego, el amor («agape») cristiano y la gracia*

En uno de sus puntos culminantes, y sobre todo con Platón, el pensamiento griego creó la admirable teoría del *eros,* de la que hemos hablado antes (cf. p. 141s) con detenimiento. Sin embargo, el *eros* no es Dios, porque es deseo de perfección, tensión mediadora que posibilita el ascenso desde lo sensible hasta lo suprasensible, fuerza que tiende a adquirir la dimensión de lo divino. El *eros* griego es carencia y posesión, en una conexión estructural entendida en sentido dinámico y, por esto, es una fuerza adquisitiva y ascendente, que se desencadena sobre todo a la luz de la belleza. El nuevo concepto bíblico de «amor» (*agape*) es de una naturaleza muy distinta. En primer lugar el amor no es un ascenso del hombre, sino un descenso de Dios hasta los hombres. No es algo adquirido, sino un don. No es algo provocado por el valor del objeto al que se dirige sino, al contrario, algo espontáneo y gratuito.

Mientras que para los griegos es el hombre el que ama —y no Dios— para el cristiano es sobre todo Dios el que ama, y el hombre sólo puede amar en la dimensión del nuevo amor si lleva a cabo una radical revolución interior y asimila su propia conducta a la de Dios. El amor cristiano carece de límites, es infinito: Dios ama a los hombres hasta el sacrificio de la cruz; ama al hombre incluso en sus debilidades. Es precisamente en éstas cuando el amor cristiano revela su grandeza desconcertante: en la desproporción entre el don y el beneficiario de este don, lo cual implica la absoluta gratuidad de dicho don.

En el mandamiento del amor Cristo resume la esencia de los mandamientos y de la ley en su conjunto. En el Evangelio de Marcos leemos esta respuesta concreta que Cristo formula ante la pregunta de un escriba que quería saber cuál era el primero de los mandamientos: «El primero es: Escucha Israel: el Señor, nuestro Dios, es el único Señor, y amarás al Señor, tu Dios con todo tu corazón, con toda tu alma, con toda tu mente y con todas tus fuerzas. El segundo es: Amarás a tu prójimo como a ti mismo. No existe otro mandamiento mayor que éstos.»

El Evangelio de Mateo ofrece estas concreciones adicionales sobre la carencia de límites del amor cristiano: «Habéis oído que se dijo: "Amarás a tu prójimo y odiarás a tu enemigo". Pues yo os digo: "Amad a vuestros enemigos y rogad por los que os persigan, para que seáis hijos de vuestro Padre celestial, que hace salir su sol sobre malos y buenos, y llover sobre justos e injustos." Porque si amáis a los que os aman, ¿qué recompensa vais a tener? ¿No hacen eso mismo también los publicanos? Y si no saludáis más que a vuestros hermanos, ¿qué hacéis de particular? ¿No hacen eso mismo también los gentiles? Vosotros, pues, sed perfectos como es perfecto vuestro Padre celestial.»

Este pasaje de la Primera carta de Juan resume muy bien toda la temática del amor cristiano: «Queridos, amémonos unos a otros, ya que el amor es de Dios, y todo el que ama ha nacido de Dios y conoce a Dios. Quien no ama no ha conocido a Dios, porque Dios es Amor. En esto se manifestó el amor que Dios nos tiene: en que Dios envió al mundo a su Hijo único para que vivamos por medio de él. En esto consiste el amor: no en que nosotros hayamos amado a Dios, sino en que él nos amó y nos envió a su Hijo como propiciación por nuestros pecados. Queridos, si

Dios nos amó de esta manera, también nosotros debemos amarmos unos a otros. A Dios nadie le ha visto nunca. Si nos amamos unos a otros, Dios permanece en nosotros y su amor ha llegado en nosotros a su plenitud. En esto conocemos que permanecemos en él y él en nosotros: en que nos ha dado de su Espíritu.»

La Primera carta de Pablo a los Corintios contiene la más cumplida alabanza del *agape,* del nuevo amor cristiano:

> Aunque hablara las lenguas de los hombres y de los ángeles, si no tengo amor, soy como bronce que suena o címbalo que retiñe. Aunque tuviera el don de profecía y conociera todos los misterios y toda la ciencia; aunque tuviera plenitud de fe como para trasladar montañas, si no tengo caridad, nada soy. Aunque repartiera todos mis bienes y entregara mi cuerpo a las llamas, si no tengo amor, nada me aprovecha. El amor es paciente, es servicial; el amor no es envidioso, no es jactancioso, no se engríe; es decoroso; no es egoísta; no se irrita; no toma en cuenta el mal; no se alegra de la injusticia; se alegra con la verdad. Todo lo excusa. Todo lo cree. Todo lo espera. Todo lo soporta. El amor no acaba nunca. Desaparecerán las profecías. Cesarán las lenguas. Desaparecerá la ciencia. Porque imperfecta es nuestra ciencia e imperfecta nuestra profecía. Cuando venga lo perfecto, desaparecerá lo imperfecto. Cuando yo era niño, hablaba como niño, pensaba como niño, razonaba como niño. Al hacerme hombre, dejé todas las cosas de niño. Ahora vemos en un espejo, confusamente. Entonces veremos cara a cara. Ahora conozco de un modo imperfecto, pero entonces conoceré como soy conocido. Ahora subsisten la fe, la esperanza y la caridad, estas tres. Pero la mayor de todas ellas es la caridad.

Comparando a Pablo con Platón, Wilamowitz ha escrito: «Uno no sabía nada acerca del *eros,* y el otro no sabía nada acerca del *agape*; por eso habrían podido aprender el uno del otro, pero de la forma en que eran ambos, no lo habrían conseguido.» Sin embargo, el pensamiento cristiano posterior se ha basado precisamente en esta tarea. El *agape* cristiano puede existir sin el *eros* griego, pero el *eros* griego no puede vivir sin el *agape* cristiano.

2.10. *La revolución de los valores provocada por el cristianismo*

Sin lugar a dudas, el mensaje cristiano señaló la revolución más radical de los valores en la historia humana. Nietzsche ha llegado a hablar de una total subversión de los valores antiguos, subversión cuya formulación programática se encuentra en el Sermón de la Montaña. Leemos en el Evangelio de Mateo:

> Bienaventurados los pobres de espíritu, porque de ellos es el Reino de los Cielos.
> Bienaventurados los mansos, porque ellos poseerán en herencia la tierra.
> Bienaventurados los que lloran, porque ellos serán consolados.
> Bienaventurados los que tienen hambre y sed de justicia, porque ellos serán saciados.
> Bienaventurados los misericordiosos, porque ellos alcanzarán misericordia.
> Bienaventurados los limpios de corazón, porque ellos verán a Dios.
> Bienaventurados los que buscan la paz, porque ellos serán llamados hijos de Dios.
> Bienaventurados los perseguidos por la justicia, porque de ellos es el Reino de los Cielos.
> Bienaventurados seréis cuando os injurien, os persigan y digan con mentira toda clase de mal contra vosotros por mi causa. Alegraos y regocijaos porque vuestra recompensa será grande en los cielos, que de la misma manera persiguieron a los profetas anteriores a vosotros.

En el Evangelio de Lucas aparece un texto análogo:

Bienaventurados los pobres, porque vuestro es el Reino de Dios.
Bienaventurados los que tenéis hambre ahora, porque seréis saciados.
Bienaventurados los que lloráis ahora, porque reiréis.
Bienaventurados seréis cuando los hombres os odien, cuando os expulsen, os injurien y proscriban vuestro nombre como malo, por causa del Hijo del hombre. Alegraos ese día y saltad de gozo, que vuestra recompensa será grande en el cielo. Porque de ese modo trataron sus padres a los profetas.
Pero ¡ay de vosotros, los ricos!, porque habéis recibido vuestro consuelo.
¡Ay de vosotros, los que ahora estáis hartos!, porque tendréis hambre.
¡Ay de los que reís ahora!, porque tendréis aflicción y llanto.
¡Ay cuando todos los hombres hablen bien de vosotros!,
porque de ese modo trataron sus padres a los falsos profetas.
Pero yo os digo a los que me escucháis: Amad a vuestros enemigos, haced bien a los que os odien, bendecid a los que os maldigan, rogad por los que os maltraten. Al que te hiera en una mejilla, preséntale también la otra; y al que te quite el manto, no le niegues la túnica.

De acuerdo con la nueva escala de valores, es preciso retornar a la sencillez y a la pureza del niño, porque el que sea primero según el juicio del mundo, será el último según el juicio de Dios, y viceversa. Mateo escribe: «En aquel momento se acercaron a Jesús los discípulos y le preguntaron: "¿Quién es, pues, el mayor en el Reino de los Cielos?" Él llamó a un niño, lo puso en medio de ellos y dijo: "Yo os aseguro: si no cambiáis y os hacéis como los niños, no entraréis en el Reino de los Cielos. Así, pues quien se haga pequeño como este niño, ése es el mayor en el Reino de los Cielos. Y el que reciba a un niño como éste en mi nombre, a mí me recibe."» Por su parte, escribe Marcos: «Entonces se sentó, llamó a los Doce y les dijo: "Si uno quiere ser el primero, sea el último de todos y el servidor de todos."»

De este modo, la humildad se convierte en la virtud fundamental para el cristiano: el camino estrecho que permite entrar al reino de los cielos. Cristo añade asimismo: «Si alguno quiere venir en pos de mí, niéguese a sí mismo, tome su cruz y sígame. Porque quien quiera salvar su vida, la perderá; pero quien pierda su vida por mí y por el Evangelio, la salvará.» Para el filósofo griego esto resultaba sencillamente incomprensible. Y caía por su base el ideal supremo del sabio helenístico que había comprendido la vanidad del mundo y de todos los bienes externos y del cuerpo, pero que se atribuía a sí mismo la certidumbre suprema, proclamándose autárquico, absolutamente autosuficiente y capaz de alcanzar por sí solo el fin último. Este ideal del hombre griego —que había creído con una extremada firmeza en sí mismo, más que en todas las cosas exteriores— era sin duda un ideal noble; pero el mensaje evangélico lo convierte en ilusorio, de una manera categórica. La salvación no puede venir de las cosas, pero tampoco de uno mismo: «Sin mi ayuda —dice Cristo— nada podéis hacer.» Pablo señala la inversión del pensamiento antiguo, en un espléndido pasaje de su Segunda carta a los Corintios. Después de haberle pedido en tres ocasiones a Dios que apartase de él una grave aflicción que le humillaba, obtuvo esta respuesta: «Mi gracia te basta, que mi fuerza se muestra perfecta en la flaqueza.» Por esto, Pablo concluye: «Por tanto, con sumo gusto seguiré gloriándome sobre todo en mis flaquezas, para que habite en mí la fuerza de Cristo.»

2.11. *La inmortalidad del alma en los griegos y la resurrección de los muertos en los cristianos*

La noción de «alma» es una creación griega y hemos seguido su evolución a partir de Sócrates, que la considera como esencia del hombre, pasando por Platón, que fundamenta su inmortalidad con pruebas racionales, hasta llegar a Plotino, que la convierte en una de las tres hipóstasis. Sin ninguna duda, la *psyche* es una de las figuras teóricas que mejor simbolizan lo más característico del pensamiento griego y de su idealismo metafísico. Hay que recordar que incluso los estoicos, aunque hacían explícita profesión de materialismo, admitían la supervivencia del alma, aunque fuese hasta el final de la siguiente conflagración cósmica. Después de Sócrates los griegos han atribuido al alma la auténtica esencia del hombre, no han sabido pensarse a sí mismos si no es en términos de alma y cuerpo, y toda la tradición platónico-pitagórica y el propio Aristóteles —es decir, la mayor parte de la filosofía griega— han considerado que el alma es inmortal por naturaleza.

El mensaje cristiano planteó el problema del hombre en términos completamente distintos. En los textos sagrados el término «alma» no aparece en sus acepciones griegas. El cristianismo no niega que, al morir el hombre, sobreviva algo de él: al contrario, afirma expresamente que los muertos son acogidos en el seno de Abraham. Sin embargo, el cristianismo no insiste para nada en la inmortalidad del alma, sino en la resurrección de los muertos. Éste es uno de los signos distintivos de la nueva fe. Y la resurrección implica que también el cuerpo vuelva a la vida. Precisamente esto debía constituir un gravísimo obstáculo para los filósofos griegos: les parecía absurdo que aquel cuerpo que ellos consideraban como obstáculo y fuente de todas las negatividades y todos los males, tuviese que renacer.

La reacción de algunos estoicos y epicúreos ante el discurso pronunciado por Pablo en el Areópago de Atenas resulta muy elocuente. Escucharon a Pablo mientras hablaba de Dios. Pero cuando empezó a hablar de la resurrección de los muertos, no le dejaron seguir hablando. Se nos narra en los Hechos de los Apóstoles: «Al oír la resurrección de los muertos, unos se burlaron y otros dijeron: "Sobre esto ya te oiremos otra vez." Así salió Pablo de en medio de ellos.»

Y Plotino, dentro de una perspectiva renovada de la metafísica platónica, escribía en abierta polémica con esta creencia cristiana: «Lo que de alma existe en el cuerpo no es más que alma dormida; y el verdadero despertar consiste en la resurrección, aquella resurrección verdadera, desde el cuerpo, pero no con el cuerpo; resucitar con un cuerpo equivale a caer desde un sueño en otro sueño, a pasar —por así decirlo— de un lecho a otro. Pero el auténtico levantarse tiene algo de definitivo: no desde un solo cuerpo sino desde todos los cuerpos, que son radicalmente contrarios al alma, por lo cual llevan la contrariedad hasta la raíz del ser. De ello es prueba su devenir, su transcurrir, su exterminio, que no pertenecen para nada al ámbito del ser.»

En cambio, muchos pensadores cristianos no consideraron que la doctrina del *Fedón* y de los platónicos negase su propia fe. Por lo contrario, intentaron aprovecharla como factor de clarificación. Como veremos más adelante, la mediación entre la cuestión del alma y la cuestión de la resurrección de los muertos, junto con la introducción de la nueva temática del Espíritu, constituirá uno de los debates más vivos dentro de la reflexión filosófica de los cristianos, y se llegará a conclusiones diversas.

2.12. *El nuevo sentido de la historia y de la vida del hombre*

Los griegos no poseyeron un sentido preciso de la historia, por lo que su pensamiento resulta substancialmente ahistórico. No les fue familiar la idea de progreso o sólo lo fue en un porcentaje muy reducido. Aristóteles habló de catástrofes recurrentes, que llevan de manera continuada a la humanidad a su estadio primitivo, seguido por una evolución que conduce a un estadio de civilización avanzada y llega al mismo nivel que la fase precedente, momento en que se presenta una nueva catástrofe, y así indefinidamente. Los estoicos, por su parte, introdujeron la teoría de la destrucción cíclica, no sólo de la civilización terrestre, sino de todo el cosmos, el cual se reproduce cíclicamente de forma idéntica a la anterior, hasta en sus detalles más insignificantes. En conclusión: se repite tal y como ha sido en el pasado, indefinidamente (cf. p. 231s). Sin ninguna duda, se trata de una auténtica negación del progreso.

Por lo contrario, la concepción de la historia que se manifiesta en el mensaje bíblico posee un carácter rectilíneo, no cíclico. En el transcurso del tiempo tienen lugar acontecimientos decisivos e irrepetibles, que constituyen una especie de etapas que señalan el sentido de la historia. El final de los tiempos es también el fin para el que han sido creados: el juicio universal y la venida del reino de Dios en su plenitud. De este modo la historia, que avanza desde la creación hasta la caída, desde la alianza hasta el tiempo de la espera del Mesías, desde la venida de Cristo hasta el juicio final, adquiere un sentido de conjunto y un sentido en cada una de sus fases. Como consecuencia, el hombre —en una historia así entendida— se comprende a sí mismo mucho mejor: comprende mejor de dónde viene, dónde se encuentra ahora, y dónde está llamado a llegar. Sabe que el reino de Dios ya ha entrado en el mundo con Cristo y con su Iglesia y que, por lo tanto, ya se halla entre nosotros, aunque sea al final de los tiempos cuando se realice en toda su plenitud.

El griego antiguo vivía en la dimensión de la *polis* y para la *polis,* y sólo podía imaginarse en su seno. Una vez destruida la *polis*, el filósofo griego —como hemos visto— se refugió en el individualismo, sin descubrir un nuevo tipo de sociedad. En cambio, el cristiano vive en la Iglesia, que no es una sociedad política, ni tampoco una sociedad puramente natural. Es una sociedad, por así decirlo, horizontal y vertical al mismo tiempo: vive en este mundo, pero no para este mundo; se manifiesta con una apariencia natural, pero posee raíces sobrenaturales. El cristiano, en la Iglesia de Cristo, vive la vida de Cristo en la gracia de Cristo. La parábola de la vid y los sarmientos, que Cristo narra a sus discípulos en el Evangelio de Juan, expresa a la perfección el nuevo sentido de la vida del cristiano, en unión con Cristo y con los demás que viven en Cristo:

> Yo soy la vid verdadera, y mi Padre es el viñador. Todo sarmiento que en mí no da fruto, lo corta, y todo el que da fruto, lo limpia, para que dé más fruto. Vosotros estáis ya limpios

gracias a la palabra que os he anunciado. Permaneced en mí, como yo en vosotros. Lo mismo que el sarmiento no puede dar fruto por sí mismo, si no permanece en la vid; así tampoco vosotros si no permanecéis en mí. Yo soy la vid; vosotros los sarmientos. El que permanece en mí como yo en él, ése da mucho fruto; porque separados de mí no podéis hacer nada. Si alguno no permanece en mí, es arrojado fuera, como el sarmiento, y se seca; luego los recogen, los echan al fuego y arden. Si permanecéis en mí, y mis palabras permanecen en vosotros, pedid lo que queráis y lo conseguiréis.

2.13. *Pensamiento griego y mensaje cristiano*

En el pensamiento griego existe una gran riqueza. No obstante, el mensaje cristiano va mucho más allá, superándolo en los puntos claves. Sería un grave error, empero, creer que esta enorme diferencia sólo implica antítesis insolubles. En todo caso, si bien algunos piensan así en la actualidad, no fue ésta la tesis de los primeros cristianos. Éstos, después de un primer choque frontal, trabajaron activamente para construir una síntesis, como veremos más adelante. En palabras de C. Moeller, un error de fondo de los griegos reside en el hecho de que «buscaron en el hombre lo que sólo podían hallar en Dios. Su error fue grande, pero era el error de las almas nobles». Otro error de fondo consistió en negar —utilizando armas dialécticas— aquellas realidades que no se ajustaban a sus esquemas racionales perfectos, como el mal, el dolor y la muerte (el pecado es un error de cálculo, decía Sócrates; el cadáver también vive, afirmó Parménides; la muerte no es nada, sostuvo Epicuro; el sabio es feliz incluso cuando se le somete a la tortura del toro de metal ardiente, defendía toda la filosofía helenística).

Sin embargo, después del mensaje cristiano adquiere una nueva dimensión la medida griega del hombre. «El corazón humano es más profundo que la sabiduría antigua», dice R. Grousset. En efecto, el hombre —a quien tanto habían exaltado los griegos— resulta para el cristiano algo mucho más grande de lo que habían imaginado los filósofos griegos, pero en una dimensión diferente y por razones distintas. Dios decidió confiar a los hombres la difusión de su propio mensaje y, además, se hizo hombre para salvar al hombre. Por lo tanto, la medida griega del hombre, por elevada que fuese, se torna insuficiente y hay que replantearla a fondo. Como un grandioso intento de construir esta nueva medida del hombre, surgirá el humanismo cristiano.

PARTE NOVENA

LA PATRÍSTICA

LA ELABORACIÓN DEL MENSAJE BÍBLICO Y EL FILOSOFAR DESDE LA FE

«Nadie puede atravesar el mar de este siglo si no es llevado por la cruz de Cristo.»

San Agustín

San Agustín (354-430) constituye la cúspide del pensamiento patrístico. Así lo representa un fresco del siglo VII

Capítulo XIV

LA ELABORACIÓN DEL MENSAJE BÍBLICO EN EL ÁREA CULTURAL DE LENGUA GRIEGA

1. Problemas doctrinales y filosóficos que surgen ante la Biblia

Cristo anunció su mensaje a través de la palabra oral. Después de su muerte esta palabra quedó plasmada en algunos escritos, a partir de la mitad del siglo I. Tales escritos se multiplicaron en el transcurso del tiempo, pero sólo algunos de ellos ofrecían las necesarias garantías de credibilidad histórica. Por lo tanto la primera tarea urgente consistió no sólo en recoger el material, sino en seleccionarlo, distinguiendo entre documentos fidedignos y documentos falsos, entre auténticos y no auténticos. Al parecer, los primeros en ser recogidos fueron las Cartas dirigidas por Pablo a las diversas comunidades cristianas, cartas a las que fueron agregándose poco a poco otros documentos. Sin embargo, la historia de la formación del canon definitivo (cuya composición hemos mencionado en el capítulo precedente) fue compleja. Duró casi tres siglos y exigió notables esfuerzos, dado que algunos textos que gradualmente —al ir madurando la conciencia crítica de los cristianos— hubo que excluir del canon, para muchas personas se habían convertido ya en algo familiar y apreciado. El canon del Nuevo Testamento quedó fijado en una carta de Atanasio, fechada en el 367. No obstante, incluso después de que el canon hubiese sido establecido, continuaron produciéndose textos pretendidamente sagrados. Los escritos excluidos del canon, o redactados después del establecimiento del canon, son denominados Apócrifos del Nuevo Testamento (de modo análogo a los Apócrifos del Antiguo Testamento, es decir, los escritos que no pertenecen al canon del Antiguo Testamento).

Una segunda cuestión, vinculada con este tema, hace referencia al Antiguo Testamento. El cristiano debe aceptarlo. Y Cristo fue categórico a este respecto: «No creáis que yo haya venido para abolir la Ley o los Profetas. En verdad os digo: pasarán el cielo y la tierra, pero no pasará ni una tilde ni un ápice de la Ley, hasta que todo se cumpla. El que viole uno solo de estos mandamientos, aunque sea el más pequeño, y enseñe a los hombres a hacer lo mismo, será considerado el más pequeño en el reino de los Cielos.» El mismo Cristo citó gran número de pasajes del Antiguo Testamento, otorgándoles un valor de verdad y una autoridad indiscutible. ¿Cómo interpretar, no obstante, las verdades expresadas en el Antiguo Testamento? ¿Cómo conciliar las diferencias que se constatan entre Antiguo y Nuevo Testamento? Los gnósticos, de quienes hablaremos más adelante, complicaron las cosas al rechazar el Antiguo Testamento, declarándolo además como obra de un Dios distinto e inferior al del Nuevo Testamento. El Dios de justicia del Antiguo Testamento les pareció a algunos que era diferente al Dios de amor del Nuevo. Para muchos, asimismo, representó una grave dificultad el lenguaje antropomórfico veterotestamentario. Todo esto provocó numerosos debates y favoreció en especial una gran difusión de la interpretación alegórica del Antiguo Testamento (defendida por Filón de Alejandría, de quien hablaremos enseguida) y la distinción entre diversos planos de comprensión del texto bíblico, que abrieron un amplio espacio a la reflexión teológica, moral y filosófica.

Por otra parte, muy pronto nació la urgente necesidad de defenderse de los ataques de los adversarios (de los judíos, los paganos y, luego, de los herejes, sobre todo de los gnósticos) que deformaban el mensaje evangélico, y de construir la identidad del cristiano en todos los grados. En esta complicada tarea, que duró varios siglos, hay que distinguir tres momentos: *a*) la época de los Padres apostólicos del siglo I (así llamados por estar relacionados con los apóstoles y con su espíritu), que todavía no se plantean problemas filosóficos y se limitan a los temas morales y ascéticos (Clemente Romano, Ignacio de Antioquía, Policarpo de Esmirna); *b*) la época de los Padres apologistas, que durante el siglo II llevaron a cabo una defensa sistemática del cristianismo, en la que a menudo los filósofos aparecen como adversarios que hay que combatir, pero en la que también se comienzan a usar las armas filosóficas para elaborar la defensa misma; *c*) la época de la patrística en sentido estricto, que va desde el siglo III hasta los inicios de la edad media, y en la que los elementos filosóficos —sobre todo, el platonismo— desempeñan un papel bastante notable. Los Padres de la Iglesia, pues, son todos aquellos pensadores, que han contribuido de forma determinante en la construcción del edificio doctrinal del cristianismo, aceptado y ratificado por la Iglesia.

De lo dicho hasta ahora se desprende un hecho: el interés de estos pensadores, incluso de los más doctos, es primordialmente de orden religioso y teológico. Su filosofía es siempre parte integrante de su fe.

Los principales problemas teológicos que exigieron la introducción de importantes nociones filosóficas —con sus respectivas controversias— fueron los siguientes: *a*) la Trinidad; *b*) la encarnación; *c*) las relaciones entre la libertad y la gracia; *d*) las relaciones entre fe y razón. *a*) La formulación definitiva del dogma de la Trinidad no tuvo lugar hasta el año 325, durante el concilio de Nicea, después que —a través de prolongadas discusiones y polémicas— se hubiesen descubierto y denunciado los opuestos peligros del adopcionismo (que consiste en considerar que Cristo no fue un hijo engendrado sino adoptado por Dios Padre), que comprometía la divinidad de Jesús, y del modalismo (que considera que las personas de la Trinidad son modos de ser y funciones del único Dios), junto con una serie de posturas afines a éstas en diversos sentidos. *b*) El problema cristológico también requirió siglos de laboriosa dedicación, superando escollos de notable dificultad, sobre todo por el peligro de escindir las dos naturalezas (divina y humana) de Cristo, perdiendo su unidad intrínseca (como sucedió en Nestorio y el nestorianismo), o reduciendo ambas naturalezas a una sola (monofisismo). El concilio de Éfeso (431) condenó el monofisismo, y el de Calcedonia (451) condenó el nestorianismo, acuñando la fórmula «dos naturalezas en una sola persona, la de Jesús», afirmando que Jesús es verdadero Dios y verdadero hombre. La controversia sobre estos dogmas continuó en épocas posteriores, pero sobre unas bases ya consolidadas en sus aspectos esenciales. *c*) Al estudiar a san Agustín hablaremos del tercer problema, las relaciones entre la libertad y la gracia. *d*) Por último, el problema de las relaciones entre fe y razón, que se plantea de forma expresa en la escuela catequética de Alejandría y que ya en Agustín encuentra una primera solución muy clara ocupará un lugar central sobre todo en la escolástica y dará origen a diferentes tipos de soluciones, llenas de implicaciones y consecuencias diversas. Todos estos problemas, como ya se ha dicho, acarrearon la introducción de importantísimos conceptos metafísicos y antropológicos: generación, creación, emanación, procesión, substancia, consubstancialidad, hipóstasis, persona, libre arbitrio, voluntad y otros semejantes. Esto hizo que las disputas adquiriesen profundidad filosófica e incrementasen su contenido ontológico y metafísico.

El texto básico para la racionalización y la sistematización de la doctrina y la filosofía cristianas fue el Prólogo del Evangelio de Juan (además de las Cartas de Pablo), donde se habla del Verbo o *Logos* divino, y se habla de Cristo como *Logos*:

> En el principio era el Verbo y el Verbo estaba con Dios, y el Verbo era Dios. Él estaba en el principio con Dios. Todo se hizo por él y sin él no se hizo nada de cuanto existe. En él estaba la vida y la vida era la luz de los hombres, y la luz brilla en las tinieblas, y las tinieblas no la vencieron. [...] en el mundo estaba, y el mundo fue hecho por él, y el mundo no lo conoció. Vino a su casa, y los suyos no lo recibieron. Pero a todos los que lo recibieron les dio poder de hacerse hijos de Dios, a los que creen en su nombre; el cual no nació de sangre, ni de deseo de carne, ni de deseo de hombre, sino que nació de Dios. Y el Verbo se hizo carne, y puso su morada entre nosotros, y hemos visto su gloria, gloria que recibe del Padre como Hijo único, lleno de gracia y de verdad. [...] Porque la Ley fue dada por Moisés; la gracia y la verdad nos han llegado por Jesucristo. A Dios nadie le ha visto jamás: el Hijo único, que está en el seno del Padre, él lo ha contado.

En este texto se enumeraban los problemas esenciales, y la noción de *Logos* permitió utilizar de manera fecunda una serie de elementos del pensamiento helénico, que había llegado a su culminación en el concepto de *Logos*, como tendremos ocasión de comprobar.

2. Un precursor: Filón de Alejandría y la filosofía mosaica

El judío Filón, nacido en Alejandría entre el 15 y el 10 a.C. y que actuó durante la primera mitad del siglo I d.C., puede ser considerado, al menos en parte, como un antecesor de los Padres. Entre sus numerosas obras destacan la serie de tratados que constituyen un *Comentario alegórico al Pentateuco* (recordemos en especial *La creación del mundo, Las alegorías de las leyes, El heredero de las cosas divinas, La emigración de Abraham* y *La mutación de los nombres,* que se cuentan entre sus obras más bellas).

El mérito histórico de Filón reside en haber intentado por primera vez en la historia una fusión entre filosofía griega y teología mosaica, creando así una filosofía mosaica. Filón llevó a cabo esta tarea mediante el método de la alegoría. Afirmó que la Biblia posee *a*) un significado literal que, sin embargo, no es el más importante, y *b*) un significado oculto, según el cual los personajes y los acontecimientos bíblicos son símbolos de conceptos y de verdades morales, espirituales y metafísicas. Estas verdades ocultas (que se sitúan en diferentes planos) requieren una peculiar disposición de ánimo (o incluso, una auténtica inspiración) para poder ser captadas. La interpretación alegórica tendrá un éxito enorme y se convertirá en un auténtico método de lectura de la Biblia para la mayoría de los Padres de la Iglesia y, por lo tanto, se convertirá durante mucho tiempo en una constante de la historia de la patrística.

La filosofía mosaica de Filón implicó la adquisición de una serie de nuevos conceptos ignorados por el pensamiento griego, comenzando por la noción de «creación», que formula por primera vez de un modo sistemático. Dios crea la materia de la nada y luego imprime en ella la forma. Para crear el mundo físico, Dios crea previamente el cosmos inteligible (las ideas) como modelo ideal, y este cosmos inteligible no es más que el *Logos* de Dios en el acto de formar el mundo (las ideas platónicas se convierten así definitivamente en pensamientos de Dios presentes en el *Logos* de Dios y coincidentes con él).

Filón distingue entre Dios y el *Logos*, considerando a éste como una hipóstasis, y lo denomina «Hijo primogénito del Padre increado», «Dios segundo», «Imagen de Dios». En algunos pasajes llega a mencionarlo como causa instrumental y eficiente. En otros momentos, en cambio, habla de él como de un arcángel, mediador entre Creador y criaturas (en la medida en que no es increado como Dios, pero tampoco es creado como las criaturas mundanales), heraldo de la paz de Dios, conservador de la paz de Dios en el mundo. El *Logos* de Filón, además, expresa —cosa muy importante— los valores fundamentales de la Sabiduría bíblica y de la Palabra de Dios bíblica, Palabra creadora y activa. Por último el *Logos* manifiesta también el significado ético de Palabra con la que Dios guía hacia el bien, el significado de Palabra que salva. En todos estos significados el *Logos* indica una realidad incorpórea, metasensible, trascendente. Sin embargo, el mundo sensible se halla construido de acuerdo con el modelo inteligible, es decir, según el *Logos*: más aún, utilizando el *Logos* como instrumento. Por eso, existe también un aspecto inmanente del *Logos,* consistente en la acción del *Logos* incorpóreo sobre el mundo corpóreo. En este sentido inmanente, el *Logos* es el vínculo que mantiene unido al mundo, el principio que lo conserva, la norma que lo rige.

Puesto que Dios no es finito, las manifestaciones de su actividad son innumerables, y Filón las llama «potencias». No obstante, sólo menciona una cantidad limitada de éstas y, por lo general, sólo habla de las dos principales: la Potencia creadora, con la que el Creador produce el universo, y la Potencia regia, con la que el Creador gobierna lo que ha creado. Estas dos potencias corresponden a aquellos dos aspectos de la divinidad que la antigua tradición hebraica señalaba con los nombres de Elohim y Yahvéh (Elohim expresaba la potencia y la fuerza del bien, y por lo tanto, de la creación; Yahvéh era la fuerza legisladora y punitiva).

La relación entre el *Logos* y las dos potencias supremas (y, por tanto, entre el *Logos* y todas las demás potencias, que se hallan subordinadas a las dos principales) es estudiada por Filón de una manera expresa. En algunos textos considera que el *Logos* es la fuente de las otras potencias; en otros, en cambio, atribuye al *Logos* la función de unificar las demás potencias.

En el terreno antropológico Filón parece seguir en parte a Platón, distinguiendo en el hombre entre alma y cuerpo. Poco a poco, sin embargo, va madurando una noción más avanzada, que introduce en el hombre una tercera dimensión, cuya naturaleza afecta radicalmente el significado, el valor y el alcance de las otras dos dimensiones. De acuerdo con esta nueva concepción, cuyo componente bíblico se transforma en predominante, el hombre se halla constituido por: 1) cuerpo; 2) alma-intelecto, y 3) espíritu, que procede de Dios. Según esta nueva perspectiva, el intelecto humano es corruptible, en la medida en que es intelecto terrenal, a menos que Dios le inspire una potencia de vida verdadera, que es el espíritu divino (*pneuma*).

En consecuencia, se hace patente que el alma humana (es decir, el intelecto humano) sería algo muy pobre en sí misma considerada, si Dios no le insuflase su espíritu (*pneuma*). El elemento en el que se lleva a cabo la vinculación del hombre con lo divino, para Filón ya no es el alma —como sucedía en los griegos— ni siquiera en su parte más elevada, el intelecto, sino el espíritu que emana directamente de Dios. Por consiguiente, el hombre posee una vida que se desarrolla en tres dimensiones: 1) la dimensión física puramente animal (cuerpo); 2) la dimensión racional (alma-intelecto); 3) la dimensión superior, divina, trascendente, representada por el espíritu. El alma-intelecto, que de por sí es mortal, se convierte en inmortal en la medida en que Dios le otorga su espíritu y ella se aferra al espíritu y vive según Él. De este modo desaparecen los soportes sobre los que Platón había intentado fundamentar la inmortalidad del alma. El alma ya no es inmortal por sí misma, pero puede convertirse en inmortal en la medida en que sepa vivir de acuerdo con el espíritu.

Esta tercera dimensión —el espíritu de Dios— procede directamente de la interpretación de la doctrina de la creación y, en general, de la teología bíblica. De dicha dimensión dependen precisamente todas las novedades considerables que Filón introduce en la ética. La moral se transforma en algo inseparable de la fe y de la religión, y desemboca en una auténtica unión mística con Dios y en una visión extática. Por esta senda Filón anticipa el itinerario hacia Dios que más adelante se convertirá en obligado en algunos Padres y especialmente a partir de Agustín. Del conocimiento de cosmos debemos pasar —trascendiendo el cosmos mismo— a nosotros y al conocimiento de nosotros mismos. El momento esencial, empero, es aquel en que nos trascendemos a nosotros mismos, cuando comprendemos que no es nuestro nada de lo que tenemos y lo entregamos a quien nos lo ha entregado. En ese preciso momento Dios se nos entrega a nosotros. He aquí un texto significativo: «El momento adecuado para que la criatura se encuentre con su Creador aparece cuando ella ha reconocido su propia nulidad.» Y este otro texto resume el itinerario completo: «La gloria de un alma extraordinariamente grande consiste en superar lo creado, ir más allá de sus límites, aferrándose sólo a lo increado, de acuerdo con sus preceptos sagrados, en los que se prescribe "adherirse a Él" (Deuteronomio 30,20). Por eso, a quienes se aferran a Él y le sirven sin pausa, Él les otorga a cambio a Sí mismo en herencia.» La vida feliz consiste en que lo humano trascienda hasta la dimensión de lo divino, en el «vivir con todo el ser para Dios y no para uno mismo».

3. La gnosis

El término *gnosis* significa, literalmente, «conocimiento». Sin embargo, se ha convertido en un término técnico que designa aquella forma particular de conocimiento místico que fue característica de algunas corrientes religioso-filosóficas del paganismo tardío y sobre todo de algunas sectas heréticas que se inspiraron en el cristianismo. A.J. Festugière define así esta noción: «*Gnosis* es una nueva manera de conocer a Dios, un conocimiento que ya no se fundamenta en la razón, sino en una especie de iluminación directa, mediante la cual se entra en contacto con Dios y, por lo tanto, es una especie de revelación.» Las doctrinas herméticas y las de los *Oráculos caldeos* (cf. p. 296s) pueden considerarse como formas paganas de gnosis. Pero la gnosis que aquí nos interesa es la que se halla vinculada con el cristianismo, combinando con él diversos elementos helenísticos y orientales, y contra la cual polemizaron activamente los Padres de la Iglesia.

Hasta hace poco tiempo los expertos lamentaban la gran escasez de documentos llegados hasta nosotros y el hecho de tener que basarse predominantemente sobre testimonios de adversarios para reconstruir la gnosis cristiana. Sin embargo en 1945 se descubrieron casualmente en Nag Hammadi (Alto Egipto), y dentro de un ánfora enterrada, unos 53 escritos casi todos ellos de origen gnóstico, en lengua copta, de los que 43 por lo menos eran desconocidos hasta entonces. No se publicaron hasta 1972 y 1977, debido a la realización de una serie de comparaciones de diversos tipos y a la prohibición de libre acceso que ordenó el Museo copto de Egipto, en cuyo poder se encuentran esos escritos. En 1977 vio la luz una traducción inglesa íntegra. Sin embargo, hacen falta aún muchos años para que las necesarias investigaciones analíticas y detalladas permitan llegar a conclusiones sintéticas de carácter general.

Los rasgos esenciales de la gnosis, con independencia de las numerosísimas diferencias existentes entre sus diversas corrientes —que resultan por motivos distintos muy divergentes entre sí— son los siguientes:

a) El objeto específico del conocimiento gnóstico es Dios y las realidades últimas, que conciernen la salvación del hombre. Un texto básico expone de forma resumida que la gnosis se refiere a: 1) quiénes éramos y en qué nos hemos convertido; 2) dónde estábamos y dónde fuimos arrojados; 3) dónde deseamos ir y de dónde hemos sido rescatados; 4) qué es el nacimiento y qué es el renacimiento.

b) En la experiencia gnóstica la tristeza y la angustia aparecen como elementos fundamentales, porque revelan un choque con lo negativo y la consiguiente conciencia de una escisión radical entre bien y mal. Revelan, asimismo, nuestra verdadera identidad, que consiste en la pertenencia al bien originario: si el hombre sufre con el mal, quiere decir esto que pertenece al bien. Por lo tanto, el hombre procede de otro mundo y a éste debe regresar. El mundo actual es nuestro exilio y el otro mundo es nuestra patria. En uno de los documentos gnósticos más significativos puede leerse: «Quien haya conocido el mundo, se ha encontrado con un cadáver; y el mundo no es digno de quien haya encontrado un cadáver.» El gnóstico debe hacerse consciente de sí mismo y, una vez que se ha conocido, a través de sí mismo podrá regresar a su patria de origen. En este retorno desempeña un papel esencial el Salvador (Cristo), que es uno de los eones divinos (cf. seguidamente los puntos *d* y *e*).

c) Los gnósticos dividen a los hombres en tres categorías: 1) pneumáticos; 2) psíquicos; 3) hílicos. En los primeros predomina el espíritu (*pneuma*); en los segundos, el alma (*psyche*), y en los terceros, la materia (*hyle*). Estos últimos se hallan destinados a la muerte; los primeros, a la salvación, mientras que los segundos tienen la posibilidad de salvarse, si siguen las indicaciones de los primeros, es decir, de los elegidos que se hallan en posesión de la gnosis.

d) Este mundo, que es un mal, no fue hecho por Dios, sino por un malvado Demiurgo. J. Doresse, uno de los expertos contemporáneos más competentes en esta materia, considera que la esencia del gnosticismo se expresa a la perfección mediante las siguientes palabras de Plotino: los gnósticos «sostienen que el Demiurgo de este mundo es malo y que el cosmos es malo». Así se explica el hecho de que el Dios del Antiguo Testamento, creador de este mundo, sea identificado con este Demiurgo malo y que se contraponga al Dios benigno del Evangelio, que ha enviado en cambio al Cristo salvador. Cristo es una entidad divina, que ha venido a la tierra revestida de un cuerpo sólo aparente. (Esta idea, como los verdaderos cristianos advirtieron muy pronto, vaciaba de contenido la pasión, la muerte y la resurrección de Cristo, e implicaba numerosas y graves consecuencias, derivadas de dichas premisas por lógica necesidad.) La interpretación alegórica de los textos sagrados permitía que los gnósticos los doblegasen a todas sus exigencias y los compaginasen con sus doctrinas.

e) El sistema gnóstico se complica de forma extraordinaria cuando intenta explicar la procedencia de toda la realidad inteligible desde la unidad primordial, a través de una serie de eones (entidades eternas) que emanan en parejas (según algunos, Cristo sería el último eón), y cuando pretende explicar el origen del hombre. A este respecto el pensamiento gnóstico se ve aún más complicado por la intervención de narraciones mitológicas y fantásticas, de distintos géneros y de génesis diversas.

f) La doctrina gnóstica se presenta como una doctrina secreta, revelada por Cristo a unos cuantos discípulos y dirigida en especial a círculos cultos y refinados. Posee, pues, un carácter aristocratizante, en antítesis con el auténtico espíritu evangélico. Los Evangelios gnósticos son los documentos en que se expone esta revelación secreta.

Recordemos, entre los defensores de las doctrinas gnósticas, a Carpócrates y su hijo Epífanes, Basílides y su hijo Isidoro y, en especial, a Valentín, que tuvo muchos seguidores. Con justa razón, los Padres de la Iglesia hallaron en las doctrinas gnósticas un cúmulo de doctrinas heréticas. Las reiteradas polémicas que mantuvieron con la gnosis son una prueba del fuerte influjo que ejerció dicho movimiento en la antigüedad. En efecto, en una época en la que perecía todo un mundo espiritual y surgía en cambio otro distinto —época, en consecuencia, dominada por la angustia— los gnósticos otorgaban un sentido a dicha angustia, en mayor proporción quizás que las demás doctrinas filosóficas, y sintonizaban por lo tanto con una determinada forma de sentir, característica de aquellos tiempos. En uno de los documentos descubiertos en Nag Hammadi puede leerse: «La ignorancia del Padre había provocado angustia y terror. La angustia se había vuelto tan densa como la niebla, de modo que nadie podía ver...» La materialidad y la corporeidad, como sabemos por otras fuentes distintas, constituían para ellos una experiencia de terror, dolor y ausencia de un camino de salida. Sin embargo, el mensaje gnóstico, en la medida en que respondió a exigencias muy concretas de aquella época, mostró su fragilidad y su carencia de futuro.

4. Los apologistas griegos y la primera elaboración filosófica del cristianismo: la escuela catequética de Alejandría

4.1. *Los apologistas griegos del siglo II: Arístides, Justino, Taciano*

La primera *Apología* del cristianismo que ha llegado hasta nosotros —y que fue descubierta en el siglo pasado— es la de Marciano Arístides, en la época del emperador Antonino Pío, a mediados del siglo II. Arístides afirma que sólo los cristianos poseen la verdadera filosofía, porque han hallado la verdad acerca de Dios en mayor medida que todos los demás y, debido a la pureza de su vida, ofrecen un adecuado testimonio de la verdad en que creen. Sin embargo, la figura de mayor relieve fue el mártir Justino, nacido en Flavia Neápolis (Palestina) y autor de dos *Apologías* y un *Diálogo con Trifón.* Una ferviente búsqueda de la verdad lo condujo desde Platón hasta Cristo. Para su conversión, no obstante, fue decisivo el testimonio de los mártires. Éstas son sus palabras al respecto: «Cuando aún era discípulo de Platón, escuchaba las acusaciones que se formulaban contra los cristianos, pero al verlos llenos de intrepidez ante la muerte y ante lo que más temen los hombres, comprendí que era imposible que viviesen en el mal...»

El siguiente pasaje de su *Segunda Apología* resume a la perfección su postura de cristiano ante la filosofía:

> «Soy cristiano, me glorío de ello y, lo confieso, deseo que se me reconozca como tal. La doctrina de Platón no es incompatible con la de Cristo, pero no se ajusta exactamente a ella, no más que la de los otros, los estoicos, los poetas y los escritores. Cada uno de éstos ha visto, en el Verbo divino diseminado por el mundo, lo que estaba en relación con su naturaleza y ha podido así expresar una verdad parcial: pero puesto que se contradicen en los puntos fundamentales, manifiestan no hallarse en posesión de una ciencia infalible y de un conocimiento irrefutable. Todo lo que han enseñado de modo veraz nos pertenece a nosotros, los cristianos. En efecto, después de Dios nosotros adoramos y amamos al *Logos* nacido de Dios, eterno e inefable, porque se hizo hombre por nosotros, para curarnos de nuestros males tomándolos sobre sí. Los escritores han podido ver la verdad de un modo obscuro, gracias a la semilla de *Logos* que ha sido depositada en ellos. Pero una cosa es poseer una semilla y una semejanza proporcional a la propia facultad, y otra distinta es el *Logos* mismo, cuya imitación y participación procede de la Gracia que de Él proviene.»

Entre sus doctrinas específicas cabe señalar la que versa sobre la relación entre el *Logos*-Hijo y Dios-Padre, que se interpreta mediante una acertada utilización del concepto estoico de «*Logos* proferido», que Filón ya había empleado, y de otros conceptos destinados a tener una gran resonancia posterior: «Como principio, antes de todas las criaturas, Dios engendró de sí mismo una cierta potencia racional (*loghike*), que el Espíritu Santo llama "Gloria del Señor", "Sabiduría", "Ángel", "Dios", "Señor" y "Logos" (Verbo, Palabra)... y lleva todos los nombres, porque lleva a cabo la voluntad del Padre y nació por la voluntad del Padre. Vemos así algunas cosas que suceden entre nosotros: al proferir una palabra (*logos, verbum*), engendramos una palabra (*logos*), pero no se da una división y una disminución del *logos* (palabra, pensamiento) que existe dentro de nosotros. Vemos asimismo que un fuego enciende otro fuego, sin que haya menguado el fuego que enciende: permanece igual, y el fuego nuevo que se ha encendido perdura sin disminuir a aquel que lo había encendido.»

El platónico Justino, buen conocedor de la doctrina del alma que aparece en el *Fedón*, comprende que hay que reformarla estructuralmente. El alma no puede ser eterna y tampoco incorruptible por naturaleza. Escribe: «Todo lo que existe, excepto Dios... es corruptible por naturaleza, puede desaparecer y dejar de ser. Sólo Dios no ha sido engendrado y es incorruptible, y precisamente por esto es Dios, mientras que todo lo que viene después de él es generado y corruptible. Por esto las almas mueren y son castigadas; si no fuesen corruptibles, no pecarían...» Tampoco cabe pensar que existan diferentes tipos de realidades incorruptibles, porque no se vería en qué habrían de diferir. Esto es lo que Platón y Pitágoras no comprendieron. Sostiene Justino: «El alma vive, pero ella no es la vida, sino que participa de la vida. Ahora bien, lo que participa es distinto a lo participado. El alma participa, pues, de la vida, porque Dios quiere que exista.» El hombre no es eterno y el cuerpo no está perennemente unido al alma; cuando se quiebra esta armonía, el alma abandona al cuerpo y el hombre deja de existir. «Cuando el alma deja de existir, el espíritu de vida la abandona: el alma ya no existe y regresa a su origen.» De este modo, Justino justifica la doctrina de la resurrección. El testimonio de los mártires había convertido a Justino. A su vez él dio testimonio de Cristo hasta el final, una vez que hubo abrazado su fe. Murió decapitado en el 165, condenado por el prefecto de Roma, debido a su profesión de cristianismo.

En el siglo II hay otros apologistas de una cierta importancia: Taciano el Asirio, Atenágoras de Atenas, Teófilo de Antioquía y el anónimo autor de una *Carta a Diogneto,* que es un documento muy significativo. Taciano fue discípulo de Justino, quien asimismo lo había convertido. En su *Discurso a los griegos* manifiesta una acentuada aversión por la filosofía y la cultura griega, al contrario de su maestro, y se vanagloria polémicamente de ser un bárbaro y de haber hallado la verdad y la salvación en escritos bárbaros (la Biblia). Pone de relieve que ninguna de las cosas creadas, incluida el alma, es eterna. El alma no es inmortal por naturaleza. Dios la resucita junto con el cuerpo. Hay que notar la reaparición de la triple división del hombre —presente tanto en Pablo como en Filón— en 1) cuerpo, 2) alma y 3) espíritu. *El Espíritu,* bastante superior al alma, es lo que hay en nosotros como imagen y semejanza de Dios. Y es el Espíritu, y sólo Él, quien vuelve inmortal al hombre, que es mortal por naturaleza.

Atenágoras de Atenas es autor de una *Súplica por los cristianos,* redactada durante la segunda mitad del siglo II, en la que refuta las acusaciones formuladas contra los cristianos y, en especial, la acusación de ateísmo, ofreciendo la primera prueba racional en favor de la unicidad de Dios y tratando de aclarar en estos términos la noción de Trinidad: «El Hijo de Dios, que es mente (*nous*), es el primer brote del Padre; no fue creado, porque desde el principio Dios tenía en sí mismo el *Logos,* y estaba eternamente unido al *Logos.*» El Hijo, el *Logos*, procede del Padre con el propósito de ser Idea y actividad productora de todas las cosas. El Espíritu Santo fluye de Dios... y en él entra como un rayo de sol. En el otro escrito suyo que poseemos, *Sobre la resurrección de los muertos,* proporciona una serie de pruebas a favor de la resurrección. Su antropología, sin embargo, posee rasgos platonizantes. El hombre es cuerpo y alma. Aquél es mortal, mientras que ésta es creada —al igual que el cuerpo— pero no mortal. Cuando resucita el cuerpo, se reúne con el alma que había permanecido como en un estado de sopor, y se reconstituye aquella unidad característica del verdadero hombre, el hombre integral.

Teófilo de Antioquía es autor de tres libros *A Autólico,* escritos durante la segunda mitad del siglo II. Ofrece una hermosa respuesta al desafío que le lanza Autólico, diciéndole que le muestre a su Dios, el Dios de los cristianos. Teófilo responde: «Muéstrame tu hombre, y yo te mostraré mi Dios.» Lo cual significa: dime qué tipo de hombre eres, y yo te diré si puedes ver a Dios y qué tipo de Dios puedes ver. «El hombre —dice Teófilo— debe poseer un alma pura como un espejo inmaculado. Si la herrumbre corrompe el espejo, ya no es posible ver allí reflejado el rostro humano. Análogamente, si en el hombre hay una culpa, no le es posible ver a Dios.» Teófilo reitera y profundiza el esclarecimiento de la Trinidad (*Trias*) en términos de *Logos* inmanente o interno a Dios (*Logos endiathetos*) y *Logos* proferido o pronunciado (*Logos prophorikos*), prosiguiendo la senda abierta por Justino. El alma por sí misma no es ni mortal ni inmortal, pero es susceptible de mortalidad y de inmortalidad. La inmortalidad es el premio que Dios concede a quien observa sus leyes.

Por último, se remonta al siglo II una breve *Carta* dirigida *A Diogneto,* en la que se establece con una claridad y una coherencia extraordinarias la identidad de los cristianos en el mundo y en contraposición a él: «Los cristianos... no se diferencian de los demás hombres ni por el territorio ni por la lengua ni por los vestidos. No habitan en ciudades propias, ni hablan un lenguaje inusitado; la vida que llevan no tiene nada de extraño. Su doctrina no es fruto de consideraciones y de lucubraciones de personas curiosas; tampoco se dedican, como algunos, a promover una teoría humana... Viven en su propia patria, pero como forasteros, participan en todo como ciudadanos y todo lo soportan como forasteros; cualquier tierra extranjera es su patria y toda patria es para ellos una tierra extranjera... Habitan en la tierra, pero son ciudadanos del cielo.»

4.2. *La escuela catequética de Alejandría: Clemente y Orígenes*

Hacia el 180, Panteno —antiguo estoico convertido al cristianismo— fundó en Alejandría una escuela catequética, que adquiriría su máximo esplendor con Clemente y con Orígenes. Clemente nació alrededor del 150 (en Atenas o en Alejandría). Su encuentro con Panteno fue decisivo. Se convirtió en alumno suyo, colaborador y, finalmente, le sucedió en su cargo. De sus obras poseemos el *Protréptico a los griegos,* el *Pedagogo,* los *Strómata,* una *Homilía* y diversos fragmentos. Quasten, que es uno de los mayores expertos modernos en patrología, describe así a nuestro autor: «La obra de Clemente Alejandrino es característica de una época. No resulta exagerado si en él celebramos al fundador de la teología especulativa... Clemente es el audaz y afortunado iniciador de una escuela que se proponía defender y profundizar la fe con la ayuda de la filosofía.» Clemente no se limita a combatir la falsa gnosis y no se reduce a una actitud meramente negativa. «Opone a la falsa gnosis una gnosis auténticamente cristiana, con objeto de poner al servicio de la fe el tesoro de verdades que se ocultan en los diversos sistemas filosóficos. Los partidarios de la gnosis herética enseñaban la imposibilidad de una reconciliación entre la ciencia y la fe, ya que constituían dos elementos contradictorios. En cambio, Clemente se propone demostrar la armonía entre ambas. El acuerdo entre la fe (*pistis*) y el conocimiento (*gnosis*) es lo que caracteriza al cristiano perfecto y al verdadero gnóstico. La fe es el principio y el fundamento de la filosofía. Ésta, por otra parte, resulta de la máxima importancia para el cristiano deseoso de profundizar en el contenido de la propia fe por medio de la razón.» La filosofía aliada con la fe no concede más fuerza a la verdad en sí misma, pero anula los ataques de los enemigos de la verdad, y constituye así un valioso baluarte defensivo. Para Clemente, en todo caso, la fe sigue siendo el criterio de la ciencia. Y la ciencia es un auxilio de carácter casi instrumental para la fe.

El eje de las reflexiones de Clemente es la noción de *Logos,* entendida en un triple sentido: *a*) principio creador del mundo; *b*) principio de cualquier forma de sabiduría, que ha inspirado a los profetas y a los filósofos; *c*) principio de salvación (*Logos* encarnado). El *Logos* es, de veras, el principio y el fin, el alfa y la omega, aquello de lo cual proviene todo y hacia el cual todo se encamina; el *Logos* es maestro y salvador. En el *Logos,* la justa medida —que era el signo distintivo de la sabiduría antigua y de la virtud griega— se integra en las enseñanzas de Cristo, como se manifiesta en este texto procedente del *Pedagogo:*

> Únicamente por el *Logos,* gracias a la familiaridad con la virtud, nos hacemos semejantes a Dios. Pero esfuérzate sin descorazonarte. Serás como no te lo esperas y como no podrías imaginar. Al igual que existe la educación de los filósofos, y la de los retóricos, y la de los luchadores, también existe una libre disponibilidad del alma que se encamina hacia una voluntad libre, amante del bien, y que procede de la pedagogía de Cristo. También las acciones materiales, si se conducen con rectitud, se convierten en santas: el camino, el descanso, la comida, el sueño, lo que se lee, el alimento y toda la educación. La formación del *Logos* no se dirige al exceso, sino a otorgar una justa medida. Por esto al *Logos* también se le llama Salvador, en la medida en que ha descubierto a los hombres estos remedios racionales para que sientan rectamente y alcancen la salvación, esperando el momento oportuno, atacando el vicio, extirpando las causas de las pasiones y cortando las raíces de los deseos contrarios a la razón, indicando las cosas de las que hay que abstenerse y proponien-

do a los enfermos todos los antídotos que dan la salvación. Ésta es la obra más grande y más regia de Dios: salvar a la humanidad.

El pensamiento de Orígenes posee una talla y un vigor muy diferentes. Representa un primer y grandioso intento de síntesis entre filosofía y fe cristiana, en el que las doctrinas de los griegos (en especial, la de los platónicos, pero también las de otros filósofos, por ejemplo los estoicos) fueron utilizadas como instrumentos conceptuales aptos para expresar e interpretar racionalmente las verdades reveladas en la Escritura. Orígenes nació en Alejandría, hacia el 185. Su padre, Leónidas, murió mártir, dando testimonio de la fe de Cristo. El patrimonio de la familia fue confiscado y Orígenes tuvo que ganarse la vida con la enseñanza. Todavía muy joven, a partir del 203, estuvo a cargo de la escuela catequética, manifestándose como un auténtico modelo por su doctrina y por su virtud. Obligado en el 231 a abandonar Alejandría, expulsado por el obispo Demetrio, Orígenes continuó con éxito sus actividades en Cesarea (Palestina). La persecución de los cristianos ordenada por el emperador Decio le alcanzó también a él, y fue encarcelado y torturado. Murió en el 253, a consecuencia de estas torturas. El pensamiento de Orígenes fue durante mucho tiempo objeto de controversias y de ardorosas polémicas, que envenenaron los ánimos, llegando a un punto culminante a principios del siglo VI. Debido a ello el emperador Justiniano condenó en el 543 algunas tesis origenistas y también lo hizo un concilio en el 553. Estas condenas, provocadas en gran medida por los excesos a que habían llegado los origenistas, ocasionaron la pérdida de gran parte de la enorme producción de Orígenes. Entre las obras que se conservan, son de relieve para la filosofía *Los principios,* su obra maestra doctrinal (si bien no nos ha llegado en su redacción original), la *Refutación de Celso* y el *Comentario a Juan.*

El pensamiento de Orígenes coloca en el centro a Dios y a la Trinidad (no al *Logos,* como había sido el caso de Clemente). A Dios hay que concebirlo de acuerdo con el signo distintivo de la incorporeidad. Se equivocan quienes piensan —interpretando groseramente la Biblia— que Dios es fuego o es aire, o quienes —como los estoicos— piensan el ser sólo como cuerpo. «Dios no puede ser entendido como cuerpo», sino como «realidad intelectual y espiritual», «naturaleza intelectual simple». La naturaleza de Dios no puede conocerse: «Dios es incomprensible e inescrutable en su realidad. Cualquier cosa que pensemos y comprendamos de Dios, debemos creer que Él es muy superior a lo que de Él pensemos... Por esto, su naturaleza no puede ser abarcada por la capacidad de la mente humana, aunque sea la más pura y la más límpida.» En estas palabras se advierten resonancias neoplatónicas: en efecto, Orígenes asistió en Alejandría a las clases de Ammonio Sacas, cuya escuela fue la forja del neoplatonismo. Además Orígenes habla de Dios en términos de mónadas y enéadas, y llega a utilizar la expresión «por encima de la inteligencia y el ser», que Plotino convertirá en famosa. Sin embargo, no vacila en considerar a Dios como Inteligencia, como fuente de toda inteligencia y de toda substancia intelectual, como Ser que da el ser a todas las cosas, o mejor dicho, que participa en todo lo que es el ser, como Bien o Bondad absoluta de la que proceden todos los demás bienes.

El unigénito Hijo de Dios, la segunda persona de la Trinidad, es la

Sabiduría de Dios substancialmente subsistente. Y en esta «sabiduría subsistente se halla contenida la virtualidad y la forma de todas las futuras criaturas, tanto de las que existen primariamente como de las que se derivan por una vía accidental y accesoria, todas ellas preformadas y dispuestas en virtud de la presciencia». Así las ideas platónicas se transforman en la sabiduría de Dios: «Todo ha sido hecho en la sabiduría, porque siempre ha existido la sabiduría; los seres que más tarde serían creados también según la substancia, siempre han existido en la sabiduría, preconstituidos en forma de ideas.» Al combatir a los gnósticos, los adopcionistas y los modalistas, Orígenes sostiene que el Hijo de Dios fue engendrado *ab aeterno* por el Padre, y no creado como las demás cosas, y tampoco emanado. Fue engendrado a través de una actividad espiritual, del mismo modo por ejemplo que de la mente se deriva la voluntad. «Esta generación es eterna y perpetua, al igual que la luz engendra el resplandor, porque el Hijo no se convierte en tal desde fuera, por una adopción del Espíritu, sino que es Hijo por naturaleza.» El Hijo es de la misma naturaleza (*homoousios*) que el Padre. Orígenes, sin embargo, admite una cierta subordinación del Hijo al Padre, del cual es ministro. Este subordinacionismo se debe sin duda a los influjos de la concepción jerárquica de lo inteligible, propia del platonismo medio y del naciente neoplatonismo. El Padre es unidad absoluta, mientras que el Hijo, aunque también es unidad, da razón de múltiples actividades y, por esto, en la Escritura recibe muchos nombres, según las actividades que lleve a cabo. Cristo posee dos naturalezas: es verdadero Dios y verdadero hombre (no hombre aparente, como pretende la herejía gnóstica) y, como tal, tiene cuerpo y alma (el alma de Cristo desempeña un papel de mediador entre el *Logos* divino y el cuerpo humano).

Orígenes estudia por primera vez con atención al Espíritu Santo, y afirma que su función específica consiste en la acción santificadora. Al caracterizar como una jerarquía al Padre, al Hijo y al Espíritu Santo, Orígenes revela sus influencias neoplatónicas con mayor claridad que en ningún otro punto de su doctrina: «Dios Padre, que todo lo abarca, llega hasta cada uno de los seres, haciendo que participe de su ser y haciéndole ser lo que es; el Hijo es inferior con respecto al Padre, ya que sólo llega hasta las criaturas racionales; en efecto, es segundo después del Padre; el Espíritu Santo es aún inferior, puesto que sólo llega hasta los santos. Por eso, la potencia del Padre es mayor que la del Hijo y la del Espíritu Santo; a su vez, la del Espíritu Santo, es superior a la de los demás seres santos. Considero, por tanto, que la acción del Padre y del Hijo se dirige tanto a los santos como a los pecadores, a los hombres dotados de razón y a los animales que no saben hablar, e incluso a los seres carentes de alma, y en general, a todos los seres. En cambio, la acción del Espíritu Santo no puede en ningún caso dirigirse a los seres sin alma o a los que, aunque tengan alma, carecen de lenguaje, o tampoco a aquellos que están dotados de razón pero se hallan en posesión del mal, y no están absolutamente dirigidos hacia el bien.» Por lo demas, hay que advertir que el subordinacionismo origenista fue exagerado por sus adversarios, que extrajeron de él conclusiones indebidas. Orígenes —es preciso subrayarlo— esboza esta jerarquía, pero al mismo tiempo afirma la identidad de naturaleza, o substancia, o esencia, entre Padre e Hijo. Además, y esto es algo fundamental, se aparta del neoplatonismo de una forma bastante clara, estableciendo entre Dios-Trinidad y el resto de las cosas una diferenciación ontológica basada en la noción de creación de la nada. En consecuencia, el esquema metafísico que sirve para explicar la realidad es completamente distinto al esquema de la procesión neoplatónica; tanto es así que en la obra sobre *Los Principios* se habla de creación *ab aeterno* sólo de las ideas en el Verbo y no de toda la realidad.

La doctrina de la creación en Orígenes es bastante complicada. Primero Dios creó seres racionales, libres, todos ellos iguales entre sí, y los creó a su propia imagen (en tanto que racionales). La naturaleza finita de las criaturas y su libertad dieron origen a una diversidad de comportamientos: algunas permanecieron unidas a Dios, otras se alejaron de Él por el pecado, al enfriarse su amor a Dios. Así surgió la distinción entre ángeles, hombres y demonios, según que las criaturas hayan permanecido fieles a Dios o se hayan apartado en mayor o menor medida de Él. El cuerpo y, en general, el mundo corpóreo nacieron como consecuencia del pecado. Dios revistió de cuerpo a las almas que se apartaron parcialmente de Él. No obstante, el cuerpo no es lo negativo (como lo era para los platónicos y, sobre todo, para los gnósticos), sino el instrumento y el medio de expiación y de purificación. El alma, por lo tanto, preexistía al cuerpo, aunque no a la manera platónica, porque había sido creada de la nada. La diversidad de los hombres y de sus condiciones respectivas hay que atribuirla a la diversidad de comportamientos en la vida precedente (mayor o menor separación de Dios).

Una doctrina típica de Orígenes —tomada de los griegos, si bien con notables correcciones— es la que sostiene que el mundo habría que entenderlo como una serie de mundos, no contemporáneos sino sucesivos: «Dios no comenzó a actuar por primera vez cuando creó este mundo visible; creemos, empero, que así como después del final de este mundo habrá otro, también ha habido otros antes que éste.» Esta perspectiva se halla estrechamente vinculada con la concepción origenista según la cual, al final, todos los espíritus se purificarán redimiendo sus culpas. Sin embargo, para purificarse íntegramente, es imprescindible que se sometan a una larga, gradual y progresiva expiación y corrección y, en consecuencia, pasen por muchas reencarnaciones en mundos sucesivos.

Para Orígenes, pues, el fin será exactamente igual que el principio: todo volverá a ser como Dios lo ha creado. En esto consiste la famosa doctrina origenista de la apocatástasis, es decir, la reconstitución de todos los seres en su estado original. Orígenes se expresa así a este respecto: «Consideramos [...] que la bondad de Dios, por obra de Cristo, conducirá a todas las criaturas a un único final, después de haber vencido y sometido a los adversarios [...] Observando este final, en el que todos los enemigos estarán sometidos a Cristo y en el que será destruido incluso el último enemigo, la muerte, y Cristo —a quien todo estará sujeto— entregará el reino a Dios Padre, a través de ese final conocemos el comienzo de las cosas. En efecto, el final es siempre igual al comienzo: el final de todo es uno solo, y también hemos de entender que también es uno solo el inicio de todo. Así como uno solo es el final de numerosas cosas, también de un solo comienzo pueden proceder cosas muy variadas y diferentes, que nuevamente —por la bondad de Dios, el sometimiento a Cristo y la unidad del Espíritu Santo— vuelven a un solo final, que es semejante al principio.» Si esto es así, afirma Orígenes, entonces «debemos creer que toda esta substancia corpórea nuestra perderá esa condición cuando todas las cosas se reintegren para ser una sola cosa, y Dios sea todo en todos. Pero esto no sucederá en un instante, sino de forma lenta y gradual, a lo largo de infinitos siglos, porque la corrección y la purificación se llevarán a cabo poco a poco y de forma individual; algunos, a un ritmo más veloz, se apresurarán en llegar a la meta, mientras otros les seguirán de cerca, y otros en cambio se quedarán muy atrás. Así, a través de innumerables sucesiones, constituidas por aquellos que avanzan y que, siendo antes enemigos, se reconcilian con Dios, se llega finalmente hasta la muerte, el último enemigo, para que ésta también quede destruida y ya no sea un enemigo.»

En todo este proceso hay que tener en cuenta lo siguiene: en cada criatura puede darse tanto un progreso como un regreso, es decir, un paso de demonio a hombre o a ángel, o bien a la inversa, antes de que todo vuelva a su estado originario.

Cristo se encarnó una sola vez en este mundo y su encarnación está destinada a permanecer como un acontecimiento realmente único e irrepetible.

Orígenes exaltó al máximo el libre albedrío de las criaturas, en todos los planos de su existencia. En la etapa final mismo el libre albedrío de todas y cada una de las criaturas —superado por el amor de Dios— continuará aferrándose a Él, sin que se produzcan recaídas.

Orígenes defendió la tesis según la cual las Escrituras pueden leerse en tres planos: 1) el literal; 2) el moral; 3) el espiritual, que es el más importante, pero también —y con mucha diferencia— el más difícil.

La importancia de Orígenes es notable en todos los terrenos. Sus errores mismos son debidos a los excesos de un espíritu grande y generoso y no a un mezquino deseo de originalidad. Quiso ser cristiano hasta el fondo, soportando con heroísmo las torturas que le provocaron la muerte, por seguir siendo fiel a Cristo. Las doctrinas mismas que no entran en el marco de la ortodoxia, pueden explicarse de modo plausible si se sitúan en el momento histórico concreto que le tocó vivir a Orígenes. Como algunos expertos han advertido con razón, dichas doctrinas no ortodoxas poseen un preciso significado apologético en favor del cristianismo. En contra de las interpretaciones más exageradas, con frecuencia partidistas y llenas de prejuicios, actualmente se efectúa una nueva lectura mucho más equilibrada de nuestro filósofo. M. Simonetti, que llevó a cabo una excelente traducción de los *Principios,* después de exponer los rasgos problemáticos e hipotéticos con los que el propio Orígenes definió algunas de sus soluciones, escribe: «Si se tienen en cuenta estas matizaciones, el pensamiento de Orígenes —que por su parte siempre y sólo quiso ser un hombre fiel a la Iglesia— se nos presenta en una armonía substancial con las premisas fundamentales de la fe cristiana. Véanse, por ejemplo, la acertada distinción que efectúa, a pesar de su subordinacionismo, entre el mundo de Dios y el de la creación, la precisión con que afirma que todas las cosas fueron creadas de la nada, la función central que atribuye al *Logos* en la creación, o bien la recuperación —posterior al pecado— de las criaturas, hasta llegar a la restauración final de todas las cosas en el *Logos*.» Orígenes fue la mente más filosófica y «el mayor erudito de la Iglesia antigua» (J. Quasten).

5. La edad de oro de la patrística (siglo iv y primera mitad del v)

5.1. *Los personajes más significativos de la edad de oro de la patrística y el símbolo niceno*

En el 313 se produce un hecho decisivo: Constantino promulga el edicto de Milán, mediante el cual se concede la libertad de cultos y se busca el favor de los cristianos. Se abandonan las persecuciones y el pensamiento cristiano se prepara para ocupar un lugar preeminente. A lo largo de los siglos IV y primera mitad del V, la dogmática cristiana adquiere su forma definitiva a través de debates muy controvertidos, realizados en algunos concilios enormemente representativos para la historia de la Iglesia: Nicea (325), Éfeso (431) y Calcedonia (451).

Recordaremos algunos de los teólogos de este período, que destacaron por su ingenio y por su cultura. Eusebio de Cesarea (263-340) escribió una *Historia de la Iglesia* que llega hasta el 324, y defendió con ardor a Orígenes. En su *Preparación evangélica* mostró muchas simpatías por el platonismo, hasta el punto de considerar que Platón concordaba con Moisés. Arrio, nacido en Libia en el 256 y fallecido en el 336, sostuvo que el Hijo de Dios fue creado del no ser al igual que todo lo demás, y por consiguiente desencadenó la gran disputa trinitaria, que condujo al concilio de Nicea. Atanasio (295-373) fue el gran defensor de la tesis de la consubstancialidad del Padre y del Hijo y, por lo tanto, el gran adversario de Arrio y el vencedor en el concilio de Nicea. Basilio, Gregorio de Nacianzo y Gregorio de Nisa constituyeron las cumbres desde el punto de vista cultural y filosófico, y de ellos hablaremos enseguida. Nemesio de Emesa es autor de un tratado *Sobre la naturaleza del hombre.* Recordemos por último a Sinesio de Cirene (370-413), formado en la última escuela platónica de Alejandría y que llegó a ser obispo de la Ptolemaida.

Puede considerarse que el concilio de Nicea del 325, que hemos mencionado en diversas ocasiones, fue el principal acontecimiento de este período.

En dicho concilio se elaboró el símbolo de la fe, destinado a ser el credo de todos los que se confesaban cristianos: «Creemos en un solo Dios omnipotente (*pantokrator, omnipotens*) creador (*poietes, factor*) de todas las cosas visibles e invisibles. Y en un solo Señor, Jesucristo, Hijo unigénito de Dios, nacido (*gennetheis, natus*) del Padre, de la substancia (*ousia, substantia*) del Padre, Dios de Dios, luz de luz, Dios verdadero de Dios verdadero: engendrado (*gennetheis, genitus*) y no creado (*poietheis, factus*), consubstancial (*homoousios, consubstantialis*) con el Padre, por el cual todas las cosas fueron hechas (*egeneto, facta sunt*), tanto las que están en el cielo como las que están en la tierra; por nosotros y por nuestra salvación bajó de los cielos, se encarnó por obra del Espíritu Santo... y al tercer día resucitó, subió a los cielos y vendrá a juzgar a vivos y muertos... Creo en el Espíritu Santo.» Falta aún la adquisición del concepto de «persona» y la profundización en las relaciones entre las tres personas (*hypostaseis, personae*) que aparecerán más tarde, y que trataremos al hablar de san Agustín.

5.2. *Las luminarias de la Capadocia y Gregorio de Nisa*

Para la historia de las ideas filosóficas, entre los teólogos antes mencionados interesa sobre todo Gregorio de Nisa (335-394), quien —junto con su hermano Basilio (331-379) y con Gregorio de Nacianzo (330-390)— asumió la herencia griega con mayor lucidez y consistencia que sus predecesores. A este propósito, afirma Werner Jaeger:

> Orígenes y Clemente habían avanzado por este camino de elevadas reflexiones, pero ahora era necesario mucho más. Sin ninguna duda, Orígenes había dado a la religión cristiana su teología en el espíritu de la tradición filosófica griega, pero el pensamiento de los Padres de la Capadocia aspiraba a una civilización cristiana total. Aportaban a tal empresa una vasta cultura, como se hace evidente en cada línea de sus escritos. A pesar de que sus convicciones religiosas se oponían a una reviviscencia de la religión griega, que en aquellos tiempos se veía solicitada por fuerzas poderosas dentro del Estado (piénsese en la toma de posición del emperador Juliano), no ocultan su alto aprecio a la herencia cultural de la antigua Grecia. De este modo, nos hallamos ante una tajante línea fronteriza entre religión griega y cultura griega. Y se da vida —en una forma nueva y en un plano diferente— a aquella conexión sin duda positiva y productiva entre cristianismo y helenismo, que ya habíamos encontrado en Orígenes. En este caso no resulta exagerado hablar de una especie de neoclasicismo cristiano, que es algo más que un hecho puramente formal. Gracias a él el cristianismo se consolida ahora como heredero de todo lo que en la tradición griega parecía digno de sobrevivir. No sólo se refuerza a sí mismo y a su posición dentro del mundo civil, sino que salva y otorga nueva vida a un patrimonio cultural que —en gran parte, sobre todo en las escuelas retóricas del aquel tiempo— se había transformado en esquema vacuo y artificial de una tradición clásica esclerosada. Se ha hablado con mucha frecuencia acerca de los diversos renacimientos de la cultura clásica, tanto griega como romana, que se han producido en el transcurso de la historia, tanto en Oriente como en Occidente. Sin embargo, se ha prestado poca atención al hecho de que, en el siglo IV, la época de los grandes Padres de la Iglesia, hallamos un auténtico renacimiento que ha dado a la literatura grecorromana algunas de sus figuras más grandiosas, que han ejercido un influjo sobre la historia y la cultura de esa época, que ha llegado hasta nuestros días. Y caracteriza adecuadamente la diferencia existente entre el espíritu griego y el romano el hecho de que el Occidente latino haya tenido su Agustín, mientras que el Oriente griego elaboró su nueva cultura a través de los Padres capadocios.

La tesis de Jaeger —que realizó una magnífica edición crítica de las obras de Gregorio de Nisa— es muy acertada y posee el mérito de replantear a los Capadocios desde una perspectiva nueva y fecunda. Sin embargo, esta recuperación de la cultura clásica consiste en un crecimiento de los espacios de la razón en el ámbito de la fe, sin que la razón se vea exclusivamente reducida a la dimensión mundana. Gregorio de Nisa se muestra categórico: «Utilizamos la escritura santa como regla y ley de cualquier doctrina.» La cultura profana es «estéril, porque cuando ha concebido, no lleva a cabo el parto... Aunque dichas doctrinas no siempre son del todo vanas e informes, acontece que abortan antes de llegar a la luz del conocimiento de Dios». La filosofía griega es útil, pero sólo si se la purifica de forma conveniente: «La filosofía moral y la filosofía física, en realidad, podrían favorecer una auténtica vida espiritual, si logramos purificar sus elementos doctrinales de las deformaciones provocadas por los errores profanos.»

Su *Gran catequesis,* que es la obra teológica más relevante de Gregorio de Nisa, constituye la primera síntesis organizada de los dogmas cristianos, extensamente razonada y muy bien elaborada. Durante mucho tiempo sirvió de modelo y de punto de referencia.

Entre los diversos temas que se encuentran en las obras de Gregorio de Nisa, hemos de señalar tres cuestiones que poseen un particular interés filosófico y moral. Gregorio distingue en la realidad —a la manera platónica— un mundo inteligible y un mundo sensible y corpóreo. El mundo sensible, empero, resulta neoplatónicamente casi vaciado de materialidad, al ser concebido como un producto fabricado por cualidades y fuerzas incorpóreas, como se lee en el *De opificio hominis:* «Al igual que no existe un cuerpo que no esté provisto de color, forma, resistencia, extensión, peso y las demás cualidades —cada una de las cuales no es cuerpo, sino algo diferente del cuerpo, según su particular carácter— por lo contrario, siempre que estén presentes las cosas mencionadas tiene lugar la existencia del cuerpo. No obstante, si el conocimiento de estas cualidades es inteligible y si la Divinidad es también ella substancia inteligible por naturaleza, no resulta inverosímil que en la naturaleza incorpórea puedan subsistir estos principios inteligibles por la génesis de los cuerpos, al hacer surgir la naturaleza inteligible las fuerzas espirituales, y al provocar el encuentro entre ellas el nacimiento de la naturaleza material.»

Hay que destacar otra idea de Gregorio de Nisa referente al hombre. Afirmar, como han hecho los filosófos griegos, que el hombre es un microcosmos resulta algo demasiado incorrecto. El hombre es mucho más que eso. En la *Creación del hombre* se leen las siguientes palabras de Gregorio: los filósofos paganos «imaginaron cosas mezquinas e indignas de la magnificencia del hombre, en el intento de dar realce a la naturaleza humana; dijeron, en efecto, que el hombre es un microcosmos compuesto por los mismos elementos que el todo. Con este nombre esplendoroso, pretendieron hacer un elogio de la naturaleza, sin tener en cuenta que así hacían que el hombre asimilase los rasgos propios del mosquito o del ratón; también en éstos existe la mezcla de los cuatro elementos... ¿Qué grandeza, pues, posee el hombre, si consideramos que es representación y semejanza del cosmos? ¿De este cielo que nos rodea, de la tierra que cambia, de todas las cosas que hay en ellos y que pasan junto con lo que las circunda? ¿En qué consiste, empero, según la Iglesia, la grandeza del hombre? No en la semejanza con el cosmos, sino en el ser a imagen del Creador de nuestra naturaleza». El alma y el cuerpo del hombre fueron creados simultáneamente, el alma sobrevive, y la resurrección reconstituye la unión. Gregorio vuelve a tomar de Orígenes la idea de la apocatástasis, es decir, la reconstitución de todas las cosas tal como eran en sus orígenes: hasta los malvados, después de haber padecido las penas purificadoras, regresarán a su estado originario (todos se salvarán).

Finalmente en Gregorio hallamos una versión cristiana del ascenso neoplatónico hasta Dios, que se realiza mediante la eliminación de lo que nos separa de Él: «La divinidad es pureza, liberación de las pasiones y eliminación de cualquier mal: si todas estas cosas están en vosotros, Dios está realmente en vosotros. Si vuestro pensamiento se halla libre de todo mal, liberado de las pasiones, limpio de toda impureza, sois bienaventurados, porque veis con claridad, porque al estar purificados percibís lo que resulta invisible a aquellos que no están purificados, y una vez que ha desaparecido de los ojos de vuestra alma la obscuridad carnal, contemplaréis con claridad la visión beatífica.» Teófilo de Antioquía afirmaba: «Muéstrame a tu hombre, y yo te mostraré a mi Dios», y Gregorio de Nisa, profundizando en esta noción, la lleva a su perfecta formulación, mediante esta frase que la deja sellada con toda rotundidad: «La medida en que podéis conocer a Dios se halla en vosotros mismos.»

6. Las últimas grandes figuras de la patrística griega: Dionisio Areopagita, Máximo el Confesor y Juan Damasceno

6.1. *Dionisio Areopagita y la teología apofática*

Entre los siglos v y vi vivió el autor denominado Dionisio Areopagita (o pseudo-Dionisio), que fue confundido con aquel Dionisio convertido por san Pablo en su discurso ante el Areópago. Con su nombre ha llegado hasta nosotros un *Corpus* de escritos (*Jerarquía celeste, Jerarquía eclesiástica, Nombres divinos, Teología mística* y *Cartas*), que gozó de gran prestigio en la edad media (la estructura jerárquica misma del *Paraíso* de Dante Alighieri está influida por la concepción jerárquica de la realidad que es característica de Dionisio). Dionisio replantea el neoplatonismo en términos cristianos, sobre todo tal como se había configurado en la formulación otorgada por Proclo. Sin embargo, lo que más resalta en este *Corpus* —que contiene muchas nociones muy sugerentes— es la formulación de la teología apofática (o teología negativa). Puede designarse a Dios con muchos nombres procedentes de las cosas sensibles, tomados en un sentido traslaticio, en la medida en que Él es causa de todo. De un modo menos inadecuado, puede designarse a Dios con términos tomados de la esfera de las realidades inteligibles, por ejemplo «hermoso» y «hermosura», «amor» y «amado», «bien» y «bondad», y así sucesivamente. Sin embargo, lo mejor de todo consiste en designar a Dios negándole todo atributo, ya que Él es superior a todos, es el supraente y, por consiguiente, el silencio y la obscuridad expresan mejor esta realidad supraesencial, en comparación con la palabra y la luz intelectual. Ésta es la página más significativa de la *Teología mística:* «La Causa buena de todas las cosas puede expresarse con muchas y con pocas palabras, pero también con la ausencia absoluta de palabras. En efecto, para expresarla, no existe ni palabra ni inteligencia, porque se halla suprasubstancialmente más allá de todas las cosas, y sólo se revela verdaderamente y sin ningún ocultamiento a quienes trascienden todas las cosas impuras y puras, y superan todo el ascenso a todas las cumbres sagradas, abandonan todas las luces divinas y los sonidos y mensajes celestes, y penetran en la obscuridad donde reside verdaderamente —como dice la escritura— Aquel que está más allá de todo.» Trascendiendo todo lo que es sensible e incluso lo que es inteligible e inteligente, el hombre puede aferrarse a Aquel que es completamente inasible e invisible, y pertenecer por completo a Aquel que todo lo trasciende y a nadie más, mediante la inactividad de todo conocimiento, haciéndose capaz de conocer más allá de la inteligencia a través de no conocer nada.

6.2. *Máximo el Confesor y la última gran batalla cristológica*

Máximo vivió desde el 579/80 hasta el 662 y representa la última gran voz original de la patrística griega. Entre sus obras recordemos los potentes *Ambiguos,* traducidos al latín por Escoto Eriúgena, que discuten pasajes difíciles de Dionisio y de Gregorio de Nisa, las *Cuestiones a Talasio,* los sugerentes *Pensamientos sobre el amor,* así como los *Pensamientos sobre el conocimiento de Dios y sobre Cristo,* el *Libro ascético,* la *Interpretación del Padre Nuestro,* la *Disputa con Pirro,* la *Mistagogia,* los numerosos *Opúsculos teológicos* y diversas *Cartas.* Máximo es importante tanto en el aspecto filosófico (presenta una forma de neoplatonismo replanteado a fondo, en función de la teología cristiana), como en el aspecto místico-ascético, o sobre todo, en el teológico, gracias a su cristología. He aquí, por ejemplo, una noción teológica esencial sobre la que él insiste y que parecería una refutación *ante litteram* de Lutero: «Sin embargo, alguno dirá igualmente: "Tengo la fe, y para salvarme me basta con la fe en Cristo." No obstante, Santiago lo contradice, al afirmar: "También los demonios creen, y se estremecen." Y a continuación: "La fe sin las obras está muerta en sí misma, al igual que las obras sin la fe."»

Máximo es relevante, sobre todo, por la batalla que disputó con energía contra las últimas doctrinas que atacaban el dogma cristológico establecido en el concilio de Calcedonia. En efecto, se habían difundido doctrinas que afirmaban que en Cristo existe una sola energía (monoergismo) y una sola voluntad (monotelismo) de naturaleza divina. Se trataba de formas de criptomonofisismo. Máximo las refutó, demostrando con gran eficacia y tenacidad que en Cristo hay dos actividades y dos voluntades: la divina y la humana, y logró conducir a la victoria la tesis de Cristo verdadero Dios y verdadero hombre. La batalla que entabló le causó graves padecimientos: le cortaron la lengua, le amputaron la mano derecha y fue enviado al exilio. Por esto recibió el nombre de «confesor», es decir testigo de la verdadera fe en Cristo, a quien llamó «el más fuerte de todos, porque es y se dice la Verdad».

6.3. *Juan Damasceno*

Con Juan Damasceno, que vivió en la primera mitad del siglo VIII, se cierra el período de la patrística griega. Juan no es una mente especulativa original, sino un gran sistematizador. Su obra titulada *Fuente del conocimiento* —dividida en una parte filosófica, otra que contiene la historia de las herejías y otra de carácter teológico-doctrinal— constituyó durante mucho tiempo un punto de referencia para muchos. La tercera parte, traducida al latín por Burgundio de Pisa hacia mediados del siglo XII con el título de *De fide orthodoxa,* sirvió de modelo para las sistematizaciones escolásticas. Al revés de la mayoría de los Padres griegos, que habían extraído sus instrumentos conceptuales de Platón y del platonismo, Juan Damasceno se apoyó en la filosofía de Aristóteles. En Oriente gozó de una autoridad que puede compararse a la que logró santo Tomás en Occidente.

Capítulo XV

LA PATRÍSTICA LATINA Y SAN AGUSTÍN

1. La patrística latina antes de san Agustín

1.1. *Minucio Félix y el primer escrito apologético cristiano latino*

Por lo general los Padres latinos anteriores a Agustín se sintieron poco atraídos por la filosofía y, cuando se ocuparon de ella, no crearon ideas verdaderamente nuevas. La formación cultural de los primeros apologistas fue de tipo jurídico-retórico, en particular en el sensible y vivaz ambiente africano. En otros Padres prevalecieron los intereses estrictamente teológicos y pastorales, o bien filológicos y eruditos. El lugar que ocupan en la historia de la filosofía suele ser más bien modesto, y por tanto aquí nos limitaremos a una exposición sintética, con el objetivo de conocer, aunque sea a grandes rasgos, el trasfondo sobre el que se alza la poderosa figura de san Agustín.

El primer escrito apologético en favor de los cristianos es probablemente el *Octavio* de Minucio Félix, un abogado romano, escrito en forma de diálogo hacia finales del siglo II. Su finura ciceroniana y una aparente tranquilidad, que caracterizan el tono general de Minucio Félix, ha inducido a muchos a hablar de un espíritu conciliador con la cultura pagana. En realidad, como ha advertido con toda corrección E. Paratore, los ataques que formula contra los filósofos griegos son en su núcleo substancial muy duros. Minucio Félix escribe, a propósito de las coincidencias observables entre los filósofos griegos y el cristianismo: «Y téngase muy en cuenta que los filósofos afirman las mismas cosas que nosotros creemos, no porque hayamos seguido sus huellas, sino porque ellos se dejaron conducir por un lejano vislumbre que brilló ante sus ojos, gracias a la predicación de los profetas sobre la divinidad, introduciendo en sus ensueños un fragmento de verdad.» Después de haber mencionado la teoría de la transmigración de las almas —propia de Pitágoras y de Platón y que Minucio Félix considera una auténtica aberración doctrinal— y a propósito de la hipótesis según la cual las almas pueden también encarnarse en cuerpos de animales, añade lo siguiente: «Esta afirmación no parece, ciertamente, la tesis de un filósofo, sino más bien la injuriosa ocurrencia de un cómico.» Minucio, refiriéndose a Sócrates y a los filósofos en general, escribe sin contemplaciones: «Véase por su parte a Sócrates, el payaso de Atenas, con su confesión de no saber nada y vanagloriándose del testimonio de un demonio mentiroso en grado sumo; y también Arcesilao, Carnéades, Pirrón y toda la muchedumbre de Académicos, siempre están dudando...: nosotros no sabemos qué hacer de la teoría de los filósofos; sabemos bien que son maestros de corrupción, están corrompidos ellos mismos y son prepotentes, y además se muestran tan descarados como para declararse siempre en contra de aquellos vicios en los que precisamente ellos están hundidos. Nosotros no hacemos alarde de sabiduría hacia afuera, sino que la llevamos viva en el corazón; no parloteamos acerca de la virtud, sino que la practicamos. En definitiva, estamos orgullosos de haber llegado a lo que ellos buscaban con un empeño afanoso, pero jamás lograron encontrar.»

1.2. *Tertuliano y la polémica contra la filosofía*

La actitud polémica que en relación con la filosofía asumió Tertuliano *(Quintus Septimius Florens Tertullianus)* —nacido en Cartago poco después de mediado el siglo II— fue mucho más ardorosa. Entre sus obras destaca el *Apologético.* Otras obras suyas, interesantes por diversos aspectos, son *El testimonio del alma, Contra los judíos, Las prescripciones contra los herejes, Contra Marción, Contra los valentinianos,* el tratado *Sobre el alma, La carne de Cristo, La resurrección de la carne* y muchas otras más.

Después de haber ilustrado en el *Apologético* la contradictoriedad de los filósofos y su inmoralidad, Tertuliano contrapone así los filósofos a los cristianos: «En conjunto, ¿qué semejanza podría hallarse jamás entre el filósofo y el cristiano, entre el discípulo de Grecia y el candidato al cielo, entre el traficante de fama terrena y el que se plantea la cuestión de la vida, entre el vendedor de palabras y el realizador de obras, entre quien construye sobre la roca y quien destruye, entre quien altera y quien custodia la verdad, entre el ladrón y el guardián de lo verdadero?» En otras de sus obras, Tertuliano vuelve a insistir en que Atenas y Jerusalén no tienen nada en común, al igual que tampoco lo tienen la Academia y la Iglesia. La enseñanza del cristiano procede del Pórtico de Salomón, que enseña a buscar al Señor con sencillez de corazón. Tertuliano rechaza cualquier intento de convertir el cristianismo en una contaminación de estoicismo, platonismo y dialéctica; en efecto, la fe hace inútil cualquier otra doctrina. En su opinión los filósofos son los patriarcas de los herejes. La fe en Cristo y la sabiduría humana se contradicen y, por esto, Tertuliano escribe en *La carne de Cristo:* «El Hijo de Dios fue crucificado: no me avergüenzo de ello, precisamente porque es vergonzoso. El Hijo de Dios murió: esto resulta creíble, precisamente porque es una necedad. Y fue sepultado y resucitó: esto es cierto, porque es imposible.» Estas expresiones, *prorsus credibile est, quia ineptum est* y *certum est, quia impossibile est,* se hicieron muy famosas y fueron condensadas en la célebre fórmula *credo quia absurdum,* que resume perfectamente el espíritu de Tertuliano.

Para llegar a Dios es suficiente con un alma sencilla; la cultura filosófica no ayuda, sino que obstaculiza. En *El testimonio del alma* se afirma: «No me dirijo, empero, a aquella alma que se ha formado en una escuela, se ha preparado en una biblioteca, se ha hartado en la Academia o en el Pórtico de los griegos, y ahora exhala sus eructos culturales. A ti te pido que respondas, alma sencilla, aún ruda, todavía sin manipular y carente de cultura, tal como estás en aquellos que sólo te tienen a ti, alma íntegra que llegas desde los campos, los caminos o las hilanderías. Necesito tu ignorancia, porque nadie se fía de cuatro nociones de cultura.» Y en el *Apologético,* Tertuliano sostiene: *O testimonium animae naturaliter christianae!*

A pesar de esta ardorosa antifilosofía, en cierto sentido Tertuliano se muestra partidario de una ontología estoica. Para él, el ser es cuerpo: *nihil enim, si non corpus, nihil est incorporale, nisi quod non est.* Estas tesis debían llegarle desde Séneca, sobre todo, a quien tanto admiraba. Dios es cuerpo, aunque *sui generis,* al igual que el alma también es cuerpo. Su *De anima* constituye una perfecta antítesis del espiritualismo del *Fedón* por lo que se refiere al planteamiento ontológico de fondo. Hay que atribuir a Tertuliano el mérito de haber creado el primer lenguaje de la teología latino-cristiana y de haber denunciado muchos de los errores de la herejía gnóstica.

1.3. *Los escritores cristianos del siglo III y de principios del IV: Cipriano, Novaciano, Arnobio y Lactancio*

San Cipriano, nacido a comienzos del siglo III, fue un gran pastor y se convirtió en la mayor autoridad teológica anterior a Agustín, adquiriendo una enorme importancia para la vida de la Iglesia en el África. Destaca en él un gran sentido eclesial. El preciso asimismo recordar a Novaciano, que continuó la obra de profundización en el lenguaje-técnico de la teología, que había iniciado Tertuliano.

A comienzos del siglo IV Arnobio escribió la obra *Contra los paganos,* llena de contenido filosófico, que se caracterizaba por un gran pesimismo acerca de la condición humana, que le conduce a encontrar en Cristo la única salvación posible. Sin embargo, el cristianismo de Arnobio es superficial. No manifiesta ninguna familiaridad con la Escritura y permanece dominado en parte por conceptos heréticos e incluso paganos.

Lucio Cecilio Firmiano Lactancio, alumno de Arnobio, primero enseñó retórica en Cartago y luego en Nicomedia. En su ancianidad —hacia el 317— se convirtió en preceptor de Crispo, hijo del emperador Constantino. Fue decididamente superior a su maestro, pero no mostró ninguna idea filosófica o teológica de veras original. Su obra más conocida son *Las instituciones divinas.* El juicio que sobre él formula uno de los más conocidos especialistas en patrística es el siguiente: «Si bien Lactancio es el primer escritor latino que intentó realizar una exposición sistemática de la fe cristiana, no es sin embargo un teólogo genial. Carece, a la vez, de ciencia y de capacidad. Incluso en su principal obra, *Las instituciones divinas,* define el cristianismo únicamente como una especie de moral popular» (J. Quasten).

1.4. *Traductores, comentadores y eruditos cristianos del siglo IV*

Desde el Occidente latino fueron muy escasas las aportaciones que se llevaron a cabo durante el siglo IV. Calcidio tradujo y comentó el *Timeo* de Platón, desde la perspectiva propia del platonismo medio. Ambrosio Teodosio Macrobio escribió un *Comentario al sueño de Escipión* (es decir, al libro VI del *De republica* de Cicerón), que será muy leído durante la edad media. Julio Fírmico Materno fue autor de una obra *Sobre los errores de las religiones profanas,* contra el politeísmo pagano. Cayo Mario Victorino tradujo a Plotino y a Porfirio y, una vez convertido al cristianismo, escribió tratados teológicos. Hilario de Poitiers se hizo célebre por su obra *Sobre la Trinidad,* pero ésta no posee implicaciones filosóficas de relevancia.

Ambrosio, obispo de Milán entre 374 y 397, fue una figura muy destacada. Sin embargo, Ambrosio es grande como pastor, como hombre de acción, como erudito, pero no es un pensador original. Fue un escritor muy fecundo. Tanto en teología como en exégesis bíblica depende considerablemente de los Padres griegos. Su originalidad reside sobre todo en los escritos ético-pastorales. A este propósito, cabe señalar su *De officiis ministrorum* (inspirado en Cicerón, por lo demás), en el que identifica el *officium medium* con los mandamientos divinos que son válidos para todos, y el *officium perfectum* con los consejos de perfección que son válidos para los santos. Gracias a Ambrosio, el concepto grecorromano de *officium* (creado por el estoicismo antiguo y llevado a un primer plano por Panecio y por Cicerón) es replanteado desde una perspectiva cristiana y se convierte en una categoría moral estable dentro de Occidente.

Recordemos, asimismo, a Jerónimo, autor de la traducción latina de la Biblia destinada a convertirse en canónica (la *Vulgata*), y que fue realizada entre el 391 y el 406. Por último, hay que mencionar a Rufino, que tuvo el mérito de traducir obras de los Padres griegos al latín, por ejemplo, las de Orígenes (a Rufino se le debe en especial la posibilidad que tenemos hoy de reconstruir la obra *Sobre los principios,* de Orígenes).

El espíritu latino, no obstante, se expresó sobre todo a través de Agustín, con quien la patrística alcanzó su cumbre más elevada y con quien se cierra definitivamente una época y se abre otra distinta.

2. San Agustín y el apogeo de la patrística

2.1. *La vida, la evolución espiritual y las obras de san Agustín*

Aurelio Agustín nació en el 354 en Tagaste, población de la Numidia, en el África. Su padre, Patricio, era un pequeño propietario rural, vinculado todavía con el paganismo (se convirtió sólo al final de su vida). Mónica, su madre, era por lo contrario una fervorosa cristiana. Después de haber asistido a escuelas en Tagaste y en la cercana Madaura, se trasladó a Cartago, gracias a la ayuda económica de un amigo de su padre, para llevar a cabo los estudios de retórica (370/371). Su formación cultural se realizó exclusivamente en lengua latina y basándose en autores latinos (sólo se aproximó de modo superficial al griego y sin ningún entusiasmo).

Durante mucho tiempo, Cicerón fue para él un modelo y un punto de referencia esencial.

En la época de Agustín, el retórico ya había perdido su antigua función, que era de carácter político y civil, como ya sabemos (cf. p. 80 y 82) convirtiéndose esencialmente en un maestro. Así, Agustín primero enseñó en Tagaste (374) y luego en Cartago (375-383). No obstante, la indisciplina de los estudiantes cartagineses le indujo a trasladarse a Roma en el 384. Desde aquí, en ese mismo año, viajó a Milán, donde desempeñó el cargo de profesor oficial de retórica de la ciudad. Agustín había llegado a Milán gracias al apoyo de los maniqueos, de los que durante cierto tiempo fue seguidor. En Milán, sin embargo, entre el 384 y el 386 y a través de un profundo esfuerzo espiritual maduró su conversión al cristianismo. Por consiguiente, Agustín renunció al cargo de profesor oficial y se retiró a Casiciaco (en Brianza), a una casa de campo donde vivió junto con un grupo de amigos, su madre Mónica, su hermano y su hijo Adeodato.

En el 387 Agustín fue bautizado por el obispo Ambrosio —que había desempeñado un papel relevante, si bien indirecto, en su conversión— y abandonó Milán para regresar al África. En el camino de vuelta, en Ostia, falleció su madre, Mónica. Agustín no logró llegar al África hasta el 388, porque Máximo había usurpado el poder en aquel país, y el viaje se había vuelto peligroso. Mientras esperaba, permaneció casi un año en Roma. Cuando finalmente regresó a Tagaste, vendió los bienes paternos y fundó una comunidad religiosa, adquiriendo muy pronto una gran notoriedad por la santidad de su vida. En el 391, hallándose en Hipona, fue ordenado sacerdote por el obispo Valerio, debido a las presiones de los fieles. Ayudó a Valerio en Hipona, sobre todo en la predicación, y fundó un monasterio, donde se reunieron viejos y fieles amigos, a los que se agregaron nuevos seguidores. En el 395 fue consagrado obispo, y a partir del año siguiente, cuando falleció Valerio, Agustín se convirtió en obispo titular. En la pequeña ciudad de Hipona entabló grandes batallas contra cismáticos y herejes, y escribió sus libros más importantes. Desde aquella localidad africana, con su pensamiento y con su tenaz labor, provocó un giro decisivo en la historia de la Iglesia y del pensamiento occidental. Murió en el 430, durante un asedio de los vándalos a la ciudad.

Todas estas etapas de su vida y los sucesos relacionados con ellas resultan decisivos desde muchos puntos de vista para la formación y la evolución del pensamiento filosófico y teológico de Agustín, por lo que debemos estudiarlos en detalle.

a) La primera persona que influyó en profundidad sobre el ánimo de Agustín fue, sin duda alguna, Mónica, su madre (la figura de su padre, Patricio, se muestra en cambio carente de relieve especial). Mónica, gracias a la firmeza de su fe y a su coherente testimonio cristiano, echó en cierto modo los cimientos y construyó los supuestos para la futura conversión de su hijo, sobre el que más adelante ejerció un estímulo bastante persistente. Mónica poseía una cultura modesta, pero se hallaba fortalecida por aquella fe que, en la religión predicada por Cristo, muestra a los humildes aquellas verdades que esconde a la soberbia de los poderosos y de los sabios. Las verdades de Cristo contempladas a través de la sólida fe de su madre constituyen, pues, el punto de partida de la evolución de

Agustín, si bien éste no aceptará la religión católica durante varios años y seguirá buscando en otros lugares su propia identidad.

b) El segundo encuentro fundamental fue el que se produjo con el *Hortensio* de Cicerón, obra que convirtió a Agustín a la filosofía, mientras estudiaba en Cartago. En este escrito Cicerón defendía una concepción de la filosofía entendida a la manera típicamente helenística, como sabiduría y arte de vivir que da felicidad. «En verdad —escribía Agustín en las *Confesiones*— aquel libro cambió mis sentimientos y hasta modificó mis plegarias... mis propósitos y mis deseos. Repentinamente se convirtió en vil para mí toda esperanza humana, y con un ardor increíble suspiré por la sabiduría inmortal...» El fuego encendido por el *Hortensio,* empero, se hallaba amortiguado por el hecho de que Agustín no encontró allí el nombre de Cristo: «Puesto que tal nombre —escribe— ...mi corazón aún tierno lo había bebido piadosamente junto con la leche materna y lo conservaba profundamente grabado; y todo lo que no llevase este nombre, por literariamente elegante y por verídico que resultase, no acababa de conquistarme.» Agustín se dirigió, pues, hacia la Biblia, pero no la comprendió. El estilo con que estaba escrita —tan distinto al rico refinamiento de la prosa ciceroniana— y el modo antropológico en que parecía hablar de Dios, actuaron como un velo y constituyeron un obstáculo insuperable para él.

c) A los diecinueve años (373) Agustín abrazó el maniqueísmo, que al parecer le ofrecía simultáneamente una doctrina de salvación en el plano racional y un lugar también para Cristo. El maniqueísmo, religión herética fundada por el persa Manes en el siglo III, implicaba 1) un profundo racionalismo; 2) un notable materialismo; 3) un dualismo radical en la concepción del bien y del mal, entendidos como principios no sólo morales sino también ontológicos y cósmicos. Véanse estos pasajes del escrito *Sobre las herejías* de Agustín, que ilustran algunos de los puntos más destacados de esta religión. Los maniqueos, escribe Agustín, afirmaron «la existencia de dos principios distintos entre sí, opuestos, y al mismo tiempo, eternos y coeternos [...] y, siguiendo a otros herejes antiguos, imaginaron dos naturalezas y substancias, la del bien y la del mal. Según sus dogmas, afirman que estas dos substancias se hallan en lucha y mezcladas entre sí». La doctrina maniquea —sigue diciendo Agustín— presentaba aquellos modos en que el bien se purifica del mal, haciendo un amplio uso de narraciones fantásticas. El Bien es la luz, el Sol y la Luna son los bajeles que vuelven a llevar a Dios la luz que se ha esparcido en todo el mundo, mezclándose con el principio opuesto. La purificación del bien con respecto al mal se lleva a cabo también gracias a la labor de la clase de los elegidos que —junto a la de los oyentes— constituían su Iglesia. Los electos purificaban el bien, no sólo con una vida pura (mediante la castidad y la renuncia a la familia), sino también absteniéndose de los trabajos materiales y observando una peculiar alimentación. Los oyentes, que vivían una vida menos perfecta, procuraban como compensación todo lo que hacía falta para la vida de los electos. Para los maniqueos, Cristo sólo se hallaba revestido de carne aparente, y por lo tanto su muerte y su resurrección fueron aparentes. Moisés no estaba inspirado por Dios, sino por uno de los príncipes de las tinieblas, y por eso hay que rechazar el Antiguo Testamento. La promesa de enviar el Espíritu Santo, realizada por Cristo, se habría llevado a cabo a través de Manes. En su extremado dualismo los maniqueos llegaban a no atribuir el pecado al libre arbitrio del hombre, sino al principio universal del mal que actúa también en nosotros: «La concupiscencia de la carne —escribe Agustín— [...] es según ellos una substancia contraria [...] y cuando la carne manifiesta deseos contrarios al espíritu, o el espíritu deseos contrarios a los de la carne, lo que sucede es que dos almas y dos inteligencias, una buena y otra mala, luchan entre sí en el hombre, ser único.» Es evidente que el racionalismo de esta herejía consiste en la eliminación de la necesidad de la fe, más que en la explicación de toda la realidad mediante la pura razón. Manes es un oriental y, como tal, deja un gran margen a la fantasía y a la imaginación, y su doctrina se halla por tanto más próxima a las teosofías de Oriente que a la filosofía de los griegos. Agustín, por consiguiente, se vio presa muy pronto de numerosas dudas. El encuentro que mantuvo con el obispo maniqueo Fausto le convenció de lo insostenible de la doctrina maniquea. En efecto, Fausto —que estaba considerado como la mayor autoridad que tenía la secta en aquellos tiempos— no estuvo en condiciones de resolverle ninguna de aquellas dudas y lo admitió con toda sinceridad.

d) Ya en el 383/384 Agustín se separó interiormente del maniqueísmo y estuvo tentado de abrazar la filosofía de la Academia escéptica según el cual el hombre debía dudar de todas las cosas, porque no se puede tener conocimiento cierto de nada, como hemos visto con anterioridad (cf. p. 242-245). Sin embargo, una vez más, no se decidió a seguir a los escépticos, porque en sus escritos se hallaba el nombre de Cristo. No obstante, conservaba aún el materialismo propio del maniqueísmo, que consideraba como el único modo posible de entender la realidad, y el dualismo, que a su juicio daba razón de los agudos conflictos entre el bien y el mal que experimentaba en su ánimo.

e) Los encuentros decisivos de Agustín tuvieron lugar en Milán. 1) Aprendió del obispo Ambrosio el modo correcto de enfrentarse con la Biblia la cual se transformó así en inteligible para él. 2) La lectura de los libros de los neoplatónicos le reveló la realidad de lo inmaterial y la no realidad del mal. 3) Gracias a la lectura de san Pablo aprendió por fin el sentido de la fe, de la gracia y del Cristo redentor. Las antiguas cadenas que durante tanto tiempo lo había tenido ligado se rompieron de manera definitiva. Dada la importancia de estos encuentros, debemos realizar unas cuantas aclaraciones. 1) Primeramente, Agustín escuchó a Ambrosio con un interés de profesional, como un retórico que escucha a otro retórico. Sin embargo, escribe en las *Confesiones,* «mientras abría el corazón para acoger la elocuencia, al mismo tiempo entraba allí también la verdad, de manera paulatina [...]: especialmente, después de que hube oído exponer y muy a menudo resolver pasajes obscuros de la Escritura antigua, que yo tomaba al pie de la letra, permaneciendo muerto ante ellos». El rechazo maniqueo del Antiguo Testamento le pareció entonces como injustificado e infundado. Más aún, sigue escribiendo, «si hubiese logrado pensar una substancia espiritual, todas las laboriosas construcciones de los maniqueos se habrían derrumbado». 2) Plotino y Porfirio, que Agustín leyó en la traducción de Mario Victorino, le sugirieron finalmente una solución a las dificultades ontológico-metafísicas en las que se hallaba inmerso. Además de la noción de lo incorpóreo y de la demostración de que el mal no es una substancia sino una mera privación, Agustín encontró en los platónicos muchas similitudes con la Escritura, pero una vez más, tampoco halló en ellos un elemento esencial, es decir, que Cristo Hijo de Dios murió por la remisión de los pecados de los hombres: «Esto —escribe— no se lee allí.» 3) Cristo crucificado para redimir los pecados de los hombres era una verdad que Agustín no podía hallar en ninguno de los filósofos, porque —como ya hemos recordado— según la doctrina cristiana Dios ha querido mantenerla oculta a los sabios y revelarla a los humildes. En consecuencia, se trata de una verdad que, para adquirirla, exige una revolución interior, no de la razón, sino de fe. Cristo crucificado es precisamente el camino para llevar a cabo esta revolución interior. Esto lo aprende Agustín sobre todo de san Pablo, como él mismo nos dice en las *Confesiones*: «Una cosa es vislumbrar la patria de la paz a través de una cumbre cubierta de espesura, sin encontrar la senda que a ella conduce, fatigándose inútilmente por lugares impracticables, sitiados por todas partes e infestados de desertores fugitivos...; y otra muy distinta, en cambio, hallarse en la senda apropiada, segura, gracias a la solicitud del emperador celestial, cuando han desaparecido los asesinos que habían desertado de la milicia de los cielos, los cuales la evitan como si fuese un suplicio. Estas verdades penetraban en mí de un modo maravilloso, mientras leía las páginas del mínimo de tus apóstoles.»

f) La última fase de la vida de Agustín estuvo caracterizada por los encuentros polémicos y las batallas contra los herejes. La etapa de polémica contra los maniqueos duró hasta el 404. A continuación Agustín se afanó de modo predominante contra los donatistas, que sostenían la necesidad de no readmitir en la comunidad a aquellos que durante las persecuciones habían cedido ante los perseguidores, apostatando u ofreciendo sacrificios ante los ídolos. En consecuencia afirmaban la no validez de los sacramentos administrados por obispos o por sacerdotes que se hubiesen manchado con tales culpas. Agustín comprendió perfectamente que el error de Donato y de sus seguidores consistía en hacer depender la validez del sacramento, no de la gracia de Dios, sino de la pureza del ministro de Dios. En el sínodo de obispos que tuvo lugar en Cartago en el 411, Agustín recogió los frutos de su polémica y obtuvo una clara victoria. A partir del 412, Agustín polemizó en particular contra Pelagio y sus secuaces, que afirmaban que para la salvación del hombre bastaba con la buena voluntad y con las obras, dejando a un lado la necesidad de la gracia. A lo largo de una serie de obras, san Agustín mostró cómo la revelación cristiana, a diferencia de lo que sostenían los pelagianos, gira de modo esencial en torno a la necesidad de la gracia. Su tesis triunfó en el concilio de Cartago del 417 y el papa Zósimo condenó el pelagianismo. La tesis de Pelagio se hallaba en una sintonía básica con la convicción que poseían los griegos acerca de la autarquía de la vida moral del hombre; la tesis de Agustín, en cambio, afirmaba que el cristianismo representaba una inversión de dicha convicción. M. Pohlenz escribe acertadamente: «El hecho de que la Iglesia se pronunciase a favor de esta doctrina señaló el final de la ética pagana y de toda la filosofía helénica: así dio comienzo la edad media.»

La producción literaria de Agustín es inmensa. Recordaremos sus principales obras.

a) Los escritos de carácter predominantemente filosófico se remontan al período de Casiciaco: *Contra los Académicos, La vida feliz, El orden, Los soliloquios, La inmortalidad del alma* (redactado en Milán). *La cantidad del alma* es del 388, escrito en Roma. *El maestro* y *La música* son obras realizadas en Tagaste (388-391). Se trata de escritos próximos al espíritu de los de Casiciaco.

b) *La Trinidad* (399-419) es su obra maestra dogmático-filosófico-teológica.

c) Su obra maestra apologética es *La ciudad de Dios* (413-427).

d) Los escritos exegéticos más destacados son *La doctrina cristiana* (396-426), los *Comentarios literales al Génesis* (401-414), los *Comentarios a Juan* (414-417) y los *Comentarios a los Salmos.*

e) Entre las obras contra los maniqueos, recordemos: *Sobre las costumbres de la Iglesia católica y sobre las costumbres de los maniqueos* (388 y 389), *Sobre el libre arbitrio* (388 y 391/395), *La verdadera religión* (390) y *Sobre el Génesis contra los maniqueos* (398).

f) Entre los escritos contra los donatistas, recordemos *Contra la carta de Parmeniano* (400), *Sobre el bautismo contra los donatistas* (401) y *Contra Gaudencio obispo de los donatistas* (419/420).

g) Pertenecen a los escritos polémicos antipelagianos *El espíritu y la letra* (412), *Sobre las hazañas de Pelagio* (417) y *La gracia de Cristo y el pecado original* (418).

h) Constituyen géneros literarios nuevos *Las confesiones* (397), que son una auténtica obra maestra, incluso desde el punto de vista literario, y las *Retractaciones* (426/427), en las que Agustín reexamina y rectifica algunas tesis contenidas en su producción anterior, que no eran o que no le parecían perfectamente acordes con la fe cristiana.

Uno de los mayores expertos en patrística, B. Altaner, formula el siguiente juicio sobre Agustín:

> El gran obispo reunía en sí la energía creadora de Tertuliano y la amplitud de espíritu de Orígenes con el sentido eclesial de Cipriano, la agudeza dialéctica de Aristóteles con el alado idealismo y la especulación de Platón, el sentido práctico de los latinos con la ductilidad espiritual de los griegos. Fue el filósofo máximo de la época patrística y, sin ninguna duda, el teólogo más importante e influyente de la Iglesia en general... Lo que fue Orígenes para la ciencia teológica de los siglos III y IV, Agustín lo fue de un modo mucho más duradero y eficaz para toda la vida de la Iglesia en los siglos posteriores, hasta la época contemporánea. Su influjo no sólo se extiende al terreno de la filosofía, la dogmática, la teología moral o la mística, sino también a la vida social y de caridad, a la política eclesiástica, al derecho público; en una palabra, fue el gran artífice de la cultura occidental en la edad media.

2.2. *El filosofar en la fe*

Plotino modificó la manera de pensar de Agustín, ofreciéndole nuevas categorías que rompieron los esquemas de su materialismo y su concepción maniquea de la realidad substancial del mal, con lo que todo el universo y el hombre se le aparecieron con una nueva luz. Sin embargo, la conversión y el acoger la fe de Cristo y de su Iglesia también cambiaron el modo de vivir de Agustín y le abrieron nuevos horizontes en su forma misma de pensar. La fe se transformó en substancia de vida y de pensamiento, con lo que se convierte no sólo en horizonte de la vida, sino también del pensamiento. Éste, a su vez, estimulado y verificado por la fe, adquirió una nueva talla y una nueva esencia. Nacía el filosofar en la fe, nacía la filosofía cristiana, ampliamente anticipada por los Padres griegos, pero que sólo en Agustín llega a su perfecta maduración.

La conversión, junto con la consiguiente conquista de la fe, es por lo tanto el eje en torno al cual gira todo el pensamiento agustiniano y la vía de acceso para su entendimiento pleno. K. Jaspers, en su obra *Los grandes filósofos,* ha puesto de relieve este punto muy acertadamente. Escribe Jaspers:

> El supuesto básico del pensamiento agustiniano es la conversión. Sólo en la conversión se transforma la fe en certidumbre no necesitada de nada, que no puede ser comunicada mediante una doctrina, sino que viene concedida como un don de Dios. Quien no haya experimentado por sí mismo la conversión hallará siempre algo de extraño en todo pensamiento que se fundamente sobre ella. ¿Qué significa esta conversión? No consiste en el despertarse una vez, provocado por Cicerón, ni en la transfiguración beatífica del pensamiento en espiritualidad —como propone Plotino— sino un acontecimiento único, esencialmente distinto en su sentido y en su eficacia: consciente de haber sido tocado directamente por el mismo Dios, el hombre se transmuta hasta en la corporeidad de su ser y en los objetivos que se plantea... Junto con el modo de pensar, ha cambiado también la manera de vivir... Una conversión de este tipo no es un filosófico cambio de ruta que haya que renovar día a día..., sino un instante biográficamente fechable, que irrumpe en la vida y le otorga una nueva fundamentación... En este avance del filosofar, desde el autónomo hasta el creyente-cristiano, parece que se trata del mismo filosofar. Y no obstante, cada cosa se halla penetrada por una savia distinta, extraña... Ahora las antiguas ideas filosóficas, que ya eran impotentes de por sí, se volvían medios para pensar, en un avance que no acaba nunca... Lo que ha cambiado por encima de todas las cosas (después de la conversión) es la valoración de la filosofía. Para el joven Agustín el pensamiento racional conservaba de manera expresa un valor preponderante. La dialéctica es la disciplina de las disciplinas, enseña a aprender y a enseñar. Demuestra y pone de manifiesto lo que es, lo que quiero; sabe el saber. Sólo ella quiere y puede volvernos sabios. Ahora, en cambio, se la valora negativamente. La luz interior se halla más arriba... Agustín reconoce que su anterior admiración por la filosofía (como dialéctica) era muy exagerada. La bienaventuranza no reside en el anhelo de Dios; esta bienaventuranza sólo pertenece a la vida futura, y el único camino para llegar a ella es Cristo. El valor de la filosofía (como mera dialéctica) ha disminuido. El pensamiento bíblico-teológico es ahora la única cosa esencial.

¿Se trata, entonces, de una forma de fideísmo? No. Agustín se encuentra muy lejos del fideísmo, que siempre representa una forma de irracionalismo. La fe no substituye a la inteligencia y tampoco la elimina; al contrario, como ya hemos dicho previamente, la fe estimula y promueve la inteligencia. La fe es un *cogitare cum assesione*, un modo de pensar asintiendo; por esto, si no hubiese pensamiento, no existiría la fe. Y de manera análoga, por su parte la inteligencia no elimina la fe, sino que la refuerza y, en cierto modo, la aclara. En definitiva: fe y razón son complementarias. El *credo quia absurdum* es una actitud espiritual completamente extraña para Agustín.

Nace así aquella posición que más adelante será resumida por las fórmulas *credo ut intelligam* e *intelligo ut credam,* fórmulas que por lo demás Agustín mismo anticipa en substancia y en parte en la forma. El origen de ellas se encuentra en Isaías 7,9 (en la versión griega de los Setenta), donde se lee «si no tenéis fe, no podréis entender», a lo que corresponde en Agustín la afirmación tajante: *intellectus merces est fidei,* la inteligencia es recompesa de la fe. Veremos a continuación dos pasajes muy significativos al respecto. En la *Verdadera religión* puede leerse: «Con la armonía de lo creado... coincide también la medicina del alma, que se nos suministra por la bondad inefable de la Providencia divina... Esta medicina actúa en orden a dos principios: la autoridad y la razón. La autoridad exige la fe y lleva al hombre a la razón. La razón conduce al entendimiento consciente. Por otra parte, no puede decirse que ni siquiera la autoridad se halle desprovista de un fundamento racional, que permita considerar en quién se deposita la fe; los motivos de asentimiento a la autoridad son más evidentes que nunca cuando ésta ratifica una verdad inobjetable incluso para la razón.» Y en la *Trinidad* (haciendo referencia al texto de Isaías antes mencionado) escribe: «La fe busca, la inteligencia encuentra; por esto dice el Profeta: Si no creéis, no comprenderéis. Y por otra parte, la inteligencia sigue buscando a Aquel que ha encontrado; porque Dios contempla a los hijos de los hombres, como se canta en el salmo inspirado, para ver si hay quien tenga inteligencia, quien busque a Dios. Por esto, pues, el hombre debe ser inteligente, para buscar a Dios.» Tal es la postura de Agustín, que asumió a partir de su primera obra de Casiciaco, *Contra los Académicos,* que constituye la clave más auténtica de su filosofar: «Todos saben que nos vemos estimulados hacia el conocimiento por el doble peso de la autoridad y de la razón. Considero, pues, como algo definitivamente cierto el que no debo alejarme de la autoridad de Cristo, porque no hallo ninguna otra más válida. Luego, con respecto a aquello que se debe alcanzar mediante el pensamiento filosófico, confío en encontrar en los platónicos temas que no repugnen a la palabra sagrada. Ésta es mi disposición actual: deseo aprender sin demora las razones de lo verdadero, no sólo con la fe sino también con la inteligencia.» Cabría aducir muchos otros textos de parecido tenor.

En el último pasaje que hemos citado, Agustín invoca a los platónicos. Y Platón —téngase en cuenta— ya había comprendido que la plenitud de la inteligencia sólo podía realizarse, en lo que concierne a las verdades últimas, si se daba una revelación divina: «Tratándose de estas verdades, no es posible más que una de dos cosas: aprender de otros cuál es la verdad, o descubrirla por uno mismo, o bien, si esto es imposible, aceptar entre los razonamientos humanos el mejor y el más difícil de refutar, y sobre él como sobre una balsa afrontar el riesgo de atravesar el mar de la vida», y había agregado de manera profética: «a menos que se pueda hacer el viaje de una manera más segura y con menor riesgo, sobre una nave más sólida, esto es, confiándose a una revelación divina.» Para Agustín, ahora esta nave existe: es el *lignum crucis,* Cristo crucificado. Cristo, dice Agustín, «ha querido que pasásemos a través de Él»; «nadie puede atravesar el mar del siglo si no es conducido por la cruz de Cristo». Éste es, precisamente, el «filosofar en la fe», la filosofía cristiana: un mensaje que ha cambiado durante más de un milenio el pensamiento occidental.

2.3. *El descubrimiento de la persona y la metafísica de la interioridad*

«Y pensar que los hombres admiran las cumbres de las montañas, las vastas aguas de los mares, las anchas corrientes de los ríos, la extensión del océano, los giros de los astros; pero se abandonan a sí mismos...» Estas palabras de Agustín, pertenecientes a las *Confesiones* y que tanta impresión produjeron en el Petrarca, son todo un programa. El verdadero y gran problema no es el del cosmos, sino el del hombre. El verdadero misterio no reside en el mundo, sino que lo somos nosotros, para nosotros mismos: «¡Qué misterio tan profundo que es el hombre! Pero tú, Señor, conoces hasta el número de sus cabellos, que no disminuye sin que tú lo permitas. Y sin embargo, resulta más fácil contar sus cabellos que los afectos y los movimientos de su corazón.»

Agustín, empero, no plantea el problema del hombre en abstracto, el problema de la esencia del hombre en general. En cambio, plantea el problema más concreto del «yo», del hombre como individuo irrepetible, como persona, como individuo autónomo, podríamos decir utilizando una terminología posterior. En este sentido, el problema de su «yo» y de su persona se convierten en paradigmáticos: «yo mismo me había convertido en un gran problema (*magna quaestio*) para mí», «no comprendo todo lo que soy». Agustín, como persona, se transforma en protagonista de su filosofía: observador y observado.

Una comparación con el filósofo griego que más aprecia y que está más cercano a él nos mostrará la gran novedad de este planteamiento. Plotino, aunque predica la necesidad de retirarnos al interior de nosotros mismos, apartándonos de las cosas exteriores, para hallar en nuestra alma la verdad, habla del alma y de la interioridad del hombre en abstracto, o mejor dicho, en general, despojando con todo rigor al alma de su individualidad e ignorando la cuestión concreta de la personalidad. En su propia obra Plotino jamás habló de sí mismo y tampoco quiso hablar de este tema a sus amigos. Porfirio relata: «Plotino... mostraba el aspecto de alguien que se avergüence de estar en un cuerpo. En virtud de dicha disposición general, manifestaba recato en hablar de su nacimiento, de sus padres, de su patria. Le molestaba tanto el someterse a un pintor o a un escultor, que a Amelio —que le pedía autorización para hacerle un retrato— le contestó: "¿No es suficiente con tener que arrastrar este simulacro con el que la naturaleza nos ha querido revestir, y vosotros pretendéis todavía que yo consienta en dejar una imagen más duradera de dicho simulacro, como si fuese algo que de veras valga la pena ver?"»

Por lo contrario, Agustín habla continuamente de sí mismo y las *Confesiones* constituyen precisamente su obra maestra. En ellas no sólo habla con amplitud de sus padres, su patria, las personas queridas para él, sino que saca a la luz hasta los lugares más recónditos de su ánimo y las tensiones más íntimas de su voluntad. Es precisamente en las tensiones y en los desgarramientos más íntimos de su voluntad, enfrentada con la voluntad de Dios, donde Agustín descubre el «yo», la personalidad, en un sentido inédito: «Cuando me hallaba deliberando sobre el servir sin más al Señor mi Dios, como había decidido hacía un instante, era yo quien quería, y era yo quien no quería: era precisamente yo el que ni quería del todo, ni lo rechazaba del todo. Porque luchaba conmigo mismo y yo mismo me atormentaba...»

Nos encontramos muy lejos ya del intelectualismo griego, que sólo había dejado un sitio muy reducido a la voluntad. M. Pohlenz escribe muy acertadamente al respecto: «En Agustín el problema del "Yo" nace debido a su controvertida religiosidad: el punto de partida reside en el dramático desgarramiento de su interioridad, que le hizo padecer durante tanto tiempo, en la contradictoriedad de su querer, que sólo superó al abdicar completamente de su propia voluntad, en favor de la voluntad que Dios ejerció en él. En comparación con el pensamiento clásico, nos hallamos ante algo absolutamente nuevo. La filosofía griega no conoce esta contradictoriedad del querer provocada por el sentimiento religioso; para ella la filosofía no es una fuerza que determina autónomamente la vida, sino una función vinculada al intelecto, que es el que indica la meta que hay que alcanzar. Y el mismo "Yo", como soporte unitario de la vida (para los griegos), es para la conciencia un dato tan inmediato que no se convierte en objeto de reflexión.» La problemática religiosa, el enfrentarse la voluntad humana con la voluntad divina, es lo que nos lleva por tanto al descubrimiento del «yo» como persona.

En realidad, Agustín apela todavía a fórmulas griegas para definir al hombre y, en particular, a aquella fórmula de origen socrático, que el *Alcibíades* de Platón hizo famosa, según la cual el hombre es un alma que se sirve de un cuerpo. No obstante, la noción de alma y de cuerpo asumen un nuevo significado para él, debido al concepto de creación (del que después hablaremos), al dogma de la resurrección y sobre todo al dogma de la encarnación de Cristo. El cuerpo se convierte en algo mucho más importante que aquel vano simulacro del que se avergonzaba Plotino, como hemos leído en el pasaje antes mencionado. La novedad reside, en especial, en el hecho de que para Agustín el hombre interior es imagen de Dios y de la Trinidad. Y la problemática de la Trinidad —que se centra sobre las tres personas y sobre su unidad substancial y, por lo tanto, sobre la específica temática de la persona— iba a cambiar de modo radical la concepción del «yo», el cual, en la medida en que refleja las tres personas de la Trinidad y su unidad, se convierte él mismo en persona. Agustín encuentra en el hombre toda una serie de tríadas, que reflejan la Trinidad de modos diversos. He aquí uno de los textos más significativos al respecto, perteneciente a la *Ciudad de Dios*:

> Aunque no iguales a Dios, sino más bien infinitamente distantes de Él, pero puesto que entre sus obras somos la que más se acerca a su naturaleza, reconocemos en nosotros mismos la imagen de Dios, es decir, de la Santísima Trinidad; imagen que aún debe perfeccionarse, con objeto de que cada vez se le acerque más. En efecto, nosotros existimos, sabemos que existimos y amamos nuestro ser y nuestro conocimiento. En tales cosas no nos perturba ninguna sombra de falsedad. No son como las que existen fuera de nosotros y que conocemos por alguno de los sentidos del cuerpo, como sucede al ver los colores, oír los sonidos, aspirar los aromas, gustar los sabores, tocar las cosas duras y blandas, cuyas imágenes esculpimos en nuestras mentes y por medio de las cuales nos vemos impulsados a desearlas. Sin ninguna representación de la fantasía, poseo la plena certeza de ser, de conocerme y de amarme. Ante dichas verdades, no me causan ningún recelo los argumentos de los académicos que dicen «¿y si te engañas?». Si me engaño, quiere decir que soy. No se puede engañar a quien no existe; si me engaño, por eso mismo soy. Dado que existo, ya que me engaño, ¿Cómo puedo engañarme con respecto a mi ser, cuando es cierto que soy, a partir del instante en que me engaño? Ya que existiría aunque me engañase, aún en la hipótesis de que me engañe, no me engaño en el conocer que soy. Por lo tanto, ni siquiera en el conocer que me conozco me estoy engañando. Al igual que conozco que soy, también conozco que me conozco. Y cuando amo estas dos cosas (el ser y el conocerme), me agrego —a mí, como cognoscente— este amor, como tercer elemento no menos valioso. Tampoco me engaño en el amarme a mí mismo, porque en aquello que amo no puedo engañarme; y aunque fuese falso lo que amo, sería verdad el que amo cosas falsas, pero no sería falso que yo amo.

Dios, pues, se refleja en el alma. Y alma y Dios son los pilares de la filosofía cristiana de Agustín. Se encuentra a Dios no al investigar sobre el mundo, sino ahondando en el alma. Las claves del alma son las claves de Dios. Afirma con acierto É. Gilson: «Conocerse a sí mismo, como nos invita a llevar a cabo el consejo de Sócrates, consiste según Agustín en conocerse en tanto que imágenes de Dios. En este sentido, nuestro pensamiento es recuerdo de Dios, el conocimiento que se encuentra con Él es inteligencia de Dios y el amor que procede de uno y de otro es amor de Dios. En el hombre, por lo tanto, hay algo más profundo que el hombre mismo. Lo que de su pensamiento permanece oculto (*abditum mentis*) no es más que el secreto inagotable de Dios mismo; al igual que la suya, nuestra vida interior más profunda no es otra cosa que el desplegarse dentro de sí misma del conocimiento que un pensamiento divino posee de sí, y del amor que se dirige hacia sí.»

2.4. *La verdad y la iluminación*

La noción de «verdad» actúa como eje de esta temática alma-Dios, y a dicha noción Agustín añade una serie de otros conceptos fundamentales. Un pasaje de *La verdadera religión*, que se ha hecho muy famoso, ilustra a la perfección esta función del concepto de verdad:

> No busques fuera de ti...; entra en ti mismo; la verdad se encuentra en el interior del alma humana; y si hallas que tu naturaleza es mudable, trasciéndete también a ti mismo. Ten en cuenta, empero, que al trascenderte tú mismo, trasciendes el alma que razona, de modo que el término de la trascendencia debe ser el principio donde se enciende la luz misma del raciocinio. En efecto, ¿adónde llega un buen razonador, si no es a la verdad? La verdad no es algo que se construya poco a poco, a medida que avanza el razonamiento; constituye, en cambio, un término prefijado, una meta en la que uno se detiene después de haber razonado. En ese punto, un perfecto acuerdo final sirve de conclusión a todo; converge con él. Persuádete de que tú no eres la verdad: ésta no se busca a sí misma; eres tú, algo distinto de ella, el que la busca —con el afecto del alma, por supuesto, y no en el espacio sensible—: cuando ha llegado a ella, el hombre interior se une con su propio huésped interno en un transporte de felicidad suprema y espiritual...

Veamos con más detenimiento cómo llega el hombre a la verdad. La argumentación más conocida es la que aparece en el pasaje citado en el parágrafo precedente, que Agustín presenta a través de múltiples y diversas formulaciones. La duda escéptica se invierte a sí misma y, en el momento mismo en que pretende negar la verdad, la reafirma: *si fallor, sum*; si dudo, precisamente para poder dudar, yo soy y estoy seguro de que pienso. Con esta argumentación Agustín se anticipa sin duda al cartesiano *cogito, ergo sum*, aunque sus objetivos específicos son diferentes a los de Descartes.

Más en general, Agustín interpreta así el proceso cognoscitivo.

a) La sensación, como había enseñado Plotino, no es una afección padecida por el alma. Los objetos sensoriales excitan sus sentidos. Esta afección del cuerpo no escapa al alma, que «reacciona» sacando de su propio interior aquella representación del objeto, llamada sensación. Por tanto en la sensación es el alma la que está activa.

b) Pero la sensación sólo es el primer escalón de la conciencia. En efecto, el alma muestra su espontaneidad y su autonomía con respecto a las cosas corpóreas, dado que las juzga con la razón, y las juzga basándose en criterios que contienen un plus en relación con los objetos corpóreos. Éstos son mudables e imperfectos, mientras que los criterios de acuerdo con los que el alma juzga con inmutables y perfectos. Esto se hace especialmente evidente cuando juzgamos los objetos sensibles en función de conceptos matemáticos o geométricos, o estéticos, o bien cuando juzgamos las acciones en función de parámetros éticos. Los conceptos matemático-geométricos que aplicamos a los objetos son necesarios, inmutables y eternos, mientras que los objetos son contingentes, mudables y corruptibles; lo mismo es válido para los conceptos de unidad y de proporción, que aplicamos a los objetos cuando los valoramos estéticamente. Véase este texto procedente de *La verdadera religión*:

Gracias a la simetría, cada obra de arte en conjunto resulta íntegra y bella. Ahora bien, tal simetría requiere una correspondencia entre las partes y el todo, de modo que configuren una unidad, tanto por su proporcionada desigualdad como por su igualdad. Nadie, sin embargo, lograría descubrir la igualdad o la desigualdad absolutas dentro de los objetos observados; nadie, aunque los observase con gran diligencia, se atrevería a concluir que este cuerpo o aquél poseen en sí mismos el puro y auténtico principio unitario. Todos los cuerpos padecen vicisitudes que alteran su aspecto y su colocación, como resultado de determinada yuxtaposición de las partes, cada una de ellas distinta de su lugar, y que sirven para distinguir la posición del cuerpo en el espacio. El criterio originario de la igualdad y de la proporción, es decir, el principio fundamental y auténtico de la unidad, hay que buscarlo fuera de los cuerpos: no puede asirse mediante el órgano de la visión ni mediante ningún otro sentido, ya que sólo puede captarse a través de la mente. En los cuerpos no podría reconocerse jamás una simetría o una proporción, y jamás podría demostrarse en qué grado se apartan de la perfección, si la inteligencia no conociese previamente el canon de la perfección increada. Todo lo que en el mundo sensible se nos aparece dotado de belleza, trátese de lo bello natural como de lo bello artístico, siempre constituye un fenómeno circunscrito en el espacio y en el tiempo, al igual que están circunscritos los cuerpos y los movimientos de los cuerpos: en cambio, la igualdad y la unidad, en la medida en que sólo son susceptibles de intuición mental, y en la medida en que dictan normas al juicio de belleza aplicado por la mente a los cuerpos conocidos mediante los sentidos, no poseen ni extensión espacial ni transcurso temporal.

c) Surge entonces el problema acerca de dónde llegan al alma estos criterios de conocimiento con los que juzga las cosas y que son superiores a las cosas. ¿Los fabrica, quizás, el alma misma? No, sin duda, porque ésta —aunque sea superior a los objetos físicos— es mudable, mientras que aquellos criterios son inmutables y necesarios: «Mientras el principio valorativo... mencionado, que preside el juicio... es inmutable, la mente humana, en cambio, aunque le sea concedido elaborar tal principio, es susceptible de mudanza y de error. Por tanto es preciso concluir que por encima de nuestra mente hay una Ley que se llama Verdad, y no hay duda de que existe una naturaleza inmutable, superior al alma humana... El alma, pues, aun sintiéndose superior a los objetos a los que aplica su propio juicio, no puede ignorar que no ha sido ella quien ha inventado y regulado el principio juzgador que le sirve para reconocer la forma y los movimientos de los cuerpos. Además, debe inclinarse ante la superioridad del valor del cual extrae el criterio de sus propios juicios y del que ella en ningún caso puede constituirse en juez.» El intelecto humano, en consecuencia, se encuentra con la verdad en cuanto objeto superior a él, y juzga a través de ella, pero es asimismo juzgado por ella. La verdad es la medida de todas las cosas y el intelecto mismo es medido con respecto a ella.

d) Esta verdad que captamos mediante el puro intelecto está constituida por las ideas, que son *rationes intelligibiles incorporalesque rationes*, las supremas realidades inteligibles de las que hablaba Platón. Agustín sabe muy bien que el término «ideas», en su sentido técnico, fue introducido por Platón y que la teoría de las ideas es algo típicamente platónico. Sin embargo, está convencido de que los filósofos anteriores también habían poseído un cierto conocimiento del tema, porque «el valor de las ideas es de tal clase que nadie puede ser filósofo si no tiene conocimiento de ellas». Las ideas, afirma Agustín, «son las formas fundamentales o las razones estables e inmutables de las cosas... Y aunque no nazcan ni mueran, sobre su modelo se halla constituido y formado todo lo que... nace y muere». Son el parámetro que sirve para hacer todas las cosas.

No obstante, Agustín rectifica a Platón en dos puntos: 1) convierte las ideas en pensamientos de Dios (como ya habían hecho de una manera distinta Filón, el platonismo medio y Plotino) y 2) rechaza la doctrina de la reminiscencia o, mejor dicho, la replantea *ex novo*. Sobre el primer punto volveremos más adelante. Por lo que respecta al segundo, hay que advertir que Agustín transforma la doctrina de la reminiscencia en la célebre doctrina de la iluminación. Dicha transformación se imponía en el contexto general del creacionismo, que se halla en la base de la filosofía agustiniana. Rechazando de modo explícito la formulación platónica de la reminiscencia, que supone la preexistencia del alma —posibilidad excluida por el creacionismo— Agustín escribe en la *Trinidad*: «Es necesario considerar, en cambio, que la naturaleza del alma intelectiva ha sido hecha de tal modo que estando unida —según el orden natural dispuesto por el Creador— a las cosas inteligibles, percibe a éstas mediante una especial luz incorpórea, del mismo modo que el ojo carnal percibe lo que le circunda gracias a la luz corpórea, habiendo sido creado capaz de percibir esta luz y ordenado hacia ella.» En los *Soliloquios* se lee: «Y ahora, a través de mi enseñanza, y porque lo exige la actual situación, aprende algo acerca de Dios basándote en la semejanza con las cosas sensibles. Dios es inteligible y también son inteligibles los principios de las disciplinas, aunque con diferencias notables. Tanto las cualidades corpóreas como la luz son visibles, pero no pueden verse las cualidades corpóreas si no son iluminadas por la luz. En consecuencia, hay que afirmar que también los conceptos relativos a las ciencias, que todo el que los entiende los considera como absolutamente verdaderos, no pueden ser entendidos si no son iluminados, por así decirlo, por un sol propio. Así, del mismo modo que en este sol pueden advertirse tres cosas: que existe, que brilla y que ilumina, en el Dios inefable que quieres conocer hay en cierto sentido tres principios: que existe, que es ser inteligible y que vuelve inteligibles todas las demás cosas.»

Los intérpretes se han esforzado mucho por comprender esta teoría de la iluminación ya que, para interpretarla, se han referido a evoluciones posteriores de la doctrina del conocimiento, introduciendo temas y problemas ajenos a Agustín. En realidad, la doctrina agustiniana es la doctrina platónica transformada de acuerdo con el creacionismo. La analogía de la luz es algo que Platón ya había utilizado en la *República* y que se combina con la luz de la que hablan las sagradas escrituras. Al igual que Dios, que es puro ser, participa su ser a las demás cosas mediante la creación, del mismo modo Él —en cuanto verdad— participa a las mentes la capacidad de conocer la verdad, produciendo una impronta metafísica de la verdad misma en las mentes. Dios, como ser, crea; como verdad, nos ilumina, y como amor, nos atrae y nos da la paz.

Hay que reseñar un último punto. Agustín insiste sobre el hecho de que sólo la *mens,* la parte más elevada del alma, llega al conocimiento de las ideas. Para esta visión «no todas y cada una de las almas son idóneas, sino sólo aquella que sea santa y pura, la que tiene una mirada santa, pura y serena, con la que intente ver las ideas, de un modo que resulte similar a las ideas mismas». Se trata del antiguo tema de la purificación y de la asimilación a lo divino como condición de acceso a la verdad, que habían desarrollado los platónicos sobre todo y que en Agustín se enriquece con los valores evangélicos posteriores: la buena voluntad y la pureza del corazón. La pureza de alma se convierte en condición necesaria para la visión de la verdad, además de ser imprescindible para gozar de ella.

2.5. *Dios*

Cuando el hombre ha alcanzado la verdad, ¿ha llegado también a Dios, o bien Dios se halla por encima de la verdad? Agustín considera que la noción de «verdad» admite múltiples significados. Cuando la entiende en su significado más fuerte, como verdad suprema, coincide con Dios y con la segunda persona de la Trinidad: «Dado que la verdad suprema no es inferior al Padre, siendo connatural a él, no sólo los hombres, ni siquiera el Padre juzga acerca de la verdad: todo lo que Él juzga, lo juzga por la verdad»; «Comprende, pues... oh alma, ...si puedes, que Dios es verdad».

Por consiguiente, la demostración de la existencia de la certeza y de la verdad coincide con la demostración de la existencia de Dios. Como han puesto de relieve los expertos desde hace tiempo, todas las pruebas que brinda Agustín de la existencia de Dios, se reducen en última instancia al esquema de las argumentaciones antes expuestas: primero se pasa desde la exterioridad de las cosas a la interioridad del alma humana y, luego, desde la verdad que está presente en el alma hasta el Principio de toda verdad, que es precisamente Dios.

Sin embargo, en Agustín se encuentran también otros tipos de pruebas, que vale la pena exponer. En primer lugar, recordemos la prueba —muy conocida para los griegos— en la que, analizando los rasgos de perfección del mundo, se asciende hasta su artífice. Leemos en la *Ciudad de Dios*: «Aun dejando de lado los testimonios de los profetas, el mundo en sí mismo, con su ordenadísima variedad y mutabilidad y con la belleza de todos los objetos visibles, proclama tácitamente que ha sido hecho, y hecho por un Dios inefable e invisiblemente grande, inefable e invisiblemente bello.»

Una segunda prueba es la conocida con el nombre de *consensus gentium,* que se hallaba presente en los pensadores de la antigüedad pagana: «El poder del verdadero Dios es tal que no puede permanecer totalmente oculto a la criatura racional, una vez que ha comenzado a hacer uso de la razón. Si se exceptúan algunos hombres cuya naturaleza está corrompida por completo, toda la especie humana confiesa que Dios es el creador del mundo.»

Una tercera prueba se halla en los diversos grados del bien, desde los cuales se asciende hasta el primer y supremo bien, que es Dios. En la *Trinidad* se sostiene:

Sin duda alguna, tú sólo amas el bien, porque es buena la tierra con sus altas montañas, sus onduladas colinas, sus campos llanos; bueno es el terreno variado y fértil, buena la casa amplia y luminosa, con sus habitaciones dispuestas con armoniosas proporciones; buenos los cuerpos animales dotados de vida; bueno es el aire templado y saludable; buena la comida sabrosa y sana; buena la salud sin padecimientos ni fatigas; bueno es el rostro del hombre, armonioso, iluminado por una suave sonrisa y por vívidos colores; buena el alma del amigo por la dulzura de compartir los mismos sentimientos y la fidelidad de la amistad; bueno es el hombre justo y buenas son las riquezas que nos ayudan a quitarnos problemas de encima; bueno el cielo con el Sol, la Luna y las estrellas; buenos los ángeles por su santa obediencia; buena la palabra que instruye de modo agradable e impresiona de manera conveniente al que la escucha; bueno es el poema armonioso por su ritmo y majestuoso por sus sentencias. ¿Qué más podemos agregar? ¿Para qué seguir con esta enumeración? Esto es bueno, aquello es bueno. Suprime el esto y el aquello, y contempla el bien mismo, si puedes; verás entonces a Dios, que no recibe su bondad de otro bien, sino que es el Bien de todo bien. En efecto, entre todos estos bienes —los que he recordado u otros que se ven o se imaginan— no podemos decir que uno es mejor que el otro, cuando juzgamos de acuerdo con la verdad, si en nosotros no estuviese impresa la noción del bien mismo, regla según la cual declaramos buena a una cosa buena, prefiriendo una cosa a otra. Así es como debemos amar a Dios: no como a este o aquel bien, sino como al Bien mismo.

Esta última prueba finaliza con el amor de Dios. Se trata de algo verdaderamente paradigmático. Agustín no demuestra a Dios, como por ejemplo lo demuestra Aristóteles, con un propósito puramente intelectual, para explicar el cosmos. Lo hace, en cambio, para gozar de Él (*frui Deo*), para colmar el vacío de su alma, para poner fin a la inquietud de su corazón, para ser feliz. La felicidad verdadera existe sólo en la otra vida y no es posible en ésta, contrariamente a lo que pensaba Plotino. Sin embargo, sobre esta tierra podemos tener una pálida imagen de aquella felicidad. En efecto, resulta muy significativo que Agustín en sus *Confesiones* emplee el vocabulario de las *Ennéadas* para describir el momento de éxtasis que alcanzó en Ostia, al contemplar a Dios en compañía de su madre, Mónica. También es significativa la eliminación metafísica de toda dimensión física y la desaparición de toda alteridad —realizadas a la manera plotiniana, pero con un *pathos* espiritual más cálido y cargadas de un nuevo sentido— que se dan en este pasaje de las *Confesiones* que concierne al gozar de Dios, uno de los textos agustinianos más bellos:

Pero ¿qué amo, amándote a Ti? No una belleza corpórea, no una donosura transitoria, no un resplandor como el de la luz, que agrada a estos ojos, no dulces melodías provenientes de toda clase de cantos, no un suave perfume de flores, de ungüentos, de aromas, no el maná y la miel, no miembros festivos y dispuestos al abrazo carnal. No amo estas cosas, cuando amo a mi Dios. Y sin embargo, por así decirlo, amo una luz, una voz, un perfume, un alimento, un abrazo del hombre interior que hay en mí, donde resplandece en mi alma una luz que no se desvanece en el espacio, donde resuena una voz que el tiempo no arrebata, donde se huele un perfume que el viento no se lleva, donde gusto un sabor que no mengua con la voracidad, donde me estrecha un abrazo que la saciedad jamás disuelve. Esto es lo que yo amo, cuando amo a mi Dios.

Ser, verdad, bien (y amor) son los atributos esenciales de Dios, según Agustín. Ya hemos hablado del segundo y del tercero. Agustín ilustra el primero de la manera siguiente, en la *Ciudad de Dios*. Uno comprenderá mejor a Dios «... en la medida en que mejor haya comprendido las palabras dichas por Dios a través del ángel, cuando Moisés ordenó a los hijos de Israel: "Soy el que soy". Dios, que es suma esencia, esto es, el sumo ser y por tanto inmutable, ha concedido el ser a las cosas que creó de la nada, pero no el sumo ser que es Él: a algunas les ha dado una naturaleza más perfecta y a otras una naturaleza menos perfecta, de modo que existe una gradación en las naturalezas de los seres. Y así como del saber procede la ciencia, del ser procede la esencia, que es un nuevo término del cual no hicieron uso los antiguos escritores latinos, pero que es utilizado en nuestro tiempo para que nuestra lengua no carezca de lo que los griegos llaman *ousia.* Esta palabra, en efecto, procede del verbo griego que significa "ser" e indica la esencia.» En la *Trinidad* precisa aún más: «A Dios se le llama "substancia" de una manera impropia, para dar a entender mediante un nombre más común que es "esencia", término justo y apropiado, hasta el punto de que quizás sólo a Dios pueda llamársele esencia. Sólo Él es verdaderamente, porque es inmutable, y es precisamente con este nombre como se autodefinió a su siervo Moisés cuando le dijo "Yo soy el que soy". "Así dirás a los hijos de Israel: YO SOY me ha enviado a vosotros." Sin embargo, tanto si se le llama "esencia", término apropiado, como si se le llama "substancia", término impropio, ambos términos son "absolutos" y no relativos.»

Es evidente que, para Agustín, al hombre le resulta imposible definir la naturaleza de Dios, y que en cierto sentido Dios *scitur melius nesciendo,* en cuanto que nos es más fácil saber lo que Él no es, que lo que Él es: «Cuando se trata de Dios, el pensamiento es más verdadero que la palabra, y la realidad de Dios más verdadera que el pensamiento.»

Los mismos atributos que se mencionaron antes (y todos los demás atributos positivos que se puedan afirmar de Dios) hay que entenderlos no como propiedades de un sujeto, sino como coincidentes con su esencia misma: «Dios recibe una cantidad de atributos: grande, bueno, sabio, bienaventurado, veraz, y todas las demás cualidades que no resulten indignas de Él. No obstante, su grandeza es la misma cosa que su sabiduría (no siendo Él grande por su volumen, sino por su poder); su bondad es lo mismo que su sabiduría y su grandeza; su veracidad se identifica asimismo con todos estos atributos. Así, en Dios, ser bienaventurado no es más que ser grande, sabio, veraz, bueno, o sencillamente ser.» Es mejor aún que afirmemos de Dios atributos positivos, negando lo negativo de la finitud categorial que acompaña a éstos: «Concibamos a Dios... bueno sin cualidad, grande sin cantidad, creador sin necesidad (de lo que crea), en el primer lugar sin colocación, abarcador de todas las cosas pero sin exterioridad, presente por completo en todas partes pero sin ocupar un lugar, sempiterno sin tiempo, autor de las cosas mudables, aunque permanece absolutamente inmutable y sin padecer nada.» Dios es todo lo positivo que se encuentre en la creación, pero sin los límites que hay en ésta, resumido en el atributo de la inmutabilidad y expresado mediante la fórmula con la que Él mismo se designó: YO SOY EL QUE SOY.

2.6. *La Trinidad*

Dios, para Agustín, es la Trinidad, y a este tema le dedica uno de sus libros más ambiciosos, su obra maestra doctrinal.

a) Su interpretación se construye sobre el siguiente concepto de base: «Para hablar de lo inefable, para poder expresar de algún modo lo que no se puede explicar de ningún modo, los griegos han empleado esta expresión: "una esencia, tres substancias"; en cambio, los latinos dicen: "una esencia o substancia, tres personas", porque... en latín, esencia y substancia son considerados como sinónimos.» Esta igualdad de substancia hace que no pueda considerarse al Padre como Dios por excelencia, en un sentido privilegiado (así lo consideraron muchos griegos), sino que debe considerarse que, en sentido absoluto, Dios es el Padre *y* el Hijo *y* el Espíritu Santo. El Padre, el Hijo y el Espíritu «son inseparables en el ser y, por eso, también actúan inseparablemente»; «La Trinidad misma es el único y exclusivo Dios verdadero». En la Trinidad, pues, no existe diferencia jerárquica ni diferencia de funciones, sino absoluta igualdad.

b) Agustín lleva a cabo la distinción de las Personas basándose en el concepto de relación, que se ha hecho célebre. En la *Ciudad de Dios* resume su doctrina de las relaciones afirmando que la naturaleza del Bien es una e idéntica en el Padre, en el Hijo y en el Espíritu Santo, y añade lo siguiente: «El Espíritu Santo es distinto pero no diferente, porque es igualmente simple e igualmente bien eterno e inmutable. Y esta Trinidad es un solo Dios y no le quita a Dios la simplicidad. Por lo tanto, no decimos que la naturaleza del Bien sea simple porque en ella sólo exista el Padre, o sólo el Hijo o sólo el Espíritu Santo, o porque esta Trinidad sólo lo sea de nombre, sin la real subsistencia de las Personas (como creyeron los herejes sabelianos), sino porque es lo que tiene, excepto en las relaciones entre una y otra Persona. Así, no hay duda de que el Padre tiene al Hijo, pero no es el Hijo, y el Hijo tiene al Padre, pero no es el Padre.» El paso fundamental se efectúa, lógicamente, en la *Trinidad.* Lo citamos íntegramente porque no sólo constituye la clave necesaria para entender la doctrina agustiniana, sino que marca un hito en la teología occidental:

> En Dios nada tiene un significado accidental, porque en Él no hay accidentes; sin embargo, no todo lo que de Él se predica, se predica según la substancia. En las cosas creadas y mudables, lo que no se predica en un sentido substancial no puede ser predicado más que en sentido accidental... Pero en Dios nada se predica en sentido accidental, porque en Él no hay nada mudable; y no obstante, no todo lo que se predica, se predica en un sentido substancial. En efecto, a veces se habla de Dios según la relación; así, se habla del Padre en relación con el Hijo, y del Hijo en relación con el Padre, y tal relación no es accidental, porque el uno siempre es Padre, y el otro siempre es Hijo. Siempre, no en el sentido de que el Padre empiece a ser padre a partir del momento en que nace el Hijo, o que éste empiece a ser hijo a partir de ese momento, sino en el sentido de que el Hijo nació desde siempre y nunca comenzó a ser hijo. Porque si hubiese comenzado a ser hijo en determinado tiempo y un día dejase de serlo, ésta sería una denominación accidental. En cambio, si el Padre fuese llamado Padre en relación consigo mismo y no en relación con el Hijo, y si el Hijo fuese llamado Hijo en relación consigo mismo y no en relación con el Padre, uno sería llamado Padre y el otro Hijo en un sentido substancial. Ahora bien, dado que al Padre no se le llama Padre si no es porque hay un Hijo, y al Hijo no se le llama Hijo si no es porque hay un Padre, éstas no son determinaciones que se refieran a la substancia. Ni uno ni otro se refieren a sí mismos, sino el uno al otro, y éstas son determinaciones que se refieren a la relación y no son de orden accidental, porque lo que se llama Padre y lo que se llama Hijo es eterno e inmutable. Por ello, aunque no sea la misma cosa ser Padre y ser Hijo, sin embargo la substancia no es diferente, porque estas denominaciones no pertenecen al orden de la substancia, sino al de la relación; relación que no es accidental, porque no es mudable.

c) En la doctrina trinitaria agustiniana hay un tercer punto fundamental: las analogías triádicas que Agustín descubre en lo creado y que en las cosas y en el hombre exterior no son más que simples vestigios de la Trinidad, pero en el alma humana se convierten en auténtica imagen de la misma Trinidad, como hemos constatado antes. Entre las numerosísimas tríadas existentes, recordemos dos. Todas las cosas creadas manifiestan unidad, forma y orden, tanto las cosas corpóreas como las almas incorpóreas. Puesto que desde las obras nosotros nos remontamos a su creador, que es Dios uno y trino, podemos considerar que estos tres caracteres son vestigios que la Trinidad dejó en su obra. «En efecto, en la Trinidad se halla la fuente suprema de todas las cosas, la belleza perfecta, el gozo completo. Así, estas tres cosas parecen determinarse recíprocamente entre sí y en sí mismas son infinitas. Sin embargo, aquí abajo, en las cosas corpóreas, una sola cosa no es igual a tres cosas juntas, y dos cosas son más que una sola, mientras que en la Trinidad suprema una sola cosa es tan grande como tres cosas juntas, y dos no son algo mayor que una. Además, en sí mismas son infinitas. Así, cada una de ellas está en cada una de las otras, y todas están en cada una, cada una está en todas, todas están en todas, y todas son una sola cosa.» Análogamente, a un nivel más elevado, la mente humana es imagen de la Trinidad, porque también ella es una y trina, en la medida en que es mente, y como tal se conoce y se ama: «Por lo tanto, la mente, su conocimiento y su amor son tres cosas, y estas tres cosas no son más que una y, cuando son perfectas, son iguales.» En las analogías trinitarias existentes en el alma humana reside una de las mayores novedades de Agustín sobre esta tema. El conocimiento del hombre y el conocimiento de Dios se iluminan recíprocamente, de forma casi en espejo, en una manera admirable, y realizan a la perfección el proyecto del filosofar agustiniano: conocer a Dios y a la propia alma, a Dios a través del alma, y al alma, a través de Dios.

2.7. *La creación, las ideas como pensamientos de Dios y las razones seminales*

El problema metafísico sobre el que más se habían esforzado los antiguos era el de la procedencia de lo múltiple desde lo Uno: ¿por qué, y cómo, de lo Uno (o de algunas realidades originarias) han surgido los muchos? ¿Por qué, y cómo, del Ser que no puede no ser nació también el devenir, que implica el paso desde el ser hasta el no ser, y viceversa? Ninguno de los filósofos antiguos, al plantear este problema, había llegado al concepto de creación que, como sabemos, es de origen bíblico. Los platónicos fueron los filósofos que llegaron a las posturas menos distantes del creacionismo. No obstante, siguió siendo bastante notable aún la separación entre sus doctrinas y el creacionismo bíblico. Platón, en el *Timeo,* había introducido al Demiurgo. Sin embargo, la actividad del Demiurgo —aunque era racional, libre y se hallaba motivada por la causa del bien— resulta gravemente limitada, tanto por encima como por debajo. Por encima del Demiurgo existe el mundo de las ideas, que lo trascienden y que él toma como modelo; por debajo, en cambio, se halla la *chora* o materia informe, eterna como las ideas y como el propio Demiurgo. La obra de éste es una obra de fabricación y no de creación, porque supone como preexistente e independiente aquello que emplea para construir el mundo.

Plotino, en cambio, había deducido del Uno tanto las ideas como la materia misma, de una manera bastante ingeniosa, como hemos visto con anterioridad (cf. p. 302-306). Sin embargo, había llegado hasta los límites de un acosmismo en sentido estricto, y sus categorías de fondo podían servir, convenientemente reformadas, para interpretar la dialéctica trinitaria y no para interpretar la creación del mundo.

La solución creacionista —que para Agustín es, al mismo tiempo, verdad de fe y verdad de razón— resulta de una claridad ejemplar. La creación de las cosas se produce de la nada (*ex nihilo*), esto es, no de la substancia de Dios y tampoco de algo preexistente (la fórmula que más adelante se convertirá en canónica será *ex nihilo sui et subiecti*). En efecto, según Agustín una realidad puede proceder de otra por tres vías: *a*) *por generación,* y en este caso se deriva de la substancia misma del generador, como el hijo deriva del padre, y constituye algo idéntico al que lo engendra; *b*) *por fabricación,* y en tal caso, la cosa fabricada procede de algo que preexistía fuera del que la fabrica (de una materia), como ocurre en todas las cosas que produce el hombre: *c*) *por creación de la nada* absoluta, esto es, ni de la propia substancia ni de una substancia exterior.

El hombre sabe generar (los hijos) y sabe producir (las cosas artificiales, los artefactos), pero no sabe crear, porque es un ser finito. Dios genera de su propia substancia al Hijo que, como tal, es idéntico al Padre, pero crea el cosmos de la nada. Existe pues una enorme diferencia entre «generación» y «creación», porque esta última supone, a diferencia de aquélla, al venir (al ser) por una donación de ser que el que crea realiza a aquello que no era en absoluto. Y dicha acción es un don divino gratuito, motivado por la libre voluntad y por la bondad de Dios, además de a su infinito poder. Un pasaje de la *Ciudad de Dios* establece de manera ejemplar el concepto de Dios como creador absoluto:

> No sólo no llamamos a los agricultores creadores de un fruto determinado [...], sino que tampoco llamamos creadora a la tierra, a pesar de que parezca la madre fecunda de todas las cosas [...]. Asimismo, no debemos llamar a la madre, creadora de su propio hijo [...]. Sólo Dios es el creador de esas criaturas, que se hallan configuradas de modo diferente, según su propia generación. Sólo Dios, cuya oculta potencia penetra en todas las cosas con su propia presencia, hace ser todo lo que de algún modo es, porque si Él no lo hiciese, no existiría ni esto ni aquello, no podría ser. Por ello, si decimos que las ciudades de Roma y de Alejandría no fueron fundadas por los albañiles y los arquitectos que les dieron forma externa, sino por Rómulo y por Alejandro, cuya voluntad, consejo y mandato hicieron que se construyesen, tanto más debemos afirmar que sólo Dios es creador de las naturalezas, porque no hace nada que no sea hecho con la materia hecha por Él mismo, y no tiene más artífices que los que Él mismo ha creado. Y si Él substrajese, por así decirlo, su virtud creadora a las cosas, éstas dejarían de ser, de la misma forma en que no eran, antes de que fuesen. Empero, digo «antes», en la eternidad, no en el tiempo.

Esta última frase sirve para aclarar un segundo punto esencial. Dios, al crear de la nada el mundo, creó junto con el mundo el tiempo mismo. En efecto, el tiempo se halla vinculado estructuralmente al movimiento; sin embargo, no existe movimiento antes del mundo, sino sólo con el mundo. Esta tesis ya había sido anticipada por Platón en el *Timeo* (de forma casi literal; cf. p. 134) y lo único que hace Agustín es fundamentarla y explicarla mejor. Antes del mundo no había un «antes» temporal, porque no había tiempo, y en cambio había (sería preciso decir más bien «hay») la eternidad, que es como un infinito presente atemporal (sin una sucesión

 die Welt anhalten

de «antes» y «después»). No obstante, hablaremos más adelante de la cuestión del tiempo.

Las ideas realizan una función esencial en la creación. En Platón eran paradigmas absolutos, por fuera y por encima de la mente del Demiurgo. Ahora, como hemos dicho más atrás, se convierten en pensamientos de Dios (al igual que en Filón, en el platonismo medio o en los neoplatónicos) o también en el Verbo de Dios. Agustín declara que la teoría de las ideas es un principio absolutamente fundamental e irrenunciable, porque se halla intrínsecamente conectada con la doctrina de la creación, y en la *Cuestión sobre las Ideas* escribe textualmente:

> ¿Quién que sea religioso y esté formado en la verdadera religión, aunque no logre intuir las ideas, se atreverá a negar su existencia? Por lo contrario, afirmará que todo lo que existe, es decir, todas las cosas que se encuentran determinadas en su género por una naturaleza apropiada para existir, han sido creadas por Dios, y por obra suya vive todo lo que tiene vida, y toda la conservación del universo y el orden mismo con el que las cosas mudables siguen su curso temporal de acuerdo con una pauta determinada, todo esto se encuentra contenido y gobernado por leyes provenientes del Altísimo. Ahora bien, una vez establecido y concedido esto, ¿quién osaría decir que Dios ha creado todas las cosas irracionalmente? Y si no podemos ni decir ni creer esto, de ello se concluye que todas las cosas han sido creadas de acuerdo con una razón. Pero sería absurdo pensar que el hombre haya sido creado según la misma razón o idea que el caballo. Cada cosa, pues, ha sido creada de acuerdo con su propia razón o idea. Y estas razones o ideas, ¿dónde se hallarán, si no es en la mente del Creador? En efecto, Dios no podía contemplar algo que estuviese fuera de sí mismo, con objeto de tomarlo como modelo para crear lo que creaba: sería un sacrilegio sólo pensarlo. Sin embargo, si estas razones de todas las cosas creadas o por crear se hallan contenidas en la mente divina, y en la mente divina no puede haber nada que no sea eterno e inmutable, y estas razones fundamentales de las cosas son lo que Platón llamaba «ideas», no sólo existen las ideas, sino que las ideas son la verdadera realidad, porque son eternas e inmutables, y existe —gracias a que participa de ellas— todo lo que existe, sea cual fuere su modo de ser.

La postura que Agustín asume a este respecto, empero, es aún más sistemática de lo que refleja este pasaje. Para explicar la creación, además de la teoría de las ideas, utiliza la teoría de las razones seminales, elaborada por los estoicos y más tarde retomada y replanteada en clave metafísica por Plotino. La creación del mundo acontece de una manera simultánea. Dios no crea, sin embargo, la totalidad de las cosas posibles de una manera ya actualizada, sino que introduce en lo creado las simientes o gérmenes de todas las cosas posibles, que más adelante en el transcurso del tiempo se irán desarrollando de forma gradual, en diversos modos y con la ayuda de distintas circunstancias. En conclusión: Dios, junto con la materia, creó de manera virtual todas sus posibles actualizaciones, infundiendo en ella las razones seminales de todas las cosas. La evolución del mundo en el transcurso del tiempo no es más que la actualización y la plasmación de dichas razones seminales. Esta doctrina se expone con cierta amplitud en el *Comentario literal al Génesis* y se reitera en otras obras, especialmente en la *Trinidad*, a la que pertenecen estos dos pasajes muy representativos: «Es preciso... tener presente que en los diversos elementos de nuestro mundo se esconden simientes misteriosas de todas las cosas que nacen material y visiblemente. Una cosa son las simientes de los vegetales y de los animales visibles con nuestros ojos, y otra muy distinta las simientes misteriosas mediante las cuales, por mandato del Creador, el agua produjo los primeros peces y las primeras aves, y la tierra los primeros brotes y los primeros animales, según su especie.» «Una cosa, pues, es construir y gobernar la creación, desde el centro y la cúspide de las causas —cosa propia y exclusiva del único creador, Dios—, y otra distinta es intervenir desde fuera, según las fuerzas y los medios distribuidos por Él, para llevar a la luz en este momento o en aquél, de esta manera o de otra, lo que ya estaba creado. Sin duda alguna, todas las cosas que vemos ya estaban creadas originaria y fundamentalmente en una especie de esquema de los elementos, pero para que salgan a la luz tiene que producirse una ocasión favorable. Y al igual que las madres se hallan grávidas de su prole, así el mundo entero se encuentra grávido de las causas de los seres que nacen; estas causas no son creadas en el mundo si no es por aquella Esencia suprema, sin la cual nada nace y nada muere, nada comienza y nada acaba.» Esta doctrina suscitó mucho interés en relación con el nacimiento y el éxito conseguido por el evolucionismo darwiniano. En realidad, como demuestra el último pasaje citado, la doctrina agustiniana de la evolución del mundo, desde el punto de vista ontológico, constituye una perfecta antítesis al evolucionismo darwiniano. Para Agustín, la evolución no es más que el actualizarse de aquello que había sido creado desde siempre y se hallaba bien establecido en la especie, mientras que para Darwin es válido lo opuesto.

El hombre ha sido creado como animal racional y ocupa el vértice del mundo sensible. Como ya hemos comprobado, su alma es una imagen de Dios-Trinidad. Es inmortal, y las pruebas de la inmortalidad del alma proceden en parte de Platón. En parte, en cambio, constituyen una profundización agustiniana, como por ejemplo la prueba basada en la autoconsciencia, que deduce de ésta la simplicidad y la espiritualidad del alma, y por ende, su incorruptibilidad. También cabe mencionar la prueba que infiere la inmortalidad del alma de la presencia en ésta de la verdad eterna: «Si muriese el alma, también moriría la verdad.»

Agustín no se define acerca del problema relativo al modo en que se generan las almas individuales: no se establece si es que Dios crea directamente cada alma, o bien si las creó todas en Adán, y desde Adán se transmiten gradualmente a través de los progenitores. Agustín parece haber mostrado simpatía por una solución «traducianista» de este último tipo, aunque entendida a nivel espiritual, lo cual en su opinión explicaría mejor la transmisión del pecado original. Sin embargo, no excluye la solución de la creación directa.

2.8. *La estructura de la temporalidad y la eternidad*

«¿Qué hacía Dios antes de crear el cielo y la tierra?» Esta pregunta impulsó a Agustín a efectuar un análisis del tiempo y lo condujo a soluciones geniales, que se hicieron célebres. Antes de que el cielo y la tierra fuesen creados, no existía el tiempo y, por lo tanto, no se puede hablar de un «antes» previo a la creación del tiempo. El tiempo es creación de Dios y, por lo tanto, el interrogante antes mencionado carece de sentido, porque aplica a Dios una categoría que sólo es válida para la criatura, cometiendo así un error estructural. Agustín afirma en las *Confesiones*: «Ni siquiera Tú precedes los tiempos con respecto a un tiempo; si así fuese, no precederías todos los tiempos. Asimismo, precedes todos los pasados en tu eternidad siempre presente y trasciendes todos los futuros, porque son futuros, y el futuro —una vez que ha llegado— se convierte en pasado: Tú, en cambio, siempre eres el mismo, y tus años no tendrán fin... Tus años son un solo día y tu día no es cada día, sino el "hoy", porque tu "hoy" no desaparece ante el mañana y no sigue al ayer. Tu "hoy" es la eternidad.» En pocas palabras, tiempo y eternidad son dos dimensiones inconmensurables: muchos de los errores que cometen los hombres cuando hablan de Dios, como en la pregunta que antes formulamos, surgen de una indebida aplicación del tiempo a lo eterno, que es algo totalmente distinto al tiempo.

¿Qué es, pues, el tiempo? El tiempo implica pasado, presente y futuro. Pero el pasado ya no existe y el futuro aún no es. Y el presente, «si siempre fuese y no transcurriese hacia el pasado, ya no sería tiempo, sino eternidad». En realidad, el ser del presente es un continuado dejar de ser, un continuo tender hacia el no ser. Agustín advierte que, de hecho, el tiempo existe en el espíritu del hombre, porque es en el espíritu del hombre donde se mantienen presentes tanto el pasado como el presente y el futuro: en sentido estricto, habría que decir que los tiempos son tres: el presente del pasado, el presente del presente y el presente del futuro. Y es en nuestro espíritu donde, de alguna forma, se hallan estos tres tiempos, que no se perciben en otro sitio: el presente del pasado, es decir, la memoria; el presente del presente, la intuición, y el presente del futuro, la espera. El tiempo, por tanto, aunque posee una conexión con el movimiento, no reside en éste ni en las cosas en movimiento, sino en el alma. Más exactamente: en la medida en que se encuentra vinculado de forma estructural a la memoria, la intuición y la espera, pertenece al alma, y es de modo predominante una extensión del alma, una extensión que se da entre memoria, intuición y espera. En este texto de las *Confesiones* se resume la solución agustiniana: «¿De qué manera disminuye o se consuma el futuro que aún no existe, o crece el pasado que ya no es más, si no es porque en el alma —que es la causa del hecho— existen tres estados? Y es verdad que el alma espera, atiende y recuerda: de modo que aquello que espera, a través de lo que es objeto de su atención, pasa a convertirse en materia de su recuerdo. Ahora bien, nadie niega que el futuro aún no existe. A pesar de ello, en el alma existe la expectativa de un futuro. Y nadie negará que el pasado ya no es. No obstante, sigue existiendo en el alma el recuerdo del pasado. Y tampoco niega nadie que el presente carece de extensión, por lo que su transcurrir no es más que un punto. A pesar de ello, dura la atención, a través de la cual lo que será presente se apresura a dirigirse hacia el ser ausente. En consecuencia, no es largo el tiempo futuro que no existe aún, sino que el futuro largo es la larga espera del futuro. Y tampoco es largo el pasado que ya no existe, sino que el largo pasado es el largo recuerdo del pasado.» Esta solución ya había sido anticipada en cierto sentido por Aristóteles (cf. p. 176), y Agustín la desarrolla en un sentido marcadamente espiritual, llevándola hasta sus últimas consecuencias.

2.9. *El mal y su estatuto ontológico*

El problema de la creación está vinculado con el gran problema del mal, al que Agustín ha sabido dar una explicación que durante siglos ha constituido un punto de referencia obligada y que conserva toda su validez. Si todo proviene de Dios, que es el Bien, ¿de dónde procede el mal? Agustín, después de haber sido víctima de la dualista explicación de origen maniqueo, halló en Plotino la clave para solucionar la cuestión. El mal no es un ser, sino una carencia y una privación de ser: «Y el mal, cuyo origen buscaba, no es una substancia, porque si lo fuese, sería un bien. Y sería una substancia incorruptible, y por tanto sin ninguna duda un gran bien, o sería una substancia corruptible, y por tanto un bien que no podría estar sujeto a la corrupción. Por esto, vi con claridad que Tú habías hecho buenas todas las cosas.»

Más tarde, Agustín profundiza en la cuestión. El problema del mal puede plantearse en tres planos: *a*) metafísico-ontológico; *b*) moral, y *c*) físico.

a) Desde el punto de vista metafísico-ontológico, en el cosmos no existe el mal, sino que existen solamente grados inferiores de ser en comparación con Dios, dependientes de la finitud de las cosas creadas y del diferente grado de esta finitud. No obstante, aquello que ante una consideración superficial parece un defecto (y podría por tanto parecer un mal), en realidad desaparece desde la perspectiva del universo visto en su conjunto. Los grados inferiores del ser y las cosas finitas —incluso aquellas de orden ínfimo— constituyen momentos articulados en un gran conjunto armónico. Por ejemplo, cuando juzgamos que es un mal la existencia de determinados animales nocivos, en realidad estamos empleando la medida propia de nuestra utilidad y de nuestro provecho contingente y, en consecuencia, apelamos a una perspectiva errónea. Desde una visión de conjunto, cada cosa, incluso la aparentemente más insignificante, posee su propio sentido y su propia razón de ser y, por lo tanto, constituye algo positivo.

b) El mal moral, en cambio, es el pecado. Y el pecado depende de la mala voluntad. ¿Y de qué depende la mala voluntad? La respuesta de Agustín es muy ingeniosa. La mala voluntad no tiene una causa eficiente sino, más bien, una causa deficiente. Por su propia naturaleza, la voluntad habría de tender hacia el sumo Bien. Sin embargo, puesto que existen numerosos bienes creados y finitos, la voluntad puede tender hacia éstos e, invirtiendo el orden jerárquico, puede preferir una criatura en lugar de Dios, prefiriendo los bienes inferiores a los superiores. Si esto es así, el mal procede del hecho de que no hay un único Bien, sino que hay muchos bienes, y consiste precisamente en una elección incorrecta entre éstos. El mal moral, en consecuencia, es una *aversio a Deo* y una *conversio ad creaturam*. Escribe Agustín en la *Ciudad de Dios:* «Nadie... busque la causa eficiente de la mala voluntad; esta causa no es eficiente, sino deficiente, no es una fuerza productiva, sino su ausencia. En efecto, el alejarse de lo que es el ser supremo para aproximarse a lo que posee el ser en un grado inferior, significa comenzar a tener una mala voluntad.» Más adelante, precisa: «La mala voluntad no se halla en un individuo, sino porque éste lo quiere así, y sería de otra manera si así lo quisiese: por esto, sólo se les aplica un justo castigo a los defectos voluntarios y no a los naturales. La voluntad se convierte en mal, no porque se dirija hacia cosas malas, sino porque se dirige erróneamente, contra el orden de la naturaleza, hacia un ser inferior, apartándose de Aquel que es el ser supremo.» El haber recibido de Dios una voluntad libre ha sido un gran bien. El mal constituye un uso equivocado de este gran bien, que tiene lugar de la forma que hemos descrito. Por eso Agustín puede sostener: «El bien que hay en mí es obra Tuya, un don Tuyo, y el mal que hay en mí es mi pecado.»

c) El mal físico, por ejemplo, las enfermedades, los padecimientos, los dolores anímicos y la muerte, poseen un significado muy precisado para quien filosofa en la fe: son la consecuencia del pecado original, es decir, una consecuencia del mal moral. «La corrupción del cuerpo que pesa sobre el alma no es la causa, sino el castigo del primer pecado: la carne corruptible no es la que ha vuelto pecadora al alma, sino el alma pecadora la que ha hecho corruptible al cuerpo.» En la historia de la salvación, sin embargo, todo esto posee un significado positivo.

2.10. *La voluntad, la libertad, la gracia*

Ya hemos mencionado el papel que desempeña la voluntad en Agustín. Los expertos han puesto de relieve, desde hace tiempo, que precisamente con Agustín la voluntad se impone a la reflexión filosófica, invirtiendo la antropología griega y superando de manera definitiva el antiguo intelectualismo moral, sus supuestos y sus corolarios. La atormentada vida interior de Agustín y su formación espiritual que se llevó a cabo por completo en el seno de la cultura latina —que había atribuido a la *voluntas* un relieve insólito para los griegos— le permitieron entender el mensaje bíblico en un sentido voluntarista. Por lo demás, Agustín es el primer escritor que nos presenta los conflictos de la voluntad haciendo uso de una terminología precisa, como la que ya hemos mencionado: «Era yo quien quería, era yo quien no quería: era yo precisamente el que ni quería del todo, ni rehusaba del todo. Por esto, luchaba conmigo mismo y me atormentaba a mí mismo.»

La libertad es algo propio de la voluntad y no de la razón, en el sentido en que la entendían los griegos. Y de este modo se resuelve la antigua paradoja socrática, según la cual resulta imposible conocer el bien y hacer el mal. La razón puede conocer el bien y la voluntad puede rechazarlo, porque ésta —aunque pertenezca al espíritu humano— es una facultad distinta de la razón y posee autonomía con respecto a ésta, aunque se halle vinculada a la razón. La razón conoce, la voluntad elige y puede elegir incluso lo irracional, aquello que no se muestra conforme a la recta razón. Así se explica la posibilidad de la *aversio a Deo* y de la *conversio ad creaturam*.

El pecado original fue un pecado de soberbia y fue la primera desviación de la voluntad: «Los dos primeros seres humanos comenzaron a ser malos en su interior, antes de caer en la abierta rebelión. No se puede llegar a cometer una mala obra, si antes no existe la mala voluntad. ¿Y qué pudo ser el comienzo de la mala voluntad, si no fue la soberbia?... ¿Y qué es la soberbia, si no un deseo desordenado de una perversa excelencia? Y se tiene una grandeza perversa cuando el ánimo después de abandonar a aquel Principio al que siempre debería aferrarse, se cree y se convierte, por así decirlo, en principio de sí mismo. Esto sucede cuando uno quiere satisfacerse en exceso a uno mismo. Y el primer hombre se satisfizo a sí mismo cuando se apartó de aquel Bien inmutable que habría debido complacerle más que sí mismo. Sin embargo, tal apartamiento era voluntario, porque si su voluntad hubiese permanecido firme en el amor del Bien supremo e inmutable que le iluminaba para contemplar y le encendía para amar, no se habría alejado de Él para complacerse a sí mismo...» Sin embargo, el arbitrio de la voluntad se muestra verdaderamente libre, y en un sentido pleno, cuando no hace el mal. Y así le fue otorgado originariamente al ser humano. Después del pecado original, no obstante, la voluntad se debilitó y se vio necesitada de la gracia divina. Por consiguiente, el hombre no puede ser autárquico en su vida moral: tiene necesidad de esa ayuda divina. El siguiente texto ilustra a la perfección la postura agustiniana: «Cuando el hombre intenta vivir rectamente apelando exclusivamente a sus propias fuerzas, sin la ayuda de la gracia divina liberadora, resulta vencido por el pecado; el hombre, sin embargo, en su libre voluntad, tiene el poder de creer en su liberador y de acoger la gracia.»

Gilson ha resumido de modo elocuente el pensamiento agustiniano sobre las relaciones entre libertad, voluntad y gracia, en la forma siguiente: «Para hacer el bien... se requieren dos condiciones: un don de Dios, consistente en la gracia, y el libre arbitrio. Sin el libre arbitrio, no habría ningún problema; sin la gracia, el libre arbitrio (después del pecado original) no querría el bien o, si lo quisiese, no podría llevarlo a cabo. La gracia, pues, no tiene el efecto de suprimir la voluntad, sino de convertirla en buena, de mala que había llegado a ser. La libertad consiste, precisamente, en este poder de usar bien el libre arbitrio. La posibilidad de hacer el mal es inseparable del libre arbitrio, pero poder no hacerlo es la contraseña de la libertad, y hallarse confirmado en la gracia hasta el punto de ya no poder hacer el mal, es el grado supremo de la libertad. El hombre que se encuentra dominado más plenamente por la gracia de Cristo es, pues, el más libre: *libertas vera est Christo servire.*»

2.11. *La ciudad terrena y la ciudad divina*

El mal es amor de sí (soberbia) y el bien es el amor de Dios, es decir, el amor al verdadero bien. Esto se aplica al ser humano como individuo y al que vive en comunidad con los demás. El conjunto de los hombres que viven para Dios constituye la ciudad celestial. Agustín escribe: «Dos amores distintos generan las dos ciudades: el amor de sí, llevado hasta el desprecio de Dios, generó la ciudad terrena; el amor a Dios, llevado hasta el desprecio de sí mismo, generó la ciudad celestial. Aquélla se gloría de sí misma, ésta lo hace en Dios. Aquélla busca la gloria de los hombres, ésta tiene a Dios por máxima gloria.» Más aún: «La ciudad terrena es la de aquellos que viven según el hombre, y la otra es la de quienes viven según Dios.»

Las dos ciudades tienen un correlativo en el más allá, en el ejército de los ángeles rebeldes y en el de los que permanecieron fieles a Dios. En esta tierra, ambas ciudades surgieron junto con Caín y Abel. Los dos personajes bíblicos asumen el valor de símbolos de las dos ciudades. En este mundo, el ciudadano de la ciudad terrena parece ser el que domina; en cambio, el ciudadano de la ciudad celestial es como un peregrino. No obstante, el primero está destinado a la condenación eterna y el segundo a la salvación eterna.

La historia adquiere así un sentido completamente desconocido para los griegos, como ya hemos visto con anterioridad. Comienza con la creación y acaba con el fin del mundo, es decir, con el juicio final y con la resurrección. Posee tres momentos esenciales de carácter intermedio, que jalonan su trayectoria: el pecado original con sus consecuencias, la espera de la venida del Salvador y la encarnación y la pasión del Hijo de Dios, junto con la constitución de su Iglesia.

Agustín insiste mucho, al final de la *Ciudad de Dios,* sobre la resurrección. La carne resucitará íntegramente y, en cierto sentido, transfigurada, pero seguirá siendo carne: «La carne espiritual estará, pues, sujeta al espíritu, pero será carne, no espíritu; al igual que el espíritu ha estado sujeto a la carne, pero continúa siendo espíritu y no carne.»

La historia concluirá con el día del Señor, «que será como el octavo día consagrado con la resurrección de Cristo y que representa el descanso eterno, no sólo del espíritu, sino también del cuerpo. Allí descansaremos y contemplaremos: contemplaremos y amaremos: amaremos y alabaremos. Esto es lo que acontecerá en el fin sin final. ¿Y qué otro final es el nuestro, sino el de llegar al reino que no tiene fin?».

2.12. *La esencia del hombre es el amor*

A partir de Sócrates, los filósofos griegos habían dicho que el hombre bueno es aquel que sabe y conoce, y que el bien y la virtud consisten en la ciencia. Agustín, en cambio, afirma que el hombre bueno es aquel que ama, aquel que ama lo que debe amar. Cuando el amor del hombre se dirige hacia Dios (y ama a los hombres y las cosas en función de Dios) es *charitas;* en cambio, cuando se dirige hacia sí mismo y hacia el mundo y las cosas de este mundo, es *cupiditas.* Amarse a uno mismo y a los hombres no según el juicio de los hombres, sino según el juicio de Dios, significa amar de la manera justa.

Agustín también proporciona un criterio preciso para el amor, a través de la distinción entre el *uti* y el *frui.* Los bienes finitos son usados como medios y no se transforman en objeto de fruición y de gozo, como si fuesen fines. Así, la virtud del hombre, que los filósofos griegos habían determinado en función del conocimiento, a partir de Agustín es reconsiderada en función del amor. La *virtus* es el *ordo amoris,* es decir, amarse a sí mismo, a los demás y a las cosas según la dignidad ontológica que es propia de cada uno de estos seres, en el sentido que ya antes hemos mencionado.

Agustín se refiere en términos de amor, incluso al conocimiento de la verdad y de la luz que ilumina la mente: «Quien conoce la verdad conoce aquella luz, y quien conoce aquella luz conoce la eternidad. El amor es lo que conoce.»

Por lo demás, la fe nos enseña que la creación nació de un acto de amor de donación y que la redención surgió asimismo de una donación de amor. Filosofar desde esa clase de fe debía llevar necesariamente a esta reinterpretación del hombre, de su historia como individuo y de su historia como ciudadano, desde la perspectiva del amor. Esta frase lapidaria resume de modo paradigmático el mensaje agustiniano: *pondus meum, amor meus:* mi peso reside en mi amor. El peso de su amor es el que le da consistencia al hombre, y su amor es el que determina su destino terreno y ultraterreno. En este horizonte, se comprende muy bien la exhortación final de Agustín: *ama, et fac quod vis.*

PARTE DÉCIMA

GÉNESIS, DESARROLLO Y DECLIVE DE LA ESCOLÁSTICA

RAZÓN Y FE EN LA EDAD MEDIA

«Al igual que si uno cae por un precipicio, allí se queda si es que no le ayuda otro a levantarse, nuestra alma no habría podido volverse a elevar desde las cosas sensibles hasta la contemplación de sí misma y de la eterna verdad que se refleja en ella, si la verdad misma —asumiendo en Cristo la forma humana— no se hubiese convertido en escalera de redención, después de la caída de la primera escalera de Adán. Por ello, nadie, por más que esté iluminado por los dones de la naturaleza y de la ciencia adquirida, puede entrar en sí mismo para gozar de Dios, si no es a través de la mediación de Cristo, que dijo: *Yo soy la puerta; quien pasa a través de mí se salvará, entrará y hallará pastos eternos*.»

San Buenaventura

Boecio (480-526) fue traductor e intérprete de las obras lógicas de Aristóteles y el más famoso mediador entre la antigüedad y la edad media; en este bajorrelieve aparece junto a Símaco

Capítulo XVI

DESDE LA PATRÍSTICA A LA ESCOLÁSTICA

1. La obra de Severino Boecio

1.1. *Boecio, el último de los romanos y el primero de los escolásticos*

El historiador bizantino Procopio de Cesarea, en su *Guerra de los godos,* nos narra: «Símaco y su yerno Boecio, hombres de antigua nobleza, se contaban entre los más acreditados senadores romanos, revestidos ambos de nobleza consular. Los dos se dedicaron a la investigación filosófica y destacaron por su sentido de la justicia. Se mostraron muy dadivosos, llegando a utilizar sus riquezas en favor de sus conciudadanos y de los forasteros; y precisamente por esto adquirieron una gran nombradía, pero también atrajeron la envidia de hombres corrompidos por la perfidia. Teodorico, persuadido por las calumnias de éstos, los condenó a muerte bajo la acusación de tramar una rebelión y mandó confiscar sus bienes.»

En realidad, «el proceso de Boecio no constituyó [...] un caso de venganza personal o un episodio aislado, sino el momento culminante de una sorda y extendida controversia de carácter político, y la señal de un cambio radical de dirección en los métodos de gobierno de Teodorico» (L. Obertello).

Anicio Manlio Severino Boecio nació en Roma alrededor del 480. Siendo aún muy joven contrajo matrimonio con Rusticiana, hija de Símaco; fue nombrado cónsul en el 510. En el 522 fueron elevados sus dos jóvenes hijos a la dignidad consular, y con este motivo pronuncia el panegírico de Teodorico. Alrededor de los años 522-523 ejerce el cargo de *magister officiorum* (la dirección general de los servicios de la corte y del Estado, algunas tareas de política exterior y el mando de la guardia del palacio real). Atacado y acusado por el *referendarius* Cipriano, miembro del partido filogótico, fue arrestado y juzgado sin ser oído siquiera. Fue ajusticiado en el invierno del 524 en el *Ager Calventianus,* al norte de Pavía.

Los cargos formulados contra él fueron los de haber impedido la obra de los delatores en relación con el senado y haber conspirado para restaurar en perjuicio de Teodorico la autoridad del emperador.

Martin Grabmann definió a Boecio como «el último de los romanos y el primero de los escolásticos». Por su parte, E.K. Rand ve en él uno de los fundadores de la edad media. En realidad, la tarea que Boecio llevó a cabo con plena conciencia consistió en dar a conocer a los latinos la cultura griega. A él «se debe el marco tradicional que servirá [...] para organizar, durante una gran parte de la edad media, la transmisión y la continuidad de la vida intelectual» (C. Vasoli). En una carta a Símaco, Boecio manifiesta su intención de tomar en consideración todas las ciencias que llevan a la filosofía: aritmética, música, geometría y astronomía. Y la consideración de dichas ciencias tendría que resultar funcional para la filosofía.

Con este propósito, Boecio proyecta traducir al latín y comentar todas las obras de lógica, de moral y de física escritas por Aristóteles, y la traducción y el comentario de todas las obras de Platón, para poner de relieve el acuerdo substancial que existe entre ambos filósofos. Debido a su muerte prematura Boecio no pudo llevar a cabo su vasto y ambicioso proyecto. En cualquier caso, escribió un comentario a la *Isagoge* de Porfirio, tomando como base la traducción de Mario Victorino. Sin embargo, insatisfecho con esa traducción, preparó él mismo otra más correcta y literal, desarrollando un comentario mucho más vasto. Traduce y comenta las *Categorías* de Aristóteles; prepara la versión del *De interpretatione,* también de Aristóteles, y escribe dos comentarios sobre esta obra, uno elemental (en dos libros) y otro más sistematizado y amplio (en seis libros). Comenta los *Tópicos* de Cicerón. Del *Organon* de Aristóteles, traduce asimismo los *Analíticos primeros* y los *Analíticos segundos,* los *Elencos sofísticos* y los *Tópicos,* esto es, todos «aquellos textos que fueron hasta el siglo XIII la única fuente esencial de la enseñanza de Aristóteles» (C. Vasoli).

1.2. *Boecio y el «cuadrado lógico de la oposición» de las proposiciones categóricas*

Cousin sostuvo con cierta exageración que el problema de los universales es el problema de la escolástica. Y este problema pasó a la escolástica precisamente a través de Boecio. Al comentar la *Isagoge* de Porfirio, Boecio se enfrenta con tres cuestiones propuestas por dicho autor: *a*) si existen o no los universales, es decir, los géneros y las especies: animal, hombre, etc.; *b*) si son corpóreos o no; *c*) en el caso de que sean incorpóreos, si se hallan unidos a las cosas sensibles. Porfirio se había planteado estos interrogantes, pero no había propuesto ninguna solución a ellos. Boecio, en cambio, siguiendo las huellas de Alejandro de Afrodisia, sugiere determinadas respuestas, que pueden resumirse en aquella corriente que a continuación será denominada «realismo moderado». El universal (animal, hombre, etc.) existe en cuanto universal sólo en el intelecto, y por esto los universales son incorpóreos. En la realidad no existe el hombre universal, sino que existen en cambio hombres individuales. Abstrayendo los caracteres comunes —típicos de la especie o del género— de los hombres individuales, se obtienen los universales.

Además de traductor y comentador de los escritos lógicos antes mencionados, Boecio es autor asimismo de tratados lógicos: *Introductio ad categoricos syllogismos, De syllogismo categorico, De syllogismo hypothetico, De divisione, De diferentiis topicis.*

Apuleyo, el poeta latino autor del *Asno de oro,* también escribió acerca de la filosofía. Hasta nosotros ha llegado su obra en tres libros *De dogmate Platonis.* En el tercer libro, titulado *De philosophia rationali,* Apuleyo se interesa por las relaciones entre las cuatro proposiciones clásicas, que se dividen —según su cantidad, es decir, según la extensión del sujeto— en universales, particulares, singulares e indefinidas. Una proposición es universal cuando el predicado es atribuido o negado con respecto a todos los entes abarcados por el sujeto: «todos los hombres (o: ningún hombre) son filósofos». Tenemos una proposición singular cuando el predicado se afirma o se niega de un solo individuo: «Juan es filósofo», «Luis no es filósofo». Una proposición particular es aquella en la que el predicado se atribuye o se niega sólo de algunos de los entes abarcados por el sujeto: «algunos hombres son filósofos». En la proposición indefinida el predicado se atribuye o se niega de un sujeto, pero sin precisar a cuántos individuos se hace referencia: «el tren corre».

Apuleyo, al tratar y analizar todas estas proposiciones, afirma que es conveniente presentarlas en *quadrata formula,* y las dispone de esta manera de conformidad con el siguiente cuadro:

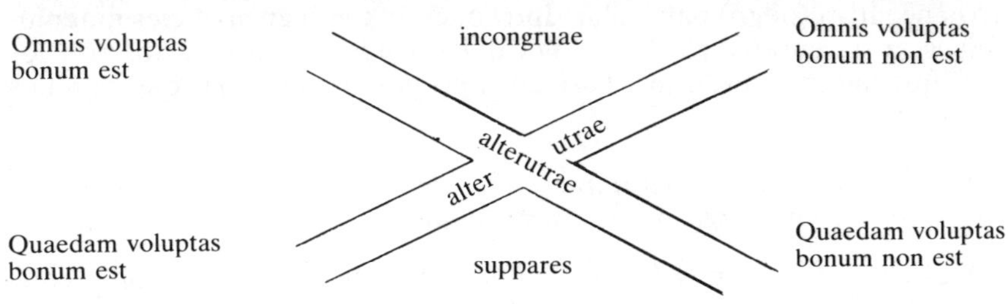

En este cuadrado aparecen las contradictorias *(alterutrae)*, las contrarias *(incongruae)* y las subcontrarias *(suppares)*. Faltan sin embargo las subalternas.

Boecio, pues, vuelve a tomar el cuadrado lógico de Apuleyo, pero lo completa con la subalternación, introduciendo el vocabulario que más tarde será de uso común en toda la edad media e incluso después. En efecto, habla de proposiciones *contradictoriae, contrariae, subcontrariae* y *subalternae.* Introduce asimismo términos como «"sujeto", "predicado" y "contingente"», que llegarían a convertirse en clásicos.

El cuadrado lógico completado y estructurado por Boecio se presenta del siguiente modo:

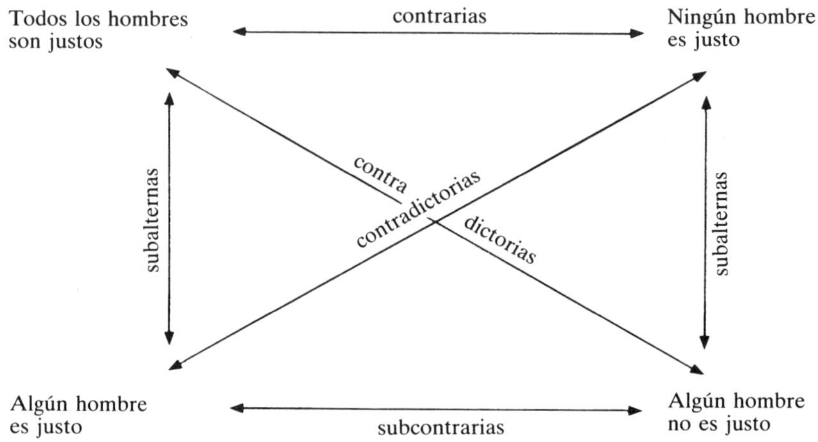

1.3. *Los medievales y el cuadrado de las oposiciones*

Más tarde, los medievales —en sus *Summulae* de lógica— indicarán mediante letras las cuatro proposiciones clásicas: A para la *a*firmativa universal; E para la n*e*gativa universal; I para la af*i*rmativa particular; O para la negativa (neg*o*) particular. Introducirán también artificios mnemotécnicos en la enseñanza de la lógica. Para nuestro caso, éstos son los versos que hacen referencia a las cuatro proposiciones de las que estamos hablando:

A adfirmat, negat E, sed universaliter ambae,
I firmat, negat O, sed particulariter ambae.

A estas cuatro proposiciones también se las llama proposiciones categóricas. En términos de lógica simbólica podemos traducirlas de la manera siguiente:

1	$(x)\ (\varphi x \rightarrow \psi x)$	que se lee: para todo x, si x es φ, entonces x es ψ	–A
2	$(x)\ (\varphi x \rightarrow \neg \psi x)$	que se lee: para todo x, si x es φ, entonces x no es ψ	–E
3	$(\exists x)\ (\varphi x \wedge \psi x)$	que se lee: para algún x, x es φ y ψ	–I
4	$(\exists x)\ (\varphi x \wedge \neg \psi x)$	que se lee: para algún x, x es φ y no ψ	–O

Por lo tanto, las cuatro letras A, E, I y O son los nombres que los lógicos medievales atribuyeron convencionalmente a las proposiciones categóricas (E y O proceden de «nEgO»; A e I, de «AdfIrmo»).

En consecuencia, colocando de manera oportuna las formas normales de las proposiciones categóricas, se obtiene el clásico cuadrado de la oposición:

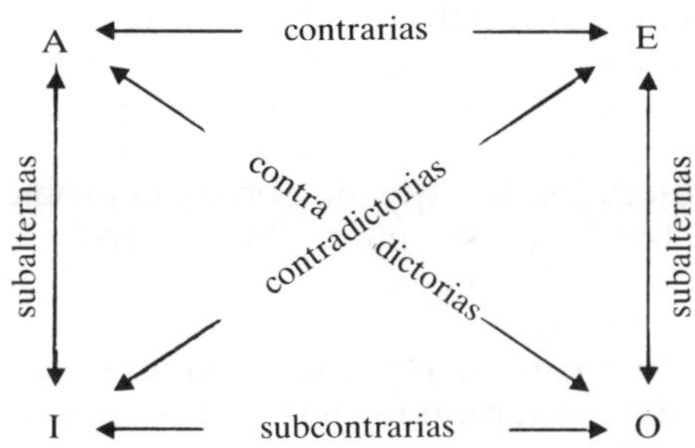

donde A y E son una verdadera y la otra falsa, no pueden ser ambas verdaderas, pero pueden ser falsas ambas; A, O y E, I siempre son una verdadera y la otra falsa, y no pueden ser ambas verdaderas ni ambas falsas; I y O resultan implicadas, respectivamente, por A y E.

Ahora bien, es preciso advertir que este cuadrado no fue concebido como un juego elegante, sino que se consideró que las relaciones lógicas ilustradas mediante el presente diagrama proporcionaban una base lógica que garantizaba la validez de ciertas formas elementales de razonamiento. Éstas eran las que concernían a las inferencias inmediatas, esto es, aquellas inferencias en las que la conclusión surge inmediatamente de la premisa, sin mediación de una segunda premisa. Así, un silogismo es una inferencia mediata, mientras que la inferencia: «todos los hombres son justos y, por eso, algún hombre es justo» es inmediata. El cuadrado tradicional nos ofrece la base lógica para un número considerable de inferencias inmediatas de este tipo, que pueden enumerarse así:

1) Si A es verdadera: E es falsa, I es verdadera, O es falsa
2) Si E es verdadera: A es falsa, I es falsa, O es verdadera
3) Si I es verdadera: E es falsa, A y O son indeterminadas
4) Si O es verdadera: A es falsa, E e I son indeterminadas
5) Si A es falsa: O es verdadera, E e I son indeterminadas
6) Si E es falsa: I es verdadera, A y O son indeterminadas
7) Si I es falsa: A es falsa, E es verdadera, O es verdadera
8) Si O es falsa: A es verdadera, E es falsa, I es verdadera.

Otros tipos de inferencias son aquellos que se obtienen por conversión, por obversión y por contraposición. La conversión se realiza mediante el intercambio de las respectivas posiciones de los términos del sujeto y del predicado de una proposición. En este caso, se trata de la *conversio simplex* y se aplica a E y a I; O no tiene proposición conversa, y A la tiene *per accidens:* además de cambiar la posición de los términos, es preciso cambiar también la cantidad de la proposición, de universal a particular. Por ejemplo: la conversa de «todos los perros son animales» es «algunos animales son perros». Se produce obversión cuando el término-sujeto permanece incambiado, y también permanece incambiada la cantidad de la proposición que se desea obvertir, pero se cambia la cualidad, substituyendo el término-predicado por su complemento. (Una clase es la colección de todos aquellos objetos que poseen una determinada propiedad común, a la que se hace referencia como al rasgo definitorio de esa clase.

La clase complemento, en cambio, es la colección de todas las cosas que no pertenecen a la clase originaria. Así, si la clase «hombre» es la clase de todos los entes que son al mismo tiempo animales y racionales, la clase complemento será «no-hombre», que contiene todos aquellos entes —caballos, libros, carreteras, etc.— que no poseen la propiedad de ser animales racionales.) La obversión se aplica a los cuatro tipos de proposiciones categóricas. Estamos ante una contraposición cuando en una proposición categórica se substituye su término-sujeto por el complemento de su término predicado y, al mismo tiempo, su término-predicado se substituye por el complemento de su término-sujeto. La contraposición se aplica a A y a O; I no tiene proposición contrapuesta, y E sólo la tiene *per accidens*.

Pueden resumirse así estos tipos de inferencias inmediatas:

CONVERSIÓN

Convertenda	Conversa
A: Todo S es P	I: Algún P es S (*per accidens*)
E: Ningún S es P	E: Ningún P es S
I: Algún S es P	I: Algún P es S
O: Algún S no es P	No existe conversa

OBVERSIÓN

Obvertencia	Obversa
A: Todo S es P	E: Ningún S es no-P
E: Ningún S es P	A: Todo S es no-P
I: Algún S es P	O: Algún S no es no-P
O: Algún S no es P	I: Algún S es no-p

CONTRAPOSICIÓN

Premisa	Contrapuesta
A: Todo S es P	A: Todo no-P es no-S
E: Ningún S es P	O: Algún no-P no es no-S (por limitación)
I: Algún S es P	No existe contrapuesta
O: Algún S no es P	O: Algún no-P no es no-S

1.4. *Proposiciones hipotéticas y silogismos hipotéticos*

Además del tema del cuadrado lógico, merece atención la obra que Boecio dedicó al silogismo hipotético. Se ha discutido mucho la cuestión de las influencias estoicas sobre el *De syllogismo hypothetico,* y ciertos ejemplos proceden sin duda de los estoicos: «si es de día, hay luz». Sin embargo, «su vocabulario [de Boecio] es predominantemente aristotélico, y su mente sobre todo se halla equipada de forma manifiesta con una conceptualización aristotélica» (R. Blanché). Boecio utiliza letras para representar las variables. También en esto sigue a Aristóteles y no a los estoicos, que utilizaban en cambio números ordinales. Por ejemplo: *Si est A, est B; atqui est A; est igitur B.* Para Boecio las proposiciones hipotéticas son más generales que las categóricas: es posible expresar una proposición categórica a través de una proposición hipotética, pero no es posible llevar a cabo la operación inversa. Además Boecio distingue entre dos tipos de proposiciones hipotéticas: el primer tipo se da cuando el consecuente está vinculado al antecedente de una manera accidental; en el segundo tipo, el consecuente es consecuencia natural del antecedente. Por ejemplo, al decir «si el fuego es cálido, el cielo es redondo», no pretendemos afirmar que el cielo es redondo porque el fuego sea cálido, sino sencillamente que al mismo tiempo que el fuego es cálido, el cielo es redondo. Afirmando, en cambio, que *cum homo sit, animal est,* tenemos una *recta ac necessaria consequentia* del antecedente. Señalemos, entre paréntesis, que un lógico contemporáneo, J.T. Clark, ha visto en la distinción de Boecio un anuncio de la diferencia que existe entre implicación material e implicación formal. Y en todo, la distinción de Boecio entre los dos tipos de proposiciones hipotéticas es importante, «porque está claro que constituye el punto de partida para las especulaciones escolásticas sobre la implicación» (J.M. Bochenski).

Pasando desde la consideración de las proposiciones hipotéticas a la de los silogismos hipotéticos, Boecio dedica espacio y atención a un inventario de sus formas. Ésta es la lista de los silogismos hipotéticos de Boecio:

1. Si A es, B es; ahora bien, A es; entonces, B es.
2. Si A es, es B; ahora bien, B no es; entonces, A no es.
3. Si A es, B es; y si B es, C debe ser; pero entonces: si A es, también C debe ser.
4. Si A es, B es; y si B es, también debe ser C; pero C no es; entonces, A no es.
5. Si A es, B es; si A no es, C es; entonces, si B no es, C es.
6. Si A es, B no es; si A no es, C no es; entonces, si B es, C no es.
7. Si B es, A es; si C es, A no es; supuesto esto, si B es, es necesario que C no sea.
8. Si B es, A es; y si C no es, A no es; entonces, si B es, C será.
9. Si se afirma «o A es, o B es», (entonces) en el caso de que A sea, B no será; y si A no es, B será; y si B no es, A será; y si B es, A no será.
10. La proposición que afirma «o A no es, o B no es» significa, sin duda, que si A es, B no puede ser.

Boecio, por lo que respecta a la lógica, no es demasiado original: es más refinado que original. En realidad, «su importancia no se basa tanto en lo que haya aportado personalmente a la lógica —contribución sin duda escasa— como en las informaciones que nos proporciona sobre la lógica antigua y sobre el influjo que ésta ejerció en la elaboración de la lógica medieval» (R. Blanché).

1.5. *El «De consolatione philosophiae»: Dios es la felicidad misma*

El *De consolatione philosophiae* es la obra más famosa de Boecio. En prosa y en verso esta obra fue escrita en la cárcel y ejerció una enorme influencia sobre el pensamiento y la espiritualidad de la edad media. «El libro se hallaba presente en casi todas las grandes bibliotecas medievales: los antiguos catálogos atestiguan la presencia de la *Consolatio* a partir del siglo VIII en la biblioteca de York, donde Alcuino la conoció sin duda. En el siglo IX está documentada su presencia en Saint-Riquier y en Nevers, en Reichenau, Friburgo, Sankt Gallen y en otras partes. Sin embargo, el período de su mayor difusión discurrió entre los siglos XII y XIII» (C. Mohrmann). Remigio de Auxerre comentó la *Consolatio* en el siglo XI, y a lo largo de los siglos XII y XIII se escribieron muchos otros comentarios. Alcuino, a través de su interpretación cristiana, la hizo accesible a los lectores de la edad media cristiana. Jean de Meung la parafraseó en parte en su continuación del *Roman de la Rose*. En el siglo IX, el rey Alfredo el Grande ordenó que fuese traducida al anglosajón, y a esta versión le siguieron muchas otras traducciones en todas las lenguas de la Europa occidental. Dante, en el canto X del *Paraíso* (versos 124-129), celebra al mártir Boecio y lo coloca entre Orosio e Isidoro:

> Viendo todos los bienes, allí dentro goza
> el alma santa, que el mundo falaz
> pone de manifiesto a quien la sabe escuchar;
> el cuerpo de donde fue expulsada yace
> allá abajo, en Cieldauro; y ella, desde el martirio
> y desde el exilio, llegó a esta paz.

Boecio se halla en la cárcel y se lamenta:

> Mientras la mudable fortuna me lisonjeaba con bienes fugaces
> un doloroso destino ya se preparaba
> para hundir mi vida;
> y ahora que él, airado, ha mostrado
> su rostro falaz, la vida se prolonga, vacía de esperanzas,
> con ingratas dilaciones.
> ¿Por qué, amigos, habéis exaltado tantas veces mi felicidad?
> El que ha caído, no sabía
> dirigir bien sus pasos.

Mientras se lamenta de esta guisa, se le aparece «una mujer de aspecto venerable, con los ojos refulgentes y penetrantes hasta más allá de la acostumbrada capacidad de los hombres». Aleja a las musas que rodeaban a Boecio: las musas son «sirenas de guardarropía, que no sólo no pueden brindar ningún alivio a sus dolores, sino que le alimentan con sus dulces venenos». Boecio fija su mirada en la mujer que ha aparecido y súbitamente reconoce a su nodriza, en cuya casa había morado desde su juventud: Filosofía. Ésta le dice a Boecio: «¿Cómo podría abandonarte, oh discípulo mío, y no compartir contigo, participando en tus fatigas, la carga que te has visto obligado a echarte encima, debido al resentimiento suscitado por ser mi discípulo? Además, era inadmisible que Filosofía dejase sin compañía a un inocente, a lo largo de su doloroso camino.» Por medio de ejemplos, Filosofía recuerda a su discípulo las injusticias de que fueron víctimas pensadores como Anaxágoras, Sócrates, Zenón, Séneca y tantos otros. «Por esto —afirma— no hay motivo para que te maravilles si en este mar de la vida nos vemos sacudidos a merced de las tempestades, dado que nuestra máxima aspiración consiste en no complacer a los perversos.» Boecio le recuerda a Filosofía que él siempre ha defendido los derechos de los humildes contra los bribones y los malvados, y no obstante, la fortuna le ha sido adversa, ha sido acusado injustamente y nadie le ha defendido. Y se pregunta:

> ¿Por qué, en efecto, la falaz fortuna
> lleva a cabo tan notables vicisitudes? A los inocentes
> les oprime la dura pena causada por el delito,
> mientras perversos designios se sientan
> en un alto trono, y los malhechores, en impío trueque,
> pisotean la cabeza de los justos.
> La clara virtud, rodeada por oscuras tinieblas,
> yace oculta, y el justo redime
> las culpas de los inicuos.

Boecio grita todo esto lleno de una angustia infinita. Entonces Filosofía se dedica a hacerle comprender que se ha olvidado de sí mismo y que no ha recordado que, puesto que el gobierno del mundo no ha sido confiado «a la ceguera del azar, sino a la divina razón», nada hay que temer. Hasta aquí, el primer libro del *De consolatione*. En el segundo libro Filosofía exhorta a su discípulo a escudriñar las vicisitudes de la Fortuna: ésta es el destino que domina sobre la vida humana. Cuanto más favorable parece a los hombres, más contraria le es, porque les impide ver en qué consiste la verdadera felicidad. A partir de estas ideas típicas del buen sentido, Filosofía se entrega a una terapia más eficaz con respecto a los males que afligen a Boecio. Se afronta el problema del bien. Éste no se encuentra en los honores, en la gloria, en las riquezas, en los placeres o en el poder. Si uno busca la felicidad a través de estos caminos, no hallará otra cosa que soluciones aberrantes: son caminos que no están en condiciones de conducir a nadie a la meta que prometen. Filosofía dice: «¿Te esfuerzas por acumular dinero? Pues tendrás que substraerlo al que lo posee. ¿Quisieras ostentar cargos? Deberás humillarte a suplicarlos a quien pueda dártelos, y precisamente tú, que anhelas superar en honores a todos los demás, te deshonrarás al humillarte servilmente, mendigando esos honores. ¿Aspiras al poder? Te expondrás a las traiciones de tus súbditos, y estarás sujeto a los peligros. ¿Te propones la gloria? Sin embargo, dispersándote entre dificultades de todas clases, pierdes tu serenidad. ¿Quisieras que tu vida transcurriese entre placeres? Empero, ¿quién no experimentaría desprecio y repugnancia por alguien que se convierte en esclavo de una cosa tan vil y tan frágil como el cuerpo?» Por lo tanto la felicidad no hay que buscarla en estas cosas terrenales. Por otra parte es imposible negar que existe la beatitud, dado que los bienes imperfectos son tales sólo en la medida en que participan de lo perfecto. «Es preciso reconocer, pues —dice Filosofía—, que Dios es la felicidad misma [...], tanto la felicidad como Dios, constituyen el sumo bien.» Y Boecio replica: «Ninguna conclusión [...] podría ser más verdadera que ésta en la substancia, más sólida en su estructura lógica, más digna ante Dios.»

1.6. *El problema del mal y la cuestión de la libertad*

Nos hallamos ante tesis de naturaleza neoplatónica, que Boecio explicita aún mejor hacia el final del tercer libro, cuando afirma que el uno, el bien y Dios son la misma cosa. Sin embargo, si el mundo está gobernado por Dios, la siguiente cuestión se plantea de modo ineludible: ¿cómo es que existe el mal? ¿Por qué los malos quedan impunes? Boecio afronta este problema en el cuarto libro. Filosofía sostiene que todos los que se alejan de la honestidad son personas condenadas, embrutecidas, infelices: «El ratero violento arde de avidez por las riquezas de los demás, y puedes compararlo a un lobo. El hombre bilioso e intolerante maneja su lengua en continuos litigios: se asemeja a un perro. El pérfido estafador no se queda satisfecho si con sus enredos no logra despojar a alguien: tiene los rasgos de una vieja zorra. Tiembla de rabia el iracundo, incapaz de dominarse: parece tener los mismos instintos que el león. El timorato e inhibido se aterra ante las cosas más inocuas: es como un ciervo. Hay quien, abúlico y aturdido, permanece en un perpetuo entumecimiento: vive en una existencia de asno. Cambia continuamente de intereses la persona superficial e inconstante: no se distingue en nada de los pájaros. Se hunde otro en pasiones torpes e inmundas: los placeres que le esclavizan son los de una sucia cerda.» Esto es, pues, lo que sucede con quien abandona la honradez: deja de ser hombre y se transforma en bestia. ¿En esto reside la felicidad? A pesar de todo, Boecio se asombra del hecho de que las cosas vayan al revés y los buenos sufran los castigos merecidos por los delitos, mientras que los malos se apoderan de las recompensas debidas a la virtud. ¿Cuál será, por tanto, la razón de una confusión de valores tan injusta? Filosofía, sin embargo, manifiesta a Boecio que no hay que asombrarse de estas cosas, siempre que se comprendan los principios que regulan la actividad de aquellas cosas que aparentemente suceden al azar. Este principio es la providencia: «El origen de todo lo creado, cada evolución de las naturalezas mudables y todo lo que se mueve de alguna forma, extraen sus causas, su orden y sus formas distintivas, de la inmutabilidad de la mente divina.» La efectiva realización en el tiempo y el espacio de los acontecimientos es lo que los antiguos habían llamado hado. La providencia, pues, es «la razón divina misma que descansa de manera estable en el ser supremo, señor de todas las cosas, todas las gobierna; el hado, en cambio, es la disposición inherente a las cosas mudables, mediante la cual la providencia mantiene todas las cosas estrechamente sometidas a su orden». Los hombres, empero, son incapaces de darse cuenta de este orden, continúa diciendo Filosofía, y por eso todo parece confuso y convulsionado. Sin embargo, en realidad «todas las cosas se hallan dispuestas de manera ordenada según una norma adecuada a ellas, que las orienta hacia el bien. En efecto, nada hay que esté hecho para mal, ni siquiera lo que hacen los malvados; éstos [...] en realidad buscan el bien, pero se ven extraviados por un desgraciado error de valoración». Admitamos incluso que alguien se halle en condiciones de distinguir entre buenos y malos: «¿Podrá por esto mirar también dentro del alma, para ver cómo es su constitución íntima [...]?» Si las cosas son así, si la providencia gobierna el mundo, ¿cómo conciliar este hecho con la libertad del hombre? La respuesta que hallamos en el libro quinto del *De consolatione* es la siguiente: el conocimiento divino es conocimiento simultáneo de todos los acontecimientos, de los pasados y también de los futuros. Por lo tanto, «si queres valorar con exactitud la pre-visión con la que reconoce todas las cosas, deberás considerar adecuadamente que no se trata de una presciencia de cosas proyectadas en el futuro, sino del conocimiento de un presente que nunca se acaba. Por eso no se llama pre-videncia, sino providencia [...]. ¿Por qué, pues, pretendes que se conviertan en necesarias las cosas investidas de luz divina, cuando ni siquiera los hombres transforman en necesarias las cosas que ven? ¿Es que acaso, en realidad, tu mirada añade alguna clase de necesidad a las cosas cuya presencia contemplas?» En conclusión: los acontecimientos futuros se hallan presentes en Dios y están presentes en el modo en que ocurren. Por lo tanto, aquellos que dependen del libre arbitrio están presentes de manera contingente.

1.7. *Razón y fe en Boecio*

A algunos les ha parecido que el *De consolatione* es una obra esencialmente laica, carente de un tono cristiano, sin relación con los misterios del cristianismo. «El motivo más profundo de la aparente laicidad del *De consolatione* [...] reside quizás en la tajante distinción que Boecio establece entre la teología y los diversos sectores científicos. De manera principal por esta causa, su cristianismo —sin ninguna duda, algo vivido y profundo— no se manifestó de modo explícito en el *De consolatione.* En efecto, se trata de una *consolatio philosophiae*; y al haber elegido como argumento los consuelos de la filosofía, Boecio no tenía por qué salirse de este tema [...]; una obra de poesía no utiliza el método histórico. Aristóteles ya había enseñado que se debe tener en cuenta al máximo la diversidad existente entre las distintas disciplinas [...]. El *De consolatione* muestra, por esa razón, escasas expresiones de sabor cristiano. En compensación, la mayoría de las doctrinas de Boecio habría podido recibir la plena aprobación de Platón y de los neoplatónicos» (L. Obertello). Además, «no existe allí nada inaceptable para la teología y la fe cristiana. En el *De consolatione* Boecio selecciona de la tradición filosófica que le es conocida sólo aquellos conceptos que se adaptan a las líneas concretas de la espiritualidad y la ética cristianas» (L. Obertello). En opinión de E.K. Rand, asimismo, la teología se halla en el fondo de la conciencia de Boecio, «quien demuestra todos los elementos de la *fides* que la *ratio* le permite contrastar». De este modo «Boecio favorece [...] la introducción de pleno derecho de la filosofía en el universo cultural cristiano, en cuanto ciencia dotada —dentro de ese universo— de una autonomía y de un lugar específico [...]. Al igual que santo Tomás, Boecio obedece a las leyes de un género y de una inspiración literaria que se hallan directamente ligadas con las fuentes a las que recurre. Su filosofía cristiana conserva una autonomía y una consistencia auténtica» (L. Obertello).

Quizás resulte oportuno mencionar a este respecto la obra teológica de Boecio. Sus opúsculos teológicos —que posiblemente ejercieron sobre el pensamiento medieval un influjo aún mayor que el del *De consolatione* (S. Vanni Rovighi)— fueron considerados apócrifos por todos los que en el *De consolatione* no vieron más que una obra pagana. Las cosas cambiaron a partir de 1875, cuando Alfred Holder descubrió un fragmento (*Anecdoton Holderi*) que se remonta al 522, atribuido a Casiodoro, en el que se afirma entre otras cosas que Boecio «escribió un tratado sobre la Santa Trinidad, algunas obras sobre cuestiones dogmáticas y un libro contra Nestorio». En la actualidad, existen pocas dudas en considerar auténticos cuatro de los cinco tratados teológicos de Boecio. Son los siguientes: *a*) *De Trinitate*: *b*) *Utrum Pater et Filius et Spiritus Sanctus de divinitate substantialiter praedicentur*; *c*) *Quomodo substantiae in eo quod sint, bonae sint*; d) *Liber contra Eutychen et Nestorium*. Se han formulado reservas en torno a la autenticidad del *De fide catholica*. «Estas obras teológicas poseen un notable colorido filosófico, pero refutan por completo la teoría de algunos eruditos según la cual el autor de la *Consolatio* habría sido un filósofo no cristiano» (C. Mohrmann).

2. Las «Instituciones» de Casiodoro

Flavio Magno Aurelio Casiodoro también fue ministro de Teodorico (y de sus sucesores). Nació en Squillace (Calabria) entre 480 y 490. Procedente de la aristocracia, se puso al servicio de Teodorico. Amigo de Boecio, fue más afortunado que él. En el 540 se retiró al monasterio calabrés de Vivarium, fundado por él mismo. Aquí, dedicado a la vida espiritual, reunió una biblioteca importante y escribió dos obras: el *De anima* y las *Institutiones divinarum et saecularium litterarum,* libros ambos que tendrían un gran éxito en el pensamiento escolástico. También poseen interés las cartas escritas por Casiodoro para Teodorico, recogidas bajo el título de *Variae*. Por último, de él nos ha llegado un extracto de su *Historia de los Godos*. Casiodoro murió en el 570, en su monasterio.

En el *De anima* Casiodoro se propone —siguiendo las huellas de Mamerto Claudiano (fallecido en el 474; autor del *De statu animae,* una defensa de la inmortalidad del alma) y de Agustín (recuérdese el *De anima* y el *De origine animae*)— demostrar la espiritualidad y la inmortalidad del alma. Las *Institutiones divinarum et saecularium litterarum* están divididas en dos libros: el primero especifica cuáles son los autores que hay que estudiar para introducirse lo mejor posible en la teología; el segundo bosqueja el plan de estudios liberales que deben seguir los clérigos. Casiodoro distingue entre las artes del *trivium* (gramática, dialéctica y retórica) y las del *quadrivium* (aritmética, geometría, astronomía y música). Tal distinción no tiene nada de original, si pensamos que en el siglo v, hacia el 430, Marciano Capela ya la había efectuado, en su *De nuptiis Mercurii et Philologiae,* que constituirá uno de los textos principales de la erudición medieval. En todo caso, lo más relevante es que Casiodoro adapta los elementos de la cultura clásica en función de la comprensión de las Escrituras y de las exigencias de la Iglesia. De este modo la razón no se configura como adversaria de la fe. Por tal motivo Casiodoro influyó sobre la organización de los estudios en las escuelas medievales.

3. Las «Etimologías» de Isidoro de Sevilla

En el siglo VII nace y comienza a expandirse el islam. En el 635 el islam conquista Siria, una región con una cultura griega muy rica y conocedora de las obras de Aristóteles. En el 642 es conquistado Egipto y pocos años después los árabes llegan a Trípoli. La Italia del siglo VII está dominada por los lombardos y en España se impone el reino de los visigodos. Mientras tanto el papa Gregorio promueve la predicación cristiana en Bretaña, enviando al monje Agustín, que luego será nombrado arzobispo de Canterbury. Tanto en Inglaterra como en Escocia nacen monasterios que no tardan en convertirse en centros de cultura. «Desapareció la civilización de la Bretaña romana, y la nueva civilización que traían los misioneros cristianos tenía como único centro las abadías benedictinas, que en todo dependían directamente de Roma» (B. Russell). La figura más destacada del monaquismo anglosajón fue la de Beda (llamado «el Venerable» por los medievales), nacido en el 673 y muerto en el 735. Fue monje en Jarrow, escribió obras históricas y gramaticales (*De orthographia, De schematibus et tropis*) así como un *De rerum natura,* obra esta última muy leída durante la edad media y que Beda redacta según el modelo que le ofrece la enciclopedia de Isidoro de Sevilla. Egberto, primer arzobispo de York, fue discípulo de Beda y fundó una escuela aneja a la catedral, donde estudió y se formó Alcuino (de quien hablaremos más adelante).

Isidoro de Sevilla vivió entre los años 570 y 636, aproximadamente. Por lo tanto, vivió un siglo antes que Beda, en la España relativamente estable de los visigodos. Isidoro fue obispo de Sevilla; escribió obras teológicas inspiradas en Agustín, como por ejemplo el *De fide catholica,* los *Sententiarum libri tres* y el *De ordine creaturarum.* También le debemos una *Historia regum gothorum et vandalorum.* Sin embargo, su obra más importante —y la más famosa durante la edad media— fueron los *Etymologiarum libri.* Se trata de una obra que consta de veinte libros: los tres primeros versan sobre las siete artes liberales y los otros diecisiete brindan nociones acerca de los más variados aspectos del saber: la medicina, la historia, la teología, las artes mecánicas, la geografía, el arte de la guerra, y así sucesivamente. La idea básica de Isidoro es que a través de las etimologías es posible llegar a los significados de las cosas. Como consecuencia de este proyecto, fueron rescatadas del olvido una gran cantidad de ideas y de concepciones procedentes de autores clásicos, con lo que pudieron transmitirse a las escuelas medievales y ser allí estudiadas. Isidoro es otro de los eslabones que vinculan el mundo clásico con la cultura medieval. Esto es así, aunque el conocimiento que posee acerca de los clásicos es más restringido y menos profundo que el que poseen Boecio o Casiodoro, por ejemplo. O aunque su especulación teológica, sin duda, no resiste una comparación con la de su contemporáneo oriental, Máximo el Confesor, que hemos mencionado con anterioridad (cf. p. 370).

Capítulo XVII

LAS PRIMERAS SISTEMATIZACIONES DE LA «RATIO» EN FUNCIÓN DE LA «FIDES»

1. Las escuelas, la universidad, la escolástica

1.1. *Las escuelas y la escolástica*

Entendemos por escolástica, más que un conjunto de doctrinas, «la filosofía y la teología que eran enseñadas en las escuelas medievales» (S. Vanni Rovighi). Esta caracterización es en cierto modo extrínseca, pero significativa, porque no nos obliga a precisar por anticipado cuál es el cuerpo doctrinal que cabe llamar «escolástico» (que veremos irse articulando en los capítulos siguientes). Además, nos sitúa en el ambiente dentro del cual se elaboraron dichas doctrinas, a partir de la primera reorganización medieval de las escuelas, promovida por Carlomagno. A principios del siglo VI, la clausura de las últimas escuelas paganas por orden de Justiniano, más que un acto político, señala el final de la cultura pagana. La apertura de nuevas escuelas o la integración de las antiguas dentro de nuevas instituciones educativas, por parte de la Iglesia, marca el comienzo de una lenta y laboriosa formación y organización de una nueva cultura.

Hasta el siglo XIII, cuando comienzan a formarse las universidades, las escuelas son monacales (anexas a una abadía), episcopales (anexas a una catedral) o palatinas (anexas a la corte: *palatium*). Las escuelas abaciales o monacales durante el período de las invasiones bárbaras fueron el refugio privilegiado de la cultura, por sus trabajos de transcripción y de conservación de los clásicos. Las escuelas episcopales fueron, de modo predominante, el centro de instrucción elemental, necesaria para acceder al sacerdocio o para ocupar cargos públicos. No obstante, la escuela que contribuyó más al despertar de la cultura fue la palatina creada por Carlomagno y confiada en el 781 a Alcuino de York (730-804). Formado en la escuela episcopal de Jarrow, fundada por Beda el Venerable (674-735), Alcuino fue director de la escuela palatina y consejero del rey en todas las cuestiones inherentes a la instrucción y al culto. Organizó la enseñanza en tres grados: 1) leer, escribir, nociones elementales de latín vulgar, comprensión sumaria de la Biblia y de los textos litúrgicos; 2) estudio de las siete artes liberales (*trivium:* gramática, retórica y dialéctica; *quadrivium:* aritmética, geometría, astronomía, música); 3) estudio profundo de la sagrada escritura. Las siguientes palabras de Alcuino ponen de manifiesto el espíritu y el afán con que Alcuino se dedicó a esta obra de renovación, querida por el emperador y por la corte de Aquisgrán: «Surgirá en tierra de los francos una nueva Atenas más espléndida que la antigua, puesto que nuestra Atenas ennoblecida por la enseñanza de Cristo superará en sabiduría a la Academia.»

Aunque fue incapaz de dar a luz una cultura que fuese más allá de una mera yuxtaposición o combinación de modelos literarios y filosóficos del mundo clásico, y modelos teológicos del mundo patrístico, Alcuino tuvo el mérito de haber preparado manuales para cada una de las siete artes liberales, que sirvieron para encauzar la docencia y el estudio. En gramática, retórica y dialéctica, sus manuales utilizaron materiales procedentes de Isidoro de Sevilla, Casiodoro, Beda, san Agustín, Boecio, Prisciano, Donato y Cicerón. Sus escritos teológico-filosóficos tuvieron un carácter compilador, por ejemplo, el *De fide sanctae et individuae Trinitatis* y la carta a Eulalia *De animae ratione,* extraídos en su mayor parte de las obras de san Agustín, pero sin un auténtico planteamiento doctrinal. Debido a ello estos manuales provocaron un cierto malestar, a causa entre otras cosas del contraste de su entusiasmo por los poetas y pensadores paganos, con la idea, a menudo repetida pero no argumentada, de que había que reconocer a los estudios bíblicos una absoluta preeminencia en la formación del cristiano.

Esta grave incertidumbre sólo pudo superarse a partir de la segunda generación carolingia, cuando Escoto Eriúgena intentó una revaloración de la dialéctica y de la filosofía, mediante una integración de las artes liberales en el contexto teológico. Así, éstas dejaron de ser engañosas formas de erudición, para convertirse en instrumentos de investigación, de comprensión y de elaboración desde el interior de las verdades cristianas. De este modo llega a configurarse la primera escolástica, es decir, el período de pensamiento que va desde Escoto Eriúgena hasta san Anselmo, desde las escuelas de Chartres y de San Víctor hasta Abelardo.

1.2. *La universidad*

A partir del siglo XIII, la escuela se configura como universidad, que es un producto típico del medioevo. El modelo de las escuelas estuvo constituido por las de la edad antigua, intentándose su continuidad y su renovación. En cambio, no hubo ningún modelo para las universidades. «La antigüedad y el Oriente no conocieron esas entidades corporativas, esas libres asociaciones de maestros y de alumnos —con sus privilegios, sus programas establecidos, sus diplomas, sus grados— que constituyen las universidades medievales» (M. de Wulf).

El término «universidad» en su origen no indicaba un centro de estudios, sino más bien una asociación corporativa o, como diríamos hoy, un sindicato que tutelaba los intereses de determinada categoría de personas. Bolonia y París representan los dos modelos organizativos en los que se inspiraron en mayor o menor medida todas las demás universidades. En Bolonia prevaleció la *universitas scholarum,* es decir la corporación estudiantil, a la que Federico I Barbarroja concedió privilegios especiales. En París prevaleció la *universitas magistrorum et scholarum,* una especie de corporación unitaria de maestros y alumnos. La universidad de París representó una ampliación de la escuela catedralicia de *Notre-Dame,* que por circunstancias diversas había adquirido a lo largo del siglo XII un lugar de preeminencia sobre todos los demás centros de estudio, atrayendo a estudiantes de todos los lugares de Europa. Además, mientras que las escuelas catedralicias, monásticas y palatinas eran instituciones eclesiásticas de carácter local, muy pronto la universidad de París se transformó en objeto de atención de la curia romana, que favoreció su desarrollo y sobre todo sus tendencias autonomistas, substrayéndola a la tutela directa del rey, del obispo y de su canciller. Y así, de una forma verdaderamente significativa, las aspiraciones de libertad de enseñanza —contra las resistencias y la oposición de los poderes locales— hallaron en la protección papal su primer apoyo. El carácter clerical de la universidad nos permite entender por qué las autoridades eclesiásticas —y, en primer lugar, los representantes directos del papa— redactaron sus estatutos, prohibieron la lectura de determinados libros e intervinieron para apaciguar conflictos y controversias.

1.3. *Los efectos de la universidad*

La institucionalización y la consolidación de la universidad tuvo dos efectos especialmente relevantes. El primero consiste en el nacimiento de un conjunto de maestros, sacerdotes y laicos, a los que la Iglesia confiaba la tarea de enseñar la doctrina revelada. Se trata de un fenómeno de gran alcance histórico, porque hasta entonces la doctrina oficial de la Iglesia estaba y había estado confiada a la jerarquía eclesiástica. «Tanto en la teología como en la catequesis, los maestros siempre habían sido algo unido al orden episcopal; aquí, empero, se trata de profesionales de la escuela, dedicados a la elaboración de una ciencia, y cuyo título jurídico depende de la corporación y no es, en sentido propio, una función jerárquica [...]. Los *magistri* están oficialmente cualificados para hablar de fe y de doctrina; tienen poder de decisión después de la disputa acerca de la cuestión, y su solución se halla revestida de autoridad [...]. En el plano de la fe, por debajo de los Padres, en la Iglesia existe la escuela. Tanto santo Tomás como Alberto Magno y Buenaventura serán "doctores de la Iglesia" [...]» (M.D. Chenu). Al lado de los poderes tradicionales —el *sacerdotium* y el *regnum*— se añadía un tercer poder, el *studium* o la clase de los intelectuales, que ejerció un peso notable sobre la vida social de aquella época.

El segundo efecto o nota característica es la apertura de la universidad parisiense a maestros y alumnos procedentes de todas las clases sociales. «La comunidad universitaria desde sus inicios no conoce las diferencias de clase o, mejor dicho, engendra una nueva casta compuesta por los más heterogéneos elementos sociales» (H. Grundmann). En épocas posteriores la universidad se convertirá en aristocrática, pero en la edad media es popular, en el sentido de que acoge también a estudiantes pobres, hijos de campesinos y de artesanos, quienes —gracias a algunos privilegios, como la exención de las tasas académicas, las bolsas de estudio y el alojamiento gratuito— podían llevar a cabo los severos cursos de estudios. Una vez que habían entrado en la universidad, desaparecían las diferencias sociales entre los estudiantes: los goliardos y los clérigos constituían un mundo autónomo, en el que la nobleza ya no estaba representada por la clase de origen sino por la cultura adquirida. Se trata de un nuevo concepto de nobleza o, como se decía entonces, de gentileza. Con todo derecho, Boccaccio dirá que «es gentil quien ha estudiado largo tiempo en París, no para vender después su ciencia al menudeo, como hacen muchos, sino para saber la razón de las cosas y su causa».

Puesto que la cultura medieval florece junto a estas instituciones, primero las *scholae* y luego la *universitas,* entendemos por «escolástica» aquel cuerpo doctrinal que fue elaborado —primero, de un modo bastante desorganizado y, después, de forma cada vez más sistemática— en estos centros de estudio. En ellos encontramos a hombres creativos y a menudo poseedores de grandes capacidades críticas y de agudeza lógica, dedicados a escribir y a enseñar.

1.4. *Razón y fe*

A través de este binomio se indica el programa de investigación fundamental de la escolástica, que abarca desde el uso acrítico de la razón —y la consiguiente aceptación autoritativa de la doctrina cristiana— hasta los primeros intentos de penetración racional en la revelación, las construcciones sistemáticas, que leen e interpretan de forma razonada las verdades cristianas. Profundamente vinculada con las instituciones eclesiásticas, la cultura medieval revela una impronta profundamente cristiana, por hallarse orientada hacia la comprensión de la doctrina revelada, por haber madurado en el seno de sus verdades o por estar quizás en contraposición a éstas. Aunque en determinados momentos históricos esa cultura se aplique a elementos gramático-literarios o al discurso en su estructura lógico-gramatical, se trata en realidad de un perfeccionamiento de los instrumentos lógicos para lograr una mejor comprensión de los textos bíblicos y de las enseñanzas de los padres de la Iglesia. La razón es de forma predominante función de la fe. La filosofía es función de la teología, para interpretar la escritura (exégesis) o para construir una doctrina sistemática (dogmática).

La investigación racional autónoma hay que integrarla en el marco de la conversión de los infieles, a quienes es preciso ofrecer la doctrina cristiana mediante argumentos racionales. No basta con creer, es preciso comprender (*intelligere*) la fe. Y esto no sólo se obtiene interpretando el texto sagrado o mostrando sus posibles implicaciones para la vida individual y colectiva de los hombres, sino también demostrando mediante la pura razón las verdades que se aceptan por fe, o por lo menos, mostrando su carácter lógico y no contradictorio con los principios fundamentales de la razón. Es un ejercicio de la razón que se lleva a cabo y se perfecciona con objeto de aumentar el número de los creyentes. Se utilizan los principios racionales —primero los platónicos y después los aristotélicos— para demostrar que las verdades de la fe cristiana no son algo disconforme con las exigencias de la razón humana o algo contrario a ésta. Por lo contrario, la plena realización de la razón humana se halla precisamente en estas verdades. Hay que interpretar en este contexto el influjo del platonismo y del neoplatonismo a través de Agustín, y el influjo del aristotelismo, primero a través de Avicena y de Averroes, y luego a través del conocimiento directo de las obras del Estagirita. Esto demuestra que el pensamiento filosófico puede constituir un valioso colaborador para la mejor comprensión de la doctrina cristiana.

1.5. *Facultades de artes y facultades de teología*

Para entender mejor el diálogo y las tensiones entre razón y fe conviene recordar que la universidad medieval se dividía en facultad de artes liberales (trivio y cuadrivio), cuyos estudios duraban seis años, y en *facultad de teología,* cuyos estudios se prolongaban al menos durante ocho años. La primera constituía un paso previo a la segunda, porque se consideraba que las artes liberales eran la base de todo aprendizaje, concediendo un particular relieve a la gramática, la lógica, la matemática, la física, la metafísica y la ética. El *magister artium,* en consecuencia, era un profesor que se inspiraba exclusivamente en la razón, sin una preocupación teológica directa; podríamos decir que era un profesor de filosofía. En las escuelas monásticas, catedralicias o palatinas se estudiaba casi únicamente lógica (o dialéctica) como introducción a la teología. En cambio, en la *facultad de artes* se tomaba en consideración la nueva bibliografía científico-filosófica, que procedía en su mayor parte del mundo árabe. Debido a ello, esta Facultad se convirtió en abanderada de las nuevas ideas de tipo básicamente aristotélico que se iban descubriendo y discutiendo.

La *facultad de teología,* por lo contrario, tenía como objetivo el estudio cuidadoso de la Biblia a través de la exégesis y la sistemática exposición de la doctrina cristiana, cuya manifestación más acabada está constituida por las *Summae.* Para comprender lo dinámica que era esta Facultad, es preciso recordar que casi todos los maestros de teología habían pasado por la Facultad de artes y, por lo tanto, no eran ajenos a los intereses y a los problemas que allí se discutían. La distinta y, a veces, contrapuesta orientación de estas dos Facultades nos ayudará quizás a comprender mejor la tensión entre razón y fe, al igual que los esfuerzos para su conciliación, dentro de un clima en el que perspectivas a veces contradictorias eran objeto de elaboración y disputa. A todo ello hay que añadir, para entender la viveza dialéctica en el seno de las respectivas Facultades, que los métodos de enseñanza —la lección (*lectio*) y el seminario (*disputatio*)— permitían un constante cambio de ideas entre alumnos y maestros. En efecto, la *disputatio* consistía en una discusión con los discípulos sobre un tema propuesto en forma de pregunta (*quaestio*), sobre el cual intervenían primero los estudiantes y luego el maestro. La importancia de la *quaestio,* que representa la forma típica del procedimiento didáctico, nos permite vislumbrar la viveza del debate y la perpetua tensión entre razón y fe, con respecto a los argumentos que surgían gradualmente, según los textos que se examinaban o los problemas que se planteaban.

1.6. *La «Ciudad de Dios» agustiniana*

Para entender más acabadamente el clima general en el que se desarrollaba el debate entre razón y fe, conviene mencionar la interpretación de la historia que predomina en el ambiente en que se vivía y se pensaba. Durante la edad media, hasta el año 1000, domina sin discusión la teoría agustiniana de las dos ciudades, la celeste —«que vive por la fe y peregrina en este mundo»— y la terrena, que Agustín identifica con las fuerzas que sembraban la muerte y los saqueos. El pesimismo de sello agustiniano por lo que concierne a la ciudad terrena encontraba apoyo en la constatación de que el Imperio —con el que se identificaba la ciudad terrena— estaba llegando efectivamente a su fin. Al pasar de los romanos a los griegos (Bizancio), y luego a los francos, a los lombardos y a los germanos, el Imperio envejecía y agotaba su carga unificadora y renovadora.

Sin embargo, con el surgimiento del Sacro Imperio Romano la ciudad terrena ya no podía identificarse con ninguna entidad concreta, porque el Imperio se presentaba como el cuerpo material de la ciudad de Dios, lo cual daba lugar a una sola ciudad, con aspectos terrenos y a la vez celestiales, sagrados y profanos, con preocupaciones temporales y compartiendo una espera escatológica. Al dualismo originario le sucedió una especie de monismo, que primero estará caracterizado por el predominio de las fuerzas imperiales y luego por la hegemonía de las fuerzas eclesiásticas. En este período la concepción agustiniana de la historia, aunque sometida a modificaciones a veces profundas, continúa prevaleciendo en la medida en que el sentido de la historia se oculta en aquel hilo providencial que lleva a los hombres a la Ciudad celestial, bajo la guía de la Iglesia.

1.7. *La concepción trinitaria de la historia, según Gioacchino da Fiore*

Después de la agustiniana, la concepción de la historia que ocupa el lugar de más relieve en la edad media es la del abad calabrés Gioacchino da Fiore (1130-1202). Es bien sabido que la disgregación de la unidad política conseguida por Carlomagno fue seguida por el régimen feudal, en el que el poder central se fragmenta con objeto de defender poblaciones y territorios ante la nueva oleada de los bárbaros. Con este régimen feudal las instituciones eclesiásticas sufrieron un cambio profundo, porque se hallaban bajo la responsabilidad de hombres más fieles al poder laico que al poder religioso. El clero se mundanizaba. Muy pronto, a esta decadencia en las costumbres se opuso un movimiento de reforma que comenzó a dar sus primeros pasos en el siglo X, con el monaquismo cluniacense, y luego se fue difundiendo a lo largo del siglo siguiente. Este movimiento halló su más acabada manifestación doctrinal con Gregorio VII, del cual toma el nombre de «reforma gregoriana», que dio paso a una nueva fase histórica, ya que a la tradicional idea de la huida del mundo substituyó la idea de la conquista cristiana del mundo (R. Morghen). Fue la época de las Cruzadas.

Esta reforma de la Iglesia —que llevaba a una concentración de todo el poder religioso y secular en las manos del pontífice romano— provocó una mundanización de otro tipo en la Iglesia, que se vio implicada en asuntos políticos y por tanto complicada en litigios y luchas que distraían su atención de los problemas estrictamente religiosos. En efecto, el siglo XII fue muy tempestuoso: en él se dieron las sanguinarias luchas de las comunas contra el imperio; la discordia entre el papado y Federico Barbarroja, cuyos ásperos conflictos provocaron la elección de tres antipapas (Víctor IV, Pascual III y Calixto II, opuestos a Alejandro III); la caída de Jerusalén en 1187, con la que se quebraba el grandioso sueño medieval que había dado origen a las Cruzadas; crueldades y represiones contra los señores feudales eclesiásticos y laicos, fieles a la tradición normanda, por parte de Enrique VI de Suabia. A esto hay que agregar asimismo los innumerables desórdenes morales que afligían a la Iglesia, enfeudada y mundanizada, contra los que san Bernardo elevaba en vano su voz de advertencia.

En este contexto, Gioacchino —volviendo a tomar en consideración el misterio trinitario— propone un mensaje de reforma escatológica, una especie de *renovatio* moral y religiosa, alimentando la espera de una tercera edad inminente, la del Espíritu. A la edad del Padre y a la edad del Hijo deberá seguir la edad del Espíritu, que se caracterizará por una completa palingenesia y que no tardará en llegar, liberando a los hombres de las contradicciones en que habían caído. No se trata de una concepción cristocéntrica sino trinitaria de la historia, próxima a cumplirse. Entendida como la suprema y definitiva manifestación de lo divino en la realidad de la historia, esta tercera edad representaba y expresaba el difundido deseo de radical renovación, gracias a la liberación de las cargas que suponen las instituciones y los problemas de orden terrenal.

«Debido a la considerable huella que dejó Gioacchino en la historia religiosa del siglo XII y a la combinación de su mensaje con la espiritualidad franciscana, nació el joaquinismo. Se trataba de un complejo movimiento espiritualista, con matices de orden religioso-político y trasfondo místico-reformador y profético-escatológico, que primero desconcertó y luego acabó por invadir con su poderoso fermento espiritual la religiosidad del siglo XII, introduciendo en la espiritualidad medieval la simiente de nuevas utopías y profundas aspiraciones renovadoras» (A. Crocco).

La difusión de la concepción agustiniana de la historia y de la concepción joaquinista nos da a entender —mejor quizás que cualquier otra reflexión— el clima teológico en el que se desarrollaba en la mayor parte de los casos el debate entre razón y fe y, en consecuencia, el contexto religioso en el que iban surgiendo problemas y cuestiones de tipo filosófico y teológico.

1.8. *Cronología*

Aunque resulte algo convencional, parece oportuno desde el punto de vista didáctico distinguir cuatro etapas en la historia de la escolástica. La primera, de carácter más bien preparatorio, abarca desde el siglo VI hasta el IX, y en ella alternan períodos de grandes tinieblas culturales y de decadencia moral, con momentos de renacimiento y anticipación. Al restaurar los carolingios el Imperio, se intenta una organización de las escuelas y, por lo tanto, de la cultura. Juan Escoto Eriúgena es la figura más representativa de esta etapa. La segunda fase, en la que se dan momentos de inestabilidad y de despertar, va desde el siglo IX hasta el XII: es la edad de la reforma monástica y de la renovación política de la Iglesia, con la querella de las investiduras; es la edad de las Cruzadas y de la incipiente civilización urbana. Entre las figuras de mayor relieve debemos citar a Anselmo de Aosta, la escuela de Chartres y la de San Víctor, y a Abelardo, que integran la primera escolástica. La tercera fase o «edad de oro» de la escolástica ocupa el siglo XIII, con las prestigiosas figuras de Tomás de Aquino, Buenaventura de Bagnoregio y Juan Duns Escoto. La cuarta y última fase, que cierra la escolástica y señala el divorcio entre razón y fe, abarca el siglo XIV y su principal representante es Guillermo de Ockham.

2. Juan Escoto Eriúgena

2.1. *La primera teorización de la «ratio» en función de la fe*

Después de lo que llevamos dicho, queremos bosquejar el recorrido a través del cual las artes liberales en general y el trivio en particular (gramática, retórica y dialéctica) se transforman en instrumentos de penetración de las verdades cristianas, dejando de ser meros contenidos de erudición.

Algunos historiadores de la filosofía, subrayando la importancia de las cuestiones lógicas —y en particular, del problema de los universales— consideran que la primera indagación filosófica se afirmó de modo autónomo e independiente de la fe cristiana. Por el contrario, de un atento estudio de estos primeros ensayos de investigación filosófica se deduce que las discusiones lógicas de más envergadura —acerca de la naturaleza de los universales y del carácter de la dialéctica— fueron ocasionadas y se desarrollaron en el contexto de interpretaciones enfrentadas sobre textos escriturísticos y patrísticos. Por ejemplo, la primera disputa auténtica alrededor de la naturaleza de los universales no se basó en los célebres pasajes de Porfirio y de Boecio, sino que fue consecuencia de la controversia sobre el alma universal que tuvo lugar entre Ratramno de Corbie y un monje de Beauvais en el siglo IX, a propósito de un texto de Agustín que parecía vacilar entre el monopsiquismo (una única alma) y el polipsiquismo (varias almas). El monje de Beauvais apelaba a la concepción realista de los universales para defender la única alma universal, mientras que Ratramno formulaba una interpretación conceptualista de los universales, según la cual aquella unidad sólo es lógica, pero no substancial. El interés primordial, en resumen, no se dirige hacia los problemas lógicos en sí mismos, sino a problemas bíblicos y patrísticos para cuya interpretación se utilizaban instrumentos lógicos. Esto lo confirma el hecho de que el teólogo que actúa como guía durante los siglos IX-XII es sin duda alguna Agustín, cuya concepción del saber todos comparten, con matices diversos. Según tal concepción, la reflexión racional se halla iluminada por Dios y se realiza en el seno del dato de fe, en una especie de compenetración mutua y constante. Las artes liberales, desde esta perspectiva, aunque conserven un valor formal, se ejercen con respecto a los contenidos de la Biblia y a la doctrina cristiana. Si entre los padres latinos Agustín es la figura más significativa y prestigiosa, entre los padres griegos —además de Orígenes, Gregorio de Nisa, Juan Damasceno y Juan Crisóstomo— el autor más leído es Dionisio Areopagita, a quien se considera como *auctoritas,* ya sea porque se le identifica con el convertido por san Pablo en el Areópago de Atenas, o porque había recuperado en clave cristiana la filosofía neoplatónica. Su pensamiento alude de forma esencial al misterio trinitario, y el mundo es interpretado como una maraña de símbolos mediante los cuales se lleva a cabo el proceso de conversión (anagogía) de los seres a Dios.

Para aclarar esta línea interpretativa, examinaremos en el siglo IX a Juan Escoto Eriúgena, en el siglo XI Anselmo de Aosta, y en el siglo XII las escuelas de Chartres y de San Víctor, junto con la compleja figura de Pedro Abelardo. Se trata de figuras y de movimientos de primera fila, que desde ángulos diversos arrojan luz sobre la primera teorización de la razón en función de la fe.

2.2. *La figura y la obra de Escoto Eriúgena*

Si bien Alcuino fue el mayor artífice del renacimiento cultural carolingio debido a su espíritu organizador y a sus primeras antologías doctrinales, Juan Escoto Eriúgena fue la figura más representativa y prestigiosa de la época. Al mismo tiempo, fue el gigante y la esfinge de su siglo, por su poderosa síntesis filosófico-teológica y por la obscuridad estructural de sus escritos más originales.

Procedente de Escocia o de Irlanda (Irlanda se denominaba *Scotia maior*), hallamos a Escoto Eriúgena hacia el 847 en la corte de Carlos el Calvo, al haber sido llamado a dirigir la escuela palatina, desde la Irlanda donde había nacido hacia el 810. Mientras enseñaba como prestigioso maestro en la corte de Francia, los obispos de Reims y de Laon le invitaron a refutar la tesis de la doble predestinación de Godescalco, según la cual algunos se hallan inevitablemente predestinados al infierno, y otros, al paraíso. Escribió así en el 851 el *De praedestinatione,* donde llegó a exagerar la nota, emitiendo la hipótesis de la transitoriedad del infierno. La protección de Carlos el Calvo fue lo único que lo salvó de la condena. A solicitud del emperador mismo, tradujo el *corpus* de los escritos del Pseudo-Dionisio (la *Jerarquía celeste,* la *Jerarquía eclesiástica,* la *Teología mística*), que tanto éxito tuvieron durante la edad media. También tradujo los *Ambigua* de Máximo el Confesor (la explicación de pasajes difíciles extraídos de las obras de Gregorio Nacianceno y Dionisio Areopagita) y el *De opificio hominis* (la creación del hombre) de Gregorio de Nisa. Sin embargo, además de traductor, fue un pensador original, tanto en sus comentarios a algunas obras del Pseudo-Dionisio —iniciando la serie de comentadores medievales de dicho afortunadísimo *corpus*— como a través de su magna obra *De divisione naturae,* en cinco libros, escrita con anterioridad al 865, en forma de diálogo entre maestro y discípulo. Entre sus escritos menores hay que recordar las *Glosas* a los opúsculos teológicos de Boecio y las *Annotationes in Marcianum Capellam,* que constituyen un comentario escolástico a un texto pagano del siglo V: el *De nuptiis Mercurii et Philologiae* de Marciano Capela. Después de la muerte en el

877 de Carlos el Calvo, deja de haber datos seguros acerca de Escoto Eriúgena, muerto, al parecer unos años más tarde, en Francia.

2.3. *Escoto Eriúgena y el Pseudo-Dionisio*

El autor griego que mayor influjo ejerció sobre Escoto Eriúgena fue sin duda el Pseudo-Dionisio, que recibió este nombre porque se creía que era el miembro del Areópago que conoció a san Pablo. Más adelante se constató que sus obras habían sido redactadas bastante más tarde, y que su autor poseía una evidente formación neoplatónica (cf. anteriormente, p. 369). Como ya hemos dicho, Dios se halla en el centro de las reflexiones del Pseudo-Dionisio. El conocimiento de Dios comienza mediante la vía positiva y acaba con la vía negativa. La primera consiste en predicar de Él las perfecciones simples de las criaturas (vía positiva), mientras que la segunda consiste en negarlas (vía negativa). Tales negaciones no hay que entenderlas en sentido privativo, sino en sentido trascendente. Por este motivo, a la teología negativa también se la denomina teología superafirmativa. «En Dionisio, la teología afirmativa se ve completada por la negativa, que es el fundamento o la forma inicial de la *via eminentiae* o *via excellentiae* de la que hablarán los escolásticos» (A. Koyré). Dios se encuentra más allá de todo concepto y conocimiento humano, es supra-ser, supra-substancia, supra-bondad, supra-vida, supra-espíritu. Si bien su inspiración era neoplatónica, la substancia del pensamiento de Escoto Eriúgena es cristiana, dado que no es monista: no afirma la unidad del todo en sentido panteísta y tampoco está de acuerdo con la emanación. Sin embargo, entre Dionisio y Plotino existe la barrera del Dios creador, personal, diferente de las criaturas. Debido a ello, en Escoto Eriúgena no existe nada que sea fatal, puesto que el regreso del hombre a Dios lleva la impronta de su libertad. A esta tesis fundamental hay que añadir la del proceso gradual, según la cual el universo se estructura desde lo mínimo hasta lo máximo. Se trata de una jerarquía respetada tanto en el cielo como en la tierra, tan celestial como terrenal, sobre la que es preciso reflexionar y en la que hay que inspirar tanto la vida individual como la social.

Esta síntesis —que influirá sobre pensadores como Hugo de San Víctor, Alberto Magno, san Buenaventura y santo Tomás de Aquino— actuó de manera poderosa sobre Escoto Eriúgena, quien la asumió y la replanteó en su obra de más envergadura: el *De divisione naturae.* Esta obra, en la que se considera que Dios se halla presente en todas partes de acuerdo con el ritmo del movimiento del pensamiento, desde lo uno hasta lo múltiple y desde lo múltiple hasta lo uno, sólo se vuelve plenamente comprensible sobre el trasfondo de la *theophania* y de la teología (positiva o catafática y negativa o apofática) del Pseudo-Dionisio. En efecto, también para Escoto Eriúgena, Dios trasciende todas las cosas y las asume a todas, y su conocimiento avanza al ritmo de afirmaciones y negaciones. Refiriéndose de modo explícito al Pseudo-Dionisio, Escoto Eriúgena trata de explicar así a su discípulo el núcleo doctrinal de esta perspectiva teológica:

Cuando llegues a razonar perfectamente, te parecerá muy claro que la afirmación y la negación, que ahora te parecen contrarias entre sí, para nada se oponen la una a la otra cuando hacen referencia a la naturaleza divina, antes bien se hallan desde todos los puntos de vista en una completa armonía mutua. Y para que esto te resulte más evidente, apelaré a algunos ejemplos: por ejemplo, la catafática afirma «es verdad»; en cambio, la apofática dice «no es verdad». Parece haber aquí una especie de contradicción, pero si se analiza con más atención no existe ninguna oposición. En efecto, la que dice «es verdad» no afirma que la substancia divina sea verdad en sentido propio, sino que se le puede otorgar dicha denominación haciendo uso de una metáfora que, originándose en la criatura, se aplica a su creador. De esta manera, se reviste con dicho nombre la esencia divina, desnuda y despojada de un significado propio. En cambio, la que afirma «no es verdad», comprendiendo claramente que la naturaleza divina con toda razón es incomprensible e inefable, no niega que exista, sino que niega que pueda llamársela verdad en sentido estricto o que sea verdad en sentido estricto. La apofática despoja a la divinidad de todos aquellos significados que le otorga la catafática.

2.4. *El «De divisione naturae»*

La principal obra de Escoto Eriúgena, compuesta de cinco libros en forma de diálogo, puede considerarse en cuatro fases o divisiones: *a*) naturaleza que no es creada y crea; *b*) naturaleza que es creada y crea; *c*) naturaleza que es creada y no crea; *d*) naturaleza que no es creada y no crea.

a) *Naturaleza que no es creada y crea:* se trata de Dios, increado y creador de todas las cosas. Como es perfectísimo, Dios no es cognoscible, puesto que se halla más allá de todos los atributos (supra-substancia, supra-bondad, supra-potencia, supra-vida, etc.): en esto consiste la vía negativa del Pseudo-Dionisio, que supera la teología afirmativa porque conduce a la negación de todos los predicados —limitados y finitos— que tendemos a atribuir a Dios. Su primera manifestación sólo puede calificarse de criatura de una manera impropia, porque se identifica con el *Logos* o Hijo de Dios, que no fue producido en el espacio y en el tiempo sino que, como afirma el Prólogo del Evangelio según san Juan, es coeterno al Padre y coesencial con Él. Dios no sería Dios si no hubiese engendrado desde la eternidad su propio *Logos* o sabiduría.

b) *Naturaleza que es creada y crea:* es el *Logos* o sabiduría de Dios, que abarca las causas primordiales o arquetipos de todas las cosas. Se trata de ideas, modelos, especies, formas que expresan el pensamiento y la voluntad de Dios, también llamadas «predestinaciones» o «voluntades divinas», a imitación de las cuales se forman las cosas. Desde tal perspectiva, toda la creación es eterna: «Todo lo que hay en Él permanece siempre, y es vida eterna.» Las cosas, situadas en el espacio y en el tiempo, son inferiores al modelo o arquetipo, menos perfectas y menos verdaderas que éste, porque son mutables y caducas. Como resulta obvio, estos modelos son distintos y múltiples para nosotros, pero no para Dios, al igual que la creación implica mutaciones para nosotros, pero no para Dios. Además, dichos modelos —a diferencia de las ideas perfectas e inmóviles de Platón— son causas eficientes y no sólo causas ejemplares. El Espíritu Santo es el que transforma en eficientes estas causas ejemplares, haciendo surgir de los modelos eternos las cosas y los individuos, y convirtiéndose por lo tanto en «causa de la división, multiplicación y distribución de todas las causas en efectos generales, especiales e individuales, según la naturaleza y según la gracia». Por lo tanto, no se trata de una creación, sino de aquella substancia dialéctica de la que las cosas no son más que expresión y representación. Es la substancia de la que están hechas las cosas y que es al mismo tiempo natural y sobrenatural, más allá de cualquier distinción entre ambos órdenes, que —por lo contrario— se compenetran y se funden entre sí.

c) *Naturaleza que es creada y no crea:* es el mundo creado en el espacio y el tiempo, y que a su vez no produce o no crea otras cosas. El mundo es lo que Dios ha querido y quiere que sea, es su manifestación o *theophania.* Es creado de la nada y no constituye, como suponían los filósofos seculares, una materia informe y eterna. Si el aspecto sensible y múltiple de las cosas es una expresión del pecado original —según se afirma, de acuerdo con el neoplatonismo— el significado último del mundo es el hombre, llamado a reasumirlo y a reconducirlo hacia Dios. En él, taller del universo, quedan abarcadas todas las cosas, todo participa del mundo sensible y del mundo inteligible, y por tanto es asumido por el cosmos. La substancia del hombre se halla en el alma, de la cual el cuerpo es instrumento: «El cuerpo es nuestro, pero no es nosotros.» Debido al pecado, el cuerpo se ha hecho corruptible; originariamente inmortal, volverá a serlo gracias a la resurrección.

d) *Naturaleza que no es creada y no crea:* es Dios, en tanto que término final. Los libros cuarto y quinto del *De divisione naturae* describen la epopeya del regreso. El tiempo que transcurre entre el origen y el regreso se halla ocupado por el empeño del hombre en reconducirlo todo a Dios, a imitación del Hijo de Dios, que al encarnarse recapituló en sí todo el universo y enseñó la senda del retorno. Por tanto, la encarnación de Dios es un hecho capital, natural y sobrenatural al mismo tiempo, filosófico y teológico a la vez. En el regreso aparecen fases distintas: la disolución del cuerpo en los cuatro elementos; la resurrección del cuerpo glorioso; la división del hombre corpóreo en espíritu y en arquetipos primordiales, y, por último, la naturaleza humana y sus causas que se moverán en Dios al igual que el aire lo hace en la luz. Entonces, Dios lo será todo en todas las cosas, más aún, sólo habrá Dios. No se trata de una disolución de la individualidad sino de su conservación, en una forma más elevada: del mismo modo que el aire no pierde su naturaleza cuando se ve atravesado por la luz o el hierro no desaparece cuando se funde al calor del fuego, también al final de los tiempos toda la naturaleza se identificará con Dios, sin perder su individualidad: «Dios, incomprensible por sí mismo, será comprendido de algún modo a través de la criatura, y la criatura —gracias a un milagro inefable— se convertirá en Dios.» Por lo tanto, el curso de las cosas es irreversible, porque éstas, «una vez que han sido creadas, resultarán un día transfiguradas, pero jamás destruidas» (P. Vignaux).

2.5. *Consecuencias socio-políticas*

Escoto Eriúgena representa un primer *sistema* de pensamiento, una especie de síntesis de todo lo conocido en su época. Por tal motivo, Escoto Eriúgena constituye el gigante del siglo IX, momento en el que la cultura era fragmentaria y se perdía en análisis de detalle. Sin embargo, no resulta aventurado afirmar que dicho sistema carece de rigor, en el sentido en que la lógica de la inmanencia y la lógica de la trascendencia se tocan, coexisten, pero sin una conciliación razonada. En todo caso, el nuevo impulso al pensamiento del Pseudo-Dionisio contribuyó en gran medida a consolidar la mentalidad feudal y, en especial, la cuestión de la jerarquía del poder y, por tanto, de la organización social. Con ello queremos decir que la doctrina de Dionisio, en la época del renacimiento carolingio, sirvió para consolidar el planteamiento feudal de las relaciones sociales, interpretado como reflejo de una jerarquía más amplia, tanto celestial como terrenal. Se considera que el orden terrenal es imitación del celestial y que el orden político actúa como mediador de ambos órdenes, asumiéndolos en sí mismo.

A la tesis de la jerarquía hay que añadir la tesis de la teofanía o de la unidad del cosmos, por obra del principio divino fundamental, que informa lo creado y que al mismo tiempo es trascendente. La unificación del poder secular y del poder religioso hallaba aquí un apoyo teológico-filosófico de gran importancia, porque consolidaba la orientación carolingia de la unidad global de la comunidad social, a la vez secular y religiosa. Se trata de una unificación programática —característica del siglo de Escoto Eriúgena— entre poder secular y poder religioso, civilización y religión, con una preeminencia evidente del factor espiritual, y por lo tanto de la Iglesia, sobre el factor terrenal, es decir, sobre el Imperio.

2.6. *La razón en función de la fe*

«Ninguna autoridad —escribe Escoto Eriúgena— te ha de apartar de las cosas que enseña la recta razón. En efecto, la verdadera autoridad no se opone a la recta razón, ni ésta se opone a la verdadera autoridad, porque ambas proceden de una fuente única, es decir, de la sabiduría divina.» Al establecer una correspondencia estricta entre el pensamiento y la realidad, Escoto Eriúgena ayudó de manera relevante a una revalorización de la investigación lógico-filosófica dentro de un contexto claramente teológico. En el *De praedestinatione,* escrito para refutar las tesis de Godescalco, ya había puesto de manifiesto el papel insubstituible de la *ratio.* A la simple colección de textos de los Padres de la Iglesia, Escoto Eriúgena había opuesto la necesidad de apelar a la razón, para explicar y esclarecer pasajes controvertidos y tesis contradictorias. Va más allá de una concepción de la lógica como mera técnica del lenguaje, que se remontaba a las escuelas de retórica y de derecho del bajo Imperio, y propone una interpretación realista de los universales dentro de un contexto claramente teológico. En su *De divisione naturae,* en efecto, se considera que la dialéctica es la estructura misma de la realidad en su devenir: en sus dos fases, descendente y ascendente (la *divisio,* desde lo uno hasta lo múltiple, y la *reductio* de lo múltiple a lo uno), constituye el ritmo interior de la naturaleza y de la historia del mundo. Antes que nada, la dialéctica es un arte divino, que se fundamenta en la obra misma del Creador. Debido a ello, los hombres descubren la dialéctica y no la crean, en cuanto instrumento de comprensión de lo real y de ascenso hasta Dios. De este modo, Escoto Eriúgena elimina toda distinción entre religión y filosofía: «La verdadera filosofía no es más que la religión y, al revés, la verdadera religión no es otra cosa que la verdadera filosofía.» Dentro de este contexto religioso, llega a decir que nadie entra en el cielo si no pasa a través de la filosofía (*Nemo intrat in caelum nisi per philosophiam*).

3. Anselmo de Aosta

3.1. *Vida y obras*

Escoto Eriúgena es el pensador más relevante del siglo IX, mientras que Anselmo de Aosta lo es del siglo XI. Entre los siglos IX y X, la fluidez de las condiciones políticas y de las estructuras económico-sociales explica, en cierto modo, el estancamiento de la cultura y su extremada fragmentación. Se trata de un período de transición general. En cambio, en el siglo XI «se vuelven evidentes las señales de un nuevo fortalecimiento de la vida europea en todas sus manifestaciones, tanto materiales como espirituales. Aumenta la población, surgen nuevos centros habitados, las ciudades adquieren una nueva vida y en ellas aparecen nuevas clases sociales: por todos los caminos de Europa avanzan hombres nuevos, impulsados por el espíritu de iniciativa, la sed de lucro, el entusiasmo religioso, el deseo de libertad; los siervos de la gleba huyen de los feudos y quedan en libertad; los soldados y los cadetes proporcionan gran cantidad de combatientes a las más importantes empresas guerreras de la época» (R. Morghen).

La Iglesia —que antes se hallaba enfeudada al Imperio— se sacude ese yugo y, hacia mediados de siglo, emprende una reforma radical de las instituciones. La querella de las investiduras —que es una lucha por el Imperio— y las Cruzadas son dos significativas expresiones de ese despertar, que se inicia en la abadía de Cluny y en la vieja orden benedictina, acompañada por nuevas órdenes religiosas, como los cistercienses y los cartujos.

El más ilustre de los hijos de la familia benedictina, que entendió mejor que nadie la necesidad de vivir y de presentar la fe en un contexto nuevo de vida, mejor articulado que antes, fue Anselmo de Aosta, con el que nace la teología centrada sobre el instrumento de la razón, hasta el punto de que se le llama el «primer auténtico escolástico». Nacido en el 1033, en Aosta, en el seno de una familia noble, debido a la prematura muerte de su madre abandona la casa paterna y peregrina por diversos monasterios de Francia. Finalmente ingresa en el monasterio benedictino de Bec, en Normandía, donde —primero como simple monje y, después, como prior y como abad— transcurren sus años mejores y más fecundos. Durante este período, entre el 1076 y el 1077, escribe sus obras más famosas: el *Monologion* (es decir, Soliloquio) y el *Proslogion* (Coloquio). Después de su elección como abad (1078), escribió el *De grammatico* (El gramático); el *De veritate* (La verdad); el *De libertate arbitrii* (La libertad del arbitrio); el *De casu diaboli* (La caída del diablo) y el *Liber de fide Trinitatis* y el *De Incarnatione Verbi.* Nombrado más tarde arzobispo de Canterbury en Inglaterra, batalló durante largo tiempo con Guillermo II el Rojo y con su sucesor Enrique acerca de la cuestión de las investiduras

San Anselmo (1033-1109) constituye la máxima expresión de la corriente platónico-agustiniana y una de las cumbres del pensamiento medieval

eclesiásticas. Allí inició la redacción del *Cur Deus homo* (Por qué Dios se hizo hombre), que acabó en Italia, donde permaneció —expulsado por Guillermo— desde el 1097 hasta el 1100. Durante este período, con ocasión del concilio de Bari en 1098 —en el que había participado— escribió el *De processione Spiritus Sancti.* Pasó sus últimos años en Canterbury, donde escribió el *De concordia praescientiae et praedestinationis et gratiae Dei cum libero arbitrio* (La coincidencia de la presciencia, la predestinación y la gracia de Dios con la libertad humana). Murió el 21 de abril de 1109, en un período en el que se estaba dedicando a meditar sobre el origen del alma.

3.2. *Las pruebas de la existencia de Dios*

Todo el pensamiento de san Anselmo se halla dominado por la idea de Dios. Éste es el problema que inspira y unifica todas sus investigaciones. A este propósito, es preciso formular una primera distinción: una cosa es hablar de la existencia de Dios y otra diferente es hablar de su naturaleza. Se trata de dos posturas distintas: una cosa es preguntarse si existe algo y otra diferente es preguntarse en qué consiste. Esta distinción aparece con toda claridad en el *Monologion,* donde formula las pruebas a posteriori (desde los efectos hasta la causa) de la existencia de Dios. En cambio, se desdibuja en el *Proslogion,* donde formula el argumento ontológico. San Anselmo, en efecto, demuestra la existencia de Dios tanto a posteriori como a priori.

a) *Pruebas a posteriori.* Anselmo muestra cómo desde el mundo se llega hasta Dios a través de cuatro pruebas. La *primera* se basa en la consideración de que cada uno tiende a adueñarse de las cosas que juzga como buenas. Sin embargo, los bienes son múltiples. Su principio, ¿será múltiple o será único? La bondad, en virtud de la cual las cosas son buenas, sólo puede ser una. Por lo tanto, si las cosas son buenas, existe la bondad absoluta. La *segunda* prueba consiste en la idea de grandeza, no espacial, sino cualitativa. La diversidad de tal grandeza, que nosotros constatamos sin lugar a dudas, exige una grandeza suprema, de la cual todas las demás no son más que una participación gradual. La *tercera* prueba no surge de un aspecto particular de la realidad (la bondad o la grandeza), sino del mismo ser. Ésta es la formulación de Anselmo: «Todo lo que es, existe en virtud de algo o en virtud de nada. Pero nada existe en virtud de nada, es decir, nada viene de la nada. Por tanto, o se admite la existencia del ser en virtud del cual las cosas son, o no existe nada. Pero puesto que existe algo, existe el ser supremo.» La *cuarta* prueba se extrae de la constatación de los grados de perfección, que se basa en la jerarquía de los seres y exige que haya una perfección primera, absoluta. Sin embargo, al acabar esta tarea, Anselmo se dio cuenta de que las cuatro pruebas del *Monologion,* elaboradas de una forma un tanto compleja y tortuosas, pondrían en graves aprietos a la mente de sus lectores. Por consiguiente, buscó otro camino que, como a la vívida luz de un relámpago, permitiese que la mente captase a priori la afirmación de la existencia de Dios. Anselmo era un teólogo que no pensaba por el placer de pensar: tenía muy vivo el sentimiento de la responsabilidad y del deber de difundir la verdad, la verdad de Dios. Esto hacía surgir la necesidad de un argumento sencillo, convincente y autosuficiente, que engendrase la inmediata e invencible convicción de la existencia de Dios. Tal argumento fue el que expuso en el *Proslogion.*

b) *La prueba a priori o «argumento ontológico».* Éstos son sus términos esenciales: Dios es «aquello de lo cual nada más grande puede pensarse» (*id quo maius cogitari nequit*). Y esto lo piensa incluso el ateo o el necio del que habla el salmo, que dice en su corazón: «Dios no existe». Para negar a Dios, sabe que habla de un ser del cual no puede pensarse nada más grande. Por lo tanto, si el ateo piensa en Dios, Dios se halla en su intelecto, o no pensaría ni negaría su existencia. Pero cuando niega que Dios exista, el ateo quiere decir que Dios no existe fuera de su intelecto, es decir, en la realidad. Y en esto consiste la contradicción: si piensa que Dios es el ser del cual no puede pensarse nada mayor, y al mismo tiempo niega que exista fuera de su pensamiento, se verá inducido a admitir que es posible algo más grande que Dios, que no sólo existe en el pensamiento sino también en la realidad. Lo cual es contradictorio, porque afirma y niega que Dios sea el ser del cual no existe nada más grande. En otras palabras: si Dios es el ser del cual no se concibe nada mayor, no es posible considerarlo como existente en el pensamiento pero no en la realidad, porque en tal caso no sería el más grande. San Anselmo estaba convencido de que los hombres captaban con fuerza el sentimiento de Dios: la sociedad se encontraba llena de esa noción y constituía el alimento secreto de la vida y de las reformas eclesiásticas que se estaban llevando a cabo. Su intento consistió en otorgar una estructura lógica a un núcleo fundamental del hecho religioso y consideró que podía transformarse en una conclusión racional la difusa aceptación de la fe cristiana.

Este argumento, al cual ni siquiera el ateo habría de resistirse, es llamado «ontológico» porque del análisis de la idea de Dios —que se halla en la mente— se deduce su existencia fuera de la mente. También se le llama *a simultaneo*, porque en la idea de Dios halla incluida al mismo tiempo su existencia. Pensar en Dios y considerarlo como realmente existente es, de manera simultánea, *unum et idem.* El argumento de Anselmo ha tenido partidarios y opositores. El primero que puso en duda su validez fue un discípulo suyo, el monje Gaunilón, que escribió el *Liber pro insipiente,* en el que afirma que con respecto al término «Dios» es muy difícil poseer un conocimiento substancial, que supere el puro significado verbal. Por otra parte, Gaunilón sostiene que no basta con poseer una idea para que se pueda afirmar la realidad objetiva de ésta. Si esto fuese así, entonces bastaría con pensar una cosa —por ejemplo, una isla llena de delicias y, por lo tanto, la más perfecta de todas— para verse autorizado a admitir su existencia. Gaunilón, pues, refutó la licitud del paso desde el mundo ideal al real. Anselmo replicó mediante el *Liber apologeticus,* manifestando que el ejemplo de la isla perfecta no es adecuado, porque no representa el ser del cual no puede pensarse nada más grande, que es para el único que resulta válido este argumento. La isla puede ser la más grande, pero sólo si se la compara con las demás islas. No se trata de la realidad más grande en un nivel absoluto, como sucede en el caso de Dios.

Santo Tomás reiterará, profundizando en ella, la objeción de Gaunilón. En la *Suma contra los gentiles* podemos leer: «Incluso aquellos que admiten la existencia de Dios, no todos saben que Él es aquel del cual no puede pensarse nada mayor. Pero concediendo incluso esto, no se desprende que de hecho tenga que existir en la naturaleza, porque para ello es preciso que tanto la cosa como su concepto (*ratio*) sean admitidos del mismo modo. Por lo tanto, cuando se concibe aquello que se abarca bajo el nombre de Dios, no se sigue que exista, si no es en el intelecto. En cambio, la existencia real se demuestra a la perfección mediante los efectos, es decir, a posteriori.» A diferencia de santo Tomás, san Buenaventura y Escoto aceptaron el argumento de san Anselmo. En la filosofía moderna, también Descartes y Leibniz —si bien con algunas variantes de importancia— recogieron dicho argumento. Leibniz lo reformuló aproximadamente en estos términos: «El ser necesario, si es posible, existe; es posible, y por lo tanto, existe.» Kant, en cambio, lo rechazó decididamente, en nombre de la radical distinción entre existencia pensada y existencia real. Sin embargo, no fue suficiente ni siquiera la potencia crítica de Kant para enterrar el argumento ontológico. Éste ha seguido siendo una continua preocupación, no sólo de los teólogos y de los filósofos, sino también de los lógicos y de los filósofos del lenguaje. Mencionemos entre los teólogos a E.L. Mascall (que se opone al argumento) y a Karl Barth, quien en un escrito de 1931 (*Fides quaerens intellectum. La prueba de Anselmo de la existencia de Dios*) sostiene que el objetivo de la prueba de Anselmo no consiste en el *probare* sino en el *intelligere:* Anselmo ya tiene fe, y «la *fides* exige y hace posible el *intelligere*». Barth afirma: «La ciencia, el *intellectus* que interesa a Anselmo es el *intellectus fidei.* Con ello se quiere decir que únicamente puede consistir en la mediación positiva de las afirmaciones de la fe. No tiene por qué buscarles un motivo, sino más bien comprenderlas en su incomprensibilidad misma.» Para Barth, el *Aliquid quo nihil maius cogitari possit* no es una doctrina sobre Dios o una definición de Dios. Constituye más bien un *nombre de Dios,* entre los diversos nombres revelados. E.L. Allen (en su escrito de 1947, *El gran argumento*) afirma, por su parte, que el secreto de la vitalidad del argumento ontológico —que tan a menudo se ve rechazado— consiste en su utilización a través de un acto de adoración, en el que el alma se siente inundada por el temor religioso. C. Hartshorne, en dos de sus obras (*¿Qué descubrió Anselmo?,* 1962; y *La lógica de la perfección,* del mismo año), ha tratado de revalorizar el argumento de Anselmo, desde un punto de vista lógico. M.J. Charlesworth ha seguido el camino señalado por Hartshorne, mientras que G. Ryle, C.D. Broad, B. Russell y A.J. Ayer se han mostrado fuertemente críticos al respecto. Ayer, en su famosa obrita *Lenguaje, verdad y lógica* (1936), sostiene que no puede probarse a priori la existencia de Dios, dado que las únicas proposiciones a priori son las tautológicas y la proposición que afirma la existencia de Dios no es una tautología. A pesar de estos y de otros críticos (Moore, Alston, etc.), el propio Bertrand Russell ha confesado que «sin ninguna duda, un argumento que posee una historia tan ilustre debe ser tratado con respeto, sea válido o no [...]. Con anterioridad a Anselmo, nadie había enunciado el argumento en su pura desnudez lógica. Al ganar en pureza, pierde en plausibilidad, pero también esto hay que considerarlo un mérito de Anselmo». Por su parte, M.J. Charlesworth en 1965 advertía que «piénsese lo que se piense [...] sobre la validez del argumento de Anselmo, en cualquier caso propone de un modo profundo y vivaz determinados puntos absolutamente fundamentales con respecto a la lógica del concepto de "Dios", puntos que debe considerar con atención todo aquel que reflexione en el ámbito de la teología filosófica». Esto era precisamente lo que había hecho en 1960 Norman Malcolm, utilizando los instrumentos del «segundo» Wittgenstein, convencido de que los problemas fundamentales de la filosofía no son fácticos sino semánticos. En su obra *Los argumentos ontológicos de Anselmo* (1960), Malcolm sostiene que «lo que Anselmo ha probado es que la noción de existencia contingente o de no-existencia contingente no puede aplicarse a Dios de ninguna forma. La existencia de Dios debe ser lógicamente necesaria o lógicamente imposible. La única manera inteligible de rechazar la afirmación de Anselmo según la cual la existencia de Dios es algo necesario consiste en sostener que el concepto de Dios —como ser del cual no se puede concebir algo mayor— es autocontradictorio o bien carece de sentido». Por lo tanto, si se acepta que la noción de Dios no resulta absurda desde un punto de vista lógico —y ni siquiera el ateo piensa tal cosa— entonces Dios necesariamente existe.

3.3. *Dios y el hombre*

Las reflexiones de san Anselmo se fundamentan en este binomio. Resulta de gran interés el hacer referencia a la relación entre conocimiento y palabra. Distinta la palabra como signo físico o externo a nosotros, como puramente pensaba y por tanto dentro de nosotros, y finalmente como expresión interior, es decir como intelección de la realidad mediante nuestro intelecto san Anselmo se detiene en esta última noción, de la que puede predicarse originariamente la verdad o la falsedad. Esta palabra mental, o concepto, es más o menos verdadera según su mayor o menor grado de semejanza con la cosa. En consecuencia, el conocimiento humano se halla medido en relación con las cosas. A diferencia de la palabra humana, la palabra divina en cambio es la medida de las cosas, porque es su modelo. Esto hace que, como escribe Anselmo en *De veritate,* se considere que la verdad humana es una especie de rectitud, de capacidad de decir cómo son las cosas: *significat esse quod est.*

La rectitud no sólo se predica del intelecto, sino también de la voluntad: en el primer caso se trata de la verdad, en el segundo consiste en la justicia y el bien. Más aún: la libertad misma, rasgo esencial de la voluntad, se define como rectitud o capacidad de obrar el bien. En efecto, la libertad no se reduce, como pensaban muchos, a «poder pecar o no pecar», hipótesis en la cual ni Dios ni los ángeles serían libres. La libertad es la capacidad de actuar con rectitud y, por lo tanto, se identifica con la voluntad del bien, con la buena voluntad. Somos libres con el propósito de conservar la rectitud de la voluntad, por amor a la rectitud misma. Se trata, pues, de una rectitud que hay que amar y buscar por sí misma, no por otros motivos. Constituye el mayor bien, sin el cual es imposible obtener los demás valores. La rectitud de la voluntad y la rectitud del intelecto —en otras palabras, la justicia y la verdad— se encuentran y se identifican. Es cierto que la voluntad puede extraviarse, perdiendo esa rectitud y convirtiéndose en esclava de los vicios. No obstante, también en este caso la voluntad sigue conservando su libertad, aquel instinto de rectitud en el que consiste la libertad, y que mediante la gracia de Dios y con la ayuda de Él permite liberarse del pecado y volver a transitar por el camino del bien.

¿Cómo se lleva a cabo, empero, la concordancia entre libertad humana y presciencia divina? ¿Entre predestinación y libre arbitrio, o entre gracia y mérito? Ante un Dios omnipotente, omnisciente y predestinador, ¿cómo se puede hablar de libertad y de responsabilidad humanas? Éstos son algunos de los temas tratados en el ensayo *De concordia*. Anselmo brinda esta respuesta a dichos interrogantes: «Si determinado acontecimiento se produce sin necesidad, Dios, que prevé todos los acontecimientos futuros, también prevé dicho acontecimiento. En consecuencia, es necesario que algo se dé sin necesidad.» Esta respuesta, aparentemente académica, se ve enriquecida por otros elementos cuando Anselmo manifiesta que la previsión de la necesidad de que se lleve a cabo determinado acontecimiento futuro libre es posible, porque tal previsión divina tiene lugar en la eternidad, en la que no existen cambios, mientras que el acontecimiento libre sucede en el tiempo. Se trata de dos planos distintos, el de la eternidad y el del tiempo. Con respecto a nuestra responsabilidad y a los méritos que acumulamos a través de nuestra vida, Anselmo recuerda lo que en otro lugar ha expuesto con mayor amplitud: la libertad se identifica con la voluntad y, por lo tanto, con la rectitud. Dios no puede quitar o conceder esa rectitud, o eliminar la libertad, sin suprimir la voluntad al mismo tiempo. Si ocurriese tal cosa, Dios actuaría en contra del objetivo para el cual creó al hombre libre y responsable de sus acciones, cosa que en último término constituye su superioridad en relación con las demás criaturas. Esto no significa que el hombre sea autosuficiente y que no necesite la ayuda de Dios para alcanzar su meta final. Ésta sigue siendo una dádiva gratuita. Sin embargo, la fidelidad a esta dádiva y a sus implicaciones depende de nuestra libertad de adhesión. De aquí surge la necesidad del acuerdo y no de la oposición entre gracia de Dios y libertad humana.

3.4. *La razón en el seno de la fe*

En el prólogo al *Proslogion*, Anselmo invoca a Dios de esta forma: «Señor, no trato de profundizar en tus misterios porque mi inteligencia no es la adecuada para ello, pero deseo comprender un poco de tu verdad, que mi corazón ya cree y ama. No busco comprenderte para creer, sino que creo para poderte comprender.» En efecto, éste fue el programa de Anselmo: aclarar mediante la razón humana lo que ya se posee a través de la fe.

Ésta era la solicitud que le habían dirigido los monjes: que lo revelado no se impusiese exclusivamente apelando a la autoridad de la escritura, sino que también resplandeciese gracias a la luminosidad del razonamiento. De aquí surgen las pruebas de la existencia de Dios, el intento de entender por qué se encarnó el Verbo de Dios, por qué Dios es uno y trino, y cómo se hacen posibles al mismo tiempo la predestinación y la libertad humana. Anselmo posee una gran confianza en la razón humana, que está capacitada en su opinión para arrojar luz sobre los misterios de la fe cristiana, demostrando su coherencia, su conveniencia y su necesidad.

Se trata, pues, de una fe que busca la inteligencia (*fides quaerens intellectum*), de una continuada y compleja meditación racional acerca de las razones de la fe. Ya se trate de que Anselmo ponga entre paréntesis las verdades que acepta mediante la fe para llegar a ellas a través de la razón, o bien que reflexione sobre las verdades de fe, lo cierto es que tanto en uno como en otro caso la razón se mueve de forma constante a lo largo de la trayectoria de la fe, para explicitar las verdades de ésta. Éste es el programa y el ámbito en el que madura la razón anselmiana. En tal contexto se comprenden a la perfección las dos afirmaciones sintéticas: *fides quaerens intellectum* y *credo ut intelligam,* que sostienen que la fe queda iluminada por la inteligencia. Las verdades de fe se hallan previamente supuestas (*fides quae creditur*) en sus contenidos, que no son el fruto de una indagación racional, sino que la fe misma los ofrece a dicha indagación. La fe continúa siendo el punto de partida, una especie de pilar de toda la construcción racional. La razón sirve para desentrañar las verdades de fe o para iluminarlas mediante una argumentación dialéctica. De todo este conjunto surge un perfecto acuerdo entre razón y fe, a condición de que la razón sea utilizada mediante reglas precisas o supuestos indubitables. ¿Cuál es, empero, este supuesto fundamental? El primero, y el que condiciona todos los demás, consiste en la unidad y la perfecta correspondencia entre lenguaje, pensamiento y realidad, en la recíproca vinculación entre lógica y mundo, entre *res* y *voces.* La realidad se corresponde con los conceptos, y la vinculación entre éstos y aquélla es consecuencia de un movimiento objetivo. Anselmo defiende una concepción realista de los universales. A los conceptos de bondad, sabiduría, ser, naturaleza... les corresponde una realidad ontológico-teológica, de la que depende toda la actividad cognoscitiva del intelecto, relacionada con aquellas cosas que participan de la bondad, del ser o de la naturaleza. Las cosas buenas, grandes, existentes, etc. no resultarían concebibles si no presupusiesen la bondad, el ser, etc., ideas universales y arquetípicas, situadas en la mente divina, de las que ha tomado ejemplo lo creado.

A este realismo de inspiración platónica hay que añadir el realismo teológico, que justifica la indagación racional acerca de los misterios de la fe cristiana. El hecho de poseer mediante la fe las verdades reveladas lleva a que la razón se adhiera de modo constante a su contenido y a que sus indagaciones se adecuen al movimiento lógico iniciado por la fe, para explicitar su contenido e iluminar sus relaciones.

Justamente porque la fe es la que auxilia el movimiento lógico de la razón y de sus nociones y no la mera experiencia, nos hallamos en condiciones de comprender la fuerza crítica de la objeción del monje Gaunilón, quien hacía notar —y después de él, santo Tomás— que cuando pronunciamos el nombre «Dios» no siempre vamos más allá del sonido físico de la palabra, sobre todo en el caso de los ateos o no creyentes. Por tal motivo resulta imposible sostener que del concepto de Dios cabe deducir su existencia. En definitiva, para decirlo con pocas palabras, Gaunilón ponía en tela de juicio la concepción realista de los conceptos defendida por Anselmo y obligaba a su maestro a reconocer abiertamente que colocaba la fe como fundamento. Por ello, Anselmo sólo se dirigía a quien ya poseía a través de la fe aquellas verdades que intentaba demostrar mediante la razón, y no al necio del que habla la Biblia o al ateo.

4. La escuela de Chartres

4.1. *Tradición e innovación*

Cuando nos referimos a la escuela de Chartres, estamos hablando del principal centro cultural del siglo XII, con maestros de enorme prestigio y con un núcleo doctrinal unitario, y por muchos motivos innovador. La fama de esta escuela se remontaba ya a la época del obispo Fulberto, fallecido en el 1028. Más tarde, en el siglo XII, los maestros más conocidos y que otorgaron un gran esplendor a la escuela catedralicia de Chartres fueron los hermanos Bernardo y Teodorico de Chartres, y Guillermo de Conques, que se distinguieron por una lectura directa de los clásicos, la predilección por los antiguos y, en particular, por Platón, concediendo una gran importancia a las *humanae litterae.* Se trata de un humanismo configurado por la gramática y la retórica, por todas las artes del cuadrivio y en especial por las ciencias naturales (matemática y astronomía), que les sirvieron de estímulo para reflexionar sobre las verdades cristianas. Gilberto de La Porrée, muerto en 1154, también perteneció a la escuela de Chartres. El influjo de Bernardo sobre la formación de Gilberto tuvo un carácter determinante, hasta el punto de que en una carta escrita por este último a su venerado maestro podemos leer lo siguiente: *Quicquid boni, quicquid prosperitatis, quicquid scientiae Dominus mihi vel concessit vel concessurum opinor, denique quicquid sum, tibi post Deum attribuo.* En el siglo XII Abelardo ejerce la primacía en el terreno de la lógica, pero «Gilberto supera en gran medida a Abelardo en el terreno de la metafísica» y «es el espíritu especulativo más poderoso del siglo XII» (É. Gilson). Antes de que fuese conocido Avicena, con los problemas ocasionados por dicho conocimiento, Gilberto elaboró el concepto aristotélico de forma. Gilberto posee una mente especulativa, metafísica. Y a diferencia de su maestro Bernardo, Gilberto propone una «metafísica de lo concreto, toda ella orientada a garantizar una consistencia ontológica autónoma de lo finito» (B. Maioli).

Los textos a los que hace referencia la escuela de Chartres son en sí mismos muy representativos de su orientación doctrinal. En primer lugar, la obra de Marciano Capela, las *Bodas de Mercurio con la Filología,* que celebra la unión entre ciencias y letras. Además, el *Planisferio,* el *Canon* y las *Tablas* de Ptolomeo, que versan sobre la aritmética, la geometría y la astronomía. En lo que concierne a la dialéctica, además del *corpus* de la *logica vetus,* se encuentra también el resto del *Organon* de Aristóteles (*Analíticos, Tópicos* y *Elencos*). El estudio de estas obras tiene su origen en el convencimiento de que para filosofar el intelecto debe estar iluminado por el cuadrivio y poseer los instrumentos interpretativos propios del trivio.

El estudio del legado procedente del mundo clásico queda en perfecta evidencia gracias a la célebre imagen de los enanos y los gigantes, utilizada por Bernardo, fundador de la escuela, que enseñó en ella durante varios años y que fue el platónico más famoso de su tiempo (B. Maioli). Los enanos son los modernos y los gigantes son los antiguos: aquéllos avanzan sobre los hombros de éstos. Los gigantes están constitucionalmente mejor desarrollados y son más robustos, pero los enanos gozan del privilegio de contemplar un horizonte más lejano y de ver más cosas, siempre que no abandonen esa postura específica. Por lo tanto, hemos de ser como enanos que se colocan a hombros de gigantes, estudiando las obras de éstos y desarrollando sus indicaciones y sugerencias. Tal actitud subraya la excelencia del modelo antiguo y, al mismo tiempo, la confianza en el progreso histórico del conocimiento.

4.2. *Las artes del trivio desde la perspectiva religiosa*

El cultivo de las artes del trivio, su aplicación práctica a la actividad docente y su utilización en una perspectiva religiosa constituyen un fenómeno atestiguado por Juan de Salisbury, en el *Metalogicon.* Al hablar de las lecciones de Bernardo, en dicha obra se afirma que éste «explicaba las figuras gramaticales, los adornos retóricos y las complejidades sofísticas en relación con los demás campos del saber», y que «al igual que la escuela carece de significado sin religión, la materia que se enseñaba se ponía en relación con la fe y la moral».

En lo que respecta al aspecto más estrictamente gramatical, conviene recordar la interpretación realista del platonismo, según la cual el nombre manifiesta la naturaleza misma de la cosa designada. En efecto, si existe una perfecta analogía entre el universo de las cosas y el universo de los nombres —porque ambos proceden del mundo de las ideas— entonces las diferentes formulaciones gramaticales expresarán, mediante la flexión de los casos, los géneros, etc., el distinto grado en que las cosas nombradas participan de la perfección originaria. Por ejemplo, en el paso desde el substantivo abstracto «blancura» al verbo «blanquear» y al adjetivo «blanco», Bernardo consideraba que la idea se va participando hasta corromperse en lo «blanco». A medida que se va bajando hacia lo sensible, la idea se empobrece y se vuelve más obscura. Se trata, pues, de una perspectiva gramatical y retórica de signo realista, en la que se evocan algunos elementos estrictamente metafísicos de origen platónico. Guillermo de Conques (1080-1154) volverá a hacer uso de dichos elementos platónicos, convencido de que la ignorancia gramatical o lingüística conduce a la ignorancia filosófica.

4.3. *El «Timeo» de Platón*

Se ha mencionado el platonismo. En efecto, «hablar de la escuela de Chartres es como hablar de Platón» (M.M. Davy), debido a que la orientación doctrinal de la escuela es sustancialmente platónica y la obra que en su seno más se leyó y se comentó fue el *Timeo* de Platón. Éste representa un texto de filosofía de la naturaleza muy próximo a la revelación cristiana y, por lo tanto, una ayuda eficaz para la mejor comprensión del Génesis, la narración bíblica acerca de la creación del mundo. Se trata de un primer intento de unir física y teología, aprovechando el desarrollo de las ciencias del cuadrivio. El exponente más brillante de la escuela es Teodorico de Chartres, hermano de Bernardo y fallecido en 1154. Sus escritos más significativos son el *Heptateucon,* programa de las siete artes liberales, el *De septem diebus* —comentario al Génesis— y los comentarios al *De hebdomadibus* y al *De Trinitate* de Boecio.

Combinando las afirmaciones del Génesis y del *Timeo,* Teodorico sostiene que hay dos principios de las cosas: Dios, principio de la unidad, y la materia, principio de la multiplicidad. En su opinión, Platón no consideró que la materia fuese un principio coeterno con Dios, sino que a la manera pitagórica pensó que la materia se derivaba o provenía de la unidad. Este enfoque parecía el más adecuado para realizar un cauteloso intento de cristianización del neoplatonismo.

En el *De septem diebus* se insiste y se profundiza en estos temas, mezclando la narración bíblica del Génesis con sugerencias claramente platónicas. La afirmación según la cual «Dios creó el cielo y la tierra» significa que Dios creó los cuatro elementos del mundo material, entendiendo por cielo el fuego y el aire, y por tierra, el agua y la tierra misma. De este conjunto surge una cosmología matemático-mecánica, cuyos principios se aplican también al mundo biológico. El nivel de madurez científica de la escuela de Chartres se pone en evidencia a través de la doctrina según la cual la materia se halla compuesta de partículas elementales, y de la teoría del *impetus,* que servía para explicar el movimiento violento de un cuerpo y que volverá a ser discutida por los ockhamistas del siglo XIV. E.J. Dijksterhuis, historiador de la ciencia, afirma lo siguiente: «El florecimiento de la escuela de Chartres en el siglo XII constituye uno de los episodios más importantes para la historia de la ciencia en la edad media. Aún no se había manifestado aquella exagerada sutileza con la que la escolástica tardía tropezó en diversas ocasiones, ni tampoco aquella rígida organización de todo el pensamiento basándose en la filosofía, y bajo el control supremo de la teología, donde también se asignaba una tarea claramente definida a la ciencia de la naturaleza. Todavía se experimentaba como algo nuevo la fascinación provocada por la fantasía natural del *Timeo* y se gozaba de la racionalidad del cosmos sin una exagerada preocupación por las cuestiones dogmáticas.» Sin embargo, si bien es cierto que en la escuela de Chartres no existe una preocupación exagerada por las cuestiones dogmáticas, existe no obstante una justa preocupación por el tema. En la práctica, el naturalismo típico de la escuela no constituye un fin en sí mismo, ya que sirve para entender mejor los vínculos de Dios uno y trino con el mundo creado. Aunque reitera la tesis de que la Trinidad divina interviene toda ella en cada acto creador, Teodorico analiza los aspectos del mundo que representan la obra específica de cada una de las personas divinas. Por ejemplo, la obra del Padre es la materia que creó de la nada; el Hijo o Sabiduría divina es la *causa formalis,* y el Espíritu Santo —el Alma del mundo, de Platón— es la *causa finalis.*

Este interés por las ciencias naturales, puestas en relación con una perspectiva teológica superior pero no dominadas por ésta, también puede hallarse en otro insigne maestro de Chartres, Guillermo de Conques, que falleció hacia 1154. A quien le reprochaba la excesiva autonomía concedida al cosmos y, por tanto, una especie de debilitamiento de Dios en comparación con la naturaleza, Guillermo contestó: «Por lo contrario, ensalzamos la potencia divina, porque atribuimos a Dios el poder de conferir tal naturaleza a los cuerpos, y de haber creado el cuerpo humano a través de la obra natural. ¿En qué nos oponemos a la escritura sagrada, cuando explicamos cómo se ha hecho lo que ella dice que se ha hecho? Algunos, puesto que ignoran las fuerzas naturales, quieren impedir nuestra investigación para tener más compañeros en su ignorancia [...]. Nosotros, empero, declaramos que en todas las cosas hay que buscar la *ratio.*»

A este respecto resulta lícito afirmar que, si bien lo que caracteriza la escuela de Chartres es una atención específica a la filosofía de la naturaleza, tanto el contexto como la finalidad de dicha filosofía poseen un talante claramente teológico y se hallan orientados a la mejor comprensión y exaltación de la obra trinitaria.

5. La escuela de San Víctor

5.1. *El «Didascalicon» de Hugo de San Víctor y las ciencias*

Fundada por Guillermo de Champeaux, la escuela abacial de San Víctor —de los canónigos agustinos de París— es un centro de gran actividad cultural, entendida como prólogo necesario para una vida mística auténtica. Al igual que la escuela de Chartres, acentúa los aspectos filosóficos y científicos de la cultura, pero a diferencia de aquélla, la escuela de San Víctor insiste sobre la plegaria y la contemplación de Dios, que pueden tomar pie en todas las cosas. El misticismo y la cultura se unen de modo programático, como puede apreciarse fácilmente en el representante más ilustre de esta escuela: Hugo de San Víctor. Hugo nació en Sajonia en 1096 y murió en 1141. Escribió el *De Sacramentis christianae fidei,* el *Epitome in philosophiam,* el *Commentum* a la *Jerarquía celeste* del Pseudo-Dionisio y el *Didascalicon,* en 7 libros, que constituye su obra más completa y sistemática, en la que se expone y se ordena de manera inteligente el saber de su época. Debido a la estructura y al rigor metodológico que posee, esta obra sirvió de modelo para las *Summae* que aparecerán después. Sin ninguna duda, Hugo poseyó una vastísima cultura. Los fundamentos de ésta «están formados por la sagrada escritura y por los padres: Agustín, Dionisio, Jerónimo, Gregorio Magno, Casiano. Hugo conoce bien a los pensadores de la antigüedad» (M.M. Davy). La noción de exégesis que defiende Hugo no carece de interés: «Hugo quiere evitarle al exegeta un subjetivismo consistente en un alegorismo superficial o erróneamente entendido. Pero existe también otro subjetivismo que rechaza con no menos fuerza: el prejuicio literalista, que resultaría mortal» (H. de Lubac). «La letra mata, pero el espíritu vivifica», repite Hugo en el *Didascalicon,* junto con san Pablo. Es preciso apelar a la *historia;* la letra, aunque sea poca cosa, no puede menospreciarse: «cabe parangonarla a las letras del alfabeto, que no puede ignorar quien crea convertirse en literato» (De Lubac). Las escrituras en definitiva no pueden someterse en opinión de Hugo a cualquier interpretación. Sin embargo, la letra mata; «y digo estas cosas —escribe Hugo en el *Didascalicon*— no para ofrecer a cualquiera la posibilidad de interpretar a su gusto la escritura, sino para demostrar que no tardará mucho en equivocarse aquel que se limite a seguir el sentido literal».

Además hay que poner de manifiesto otro elemento: el relieve concedido a las artes mecánicas, que Hugo coloca valerosamente junto a las artes del trivio y del cuadrivio, lo cual demuestra su interés por la nueva vida ciudadana. En efecto, se trata de las artes textiles, la construcción de armas, la navegación, la agricultura, la caza, el teatro o las técnicas para la conservación de los alimentos. Nos encontramos ante disciplinas en cierto modo nuevas y que reflejan las actividades de la nueva economía burguesa. Hugo especula teóricamente sobre ellas y las coloca en el amplio marco de un razonamiento filosófico concreto. Su aprecio a estas disciplinas no liberales se origina en la convicción de que su estudio puede servir para aliviar la actual condición humana. Al igual que la ética sirve para actuar con rectitud y la física ofrece los instrumentos para un más eficaz conocimiento del mundo, esas artes vienen a satisfacer nuestras necesidades cotidianas.

5.2. *El «Didascalicon» y la filosofía*

La idea conductora de esta obra enciclopédica está constituida por una concepción del mundo como signo de la realidad invisible. «Al hombre se le han brindado dos imágenes para que pueda llegar a las verdades invisibles: la naturaleza y la gracia. La primera consiste en el aspecto del mundo en el que vivimos, mientras que la segunda es la encarnación del Verbo. Ambos son una demostración de Dios, pero ni una ni otra permiten comprenderlo, puesto que el espectáculo de la naturaleza puede demostrar la existencia de un autor, pero no iluminar los ojos de quien lo contempla [...]. El mundo no infunde el entendimiento de la verdad.» Aunque pone de manifiesto los límites del saber filosófico, que se eleva desde el mundo sensible hasta su Autor, Hugo acentúa la importancia de dicho saber y su insubstituibilidad, como ejercicio fundamental para la razón, la cual se prepara de este modo para un ascenso posterior. *Invisibilia Dei, a creatura mundi, per ea quae facta sunt, intellecta, conspiciuntur,* había afirmado san Pablo. Y Hugo afirma, a su vez: «Todo este mundo sensible es como un libro escrito por el dedo de Dios.» La inmensidad de lo creado es un signo de la omnipotencia divina; la belleza del universo da testimonio de la sabiduría de Dios y la finalidad de las cosas nos habla de la bondad divina.

La psicología del maestro de San Víctor es de inspiración agustiniana en lo que concierne a la naturaleza substancial del yo y del alma. Para Hugo, al igual que para san Agustín, el hombre es un ente que sabe, con una certeza que resiste a toda duda, que es y que sabe también que es distinto de los cuerpos y que no se reduce a simple cuerpo. Esto significa que el hombre también es espíritu. Y como este espíritu no ha existido desde siempre, ha sido creado. En resumen, «el hombre, situado entre el mundo sensible y Dios, pertenece al primero por su cuerpo, y se halla orientado hacia Dios en su espíritu» (S. Vanni Rovighi). El alma no es otra cosa que el «yo», y es una, espiritual e inmortal, factor constituyente esencial de la persona humana. Este «yo» posee un triple ojo mediante el cual ve y contempla: el *oculus carnis,* con el que conoce el mundo sensible y en el que se hallan la sensación y también la imaginación, que en opinión de Hugo es un puente entre el cuerpo y el espíritu; el *oculus rationis,* con el que el alma hace *scientia* y advierte en sí misma la presencia divina, convirtiéndose así en *intelligentia;* finalmente, el *oculus contemplativus,* con el que llega hasta Dios y contempla su belleza. El triple ojo del alma se refiere a un triple objeto, las esferas de lo cognoscible, y del mismo modo existe un triple modo de ver, según la forma más o menos penetrante de conocer un mismo objeto. La *cogitatio* es una mirada superficial y aproximativa; la *meditatio* es una reflexión sostenida y deliberada acerca de un punto determinado; la *contemplatio,* finalmente, es una intuición profunda y comprensiva o, también, un pensar con intensidad.

5.3. *El «Didascalicon» y la mística*

A pesar de la radical distinción entre ciencias profanas y ciencia sagrada, y aunque aquéllas hayan sido cultivadas de acuerdo con los métodos que les sean peculiares a cada una de ellas, éstas quedan sin embargo subordinadas a la teología y, por lo tanto, a la mística. A este respecto conviene mencionar la forma ascendente de los grados de lo real, que pueden irse dominando de manera progresiva mediante la razón y la fe. Existen cosas esencialmente racionales, que sólo se pueden conocer mediante la razón: las verdades de la matemática o los principios de la lógica y de la dialéctica. Luego, hay cosas *secundum rationem,* verdades probables, como por ejemplo las verdades históricas, para cuya comprensión la razón debe verse auxiliada por la fe. Por último, existen cosas *supra rationem,* superiores a la razón y objeto específico y único de la fe. De todo este conjunto surge un pleno acuerdo entre razón y fe, pero sobre todo se nos aparece la superioridad de la fe en cuanto culminación de todos los esfuerzos humanos, constituida por la contemplación y la posesión de Dios. En este punto se inicia un análisis de la vida interior en su grado más elevado: lo cual lleva a descubrir de manera agustiniana que en el hombre existe una imagen de la Trinidad, y a vivir sus misterios en la intensidad de la plegaria y de la contemplación. En el *De Sacramentis* Hugo afirma: «Era [...] conveniente que Dios se presentase como oculto, pero para continuar escondido del todo y, por lo tanto, ignorado; sin embargo, una vez puesto en evidencia y conocido en parte, convenía asimismo que se ocultase y que no se revelase del todo; por lo tanto, habría algo conocido para alimentar el corazón del hombre, y algo oculto, para estimular su búsqueda.»

El escocés Ricardo (fallecido en 1173), que sucedió a Hugo como maestro y como prior de la escuela de San Víctor, profundizó en la vida mística. Básicamente neoplatónico y profundamente místico, Ricardo «continúa anclado sin embargo en el entendimiento de la fe, que le parece algo necesario de manera estricta» (M.M. Davy). La fe nos dice que existe un solo Dios; que Dios es eterno e increado; que Dios es uno y trino. La razón, a su vez, busca precisamente las *rationes necessariae* de la fe. Las cosas cambian y perecen, no encuentran en sí mismas su propia razón. Ésta reside, por lo contrario, en el ser infinito, increado y eterno, que es Dios. Por lo tanto, para Ricardo el ascenso místico parte de la *cogitatio* y a través de la *meditatio* llega hasta la *contemplatio*. Esta última, que está preparada por el ejercicio de las virtudes, conduce a sumergirse en Dios. A medida que va subiendo a través de los distintos niveles de contemplación, el alma se ensancha, se eleva sobre sí misma y en el momento supremo se aparta por completo de sí y se transfigura en Dios. La escuela de San Víctor cultivó pues con gran empeño las ciencias, la filosofía y la teología, unidas entre sí mediante un espíritu contemplativo de los misterios divinos, a los que todo puede y debe conducir, ya que constituyen el momento más elevado y más significativo de la vida intelectual y moral.

6. Pedro Abelardo

6.1. *Vida y obras*

Si Anselmo de Aosta fue la figura más representativa del siglo XI, Abelardo constituye la figura más prestigiosa del siglo XII. Hay que hacer referencia a sus escritos «cuando buscamos las raíces históricas de la técnica, del método con el que las grandes escuelas universitarias del siglo XIII construyeron, organizaron y expresaron sus doctrinas, las síntesis teológicas más complejas y más completas de la edad media» (F. Alessio). Debido a su vida atormentada e inquieta y a sus obras, muy ricas en sugerencias críticas y en nuevos caminos metodológicos, a Abelardo se le llamó «la otra vertiente del medioevo, un medioevo en parte inexplorado, innovador y contestatario, lleno de fermentos humanistas, que trata de huir —tanto en el ámbito de las disciplinas humano-filosóficas como en la esfera mucho más relevante de la problemática religioso-teológica y de la *fides*— de los condicionamientos de las estructuras culturales cerradas e inmóviles y de las rígidas concepciones tradicionales, para abrirse a una vía de investigación nueva y autónoma» (A. Crocco).

En la *Historia calamitatum* (Historia de mis desdichas) Abelardo nos dejó una autobiografía interesante, viva, humana y —desde el punto de vista histórico— creíble. Nacido en Le Pallet, cerca de Nantes (Francia), en 1079, hijo de un militar que amaba las letras, Abelardo fue discípulo de Roscelino en Loches, de Guillermo de Champeaux en París y de Anselmo de Laon. Sin embargo, más que discípulo humilde, siempre se mostró insatisfecho y crítico con respecto a las doctrinas profesadas por sus maestros, sobre todo en relación con la naturaleza de los universales y la utilización de la dialéctica. Nos da una idea de las relaciones de Abelardo con sus maestros el hecho de que, con respecto a Guillermo de Champeaux, se autodefine como «discípulo molestísimo». Y de Anselmo de Laon afirma que el ilustre profesor «poseía un lenguaje brillante pero pobre de conceptos y vacío de pensamiento. Era semejante al fuego que, al encenderse, llena la casa de humo pero no da luz [...]. Al darme cuenta de ello, no permanecí ocioso a su sombra durante demasiado tiempo. Pero cuando comencé paulatinamente a discutir cada vez más sus lecciones, algunos de sus discípulos más eminentes se mostraron muy indignados». En cualquier caso, después de ciertos intentos de abrir una escuela propia —primero en Melun, y luego en Corbeil— logró inaugurar una en la colina de Santa Genoveva, en París, que muy pronto se llenó de alumnos y admiradores.

Abelardo (1079-1142) fue la figura más ilustre del siglo XII. Por su vida atormentada e inquieta, por sus obras llenas de sugerencias y de nuevas indicaciones metodológicas, fue calificado de «la otra vertiente del medioevo». Aquí puede verse a Abelardo representado en compañía de Eloísa, con la que tuvo una famosa relación afectiva, a cuyo término ambos ingresaron en un monasterio. A su muerte, Eloísa quiso ser enterrada en la misma tumba que Abelardo

El período más brillante de su magisterio es el que transcurre entre 1114 y 1118, cuando ocupa la cátedra de la escuela de Notre-Dame, «que fue el primer núcleo de universidad libre en Francia y que rápidamente se convirtió en el principal centro de cultura sagrada y profana, al que acudía la juventud estudiosa más selecta de toda Europa» (A. Crocco). Se remonta a este período su célebre y dramática aventura amorosa con la joven escritora Eloísa, al término de la cual ella se hace monja y él ingresa en un monasterio. El concilio de Soissons, en 1121, condena algunas de sus tesis relativas al misterio de la Santísima Trinidad, y en el concilio de Sens en 1140 se rechazan como erróneas otras tesis relativas a la lógica y al papel atribuido a la *ratio* en la investigación de las verdades cristianas. Apeló al papa, para que éste realizase un enjuiciamiento más equitativo, y en el transcurso del viaje —cansado y con la salud quebrantada— se detiene en Cluny, donde Pedro el Venerable le acoge con benevolencia. Allí muere en 1142, en el recogimiento y la oración. Pedro el Venerable redactó este célebre epitafio, para la tumba de Abelardo en el monasterio del Paráclito: «Sócrates de Francia, supremo Platón de Occidente, moderno Aristóteles, émulo o incluso mayor que los dialécticos de todas las épocas; príncipe de los estudios, famoso en el mundo; genio multiforme, penetrante y agudo; todo lo superaba con la fuerza de la razón y el arte de la palabra: éste era Abelardo.» Al morir veinte años después, Eloísa fue enterrada por su propia voluntad en la tumba de su venerado Abelardo.

Los escritos de este inquieto filósofo pueden clasificarse en tres grupos: lógicos, teológicos y éticos. Entre los lógicos se cuentan las *Glosas literales* (al *De interpretatione,* al *De divisione* de Boecio, a Porfirio y a las *Categorías*), publicadas por los modernos bajo el título de *Introductiones parvulorum* (para alumnos que se inician) o *Introductiones dialecticae;* la *Logica nostrorum,* la *Logica ingredientibus* (nombres tomados de las primeras palabras del texto) y la *Dialectica.* Entre las obras teológicas hay que mencionar la *Theologia christiana* o también *Theologia summi boni, Theologia* o también *Introductio ad Theologiam* o *Theologia scholarium.* Adviértase que Abelardo es el primero que utiliza el término *Theologia* como síntesis de la doctrina cristiana. Antes de él, en san Agustín y en la alta edad media, *Theologia* designaba la especulación pagana o puramente filosófica acerca de la divinidad. También escribió *Commentaria in Epistulam Pauli ad Romanos* y una *Expositio in Hexaemeron.* En lo que concierne al método, es importante el *Sic et non* (Sí y no), que constituye una adecuada colección de sentencias extraídas de los padres y de la escritura, con respecto a 158 problemas teológicos, sobre los que dichas sentencias se muestran contradictorias. Los escritos éticos son *Ethica seu Scito te ipsum* (Conócete a ti mismo) e, inacabada, su última obra *Dialogus inter Judaeum, Philosophum et Christianum.* Finalmente, de carácter autobiográfico, se cuentan la ya mencionada *Historia calamitatum,* el *Epistolarium* —la correspondencia con Eloísa— y las *Poesías,* que le convierten en uno de los mayores escritores del siglo.

6.2. *La duda y las reglas de la investigación*

En la segunda glosa de la *Logica ingredientibus,* Abelardo enuncia el siguiente principio: «La investigación se emprende con el estímulo de la duda, y por medio de la investigación se llega al conocimiento de la verdad.» Esta fórmula general esclarece el carácter problemático del pensamiento, tanto filosófico como teológico. Constituye la premisa de toda indagación crítica. Sin embargo, la duda no es más que el punto de partida; no es absolutizada, sino más bien un camino hacia la investigación. Se trata de una duda metódica, mediante la cual hay que someter el texto examinado —de un filósofo, de un padre de la iglesia o de la escritura— a un control crítico permanente o, como dice Abelardo, a una *assidua seu frequens interrogatio.* Sin embargo, ¿cómo eliminar la duda o superar el callejón sin salida de las posiciones contradictorias, aproximándose a la realidad?

A tal efecto, la primera regla prescribe un análisis del significado de los términos de un texto, con todas sus implicaciones histórico-lingüísticas. En *Sic et non* Abelardo sostiene: «El entendimiento de un texto puede verse obstaculizado por el uso desacostumbrado de un término, o por la pluralidad o variabilidad de los significados de un mismo término.» Este análisis lingüístico se impone porque no siempre —debido a diversas circunstancias y exigencias— nos atenemos a la *proprietas sermonis.* La segunda regla prescribe la comprobación de la autenticidad del escrito, tanto en lo que concierne al autor como en las eventuales corrupciones e interpolaciones textuales. La tercera norma indica que el examen crítico de textos dudosos se lleve a cabo haciendo referencia a los textos auténticos como elementos de comparación y se tengan en cuenta las eventuales retractaciones y correcciones. Esto significa que los textos deben interpretarse en el marco de todo el *corpus* correspondiente a un autor. Por último es preciso no confundir las opiniones citadas con la opinión personal del autor, y sobre todo no interpretar como solución aquello que el autor presenta como problema.

Se trata de normas crítico-exegéticas de carácter general, aunque hayan sido formuladas para solucionar el problema de los *dicta* de los padres o para aclarar textos controvertidos u obscuros de la escritura. Abelardo se decide a aplicar estas normas para otorgar a la investigación un estilo científico, pero al mismo tiempo está convencido de que tales reglas no siempre permiten superar los contrastes o penetrar en el significado de los textos. Aunque invita a no renunciar jamás a la investigación crítica, no vacila en subrayar los límites de nuestra mente para entender con plenitud las enseñanzas de los padres o de la Biblia: «Es un reconocimiento de la limitación de la indagación científico-racional dentro del discurso teológico y, al mismo tiempo, una nueva concepción de las *auctoritates* y de la tradición» (A. Crocco).

6.3. *La dialéctica y sus funciones*

Antes que nada, Abelardo se apresura a distinguir la dialéctica tanto de la pura habilidad discursiva como de la sofística, que constituyen una degeneración de aquélla, porque pretenden explicarlo todo mediante «razonamientos deficientes (*ratiuncolis*)», discutiéndolo todo con una locuacidad inoportuna, desacreditando y convirtiendo la dialéctica en algo aborrecible para los ambientes monásticos y para la autoridad de la Iglesia. En su acepción general y primaria, la dialéctica se identifica con la lógica clásica, considerada como *instrumentum disserendi ac disputandi.* Por ello la dialéctica ayuda a distinguir lo verdadero de lo falso, ya que sobre el plano estrictamente lógico-formal establece la verdad o la falsedad del discurso científico, basándose en las reglas lógicas. Abelardo subraya con fuerza el valor que posee esta dialéctica para la teología, cuando afirma que «no seremos capaces de rechazar los ataques de los herejes y de los infieles si no sabemos refutar sus objeciones y desenmascarar sus sofismas, utilizando argumentos válidos para que la verdad triunfe sobre las falsas doctrinas».

En la medida en que coincide con la *logica in exercitio,* la dialéctica supone y exige el análisis de los términos del lenguaje, cuya función y significado determina. Lleva a cabo esta tarea a través de un examen crítico del proceso de imposición de las *voces* a las *res designandae,* y de la acepción que asumen tales *voces* en la estructura y en el discurso. La dialéctica, pues, es una especie de *scientia sermocinalis* o filosofía del lenguaje, mediante la cual se controla la relación entre los términos y la realidad expresada. Con esto se impide que se hable de cosas inexistentes o que se diga algo más de lo efectivamente conocido y efectivamente controlado. Una de las funciones primordiales de la dialéctica consiste en el control del nexo semántico entre los términos del discurso y la realidad designada. Precisamente por esta razón, y en este contexto, Abelardo se ocupó del problema de los universales.

En su opinión, es fundamental estudiar y solucionar el problema de la relación entre *voces et res,* para no caer en falsas posturas universalistas (realismo exagerado) o falsas posturas atomistas y fragmentarias (nominalismo).

Quien crea en la radical objetividad de los universales confunde la realidad singular y, por lo tanto, carece de control sobre sus afirmaciones. Al mismo tiempo, el que cree que a los términos universales no les corresponde ninguna clase de realidad, se ve aquejado de un empirismo fragmentario, incapaz de superar la fase puramente descriptiva y analítica de la realidad. Por tal motivo Abelardo supera tanto la identificación entre *res* y *vox* como el dualismo radical, optando por un realismo crítico, según el cual el universal es un *sermo qui generatur ab intellectu et generat intellectum.* Es decir, el universal «es un concepto o un discurso mental, expresado a través de un enunciado discursivo oral, que tiene su origen en un proceso abstractivo realizado por el entendimiento, que genera la intelección (*intellectum*) de las cosas y que *ex institutione* ha sido vinculado con la función de significar el *status* común de una pluralidad de sujetos. Por lo tanto, los universales no son [...] conceptos vanos y falsos, o fórmulas verbales vacías, sino categorías lógico-lingüísticas válidas, que median entre el mundo del pensamiento y el mundo del ser» (A. Crocco). En el marco de las reglas lógicas y del realismo moderado en lo concerniente al problema de los universales, la dialéctica es aquella ciencia que nos obliga a vigilar a quien escribe o a quien lee para que no se abandone a fáciles y evasivas posturas universalistas, ni caiga en actitudes puramente analíticas, sin posibilidad de llegar a auténticas síntesis doctrinales.

6.4. *La «ratio» y su papel en la teología*

Abelardo exalta la dialéctica porque en la fidelidad a las reglas de la lógica la *ratio* misma se transforma en algo concreto, revelando así su efectivo poder especulativo, sin condenas fáciles ni exageradas veleidades. En esencia, al cultivar la dialéctica, Abelardo ha querido cultivar la *ratio.* La dialéctica es una especie de instrumento o, más bien, el lugar de la conciencia crítica acerca de tesis o de enunciados, que no se acogen debido sólo a la autoridad del que los propone, sino también basándose en una toma de conciencia de su contenido y de los argumentos aducidos en su favor. La razón dialéctica es pues razón crítica o razón que se interroga continuamente, o razón en cuanto búsqueda. Sin lugar a dudas, su ampliación y su aplicación a todos los terrenos, e incluso a las *autoritates* de los padres o de la escritura, apareció ante los ojos de los contemporáneos como una desacralización de las verdades cristianas, suscitando ásperas polémicas, porque entre el pensamiento humano y el *Logos* divino se colocaba la *ratio critica.* Coincidiendo con el programa elaborado por Abelardo, Eloísa le escribirá que sin esta *ratio critica* la Biblia sería como un espejo colocado ante un ciego. En efecto Abelardo se proponía convertir el misterio cristiano en algo más comprensible y no pretendía profanarlo ni degradarlo. Tanto es así que, a propósito de su exposición del dogma de la Trinidad, declara: «No prometemos enseñar la verdad que, como es sabido, ni nosotros ni ningún otro mortal podemos alcanzar, sino que queremos proponer algo verosímil, accesible a la razón humana y no contrario a la sagrada escritura.» En consecuencia, el perfeccionamiento de la *ratio* finaliza en lo verosímil del razonamiento *de divinis,* pretendiendo llegar a un conocimiento aproximativo-analógico, sin aspirar para nada a agotar su contenido. Sin embargo, a pesar de ser consciente de las limitaciones de la razón, Abelardo considera necesaria la indagación crítico-racional, para hacer que los enunciados cristianos se vuelvan accesibles de algún modo a la inteligencia humana y para que en ningún caso sean considerados como absurdos. Se trata de un compromiso programático en el que «no es la razón la que absorbe la fe, sino al contrario la fe es la que absorbe en sí la razón» (É. Gilson), dado que el razonamiento filosófico no substituye al teológico, sino que lo facilita y lo transforma en accesible. En este contexto Abelardo distingue el *intelligere* del *comprehendere,* y afirma que la *ratio* resulta indispensable para la inteligibilidad, pero no para la comprensión de las verdades cristianas. El *intelligere* es una acción conjunta de la *ratio* y de la *fides,* mientras que el *comprehendere* es exclusivamente un don de Dios, que concede a los hombres dóciles a su gracia el entrar en el núcleo de sus misterios. La razón es necesaria para que la fe no se reduzca a una vacía y mecánica *prolatio verborum* o a la aceptación acrítica y pasiva de un *corpus* de fórmulas sacralizadas; la gracia o *donum Dei* es necesaria para dejarse penetrar y revestir por dichas verdades.

Por lo tanto, «la *ratio* —y en una perspectiva más amplia, la filosofía— lleva a cabo una necesaria función de mediación con respecto al mundo de la fe. Dicha función la coloca como enlace entre el pensamiento humano y el *logos* revelado. Éste es el enfoque que sirve como conclusión a todo el razonamiento de Abelardo, en el que la exaltación de la razón (y de la filosofía) tiende de manera esencial a superar la fractura entre el mundo de la *ratio* y el de la *fides,* estableciendo entre ambos planos, aunque sea a riesgo de una *contaminatio,* un vínculo de continuidad en sentido ascendente: la misma continuidad que en la perspectiva del Maestro Palatino existe en el plano histórico entre la filosofía o la sabiduría antigua en particular la platónica, entendida como una especie de pre-revelación, y la revelación cristiana de la plenitud de los tiempos» (A. Crocco).

6.5. *Los principios fundamentales de la ética*

Abelardo dedica al problema de la vida moral un tratado de claro tinte socrático: la *Ethica seu Scito te ipsum.* «Junto con su obra lógica, la *Ethica* es el trabajo más filosófico del Maestro Palatino, precisamente porque asume un criterio racional de discusión» (M.T. Beonio-Brocchieri). En la ética Abelardo sostiene que la *conciencia* es el centro de irradiación de la vida moral, que brota de la *intentio* o *consensus animi.* Éste es el factor primario y el fundamento de la vida moral, y también lo que sirve para calificar las acciones como buenas o malas. «No puede llamarse pecado a la voluntad misma o al deseo de hacer lo que no es lícito, sino más bien al consentir a la voluntad y al deseo.» Abelardo, pues, distingue de forma tajante el plano de los instintos del plano estrictamente consciente y racional. El primero, constituido por las inclinaciones, los impulsos, los deseos naturales, es previo a la moral. El segundo, constituido por la iniciativa del sujeto —y por lo tanto, por sus intenciones y propósitos— es el propiamente moral. «Por esto, no es pecado desear una mujer, pero lo es en cambio el consentir al deseo y a la concupiscencia; no es pecado el deseo de la unión sexual, sino que es pecado y se condena el consentimiento al deseo.»

La acentuación del elemento intencional, como factor determinante de la vida moral, posee para Abelardo un triple objetivo. El primero consiste en la necesidad de interiorizar la vida moral que, a su parecer, reside en el alma, en cuyo interior, antes de que se patentice en actos específicos, se lleva a cabo el bien o el mal. Esto plantea una clara polémica con el legalismo ético, bastante difundido en el siglo XII y a menudo codificado en los llamados *Libri poenitentiales* o casuística, que servían para clasificar pecados y penas. Abelardo se propuso combatir dicho legalismo, porque tendía a reducir «el actuar humano a una simple casuística exterior, a una descripción extrínseca, a una rígida tipología en la que podía extraviarse el sentido de la iniciativa espiritual del sujeto [...]. El valor de la doctrina abelardiana de la intención reside precisamente en el hecho de poner en relieve el peligro que podía provocar una reducción de la moralidad a un fuero externo carente de dimensión interior» (M. Dal Pra).

El segundo objetivo que persigue Abelardo con su doctrina de la *intentio* es la convicción de que nuestro cuerpo no se halla estructuralmente corrompido por la concupiscencia, ni está revestido por la inevitable presencia del mal, del cual habría que liberarse a través del *contemptus mundi* o menosprecio de la vida terrenal. Las estructuras corpóreas, las inclinaciones o pasiones humanas no son pecaminosas de por sí, sino como consecuencia de una adhesión voluntaria a sus solicitaciones. Abelardo, al acentuar la importancia de la *intentio,* quiere poner en tela de juicio la concepción antropológica imperante, de signo dualista y tendencialmente pesimista, recuperando la iniciativa del sujeto, que le devuelve al ser humano la responsabilidad de sus acciones.

El tercer objetivo es el de oponerse a la extendida costumbre —tanto entonces como ahora— de emitir juicios fáciles y perentorios sobre la vida del prójimo, sin tratar de conocer sin embargo cuáles son sus fines y sus propósitos. Abelardo escribe: «Los hombres juzgan acerca de lo que se manifiesta y no de lo que se les oculta, sin tener en cuenta tanto el reato de la culpa como el efecto de la acción. Sólo Dios, que no mira las acciones que se hacen sino el espíritu con el que se hacen, valora según la verdad las razones de nuestra intención y examina la culpa con un juicio perfecto.»

De lo que se ha dicho cabría deducir que la regla inmanente y absoluta de la moralidad esté constituida por la conciencia individual, y que por lo tanto el sistema abelardiano haya de calificarse como un «subjetivismo ético».

En realidad el intento de interiorizar la vida moral se halla siempre abierto a normas objetivamente válidas y, por tanto, a un orden moral objetivo, es decir, a la *lex divina* cuyos imperativos deben regir la conducta. Si bien la moralidad de un acto es un fenómeno esencialmente interior, la regla y la medida de la moralidad misma se hallan configuradas por la adecuación de nuestra vida a los mandatos divinos. Esto confirma que la *ratio* en primer término y la conciencia después, están relacionadas con el dato revelado y, por lo tanto, con una mejor comprensión del espíritu de las verdades cristianas.

6.6. *«Intelligo ut credam»*

Si la expresión que sirve para recapitular el pensamiento de san Anselmo es *credo ut intelligam,* la expresión que sintetiza el compromiso teórico de Abelardo es *intelligo ut credam*. La lógica o, mejor dicho, la dialéctica es una ciencia autónoma, una filosofía racional. Sin embargo, el final del recorrido filosófico es Dios. La *ratio* no es en Abelardo inmediatamente sirviente de la teología, ya que hay que cultivarla por sí misma, para poseer sus instrumentos y perfeccionar su utilización. No obstante, ese empeño y esa tarea resultan en definitiva un factor auxiliar para la mejor comprensión de las verdades de fe. Como en Anselmo, también para Abelardo la revelación divina es la que brinda los contenidos que más tarde es preciso aclarar y explicitar mediante analogías y semejanzas. Sin embargo, a diferencia de Anselmo y de sus contemporáneos, no cree que la razón pueda otorgar explicaciones definitivas. Todas las explicaciones de los filósofos, así como las de los Padres y las de los teólogos, son meras opiniones, más o menos autorizadas, pero jamás concluyentes. De aquí surgen los conflictos con las autoridades y con la tradición. Sin embargo, tales conflictos sólo sirvieron para obstaculizar pero en ningún caso para impedir el empeño de Abelardo en profundizar mediante la propia razón los más intrincados problemas de la teología.

7. La gran controversia acerca de los universales

7.1. *Los estudios gramaticales y la dialéctica*

Los estudios gramaticales fueron muy frecuentes entre los siglos IX y XII. Permitieron entrar de manera progresiva en el mundo de los signos lingüísticos, y el desarrollo de tales estudios —a los que la escuela de Chartres dio un impulso notable— otorgó una madura concienciación relativa al vínculo entre *vox* y *res*, que de vez en cuando era necesario estudiar y matizar. Por ello Juan de Salisbury, discípulo de Bernardo de Chartres, pudo afirmar que «la gramática es la cuna de toda filosofía». El paso gradual desde la *auctoritas* hasta la *ratio*, que suponían los estudios gramaticales, explica la extendida reacción de los tradicionalistas, para quienes la palabra de los Padres y de la Biblia había que meditarla y asumirla como norma de vida, pero no profanarla o laicizarla mediante el uso y las distinciones propias de los instrumentos gramaticales. San Pedro Damián (1007-1072), que ejemplifica muy bien esta reacción, afirma en su tratado *Sobre la perfección monástica* que el diablo fue quien inició este tipo de estudios. «¿Acaso no fue él quien dijo: seréis como dioses? Nuestros progenitores aprendieron del tentador a rebajar a Dios y a hablar de Él en plural.» Con toda razón se ha dicho que «el método gramatical de lectura de la Biblia provocó en su tiempo los mismos anatemas que el método histórico provocó en el siglo XX» (M.D. Chenu).

La dialéctica, que conduce una mayor exaltación de la *ratio,* está vinculada con los estudios gramaticales y con su posterior desarrollo. Berengario de Tours (muerto en 1088) escribe a este respecto: «Es propio de un gran corazón recurrir en todas las cosas a la dialéctica; porque el recurrir a ella es recurrir a la razón; de modo que quien no recurre a ella, estando hecho a imagen de Dios según la razón, menosprecia su dignidad y no puede renovarse día a día a imagen de Dios.» Sobre todo Abelardo fue quien puso en evidencia el estrecho vínculo que existe entre estudios gramaticales y dialéctica. Al identificarse con la lógica y, por tanto, con la *ratio in exercitio,* la dialéctica impone a la investigación un rigor que se concreta en el análisis de los términos del discurso, a través de un examen crítico del proceso de imposición de las *voces* o términos a las *res* designadas, y a través del descubrimiento del papel que ejercen tales *voces* en la estructura y en el contexto del discurso.

7.2. *El problema de los universales*

La relación entre *voces* y *res,* entre lenguaje y realidad, en el centro de los estudios gramaticales y de la dialéctica, constituye el elemento esencial de la cuestión de los universales, que en el siglo XII fue enormemente debatida, dadas sus implicaciones lingüísticas, gnoseológicas y teológicas. En efecto, el problema de los universales se refiere a la determinación del fundamento y del valor de conceptos y términos universales —por ejemplo, «animal», «hombre»— aplicables a una multiplicidad de individuos. Más en general, se trata de un problema que concierne a la determinación de la relación entre ideas o categorías mentales, expresadas mediante términos lingüísticos, y las realidades extramentales correspondientes. En definitiva es el problema de la relación entre las *voces* y las *res,* entre las palabras y las cosas, entre el pensamiento y el ser. En consecuencia, el problema afecta al fundamento y a la validez del conocimiento y, más en general, del saber humano. Podemos replantear el problema de esta otra manera: los *universalia,* ¿son *ante rem, in re* o *post rem*? ¿Son «como las ideas platónicas, esencias que existen por sí mismas, separadas de los individuos concretos en los que se realizan, como modelos con respecto a sus múltiples copias? ¿O bien, como pensaba Aristóteles, dichas esencias sólo residen en los individuos concretos, de donde nuestra mente las extrae de manera ideal, gracias a una operación de abstracción? ¿O aún, por último, estos universales sólo existen en la mente que los concibe, no son más que ideas generales, como diríamos hoy? Más aún, avanzando un poco más, ¿no habría acaso que excluirlos del pensamiento, rechazando tanto a los conceptos generales como a las entidades generales, y admitir sólo la generalidad de las palabras, dada su facultad de remitirnos de un modo relativamente indeterminado a una pluralidad de individuos?» (R. Blanché). Tal es, pues, la problemática de los universales. Las soluciones más relevantes que se le han otorgado son el realismo, el nominalismo y el realismo moderado.

a) *Solución realista.* Es la tesis según la cual los términos universales son *res,* entidades metafísicas subsistentes. Guillermo de Champeaux, nacido en 1070 y fallecido en 1121, fue el defensor más conocido de esta teoría realista de los universales. En su opinión existe una adecuación o correspondencia perfectas entre los conceptos universales y la realidad. Se trata de una línea teórica cuya inspiración de fondo posee un claro origen platónico. En un principio esta tesis había poseído un gran significado, ya que ponía de manifiesto que la gramática, la retórica o la lógica no se limitaban a tener un valor meramente lingüístico-formal. Se ha escrito que, cuando Juan Escoto Eriúgena dio a conocer su interpretación realista de los universales, llamó mucho la atención. En efecto, en aquel momento histórico concreto aquella concepción, al establecer una estrecha correspondencia entre el pensamiento y la realidad, significó una revalorización de la investigación lógico-filosófica. El estudio del lenguaje, pues, era el estudio de la realidad, y al ser ésta una teofanía, constituía un estudio de la manifestación misma de Dios, de aquel Dios sobre cuyas ideas universales y eternas se modelaban las cosas.

Sin embargo, al desarrollarse los estudios gramaticales, cuando dicha teoría fue reiterada por Guillermo de Champeaux, la tesis apareció como reaccionaria, además de carente de fundamento. Se trataba, en esencia, de una concepción metafísica rígidamente tradicionalista, dominada por la preocupación de «garantizar de todos modos el universal *in re,* y, por lo tanto, la permanencia y la inmutabilidad estructural de un universo estático, en el que el flujo y la variación de las cosas sólo son algo accidental y fenoménico» (B. Maioli). Si los universales son reales en sí mismos y también están presentes de manera esencial en cada uno de los individuos, entonces éstos no difieren entre sí en esencia para nada, sino sólo por la variedad de accidentes que posean.

En polémica con Guillermo, Abelardo planteó esta objeción fundamental: «Si en los sujetos singulares subsiste una esencia idéntica, aunque revista formas diversas, es preciso que dicha esencia, que ha asumido estas formas, sea la misma esencia que ha asumido otras formas; así, el animal que posee la forma de la racionalidad debe ser el mismo animal con la forma de la irracionalidad, de modo que el animal racional será al mismo tiempo animal irracional, con el resultado de que en el mismo sujeto se dará la simultaneidad de los contrarios.» La fuerza de esta objeción reside en el hecho de que la aceptación de la tesis realista lleva a admitir en el mismo sujeto —«animal», por ejemplo— predicados contradictorios o simultaneidad de contrarios, como la animalidad irracional y la animalidad racional.

No obstante, las razones más generales que inducen a Abelardo a rechazar la tesis de su maestro Guillermo son las siguientes: la primera está tomada del *Peri hermeneias* de Aristóteles, según el cual el universal es *quod notum est praedicari de pluribus* (aquello que es predicable de diversos entes). Si ello es así, el universal no puede ser una *res,* un ente objetivo que en cuanto tal no puede actuar como predicado de otro ente, de acuerdo con el principio *res de re non praedicatur.* La segunda razón consiste en la devaluación del individuo que sólo existe en la realidad. En efecto, la teoría de la identidad o solución realista, al atribuir a todos los seres agrupados bajo el mismo concepto universal una substancia numéricamente idéntica, convierte en algo puramente accidental su distinción recíproca, que sólo se basa en formas o propiedades accidentales. En un período de exaltación de la *ratio* y, por lo tanto, del individuo, tanto en lo filosófico como en lo social, dicha tesis tenía que resultar reaccionaria o falsamente tradicionalista.

b) *Solución nominalista.* La tesis contrapuesta al realismo exagerado de Guillermo es el nominalismo de Roscelino de Compiègne, nacido alrededor de 1050 y fallecido poco después de 1120. Según este autor, los universales o conceptos universales no tienen ningún valor, ni semántico ni de predicado, y no pueden referirse a ninguna *res,* porque todas las cosas que existen son individuales o separadas (*discretae*) y no existe nada más allá de la individualidad (*nihil est praeter individuum*). Se trata de una teoría que, negando todo valor a los universales, se muestra profundamente escéptica, ya que anula determinados instrumentos del conocimiento humano, convirtiendo a éste en pura actividad analítica de hechos concretos e individuales, incapaz de elevarse hasta cuestiones de carácter general.

La fuente principal de datos acerca del nominalismo de Roscelino consiste en el *De incarnatione Verbi* de san Anselmo, que toma en consideración las consecuencias teológicas o, mejor dicho, el vínculo entre la «herejía teológica» y la solución nominalista del problema de los universales. Pertenece a Anselmo la definición según el cual, para Roscelino, los universales serían *flatus vocis,* simples emisiones de voz, sin que los términos universales remitan a algo objetivo. Anselmo explica este nominalismo diciendo que la razón se ve tan atrapada «por las imaginaciones corpóreas» que ya no se puede liberar, incapacitada para elevarse por encima de las realidades individuales y materiales, e incapaz de distinguir entre la intelección universal de la razón y los datos particulares de la fantasía y de los sentidos. ¿Cuál es, empero, la herejía teológica a la que conduce tal nominalismo? «Aquel que no es capaz de entender cómo los distintos bueyes, en su especie, no son más que un solo buey, ¿cómo podrá —se pregunta Anselmo— comprender que en la naturaleza profundamente misteriosa de Dios varias personas —cada una de las cuales es perfecto Dios— constituyen un solo Dios?» Quien no sepa distinguir entre un asno y su color, es decir, quien no sepa abstraer, no puede distinguir la unidad de Dios de la pluralidad de sus relaciones. Éste es el origen del triteísmo de Roscelino, esto es, su incapacidad para afirmar la unidad de las tres personas de la Trinidad, consideradas en cambio como tres personas substancialmente distintas entre sí, sin ninguna unidad efectiva y carentes de una substancia compartida. Para concluir, el nominalismo es una teoría que exalta lo individual en perjuicio de lo universal e imposibilita la separación del ámbito meramente analítico y descriptivo, de una realidad empírica considerada a la manera atomista. Ésta es, pues, la teoría nominalista que, de acuerdo con los testimonios que nos trasmiten Abelardo, Anselmo o Juan de Salisbury, habría propuesto Roscelino: los universales son *flatus vocis.* Bertrand Russell anota lo siguiente: «Si esto se toma en sentido literal, significa que un universal es un hecho físico, que tiene lugar cuando pronunciamos una palabra. No obstante, resulta difícil de aceptar que Roscelino afirmase algo tan estúpido.» En cualquier caso, la cuestión decisiva —como hemos mencionado— fue en determinado momento la de tipo teológico. En el concilio de Soissons (1121) Roscelino fue acusado de enseñar que hay tres dioses. En realidad, basándose en su supuesto lógico, para el cual un nombre es un simple *flatus vocis* o bien designa algo particular y concreto, «sostuvo que incluso en la Trinidad las tres personas poseen una realidad individual diferente y que cada uno de sus nombres (Padre, Hijo, Espíritu Santo) indica sin duda "una cosa única y singular" [...]. Por eso afirmó, identificando el concepto teológico tradicional de persona con el de substancia, que sólo a causa de una peculiar costumbre lingüística los teólogos pueden triplicar las personas sin triplicar las substancias» (C. Vasoli). También es importante advertir que «sin duda la mentalidad del dialéctico Roscelino, con su rígida coherencia entre su actitud de lógico y las consecuencias de orden teológico, constituye una señal de la profunda incidencia que las nuevas técnicas lógico-gramaticales ejercen sobre el ámbito sacral de la *scientia de divinis*» (C. Vasoli).

c) La solución del realismo moderado. Si los realistas colocaron el problema de los universales en un terreno estrictamente metafísico, ontologizando los universales —es decir, sosteniendo que son *res,* entidades metafísicas— los nominalistas, en radical oposición a ellos, pusieron en crisis el valor significante de los términos universales. No obstante, ambas teorías se han visto sometidas a severas críticas. Entonces, si el universal no es una *res* ni tampoco una mera *vox* o un *flatus vocis,* ¿qué es en realidad? Abelardo, el participante más activo en este debate, escribe: «Existe otra teoría acerca de los universales, que es más conforme a la razón, y es aquella que no atribuye la universalidad a la *res* o a las *voces,* afirmando en cambio que son los *sermones* los que son singulares o universales [...]. Decimos, pues, que universales son los *sermones,* en la medida en que —desde su origen, desde que hay hombres— recibieron la propiedad de ser predicados de muchos.» En la realidad todo es individual, es una unidad compacta, un compuesto de materia y de forma. A pesar de ello la *ratio* humana tiene el poder de distinguir y separar mediante el pensamiento los distintos elementos que subsisten unidos en la realidad. Al analizar y comparar a través del proceso cognoscitivo-abstractivo los diversos seres singulares, la *ratio* está en condiciones de captar entre los individuos de la misma especie un aspecto peculiar en el que todos coincidan. Y sobre tal *similitudo* o *status communis,* que se capta a través del entendimiento, se fundamentan los conceptos universales que, a diferencia de los conceptos singulares, no nos ofrecen la forma peculiar y determinada de los individuos en particular, sino sólo una imagen común a una pluralidad de individuos. Hay que advertir que el *status communis* no denota una realidad substancial o una esencia común. Únicamente indica un *modo de ser,* una condición natural en la que coinciden los individuos de una misma especie. No existe el hombre como esencia, sino que el ser-hombre es una condición real y concreta, en la que coinciden los hombres concretos.

¿Qué es, pues, el universal? Bajo una perspectiva genética y semántica, es un *sermo, qui generatur ab intellectu et generat intellectum.* Es un concepto o un razonamiento mental que surge a través de un proceso de abstracción y que «genera la intelección (*intellectum*) de las cosas, a las que ha sido vinculado *ex institutione* (por convención humana), con la función de significar el *status* común a una pluralidad de sujetos. De esta manera los universales dejan de ser *intellectus cassi,* conceptos vanos o falsos, de acuerdo con la tesis nominalista de Roscelino, y se convierten en categorías lógico-lingüísticas válidas, que sirven de intermediario entre el mundo del pensamiento y el del ser» (A. Crocco).

7.3. *Algunos desarrollos de la cuestión de los universales*

Como es evidente, Abelardo trató de avanzar por una vía media entre las contradictorias tesis del realismo y del nominalismo en sus versiones más exageradas, analizando la naturaleza de las palabras y su forma de asumir diversos significados. Al hacer esto, Abelardo daba comienzo a una enorme floración de estudios sobre el lenguaje y sobre lógica. En todo caso, sin embargo, el problema de los universales, lejos de haberse resuelto, volverá a plantearse durante el siglo XIV y dividirá a los escolásticos en tendencias filosóficas opuestas. Por un lado, los realistas (en especial, los seguidores de Duns Escoto) consideran que la existencia de entidades universales es indispensable para comprender lo que hay de común entre los individuos de un mismo género o una misma especie. Por otra parte, están los nominalistas (los seguidores de Guillermo de Ockham), para quienes los términos universales sólo son tales desde un punto de vista significativo-lingüístico, pero no hacen referencia a ninguna esencia universal. En la naturaleza existen substancias singulares; las naturalezas universales de tipo platónico (los universales reales) o tomista (los universales de razón con fundamento en la realidad) son entidades intrínsecamente imposibles. Sin embargo, podemos afirmar que determinada persona es un hombre (por ejemplo, «Sócrates es un hombre») o que determinado animal es un perro (por ejemplo, «Fido es un perro»). Esto no sucede porque existe una naturaleza común a todos los hombres o a todos los perros, sino porque nuestra utilización del lenguaje varía en relación con las distintas funciones que le obligamos a asumir. La palabra «hombre» puede ser usada tanto para denotar un hombre en particular, como para designar determinados aspectos comunes a todos los hombres. Estos diferentes usos —como veremos con más detenimiento al hablar de Ockham— quedan codificados mediante la doctrina de la *suppositio,* esto es, mediante el estudio de las diversas funciones lingüísticas que puede asumir un término en el interior de una proposición.

No es éste el momento adecuado para seguir las vicisitudes que, en los diferentes contextos de la historia del pensamiento occidental, ha ido atravesando la cuestión de los universales en sus distintas facetas (teológica, filosófica, lógica o lingüística). Es suficiente, por ahora, con advertir que lo que acabamos de exponer nos permite entrever resultados de importancia, como consecuencia de un esfuerzo por perfeccionar los instrumentos cognoscitivos. Asimismo, constatamos el nivel de conciencia lógico-lingüística que se había alcanzado en el siglo XII y vemos como surge una *ratio* autónoma con respecto a la teología y, además, crítica en relación con ella. Antes de finalizar estas apresuradas consideraciones acerca de los universales, es preciso tener en cuenta que incluso en nuestros días —sin lugar a dudas, en un contexto muy distinto— el antiguo problema de los universales sigue presente en el campo de la lógica y de una forma decisiva en el de la epistemología, como lo demuestra la encarnizada controversia entre realistas e instrumentalistas. Sólo citamos a los realistas y a los instrumentalistas, y dejamos a un lado a los esencialistas. El esencialismo —la idea de que la ciencia puede lograr explicaciones últimas y definitivas— no es válido por muchas razones, entre las cuales resulta fundamental un motivo de orden lógico. Sería imposible dar una explicación definitiva, porque en cualquier tipo de explicación, cualquiera que sea su nivel de universalidad, siempre es posible exigir una explicación de la explicación ofrecida. La búsqueda no tiene fin. Empero, ¿tienen razón los realistas, que afirman que las teorías científicas son descripciones de la realidad, o bien los instrumentalistas, para quienes las teorías científicas no son más que instrumentos de cálculo y de predicción, sin ningún otro valor adicional? Entre estas dos posturas, el epistemólogo contemporáneo Karl Popper ha tomado una tercera vía, según la cual «el científico tiende hacia una descripción verídica del mundo o de alguno de sus aspectos y a una explicación verdadera de los hechos observables, [aunque] jamás puede saber con certeza si sus hallazgos son verdaderos, por más que en alguna ocasión pueda establecer con certidumbre razonable que una teoría es falsa». La ciencia no puede existir sin universales; siempre en opinión de Popper, todos los universales son disposicionales. «Frágil», «rojo», «parecer rojo» (en determinadas condiciones), «conductor de electricidad», son ejemplos de términos disposicionales. «Con la palabra "vidrio"[...] denotamos cuerpos físicos que manifiestan un determinado comportamiento conforme a leyes, y lo mismo vale para la palabra "agua".» Popper continúa: «No creo que jamás pueda funcionar un lenguaje carente de universales: y el uso de los universales nos empuja a afirmar y, por lo tanto, a (por lo menos) conjeturar la realidad de las disposiciones, incluso de aquellas de carácter último e inexplicable, es decir, las esencias.»

8. Los libros de las «Sentencias» de Pedro Lombardo

«El siglo XII es el siglo en el que se llega a una sistematización de la teología, entendiendo por sistematización una determinada unidad en la exposición de las verdades de fe [...]. Se experimenta la necesidad de recoger mediante una exposición ordenada toda la doctrina católica» (S. Vanni Rovighi). Las verdades de fe están contenidas en la sagrada escritura; no siempre, empero, existía o había existido acuerdo sobre pasajes —incluso pasajes fundamentales— de la escritura. Por ello, fue aumentando la exigencia de recoger y citar, junto a los textos de la escritura en los que se exponían las verdades de fe, aquellas interpretaciones que los Padres de la Iglesia habían formulado al respecto. Nacieron así las *Summae* o *Sententiae* que, debido a la dificultad existente para conseguir manuscritos, sirvieron como auténticas enciclopedias de la doctrina cristiana. Durante toda la edad media constituyeron instrumentos esenciales, tanto para el estudio como para la enseñanza.

Entre los diversos libros de *Sentencias,* los *Libri quattuor sententiarum* de Pedro Lombardo tuvieron una importancia central para todo el medioevo. En efecto, las *Sentencias* de Pedro Lombardo «se transformaron muy pronto en uno de los libros fundamentales de la cultura filosófica medieval y fueron objeto de innumerables comentarios hasta finales del siglo XVI» (N. Abbagnano). Pedro Lombardo había nacido cerca de Novara. Realizó sus primeros estudios en Bolonia y, más tarde, en la escuela de San Víctor, en París. Allí a partir de 1140 enseñó en la escuela catedralicia. Fue nombrado obispo de París en 1159; falleció en 1160. Autor de un *Comentario* a las *Cartas* de san Pablo y de otro *Comentario* a los *Salmos,* Pedro Lombardo escribió sus *Libri quattuor sententiarum* —que fueron comentados por todos los grandes escolásticos— en el período de tiempo que transcurre entre 1150 y 1152. El primer libro versa sobre el tema de Dios uno y trino; el segundo se refiere a Dios creador, la gracia, el pecado original y el actual; el tercero trata de la encarnación, las virtudes y los mandamientos; el cuarto está dedicado a los sacramentos y a los novísimos. Se trata de una obra que se presenta como un compendio de la doctrina cristiana que se deduce de la escritura y de la autoridad de los Padres. Entre éstos, Agustín ocupa un lugar preeminente. Pero también se citan las concepciones de Hilario, Ambrosio, Jerónimo, Gregorio Magno, Casiodoro, Isidoro, Beda y Boecio. Se cita asimismo el *De fide orthodoxa* de Juan Damasceno (cf. p. 370), que precisamente entonces —en 1151— Burgundio de Pisa había traducido al latín. El *De fide orthodoxa* constituye la tercera parte de la *Fuente del conocimiento* de Juan Damasceno (las otras dos partes de dicha obra son la *Dialectica* y el *De haeresibus*). A lo largo de la obra de Pedro Lombardo también se hacen presentes la escuela de San Víctor y Abelardo. Y de acuerdo con Hugo de San Víctor y en oposición a Abelardo, Pedro pone en tela de juicio la idea de que Dios no pueda crear algo mejor a aquello que ha creado de hecho. La obra de Pedro no es, sin duda, demasiado original: se trata más bien de una labor de compilación donde «desembocan todas las corrientes anteriores». Y a pesar de todo, el comentario que realiza Pedro Lombardo se impone gracias a su notable equilibrio. En efecto, Pedro reconoce los derechos que asisten a la razón, pero no hasta el punto de que la fe queda subordinada a ella. Uno de los motivos del éxito de las *Sentencias* consistió precisamente en este equilibrio.

En opinión de Pedro Lombardo, el hombre puede llegar hasta Dios a partir de las cosas creadas. La imagen de la Trinidad se halla reflejada en los rasgos de las cosas (unidad, forma, orden) y también en las facultades del alma. *El libre arbitrio* pertenece a la vez a la razón y a la voluntad. El libre arbitrio es *libre* con respecto a la voluntad, que puede elegir una u otra cosa; y es *arbitrio,* con respecto a la razón, que no siempre es obedecida en su discernimiento entre el bien y el mal. El libre arbitrio es una elección sin coacciones, entre lo que contempla la razón. Tanto el pecado como la pena del pecado son un *mal* para el hombre. Y para que el hombre elija el bien, necesita la gracia divina, que siempre es gratuita. A pesar de su equilibrada postura, hubo quien —por ejemplo, Gualterio de San Víctor— consideró que Pedro Lombardo era un peligroso dialéctico. Sin embargo, tales sospechas desaparecieron cuando el concilio Lateranense de 1215 aprobó la obra de Pedro Lombardo.

9. Juan de Salisbury: los límites de la razón y la autoridad de la ley

Juan de Salisbury fue un personaje muy característico de finales del siglo XII. Nacido en Salisbury (Inglaterra) alrededor de 1110, Juan estudió en Francia. Frecuentó la escuela de Chartres y también fue alumno de Abelardo. Juan lo recuerda así: «A sus pies recibí los primeros rudimentos del arte de la lógica y bebí con avidez apasionada todo lo que salía de su boca.» Después de haber pasado varios años en la corte pontificia, Juan regresa a Inglaterra y se convierte en secretario del arzobispo de Canterbury, Tomás Becket, a quien le dedica el *Metalogicon* y el *Policraticus.* La lucha entre Tomás Becket y Enrique II tiene como epílogo el asesinato del obispo en la catedral. Juan volvió entonces a Francia, donde fue nombrado obispo de Chartres en 1176, y murió en 1180.

Lector de Cicerón y de Séneca, conocedor de la lógica de Aristóteles, Juan aprecia mucho los *Analíticos,* y se halla de acuerdo con el concepto de conocimiento probable que se defiende en los *Tópicos.* Apasionado defensor de la educación humanista, Juan se muestra muy crítico con respecto a los expendedores de pseudo-cultura, los cornificianos, como él los denomina, seguidores de Cornificio, prototipo simbólico de filósofo verbalista, que jamás se apoya en la razón y nunca se fundamenta en textos de la escritura, sino que «lanza continuamente al viento las hojas de sus palabras, sin el fruto del significado», y en cuya escuela de filosofía «se discutía la siguiente cuestión: si el cerdo que se llevaba al mercado era sostenido por el hombre o por la cuerda; o bien otra cuestión: si quien ha comprado la capa completa, también ha comprado la capucha». Enemigo de las disputas verbalistas y de los inútiles bizantinismos, Juan —conocedor de las cosas de este mundo— aprecia sin duda la lógica y el arte del lenguaje, pero se trata de un aprecio instrumental: «La utilidad del arte del lenguaje es proporcional al grado de conocimiento poseído.» Por lo que concierne a la lógica, «su problema no consiste en hablar de definiciones y de universales, sino más bien en afrontar todas las ramas del saber armados con la lógica».

Juan, por tanto, aprecia la cultura humanista y la lógica. No es un escéptico. Sin embargo, comparte el criterio acerca del conocimiento probable, mencionado por Cicerón. Dicho conocimiento le permite huir de la verborrea, por un lado, y del dogmatismo, por otro. «Prefiero dudar sobre las cosas individuales junto con los académicos, más que definir de forma temeraria, mediante una perjudicial simulación, aquello que todavía se encuentra ignorado y oculto», escribe Juan. En definitiva, se siente próximo a la modestia de los académicos. Tal actitud está en consonancia con la de los estudiosos cristianos, si se tiene en cuenta que únicamente Dios conoce con plenitud la verdadera realidad del universo. Sin duda alguna el hombre puede alcanzar determinadas verdades a través de los sentidos, de la razón y de la fe. No obstante, es preciso admitir con toda franqueza también que existen problemas ante los cuales lo mejor que puede hacer la razón es suspender el juicio y detenerse. Hay problemas que obligan a la razón a admitir sus propias limitaciones: la cuestión del origen del alma; los problemas de la providencia, del azar y del libre arbitrio; la cuestión de la infinidad de los números y de la infinita divisibilidad de las magnitudes; el problema de los universales, y muchos otros. Juan no pretende que no se discutan estos temas, pero exige que no se proponga como soluciones definitivas y absolutas aquello que no es más que un simple intento. Autor de una clara distinción entre razón y fe, Juan con esta postura «muestra con antelación un rasgo que será característico de las corrientes más avanzadas de la escolástica inglesa, siempre proclives a compatibilizar una actitud francamente fideísta con peculiares inclinaciones empiristas» (C. Vasoli).

En su *Policraticus* Juan de Salisbury —diplomático y eclesiástico— deja constancia de sus consideraciones políticas. La sociedad posee un alma y un cuerpo: el alma es la autoridad eclesiástica y el cuerpo, la autoridad civil. El alma es superior al cuerpo y, por lo tanto, la autoridad eclesiástica es superior a la civil. Sin embargo, el poder civil se halla subordinado al eclesiástico en el sentido de una subordinación «al orden objetivo de las leyes, cuyo fundamento y garantía es Dios mismo» (M. Dal Pra). Cuando el príncipe viola este orden objetivo de la ley divina, se transforma en un tirano. No sólo es lícito desobedecer al tirano, sino que es *gloriosum* matarlo. Juan de Salisbury es «el primer autor en la edad media de una obra sistemática de teoría política en sentido estricto» (G. Fassò). La ley sólo es ley si es voluntad de equidad y de justicia. La equidad —que es ley de Dios— exige, como había dicho Cicerón en el *De inventione,* un igual tratamiento jurídico en iguales circunstancias, de forma que se le dé a cada uno lo suyo. Hay leyes, afirma Juan de Salisbury, que poseen una validez eterna, que son obligatorias en todos los pueblos y en todas las épocas, y que no pueden ser quebrantadas. Es verdad que los aduladores sostienen que el príncipe no se halla sometido a la ley, pero esto no es más que una adulación. No es verdad: también el príncipe o el monarca se encuentran subordinados a la ley. Más aún: «La autoridad del príncipe —leemos en el *Policraticus*— procede de la autoridad del derecho.» Ésta es la razón por la cual el príncipe no debe infringir la ley, ya que así se transforma en tirano, y a sus súbditos les es lícito el tiranicidio.

Capítulo XVIII

EL SIGLO XIII Y LAS GRANDES SISTEMATIZACIONES DE LA RELACIÓN ENTRE RAZÓN Y FE

1. La situación política y cultural

1.1. *La situación político-social y las instituciones eclesiásticas*

El siglo XIII representa el período áureo de la teología y la filosofía. Esto se produce como consecuencia de numerosos factores: la creación de las universidades, la fundación de las órdenes mendicantes (franciscanos y dominicos), el contacto de los medios culturales occidentales con obras filosóficas desconocidas hasta entonces. Las universidades se convierten en centros de intensa enseñanza e investigación; las órdenes mendicantes brindan una gran cantidad de maestros muy cualificados; la nueva bibliografía se centra sobre todo alrededor de los escritos de metafísica y de física de Aristóteles que, conocidos gracias a los árabes, ahora son redescubiertos en su redacción originaria.

a) Desde un punto de vista político-social, es la época de los municipios consolidados y de un gran desarrollo de las clases burguesas. Es la época del intento frustrado de restauración imperial por parte de Federico II, vencido por la fuerte tendencia autonomista de las ciudades; es el período de la teocracia papal que, con Inocencio III, aspira a la plenitud del poder (*plenitudo potestatis*). Desde una perspectiva religiosa, Occidente profesa la fe católica, que penetra en todas las clases sociales. La primacía del catolicismo explica el lugar central que ocupa el papado, obligando a que todos reconozcan la función mediadora y de guía de la Iglesia. Es el período de la crisis del mundo islámico, crisis que manifiesta uno de sus momentos centrales en la toma de Constantinopla por los cruzados (1204), que llevan a cabo un intercambio cultural más intenso.

b) Desde el punto de vista de las instituciones eclesiásticas, es la época de las dos órdenes religiosas más prestigiosas, los dominicos y los franciscanos. A diferencia de las órdenes monásticas surgidas en los siglos precedentes —cuyos miembros vivían en los desiertos o en el campo, vinculados en este último caso a la economía feudal— los franciscanos y los dominicos eligieron como centro de su actividad las ciudades, que se habían transformado en lugares con intensa vida económica, cultural y religiosa, y que con frecuencia habían sido condenadas por los ascetas, que invitaban con acentos apocalípticos al menosprecio del mundo y a la austeridad de vida. Recuérdense los Flagelantes, los Humillados y otros movimientos afines, muy pronto condenados por la Iglesia oficial. Dedicados a la predicación, estas nuevas órdenes religiosas comprendieron rápidamente la importancia de la universidad, como instrumento idóneo para la profundización doctrinal y para una eficaz labor de evangelización. En efecto, el centro intelectual de la ciudad consistía en la universidad y la emancipación intelectual corría pareja con la emancipación social. Las cátedras, que de inmediato conquistaron las dos órdenes religiosas, se transformaron en los centros más autorizados, gracias a la seriedad de su enseñanza y a la profundidad de su doctrina. Puede afirmarse que el siglo XIII es el siglo de Alberto Magno y de Tomás de Aquino (dominicos), de Alejandro de Hales, Buenaventura de Bagnoregio y Juan Duns Escoto (franciscanos).

1.2. *La situación cultural*

a) Desde la perspectiva de las instituciones académicas, nos hallamos en la fase de nacimiento y organización de las universidades. Si bien la primera universidad que se fundó fue la de Bolonia —más interesada en el derecho que en la teología e independiente de la autoridad eclesiástica— París fue el primero y el más importante de los centros universitarios de filosofía y teología. Gracias sobre todo a Inocencio III, se transformó en el auténtico cerebro de la república cristiana, el taller donde se forjó la cultura teológica más sólida. Precedida por las escuelas de Chartres y de San Víctor, la universidad de París nació en 1200, año en el que Felipe Augusto liberó de la potestad de la jurisdicción ordinaria a maestros y alumnos, poniéndolos bajo la jurisdicción del obispo de París, que ejercía su autoridad a través de un canciller. El año 1200, pues, señala el nacimiento de esta universidad, y en 1215 se produce su primera organización en lo que respecta a las disciplinas que se enseñan (facultad de artes y facultad de teología), la duración de los cursos y los títulos concedidos, a través de los estatutos redactados por el legado pontificio y también maestro en París, Roberto de Courçon. Esta universidad sirvió de modelo a las de Oxford y Cambridge, y más tarde a las numerosas universidades que se fundaron en toda Europa.

b) Desde un punto de vista más estrictamente cultural, el acontecimiento filosófico de mayor relieve en el siglo XIII estuvo constituido por el conocimiento y la lenta difusión del pensamiento de Aristóteles, en lo que respecta la física y la metafísica. Si bien los escritos lógicos del Estagirita hacía tiempo que eran conocidos y utilizados, por primera vez se convierten en objeto de estudio y de debate sus escritos de cosmología y de metafísica. La novedad de tales obras consiste en el hecho de que ofrecen una explicación racional del mundo y una visión filosófica del hombre, totalmente independiente de las verdades cristianas. Hasta aquel momento, para los pensadores de mayor envergadura —desde Escoto Eriúgena hasta Abelardo, desde Anselmo hasta los representantes de las escuelas de Chartres y de San Víctor— aunque estuviesen elaboradas con instrumentos racionales autónomos, las concepciones de la realidad eran básicamente concepciones teológicas, extraídas de la Revelación y replanteadas y aclaradas mediante la razón. La filosofía estaba constituida por la lógica y por intuiciones platónicas y neoplatónicas, fáciles de armonizar con el dato revelado.

El descubrimiento de las obras aristotélicas sobre física y metafísica no sólo implica el hallazgo de instrumentos formales autónomos, sino también unos contenidos específicos y unas nuevas perspectivas, gracias a los cuales la filosofía aspira a ser autónoma y a distinguirse claramente de la teología. La fe tiene necesidad de la razón, pero ésta posee *un ámbito independiente con unos contenidos propios.* Cabe decir que el siglo XIII es el siglo de la aceptación o del rechazo de Aristóteles, del replanteamiento de su doctrina en el contexto de las verdades cristianas, es decir, de su cristianización. Se trata, en pocas palabras, de la cuestión concerniente a la relación sistemática entre fe y razón, entre filosofía y teología. Las modalidades del acuerdo o las relaciones recíprocas entre ambas asumirán matices diferentes, pero el objetivo de este intenso debate, que se prolongará durante todo el siglo, consiste en elaborar teóricamente la dependencia última de la razón con respecto a la fe, la filosofía con respecto a la teología y la ciencia con respecto a la sabiduría.

2. El aristotelismo de Avicena

2.1. *Avicena: la persona y la obra*

El aristotelismo se presentó ante los pensadores medievales por primera vez, de manera sistemática, gracias al filósofo persa Avicena, sabio de cultura enciclopédica, que cultivó con preferencia la medicina y la filosofía. Nació en el 980 en las cercanías de Bujara (Persia) y murió no lejos de Hamadan, en 1037. Escribió numerosas obras que fueron traducidas y divulgadas durante la segunda mitad del siglo XII. Hacia 1180, en Toledo, gracias a Domingo Gundisalvo, se llevó a cabo un primer grupo de traducciones de sus textos, extraídos de su obra principal: *El libro de la curación,* en 18 volúmenes, que comprenden la *Lógica,* la *Retórica,* la *Poética,* la *Física* (en ocho secciones, la sexta de las cuales es el *De anima*) y la *Metafísica.*

La obra de Avicena representa la «primera gran síntesis especulativa florecida en el ámbito de la cultura clásica, cuya influencia ha sido enorme y, desde cierto punto de vista, decisiva, sobre la evolución de la filosofía occidental» (C. Vasoli). Esto sucedió así, entre otras razones, porque el conjunto de su pensamiento «era considerado como un comentario autorizado —el mejor, si no el único— a toda la filosofía aristotélica [...]. De hecho, Avicena fue un discípulo infiel al Estagirita. Pero tal infidelidad fue la que causó su éxito. A ojos de un cristiano, el sistema de Aristóteles podía parecer deficiente sobre todo en dos aspectos: no decía nada acerca del origen de las cosas y se mostraba bastante lacónico con respecto a Dios. Ahora bien, Avicena lo integró a una cosmogonía y una teodicea tomadas en préstamo del neoplatonismo» (B. De Vaux). El aristotelismo de Avicena, en efecto, se halla profundamente penetrado de neoplatonismo y de elementos extraídos de la religión islámica, que le facilitaron una entusiasta acogida por parte de numerosos pensadores cristianos. El neoplatonismo era un viejo conocido de los latinos y ya había sido asimilado por el pensamiento cristiano desde la época patrística; la religión islámica poseía bastantes verdades que compartía con el cristianismo. Así, numerosas tesis aristotélicas, filtradas a través de elementos neoplatónicos e islámicos, no hallaron dificultad para imponerse en el ambiente medieval.

2.2. *El ser posible y el ser necesario*

La inmensa producción literaria del filósofo persa abarca desde la medicina hasta la lógica y desde la física hasta la música y las doctrinas esotéricas de la religión. Aquí nos limitaremos a exponer aquellas de sus tesis que fueron acogidas y replanteadas durante el siglo XIII, desde Tomás de Aquino hasta J. Duns Escoto, y que forman parte del movimiento conocido con el nombre de «avicenismo latino».

Antes que nada, es preciso mencionar la distinción entre ente y esencia: aquél, lo concreto, y ésta, lo abstracto. Los hombres, por ejemplo, constituyen el ente, y la humanidad constituye la esencia. Los primeros existen de hecho, mientras que la segunda prescinde de la existencia, ya que representa la definición o el *quid est,* lo cual de por sí no exige ni la existencia ni la no existencia, ni la necesidad ni la contingencia. *Equinitas est tantum equinitas:* la caballeidad no es más que la caballeidad, escribe Avicena. Una cosa es, pues, la esencia y otra distinta la existencia. Y la primera, por sí misma, no exige que se dé la segunda.

Por lo que se refiere al ente real, es preciso distinguir entre el necesario y el posible. A lo que existe de hecho, pero por sí mismo podría también no existir, Avicena lo denomina «ente posible»: es aquel ser que no posee en sí mismo la razón de su existir, pero que la recibe de una causa que le ha otorgado el ser. Es distinto del ente posible aquel ser que existe de hecho y de derecho: el «ser necesario», que no puede no ser, porque posee en sí mismo la razón de su existir. Esta distinción es algo fundamental, porque separa el mundo de Dios: el mundo sólo es posible, ya que su existencia actual es contingente y no está postulada por su esencia; en cambio, Dios es necesario. El primero es dependiente, mientras que el segundo es independiente. Avicena escribe: «Sólo hay un ser necesario, que se identifica con el primer principio y la causa primera [...]. Parece evidente que el ente necesario sea numéricamente uno, y es patente asimismo que todo aquello que se encuentra fuera de su esencia, en sí mismo considerado, sólo es un posible con respecto a su existencia; por lo tanto, es algo causado. Por esta razón, a través de la cadena de las cosas causadas se llega hasta el ente necesario.»

2.3. *La lógica de la generación y el influjo de Avicena*

¿Cuál es, empero, la relación entre el mundo y Dios? ¿Se trata de una relación de necesidad o de libertad, de emanación o de creación? A estas preguntas fundamentales para los pensadores medievales, Avicena responde combinando a Aristóteles con el neoplatonismo. En su opinión, el mundo es a la vez contingente y necesario. Es contingente en la medida en que la existencia actualizada no le corresponde en virtud de su esencia, ya que sólo es posible. Sin embargo, es necesario porque Dios —de quien recibe la existencia— no puede dejar de actuar según su naturaleza. Concebido de manera aristotélica como pensamiento del pensamiento, Dios produce necesariamente la primera Inteligencia, y ésta, la segunda, dando origen a un proceso descendente necesario y no libre, de índole claramente neoplatónica. A partir de la primera, cada inteligencia crea a la inmediatamente inferior, hasta llegar a la décima inteligencia, y al mismo tiempo se crean los cielos correspondientes, que son movidos por ellas.

La décima inteligencia, a diferencia de las demás, no genera una nueva realidad sino que actúa sobre el mundo terrenal, situado bajo el noveno cielo de la Luna, tanto a nivel ontológico como gnoseológico. En el plano ontológico, estructura el mundo terreno según la materia y la forma. La materia es corruptible y, a diferencia de la materia incorruptible de los cielos, constituye un principio de cambio y de multiplicidad y, por lo tanto, de individualidad. Como puede apreciarse, nos hallamos ante la composición hilemórfica de Aristóteles, pero reformulada en un contexto neoplatónico. En efecto, las formas son algo que surge de la décima inteligencia: ésta es la dadora de formas, en el sentido de que es la encargada de insuflar las formas en la materia primera del mundo sublunar. Entre dichas formas se encuentran también las almas incorruptibles e inmortales, que han sido infundidas en los cuerpos.

Si esto ocurre en el plano ontológico, en el plano gnoseológico la décima inteligencia hace que el intelecto posible —o pasivo— de cada hombre individual pase de la potencia al acto. Lleva a cabo esto mediante la irradiación de los primeros principios (con lo que se logra el intelecto habitual); de los conceptos universales que aprehendemos a través de la abstracción (llegando así al intelecto en acto), y mediante la elevación de nuestro intelecto individual hasta el intelecto agente supremo (tarea difícil y reservada a unos pocos, de los únicos que puede predicarse el intelecto santo). En todas estas formas de contacto con el intelecto agente único, permanecen intactas la individualidad y la personalidad singular de cada hombre.

Éstas son algunas de las tesis del filósofo persa que ejercerán un influjo importante sobre Tomás de Aquino (la distinción real entre esencia y existencia o, mejor dicho, entre la *essentia* y el *esse*), sobre Buenaventura (la pluralidad de las formas en el individuo, forma espiritual y formas sensitivas y vegetativas), sobre Duns Escoto (la doctrina de las esencias) y sobre todos los pensadores citados, la distinción entre esfera celestial y esfera terrestre, y bastantes otros aspectos de gnoseología y astronomía. Sin embargo, más que sus diversas tesis particulares, lo que provocó el éxito de su pensamiento fue el intento de armonizar la filosofía aristotélica con la religión islámica y, por lo tanto —para los cristianos— con algunas tesis fundamentales del cristianismo, con el que no parecía previamente incompatible. En esto consistía la forma de valorar cualquier propuesta filosófica y, asimismo, el objetivo de muchas reformulaciones y rectificaciones que se produjeron más adelante.

3. El aristotelismo de Averroes

3.1. *La persona y las obras*

En definitiva, el aristotelismo de Avicena no suscitó una excesiva perplejidad entre los filósofos cristianos, gracias a su permanente intento de conciliar las tesis de Aristóteles con las verdades de la religión islámica. Sin embargo, no sucedió lo mismo con el aristotelismo de Averroes. Averroes escribió un *Tratado decisivo sobre el acuerdo entre filosofía y religión,* obra que permaneció ignorada por la edad media. Afirma que quiere delimitar los ámbitos respectivos del saber y de la fe coránica, pero posee una confianza total y sin límites en la razón. Y ésta lo lleva a afirmar junto con Aristóteles la eternidad del mundo y a negar la inmortalidad del alma individual. Como es obvio, estos elementos hacen que la filosofía de Averroes se transforme muy pronto en fuente de preocupaciones para la autoridad eclesiástica y provoque encarnizados debates entre los maestros de la universidad de París.

Averroes nació en Córdoba en 1126, en el corazón de aquella España musulmana que perduró durante ocho siglos y en la que la cultura árabe, tanto la filosófica como la científica y la literaria, atravesó por uno de sus períodos más creativos. Fue jurista, médico, pero sobre todo un gran comentador de Aristóteles, y «transmitió a los pensadores de la baja edad media una problemática metafísica de excepcional valor histórico» (C. Vasoli). En cuanto comentador de Aristóteles, Averroes redactó tres tipos de comentarios: el *Comentario medio* o paráfrasis libres del texto; epítomes o simples compendios, sin una relación estricta con el texto; y el *Gran comentario,* referente a la *Física,* la *Metafísica,* el *De anima,* el *De coelo* y los *Analíticos primeros,* en el que se reproduce en su totalidad el texto de Aristóteles, comentándolo párrafo a párrafo. Dicha obra fue redactada en abierta polémica con las presuntamente falsas interpretaciones de Aristóteles, sobre todo la de Avicena, y manifestó el enorme aprecio que Averroes experimentaba por el Estagirita. Se refiere a Aristóteles en los siguientes términos: «Ninguno de los que han venido después de él hasta nuestros días, es decir, durante 1500 años, ha podido agregar nada digno de mención a lo que él dijo. Es algo verdaderamente maravilloso que todo esto se encuentre en un solo hombre.» Dante se hará eco de esta extendida opinión, cuando afirma que Aristóteles es el «maestro de aquellos que saben». Los medievales sólo conocieron y discutieron el *Gran comentario,* pero Averroes había escrito otras obras: el *Tratado decisivo sobre el acuerdo entre filosofía y religión, La conjunción entre el intelecto material y el intelecto separado* y *La eternidad del mundo.* Al principio fue protegido por los monarcas, pero más tarde debió exiliarse por ser considerado un incrédulo y murió en Marruecos en 1198.

3.2. *El primado de la filosofía y la eternidad del mundo*

Convencido de que la verdadera filosofía era la de Aristóteles, Averroes intentó captar su auténtico pensamiento a través de un comentario escrupuloso. De este modo, estaría en condiciones de ofrecer una exposición filosófica no sólo independiente de la teología y de la religión, sino también sede privilegiada de la verdad. Escribe Averroes: «La doctrina de Aristóteles coincide con la verdad suprema.» Ésta es la razón por la que Averroes considera justo que se piense que Aristóteles «fue creado y nos fue concedido por la providencia divina, para que pudiésemos conocer todo lo cognoscible». Al defenderse de las acusaciones de incredulidad, Averroes subraya de manera notable el siguiente hecho: las divergencias de opinión entre filósofos y teólogos deben atribuirse a diferencias de interpretación, más que a una diversidad efectiva de principios esenciales, negados por unos y defendidos por los otros. En tales divergencias es preciso ponerse del lado de los filósofos: éstos, al servirse de la razón, no hacen más que atenerse al derecho tutelado por la religión misma. Si es cierto que la filosofía y la religión enseñan la verdad, entre ambas no puede haber un desacuerdo substancial. Cuando se planteen diferencias, se hace preciso entonces interpretar el texto religioso en el sentido exigido por la razón, ya que sólo hay una verdad, la de la filosofía. No existe, pues, una doble verdad. Sólo existe la verdad de la razón, y las verdades religiosas expuestas en el Corán constituyen símbolos imperfectos, que hay que interpretar para las mentalidades sencillas e ignorantes, de la única verdad que la filosofía se encarga de sistematizar con rigor.

Además de esta tesis fundamental, en tajante oposición al talante de concordia propio de Avicena, Averroes insiste junto con Aristóteles en que el supremo motor y los motores celestiales —al ser inteligencias que, pensándose, reflexionan sobre sí mismas— mueven necesariamente no como causas eficientes sino como causas finales, esto es, como aquel bien o perfección al que aspira cada cielo a través de su movimiento. En consecuencia, entre el motor supremo y los motores intermedios no se da una relación de eficiencia, como afirmaba Avicena, sino de finalidad. El movimiento que garantiza la unidad de todo el universo es el correspondiente al primer motor y, por lo tanto, es eterno, de naturaleza final y no eficiente. La tesis de la eternidad del mundo y el carácter necesario del movimiento del primer motor se integran en la misma concepción aristotélica de Dios como pensamiento de pensamiento y, así, como actividad necesaria y eterna.

3.3. *La unicidad del intelecto humano*

Además del primado de la filosofía y de la eternidad del mundo, la tercera tesis sobre la que disputarán los medievales es la que se refiere a la unicidad del intelecto posible, el único del cual puede predicarse la inmortalidad, hasta el punto de que Averroes niega la inmortalidad individual. El intelecto posible, a través del cual conocemos y formulamos nociones y principios universales, no puede ser individual: no puede ser forma del cuerpo, porque en tal caso no se hallaría disponible ante las formas inteligibles de carácter universal. Debido a esto, Aristóteles cuando habla del intelecto dice que es separado, simple, impasible e inalterable. Si fuese individual, el intelecto quedaría individualizado por la materia, ya que ésta es el principio de individuación, y, en consecuencia, sería incapaz de llegar hasta lo universal y el saber. El intelecto, pues, es único para toda la humanidad y no está mezclado con la materia. Entonces, ¿cómo puede conocer el hombre individual? ¿En qué sentido cabe hablar de un conocimiento individual? El intelecto posible, en cuanto tal, conoce al pasar de la potencia al acto. Para este propósito necesita al intelecto activo o inteligencia divina que, al ser en acto, puede llevar a cabo dicha acción. Escribe Averroes: «Al igual que la luz hace que el color en potencia llegue al acto, de modo que pueda mover el sentido de la vista, de la misma manera el intelecto agente hace que los conceptos inteligibles en potencia pasen al acto, con objeto de que los reciba el intelecto material.» Sin embargo, el intelecto agente no actúa directamente sobre el intelecto posible, sino sobre la fantasía o imaginación, que al ser sensible sólo contiene los universales de una manera potencial. Esta imaginación sensible sobre la que actúa el intelecto divino es la que —puesto que es individual— da la sensación de que el conocimiento es individual. En realidad, esa imaginación no es más que un recipiente potencial de los universales: éstos, sin embargo, actualizados por la luz del intelecto divino, sólo pueden ser recibidos por el intelecto posible que se convierte en actual y que es por sí mismo espiritual y, en consecuencia, único, separado, no mezclado con la materia y supraindividual. Por lo tanto, no sólo es único el intelecto divino, sino también el intelecto posible. Es único para todos los hombres, y éstos se unen transitoriamente con él a través de la fantasía o imaginación, en la que se hallan contenidos de forma potencial los universales. Así, el acto de entender pertenece al hombre individual en la medida en que se halla ligado con la fantasía o imaginación sensible, y al mismo tiempo es supraindividual, ya que el universal en acto no puede hallarse contenido en el hombre individual, dada la desproporción existente entre éste y el carácter supraindividual del universal. En el fondo, con esta tesis Averroes pretende salvaguardar el saber que no perece en el individuo, ya que es patrimonio de toda la humanidad. El archivo donde se conservan estos resultados en beneficio de la humanidad es el llamado «intelecto posible», superior a la capacidad del individuo y, por lo tanto, independiente. Es una especie de mundo de las ideas o de «mundo 3», como diríamos hoy, integrado por ideas, por creaciones humanas que trascienden al individuo y sobreviven a él, para llegar a otras adquisiciones mediante las cuales se incrementa la actualización del intelecto posible, hasta que tal actualización sea completa, con lo que quedará cerrada la historia de la humanidad. Al llegar a esta meta, se llevará a cabo la perfecta unión del intelecto posible actualizado por el saber con el intelecto divino que siempre es en acto. La actualización laboriosamente madurada del intelecto posible se unirá con la permanente actualización del intelecto divino. En esto consiste la unión mística final, a la que hacen referencia las religiones.

3.4. *Las consecuencias de la unicidad del intelecto*

Las tesis referentes al lugar de la filosofía en el ámbito del saber y a la eternidad del mundo fueron replanteadas de modos diversos. Sin embargo, la tesis que más debates provocó entre los medievales fue la de la unicidad del intelecto posible, porque se hallaba en una clara oposición con la fe en la inmortalidad personal, uno de los núcleos de fondo de la religión cristiana y de las demás religiones. Si el intelecto posible no forma parte del alma humana, sino que se halla unido a ella sólo de un modo temporal, la inmortalidad no pertenece al hombre individual sino a esta realidad supraindividual. Dante, que ensalza a Averroes como aquel que «hizo el gran comentario», la anatematiza como perteneciente a las filas de aquellos que «matan el alma junto con el cuerpo».

Ahora bien, esta doctrina se prestaba a dos interpretaciones distintas, una de carácter ascético y la otra de carácter materialista y hedonista. Es cierto que la actividad vegetativo-sensitiva es típica del alma, que es la forma del cuerpo. No obstante, mientras que «en los animales inferiores al hombre, el alma vegetativo-sensitiva es el término último de la evolución orgánica y ya no se eleva más, en el hombre, por lo contrario, el alma vegetativo-sensitiva posee la aptitud de elevarse por encima de la pura animalidad y de unirse con el intelecto» (B. Nardi). Esta interpretación ascético-mística era viable y quizás estaba bien fundamentada. Sin embargo, la interpretación más extendida, en consonancia con el despertar de la vida económica y con el redescubrimiento de la positividad terrenal, fue la de signo hedonista. Si con la muerte desaparece todo lo individual y si en definitiva el hombre no es responsable de su actividad espiritual, dado que es supraindividual, entonces cualquier discurso sobre la muerte y sus consecuencias —con respecto sobre todo a la vanidad del mundo— pierde su fuerza y se convierte en mera ficción. No resulta difícil detectar aquí los primeros e inequívocos gérmenes de una concepción materialista o por lo menos naturalista de la vida y del hombre, alimentados por el redescubrimiento de algunos clásicos del pensamiento antiguo. En la materia todo se transforma y se mueve eternamente, nace en otro lugar y en otro tiempo, en un ciclo perenne, con respecto al cual el individuo no es más que una aparición fugaz.

3.5. *Las primeras condenas del aristotelismo*

Estas conclusiones, en especial, sirvieron para animar el debate entre los escolásticos, que se mostraron decididos a combatir las premisas de las que se derivaban. Utilizaron para ello dos caminos distintos: efectuar una lectura más atenta de Aristóteles y redescubrir el sentido más genuino de algunas verdades de la religión cristiana. Éste es el contexto en el que hay que interpretar la prohibición que Roberto de Courçon hizo constar en los primeros estatutos universitarios, de 1215: «Como fundamento de la *Lectura* utilícense los libros de Aristóteles sobre la dialéctica, tanto los de la antigua como los de la nueva lógica, en los cursos institucionales, pero no en los extraordinarios [...]. En cambio, no se lean la *Metafísica* o los libros *naturales* de Aristóteles, ni sus síntesis (los comentarios de Averroes).» Lo mismo ocurre en el caso de Gregorio IX, quien —con ocasión de la huelga de estudiantes que duró 18 meses, a la que no era ajeno el problema del aristotelismo, defendido en la facultad de artes pero rechazado por la facultad de teología— confirmó en 1231 la prohibición de 1215, pero sólo mientras los escritos de Aristóteles no hayan sido rectificados (*Quousque examinati fuerint et ab omni suspicione purgati*).

La comisión encargada de esta tarea, nombrada por Gregorio IX y compuesta por personas que habían dado pruebas de apertura ante las nuevas corrientes filosóficas (Guillermo de Auxerre, Esteban de Provins y Simón de Authie), no llevó a cabo la labor de revisión de los escritos aristotélicos debido a la complejidad de los problemas y también, quizás, a la falta de pericia de sus miembros. Sin embargo, lo que no fue realizado desde una posición de autoridad se llevó a cabo de manera espontánea y gradual, a través de la reflexión crítica y de vivos debates entre los pensadores cristianos. En esencia, se siguieron dos caminos distintos: uno de ellos consistía en una mayor proximidad a las indicaciones de Aristóteles, replanteadas y corregidas en el contexto de tesis propiamente cristianas; el otro camino se aproximaba más a las sugerencias agustinianas, combinadas con elementos de origen aristotélico. La primera vía fue la seguida por santo Tomás de Aquino, mientras que la segunda fue la de san Buenaventura de Bagnoregio, comprometidos ambos en la obra de conciliar la razón con la fe. Tanto uno como otro estuvieron precedidos por otros intentos, entre los que merecen una atención particular el de san Alberto Magno, maestro de santo Tomás, y el de Alejandro de Hales, maestro de san Buenaventura.

4. Moisés Maimónides y la filosofía judía

No sólo los árabes, sino también los judíos, influyeron sobre el pensamiento occidental. Los judíos, que vivían en comunidades dispersas por todo el imperio árabe, trataron de mantenerse fieles a sus tradiciones y jamás perdieron ni el monoteísmo ni la noción de creación *ex nihilo.* No obstante, estuvieron sometidos al influjo de la cultura árabe, tan rica y tan floreciente, para no hablar de los temas religiosos de fondo, que eran compartidos por la religión musulmana y la judía. Médico de los califas de Kairnan, Isaac Hebreo (aprox. 865-955) es autor de obras —que más tarde se popularizaron en Occidente— en las que se entrelazan nociones de origen neoplatónico con ideas físicas y médicas. En España y en el siglo XI, en cambio, vivió Ibn Gabirol, que los latinos conocieron con el nombre de Avicebrón (1021-1050/70). La obra de Avicebrón más estudiada por los escolásticos es *Fons vitae,* escrita en árabe pero traducida al latín por Juan Hispano y Domingo Gundisalvo. Esta obra ejerció tanta influencia que se consideraba que había sido redactada por un autor cristiano. En ella Avicebrón trata de armonizar los resultados de la razón (penetrada de neoplatonismo) con los principios esenciales de la religión judía. Por ejemplo, en lo que hace referencia a la relación entre Dios y el mundo, Avicebrón sostiene que todas las substancias —excepto Dios— están compuestas de materia y forma, incluso las que son espirituales. Ésta es la doctrina del hilemorfismo universal. La materia y la forma se ven empujadas a unirse entre sí por una voluntad. El Creador mismo es quien les participa dicho impulso. Avicebrón escribe: «Sólo hay tres cosas en el ser: por una parte, la materia y la forma; por otra, la esencia primera y, finalmente, la voluntad que es el medio entre ambos extremos.»

El pensamiento de Moisés Maimónides (1135-1204) fue mucho más influyente que el de Avicebrón. Más profundo y más racional, notablemente influido por las doctrinas aristótelicas que tuvo ocasión de conocer a través de los árabes, Maimónides nació en Córdoba en 1135. Obligado a abandonar España por la intolerante actitud de los almohades, se refugió en Fez (Marruecos) y luego viajó a Palestina, para acabar más tarde en El Cairo. Traficó en piedras preciosas, pero en El Cairo también se dedicó a la enseñanza, conquistando gran prestigio como filósofo y teólogo, y en particular como médico. El visir del sultán Saladino lo nombró médico de la corte y de este modo ya no tuvo necesidad de ganarse la vida como comerciante, pudiendo dedicarse exclusivamente a sus estudios.

Maimónides escribió sobre medicina y sobre teología, pero su obra más conocida fue la *Guía de perplejos*. El libro está dirigido a cuantos se hallan abrumados por la perplejidad que provocan los aparentes conflictos entre la razón y la fe. Maimónides, precisamente, escribe su *Guía de perplejos* para mostrar cómo la filosofía y la Biblia son, en realidad, conciliables. Para él, al igual que para Avicena, se puede demostrar que Dios existe y también se puede llegar a comprender que es uno e incorpóreo. Las cosas existentes son contingentes, no poseen en sí mismas la razón de su propia existencia y, por consiguiente, reclaman un Ser necesario. Sin embargo, a diferencia de Avicena, Maimónides no acepta en absoluto la doctrina de la eternidad del mundo, porque las pruebas aristotélicas de dicha tesis no resultan concluyentes. En consecuencia, el creyente puede aceptar con toda tranquilidad el dogma de la creación. El mundo no es eterno y es contingente. Es resultado de la libre voluntad divina. Dios es la causa eficiente y la causa final de todo el universo. En cambio, Maimónides se muestra próximo a las concepciones de Averroes cuando afirma que el intelecto agente es único y separado, para todos los hombres. Cada uno de éstos, empero, posee el intelecto pasivo que conoce a través de la actividad del intelecto activo. De esto se deduce, en opinión de Maimónides, que la inmortalidad no corresponde al hombre individual, ya que debido a la corrupción del cuerpo la diferencia entre los individuos se desvanece y sólo queda el puro intelecto. El hombre no es inmortal en cuanto individuo, sino sólo como parte del intelecto activo. Los filósofos escolásticos a menudo hicieron suyas las tesis de Maimónides; «no fue por azar que el mismo Tomás de Aquino analizó cuestiones y temas muy próximos a los del teólogo judío, cuando quiso delimitar las fronteras entre teología y filosofía y, al mismo tiempo, su continuidad dentro del ámbito de una convergencia absoluta entre razón y fe» (C. Vasoli).

5. La penetración de la cultura griega y arábiga en Occidente: los traductores y el «collegium» de Toledo

En el siglo XI Occidente entró en contacto con la cultura oriental. En aquella época el islam era el depositario de la ciencia y del saber que habían sido elaborados por la antigüedad, y «había obtenido un reconocimiento unánime el alto nivel alcanzado por los mahometanos en la técnica bélica y la administración pública, como lo demuestran los términos de origen semítico que fueron adoptados por el lenguaje occidental: "arsenal", "almirante", "tarifa", "aduana", "avería"» (Singer). Sin embargo, la cultura árabe que penetró en Occidente fue en la mayoría de los casos cultura griega traducida al arábigo. Por lo tanto, fue a través de los árabes que Occidente pudo recuperar las teorías filosóficas y científicas del mundo griego. A continuación veremos cómo y dónde se llevó a cabo esta operación de recuperación. Los sarracenos iniciaron la conquista de Sicilia en el siglo VIII, y cuando en el siglo XI la isla cae en poder de los normandos, se convierte en un centro que facilita las relaciones con el saber griego y arábigo. Salerno fue otro centro de la Italia medieval que desarrolló las mismas funciones. Desde el siglo IX había surgido allí una famosa escuela de medicina. Y en Salerno había residentes griegos y judíos que habían conservado sus relaciones con Oriente. En 1070, además, se estableció allí Constantino el Africano (1017-1087), originario de Túnez, quien, después de haber sido secretario del conquistador normando, se retiró a un monasterio y se dedicó a traducir desde el arábigo al latín obras médicas y científicas, sobre todo de autores judíos de lengua arábiga y origen norteafricano, como por ejemplo Isaac Hebreo. Las traducciones de Constantino fueron utilizadas durante mucho tiempo, aun después de haber sido superadas por otras —mucho más exactas— de Gerardo de Cremona, de quien hablaremos enseguida. Por otra parte, también España —excepto León, Navarra y parte del reino de Aragón— había sido ocupada por los musulmanes. Sin embargo, en 1085 Alfonso VI de León, con la ayuda del Cid, conquistó Toledo, ciudad que permaneció habitada, no obstante, por una numerosa población de lengua arábiga entre quienes había bastantes judíos. Fue precisamente en Toledo donde dio comienzo la difusión sistemática de la cultura árabe y griega.

Adelardo de Bath (aprox. 1090-1150), que vivió en España y en Sicilia, se interesó por la matemática, comenzó a traducir un tratado sobre el uso del ábaco y tradujo al latín la *Arithmetica* del persa Al-Jwarizmi, en la que se utiliza la actual notación numérica, llamada precisamente «arábiga» —aunque es de origen indio— en la que las cifras reciben su valor de la posición que ocupan. La introducción de la notación numérica árabe constituyó un gran acontecimiento, puesto que no hay que olvidar que «el hombre del renacimiento, el hombre de la edad media (al igual que el hombre antiguo) no sabía calcular. Y tampoco estaba acostumbrado a hacerlo. No poseía los medios necesarios para ello» (A. Koyré). La notación árabe fue difundiéndose con mucha lentitud y obligó a abandonar el cálculo realizado mediante cifras romanas representadas por letras minúsculas. Tales cifras —manifiesta Lucien Febvre— «aparecen agrupadas en categorías separadas por puntos: las decenas o las veintenas tienen dos X superpuestas, las centenas muestran una C superpuesta y los millares una M; todo está dispuesto de la peor manera posible, de modo que no permite ninguna operación aritmética, por elemental que sea». Todavía en 1645, Pascal —en la dedicatoria al canciller Séguier de su máquina de calcular— insiste en las dificultades del cálculo. «De hecho, en la época de Rabelais, se contaba de forma principal y casi exclusiva mediante aquellos tableros que en Inglaterra han legado su nombre a los ministros del Tesoro, y con aquellas fichas que el *Ancien Régime* utilizará, con más o menos gracia, hasta su decadencia.» Es muy significativo el hecho de que el término «algoritmo» procede del hombre de Al-Jwarizmi, y pasó a significar lo mismo que «aritmética». Adelardo también tradujo a Euclides del arábigo, dando a conocer así al mundo latino la obra geométrica que tanto influjo habría de ejercer sobre el pensamiento occidental.

Roberto de Chester (aprox. 1110-1160) también se formó en España, desde 1141 a 1147. Tradujo por primera vez el Corán, en 1143; al año siguiente hizo lo mismo con un texto de alquimia, y en 1145 tradujo el *Álgebra* de Al-Jwarizmi. Mientras tanto en 1140 otro toledano cristiano tradujo al latín la *Física* de Aristóteles y otras obras del Estagirita. En cualquier caso, sin embargo, Gerardo de Cremona (1114-1187) fue el más representativo de los traductores de arábigo. Gerardo pasó muchos años en Toledo y aprendió a la perfección la lengua árabe, gracias a un maestro cristiano de aquella ciudad.

El arzobispo Raimundo de Sauvetât (1126-1151) organizó en Toledo un *collegium* de traductores, «entre los que hay que mencionar en especial a Domingo Gundisalvo, Ibn Dahut (que los latinos llamarán Avendeath) y Juan Hispano (que, sin embargo, casi con certeza es el mismo Ibn Dahut, pero que no hay que confundir con otros dos traductores conocidos con el nombre de Juan de Toledo y Juan Hispalense)» (C. Vasoli). Domingo Gundisalvo tradujo la *Physica,* el *De coelo et mundo* y los diez primeros libros de la *Metaphysica* de Aristóteles; también tradujo la *Metaphysica* de Avicena, la *Philosophia* de Algazel, el *Sobre las ciencias* de Alfarabí y la *Fons vitae* de Avicebrón. En conclusión la escuela de traductores de Toledo lleva a cabo la versión latina de noventa y dos obras arábigas completas. A Gerardo de Cremona, que trabajó también en Toledo, se debe la traducción del *Canon de medicina* de Avicena, el *Almagesto* de Ptolomeo y otros escritos árabes de carácter científico, entre los que se cuentan las obras de Alkindi. Gerardo inicia también la traducción al latín de la versión árabe de los *Analytici posteriores* junto con el comentario de Temistio, de la *Physica,* del *De coelo et mundo,* del *De generatione et corruptione* y, en parte, de los *Meteorologica.* También se traducen en Toledo *La medida del círculo* de Arquímedes, los *Elementos* de Euclides, diversas obras médicas de Galeno, Hipócrates, Razí (865-925) e Isaac Hebreo (865-955), cuyo libro *Sobre las fiebres* fue muy famoso en la edad media. Además, se tradujeron los tratados de alquimia de Yabir (aprox. 760-815); los escritos matemáticos y astronómicos de Alkindi (813-890), Alhazín (965-1038), autor del *Tesoro de la óptica* (donde se pone en tela de juicio la teoría de Euclides, Ptolomeo y otros pensadores antiguos, según la cual emanarían del ojo los rayos visuales que van a incidir sobre los objetos observados; para Alhazín, en cambio, la forma del objeto llega hasta el ojo y, a continuación, es elaborada por el cuerpo transparente, es decir, el cristalino); de Alfarabí (fallecido en el 951) y de Messahala (770-820), judío de Bagdad. Además de estas traducciones debemos asimismo a la escuela de Toledo la traducción de importantes obras neoplatónicas. Gerardo de Cremona tradujo el *Liber de causis,* con el título de *Liber Aristotelis de expositione bonitatis purae* o *Liber bonitatis purae.*

Hacia 1160 el almirante Eugenio de Palermo tradujo del arábigo la *Óptica* de Ptolomeo. Eugenio conocía también el griego, pero traducía del arábigo. En cambio, en 1173 y en Sicilia, fue traducido directamente del griego el *Almagesto,* doce años antes de que apareciese la versión de Gerardo traducida del arábigo. Esta última fue la que se utilizó hasta finales del siglo XV. Por deseo de Carlos de Anjou (1220-1285), el judío de origen siciliano Moisés Farachi (fallecido en 1285) —que estudió en Salerno— tradujo el *Liber continens* de Razí, una auténtica antología de conocimientos médicos griegos, siríacos y arábigos. En Toledo vivió durante un tiempo Miguel Escoto (aprox. 1175-1235), que también estuvo en Padua, Bolonia y Roma, y que acabó sus días al servicio de Federico II. Miguel tradujo un libro de Astronomía de Al-bitruyi de Sevilla, llamado *Alpetragius.* Este libro es importante porque se anticipa a las ideas copernicanas. Además sus versiones de Averroes fueron las primeras que pusieron a este pensador en contacto con Occidente. Asimismo debemos a Miguel la primera versión, desde el arábigo, de las ideas biológicas de Aristóteles. También fue autor de una obra astrológica y, amigo de Federico II y enemigo de la Iglesia, pasó a la fantasía popular como adivino y como persona entregada a la magia negra. Dante lo coloca en el cuarto círculo del infierno, entre los adivinos y los hechiceros: «Aquel otro [...] fue Miguel Escoto, que conoció de veras el juego de los fraudes mágicos.»

En conclusión, a partir del primer tercio del siglo XIII y antes, por lo tanto, de que Guillermo de Moerbeke comenzase su traducción parcial de las obras de Aristóteles y emprendiese la revisión de numerosas traducciones ya existentes, «la cultura occidental pudo beneficiarse de una rica serie de obras griegas y arábigas, con una excepcional importancia histórica y especulativa. A la *logica vetus,* constituida por la *Isagoge,* las *Categoriae,* el *De interpretatione* y los comentarios de Boecio, se agrega de manera estable la llamada *logica nova,* constituida por los primeros y los segundos *Analíticos,* los *Tópicos* y los *Elencos sofísticos,* y ya se conocen en su integridad la *Metaphysica* de Aristóteles, los libros naturales de la *Physica,* el *De generatione,* el *De coelo,* parte de los *Meteorologica* y dos o tres libros de la *Ethica Nicomachea.* Por lo demás estos textos se hallan acompañados de gran cantidad de comentarios e interpretaciones árabes, de las doctrinas neoplatonizantes del *Liber de causis* y de las concepciones de Avicena y de Alfarabí. Los filósofos occidentales, que durante toda la segunda mitad del siglo XII habían seguido con tanto interés la difusión inicial del saber greco-árabe, se encuentran por primera vez, en toda su magnitud, con el testimonio de tradiciones y de actitudes intelectuales, que han evolucionado con plena independencia de la tradición religiosa cristiana, y con un modo de interpretar y de entender la realidad, la naturaleza y el hombre, que resulta profundamente ajeno a la línea teológica de las escuelas occidentales» (C. Vasoli).

6. Alberto Magno

6.1. *Alberto Magno: la persona, la obra y el programa de investigación*

El catedrático más ilustre de la facultad de teología de París fue el dominico Alberto Magno, así llamado porque su pensamiento científico y filosófico-teológico gozó de gran autoridad, antes aún de su muerte. Descendiente de los duques de Bollstädt, Alberto nació según algunos en 1193, y según otros, en 1206. Después de ejercer la enseñanza en diversas poblaciones alemanas, desde 1245 hasta 1248 es un ilustre profesor en París; después, regresa al estudio general de Colonia. A continuación de un breve período en la corte pontificia de Anagni como consejero y en Ratisbona como obispo, se establece en Colonia, donde muere en 1280.

Alberto Magno (1205-1280) fue el más brillante precursor de la gran síntesis tomista

Entre sus escritos científicos más notables hay que mencionar *Sobre los vegetales y las plantas, Sobre los minerales* y *sobre los animales.* Entre sus obras de filosofía, recordemos la *Metafísica* y un comentario al *Liber de causis,* y las paráfrasis de la *Ética,* la *Física* y la *Política* de Aristóteles. Por último, entre sus escritos teológicos debemos mencionar el *Comentario a las Sentencias* de Pedro Lombardo, la *Summa de creaturis* y el *De unitate intellectus* (contra los averroístas).

Tanto en sus paráfrasis de ciertas obras de Aristóteles como en sus escritos más originales, Alberto se muestra como genuino admirador de la filosofía y de la ciencia de Aristóteles, y uno de sus méritos más relevantes consiste en haber introducido el aristotelismo en el pensamiento cristiano, atrayendo la atención especulativa de su ilustre discípulo Tomás de Aquino. Sin ninguna duda, Alberto no fue el primero en conocer y en utilizar a Aristóteles, y tampoco nos brindó una síntesis realmente original entre aristotelismo y cristianismo. Su mérito, más bien, reside en haber presentado a Aristóteles como un patrimonio que era preciso asimilar y no como un autor que había que conocer para combatirlo mejor. Aristóteles, entre los filósofos, es «aquel a quien hay que prestar mayor crédito en filosofía», como sucede con Agustín en la teología. Por tal motivo, Alberto se opone a cuantos combaten o, mejor dicho, reniegan de la filosofía de Aristóteles, pensador riguroso y supremo en lo que concierne al mundo natural. Por lo tanto, Aristóteles y Agustín son los dos principales maestros a los que Alberto se refiere constantemente, y basándose en ellos traza la distinción entre filosofía y teología. Éstas son dos ciencias específicas, que se distinguen por sus propios principios de conocimiento, por el sujeto y por el objeto de que tratan, y por el fin que se proponen. Es verdad que tanto el filósofo como el teólogo se ocupan de la existencia de Dios, pero desde perspectivas diferentes y con resultados y finalidades completamente distintos.

6.2. *La distinción entre filosofía y teología*

Según Alberto, las diferencias entre el conocimiento filosófico de Dios y su conocimiento teológico son por lo menos cinco: 1) La primera consiste en que en el conocimiento filosófico se avanza sólo a través de la razón, mientras que con la fe se llega más allá de la razón; 2) la filosofía parte de premisas que deben ser conocidas por sí mismas, es decir inmediatamente evidentes; en la fe, en cambio, existe un *lumen infusum* que incide sobre la razón y le abre perspectivas que resultarían impensables de otro modo; 3) la filosofía surge de la experiencia de las cosas creadas; la fe, en cambio, parte de Dios revelante; 4) la razón no nos dice qué es Dios (*Quid sit*), pero la fe, dentro de ciertos límites, sí; 5) la filosofía constituye un procedimiento puramente teórico, mientras que la fe implica un proceso intelectivo-afectivo, porque afecta a la existencia del hombre en el amor de Dios.

Con objeto de ejemplificar la distinción entre filosofía y teología, veremos en seguida cómo el conocimiento de la realidad no sigue un único camino sino que es doble, ya sea que se considere la *res in se* —objeto de la filosofía— o la *res ut beatificabilis,* objeto de la teología. Son muy numerosos los problemas a los que Alberto brinda diferentes soluciones. Por ejemplo, cuando expone el pensamiento de Aristóteles, manifiesta su acuerdo con su psicología del conocimiento; al mismo tiempo comparte la psicología de Agustín y su doctrina de la imagen trinitaria en el alma humana, cuando habla de temas teológicos. Algunos historiadores se han interrogado sobre cuál será en realidad la doctrina psicológica de Alberto, la primera o la segunda. La respuesta es que está de acuerdo con las dos, porque se trata de dos órdenes especulativos diferentes, de dos perspectivas con relación a un mismo objeto material. Lo mismo cabe decir con respecto al misterio de la Santísima Trinidad, que en filosofía considera incognoscible, mientras que en teología —siguiendo a Agustín— resulta interpretable. También hay que afirmar algo parecido en lo que hace referencia al problema de la creación: lo único que prueba el filósofo es que el mundo no puede haberse iniciado a través de un movimiento autogenerativo, pero no llega a la idea de creación, de la que en cambio parte el teólogo. Acerca del carácter temporal o eterno del mundo, la filosofía no puede pronunciarse con argumentos válidos a favor de una u otra tesis, al igual que sucede en el caso de la inmortalidad del alma individual. Para el teólogo, en cambio, el mundo fue creado y el alma individual es inmortal. En resumen: *theologica non conveniunt cum philosophicis in principiis.* Y las cosas teológicas no coinciden en sus principios con las filosóficas, porque «la teología se fundamenta sobre la revelación y sobre la inspiración, no sobre la razón». El filósofo dice todo aquello que se puede decir «con base en un razonamiento». Y, sin duda alguna, «de la Trinidad, de la encarnación y de la resurrección no cabe tener ningún conocimiento desde una perspectiva puramente natural».

6.3. *Los filósofos griegos y los teólogos cristianos*

Enemigo del antiaristotelismo que se había desencadenado en las facultades de teología, Alberto sugiere los principios requeridos por una valoración más serena de las posturas contrapuestas. Los griegos —y en particular, Aristóteles— nos han ofrecido análisis muy sutiles con respecto al alma humana, considerada sin embargo desde un punto de vista general. En efecto, han tratado los objetos de una forma en que se especifican las potencias espirituales y sensibles de un modo general, estableciendo formalidades y perspectivas de carácter universal, aprovechando sólo algunos hábitos y potencias cognoscitivas de la psique humana. Partiendo desde principios racionales no es posible avanzar más.

Los teólogos, en cambio, puesto que consideran *specialius* la realidad, han descubierto en el alma nuevas facultades que corresponden a aspectos específicos y nuevos hábitos científicos correlativos con aquéllas, cuya existencia ni siquiera sospechaban los filósofos. Esto ha sido así porque los teólogos han utilizado lo que Agustín denomina *ratio superior,* la parte superior del alma, que da lugar no a la ciencia sino a la sabiduría. Se hizo posible esta labor porque se hallaban iluminados por la revelación que, como un nuevo sol, suscitó problemas antes desconocidos. Apenas resulta necesario advertir aquí que la distinción entre consideración *communior* y *specialior* de la realidad sensible se fundamenta en la cosa misma, que posee una estructura propia, pero que al mismo tiempo muestra una *ratio essendi* totalmente referida al principio supremo. El conocimiento puede recaer de manera inmediata sobre la cosa o sobre la idea eterna relacionada con ella. En el primer caso, se trata de una consideración *communior,* mientras que en el segundo es *specialior.* La primera es obra de la *ratio inferior* y la segunda, de la *ratio superior.* Si esto es así, ¿qué sentido tienen las polémicas que se desatan contra el aristotelismo?

A los defensores a ultranza de las tesis —y sólo de las tesis— agustinianas que habían participado en la disputa antiaristotélica, Alberto les reprocha que sólo tengan en cuenta la *ratio superior* y se olviden de la *ratio inferior.* Si bien en la primera Agustín es el maestro insuperable, en la segunda el maestro es Aristóteles. Poniendo en evidencia el doble aspecto de la realidad y el doble plano de la razón, Alberto muestra lo oportuno que es desarrollar tanto uno como otro. La sabiduría se fundamenta sobre la *ratio superior* iluminada por la fe, mientras que la ciencia considera las cosas circunscritas en sí mismas, según sus causas inmediatas. Éste es el programa al que Alberto se ha ceñido de manera constante: *Augustino in his quae sunt de fide et moribus, plus quam philosophis attinendum est, si dissentiunt. Sed si de medicina loquentur, plus ego crederem Galeno et Hippocrati, et si de naturis rerum loquatur, Aristoteli.* Y dado que el pensamiento de Agustín ya disfruta de un amplio desarrollo, es preciso cultivar el pensamiento de los científicos griegos y, en particular, de Aristóteles. Gracias a eso se comprende el proyecto de fondo de Alberto, que consiste en *omnes dictas partes* [física, metafísica y matemática de Aristóteles] *facere latinis intelligibiles.*

6.4. *El interés científico*

Alberto se ocupó de cuestiones científicas y no sólo de problemas filosóficos y teológicos. Aunque se remite a los clásicos y en particular a Aristóteles, no se limita a sintetizar los resultados de aquéllos, sino que ofrece una serie de observaciones originales acerca de los vegetales, los minerales y los animales. Alberto «fue uno de los escasísimos escritores medievales que se aproximaron a una efectiva observación de la naturaleza. Alberto, el hombre más culto de su época [...] había dado pruebas, con sus obras sobre los minerales y los seres vivientes, de que el espíritu científico había comenzado a recuperarse. No puede menospreciarse para nada su figura como observador objetivo, y esta cualidad suya indica el surgimiento de una nueva tarea, de la que veremos signos más claros en sus sucesores» (C. Singer). En Alberto hallamos aquella concepción mágico-astrológica que a través de él ejercerá a continuación un enorme influjo. Opuesto a la magia negra (que invoca fuerzas demoníacas) y a la magia astrológica (que pretende determinar la influencia de los astros sobre el destino humano y por tanto priva al hombre de su libertad), Alberto defiende la magia natural, que nos da testimonio de la infinita fuerza de la Causa primera, que conserva unidas todas las cosas. En cualquier caso, y prescindiendo incluso de estos contenidos, lo importante reside en algunas afirmaciones de principio que Alberto Magno formula con respecto al objeto y al método de la ciencia natural. Dijksterhuis sintetiza así tales afirmaciones: «En la ciencia [...] debemos investigar qué puede suceder en las cosas naturales, basándonos en las causas inherentes a la naturaleza. La ciencia no consiste en creer simplemente en lo que nos ha sido dicho, sino en indagar las causas de las cosas naturales. Una conclusión que se halle en contradicción con el testimonio de nuestros sentidos no puede ser creída. Un principio que no esté de acuerdo con la experiencia adquirida mediante la percepción sensible no es un principio, sino más bien lo opuesto a un principio. El estudio de la naturaleza debe llevarse a cabo también en las cosas individuales; el conocimiento de la naturaleza de las cosas en general sólo es un conocimiento aproximativo. Hace falta mucho tiempo para realizar un experimento de manera que éste carezca de defectos desde todos los puntos de vista; de hecho, no habría que experimentar sólo de una manera, sino en todas las circunstancias posibles, con objeto de hallar una base segura para la tarea. Las pruebas basadas en la percepción sensible son las más seguras que existen en la ciencia y son superiores al razonamiento carente de experimentación.»

7. Tomás de Aquino

7.1. *Vida y obras*

El más grande de los escolásticos, auténtico genio metafísico y uno de los más grandes pensadores de todos los tiempos, Tomás de Aquino elabora un sistema de saber de índole más aristotélica que platónico-agustiniana, admirable por su transparencia lógica y por la orgánica conexión de sus partes. Italiano por parte de padre, Landolfo —conde de Aquino— y normando por parte de madre, Teodora, Tomás nació en Roccasecca (Lacio meridional), en 1221. Recibió su primera educación en la abadía de Montecassino, a donde fue llevado con la esperanza de que contribuyese a la honra de su estirpe. En efecto, el abad de Montecassino era un poderoso señor feudal. Sin embargo, debido a las continuas guerras entre el papa y el emperador, la abadía pronto se vio reducida a un estado de abandono desolador y de triste decadencia. En consecuencia, prosiguió sus estudios en Nápoles, en la universidad que había sido recientemente fundada por Federico II. Allí entró en contacto con la orden dominicana, muchos de cuyos miembros se habían dedicado al estudio y a la enseñanza universitaria. Decidió ingresar en la orden, atraído por esta nueva forma de vida religiosa, abierta a las nuevas realidades sociales, que tomaba parte en el debate cultural y que se hallaba exenta de intereses mundanos. Su decisión fue firme e irrevocable, a pesar de la oposición que su familia le manifestó de modos diversos. Entre 1248 y 1252 fue discípulo de Alberto Magno en Colonia, donde mostró su talento especulativo muy rápidamente. Invitado por su maestro a exponer su punto de vista sobre una *quaestio* discutida, Tomás —que era llamado el «buey mudo» por su talante reservado y silencioso— expuso el problema con tanta profundidad y claridad que hizo que Alberto exclamase: «Éste, al que llamamos “buey mudo”, mugirá tan fuerte que se hará oír en todo el mundo.»

Cuando en 1252 el maestro general de la orden dominicana pidió un joven bachiller (hoy se le llamaría un profesor ayudante o adjunto) para

Santo Tomás (1221-1274) constituye la cima de la escolástica medieval. De manera unánime, se le considera el más grande de los filósofos de la edad media

que iniciase su carrera académica en la universidad de París, Alberto no vaciló en señalar a Tomás. Éste enseñó en París desde 1252 hasta 1254 como *baccalaureus biblicus* y desde 1254 hasta 1256 como *baccalaureus sententiarius*. Aunque no nos ha llegado ningún texto de sus enseñanzas bíblicas, de sus comentarios a las *Sentencias* de Pedro Lombardo se conserva el monumental *Scriptum in libros quattuor sententiarum*. Asimismo, pertenecen a este período los opúsculos *De ente et essentia, De principiis naturae,* en los que Tomás expone los principios metafísicos generales que servirán de inspiración a sus posteriores reflexiones. Una vez superados los obstáculos puestos por los maestros seculares, se le otorgó junto a san Buenaventura el título de *magister* en teología y obtuvo la cátedra de París, donde enseñó desde 1256 hasta 1259. A estos años se remontan las *Quaestiones disputatae de veritate,* el *Comentario* al *De Trinitate* de Boecio, y la *Summa contra Gentiles.*

Después de este período parisiense Tomás peregrinó (como era costumbre en los maestros de la orden dominicana) por las principales universidades europeas: Colonia, Bolonia, Roma, Nápoles. Pertenecen a este período las *Quaestiones disputatae de potentia,* el *Comentario* al *De divinis nominibus* del Pseudo-Dionisio, el *Compendium theologiae* y el *De substantiis separatis.* Llamado a París por segunda vez, para combatir a los antiaristotélicos y a los averroístas, cuyo caudillo era Siger de Brabante, escribe el *De aeternitate mundi* y el *De unitate intellectus contra averroistas,* y se dedica a la redacción de su principal obra, la *Summa theologiae,* que había iniciado en su etapa romana y de Viterbo, continuada en París y luego en Nápoles, pero inconclusa. Su salud iba decayendo. A su fiel amigo y secretario, Reginaldo de Piperno, que le exhortaba a terminar su obra, le expresó: *Raynalde, non possum, quia omnia quae scripsi videntur mihi paleae.* Y ante la insistencia de Reginaldo, repitió: *Videntur mihi paleae respectu eorum quae vidi et revelata sunt mihi,* lo cual da a entender el sentido de limitación y casi de vaciedad que tenía su propia obra para un hombre profundamente religioso como Tomás, ante el misterio de la muerte y la esperanza del encuentro con Dios (S. Vanni Rovighi). Fue sorprendido por la muerte a los 53 años, el 7 de marzo de 1274, en el monasterio cisterciense de Fossanova, de viaje hacia Lyón, ciudad a la que se dirigía por mandato del papa Gregorio x, para participar en el concilio que allí se celebraba.

7.2. *Razón y fe, filosofía y teología*

Tomás da comienzo a la *Summa contra Gentiles* haciendo suyas las palabras de Hilario de Poitiers: «Sé que debo a Dios, como principal deber de mi vida, que todas mis palabras y mis sentidos hablen de Él.» Dios, y no el hombre o el mundo, es el objeto primario de sus reflexiones. Sólo en el contexto de la revelación es posible efectuar un correcto razonamiento acerca del hombre y del mundo.

Se ha discutido y aún se discute sobre si en Tomás se da una razón autónoma de la fe, una filosofía distinta de la teología. La respuesta a este interrogante tan reiterado es que en Tomás se dan una razón y una filosofía como *preambula fidei.* La filosofía posee su propia configuración y autonomía, pero no agota todo lo que se puede decir y conocer. Es preciso integrarla con todo lo que contiene la doctrina sagrada acerca de Dios, del hombre y del mundo. La diferencia entre filosofía y teología no reside en el hecho de que una se ocupe de ciertas cosas y la otra se ocupe de otras, porque ambas hablan de Dios, del hombre y del mundo. La diferencia consiste en el hecho de que la primera brinda un conocimiento imperfecto sobre las mismas cosas con respecto a las cuales la teología está en condiciones de aclarar aspectos y propiedades específicas, en relación con la salvación eterna.

«Resulta desconcertante —nos dice Gilson— el hecho de que hombres que sostienen que la gracia puede mejorar moralmente a los hombres, se nieguen a admitir que la revelación pueda mejorar la filosofía en cuanto filosofía. Incluso en la metafísica, entre las doctrinas de Aristóteles y de Tomás ha existido la misma continuidad que se ha dado entre la concepción del mundo anterior a la encarnación de Cristo, y la posterior.» La fe, pues, mejora la razón, al igual que la teología lo hace con respecto a la filosofía. La gracia no substituye la naturaleza, pero la perfecciona. Lo cual significa dos cosas: primero, que la teología rectifica la filosofía, pero no la substituye, al igual que la fe orienta la razón, pero no la elimina. Por lo tanto es necesario elaborar una filosofía correcta para que se haga posible una buena teología. En segundo lugar, la filosofía —en cuanto *preambulum fidei*— posee una autonomía propia, porque hay que formularla con instrumentos y métodos que no se asimilan a los instrumentos y al método de la teología.

7.3. *La teología no substituye la filosofía*

Tomás escribe en la *Summa contra Gentiles,* a propósito de las verdades que hacen referencia a Dios: «Existen algunas verdades que superan todos los poderes de la razón humana, por ejemplo, que Dios es uno y trino. Hay otras verdades a las que se puede llegar a través de la razón natural, por ejemplo, que Dios existe, que Dios es uno, y otras semejantes.» En otras obras Tomás expone al mismo tiempo verdades naturales y verdades sobrenaturales, pero en este caso los tres primeros libros están dedicados a las verdades que considera accesibles a la razón. En el primer libro, por ejemplo, en el que habla de Dios, no menciona a la Santísima Trinidad; todas las verdades que sólo son conocidas mediante la revelación las recoge en el cuarto libro.

Es preciso partir de las verdades racionales, porque la razón es la que nos sirve de terreno común: «Es necesario recurrir a la razón, a la que todos deben asentir.» Sobre esta base es posible obtener los primeros resultados universales, porque son racionales, y edificar sobre ellos un razonamiento posterior que sirva para profundizar desde un punto de vista teológico. Discutiendo con los judíos se puede tomar como supuesto común el Antiguo Testamento; para discutir con los herejes se puede apelar a toda la Biblia. No obstante, ¿qué supuesto sirve para hacer posible la discusión con los paganos o gentiles, si no es aquello que tenemos en común, es decir, la razón?

A este motivo de carácter apologético hay que añadir dos consideraciones de carácter más general. La razón constituye nuestro rasgo distintivo. No utilizar dicha potencia implicaría el abdicar de una exigencia primordial y natural, aunque sea en nombre de una luz superior. Además existe un *corpus* filosófico —fruto de ese ejercicio racional— que es la filosofía griega, cuyos resultados han sido estimados y utilizados por toda la tradición cristiana. Finalmente Tomás está convencido de que el hombre y el mundo, a pesar de su radical dependencia de Dios en el ser y en el obrar, disfrutan de una relativa autonomía, sobre la que debe reflexionarse con los instrumentos de la pura razón, poniendo en juego todo el potencial cognoscitivo para responder a la vocación originaria de conocer y dominar el mundo. El saber teológico, pues, no substituye el saber filosófico, ni la fe substituye la razón, porque la fuente de la verdad es sólo una.

7.4. *La estructura fundamental de la metafísica*

Tomás expone las líneas fundamentales de su metafísica en la obra juvenil *El ente y la esencia,* donde explicita los conceptos de «ente» y de «esencia», trazando los rasgos característicos de las premisas teóricas que regirán su construcción filosófico-teológica.

a) *El ente lógico.* La noción fundamental es la de «ente», que indica cualquier cosa existente. Puede ser lógico —puramente conceptual— o real, extramental. Tal distinción es de una inmensa importancia, porque significa que no todo lo pensado existe realmente. El ente lógico y el ente real son dos vertientes que hay que distinguir. El ente lógico se expresa mediante el verbo copulativo «ser», conjugado en todas sus formas. «Su función consiste en unir diversos conceptos, sin pretender con ello que éstos existan efectivamente en la realidad, por lo menos del modo en que nosotros los concebimos. Nos servimos de la cópula "ser" para expresar conexiones entre conceptos, que son verdaderas en la medida en que enlazan correctamente dichos conceptos, pero que no expresan la existencia de los conceptos que vinculan entre sí. Si se dice que "la afirmación es contraria a la negación" o que "la ceguera está en los ojos", se habla de acuerdo con la verdad, pero el "es" y el "está" de la cópula no significa que la afirmación exista o que exista la ceguera. Existen hombres que afirman, y existen cosas acerca de las cuales pueden formularse afirmaciones, pero no existen las afirmaciones. Existen ojos que carecen de su función normal, pero la ceguera no existe: la ceguera es la manera en que el intelecto expresa el hecho de que ciertos ojos no ven» (S. Vanni Rovighi). Por lo tanto no todo lo que es objeto del pensamiento existe de la misma forma en que es pensado. No es preciso substancializar los conceptos y creer que todos ellos poseen un correlato real.

En este sentido se comprende el realismo moderado de Tomás, para quien el carácter universal de los conceptos es consecuencia del poder de abstracción del intelecto. El universal no es real, porque sólo el individuo es real.

Sin embargo, tal universalidad no carece de cierto fundamento en la realidad, de la que se deduce en la práctica. Al elevarse por encima de la experiencia sensible, el intelecto llega hasta una universalidad que en parte es expresión de su capacidad de abstracción y en parte expresión de la realidad.

b) *El ente real.* Toda realidad, tanto el mundo como Dios, es ente, porque tanto el mundo como Dios son, existen. El ente se predica de todo, tanto del mundo como de Dios, pero de una forma analógica, porque mientras que Dios es el ser, el mundo tiene ser. En Dios el ser se identifica como su esencia, por lo cual también se le llama acto puro, ser subsistente. En la criatura, en cambio, se distingue de la esencia, en el sentido de que ésta no es la existencia, sino que posee la existencia, o mejor dicho, el acto gracias al cual deja de ser lógica y se transforma en esencia real.

Los dos conceptos, constantemente utilizados, de «esencia» y de «acto de ser» (*actus essendi*) son los dos pilares del ente real. La esencia indica qué es una cosa: el conjunto de notas fundamentales por las que un ente —Dios, el hombre, el animal, la planta— se diferencian entre sí. Si en lo que concierne a Dios la esencia se identifica con el ser, en todas las demás cosas la esencia significa una simple aptitud para ser, es decir, potencia de ser (*id quod potest esse*). Esto significa que si las cosas existen, no existen por necesidad, también podrían no existir, y si son, podrían perecer y ya no ser. Su esencia es aptitud para el ser y no una identificación —como sucede en Dios— con el ser. Puesto que la esencia de las criaturas no se identifica con su existencia, el mundo, en conjunto y cada uno de sus partes integrantes, no existe necesariamente: es contingente, puede ser y puede no ser. Por último, dado que es contingente, si existe, el mundo no existe en virtud de sí mismo —su esencia no se identifica con su existencia— sino en virtud de otro, cuya esencia se identifica con el ser, es decir, Dios. Éste es el núcleo metafísico que inspirará las pruebas de santo Tomás en favor de la existencia de Dios.

De lo dicho se deduce que, si bien el discurso sobre la esencia resulta fundamental, aún más fundamental es el discurso sobre el ser o, mejor dicho, sobre el acto de ser, que Dios posee de forma originaria y las criaturas poseen de forma derivada, por participación. Con mucha razón se ha definido la metafísica de santo Tomás como la metafísica del ser o del *actus essendi.* El ser, en efecto, es el acto que sirve para actualizar la esencia, la cual en sí misma no es más que un poder-ser. Se trata, pues, de una filosofía del ser, no de una filosofía de las esencias o de los entes, del ser que permite que las esencias se vuelvan reales y se transformen en entes. Se trata, por lo tanto, de una perspectiva completamente nueva, en comparación con la ontología griega. Los interrogantes más típicos de esta filosofía no hacen referencia a las esencias, sino al ser: ¿qué es, por qué existe el ser más bien que la nada? Muy justificadamente, esta pregunta —formulada por Leibniz y por Schelling— se convertirá en nuestros días en el tema central de la metafísica de Heidegger, y volvemos a encontrarla en Wittgenstein: «Lo misterioso no consiste en el modo en que se configura el mundo, sino en el hecho de que es.»

Si la metafísica de Tomás es la metafísica del ser, aspira a brindarnos un fundamento del saber más profundo que el de las esencias, un fundamento que sirva de cimiento a la realidad y a la posibilidad misma de las esencias. (Debido a esto, cuando con Galileo entre en crisis el razonamiento acerca de las esencias, el razonamiento de Tomás —en opinión de muchos— conservará su vigor teórico porque, más que en las esencias, está interesado en el ser.) Ante esta cuestión del ser es preciso decir de inmediato que es algo que pertenece al ámbito del misterio, de lo inefable, porque fundamenta la posibilidad misma de todo razonamiento. Es un fundamento que no se busca, ya que siempre se halla presente en el hecho de que los entes sean, en ese milagro por el cual lo que podría no ser, existe de hecho. Se produce un redescubrimiento del estupor ante el misterio del ser, el asombro originario que se suscita en nosotros cuando percibimos el don inestimable e inefable de ese acto, gracias al cual hemos pasado desde la nada hasta el ser. En esto consiste el criterio primero y fundamental, que deja en un segundo plano el problema posterior acerca del modo de ser, manifestado por Tomás a través de las diez categorías (la substancia y los nueve accidentes), que constituyen intentos de describir todos los posibles modos de ser.

Esta filosofía es optimista, porque descubre un sentido profundo en el interior de lo que es. Es una filosofía de lo concreto, porque el ser es el acto gracias al cual las esencias existen de hecho. No obstante, también es la filosofía de un creyente, porque sólo éste podría poner en discusión las esencias y captar el acto fundamentante y positivo gracias al cual existe algo, más bien que nada. Este razonamiento, empero, nos lleva a hablar de los rasgos del ser, o trascendentales (uno, verdadero, bueno).

7.5. *Los trascendentales: uno, verdadero, bueno*

La noción de trascendental implica la identificación total de «uno», «verdadero» y «bueno» con el ser, en el sentido de que son inseparables de él, hasta el punto de que poseen una mutua y total convertibilidad. Por eso, decir que lo uno, lo verdadero y lo bueno son los trascendentales del ser, es lo mismo que decir que el ser es uno, verdadero y bueno.

1) *La unidad del ente (omne ens est unum).* Decir que el ser es uno significa que el ser es intrínsecamente no contradictorio, no está dividido, aunque sea participable. La unidad depende del grado de ser, en el sentido de que cuanto mayor sea el grado de ser poseído, mayor será la unidad. La unidad de un montón de piedras es menor que la unidad de Pedro o de Pablo, porque el ser poseído por aquél y por éstos es distinto. La filosofía de Tomás no es la filosofía de la unidad, sino la filosofía del ser y, por consiguiente, de la unidad. El ser es el fundamento de la unidad: la unidad de Dios es distinta de la unidad de Pedro y ésta es distinta de la unidad de una piedra, precisamente por su distinto grado de ser. La unidad de Dios es la unidad de la simplicidad, porque el ser es total; la unidad de Pedro es la unidad de la composición (esencia + *actus essendi*), al igual que lo es la unidad de la piedra, aunque en un grado inferior. La unidad trascendental no se identifica con la unidad numérica: aquélla se predica de todos los entes, pero la segunda sólo de los entes cuantitativos, de aquellos entes que —como poseen cantidad o materia— son mensurables. La unidad trascendental pertenece al ámbito de la metafísica, pero la unidad numérica corresponde al ámbito de la matemática.

2) *La verdad del ente (omne ens est verum).* Lo verdadero es un trascendental del ente en el sentido de que todo ente es inteligible, racional.

A este respecto conviene recordar que Aristóteles, en el libro VI de la *Metafísica,* responde negativamente a la pregunta sobre si la metafísica debe ocuparse de la verdad. La razón es la siguiente: la metafísica se ocupa del ser real y no de la verdad, que no se encuentra en las cosas sino en la mente o, mejor dicho, en el juicio del intelecto que compone y descompone los conceptos, conectándolos entre sí. La *Lógica,* y no la metafísica, es el lugar adecuado para estudiar la verdad, porque ésta se halla en el pensamiento y no en la realidad.

Tomás, aunque concede el espacio debido a la lógica y al estudio de sus principios fundamentales (principio de identidad, principio de no contradicción, principio de tercero excluido y factores conexos), piensa que también la metafísica debe ocuparse de la verdad, porque el mundo y las criaturas individuales son la manifestación del proyecto divino, son un fruto del pensamiento de Dios. Por eso, cuando afirma que todo ente es verdadero, quiere decir que todos los entes son una expresión del supremo arquitecto que, al crear, ha querido llevar a cabo un proyecto concreto. En esto consiste la verdad ontológica, esto es, la adecuación de un ente —de todos los entes— al intelecto divino (*adaequatio rei ad intellectum*). La verdad ontológica hay que distinguirla de la verdad lógica o verdad humana, que es —o debe tender a ser— adecuación de nuestro intelecto a la cosa (*adaequatio intellectus nostri ad rem*).

Lo que se ha dicho de la unidad debe decirse también de la verdad ontológica. La verdad del ente depende del grado de ser que posea. Dios es la verdad suprema porque es el ser supremo. Los entes finitos son más o menos verdaderos según su grado de ser o de participación en el ser divino. Sin embargo, todos los entes son verdaderos, porque cada uno de ellos a su modo expresa un proyecto, tiene una razón de ser, posee una vocación. Algunos son necesariamente fieles a esta vocación; otros, dotados de inteligencia y voluntad, pueden ser fieles a ella o pueden traicionarla, pero queda inscrita, como una especie de llamada imposible de borrar, en su esencia o naturaleza.

3) *La bondad del ente (omne ens est bonum).* Aunque no se le pueda calificar de tesis central, lo cierto es que esta tesis es la que sirve para calificar de cristiana a la metafísica de Tomás. Todo lo que es —todo ente— es bueno, porque es fruto y manifestación de la bondad suprema y libremente difusiva de Dios. Al igual que una idea musical no puede expresarse a través de un único sonido, dada la riqueza de aquélla y la pobreza de éste, del mismo modo la bondad suprema de Dios no pudo revelarse a través de una sola criatura. El mundo, con sus infinitas maravillas, es un primer intento de expresar esta bondad. Todas las cosas, pues, tanto individualmente como en su conjunto, son buenas, porque tienen determinado grado de ser y de perfección. *Omne ens est bonum quia omne ens est ens.* El cristiano no puede ser pesimista. Es, de manera radical, optimista. El asombro admirado ante lo creado refleja una actitud aún más radical, propia de quien se siente partícipe de la bondad de Dios y orgulloso de descubrir esa dependencia, que exalta y no humilla.

Todo ente es bueno porque todo ente es a su modo una perfección, pero al mismo tiempo, todo ente es bueno porque es objeto de una voluntad o, más en general, de un apetito o de un deseo. *Bonum est quod omnia appetunt:* la bondad implica el deseo de dicha perfección. Las cosas son buenas en cuanto han sido queridas por Dios de una forma fundamentante: Dios crea amando; son queridas por el hombre de forma derivada: el hombre ama las cosas porque son buenas. Desde la perspectiva del bien en cuanto es algo deseado por nosotros, Tomás distingue entre el bien honesto, que es el bien deseado por sí mismo; el bien útil, que es deseado como medio para alcanzar otro bien, y el bien deleitable, que es el bien deseado por el placer que ofrece. Como es obvio, Dios es el bien honesto y deleitable, mientras que los demás bienes sólo lo son con respecto a aquel fin hacia el que deben conducir.

7.6. *La analogía del ser*

En el libro IV de la *Metafísica* Aristóteles escribe que el ente se predica de las cosas de una forma múltiple y diversa, pero siempre en relación con un ente privilegiado, con una esencia particular. Con el «ser» y el «estar» sucede lo mismo que pasa cuando se atribuye el «ser» o «estar sano» al viviente, a la medicina que causa el estar sano, y al color del rostro, que es su efecto. Son seres la substancia y los accidentes, pero la substancia lo es de un modo particular, principal, primero y privilegiado, y los accidentes sólo lo son en cuanto que constituyen modificaciones secundarias de la substancia. De lo dicho hasta el momento, se deduce que Aristóteles estaba interesado por la relación horizontal que mantienen los seres entre sí, y habla de la analogía en relación con la substancia y los accidentes. Tomás de Aquino, aunque establece las modalidades según las cuales se predica el ser de los entes finitos, está más interesado —a diferencia de Aristóteles— por la relación entre Dios y el mundo. Aristóteles se mueve en dirección horizontal, mientras que Tomás lo hace en dirección vertical. Y a este propósito habla de la analogía que, además de aclarar la relación existente entre los entes finitos, especifica la relación que hay entre Dios y las criaturas, entre lo infinito y lo finito.

Las criaturas, al participar en el ser de Dios, en parte se le asemejan y en parte no. No hay una identidad entre Dios y las criaturas; pero tampoco existe una equivocidad, porque su imagen se refleja en el mundo. Entre Dios y las criaturas existe pues semejanza y desemejanza, o en otras palabras, una relación de analogía, en el sentido de que lo que se predica de las criaturas se puede predicar de Dios, pero no del mismo modo ni con la misma intensidad. El fundamento metafísico de la analogía reside en el hecho de que la causa, al causar, se comunica a sí misma en cierto modo. La semejanza no es una cualidad adicional, sino coesencial a la naturaleza del efecto, del que no es más que un signo externo. Quien recuerda las implicaciones del ser y sus propiedades, no se asombrará ante la afirmación de que el mundo es sagrado, porque su relación de dependencia con respecto a Dios se halla inscrita en su ser mismo.

Si el sentido de la semejanza es tan notable, no menos contundente es el sentido de la desemejanza que existe entre creador y criaturas. Se establece aquí el sentido de la trascendencia de Dios y, por tanto, el sentido de la teología negativa. Es cierto que conocemos algo acerca de Dios, pero también es cierto que ese conocimiento nuestro —tal como nosotros lo formulamos— no refleja la naturaleza de Dios. *Deus non habet essentiam, quia essentia sua non est aliud quam suum esse.* Si Dios no posee una esencia, porque ésta se identifica con su ser, y si todo nuestro conocimiento es un intento de definir su naturaleza, entonces comprendemos por qué la teología negativa es superior a la positiva. Sabemos mejor qué es lo que Dios no es, que aquello que Dios es. Por ello, en opinión de algunos, la analogía se encuentra más cercana a la equivocidad que a la univocidad.

Junto con un agudo intérprete del pensamiento de Tomás, podemos afirmar: «Los entes participan del ser, lo cual significa que su ser no es el ser: la diferencia reside en la participación misma. Los muchos son algo distinto de lo uno, pero no están fuera de lo uno. Gracias a su diferencia, el ser y los entes se hallan al mismo tiempo en la más estrecha pertenencia y a la máxima distancia. Participar es tener a la vez, pero al mismo tiempo, es no ser el acto y la perfección de la que se participa, precisamente porque sólo se participa de ella» (C. Fabro).

7.7. *Las cinco vías para demostrar la existencia de Dios*

En el contexto de las líneas metafísicas antes expuestas no será difícil de comprender el valor de las cinco pruebas o vías a través de las cuales Tomás llega a su única meta, Dios, en el cual todo se unifica y adquiere luz y coherencia. Para Tomás, Dios es lo primero en el orden ontológico, pero no en el orden psicológico. Aunque es el fundamento de todo, a Dios hay que alcanzarlo por un camino a posteriori, partiendo de sus efectos, del mundo. Dios precede a las criaturas en el orden ontológico, como la causa es anterior al efecto, pero en el orden psicológico viene después de las criaturas, en el sentido de que se llega a Él a partir de una meditación sobre el mundo, que remite a su Autor. El punto de partida de cada vía está constituido a veces por elementos extraídos de la cosmología aristotélica, que Tomás utiliza con toda confianza en su eficacia persuasiva, en un momento en que el aristotelismo era la filosofía hegemónica. Sin embargo, la fuerza probatoria de cada argumento es siempre, y en su totalidad, de índole metafísica, y como tal pretende ser válida en distintas situaciones científicas.

a) *La vía del cambio.* Escribe Tomás en la *Summa theologiae:* «La primera vía, y la más evidente, es la que parte del cambio. En efecto, es cierto y consta a nuestros sentidos que en este mundo cambian algunas cosas. Ahora bien, todo lo que cambia está movido por otro, porque una cosa no cambia si no es en potencia aquello en lo que acaba el cambio, y por lo contrario, mueve (es decir, provoca un cambio) en la medida en que es en acto. Mover significa educir el acto desde la potencia; pero una cosa no puede ser llevada al acto si no es en virtud de un ente que ya esté en acto. Por ejemplo, lo que es cálido en acto, como es el caso del fuego, hace que se caliente la madera, que es cálida en potencia, y así la cambia y la altera. Pero no es posible que la misma cosa esté a la vez en acto y en potencia bajo el mismo aspecto; sólo puede serlo bajo aspectos diversos: lo que es cálido en acto no puede serlo también en potencia, sino que es al mismo tiempo frío en potencia. Resulta imposible, pues, que según el mismo aspecto y del mismo modo un ente sea origen y sujeto de cambio (*movens et motum*), es decir, que se mueva a sí mismo. Por lo tanto, todo lo que cambia debe ser movido por otro.»

Ésta es la vía del movimiento, considerada como la primera y la más evidente, para llegar hasta el primer Motor. En las otras formulaciones, siguiendo de cerca a Aristóteles, Tomás se detendrá sobre los diversos modos en que puede moverse un ente. Aquí, sin embargo, en esta formulación más madura, el aspecto cosmológico resulta secundario, mientras que surge con fuerza el aspecto metafísico. Se analiza el movimiento en cuanto paso desde la potencia al acto, paso que no puede ser efectuado por lo que se mueve, ya que si se mueve quiere decir que es movido y que es movido por otro. Este otro se halla en acto y, por lo tanto, está en condiciones de realizar el paso desde la potencia hasta el acto. El principio *omne quod movetur ab alio movetur* es de alcance universal y cabe aplicarlo a todo lo que se mueve, de la forma que sea. En virtud de tal principio, debería comprenderse lo frágil que resulta la objeción según la cual puede explicarse el mundo sin recurrir a Dios, porque los hechos naturales se explicarían mediante la naturaleza, y las acciones humanas mediante la razón y la voluntad. Tal explicación es insuficiente, porque apela a realidades mutables, y «todo lo que es mutable y defectible debe ser reconducido a un principio inmutable y necesario». Sin embargo, se plantea una objeción: ¿no podría recurrirse a una serie infinita de motores y de cosas movidas? No, porque el proceso hasta el infinito de carácter circular aplaza el problema pero no lo explica, es decir, no encuentra la razón última del cambio. Es preciso afirmar, pues, la existencia de un *primum movens quod in nullo moveatur,* esto es, la existencia de un inmutable. Y éste es el que todos llaman Dios.

b) *La vía de la causalidad eficiente.* «La segunda vía parte de la naturaleza de la causa eficiente. En el mundo de las cosas sensibles nos encontramos con que existe un orden de causas eficientes. No se conoce ningún caso —y en realidad, no es posible— en el que una cosa sea causa eficiente de sí misma, porque entonces tendría que ser antecedente a sí misma, lo cual es imposible. Ahora bien, en la serie de las causas eficientes no es posible llegar hasta el infinito, porque en todas las causas eficientes ordenadas, la primera es la causa de las causas intermedias y las intermedias son las causas de las últimas, pudiendo las causas intermedias ser varias o una sola. Ahora bien, quitar la causa quiere decir eliminar el efecto. Por eso, si no existe una causa primera entre las causas eficientes, no habrá ni causa intermedia ni causa última. Pero si fuese posible llegar hasta el infinito en las causas eficientes, no habría causa eficiente primera, ni efecto último, ni causas eficientes intermedias, lo cual es evidentemente falso. Por eso es necesario admitir una causa eficiente, a la que todos dan el nombre de Dios.»

En una primera lectura, el argumento parece aludir al universo de esferas concéntricas, típico del pensamiento antiguo. En efecto, aquí la causalidad eficiente ejercida a nivel de una de las esferas resulta justificada por la causalidad eficiente de la esfera inmediatamente superior. Además, la cantidad de esferas intermedias no puede ser infinita, porque si lo fuese, no existiría la primera causa eficiente y, por consiguiente, no habría causas intermedias ni efectos últimos. Y esto es falso. Tomás, sin embargo, cuando afirma que no importa «que las causas intermedias sean varias o una sola», nos da a entender que no quiere vincular la validez de esta prueba a la antigua cosmología. Tiene un valor metafísico, no físico. Aspira a dar razón de la existencia de la causalidad eficiente en el mundo. Y esto no es posible hasta que no se llegue a una causa eficiente primera, que produzca sin ser producida. El argumento, pues, se basa en dos elementos: por una parte, todas las causas eficientes causadas por otras causas eficientes; por la otra, la causa eficiente incausada que es causa de todas las causas. En el fondo, se trata de responder a la siguiente pregunta: ¿cómo es posible que algunos entes sean causa de otros entes? Indagar sobre esta posibilidad implica llegar a una primera causa incausada, que si existe se identifica con el ser que llamamos Dios.

c) *La vía de la contingencia.* «La tercera vía está tomada de la posibilidad y se desarrolla así. En la naturaleza hallamos cosas que es posible que sean y que no sean, porque nos encontramos con que se engendran y se corrompen, y por consiguiente, tanto les es posible ser como no ser. Pero es imposible que existan siempre, porque lo que puede no ser, en algún momento no es. Por eso, si todo pudiese no ser, en algún momento no habría existido nada. Ahora bien, si esto fuese verdad, tampoco ahora existiría nada, porque lo que no existe sólo comienza a existir a través de algo que ya existe. Así, si en algún momento no hubiese existido nada, habría resultado imposible que una cosa cualquiera haya comenzado a existir y, por lo tanto, tampoco ahora existiría nada, lo cual es absurdo. Por eso, no todos los entes son meramente posibles, sino que debe existir por necesidad algo cuya existencia sea necesaria. Pero toda cosa necesaria posee una necesidad causada por otro, o no. Ahora bien, es posible llegar hasta el infinito en las cosas necesarias, que tienen una existencia causada por otro, como ya se ha demostrado con respecto a las causas eficientes. En consecuencia, no podemos dejar de admitir la existencia de un ente que posea en sí mismo la propia necesidad y que no la reciba de ningún otro, sino más bien que cause en otras cosas su propia necesidad. Y a esto todos los hombres llaman Dios.»

Este argumento parte de la constatación de que las criaturas, dado que nacen, crecen y mueren, son contingentes y por tanto posibles. No poseen el ser en virtud de su esencia. Son, pero no necesariamente, porque también pueden no ser y en determinado momento no fueron. Por lo tanto, si las criaturas son contingentes, también son posibles. ¿Cómo explicar el pasaje desde la posibilidad hasta la existencia actualizada y, por tanto, hasta el grado de ser o de necesidad que poseen de hecho? Si todo fuese posible, en una época no habría habido nada y ahora tampoco habría nada. Si se quiere explicar la existencia en acto de los entes, es decir, el paso desde el estado posible hasta el actualizado, es preciso admitir una causa que no haya sido y que no sea contingente o posible, porque siempre esté en acto. Y esta causa se llama Dios.

d) *La vía de los grados de perfección.* «La cuarta vía está tomada de la gradación que puede encontrarse en las cosas. Entre los entes, hay entes más buenos y menos buenos, más y menos verdaderos, nobles, y así sucesivamente. Pero "más" o "menos" son predicados de cosas distintas, en la medida en que se parecen de manera diferente a algo que es lo máximo, al igual que se dice que una cosa es más cálida en la medida en que más se asemeja a aquello que es máximamente cálido. De modo que existe algo que es máximamente verdadero, noble, bueno y, por consiguiente, algo que es ser en grado máximo. Porque lo que es máximo en la verdad, también es máximo en el ser, como está escrito en la *Metafísica.* Ahora bien, el máximo de cada género es la causa de todo en dicho género. Por ejemplo, el fuego, que es lo máximo en el calor, es la causa de todas las cosas cálidas, como se afirmó en aquel mismo libro. Por eso, debe haber algo que para todos los entes sea la causa de su ser, de su bondad y de todas las demás perfecciones, y a esto se llama Dios.»

También esta vía parte de una constatación empírica, metafísicamente interpretada, referente a la gradación de los entes, según su diversa participación y expresión del ser. Existe un más o un menos en el ser, y por consiguiente —recuérdese lo dicho antes al hablar de los trascendentales— en la bondad, la unidad y la verdad. Cuanto más ser posea un ente, más será uno, verdadero y bueno. Ahora bien, una vez comprobada esta gradación, se pasa a la explicación, afirmando que las cosas más o menos verdaderas, buenas, etc. lo son en relación con un ser absolutamente uno, verdadero y bueno, que posee el ser de manera absoluta. Tal es la razón del paso: si los entes poseen un grado distinto de ser, ello implica que éste no procede de ellos en virtud de sus respectivas esencias, dado que entonces serían sumamente perfectos. Y si no procede de sus esencias respectivas, quiere decir que lo han recibido de un ser que da sin recibir, que participa sin ser partícipe, porque es la fuente de todo lo que es.

e) *La vía de la finalidad.* «La quinta vía está tomada del gobierno del mundo. Vemos que las cosas que carecen de conciencia, como los cuerpos naturales, actúan según una finalidad, y esto se hace patente por el hecho de que actúan siempre, o casi siempre, del mismo modo, para obtener mejores resultados. Por tanto, se aprecia con claridad que alcanzan su propósito no por azar, sino de manera intencionada. Ahora bien, todo lo que no tiene conocimiento no puede moverse hacia un fin, a menos que esté dirigido por algún ente dotado de conocimiento e inteligencia, como la flecha está dirigida por el arquero. Por eso, existe un ser inteligente que dirige todas las cosas naturales hasta su propio fin: a este ser nosotros lo llamamos Dios.»

Esta última vía parte asimismo de la constatación de que las cosas, o algunas de ellas, actúan y obran como si tendiesen hacia un fin. Al decir que algunos cuerpos naturales siempre actúan del mismo modo, o casi siempre, Tomás quiere subrayar dos cosas. La primera es que no parte en su razonamiento desde la finalidad de todo el universo (en el caso de que exista); no presupone una concepción mecanicista de la naturaleza, en la que Dios intervendría para unir piezas en sí mismas indiferentes para la marcha del mecanismo. La finalidad constatada se refiere a algunas cosas, que tiene en sí mismas un principio de unidad y de finalidad. El segundo factor es que las excepciones provocadas por el azar no disminuyen la validez de este punto de partida.

Ahora bien, si actuar con vistas a un fin constituye un cierto modo de ser, se nos plantea cuál puede ser la causa de la regularidad, el orden, la finalidad que se constatan en algunos entes. Tal causa no puede identificarse con los entes mismos, ya que éstos carecen de conocimiento (*cognitione carent*), y aquí se hace necesario el conocimiento de la finalidad. Por lo tanto, es preciso remontarse hasta un Ordenador, dotado de conocimiento y en condiciones de llevar a los entes a ser en aquella forma específica, según la cual ellos obran de hecho.

7.8. *«Lex aeterna», «lex naturalis», «lex humana» y «lex divina»*

El hombre, para Tomás, es naturaleza racional, capaz de conocer: *ratio est potissima hominis natura.* Precisamente ésta es la concepción del hombre que encontramos en la base de la ética y de la política del Aquinate. Antes que nada el hombre conoce el fin hacia el cual todas las cosas tienden por naturaleza, conoce un orden de las cosas, cuya cima está ocupada por Dios como Bien supremo. Indudablemente, si el intelecto pudiese ofrecer la visión beatífica de Dios, la voluntad humana no podría no quererla. Pero, aquí abajo, esto no es posible. Durante la vida terrena el intelecto sólo conoce el bien y el mal de cosas y acciones que no son Dios y, en consecuencia, la voluntad es libre de quererlas o no quererlas. Éste es el sentido de la fórmula *ratio causa libertatis.* En el libre arbitrio, en la libertad humana (en absoluto menoscabada por la presciencia de Dios, que prevé lo necesario y lo que será libre, es decir, debido exclusivamente a la libertad humana), Tomás ve la raíz del mal, concebido —al igual que Agustín— como carencia de bien. «El hombre, por su propia naturaleza, posee libre arbitrio»: no está dirigido hacia un fin como la flecha que lanza el arquero; por lo contrario, se dirige libremente hacia un fin. Y al igual que existe en él un *habitus* natural que le sirve para captar los principios del conocimiento, también hay siempre en él una disposición o *habitus* natural —la sindéresis— que lo lleva a comprender aquellos principios que guían las buenas acciones. Comprender, sin embargo, no significa actuar. Y el hombre, precisamente porque es libre, peca cuando se aleja deliberadamente e infringe aquellas leyes universales que la razón le da a conocer y la ley que Dios le revela.

Tomás distingue tres tipos de leyes: la *lex aeterna,* la *lex naturalis* y la *lex humana.* Y por encima de éstas coloca la *lex divina,* la ley revelada por Dios. La *lex aeterna* es el plan racional de Dios, el orden de todo el universo a través del cual la sabiduría divina dirige todas las cosas hacia su fin. Es el plan de la Providencia, que únicamente conocen Dios y los bienaventurados. Sin embargo, el hombre como naturaleza racional es partícipe de una parte de esta ley eterna. Tal *participatio legis aeternae in rationali creatura* se llama *ley natural.* En resumen: los hombres, en la medida en que son seres racionales, conocen la ley natural, cuyo núcleo esencial reside en la norma que prescribe «hay que hacer el bien y evitar el mal». Para el hombre, como para cualquier ente, la propia conservación es un bien; como para cualquier animal, es un bien para el hombre el seguir las enseñanzas universales de la naturaleza: unión del varón y la hembra, la protección y crianza de los hijos, etc. En tanto que ser racional, para el hombre es un bien el conocimiento de la verdad, el vivir en sociedad, etc. Sin embargo, más que en la especificación de cuál es el *bonum* y cuál el *malum,* «santo Tomás [...] considera principalmente la ley natural como la forma dentro de la cual el hombre debe querer, para que su voluntad y las acciones consiguientes sean conformes a la ley natural, y por lo tanto, morales; esta forma es la de la racionalidad: la ley natural se refiere a lo que al hombre le impone su naturaleza y "es propio del hombre verse llevado a actuar según la razón"» (G. Fassò).

7.9. *Derecho natural y derecho positivo*

Estrechamente ligada con la *lex naturalis,* Tomás define la *lex humana.* Consiste en la ley jurídica, el derecho positivo, la ley puesta por el hombre. Y los hombres, que son sociables por naturaleza, promulgan leyes jurídicas para disuadir a los individuos de que cometan el mal. Al igual que toda ley es *aliquid pertinens ad rationem* (dado que le corresponde a la razón el establecer los medios necesarios para los fines y el disponer el orden de los fines), la *lex humana* es el orden promulgado por la colectividad (*multitudo*) o por quien se halla a cargo de la comunidad (*ab eo qui curam communitatis habet*) con vistas al bien común. Por lo tanto, en una situación histórica distinta, «a diferencia de Agustín que consideraba que el Estado y sus leyes sólo eran una necesidad histórica, consecuencia del pecado original y de la corrupción que éste había provocado en la naturaleza humana, Tomás —que sigue a Aristóteles en esto— considera que el Estado es una necesidad natural, una necesidad derivada de la naturaleza del hombre en cuanto hombre» (S. Vanni Rovighi). No obstante, las leyes promulgadas por el hombre se basan, como se ha mencionado antes, en la ley natural.

En opinión de santo Tomás, la ley humana procede de la ley natural de dos maneras distintas: por deducción, *per modum conclusionum,* o bien por especificación de normas más generales, *per modum determinationis.* En el primer caso, está el *ius gentium,* y en el segundo, el *ius civile.* Del *ius gentium* forma parte la prohibición del homicidio, pero el tipo de pena que hay que imponer al homicida forma parte del *ius civile,* consiste en una aplicación histórica y social de una ley natural especificada y fijada a través del *ius gentium.* Al derivarse lógicamente de la *lex naturalis,* los preceptos del *ius gentium* pueden ser conocidos sin necesidad de efectuar una investigación histórica sobre los diversos tipos de sociedad, cosa que —como es evidente— no se aplica a los preceptos del *ius civile.* Si los preceptos de la ley humana o positiva se derivan de la ley natural, son conocidos por la razón y están presentes en el conocimiento. Por lo tanto la sociedad podría también dejar de fijarlos a través de la ley humana o jurídica, pero a pesar de ello nos encontramos con que el derecho los recoge. Sucede así porque hay «malvados e inclinados a los vicios que difícilmente pueden ser guiados por la persuasión; es, pues, necesario que sean obligados por la fuerza y el temor a evitar el mal, para que, absteniéndose al menos por este motivo de hacer el mal, dejen en paz a los demás, y ellos mismos, gracias a esta costumbre de evitar el mal, acaben por hacer voluntariamente lo que antes llevaban a cabo sólo por miedo y así se vuelvan virtuosos». La coercitividad de la ley humana, pues, tiene la función de hacer posible la pacífica convivencia entre los hombres, pero para santo Tomás posee asimismo una función pedagógica. La ley humana presupone hombres imperfectos. Y al igual que no reprime todos los vicios sino sólo aquellos que dañan a los otros y que, como los homicidios, los robos, etc., amenazan la conservación de la sociedad humana, tampoco debe mandar todos los actos virtuosos, sino sólo aquellos que son necesarios para el bien común.

Si para la ley humana resulta esencial su derivación de la ley natural, entonces se hace evidente que, siempre que la ley humana contradiga a la natural, deja de exisitir como ley. Ésta es la razón por la que la ley debe ser justa. Al igual que para Agustín, para Tomás no puede haber ley si no es ley justa. *Remota itaque iustitia, quid sunt regna nisi magna latrocinia?,* se preguntaba Agustín. Y Tomás sostiene que una ley sólo puede ser tal en la medida en que sea justa. Si una ley positiva estuviese en desacuerdo con la ley natural, entonces «ya no sería una ley, sino una corrupción de la ley». La ley debe ser justa. Aristóteles y Cicerón son los dos autores a que se remite santo Tomás en su teoría de la justicia. En el *Digesto* la justicia se define como «voluntad perpetua y constante de atribuir a cada uno su derecho». Tomás hace suya esta definición y la corrige de este modo: la justicia es «la disposición (*habitus*) del ánimo en la cual, con constante y perpetua voluntad, se atribuye a cada uno su derecho». La justicia se divide en conmutativa (la que se da en los intercambios entre dos personas) y distributiva (la que hace que, en la comunidad, se distribuya de una manera proporcional a los individuos aquello que les es común a todos).

En consecuencia, si la ley humana no concuerda con la ley natural, ya no es ley sino corrupción de la ley. Esta idea de Tomás tuvo una enorme influencia, y a menudo ha sido y es invocada para impugnar leyes jurídicas que se considera en contradicción con lo que, quien impugna tales leyes, considera como derecho natural. Para Tomás la ley humana es válida moralmente siempre que proceda de la ley natural. Las leyes positivas injustas son, en su opinión, más bien violencias y no leyes. Sin embargo, Tomás afirma que también pueden ser obligatorias, pero sólo cuando sea necesario evitar el escándalo y el desorden. En cualquier caso, sin embargo, es preciso desobedecer siempre la ley injusta cuando ésta se oponga a la ley divina positiva, imponiendo por ejemplo la idolatría. También está justificada la rebelión contra el tirano. Para Tomás es lícito rebelarse ante el tirano, a condición de que de esa rebelión no surjan para los súbditos males peores y mayores que la tiranía misma. En opinión del Aquinate, la monarquía es el mejor tipo de gobierno, ya que es el que mejor garantiza el orden y la unidad del Estado. Precisamente, el peor tipo de gobierno es la tiranía, puesto que una fuerza que lleva a cabo el mal resulta más eficaz —y por lo tanto, más dañosa— cuando está unida, como sucede en la tiranía. «La fuerza de quien gobierna injustamente obra el mal de la multitud cuando tuerce en su particular beneficio aquello que debería servir para el bien común de todos. Así como en un gobierno justo, cuanto más unida se muestra la autoridad, tanto más ventajoso resulta el gobierno [...] lo contrario sucederá en un gobierno injusto: cuanto más unitario sea el mando, más perjudicial resultará el gobierno.»

El Estado puede encauzar a los hombres hacia el bien común, puede favorecer determinadas virtudes, pero no permite al hombre alcanzar su fin último, el sobrenatural. En definitiva la ley natural y las leyes positivas ayudan al hombre en sus finalidades terrenas. Pero el hombre posee un fin sobrenatural, la eterna felicidad. Y para guiarlo hasta ella no basta con la *lex naturalis* y la *lex humana.* Es necesaria una ley sobrenatural, y ésta es la *lex divina,* la ley revelada, la ley positiva de Dios, que encontramos en el Evangelio. Ella es la que nos guía para la consecución de la bienaventuranza y, además, complementa las lagunas y las imperfecciones de las leyes humanas.

Para concluir, «la ley natural, que también es fuente de la ley humana, es —de acuerdo con las enseñanzas clásicas— razón: razón natural. El criterio mediante el cual el hombre distingue entre el bien y el mal y que le sirve de guía y de regla en sus acciones, es su razón» (G. Fassò). Por lo tanto, si bien el hombre puede llegar a su fin último sólo si obedece a la *lex divina,* la razón es la que reconoce la *lex naturalis.* Y ésta no es, como en Ulpiano, «aquello que la naturaleza ha enseñado a todos los seres animados»; «esto es instinto natural, pero no derecho natural», afirma Tomás. La *lex naturalis* tampoco consiste, como sostenía Graciano, en las normas «contenidas en la ley y en el Evangelio»; tales normas, según Tomas, son la *lex divina,* la ley revelada, mientras que el derecho natural es objeto de la razón humana.

7.10. *La fe, guía de la razón*

«No hay más que un solo Dios, y este Dios es el ser; tal es la piedra angular de la filosofía cristiana; y no fue colocada por Platón o por Aristóteles, sino por Moisés» (É. Gilson). Dios es el ser supremo y perfecto, el verdadero ser. Todo lo demás es una consecuencia de su acto creativo, libre y consciente. Éstas son las dos tesis que, aceptadas por la fe, sirven de guía en el razonamiento. En otras palabras, constituyen el patrón de medida con el que Tomás evalúa cualquier otro razonamiento filosófico, y aplica a Aristóteles para replantear sus tesis más cualificadas. Para Tomás, «cuando [...] una proposición filosófica obtenida mediante razonamiento contradice una aserción de fe, se puede concluir sin ninguna duda que el error reside en la filosofía» (M. Dal Pra).

Estas tesis son tan relevantes para la elaboración de la metafísica y de las pruebas de la existencia de Dios, que han llevado a muchos estudiosos a hablar no de una simple filosofía, sino de filosofía cristiana. Esto resulta muy comprensible, dado que en el marco de estas dos afirmaciones —Dios, ser supremo y creador— quedan modificados todos los problemas propuestos por la filosofía griega. Mientras que en el contexto tomista Dios es fuente del ser, de todo el ser, en el contexto griego Dios es aquel que da forma al mundo, que forja una materia preexistente (Platón), o bien que da origen al cosmos, atrayéndolo gracias a la propia perfección (Aristóteles). El Dios de los filósofos griegos no da el ser sino sólo un cierto modo de ser. Dios no es el ser total sino un ser parcial, porque también la materia existe desde toda la eternidad, con independencia de él. Tomás, en cambio, no se muestra tan interesado por las formas, sino por el ser que surge a través de las formas, gracias al acto creativo de Dios. Dios no sólo es el creador de las formas de los seres, sino también el creador del ser de los seres. Por lo tanto, las pruebas cosmológicas que parecen haber sido tomadas en préstamo de Aristóteles, cambian de signo en cierto sentido. El nuevo sentido consiste en afirmar que Dios, más que primer motor, es Acto puro; y dichas pruebas, antes que al primer motor, llevan al primer ser. Antes de ser motor, Dios es creador, y mueve en la medida en que crea. Las pruebas no son físicas, sino físico-metafísicas, debido a la relación primaria y fundamentante constituida por el acto creativo.

La argumentación referente al ser muestra la profundidad de la relación existente entre los seres y el ser supremo, mientras que el razonamiento sobre el acto creativo muestra la nueva perspectiva desde la cual Tomás interpreta el mundo. Si Dios es origen de todo el ser, nada queda exento de su acción, ni siquiera la determinación individual última. Las realidades sólo existen en la medida en que son conocidas y queridas por Él, y únicamente por esto puede decirse que cada cosa posee un significado y una vocación.

En el marco de estas dos tesis fundamentales vuelven a aparecer los antiguos problemas, pero profundizados y renovados. Si Dios es el ser supremo y creador, también las criaturas son seres. Éstas, sin embargo, no son el ser, sino que tienen ser a través del acto causal que no sólo determina las formas de los entes: también determina el ser de los entes. La noción de causalidad, tomada en préstamo de Aristóteles, asume en Tomás un significado distinto, porque tiene por objeto el ser de los entes y no las formas. Además, si Dios es el ser supremo y el ser por esencia, ¿cómo podrían concebirse criaturas fuera de él? A este interrogante Tomás contesta con la doctrina de la analogía, extraída de Aristóteles, pero con una nueva virtualidad, ya que explica la semejanza y la diversidad entre el ser supremo y el ser parcial. A ella se añade otra noción, la participación, que aclara aún más cómo es posible que existan otros seres fuera de Dios. Éstos no son más que una participación del ser divino. Dios es el ser por esencia, las criaturas lo son por participación. Dicho concepto implica amor, libertad y conciencia responsable, mediante los cuales Dios comunica su ser a lo que no es Él. El Dios de Aristóteles atrae hacia sí mismo en cuanto causa final las cosas, que él sin embargo no creó. El Dios de Tomás atrae hacia sí las criaturas, que creó por amor, clausurando así el ciclo de amor que había inaugurado el acto creador.

¿Puede Dios crear para su gloria, si resulta que ésta es inalterable, dado que no puede crecer o disminuir? Dios crea otros seres para que gocen de su gloria, como Él mismo goza de ella. Dios no difunde su gloria para sí, sino para nosotros. No la difunde para obtenerla, puesto que ya la posee, ni para aumentarla, puesto que es completa, sino únicamente para comunicarla. El Dios de Tomás es el Dios del amor y por tanto creador y providente, no se halla encerrado en el círculo de sus propios pensamientos, como el Dios de Aristóteles.

En este mismo contexto, el problema del mal asume rasgos diferentes. Si Dios no existe, el bien no se explica. Pero si Dios existe, ¿de dónde viene el mal? Puesto que el ser es el bien, para la filosofía antigua el mal es el no ser, la materia que se rebela ante la forma o ante la acción plasmadora del demiurgo (Platón). La materia, principio del mal, tiene un origen distinto al del bien. Tomás, para quien todo procede de Dios, plantea el problema del mal (físico y moral) en un contexto diferente. La raíz del mal es la contingencia del ser finito, que explica los cambios y la muerte. Además, explica la libertad de la criatura racional, que puede no reconocer su dependencia con respecto a Dios. El mal moral no está causado por el cuerpo. No fue el cuerpo el que hizo pecar al espíritu, sino el espíritu al cuerpo. El mal moral no consiste en un menosprecio a la racionalidad, como creían los filósofos griegos; no puede identificarse simplemente con el error. El mal es una desobediencia a Dios, es un rechazo de la dependencia fundamental con respecto al Creador. La raíz del mal reside en la libertad.

El problema de la materia y de sus implicaciones posee en Tomás un significado distinto. La materia hace referencia a la composición de las cosas, al principio de individuación y a la relación con el mundo espiritual, pero Tomás la separa de aquel fondo tenebroso y obscuro, típico del mundo griego y, sobre todo, la libera de aquel aspecto dualista y pesimista característico de la cultura helénica. Para Tomás, el cuerpo es tan sagrado como el alma.

Platón, al exaltar la divinidad del alma, redujo el cuerpo a simple cárcel temporal, y para él la unidad del alma y cuerpo no era más que un hecho accidental. Aristóteles acentúa la unidad entre cuerpo y alma, hasta el punto de tener que volver más tarde a determinadas tesis platónicas para explicar la inmortalidad del alma (el intelecto separado). Tomás, en cambio, sin desconocer la substancialidad de quienes componen la unidad, se centra en esta última. Es preciso salvaguardar la unidad. El hombre individual es el que piensa y no sólo el alma; el hombre es el que siente y no sólo el cuerpo. Aunque es espiritual, el alma es forma del cuerpo. Más aún, su formalidad (su capacidad de animar el cuerpo) es la que funda su substancialidad.

La substancialidad del alma en Platón y la formalidad del alma en Aristóteles, al fundirse en la unidad del hombre, permiten vislumbrar el primado de la persona sobre la especie. La especie humana, que es una reiteración de la idea platónica, no es la que ocupa el primer lugar, sino la persona, partícipe en el ser divino y destinada a la visión beatífica. Por ello, *persona significat id quod est perfectissimum in tota natura.* Se trata de una nueva filosofía, en la que los problemas antiguos se vuelven a profundizar desde la perspectiva que la fe deja entrever y la teología desarrolla. El vino nuevo es trasladado a odres viejos, pero consolidados por una profundización filosófica, exigida por las perspectivas que ha abierto la fe.

Éstas son, en conclusión, las diferencias más relevantes que existen entre la filosofía de Tomás y la filosofía griega. «Por un lado, un Dios que se define por medio de la perfección en un orden del ser: el "pensamiento" de Aristóteles, o en el orden de la cualidad: el "bien" de Platón. Por otro, el "Dios" cristiano que es primero en el orden del ser, y cuya trascendencia es tal que, cuando se habla de un primer motor de esta clase, es preciso ser más metafísico para demostrar que es el primero, que físico, para probar que es motor. En los griegos, se presenta un Dios que puede ser causa de todo el ser, incluida la inteligibilidad, su eficiencia y su finalidad, exceptuada su propia existencia. Para los cristianos, un universo que comienza a partir de la creación. En los griegos, un universo contingente en el orden de la inteligibilidad o del devenir; en los cristianos, un universo contingente en el orden del ser. En los griegos, la finalidad inmanente dentro de un orden intrínseco a los seres; para los cristianos, la finalidad trascendente de una Providencia que crea el ser del orden, junto con el ser de las cosas ordenadas» (Gilson). En ningún otro sistema, salvo en el cristiano, todo depende de Dios, ya que en el Génesis se afirma que «Dios creó el cielo y la tierra» y, en el Éxodo, que «Dios es el que es».

8. Buenaventura de Bagnoregio

8.1. *El movimiento franciscano*

Como ya se ha manifestado con anterioridad, los siglos XI y XII se caracterizan por notables transformaciones sociales y por una gran actividad económica. Finaliza el aislamiento del mundo latino-cristiano que, gracias al desarrollo comercial y a la expansión política y militar, entra en contacto con otras tradiciones científico-filosóficas. Este despertar político, económico y cultural se ve acompañado por cierta decadencia religiosa y por un importante retroceso en las costumbres. La fe religiosa para amplias capas de la población es más un hecho emotivo que una razón vital y profunda. La estructura jerárquica de la Iglesia —*ordo rectorum seu praedicatorum,* al que pertenecía el clero, *ordo continentium,* al que pertenecían los monjes, y *ordo coniugatorum,* al que pertenecían los laicos— no permitía una auténtica comunión de ideales religiosos y, al contrario, dificultaba en gran medida un nuevo fortalecimiento espiritual. El clero, al que le correspondía la misión de predicar, estaba más ligado a la autoridad imperial y a sus problemas que al papa y a sus directrices: amaba más los privilegios de la religión que los mandatos del Evangelio. Los monjes, aislados de la vida social, disponían de inmensas riquezas, cuyo uso con frecuencia se transformaba en abuso.

En este marco histórico y como reacción a esta situación, nacieron en el siglo XIII numerosos movimientos populares que defendían el ideal evangélico de la pobreza, practicaban la humildad, rechazaban tanto los fastos del clero y de la jerarquía como la riqueza de los monjes y defendían la necesidad de sostenerse con su propio trabajo. Sin embargo, no era el Evangelio lo que inspiraba esta defensa de la pobreza, sino una mentalidad maniquea. El volver a la Iglesia primitiva implicaba también el rechazo a las estructuras jerárquicas. La penitencia, más que una imitación de Cristo, era también desprecio del cuerpo y del mundo. Un cierto encastillamiento del clero en sus propios privilegios y el temor a compartir con los laicos la facultad de predicar, contribuyó a que estos movimientos populares (Flagelantes, Humillados, etc.) apareciesen como heréticos.

Francisco de Asís (1182-1226) se hizo intérprete de esta realidad, asumiendo los rasgos más válidos de los movimientos populares (vivir de acuerdo con el Evangelio, rechazar los fastos, sustentarse con el propio trabajo, predicar), y superando los elementos negativos (la insubordinación ante la Iglesia jerárquica, la tristeza y el pesimismo) con la sumisión a la Iglesia y una concepción alegre de la existencia. Sus seguidores no buscaban los desiertos sino las ciudades, donde se desarrollaba la vida real, con todo el cúmulo de problemas que implica. Mientras que los benedictinos procedían en general de las clases sociales elevadas, los franciscanos poseían en su mayoría un origen burgués (comerciantes, profesionales). La burguesía aún no se había convertido en una clase específica, pero en su ascenso de poderío económico continuaba considerándose como pueblo, en oposición a la nobleza de origen feudal. Los franciscanos conservaban el espíritu de iniciativa y emprendedor de la burguesía. Piénsese en sus numerosas actividades sociales, en los viajes que emprendían —porque no vivían de forma estable, sino que eran vagantes— o en las misiones al Oriente Medio. En pocas palabras, el movimiento franciscano aspiraba a ser una encarnación de las actitudes religiosas populares más difundidas y profundas, a la luz de un cristianismo vivido de forma activa.

Además de las diversas formas de ayuda a los desheredados, pronto se imaginó un tipo de actividad de carácter estrictamente cultural, para hacer frente a las exigencias de los nuevos conocimientos filosóficos, que parecían oponerse al espíritu cristiano. ¿Acaso no era necesario contener, no sólo con el ejemplo, sino también con la doctrina, el pesimismo de los movimientos heréticos, el ascetismo cátaro que comportaba un rechazo de la naturaleza y del cuerpo? ¿Acaso no era preciso elaborar teóricamente una elevación hasta Dios, por el camino de la recuperación de la belleza de la naturaleza y de la grandeza del hombre, a la que se puede renunciar pero nunca despreciar, sino elevar y penetrar? ¿No era necesario, asimismo, refutar las tesis de la unidad del intelecto, que disminuía la responsabilidad individual o la tesis del fatalismo y del dualismo griego y maniqueo, que ponían en tela de juicio la unidad y la positividad de la naturaleza y que se habían infiltrado en el mundo cultural de la época, junto con el descubrimiento de los escritos aristotélicos?

No bastaba con una actividad exclusivamente pastoral, si no existía una cultura adecuada a los tiempos. Como base para ésta, se requería un intenso renacimiento de la vida cultural. Buenaventura de Bagnoregio fue intérprete y organizador de tal renacimiento, hasta el punto de merecer el título de «segundo fundador de la orden franciscana».

8.2. *San Buenaventura: su vida y sus obras*

Nacido en Civita, que hoy constituye un barrio de Bagnoregio, alrededor de 1217/18, Buenaventura (que en el siglo se llamaba Giovanni Fidanza) estudió filosofía en la universidad de París (1236-1238), licenciándose en artes en 1242-1243. A los 25 años ingresó en la orden franciscana, estudió teología con el maestro Alejandro de Hales y obtuvo en 1253 la licenciatura y el doctorado en esta ciencia. El título no le fue reconocido hasta 1257, debido a la oposición de los maestros parisienses contra los mendicantes. Enseñó en la universidad de París en calidad de bachiller bíblico y de sentencias (1248-1252), y luego como maestro encargado de curso (1253-1257), sucediendo a su hermano en religión Guillermo Melitona. El 2 de febrero de 1257 fue elegido ministro general de la orden franciscana y tuvo que viajar mucho debido a las necesidades de los frailes y a los encargos pontificios, tanto por Italia como por Inglaterra, Flandes. Alemania y España. Durante las cuaresmas de 1267 y 1268, reanudando sus contactos con la docencia, intervino en París en la conocida disputa contra los aristotélicos averroístas, tema sobre el cual se conserva un ensayo en las *Collationes* sobre el *Decálogo* y sobre los *Dones del Espíritu Santo,* y también de forma más difusa en las *Collationes in Hexaemeron,* que quedaron inacabadas. Las tres series de *Collationes* constituyen una

San Buenaventura (1217/18-1274) fue el máximo exponente de la escuela filosófica franciscana de la edad media

«singular trilogía de obras que colocan a su autor en la cumbre del pensamiento medieval» (C. Breton). Creado cardenal y obispo de Albano en mayo de 1273 por Gregorio x, presidió los trabajos preparatorios del concilio ecuménico de Lyón (7 de mayo-9 de julio de 1274), esforzándose por la unión de los griegos con la Iglesia de Roma, que efectivamente se consiguió. Extenuado por sus numerosas fatigas, enfermó gravemente, y el 15 de julio de 1274 falleció en Lyón (Francia).

Definido como «uno de los autores más fecundos que hayan aparecido en la Iglesia latina y uno de los más perfectos desde el punto de vista literario» (É. Gilson), Buenaventura compuso 65 obras, de las cuales se han editado 45, de tema filosófico-teológico, exegético, ascético y oratorio, que en la edición crítica de los Padres de Quaracchi, Florencia (1882-1902), se distribuyen en cinco grupos y en diez tomos. Además de las obras citadas, hay que recordar también el *Itinerarium mentis in Deum,* el *De reductione artium ad theologiam* y *Christus unus omnium magister,* en el que se compendia con nitidez y rigor todo su pensamiento.

8.3. *Alejandro de Hales y Buenaventura*

Al igual que Alberto Magno fue el maestro de Tomás de Aquino, Alejandro de Hales (1185/6-1245) lo fue de Buenaventura. Ingresó en la orden franciscana cuando ya ocupaba la cátedra de teología de París y fue el fundador de la escuela franciscana de filosofía. Aunque incompleta, la *Summa universae theologiae* es su obra más famosa y original. Entre las tesis que Buenaventura recogerá de su maestro y profundizará, se encuentran la inviabilidad de la eternidad del mundo, el ejemplarismo y la teoría de las *rationes seminales;* la relativa independencia del alma con respecto al cuerpo y su composición de materia y forma, lo cual implica la pluralidad de formas en el individuo. Para Alejandro el alma es *tabula rasa* sólo en comparación con las cosas inferiores que se reconocen a través de la razón. El intelecto, para conocer las cosas interiores y superiores, tiene necesidad de la iluminación divina. Además, acepta el argumento ontológico de san Anselmo y exalta el elemento afectivo-volitivo, en coherencia con la concepción de Dios como sumo bien.

Los autores a los que se refiere de modo explícito son Agustín, san Bernardo, Hugo y Ricardo de San Víctor. Su programa se inspira en el lema de Gualterio de Brujas: *Plus credendum est Augustino quam philosopho* (es decir, Aristóteles). En el marco de esta selección de autores con un criterio cultural específico y a la luz de las tesis más significativas de Alejandro —que la escuela franciscana asumirá como rasgos característicos de su corriente doctrinal y espiritual— comprendemos por qué Buenaventura habla con veneración de Alejandro y lo califica de *pater et magister noster.* En efecto, profundizará en las enseñanzas del maestro y, asumiendo la misma tradición doctrinal, enlazará con mayor fuerza y mayor rigor sus premisas y sus conclusiones, brindando una visión de Dios, del hombre y del mundo, más armónica y al mismo tiempo más articulada.

8.4. *¿Es autónoma la filosofía?*

«Concedamos al hombre el conocimiento de la naturaleza y de la metafísica, que se eleva hasta las substancias más altas, y supongamos que el hombre, al llegar aquí, se detenga: es imposible que no caiga en el error, si no es auxiliado por la luz de la fe y no cree que Dios es uno y trino, poderosísimo y óptimo hasta el extremo de la bondad [...]. Por eso esta ciencia perdió y obscureció a los filósofos [paganos], porque no tenían la luz de la fe [...]. La ciencia filosófica es un camino para las demás ciencias, pero el que se detenga en ella, cae en las tinieblas.» Este texto —que leemos en las *Collationes de donis Spiritus Sancti*— expresa a la perfección la función del saber filosófico. Aunque sea elevado y sublime, el saber filosófico, si sólo se contempla a sí mismo y no se remonta a un saber más alto, es fuente de errores. Buenaventura, pues, no se opone a la filosofía en general, sino a aquella filosofía que se muestra incapaz de captar la tensión que va desde lo finito hasta lo infinito, desde el hombre hacia Dios, en lo específico de nuestro ser, que se orienta tendencialmente hacia la salvación, pero que se halla expuesto al mal de una manera constante.

El problema de Buenaventura, por lo tanto, no consiste en rechazar el uso de la razón y de toda filosofía, sino en distinguir «entre una razón y una filosofía o teología cristiana, y una filosofía no cristiana: entre una razón que es camino intermedio entre la fe y la visión beatífica [...] y una razón que, cerrándose en su propia autosuficiencia, niegue lo sobrenatural en sí mismo» (T. Gregory). Está en contra de una filosofía no cristiana, en contra de una razón autosuficiente que no sea capaz de captar en el mundo el *signum,* la huella de Dios. Es contrario a una razón que considera que el mundo es una realidad totalmente profana, cuyas leyes son autónomas y autosuficientes. Buenaventura, en definitiva, realiza una elección consciente de aquella tradición de pensamiento que —desde Platón, a través de Agustín y de Anselmo— había estimulado a la reflexión cristiana a considerar que el mundo era un sistema de ordenada reciprocidad, un tejido de significados y de relaciones referentes a Dios uno y trino, y al hombre como inquieto peregrino de lo Absoluto tripersonal.

¿Para qué sirve una filosofía que no convierta en más evidente la presencia de Dios en el mundo y que no lleve a cabo la aspiración del hombre al conocimiento y a la posesión de Dios? El ejercicio de la razón resulta saludable, si nos permite descubrir en el mundo y en nosotros mismos aquellos gérmenes divinos que más adelante la teología y la mística llevan a su completa madurez. El programa de Buenaventura, que es el fundamento de sus opciones filosóficas, está constituido por el *quaerere Deum* que *relucet* y *latet* en las cosas, que se manifiesta y se oculta, y en torno al cual debe llevarse a cabo el esfuerzo de la *meditatio,* según la tradición monástica, como prólogo a la *consummatio,* constituida por la visión beatífica. La ciencia filosófica, que Buenaventura busca y a su modo elabora, es por lo tanto un camino para las demás ciencias, constituidas por la teología y la mística, de las que la filosofía es prólogo e instrumento.

¿De qué filosofía desconfía san Buenaventura? De la filosofía aristotélica que, en versión averroísta, había manifestado toda su fuerza corrosiva con respecto al pensamiento cristiano. Buenaventura había estudiado a Aristóteles en la facultad de artes, donde se había matriculado en 1235, cuando ya se había completado la aparición de las obras del Estagirita. En la facultad de artes, en efecto, «Aristóteles estaba muy presente con la *Logica vetus* y la *Logica nova,* al lado de Porfirio, de Boecio y del *Liber sex principiorum.* También se hallaba presente Aristóteles con los libros I-III de la *Etica Nicomachea,* con la *Metafísica* y los *Libros naturales* que, a pesar de la prohibición de Gregorio IX, eran enseñados en París» (J.G. Bougerol).

Por lo tanto Buenaventura había estudiado a Aristóteles y lo conocía sobre todo en su versión averroísta. Sin embargo, aunque apreciaba sus numerosas contribuciones al estudio de la naturaleza, rechazaba su espíritu y sus orientaciones generales, porque se mostraban ajenos al destino del cristiano y a sus vicisitudes. Aristóteles es una autoridad en el terreno de la física, pero no en el del saber filosófico, en el que la autoridad le corresponde a Platón y, más que a los dos, a Agustín: *Inter philosophos datus sit Platoni sermo sapientiae, Aristoteli vero sermo scientiae; uterque autem sermo, scilicet sapientiae et scientiae[...] datus sit Augustino,* leemos en *Christus unus omnium magister.* Buenaventura, así, escoge la tradición platónico-agustiniana y no la aristotélica, porque para aquélla la filosofía es una elaboración teórica del ansia de Dios que manifiestan las cosas y el hombre y, en el replanteamiento agustiniano, es asimismo un esclarecimiento de las implicaciones existenciales de la fe. La tradición aristotélica, en cambio, considera que la filosofía constituye una reflexión autónoma y, por muchos motivos, cerrada en sí misma y en consecuencia conducente a una desviación. La filosofía de inspiración aristotélica no podía servir para estructurar el esfuerzo de Buenaventura, quien se proponía conectar estrechamente los componentes filosóficos con los teológicos, el elemento revelado con el racional. Él buscaba una filosofía que alimentase su religiosidad, su constante relación con la teología, su misticismo, aquella calidez afectiva para la cual cada paso es, al mismo tiempo, un acto de inteligencia y un acto de amor. En el marco de la tradición monástica y del espíritu religioso propugnado por Francisco de Asís, Buenaventura —ante las tradiciones filosóficas más autorizadas— opta por la platónica, rechazando en consecuencia la aristotélica.

8.5. *El origen de los errores del aristotelismo*

En una famosa página de las *Collationes in Hexaemeron,* Buenaventura afirma que el rechazo a la teoría platónica de las ideas se encuentra en el origen de los errores de Aristóteles y de sus seguidores árabes, Avicena y Averroes. ¿En qué sentido y por qué la negación de las ideas platónicas, reinterpretadas como las ideas a través de las cuales Dios creó el mundo, se halla en el origen de los errores aristotélicos? Negar las ideas significa que Dios sólo es la causa final de las cosas, que atrae hacia Sí, sin conocerlas. Por consiguiente, Dios no es el creador del mundo, no es providente, sino ajeno al acontecer cósmico, y se halla soberbiamente aislado en sí mismo. «De ello se deduce —continúa Buenaventura— que todo lo que sucede es casual o es fatalmente necesario. Y como es imposible que todo sea casual, los árabes introducen en el mundo una necesidad fatal, al considerar que las substancias que mueven los cielos son causas necesarias de todos los acontecimientos.» Donde no hay libertad, empero, tampoco hay responsabilidad, y por lo tanto, tampoco hay castigos o premios en la otra vida. Si todo procede necesariamente de Dios, el mundo es eterno, porque lo que existe necesariamente no puede no ser, no puede tener un principio y un fin. De aquí surge otro error: la unicidad del intelecto. Si el mundo es eterno, es preciso admitir que ha habido infinitos hombres e infinitas almas, y si éstas son incorruptibles (inmortales), existen actualmente infinitos hombres, lo que para Aristóteles resulta inadmisible. Para superar tal aporía, Averroes afirma que sólo hay un intelecto espiritual o inmortal para todos los hombres, con la consiguiente negación de una felicidad o un castigo individual después de la muerte. Éstas son algunas de las consecuencias —en contraste tajante con la doctrina cristiana— del rechazo aristotélico de la doctrina de las ideas. Por eso resulta tan importante para Buenaventura la teoría platónica de las ideas y, siguiendo las huellas de san Agustín, la replantea y la vuelve a proponer mediante la doctrina del ejemplarismo.

8.6. *El ejemplarismo*

Los gérmenes negativos de la filosofía aristotélica se resumen en la posibilidad de concebir el mundo sin Dios, o bien con un Dios que sea un mero motor inmóvil, impersonal, sin amor, ni creador ni providente. Para eliminar dichos gérmenes, Buenaventura elabora la doctrina del ejemplarismo, según la cual en Dios están las ideas, es decir, los modelos, las semejanzas de las cosas, desde las más humildes hasta las más elevadas. La causa de este replanteamiento de la doctrina platónica reside en que las cosas no proceden de Dios mediante una emanación inconsciente y necesaria, sino que Él las crea libremente, de manera voluntaria. Y el que quiere, sabe lo que quiere. Dios es un artista que crea aquello que ha concebido.

Así interpretado, el mundo en su conjunto es un libro, en el que brilla la Trinidad que lo creó, de acuerdo con un triple grado de manifestación: según el modo del vestigio, de la imagen y de la semejanza. El vestigio corresponde a las criaturas irracionales, la imagen a las intelectuales y la semejanza a las deiformes. Por eso, en la *universitas creata* existe una especie de escalera por la que se puede ascender hasta Dios: si unas cosas son vestigios, otras, imágenes, y otras, semejanzas de Dios, es necesario que el hombre para alcanzar su destino avance a través de estos planos, partiendo del mundo corpóreo que está en nuestro exterior, entrando en el espíritu que es imagen de Dios y llegando hasta la realidad eterna que nos trasciende. Así, la especulación teórica se convierte en un *itinerarium mentis in Deum,* un viaje místico hacia Dios.

El mundo está lleno de signos analógicos de lo divino, que es preciso descifrar para que se nutra el espíritu. Buenaventura escribe en el *Itinerarium:* «Quien no se encuentre iluminado por los esplendores tan inmensos de las cosas creadas, está ciego; quien no se despierte ante tantos clamores, está sordo; quien no se vea estimulado por todas estas cosas a alabar a Dios, está mudo; quien, a pesar de estos indicios tan evidentes, no dirige su mente hacia el primer principio, es necio.» Los antiguos divinizaban el mundo, y el hombre moderno lo desmitifica, al interpretarlo de acuerdo con categorías exclusivamente científicas. Buenaventura, en cambio, propone una interpretación que distingue pero no separa a Dios con respecto del mundo, de modo que éste no resulte profanado o deshumanizado. Buenaventura percibió el vínculo existente entre el respeto al carácter sagrado del mundo y el avance ascendente del hombre, que no se evade del mundo sino que se compromete con él, aunque no se confunda con él: «Abre tus labios y aplica tu corazón a ensalzar y a honrar a Dios en todas las criaturas, y no te suceda que todo el mundo se rebele contra ti. En efecto, precisamente por esto el mundo luchará contra los insensatos (*pugnabit orbis terrarum contra insensatos*).» Si el hombre no respeta el mundo, el mundo se alzará contra él. El ateísmo no sólo es un hecho íntimo o de conciencia. El hombre, al considerar que el mundo es una realidad profana, no lo respeta sino que lo explota, rompe su equilibrio y viola sus leyes. Y así, la naturaleza se rebela. Esta mención al respeto a la naturaleza es suficiente para liberar a la filosofía de Buenaventura de ese cariz de filosofía meramente edificante que se le atribuye con excesiva frecuencia.

8.7. *Las «rationes seminales»*

Mediante la tesis de las *rationes seminales* Buenaventura quiere indicar que Dios ya ha fijado en la materia los gérmenes de aquello que surgirá en la naturaleza, y que la acción de las causas segundas se limita a desarrollar aquello que Dios ha sembrado. La materia jamás existió de manera totalmente informe, pero tampoco fue creada con todas las formas existentes actualizadas. Evolucionó a partir de un estado de caos originario, a través de una gradual diferenciación.

Gracias a la tesis según la cual la materia posee en su seno las *rationes seminales* de todas las formas que después aparecerán, Buenaventura pudo combatir, por un lado, la tesis aristotélica de acuerdo con la cual la materia es puramente potencial y, por el otro, la tesis de quienes afirmaban que los agentes naturales carecían de la más mínima actividad, atribuyéndolo todo a Dios. Para ello, Buenaventura precisa cuál es el sentido y el alcance de su doctrina al respecto. En Dios existe una norma que rige el devenir de la naturaleza, es decir, la causa ejemplar, que puede calificarse de *ratio causalis* del efecto. Del mismo modo, en la materia hay algo que dirige la acción de las causas naturales, y ésta es la *ratio seminalis,* que es como un inicio (*incohatio*) de forma, una fuerza intrínseca colocada en la materia desde el momento de la creación. Aquí se hace evidente que Buenaventura, al afirmar que Dios introdujo en la materia los gérmenes de su futuro desarrollo, quería acentuar la acción divina y disminuir, sin suprimirla, la acción natural.

Para todos los medievales el cosmos depende de Dios en su totalidad. Para Tomás de Aquino, posee en sí mismo la razón de sus operaciones, pero le hace falta el auxilio de tipo general que le permite subsistir en el ser. Para Buenaventura, en cambio, el cosmos está desprovisto de dicha autonomía y requiere un auxilio particular que sirva para explicar su actividad. El Dios del Aquinate mueve la naturaleza en tanto que naturaleza;

el de Buenaventura la completa en tanto que naturaleza. Más que exaltar la autonomía del mundo, como hace Tomás en coincidencia con su inspiración aristotélica, Buenaventura quiere desvelar su inconsistencia, en concordancia con la *vanitas vanitatum* del Eclesiastés. También desde esta perspectiva, puede comprobarse con facilidad la diferencia de orientación que existe entre Buenaventura y Tomás.

8.8. *Conocimiento humano e iluminación divina*

Gracias al ejemplarismo y a las *rationes seminales,* el mundo aparece como un escenario repleto de signos —huella, vestigio, imagen y semejanza de Dios— o, mejor aún, como un templo sagrado en el que se anuncia el misterio de Dios. Ahora bien, ¿cómo es posible, en este marco ejemplarista, conocer las cosas sin ascender al mismo tiempo al ejemplar divino? La tesis de Buenaventura de la cointuición se propone subrayar que el contacto con el objeto implica simultáneamente la percepción confusa del modelo divino. La cointuición, en efecto, implica un contacto directo con el objeto y un contacto reflejo con el ejemplar. La percepción del ejemplar no es directa; tampoco, empero, puede calificarse de indirecta, en el sentido mediato y escalonado del razonamiento silogístico. La simultaneidad de la cointuición es más bien de carácter consecutivo, en el sentido de que el intelecto, una vez percibido lo creado de acuerdo con el ejemplar, lo refiere de manera inmediata al ejemplar, al cual sin embargo no conoce en su configuración divina última.

Para mayor aclaración de este núcleo doctrinal, es oportuno mencionar la teoría de la iluminación, mediante la cual Buenaventura explica nuestro conocimiento intelectual. El conocimiento sensible hace referencia a los objetos materiales y se lleva a cabo mediante los sentidos; el conocimiento intelectual trasciende los sentidos y llega hasta lo universal. ¿Dónde se fundamenta, empero, tal universalidad? Y los conocimientos necesarios, como por ejemplo los primeros principios y las verdades matemáticas, ¿de dónde obtienen tal necesidad? Un aristotélico respondería que el fundamento de la universalidad y de la necesidad de las ideas se debe a la abstracción, que libera de las cosas singulares y contingentes aquello que en ellas hay de universal y necesario. A Buenaventura no le satisface esta clase de respuesta, porque descubre en ella un residuo de necesidad y de autosuficiencia pagana. Las cosas, al igual que el hombre, son singulares y contingentes y por sí mismas no pueden actuar como fundamento de tal necesidad y universalidad. El fundamento no puede consistir más que en una luz divina que permite conectar lo finito con los ejemplares divinos. En efecto, ¿cómo se podrán conocer las cosas imperfectas, contingentes, si no se está provisto de la idea de perfecto, de necesario? Sin la idea de lo infinito, no es posible conocer lo finito en tanto que finito. ¿En relación a qué podríamos considerarlo finito? Dada nuestra propia contingencia, Buenaventura está convencido de que las cosas pueden engendrar un conocimiento inmutable sólo si se ponen en relación con los ejemplares divinos. Por ello, el conocimiento implica la copresencia en nosotros de Dios y de las cosas.

Esto explica que en nuestro espíritu ocupe el primer lugar aquel ser purísimo, actualísimo, *in quo sunt rationes omnium in sua puritate.* En la base de todo nuestro conocimiento intelectual se encuentra el concepto de ser que, para nuestro espíritu, es una irradiación del ser absoluto, en el que están las ideas eternas de todos los entes. El hombre sólo posee una idea confusa —no clara— de esta realidad inteligible, porque es una irradiación de Dios y, también, el signo de su presencia en nosotros.

8.9. *Dios, el hombre y la pluralidad de las formas*

Si Dios es el ser al que todas las cosas hacen referencia, resulta extraña la ceguera del intelecto que no experimenta la necesidad de Aquel sin el cual nada puede ver ni conocer. Como Buenaventura se halla persuadido de que todo habla de Dios, quien se halla presente en nosotros más que nosotros a nosotros mismos, en vez de demostrar su existencia se dedica a perfeccionar o purificar la mirada interior, para que el hombre reencuentre la huella divina impresa en su mente y se disponga a aceptar esta verdad que proclaman todas las criaturas. Pueden ser llamadas también pruebas de la existencia de Dios, pero más que pruebas, son *exercitationes,* un ejercicio de entrenamiento para que el espíritu sepa captar la presencia de Dios fuera de él, dentro de sí, sobre él mismo, en un proceso ascendente que concluye con la visión beatífica.

Dios es *praesentissimus ipsae animae,* e incluso el argumento del *Proslogion* de Anselmo, más que una demostración en sentido estricto de la existencia de Dios, es un argumento que prueba la presencia inmediata de Dios en nosotros. ¿Cómo puede ponerse en discusión la luz, gracias a la cual vemos? Si la noción de Dios como ser absoluto sirve de base a todos nuestros conocimientos, no hay necesidad de demostrar su existencia, sino sólo de aclarar su presencia, para que nuestra alabanza sea consciente. En el *Comentario a las Sentencias,* Buenaventura afirma: «No hay alabanza perfecta si no hay alguien que apruebe y tampoco hay perfecta manifestación si no hay alguien que entienda, ni hay perfecta comunicación de bienes si no hay alguien que los disfrute. Puesto que aprobar, conocer la verdad y gozar de los dones sólo lo puede hacer una criatura racional, las demás criaturas —las irracionales— no se hallan ordenadas a Dios de manera inmediata, sino a través de la criatura racional. En cambio ésta, que por sí misma es capaz de alabar, de conocer y de asumir otras cosas para gozar de ellas, ha sido hecha para dirigirse hacia Dios como finalidad inmediata.»

Gracias a tal relación inmediata con Dios, el hombre es imagen de Él. Y es imagen suya gracias a sus facultades espirituales: la memoria, la inteligencia y la voluntad.

Debido a esta riqueza, el alma goza de una cierta independencia del cuerpo, de una capacidad particular para existir por sí misma, ser substancia y, por lo tanto, estar compuesta de materia y forma. El alma no es pura forma, carente de materia. Puesto que es capaz de existir por sí misma, de actuar y de padecer, el alma, como todas las demás substancias creadas, está compuesta de materia y forma. Esto no le impide unirse como forma —es decir, como perfección— al cuerpo, que a su vez está compuesto de materia y de forma. Desde una perspectiva agustiniana, alma y cuerpo son dos substancias, aunque de carácter complementario, hechas la una para la otra.

Además de fundamentar la concepción del hombre como microcosmos —que reúne en sí todas las perfecciones presentes en el universo— con su tesis de la pluralidad de las formas Buenaventura ha querido subrayar la relativa autonomía del alma con respecto del cuerpo y, por lo tanto, el valor prioritario de las actividades espirituales en comparación con las materiales. Buenaventura se sitúa así en la línea de la tradición agustiniana y monástica, que es la de san Anselmo, de la escuela de San Víctor y de su maestro Alejandro de Hales, convencido de que su tarea específica de franciscano consiste en poner de manifiesto «la estructura racional de la realidad creada por Dios y la analogía que hay entre el alma humana y su creador, entendido como sabiduría suprema, o bien como el principio mismo de la racionalidad» (F. Corvino).

8.10. *Buenaventura y Tomás: una fe y dos filosofías*

«Las tesis fundamentales de san Buenaventura proceden de san Agustín, considerado como el intérprete más esclarecido de aquella Escritura en la que se halla la norma de la verdad. Buenaventura (como tampoco Agustín y a diferencia de santo Tomás) no admite una autonomía de la naturaleza con respecto a su raíz divina y, por lo tanto, tampoco acepta la autonomía de la razón natural: ésta sólo llega al conocimiento gracias a la presencia iluminadora de Dios» (V. Mathieu). Buenaventura, en síntesis, se toma en serio la *Revelación.* Es a partir de Cristo cómo Buenaventura contempla e interpreta la historia del hombre y del universo en su integridad. Y, comenta Gilson, «una vez que el alma ha tomado conciencia de esta impresionante verdad, no sólo no puede olvidarla jamás, sino que tampoco puede pensar en nada si no es en relación con ella. Sus conocimientos, sus sentimientos, su voluntad se ven iluminadas por una trágica luz. El cristiano ve un destino donde el aristotélico no ve más que una curiosidad por satisfacer. San Buenaventura, por su parte, está profundamente afectado por este sentimiento trágico [...]. Piensa, porque para él es un problema de vida o muerte eterna el saber aquello que es preciso pensar. Tiembla al imaginar lo que podría sucederle si se distrajese pensando en otras cosas. Está dominado por la angustia de ver que la obra creada por Dios, redimida por la sangre de un Dios, resulta cada día ignorada y menospreciada». Gilson continúa: para san Buenaventura el pensamiento «debe ser un instrumento de salvación y nada más. Si el pensamiento coloca a Cristo en el centro de nuestra historia, al igual que Él está en el centro de la historia universal, jamás olvidará que un cristiano no puede pensar nada como lo pensaría si no fuese cristiano». Así estamos en condiciones de comprender el concepto de filosofía cristiana en Buenaventura. «La filosofía no comenzará sin Cristo, porque Él es su objeto; y no llegará a su culminación sin Él, porque Cristo es su fin. La filosofía se halla, por consiguiente, ante la opción de condenarse sistemáticamente al error, o por lo contrario, tener en cuenta los hechos de los que ahora está informada.»

La filosofía de Buenaventura es una filosofía cristiana. Buenaventura es un cristiano que filosofa y no un filósofo que además es cristiano. Buenaventura es un místico. Contempla el mundo con los ojos de la fe. La razón es un *instrumentum fidei:* la razón lee aquello que la fe ilumina; la razón es una gramática escrita con el alfabeto de la fe. Todo esto nos lleva a comprender muy bien cómo la filosofía de san Buenaventura y la de santo Tomás resultan de algún modo —empleando una expresión característica de la epistemología contemporánea— inconmensurables. Existen entre ambas, sin ninguna duda, puntos en común; se trata de dos filósofos cristianos y cualquier amenaza que se dirija contra la fe los encontrará unidos. «¿Ante el panteísmo? Uno y otro enseñan la creación *ex nihilo* y afirman que existe una distancia infinita entre el ser por sí mismo y el ser participado. ¿Ante el ontologismo? Uno y otro niegan formalmente que el pensamiento humano pueda contemplar a Dios en este mundo [...]. ¿Ante el fideísmo? Tanto uno como otro se oponen a él con el más pleno esfuerzo de la inteligencia para probar que Dios existe y para interpretar los datos de la fe. ¿Ante el racionalismo? Tanto uno como otro coordinan el esfuerzo de la inteligencia con el acto de fe y defienden la beneficiosa influencia del acto de fe sobre la actividad de la inteligencia. Se trata de un acuerdo profundo, indestructible, proclamado por la tradición [...] y jamás discutido» (É. Gilson). Este acuerdo, sin embargo, podríamos decir junto con los gestaltistas, se produce con respecto a las líneas, pero no con relación a la forma. Los datos son los mismos, pero son vistos a una luz diferente.

En 1879 el papa León XIII calificó a Tomás y a Buenaventura de *duae olivae et duo candelabra in domo Dei lucentia.* Empero, hay que señalar de inmediato que las luces de los dos candelabros iluminan de un modo diferente las cosas. En realidad, el acuerdo no es una identidad y se hace evidente que estas dos doctrinas están organizadas según dos preocupaciones diferentes; no ven nunca los mismos problemas bajo el mismo aspecto. Se trata de dos filósofos complementarios: la fe en Dios es única y los intentos humanos de situarnos en ella y por ella son muy variados. La fe —podríamos decir— es liberadora; nos permite y nos obliga a no tener prejuicios; todos los intentos humanos son relativos (al tiempo, al espacio, a la cultura de la época, a los instrumentos disponibles, y así sucesivamente).

8.11. *La razón escribe aquello que dicta la fe. «Duae olivae et duo candelabra in domo Dei lucentia»*

Santo Tomás inicia la *Summa* preguntándose *An Deus sit,* y en cambio, Buenaventura da comienzo al *Itinerarium* con una plegaria: uno habla de Dios, el otro le reza. San Buenaventura escribe: «Empiezo dirigiendo una oración al primer Principio, al Padre eterno, del cual, como Padre de la luz y origen de todos los bienes y de todas las perfecciones, vienen todas las iluminaciones; y le ruego, en el nombre de Jesucristo, su Hijo y Señor nuestro, que por la intercesión de la Santísima Madre de Dios, la Virgen María, y de san Francisco, nuestro Padre y guía, ilumine nuestra mente y dirija nuestros pasos en el camino de aquella paz que supera toda humana comprensión.»

Así san Buenaventura comienza el *Itinerarium mentis in Deum* con una plegaria, convencido de que a Dios «nadie llega directamente si no es a través del Crucificado. Porque quien no entra por la puerta, sino por otro lado, es un ladrón; en cambio, quien entre por esta puerta entrará y saldrá y hallará su alimento». Asimismo, el autor invita al lector «antes que nada a la oración hecha mediante Jesucristo, cuya sangre limpia las manchas de nuestros pecados, para que no se engañe pensando que pueda bastar la lectura sin la piedad, la especulación teórica sin la devoción, la investigación sin la admiración, la atención sin la alegría, la actividad sin la piedad, la ciencia sin el amor, la inteligencia sin la humildad, el estudio sin la Gracia, la intuición y la indagación humana sin la sabiduría inspirada por Dios».

Y después de la oración, *incipit speculatio pauperis in deserto.* Tenemos necesidad de rezar, dice Buenaventura, porque «aunque en nosotros haya disposiciones favorables para elevarnos, de nada sirven sin el auxilio de la gracia divina [...]. Al orar, nos vemos iluminados para conocer los grados del ascenso hasta Dios. Entre las cosas, unas son sombras, y otras, imágenes; algunas son corpóreas, otras espirituales; algunas, temporales, pero otras, eternas; algunas están fuera de nosotros, y otras, dentro. Para llegar hasta el primer principio, que es espiritual en grado máximo, eterno y trascendente, debemos antes que nada partir de la consideración de los objetos corpóreos, temporales y externos a nosotros; en ellos se encuentra el vestigio y la huella de Dios. Así nos encaminaremos por el sendero de Dios. Luego, debemos volver a entrar en nosotros mismos, mediante la consideración de nuestra mente, que es imagen eterna, espiritual e interior. Esto significa entrar en la verdad de Dios. Por último, debemos elevarnos por encima nuestro, hasta el eterno primer principio, espiritualismo y trascendente. Esto significa gozar en la experiencia de Dios y en el rendir homenaje a su majestad».

Todo el universo lleva significación de Dios. Y esto quiere decir que Buenaventura contempla el universo con los ojos de la fe. Al igual que para san Francisco el universo acarrea para Buenaventura significación del Altísimo. Es un universo considerado desde la perspectiva de la fe. Y la razón escribe aquello que le dicta la fe.

En realidad, los hechos por sí mismos son mudos; sólo hablan si hay alguien que sabe narrar su historia. Y la historia de Buenaventura es una *historia religiosa.*

Buenaventura afirma: «Dios es la razón de todas las cosas, la norma infalible y la luz de la verdad, en la que todo resplandece de un modo infalible, indeleble, indubitable, irrefragable, inmutable, incoercible, interminable, indivisible e intelectual.» Todas las cosas creadas «son sombras, ecos e imágenes de aquel primer Principio poderosísimo, [...] causa ejemplar y final de todas las cosas».

Se da, por tanto, un ascenso hacia Dios. Empero, sostiene san Buenaventura, «al igual que cuando uno cae en un precipicio, allí se queda hasta que alguien lo ayude a levantarse, tampoco nuestra alma habría logrado levantarse desde las cosas sensibles hasta la contemplación de sí misma y de la eterna verdad que en ella se refleja, si la verdad misma, asumiendo en Cristo forma humana, no se hubiese convertido en escalera de redención, debido a la caída de la primera escalera en Adán. Por eso nadie, por más que le iluminen los dones de la naturaleza y de la ciencia adquirida, puede entrar en sí mismo para gozar allí de Dios, si no es por la mediación de Cristo, que dijo: Yo soy la puerta; quien pase a través de mí se salvará, entrará y hallará pastos eternos». Sólo «el alma que cree, espera y ama a Jesucristo... recobra el oído espiritual para escuchar las palabras divinas, y la vida para contemplar los esplendores de su luz». El hombre se aproxima a la realidad gracias a los sentidos rehabilitados por la fe.

Nos hallamos, pues, en el fondo del abismo. Para levantarnos desde allí «Cristo es la vida y la puerta, la escalera y la guía, la víctima propiciatoria colocada sobre el altar de Dios y el misterio oculto en los siglos». «Dada la naturaleza de esta ascensión, nada puede la naturaleza y de poco sirven los esfuerzos humanos. Es preciso, entonces, dar poca importancia a la indagación y mucha a la unción, poca a la lengua y mucha a la alegría interior, poca a la palabra y a los libros, y toda al Don de Dios, al Espíritu Santo, poca o ninguna a la criatura y toda al Creador.» Por esto, aconseja san Buenaventura, «abandona los sentidos y las actividades intelectuales, las cosas sensibles y las invisibles, el ser y el no ser y, en todo lo que te sea posible, abandónate confiadamente y únete confiadamente con Aquel que está por encima de toda esencia y de toda ciencia».

9. Siger de Brabante y el averroísmo latino
Los franciscanos y el neoagustinismo

El intento esencial de Tomás consistió en delimitar la autonomía de la razón y, con ello, de la filosofía. Al mismo tiempo pretendió conciliar la razón con la fe, mostrando por una parte que las verdades de razón no contradicen, sino que respaldan las verdades de fe y, por la otra, poniendo de manifiesto que las verdades de razón conducen a resultados que necesitan integrarse con las verdades de fe, si queremos otorgar una solución satisfactoria a los problemas más urgentes y más hondos del hombre. Este proyecto filosófico grandioso, que estaba destinado a adquirir un enorme relieve en el futuro, no disfrutó sin embargo de una vida fácil. En efecto, los primeros obstáculos de envergadura le fueron planteados por aquel movimiento filosófico que, desde la época de Renan, ha sido llamado «averroísmo latino», y cuyo exponente más destacado fue Siger de Brabante. Para Averroes, el aristotelismo —es decir, la filosofía— no tenía ninguna necesidad de integrar elementos provenientes de la fe. La filosofía es un saber demostrativo. En el fondo, solamente existe la verdad filosófica.

Entre 1260 y 1265 se extiende por París un aristotelismo que no se mostraba en absoluto preocupado por la conciliación entre razón y fe: se trata precisamente del «averroísmo latino». Siger de Brabante (1240-aprox. 1284) era en aquel momento profesor de la facultad de artes. Defensor de la interpretación que Averroes había formulado acerca de Aristóteles, profesaba doctrinas como la eternidad del mundo o la unidad del intelecto posible. Sin tener en cuenta los conflictos entre los resultados de la filosofía y los artículos de fe, Siger enseñaba la doctrina de la doble verdad: según ésta, aunque las proposiciones de razón estén en contradicción con las de la fe, estas últimas siguen siendo aceptables por fe. Siger se presenta como expositor de las opiniones del Filósofo, aunque las opiniones de Aristóteles sean contrarias a la verdad. Por otra parte, «nadie debe tratar de someter a investigación racional aquello que supera la razón; al igual que nadie debe negar la verdad católica, basándose en razones filosóficas». Tomás buscaba conciliar fe y razón; Siger, en cambio, separa los dos ámbitos y no considera vitales las contradicciones que se produzcan entre ellos. Por ejemplo, para la fe, el mundo creado por Dios no es eterno; sin embargo, para el filósofo Siger la materia es eterna. Dios es el primer Motor siempre en acto, hasta el punto de que la creación es una necesidad que surge de lo que Dios es, y no libre iniciativa suya. La fe nos habla de un alma individual; pero para el filósofo Siger el intelecto es uno e idéntico para todos los hombres. El intelecto no es la materia, en efecto, y no se multiplica junto con el multiplicarse de los cuerpos individuales, así como la especie hombre es siempre una, aunque de ella participen una infinidad de hombres materialmente distintos.

A Siger no le alarmaban estos rotundos contrastes, porque —según declara— se limitaba a exponer, como antes hemos dicho, las opiniones de Aristóteles, sin presumir que éstas fuesen verdaderas. Añadía, asimismo, que cuando la santa fe católica se manifestase contraria a las opiniones de los filósofos, «ahora y siempre nosotros preferiremos a aquélla». Análogas ideas a las de Siger las hallamos también en su discípulo Boecio de Dacia (autor de *Comentarios* a Aristóteles y de un *De mundi aeternitate*). Según Boecio, dado que «la filosofía no se basa en la revelación y en los milagros», «es cosa necia pedir demostraciones en cosas que por sí mismas no admiten una razón». De todo lo dicho podría parecer que, en definitiva, se podía recorrer con tranquilidad la senda de la doble verdad por la que avanzaba Siger: la supremacía de la fe estaba asegurada de todas formas y el ejercicio de la razón consistía en operaciones irrelevantes en último término para aquellas verdades de fe que constituyen el *porro unum necessarium* para el hombre. No obstante, era muy fácil invertir la situación en perjuicio de la fe, ya que la filosofía de Aristóteles era la verdad que se podía alcanzar humanamente, hasta el punto de socavar aquellas verdades de fe que se mostrasen en desacuerdo con ella. La doctrina de la doble verdad, en resumen, constituía el mecanismo de protección del racionalismo más radical y agresivo.

Mientras tanto, en 1270, Egidio de Lessines enviaba a Alberto Magno una carta en la que se exponían quince tesis defendidas por los maestros de París. La primera de estas tesis se refería a la unidad del intelecto y la quinta, a la eternidad del mundo. Alberto refutó dichas tesis en su *De quindecim problematibus*. También en 1270, Esteban Tempier, arzobispo de París, condenó el averroísmo. Siger y Boecio de Dacia no se consideraron derrotados y continuaron con sus trabajos y sus enseñanzas, hasta que en 1277 el mismo Esteban Tempier condenó 219 proposiciones y, junto con ellas, el averroísmo y el aristotelismo en general. Citado por el tribunal de la Inquisición bajo la acusación de herejía, Siger apeló al papa. Obligado a permanecer en la corte pontificia, murió asesinado por un clérigo enloquecido que estaba a su servicio. Esto sucedió entre 1281 y 1284 en Orvieto, durante un período de tiempo en el que la corte pontificia se hallaba en dicha ciudad. Entre los numerosos escritos de Siger hay que citar las *Quaestiones in librum tertium De anima* (aprox. 1268), *De aeterni-*

tate mundi (aprox. 1271) y el *Tractatus de anima intellectiva* (1272-1273). Buenaventura criticó duramente los errores de Siger y de todo el aristotelismo. Tomás, por su parte, escribió en 1270 el *De unitate intellectus contra averroistas parisienses* y afirmó que Averroes fue más un corruptor que un comentador de Aristóteles.

Entre las 219 tesis condenadas por el arzobispo Tempier había también tesis tomistas. Y tras esta condena se hallaba la siempre activa tradición del agustinismo, como se vio claro también en la condena que, en el mismo año de 1277, el arzobispo de Canterbury, el dominico Roberto Kilwardby (maestro de teología en Oxford y más tarde cardenal), formuló contra la teoría tomista de la unidad de la forma substancial del hombre, para apoyar la tesis según la cual el alma humana es compuesta y no simple, ya que serían distintas sus partes vegetativa, sensitiva e intelectual. También defendió el agustinismo en contra del tomismo el sucesor de Kilwardby en la sede arzobispal de Canterbury, Juan Peckham, que reiteró en 1284 y 1286 la condena del tomismo. Peckham había sido discípulo de Buenaventura en París, y también era franciscano, y por ello quiso fortalecer los núcleos doctrinales de la tradición agustiniana. También Guillermo de La Mare, maestro en Oxford, fue defensor del neoagustinismo de la escuela franciscana. Guillermo escribió una obra muy influyente, *Correctorium fratris Thomae,* en la que se critican 117 tesis extraídas de los escritos de Tomás. Este *Correctorium* ejerció tanta influencia porque en 1282 el general de la orden franciscana impuso a todos sus miembros no dar a conocer las teorías tomistas sin agregar el comentario de Guillermo. Y mientras los dominicos reaccionaban con diversos *Correctoria* del *Correctorium* (o como también se decía, del *Corruptorium*) de Guillermo, el franciscano Mateo de Acquasparta, que también había sido alumno de Buenaventura en París —y más tarde general de la orden, cardenal y amigo de Bonifacio VIII— recogía en su plenitud la doctrina agustiniana de la iluminación. Según Mateo, existen verdades, principios lógicos o afirmaciones como «el hombre es un animal racional», que constituyen verdades eternas. Por lo tanto, no pueden basarse sobre objetos contingentes, sino que hallan su fundamento en la iluminación procedente de Dios, que es donde existen los ejemplares eternos. También en oposición a Tomás, Mateo reafirma el argumento ontológico de Anselmo. Otros franciscanos, alumnos de Buenaventura, fueron Rogelio de Marston, Ricardo de Middletown y Pedro de Juan Olivi, caudillo de los espirituales y defensor del retorno a la pobreza absoluta de los frailes franciscanos. Enrique de Gante se mostró asimismo polémico con respecto al tomismo y partidario del agustinismo. Enrique fue nombrado maestro de teología en París en 1277. Participó en la comisión de maestros nombrada por Esteban Tempier, de la que surgió la condena contra las tesis averroístas y tomistas. En contra del intelectualismo tomista, Enrique defendió el voluntarismo, afirmando que el amor es superior a la sabiduría y que la voluntad que tiene por objeto el bien supremo y el fin último es superior al intelecto, que tiene por objeto lo verdadero, que es sólo uno de los bienes.

A la defensa del agustinismo contra el aristotelismo tomista, defensa elaborada y propagada sobre todo por los discípulos de Buenaventura, se contrapuso la defensa de la doctrina tomista por los dominicos. Entre éstos hay que recordar a Hervé Nédélec, jefe de la escuela tomista de

París; Juan de Regina (o de Nápoles), que enseñó primero en París y después en Nápoles —difundió el tomismo en Italia durante los años 1300-1335 y lo defendió también contra el escotismo—, y Egidio Romano (1247-1316).

10. La filosofía experimental y las primeras investigaciones científicas en la época escolástica

10.1. *Roberto Grosseteste*

Si en París gozaron de gran prestigio las artes del trivio (la gramática, la retórica y la dialéctica), en Oxford el interés de más de un maestro se dirigió sobre todo a las artes del cuadrivio (aritmética, geometría, música y astronomía). Precisamente en Oxford, encontramos las primeras manifestaciones significativas de lo que puede considerarse una filosofía empírica de la naturaleza, vinculada con incipientes formas de indagación experimental. Como es lógico, cuando en la edad media hablamos de ciencia experimental no debemos atribuirle los caracteres de autonomía metodológica y especialización que adquirió más tarde. Se trata de una concepción de la naturaleza y de unas cuantas investigaciones experimentales, que se enmarcan en el seno de aquella visión del mundo que los medievales habían recibido de la antigüedad por intermedio de los árabes. En cualquier caso, es preciso advertir que, aunque se hallan mezcladas con elementos teológicos, místicos y metafísicos, las nuevas investigaciones «denotan un nuevo curso de la indagación filosófica y una renovación de sus horizontes» (N. Abbagnano). O, mejor dicho, indican un desarrollo de potencialidades existentes en el pensamiento griego, que la sobreabundante preocupación teológica había dejado en segundo plano. Alberto Magno ya había dedicado estudios a los minerales y a los seres vivientes, y en su obra *Sobre los vegetales* había afirmado que «únicamente la experiencia concede la certeza en estos temas, porque acerca de fenómenos tan particulares el silogismo carece de valor». Sin embargo, el franciscano Roberto Grosseteste fue quien «determinó la dirección fundamental que asumieron los estudios físicos durante los siglos XIII y XIV» (C. Singer). Nacido alrededor de 1175 en Stradbroke, condado de Suffolk, en Inglaterra, Grosseteste estudió en Oxford y en París. Fue catedrático y canciller de la universidad de Oxford. En 1235 fue nombrado obispo de Lincoln y murió excomulgado por el papa Inocencio IV, a quien había criticado y atacado en sus sermones. Traductor de la *Ética* de Aristóteles, Grosseteste escribió *Comentarios* a los *Analíticos posteriores,* a los *Elencos sofísticos* y a la *Física* de Aristóteles. Es autor de otros escritos filosóficos, como por ejemplo *De unica forma omnium, De potentia et actu, De veritate propositionis, De scientia Dei* o *De libero arbitrio.* En su sistema filosófico, además de Aristóteles, está presente —y en gran medida— Agustín; su cosmología es una filosofía de la luz. En opinión de Grosseteste, a través de procesos de difusión, agregación y disgregación de la luz, se forman las nuevas esferas celestes y las cuatro esferas terrestres (del fuego, del aire, del agua y de la tierra). Los fenómenos de la naturaleza pueden explicarse en su totalidad gracias a la luz. En el seno de esta metafísica de la luz hallamos engarzados y sistematizados distintos conocimientos de naturaleza puramente científica y empírica, por ejemplo, acerca de las propiedades de los espejos y de la naturaleza de las lentes. Aparte de esto, resulta notable el hecho de que Grosseteste expresó con gran lucidez un principio que más adelante servirá de fundamento para el pensamiento de Galileo y para la física moderna: «Es enorme la utilidad del estudio de las líneas, los ángulos y las figuras, porque sin ellos no podría conocerse nada de la filosofía natural. Poseen una absoluta validez en todo el universo y en sus partes.»

10.2. *Rogerio Bacon*

Si Roberto Grosseteste puede considerarse como el iniciador del naturalismo de Oxford, Rogerio Bacon es su principal representante. Bacon fue alumno de Grosseteste, pero entre sus predecesores y maestros nombra también a Pedro Peregrino, quien en 1269, en Lucera (Apulia), acababa su *Epistula de magnete* (a la que se referirá en 1600 Gilbert, estudioso del magnetismo). Bacon nació en 1214, estudió en Oxford bajo la guía de Grosseteste y luego en París, donde se convirtió en maestro de teología. Hacia 1252 regresó a Oxford. Protegido por el papa Clemente IV (que era Guy de Foulques, antiguo amigo de Bacon; al año siguiente de su elección como papa, en 1266, le escribió a Bacon una carta en la que le pedía que le enviase su *Opus maius*), después de la muerte del papa, ocurrida en 1278, el general de la orden franciscana Jerónimo de Ascoli condenó las teorías de Bacon, imponiéndole una severa clausura, esto es, la prisión. Al parecer Bacon murió en 1292, año al que se remonta la redacción de su *Compendio de los estudios teológicos*. La principal obra de Bacon es el *Opus maius,* al que debían seguir (aunque sólo llegaron a la forma de simples bocetos) el *Opus minus* y el *Opus tertium.* Estas tres obras se proponían constituir una auténtica enciclopedia del saber. Para Bacon, como para Averroes, Aristóteles es la perfección última del hombre. Sin embargo, esto no significa que la investigación de la verdad finalice con Aristóteles: la verdad, en opinión de Bacon, es hija del tiempo. Precisamente en la primera parte del *Opus maius* se encuentra un interesante análisis acerca de los obstáculos que se oponen al logro de la verdad. Dicho análisis anticipa y recuerda el que más adelante otro Bacon —Francis Bacon— llevará a cabo acerca de los *idola.* Para Rogerio Bacon, la ignorancia tiene cuatro causas: *a*) el ejemplo de la autoridad frágil e ingenua; *b*) una costumbre continuada; *c*) las ideas del vulgo estúpido; *d*) la ocultación de la ignorancia a través de la ostentación de una aparente sabiduría. La verdad, dice Bacon, es hija del tiempo, y la ciencia no es obra del individuo sino de la humanidad. Con el transcurrir del tiempo, los hombres que vienen después borran los errores de quienes les han precedido. Ésta es la forma de ir progresando. Según Bacon, hay dos modos de llegar al conocimiento: «mediante la argumentación y mediante el experimento». La argumentación puede ser concluyente, pero no nos convence y no elimina la duda. Por ello, la verdad siempre hay que encontrarla apelando a la experiencia. Ésta puede ser externa o interna: la externa es la experiencia que realizamos a través de los sentidos; la interna no se identifica con la auto-

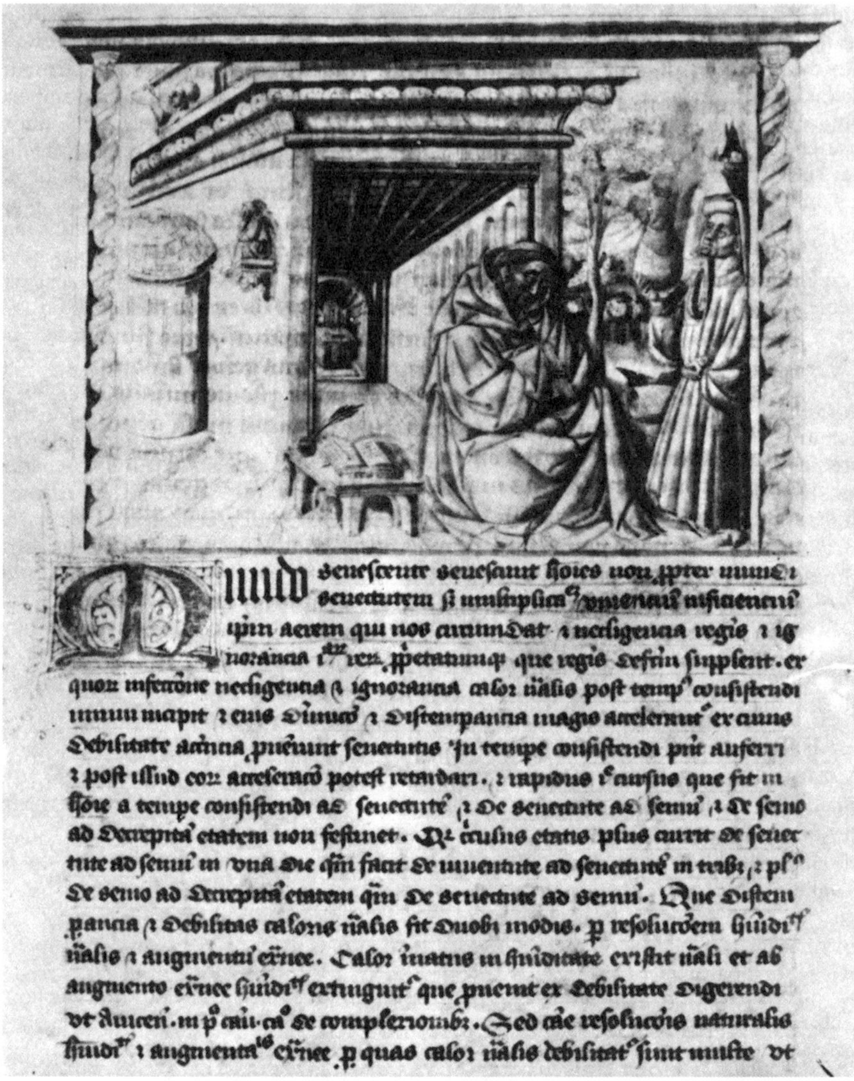

Rogerio Bacon (1214-1292) fue una de las figuras más conspicuas de la última escolástica y un precursor del empirismo moderno

conciencia, pero sí con la experiencia de la iluminación divina agustiniana. A través de la experiencia externa llegamos a las verdades naturales y a través de la iluminación divina, a las sobrenaturales. Por lo que respecta más concretamente al conocimiento de la naturaleza, Bacon —al igual que su maestro Roberto Grosseteste— defiende el carácter fundamental de la matemática. Estudioso de la física y, sobre todo, de la óptica, Bacon estableció las leyes de la reflexión y de la refracción de la luz. Estudió las lentes y explicó cómo había que colocarlas para construir anteojos (la invención de los lentes se atribuye precisamente a Bacon) y telescopios. Intuyó fenómenos como el vuelo, el uso de explosivos, la circunnavegación del globo terráqueo, la propulsión mecánica, etc. «Pronosticar uno solo de estos descubrimientos no sería algo digno de mención; pero resulta significativo el hecho de que se hayan dado, en tanta cantidad, en una sola mente» (C. Singer). En opinión de Bacon, las siguientes cosas se pueden llevar a cabo «únicamente con la sagacidad y los recursos propios del ingenio»: «Se pueden construir vehículos para navegar sin remos, de manera que naves enormes [...] con sólo un piloto avancen a mayor velocidad que si las impulsase una multitud de remeros. Pueden construirse carros que se muevan sin caballos [...]. Y es posible también construir máquinas para volar; [...y] un instrumento de pequeñas dimensiones, que sirva para elevar y para bajar pesos de magnitud casi infinita. [...] No sería difícil construir un instrumento mediante el cual un solo hombre pueda atraer hacia él, violentamente, a mil hombres [...]. De igual manera, es posible elaborar instrumentos que sirvan para caminar por los ríos y los mares hasta tocar el fondo de ellos, sin que el cuerpo padezca ningún peligro. Aparatos de esta clase son los que debe haber utilizado Alejandro Magno para explorar el fondo marino, como nos refiere el astrónomo Ético.» Bacon afirma que instrumentos de esta clase «fueron construidos en la antigüedad y se siguen haciendo hoy, excepto la máquina de volar, que ni yo ni nadie que yo conozca hemos visto jamás». Sin embargo, Bacon afirma que conoce a un hombre docto que «se ingenió con el propósito de fabricar también este instrumento». Son una infinidad los objetos que pueden construirse, entre los que Bacon nombra asimismo los puentes que atraviesan los ríos, sin pilares. Para Rogerio Bacon, saber es poder. «Las obras de la sabiduría [...] se encuentran defendidas por leyes seguras y conducen eficazmente a la meta querida. Ésta es la razón por la que los príncipes y los antiguos monarcas se hacían guiar en sus empresas por la sabiduría de los filósofos.» El camino seguro del conocimiento es el de la experiencia, porque «sin experiencia no se puede conocer nada de modo suficiente». Y el mejor camino para enseñar la verdad consiste en estimular a que se hagan experiencias, para que los alumnos no pierdan un tiempo precioso, ya que «la vida humana es breve». Finalmente, son muy interesantes las observaciones que formula Bacon sobre la traducción. Después de haber hecho notar las dificultades objetivas (por ejemplo, la carencia de términos latinos para los conceptos científicos) y los numerosos errores contenidos en las traducciones de Aristóteles, Bacon dice que «es imposible que los modos de decir propios de una lengua se encuentren en otra». Añade que «aquello que está bien expresado en una lengua, no es posible traducirlo a otra con todos los matices peculiares de la lengua originaria». Deja constancia, sobre todo, que «es preciso que el traductor conozca muy bien la ciencia que quiere traducir y las dos lenguas, aquella de la cual traduce y aquella a la que traduce. Únicamente Boecio, el primer traductor, poseyó un perfecto conocimiento y dominio de las lenguas. Y únicamente Roberto Grosseteste conoce las ciencias». En opinión de Bacon, los demás traductores han sido unos desdichados que no conocían bien ni las ciencias ni las lenguas, «como lo demuestran sus traducciones».

La consecuencia de todo ello sería que «nadie puede entender las obras de Aristóteles a través de las traducciones»: en éstas habría demasiadas tergiversaciones del significado y demasiadas falsedades.

Con Alberto Magno, Roberto Grosseteste, Rogerio Bacon —y asimismo con Witelo, que vivió alrededor de 1270, autor de la *Perspectiva,* y con Teodorico de Friburgo (aprox. 1250-1310)— vemos que nace y se desarrolla lentamente una tendencia matemática y experimentalista en el interior de la filosofía escolástica. El hecho de que lo que hoy llamaríamos investigación científico-tecnológica haya permanecido hasta entonces básicamente fuera del reino filosófico no quiere decir para nada que la vida práctica no hubiese ofrecido ocasiones y problemas sobre los cuales podían haberse ejercitado los hombres con un ingenio especial. Recuérdese, por ejemplo, los diversos tipos de arneses; la almazara hidráulica; las mazas movidas por agua, el reloj mecánico; la hilatura de la seda, el mayal articulado; el molino de viento; la fabricación de lentes y del papel; la obtención, a través de los minerales, de substancias como los metales, los álcalis, el jabón, los ácidos, los alcoholes, la pólvora, y asimismo, muchas otras soluciones técnicas muy ingeniosas, de problemas no siempre sencillos. Hay que agregar que «la pólvora y las armas de fuego fueron, desde el punto de vista económico, la aportación medieval que dio a Europa una supremacía definitiva sobre los demás continentes» (C. Singer). Pues bien, todo este mundo tecnológico se hallaba fuera del saber, fuera de la filosofía.

Grosseteste y Rogerio Bacon se colocan precisamente al comienzo de aquel movimiento doctrinal que, uniendo teoría y práctica, llevará hasta la ciencia moderna y al mismo tiempo a la desaparición de la concepción tradicional del mundo.

11. Juan Duns Escoto

11.1. *Vida y obras*

Llamado por sus contemporáneos *Doctor Subtilis* por la finura y la profundidad de su doctrina, Juan Escoto nació en la aldea de Duns, en Escocia, en 1266, cuando Tomás de Aquino y Buenaventura de Bagnoregio se encontraban en el punto culminante de su producción científica. Se formó y trabajó en los dos principales centros de estudio: Oxford y París. En la universidad de Oxford, caracterizada por la tradición científica de Grosseteste, Rogerio Bacon y Peckham, aprendió una noción extremadamente rigurosa del procedimiento demostrativo. En París, centro de polémicas entre tomistas, averroístas y agustinianos, maduró la necesidad de avanzar más allá de estas disputas, apoyándose por un lado en la autonomía y los límites de la filosofía y, por el otro, en el ámbito específico y en la riqueza de problemas de la teología.

Alumno del convento franciscano de Haddington, Escoto vistió el hábito de san Francisco en 1278, que le impuso su tío, Elías. Estudió teología en Northampton (Inglaterra), donde fue ordenado sacerdote en 1291. Enviado a París entre los años 1291 y 1296 para profundizar en sus estudios filosóficos y teológicos, volvió después a Inglaterra, residiendo en el colegio de los frailes menores que estaba adscrito a la universidad de Cambridge, donde empezó a comentar las *Sentencias* de Pedro Lombardo. De Cambridge pasó a Oxford (1300-1302) y de aquí fue a París (1302-1303). Al haber rechazado, junto con otros profesores de la universidad, la convocatoria de Felipe el Hermoso a un concilio en contra del papa Bonifacio VIII, fue obligado a abandonar París y a regresar a Oxford. En 1304 el ministro general de la orden franciscana, Gonzalo Hispano, antiguo profesor suyo, lo presentó a la universidad de París para la obtención de la licenciatura en sagrada teología, que le fue otorgada en 1305, a la que poco después se unió la dirección del centro de estudios franciscano de esa ciudad. Sin embargo, a causa de las crecientes tensiones entre el emperador y el papa, Escoto fue llamado al estudio franciscano de Colonia. Allí, después de un año de docencia, murió en 1308 y fue sepultado en la iglesia de San Francisco de dicha ciudad. El dístico esculpido sobre su tumba resume bien su ajetreada vida: *Scotia me genuit / Anglia me suscepit, Gallia me docuit / Colonia me tenet.*

Para captar el diferente nivel teórico de sus escritos, es preciso distinguir en ellos un primer grupo, en su mayoría pertenecientes a la época juvenil, constituido por *Comentarios* a obras de filósofos antiguos, en particular de Aristóteles y de Porfirio, y un segundo grupo, correspondiente al período de madurez, representado por los *Comentarios a las Sentencias* de Pedro Lombardo. Dejando de lado la similitud de género literario —se trata casi siempre de comentarios— la diferencia de contenido y de valor entre los dos grupos es notable, como sugieren incluso los títulos con que han sido designadas dichas obras: *Reportata parisiensia, Lecturae cantabrigenses, Ordinatio.* La *reportatio* indica un tipo de escrito redactado con la aprobación del maestro —en este caso, Escoto— por sus propios discípulos, que dejaban constancia de todo lo que el maestro iba enseñando. La *Ordinatio,* que antes recibía el nombre de *Opus Oxoniense,* fue así titulada por los editores de la comisión romana que se encarga de su publicación crítica (de los cuatro libros previstos sólo han visto la luz los dos primeros) porque fue ordenada o dictada, de manera personal, por el mismo Escoto. Como es obvio, se trata de la principal obra de Escoto, que sin embargo no logró terminar. Por último la *Lectura* consiste en los apuntes del maestro, redactados como esquema para la enseñanza cotidiana. Junto a estos escritos conviene recordar un opúsculo denso y conciso, el *De Primo Principio,* que con justo título ha sido definido como «la más grande de las obras breves de Duns Escoto» (E. Roche).

11.2. *La distinción entre filosofía y teología*

En contra de la absorción agustiniana de la filosofía por parte de la teología y en contra asimismo de la concordancia tomista entre filosofía y teología, Escoto propone una distinción nítida entre ambos terrenos. La filosofía posee una metodología y un objeto que no son asimilables a la metodología y al objeto de la teología. Las disputas cada vez más numerosas y las condenas que se producían con frecuencia a continuación, en opinión de Escoto poseían un origen común: la no rigurosa delimitación de los ámbitos de investigación. Para Escoto, en consecuencia, es de gran importancia precisar las esferas respectivas y los criterios específicos de la filosofía y de la teología.

La filosofía se ocupa del ente en cuanto ente y de todo lo que pueda reducirse a él o deducirse de él. La teología, en cambio, trata de los *articula fidei* u objetos de fe. La filosofía sigue un procedimiento demostrativo, mientras que la teología adopta el procedimiento persuasivo; la filosofía se restringe a la lógica de lo natural, mientras que la teología se mueve dentro de la lógica de lo sobrenatural. La filosofía se ocupa de lo general o universal, porque se ve obligada a ajustarse *pro statu isto* al itinerario cognoscitivo de la abstracción; la teología profundiza y sistematiza todo aquello que Dios se ha dignado revelarnos acerca de su naturaleza personal y de nuestro destino. La filosofía es esencialmente especulativa, porque se propone conocer por conocer, mientras que la teología es tendencialmente práctica, porque deja de lado ciertas verdades, con objeto de inducirnos a actuar más correctamente.

La filosofía no mejora por el hecho de que se la coloque bajo la tutela de la teología y ésta tampoco se vuelve más rigurosa o más convincente por utilizar los instrumentos de la filosofía o por tender a sus mismos fines. La pretensión de los aristotélicos avicenistas y averroístas de substituir la teología por la filosofía, el intento agustiniano de substituir la filosofía por la teología y la tendencia de los tomistas de buscar a cualquier precio el acuerdo entre razón y fe, entre filosofía y teología, se explican según Escoto por el insuficiente rigor con el que se han defendido estas perspectivas y estas tesis.

11.3. *La univocidad del ente*

Con objeto de evitar equívocos y confusiones perjudiciales entre elementos filosóficos y elementos teológicos, Escoto propone que se sometan a análisis crítico todos los conceptos complejos con el fin de obtener conceptos simples, con los que construir a continuación un razonamiento filosófico fundamentado. Si no se consigue dicha simplicidad, las combinaciones de conceptos contendrán ambigüedades o saltos injustificados.

Lo que existe, objeto de nuestra reflexión, es complejo. La tarea del filósofo consiste en disipar dicha complejidad, colaborando en primer lugar a poner orden y claridad en la selva de nuestros conceptos. En este contexto y con vistas a la tarea mencionada, Escoto elabora la doctrina de la distinción (real, formal y modal). Ésta es la vía que lleva desde lo complejo hasta lo simple, superando las incomprensiones y triunfando sobre las pretensiones falsas. Entre Sócrates y Platón existe una distinción real; entre la inteligencia y la voluntad sólo hay una distinción formal; en cambio, entre la luminosidad y su grado específico de intensidad la distinción es modal. Si esto es así, puede concebirse un concepto sin el otro, y resulta equivocado considerarlos juntos, como si constituyesen una sola noción. Además de estas distinciones que tienen su fundamento en la realidad, existe la distinción de razón que tiene lugar cuando seguimos descomponiendo un concepto, para comprender con más claridad su contenido, sin que se dé ningún correlato en la realidad. Se trata de una necesidad lógica y no ontológica.

Cuando en la filosofía de Escoto se habla de univocidad se está haciendo referencia a aquella simplicidad irreductible a la que hay que reconducir todos los conceptos complejos. Se trata de lograr lo que Escoto denomina conceptos *simpliciter simplices,* en el sentido de que cada uno de ellos no es identificable con ningún otro. Son conceptos que es posible negar o afirmar únicamente de un sujeto, pero no uno y otro a la vez, como puede suceder en cambio con los conceptos analógicos. Éstos, dada su complejidad, pueden ser afirmados y negados al mismo tiempo, del mismo sujeto, desde puntos de vista distintos. Escoto, a este respecto, se muestra extraordinariamente lúcido: «Llamo unívoco —leemos en la *Ordinatio*— a aquel concepto que es uno, de modo tal que su unidad es suficiente para provocar una contradicción, si se afirma o se niega de una misma cosa.»

Entre todos los conceptos unívocos, el primero y más sencillo es el de «ente», porque es predicable de todo lo que es, en el modo que sea. ¿Qué es el ente unívoco, fundamento de la metafísica de Escoto? Se ha dicho antes, a propósito de la distinción modal, que es posible concebir una perfección —la racionalidad, la luminosidad, etc.— sin su propio grado específico de intensidad: la racionalidad de Dios no es la del hombre; la luminosidad del sol es distinta a la del candelabro. Si se extiende esta distinción modal a todos los entes, puede tomarse en consideración el concepto de ente prescindiendo de los modos específicos en que se haya concretado efectivamente. En ese caso, se posee el concepto simple y, por lo tanto, unívoco de ente, que es universal porque se predica de manera unívoca de todo lo que es. Se predica de Dios y se predica del hombre, porque ambos son. La diferencia entre Dios y el hombre no reside en el hecho de que el primero es y el segundo no, sino que en el primero es de modo infinito, mientras que el segundo es de modo finito. Ahora bien, si prescindimos de los modos de ser, el concepto de ente se predica del mismo modo de ambos. Sin embargo, precisamente porque se prescinde de los modos de ser, el conocimiento de dicho concepto no permite individualizar los rasgos específicos de los seres de los cuales se predica. Escoto, en su *Ordinatio,* escribe: «El intelecto, en el estado del hombre en esta tierra, puede tener la certidumbre de que Dios es ente, aunque dude sobre los conceptos de ente finito o infinito, creado o increado; el concepto de ente que aquí se aplica a Dios es distinto a este o a aquel concepto y, por lo tanto, neutro en sí mismo; no obstante, se halla incluido en aquellos dos conceptos y, así, es unívoco.» Este texto nos permite comprender perfectamente lo injusto de la acusación de panteísmo que se formuló contra Escoto, tomando pie en la univocidad. La noción unívoca de ente es de índole metafísica, en el sentido de que expresa la esencia misma del ser o el ser en cuanto ser, y no la totalidad de los seres o su suma global. Precisamente porque prescinde de los modos de ser, Escoto afirma que dicha noción es *deminuta* o imperfecta.

11.4. *El ente unívoco, objeto primario del intelecto*

Convencido de que uno de los rasgos específicos del hombre es su ser inteligente —inteligencia que es expresión primordial de la trascendencia del hombre con respecto a todos los demás seres vivientes— Escoto se apresura a delimitar el ámbito cognoscitivo humano, preocupándose por no atribuirle poderes ficticios y por no privarlo tampoco de sus potencialidades y prerrogativas reales. Debido a ello, a la pregunta sobre cuál es el objeto primario del intelecto, empieza por contestar que no se trata de determinar cuál es el objeto que el hombre conoce primero desde un punto de vista temporal, ni tampoco cuál es el objeto más perfecto que esté en disposición de conocer. En cambio, se trata de definir los rasgos de aquel objeto que se halle en condiciones de manifestar y, al mismo tiempo, circunscribir el horizonte cognoscitivo de nuestro intelecto. El ojo está hecho para el color y el oído, para el sonido. ¿Para qué está hecho el intelecto? ¿Cuál es el objeto que expresa el ámbito afectivo en el que puede actuar el intelecto? La contestación de Escoto a este interrogante consiste en que tal objeto, en el estado actual del hombre, es el ente unívoco o el ente en cuanto ente. El ente, puesto que es unívoco, se predica de todo lo que es, y del mismo modo el intelecto está hecho para conocer todo lo que es, lo material y lo espiritual, lo particular y lo universal: nada le está vedado. El hombre a través de su pensamiento puede abarcar el universo. Gracias a su universalidad, el concepto de ente en cuanto ente manifiesta la ilimitada extensión de nuestro intelecto. Pero si bien es cierto que la universalidad de este concepto permite entrever al alcance de nuestro poder cognoscitivo, la extremada pobreza y la máxima generalidad de este concepto nos hacen vislumbrar también la pobreza del intelecto y, al mismo tiempo, la absurda pretensión de algunos metafísicos que aspiran a llegar al fondo de la complejidad de lo real. El intelecto humano *pro statu isto,* es decir, en la actual condición humana, se ve obligado a ajustarse al proceso abstractivo y a llegar hasta lo inteligible prescindiendo de la riqueza efectiva de la realidad concreta: abstrayendo. El conocimiento filosófico se detiene ante las fronteras de lo universal y la metafísica —que se ocupa del ser común— prescinde de la riqueza estructural de las cosas. Junto a la filosofía es preciso colocar, en una posición subalterna pero autónoma, las ciencias particulares y —con referencia a los aspectos salvíficos de nuestra existencia— la teología.

11.5. *El ascenso hasta Dios*

La noción unívoca de ente, al estar desprovista de los modos concretos de ser, es calificada de *deminuta* o imperfecta. Empero, precisamente porque es imperfecta, esa noción no sólo no rechaza los modos de ser, sino que tiende hacia ellos como a sus configuraciones efectivas. Ahora bien, los modos supremos de ser son la finitud y la infinitud, que representan el ente en su perfección efectiva. Tales modos determinan la noción unívoca de ente, de la misma forma que la intensidad manifiesta la luminosidad de la luz o un grado particular de color especifica la blancura. En resumen, se trata del paso desde lo abstracto a lo concreto, desde lo universal hasta lo particular.

Es verdad que no se hace necesario demostrar la existencia del ente finito, porque es objeto de nuestra inmediata y cotidiana experiencia. No obstante, resulta obligada una demostración específica de la existencia del ente infinito, porque no constituye un dato de evidencia inmediata. Si el concepto de «ente infinito» no es contradictorio en sí mismo —por lo contrario, parecería que la noción unívoca de ente encuentra en la infinitud su realización más plena—, ¿qué representa efectivamente dicho concepto? En otras palabras, entre los entes existentes, ¿existe alguno que pueda calificarse de infinito? Éstos son los términos en que Duns Escoto plantea el problema.

Al tratarse de una cuestión importantísima, quiere elaborar una demostración de la existencia del ente infinito que resulte del todo indiscutible. Esto comporta que la argumentación se base en premisas ciertas y, al mismo tiempo, necesarias. A este respecto, considera que las pruebas basadas en datos empíricos son insuficientes, porque tales datos son ciertos, pero no necesarios. Por esta razón, Escoto no parte de la constatación de la existencia efectiva y contingente de las cosas, sino de su posibilidad. Que las cosas son, es un dato cierto, pero no necesario, porque también podrían no ser. Pero que las cosas pueden ser, dado que son, es un hecho necesario. En otras palabras, si el mundo existe, es absolutamente cierto y necesario que puede existir: *ab esse ad posse valet illatio.* Aunque el mundo desapareciese, siempre sería verdad que podría existir, ya que en un momento fue. Una vez establecida la necesidad de la posibilidad, Escoto se pregunta cuál es su fundamento o su causa, que es algo distinto de las cosas mismas, ya que es imposible que las cosas puedan darse una existencia que aún no tienen. Es preciso, pues, situar la razón de dicha posibilidad en su ser distinto del ser producible. Ahora bien, este ser que trasciende la esfera de lo producible o de las cosas posibles, existe y actúa por sí mismo, o bien existe y actúa en virtud de otro. En el segundo caso se volverá a plantear idéntica pregunta, porque depende de otro, y a su vez, es también producible. En el primer caso nos encontramos con un ser que está en condiciones de producir, pero que por ningún concepto es producible.

Llegamos así al ente que se buscaba, porque explica la posibilidad o producibilidad del mundo, sin que su existencia exija a su vez una ulterior explicación. Por lo tanto, si las cosas son posibles, también es posible un ente primero. Sin embargo, dicho ente, ¿sólo es posible o existe de hecho? La respuesta es que tal ente existe en acto, porque si no existiese, tampoco sería posible, dado que ningún otro estaría en condiciones de producirlo. En consecuencia, el ente primero, si es posible, es real. Pero, ¿cuál es su rasgo específico? La infinitud, porque es supremo e incircunscribible. Escoto, que ha atribuido el ente en cuanto ente al intelecto como su objeto primario, descubre así que sólo el ser infinito es Ser en el sentido pleno del término, porque es el fundamento de todos los entes y, antes incluso, de su posibilidad.

11.6. *La insuficiencia del concepto de «ente infinito»*

El concepto de «ente infinito» es el más simple y el más abarcador que podamos imaginar. A este respecto, Escoto escribe en la *Ordinatio:* «Podemos alcanzar muchos conceptos propios de Dios que no se aplican a las criaturas, como por ejemplo los conceptos de todas las perfecciones simples, en su grado supremo. Y se llega al concepto más perfecto [...] concibiendo todas las perfecciones simples y en un grado supremo. Sin embargo, el concepto a la vez más perfecto y más simple al que podemos llegar es el concepto de ente infinito: en efecto, es más simple que el concepto de ente bueno o de ente verdadero, o que cualquier otro concepto semejante, porque el infinito no es un cuasi atributo o una pasión del ente, es decir, de aquello de lo que es predicado, sino que expresa el modo intrínseco de aquella entidad. Por eso, cuando digo "ente infinito", no poseo un concepto derivado de forma casi accidental del sujeto y de la pasión, sino un concepto perteneciente por sí mismo al sujeto, existente con un grado determinado de perfección, esto es, de infinitud. Sucede lo mismo que en el caso de una intensa blancura, que no expresa un concepto accidental —por ejemplo, la blancura visible [concreta]— sino que la intensidad expresa el grado intrínseco de blancura en sí. Y así se nos presenta con claridad de la simplicidad de este concepto, del "ente infinito".»

No obstante, este elevadísimo concepto al que puede llegar nuestro intelecto, ¿manifiesta en realidad la riqueza personal de Dios, de una manera que satisfaga nuestras exigencias existenciales y muestre la inutilidad de la teología y, asimismo, de la Revelación? A este interrogante crucial, Escoto responde con una extraordinaria claridad: el concepto de ente infinito al que puede elevarse el intelecto humano resulta por sí mismo pobre e insuficiente, porque no logra penetrar en la riqueza misteriosa de Dios. En la *Ordinatio* se afirma: «Dios no es conocido naturalmente por el hombre peregrino en la tierra de una forma propia y particular, según la razón de dicha esencia [divina] en tanto ésta es en sí misma.» Esto se debe a que la esencia divina no es una realidad que pueda ser abarcada naturalmente por el hombre. Escoto agrega: «No puede ser conocida de manera natural por ningún intelecto creado, según la razón de esta esencia en cuanto tal, ni ninguna otra esencia conocida por nosotros de manera natural nos revela de forma suficiente esta esencia en cuanto tal, ni por similitud de univocidad, ni por similitud de imitación. La univocidad, en efecto, sólo se da en las razones generales; y tampoco aparece la imitación porque sería imperfecta, ya que las criaturas imitan dicha esencia imperfectamente.»

Se enuncian los límites y las posibilidades de la filosofía. Se afirman el espacio y la necesidad de la teología. La controversia entre filósofos y teólogos sólo puede surgir de la ignorancia de estas limitaciones y del ámbito de la propia competencia. Otorgar rigor al razonamiento filosófico, captar su carácter general y abstracto significa poner término a sus pretensiones de agotar el campo del ser, considerándose omnicomprensivo e incompatible con una forma superior de saber. En el fondo, éste es el sentido de la polémica entre filósofos y teólogos que se desarrollaba en la época de Escoto y que él expone en el *Prólogo* a la *Ordinatio*. Como confirmación de lo dicho hasta ahora y para comprender mejor la índole de su filosofía, conviene indicar ahora unos cuantos rasgos fundamentales de ésta. Así nos encontraremos una vez más ante la tendencia de Escoto de reorganizar el ámbito de la razón filosófica, estableciendo sus límites estructurales. De este modo, habrá que admitir la necesidad del saber teológico, encargado de abrirnos a los misterios de Dios y a desvelarnos las perspectivas salvíficas, que se muestran ajenas al saber filosófico.

11.7. *El debate entre filósofos y teólogos*

El contexto y el objetivo de las reflexiones de los filósofos acerca de la naturaleza del ente —objeto de la metafísica y del intelecto— y acerca de la estructura y el dinamismo de la naturaleza humana, son la autosuficiencia de la filosofía y la inutilidad de la teología y de la revelación. En cambio, el contexto y el objetivo de las respuestas de los teólogos consisten en la insuficiencia de la filosofía y la necesidad de la revelación. Éstos son los rasgos más sobresalientes del debate.

«El intelecto humano, que tiene por objeto el ente en cuanto ente, el cual abarca todo lo que es —afirman los filósofos— extiende su poder cognoscitivo a todo lo real.» Los sentidos no tienen ninguna necesidad de una iluminación sobrenatural y del mismo modo tampoco el intelecto necesita una colaboración teológica. Una hipotética carencia de luz superior haría referencia, en todo caso, a aspectos accidentales de la vida espiritual, porque es indiscutible que *natura non deficit in necessariis*. Los filósofos consolidan más aún su postura, remitiéndose a la psicología aristotélica, que defiende la apertura indefinida del intelecto, en sus vertientes activa y pasiva: «El intelecto agente puede hacerlo todo y el intelecto pasivo puede convertirse en todo.» Como confirmación de ello, subrayan que los primeros principios —que incluyen virtualmente cualquier posible conclusión— dejan entrever la amplitud de nuestro poder cognoscitivo. En este contexto no hay ningún espacio para la doctrina sobrenatural que, cualquiera que sea la forma en que se la proponga, resulta inútil o molesta. Aristóteles ni siquiera sospechó su existencia y tampoco reclamó su auxilio.

«Si se examina con más rigor la situación histórica —responde Escoto— se hace necesario replantear tales pretensiones. Si realmente son autosuficientes y poseen un campo tan amplio de posibilidades, los filósofos tendrían que indicarnos con toda precisión cuál es el fin de nuestra existencia. En cambio, se han limitado a identificar este fin con la contemplación de las substancias separadas, o incluso han llegado a poner en duda el hecho mismo de que exista.» Sin embargo, añade Escoto, ¿cómo habrían podido demostrar que el hombre fue hecho por el ser supremo, desde un punto de vista intuitivo, si todos nuestros actos cognoscitivos obedecen a la ley de la abstracción? ¿Cómo van a probar que el cuerpo participará de esa felicidad, si para ellos constituye una fuente de imperfecciones? Finalmente, ¿cómo demostrarán que dura eternamente, si la eterna posesión se opone al desinterés propio de su moral? Se pone de manifiesto la insuficiencia de las reflexiones filosóficas, tanto por el carácter genérico de su tejido conceptual, como por la angustia que provoca el horizonte fatalista en que son colocados hombres y dioses, en comparación con la perspectiva cristiana, basada en la libertad radical de Dios y de los hombres.

«Si es verdad que el hombre se conoce naturalmente a sí mismo —como piensan los filósofos—, ¿por qué no debería conocer también su último fin, que constituye su elemento esencial? Por lo tanto, es preciso replantear la ley según la cual el fin de una substancia sólo puede individualizarse gracias a sus manifestaciones, ya que es más factible percibir dicho fin a través de la visión intuitiva de la substancia misma.» Hay que añadir, como elemento complementario, que el intelecto, al conocer la naturaleza humana y el fin último, puede descubrir también los medios necesarios para su consecución, porque «quien conoce los extremos de una relación no puede ignorar su conexión».

Estos argumentos, replica Escoto, parten del supuesto de que el hombre se intuye a sí mismo en toda su riqueza personal. En el momento actual sólo nos conocemos a nosotros mismos de un modo abstracto (*non enim cognoscitur [...] natura nostra pro statu isto, nisi sub ratione generali*). A la objeción según la cual el intelecto, a causa de su objeto primario —el ente en cuanto ente, que posee una extensión infinita— puede conocer todo lo que pueda llamarse real de algún modo, Escoto responde que «el ente en cuestión resulta abstraído de su contenido», está en el límite entre el ser y el no-ser; es universal porque es indeterminado y, por lo tanto, unívoco. Indica el horizonte de nuestro conocer, pero está todo por hacer; es más un programa que un desarrollo efectivo; es más un marco que un cuadro, que hay que llevar a cabo mediante el itinerario de la abstracción. Por último, aunque se le admita al filósofo una total transparencia de sí mismo ante sí mismo, sigue siendo cierto que nuestra específica ordenación hacia un destino sobrenatural escapa a cualquier acto cognoscitivo, porque *nullum supernaturale potest ratione naturali ostendi inesse viatori,* dada su esencial gratuidad.

Refiriéndose al conocimiento natural de los medios que permiten alcanzar el fin último, Escoto subraya que no existen condiciones necesarias para la salvación que no procedan de un decreto divino. En definitiva, todo se basa en la libre aceptación de la obra humana por parte de Dios. En estos términos, el debate podría dar la impresión de que la razón humana —y en consecuencia, la filosofía— queda desvalorizada o, por lo menos, no suficientemente exaltada. El hombre —se objeta a Escoto— es más perfecto en el clima teórico de los filósofos, porque se muestra capaz de conocer su fin último y de descubrir los medios necesarios para conseguirlo. La impotencia que describo —contesta Escoto— está relacionada con un fin más elevado que el propuesto por Aristóteles, que es un fin respecto del cual el hombre se encuentra ordenado por naturaleza, pero que sólo puede conseguir por medios sobrenaturales.

La tesis de los filósofos acerca de la *dignitas naturae* constituye una explícita alusión a la *philosophia naturalis* de Aristóteles, que es el filósofo *sequens rationem naturalem.* Escoto analiza esta experiencia racional separada de la fe, para indicar sus valores —el humanismo natural— pero sobre todo para denunciar sus limitaciones —la pretendida autosuficiencia de la filosofía— y así reafirmar *la necesidad de la doctrina revelada.* En efecto, después de admitir *omnem perfectionem quam tu ponis,* manifiesta Escoto, *et ultra pono:* el hombre que puede lograr, por la gracia de Dios, una perfección que trasciende nuestras actuales fuerzas naturales.

Aunque puede darse entre Escoto y los filósofos un acuerdo sobre la perfectibilidad de nuestra naturaleza, subsiste un profundo desacuerdo sobre sus dimensiones y su orientación. Los filósofos no están en condiciones de saber lo que en realidad somos y podemos, porque la experiencia a la cual se refieren no puede desvelar nuestras aspiraciones efectivas, al estar nosotros en situación de naturaleza caída. Hay un desnivel de planos: no se trata de que Dios esté al nivel del hombre, como suponen los filósofos, sino que el hombre está al nivel de Dios, con el que puede entrar en diálogo personal gracias a la revelación y a la encarnación de Cristo.

11.8. *El principio de individuación y la «haecceitas»*

Escoto reafirma la primacía de lo individual, negando que exista en sí mismo o en Dios la naturaleza o esencia de la que los individuos serían participaciones. Interpretar lo singular como una participación de lo universal es conceder demasiado a la concepción pagana que desprecia al uno y exalta al otro, sin tomar seriamente en consideración el acto creador de Dios y su providencia. Dios, señala Escoto, no nos ha propuesto un esquema ideal al que hacer referencia en la existencia cotidiana, a excepción de Cristo, a cuya imagen nos ha creado y cuya perfección nos empuja a imitar. Dios conoce a todos y cada uno, confiando a todos un lugar específico en la economía general de la salvación personal.

La teoría del principio de individuación oculta un claro resto de platonismo, y no es más que un seudo-problema. Se trata de un problema falso, que está presente tanto en Aristóteles como en Avicena y Averroes, muy influidos por el platonismo, porque supone que la verdad más profunda es la del universal y que a continuación hay que preguntarse cómo el universal se convierte en particular.

Si el problema es falso, las respuestas también lo son, con mayor motivo. Para Escoto, ni la materia —esencialmente indeterminada— ni la forma —indiferente a la individualidad y a la universalidad, al ser común por naturaleza a todos los entes de la misma especie— y, por consiguiente, tampoco el compuesto de ambas, pueden ser causa de las características y de las diferencias individuales. «Esta entidad (la individualidad) no es materia, ni forma, ni compuesto, en la medida en que cada uno de éstos es naturaleza; pero constituye la realidad última de aquel ente que es materia, que es forma, que es compuesto.» Es la realidad última, defiende Escoto, que explica la individualidad, es decir, su perfección, gracias a la cual una realidad *haec est,* es ésta y no otra. De aquí procede el término *haecceitas,* que manifiesta aquella formalidad o perfección por la cual todo ente es aquello que es y se distingue de todos los demás.

En este contexto hay que situar la exaltación de la persona humana. En efecto, en este acto la individualización —definida como rechazo de la división— es personalizada o subjetivada, en polémica con el averroísmo, cuya teoría del intelecto único atacaba su rasgo más peculiar. Calificada de manera sugerente como *ultima solitudo,* la persona es *ab alio,* puede ser *cum alio,* pero *non in alio.* Puede comunicar, condicionar y ser condicionada, pero no perder su ser en sí. El ente personal es un universal concreto, porque en su unicidad no forma parte de un todo, sino que es un todo en el todo: *imperium in imperio.* Particular y universal coinciden en el concepto, determinado en grado sumo, de persona. El hombre, cada hombre, no es una determinación de lo universal. En la medida en que es una realidad singular en el tiempo e irrepetible en la historia, es de hecho supremo y originario, porque está destinado, gracias a la mediación de Cristo, al diálogo con el Dios uno y trino de la escritura.

11.9. *El voluntarismo y el derecho natural*

Escoto analiza el problema del orden y de la libertad con la intención de combatir desde otras perspectivas el fatalismo naturalista de los filósofos greco-árabes. Si Dios es libre y al crear ha querido que los entes fuesen singulares en su individualidad —y no simples naturalezas o esencias— la contingencia no se refiere sólo al origen del mundo, sino al mundo mismo y a todo lo que hay en él, sin excluir las leyes morales. Si bien entre los pensadores medievales se da un acuerdo unánime en lo concerniente a la contingencia del mundo, el acuerdo es menos completo en lo que se refiere a las normas morales.

En el plano moral, la idea del bien como guía práctica no se deduce de la idea del ser (*ens et bonum non convertuntur*) sino exclusivamente del Dios infinito. El bien es aquello que Dios quiere e impone. La única ley por la que Dios se halla vinculado es el principio de no contradicción. Duns Escoto se muestra muy preocupado por salvaguardar, hasta sus últimas consecuencias, la trascendencia de Dios infinito, sin compromisos falsos.

El derecho natural refleja instancias más paganas que cristianas, en sentido estricto. ¿Cómo es posible apelar a la naturaleza humana para justificar el derecho natural, cuando a la luz de una perspectiva histórica es preciso distinguir entre un *status naturae institutae,* un *status naturae lapsae* y un *status naturae restitutae?* ¿No es cierto que Dios ha dejado sin efecto leyes que las modificadas fuerzas naturales —debilitadas por la culpa original— no estaban en condiciones de respetar? En la *Ordinatio* escribe Escoto: «Muchas cosas que están prohibidas como ilícitas, podrían convertirse en lícitas si el legislador lo mandase o, al menos, lo permitiese, por ejemplo, el robo, el asesinato, el adulterio y otras cosas similares, que no implican una malicia incompatible con el fin último, del mismo modo que sus opuestos no incluyen una bondad que conduzca por necesidad a ese último fin.» ¿Cuáles son los preceptos necesarios? Sólo aquellos que contiene la primera tabla mosaica: la unicidad de Dios y la obligación de adorarle sólo a Él. Todos los demás preceptos no son absolutos, aunque se hallen en consonancia con nuestra naturaleza. El intelecto percibe la verdad de los preceptos de la segunda tabla. Su obligatoriedad, empero, surge únicamente de la voluntad legisladora de Dios, en ausencia de la cual existiría una ética racional, cuya transgresión sería irracional pero no pecaminosa. El mal es pecado, no error, como defendían Sócrates y, en general, los filósofos griegos.

El fatalismo pagano se ve superado desde sus premisas más remotas: «Puesto que Dios podía actuar de una manera diferente, podía haber establecido otras leyes que, si hubiesen sido promulgadas, habrían sido correctas, porque ninguna ley es tal si no es en la medida en que ha sido establecida por la voluntad aceptante de Dios.» Debido a la importancia de este texto, conviene citarlo de la forma literal en que aparece en la *Ordinatio: Ideo sicut potest aliter agere, ita potest aliam legem rectam statuere, quae si statuta a Deo, recta esset, quia nulla lex est recta nisi quatenus a voluntate divina acceptante est statuta.*

Lo que se ha afirmado de la voluntad de Dios, hay que decirlo también en la debida proporción de la voluntad del hombre. Duns Escoto subraya en diversas ocasiones el papel de guía de la voluntad, que actúa sobre el intelecto, orientándolo hacia un dirección y apartándolo de la contraria. Si el intelecto siempre obra con toda su fuerza y, por lo tanto, con una necesidad natural —postulada por la naturaleza del objeto— la voluntad es la única expresión auténtica de la trascendencia del hombre sobre el mundo de las cosas. Al insistir en la fuerza guiadora de la voluntad y en su autodeterminación, Escoto no cae en una defensa de lo arbitrario. ¿Cómo puede la voluntad amar aquello que ignora? *La luz del intelecto es necesaria, pero no determinante.* Para curar a un enfermo es necesario conocer los fármacos adecuados, pero el acto de ingerirlos es libre y no necesario, ya que puede preferirse la muerte y no la vida. Si tomo los medicamentos, el acto libre será también racional, en el sentido de que logro un objetivo, utilizando los medios que la ciencia pone a nuestra disposición. Nos encontramos aquí con una convergencia entre dos actividades distintas —intelectiva y volitiva— que se encaminan hacia un único propósito.

Dicha convergencia no afecta la intelectualidad del acto intelectivo ni la libertad del acto volitivo. Aunque sea profunda, la interacción no se convierte nunca en una identidad. El acto de la voluntad, que en sí es perfecto aunque esté iluminado por el intelecto, procede siempre de una manera esencial de la voluntad, que es su causa principal. De igual forma, el acto del intelecto, aunque guiado por la voluntad, siempre procede intrínsecamente del intelecto. A pesar de esta autonomía en sus campos respectivos, la libertad de la voluntad continúa siendo la suprema perfección del hombre, en la que reside o recae su humanidad. El mensaje de Escoto se formula así: «Conocer para amar en libertad.»

Esta orientación substancialmente teológica permite vislumbrar una especie de dualidad entre filosofía —insuficiente y abstracta— y teología. El Dios de los filósofos no es el Dios de los teólogos, creador y salvador. Muchas verdades no pertenecen al dominio de la razón, como por ejemplo el origen temporal del mundo o la inmortalidad del alma. De tales verdades sólo pueden aducirse *persuasiones,* pero no *demonstrationes* en sentido estricto. El equilibrio entre razón y fe se quiebra en favor de esta última, pero en el interior de una tensión que continúa siendo la de Tomás y Buenaventura.

Capítulo XIX

EL SIGLO XIV Y LA RUPTURA DEL EQUILIBRIO ENTRE RAZÓN Y FE

1. La situación histórico-social

El XIV es el último siglo de la edad media. El siglo XI había concluido con la figura de Gregorio VII, cuyo *Dictatus papae* constituye sin duda la *magna charta* del catolicismo romano y, al mismo tiempo, del papado político y de la concepción teocrática. El siglo XIII se inaugura con la triunfante teocracia de Inocencio III, que lleva a cabo el ideal del dominio cristiano del mundo. Con él, la Iglesia romana obtiene poderío y prestigio a través de una solución jerárquica de los conflictos políticos, a través de la creación de tribunales supremos, y a través de la exclusividad de su magisterio. El siglo XIV se abre con afirmaciones teocráticas y gestos clamorosos muy decididos por parte de Bonifacio VIII, pero en un contexto social y cultural que no se encuentra demasiado dispuesto a compartir esa clase de política.

El perdón jubilar de 1300 —el primer jubileo de la historia— fue un gran gesto de Bonifacio VIII, que quiso celebrar así la función carismática de la Iglesia y tratar de despertar y al mismo tiempo potenciar el ansia de salvación colectiva. Este anhelo había nutrido toda la expectativa escatológica del siglo XIII, agregando a las instituciones religiosas —junto con el sentir popular— el poder temporal de los Estados. En realidad estos objetivos sólo se consiguieron de manera transitoria, debido al cambio que se había producido en las exigencias sociales, religiosas y culturales. En efecto, la controversia o la tensión religiosa del siglo XIII —que se habían manifestado a través de numerosas formas de vida religiosa, algunas de ellas perseguidas como heréticas, mientras que otras se veían aceptadas y favorecidas— iban perdiendo fuerzas y, en parte, habían acabado en una especie de apartamiento entre los ideales religiosos —teñidos ahora por unas formas exasperadas de ascetismo— y los ideales de la vida secular. Estos últimos, aunque conservaban una peculiar religiosidad íntima, empezaron a configurarse en forma de nuevas exigencias de la vida social, tanto económica como política. Además, se iba anunciando una ruptura radical entre la Iglesia y los nacientes Estados nacionales, con intentos de desquite y de predominio de una y otra parte. En este sentido, resulta significativo el conflicto entre Bonifacio VIII y Felipe el Hermoso. Pero aún más significativo es el cautiverio de Aviñón y más tarde la actitud de Luis IV de Baviera, que en 1326 recibe la corona imperial en el Capitolio de Roma, no en una iglesia y tampoco de manos del papa. Como el papa Juan XXII no quiso reconocer a Luis IV como emperador, la dieta de Francfort proclamó en 1338 que era superflua la aprobación pontificia, lo mismo que hará después Carlos IV en 1356. Alemania comenzaba a poner en práctica aquel distanciamiento de la Iglesia católica desde el punto de vista político, que más tarde Lutero consolidará y tratará de justificar desde una perspectiva doctrinal. Tales conflictos eran una señal del inminente ocaso de una política y de una concepción del poder. Los ideales y los poderes encarnados en las dos figuras teocráticas, el pontífice romano y el emperador germánico, estaban en declive ante la conciencia de los más atentos a los nuevos fenómenos sociales. Tras el desarrollo económico y el ascenso de la burguesía, los verdaderos protagonistas de la historia europea estaban empezando a ser los grandes Estados nacionales independientes, que fortalecían sus propias estructuras financieras y sus propios instrumentos militares. A pesar de las disputas y las luchas, Petrarca define con razón al imperio como «nombre vano sin sujeto» y a la Iglesia en el cautiverio de Aviñón como cómodo instrumento de poder en las manos de los monarcas franceses. La época de la teocracia secular y espiritual se halla en vías de extinción.

En un contexto más amplio y con implicaciones de carácter socioeconómico, pero con evidentes ribetes de anticlericalismo, hay que mencionar tres revoluciones populares: la *Jacquerie* en Francia, la revuelta pequeño-artesana de los *Ciompi* en Toscana y la revuelta de los lolardos en Inglaterra. El objetivo laico en relación con la Iglesia consistía en desposeerla de todo poder temporal, sometiéndola en lo que concierne a los cuidados mundanos a la autoridad del Estado. La salvación es un hecho interior y espiritual, para el que no hace falta un aparato de bienes y de poderes. Por lo contrario, esto último constituiría un grave impedimento y se halla en una radical oposición con los mandatos del Evangelio. El prolongado debate que dividió a la orden franciscana durante los siglos XIII y XIV en torno al tema de la pobreza, fue muy representativo de esta espiritualidad popular contestataria. Según algunos, los llamados «espirituales», debía existir una rigurosa fidelidad a la virtud de la pobreza, mientras que para otros debía ser más flexible, ya que no era más que un instrumento, adaptable por tanto a las circunstancias históricas de la evangelización. Sin embargo, la polémica no se refería exclusivamente a la orden franciscana, sino también a la Iglesia, acusada de haberse convertido en la meretriz del Apocalipsis y a la que se invitaba a abandonar el poderío y la riqueza.

Desde una perspectiva más estrictamente cultural, el siglo XIV vive a la sombra de las numerosas condenas que hacia finales del siglo anterior habían sido decretadas con respecto al aristotelismo averroísta y tomista, tanto en París como sobre todo en Oxford. A las condenas del arzobispo Esteban Tempier en 1277, que no obligaban fuera de la universidad y de la diócesis de París, les siguen ese mismo año las prohibiciones que Roberto Kilwardby formula en Oxford contra las teorías tomistas de la generación, la pasividad de la materia, la introducción de nuevas formas en el cuerpo humano después de la muerte y la unidad de la forma. Estas prohibiciones

Ockham (1280-1349) en una ilustración que se conserva en un manuscrito del British Museum. Es el pensador más interesante de la escolástica tardía

fueron reiteradas y ampliadas, también en Oxford, por el franciscano Juan Peckham, en diciembre de 1284 y en abril de 1286. «En un manuscrito de 1477, en el que un maestro parisiense anónimo vuelve a citar los artículos incriminados, acompañándolos de una refutación, se oyen los ecos lejanos de las condenas de Tempier y de Kilwardby» (M. de Wulf). Si además de estas condenas recordamos las polémicas entre partidarios de Buenaventura y tomistas, y más tarde entre escotistas y tomistas, se comprenderá el descenso de la tensión creativa que había caracterizado al siglo XIII y la crisis en la que se debatían la razón y la filosofía, que en una época habían sido consideradas como necesarios auxiliares de la fe y que ahora se convertían a menudo en gastados instrumentos para disputas vanas. La dualidad entre teología y filosofía, que Escoto ya había establecido con claro privilegio para la primera, en el siglo XIV se separa aún más, de manera coherente con el clima de creciente disolución de la concepción unitaria de la sociedad humana. Ésta se dividía cada vez más en temporal y en espiritual y, por lo que se refiere a esta última, iba perdiendo su carácter popular y colectivo, haciéndose cada vez más interior e individual.

2. Guillermo de Ockham

2.1. *Su figura y sus obras*

El franciscano Guillermo de Ockham es la figura que interpreta a la perfección las múltiples actitudes con que se clausura la edad media y se abre el siglo XIV. Conocido como el príncipe de los nominalistas, en épocas pasadas se le ha recordado en especial como un teórico lleno de vanas sutilezas, sin ningún contacto con la realidad. Sin embargo, su originalidad ha reaparecido muy pronto, en aspectos muy diversos del saber, tanto en la lógica como en las ciencias naturales, la filosofía y la teología. Además de sus aportaciones lógicas, se han puesto de relieve sus teorías físicas y, sobre todo, la concepción del conocimiento físico de naturaleza específicamente empirista, así como la separación entre filosofía y teología. En el terreno político-religioso destaca la autonomía de lo temporal con respecto a lo espiritual y sus consecuencias políticas e institucionales. Con él se inicia el espíritu laico, pero no laicista, porque con su doctrina y con su vida encarna la incipiente afirmación de los ideales de la dignidad de todos los hombres, la potencia creativa del individuo y la cultura que se expande sin tolerar ninguna censura. Estos ideales serán asumidos y desarrollados más tarde por la nueva época del Renacimiento.

Nacido en el condado de Surrey, en la aldea de Ockham, a unos 30 kilómetros de Londres, alrededor de 1280, Guillermo entró en la orden franciscana poco después de cumplir veinte años. Realizó en Oxford sus estudios universitarios y durante cuatro años comentó las *Sentencias* de Pedro Lombardo en esa misma universidad, obteniendo en 1318 el título de *Baccalaureus sententiarum.* Entre 1317 y 1324 escribe la *Lectura libri sententiarum,* la *Expositio super Physicam,* la *Expositio aurea,* la *Ordinatio* y los *Quodlibeta.* En 1324 Ockham se traslada al convento franciscano de Aviñón, donde el papa Juan XXII le había convocado para responder a la acusación de herejía. En efecto, el ex canciller de la universidad de

Oxford había redactado una larga lista de artículos extraídos de los escritos de Ockham y que eran sospechosos de herejía. La comisión nombrada por el papa para examinar tales escritos, después de tres años de estudio, condenó siete artículos como heréticos, 37 como falsos y cuatro como temerarios. Durante este período Ockham lleva a término la redacción de sus obras principales: la *Summa logicae* y el *Tractatus de sacramentis.*

Mientras tanto, su posición se había agravado aún más, porque en el conflicto sobre el problema de la pobreza —que había surgido en el seno de la orden franciscana— Ockham se había alineado con el ala intransigente, que rechazaba con acritud la orientación moderada del pontífice romano. Por eso, previendo sanciones muy severas, en mayo de 1328 Guillermo huye de Aviñón y se refugia en Pisa, bajo la protección de Luis IV de Baviera, al que según parece le dijo: *O imperator defende me gladio, et ego defendam te verbo.* Siguiendo al emperador, se establece en Munich, donde morirá en 1349, víctima de una epidemia de cólera.

A este período, en el que ya no escribirá sobre filosofía, pertenecen sus numerosas obras polémicas de tema político-religioso. Recordemos el *Opus nonaginta dierum* y el *Compendium errorum papae Johannis XXII,* donde defiende una rigurosa noción de pobreza, en contra de la actitud mediadora del papa. En el *Breviloquium de potestate papae* y en el *Dialogus* (que constaba originariamente de tres partes, pero que ha llegado incompleto hasta nosotros) se menciona la posibilidad de deponer al papa si se convierte en hereje y estudia las relaciones entre el papa, el concilio y el emperador. Además, hay que citar el *Tractatus de iurisdictione in causis matrimonialibus* y el *De imperatorum et pontificum potestate.*

2.2. *La independencia de la fe con respecto a la razón*

Ockham es perfectamente consciente de la fragilidad teórica de la armonía existente entre razón y fe, así como del carácter subsidiario de la filosofía con respecto a la teología. Considera que son inútiles y perjudiciales los intentos tomistas, de Buenaventura y escotistas de utilizar como intermediarios entre razón y fe diversos elementos aristotélicos o agustinianos, elaborando complejas estructuras metafísicas y gnoseológicas. El plano del saber racional —basado en la claridad y en la evidencia lógica— y el plano de la doctrina teológica —orientado hacia la moral y basado en la luminosa certidumbre de la fe— son asimétricos. No se trata únicamente de una distinción, sino de una separación. En la *Lectura Sententiarum,* Ockham escribe: «Los artículos de fe no son principios de demostración y tampoco conclusiones, y ni siquiera son probables, ya que aparecen como falsos ante todos, o ante la mayoría, o ante los sabios: entendiendo por sabios aquellos que se confían a la razón natural, puesto que sólo se entiende de este modo el sabio en ciencia y en filosofía.» Las verdades de fe no son evidentes por sí mismas, como los principios de la demostración; no son demostrables, como las conclusiones de la demostración misma, y no son probables, porque aparecen como falsas a quienes se sirven de la razón natural. El ámbito de las verdades reveladas es radicalmente ajeno al reino del conocimiento racional. La filosofía no es una servidora de la teología y ésta no es una ciencia sino un conjunto de proposiciones que se mantienen unidas gracias a la fuerza cohesiva de la fe, pero sin una coherencia racional.

Con respecto al dogma de la Santísima Trinidad y rechazando los intentos de Agustín, Anselmo y Buenaventura de mostrar su racionalidad o, al menos, su concordancia con la estructura de la psique humana o con el mundo, Ockham escribe: «Que una única esencia simplicísima sea tres personas realmente distintas, es cosa de la que no puede convencerse ninguna razón natural y sólo afirma la fe católica, como algo que supera todo sentido, todo intelecto humano y casi toda razón.» Niega la posibilidad de cualquier interpretación racional de esta suprema verdad de la fe cristiana de una manera tan radical que señala la fase final de la escolástica. La razón ya no puede ofrecer ningún apoyo, porque no logra otorgar al dato revelado más transparencia que la que le da la fe. Las verdades de fe son un don gratuito de Dios y deben seguir siéndolo. No es honrado revestir de plausibilidad racional unas verdades que trascienden la esfera humana y que desvelan perspectivas que serían impensables e inalcanzables de otra forma. La razón humana posee un ámbito y una tarea diferentes del ámbito y de la tarea de la fe.

En este contexto y en esta dirección, Ockham transformó otra verdad cristiana, la omnipotencia suprema de Dios, en un instrumento que sirvió para aniquilar las metafísicas del cosmos que habían cristalizado en las filosofías occidentales de inspiración aristotélica y neoplatonizante. Si la omnipotencia divina es ilimitada y el mundo es una obra contingente de su libertad creadora, entonces —afirma Ockham— entre Dios omnipotente y la multiplicidad de individuos finitos no existe otro vínculo que el que surge de un puro acto de voluntad creadora por parte de Dios y, por lo tanto, imposible de analizar por nuestra parte, ya que sólo es conocido por su sabiduría infinita. ¿Qué son entonces aquellos sistemas de ejemplares ideales, de formas platónicas o de esencias universales, que proponían Agustín, Buenaventura o Escoto, como intermediarios entre el *Logos* divino y la gran multiplicidad de las criaturas, si no simples residuos de una razón soberbia y pagana? Lo mismo cabe decir de la doctrina de la analogía, de las causas y en especial de la metafísica del ser de Tomás de Aquino, con la que se instituyen relaciones reales o de una cierta continuidad entre la omnipotencia de Dios y la contingencia de las criaturas. Estas metafísicas pertenecen a un reino que se halla a medio camino entre la fe y la razón, y que se ve incapaz de alimentar a la una y de defender a la otra.

2.3. *El empirismo y la primacía del individuo*

La distinción tajante entre Dios omnipotente y la multiplicidad de los individuos, sin más nexo recíproco que el puro acto de la voluntad creadora divina, indescifrable desde el punto de vista racional, lleva a Ockham a concebir el mundo como un conjunto de elementos individuales, sin ningún vínculo real entre sí, no ordenables en términos de naturaleza o de esencia. La exaltación del individuo llega hasta tal punto que Ockham niega también la distinción entre materia y forma internas del individuo, porque si tal distinción fuese real, comprometería la unidad y la existencia de aquél.

La absoluta primacía del individuo posee dos consecuencias fundamentales. En primer lugar, en oposición a las concepciones aristotélicas y tomistas según las cuales el verdadero saber tiene por objeto lo universal, Ockham considera que el objeto propio de la ciencia consiste en el objeto individual. La segunda consecuencia es que todo el sistema de causas necesarias y ordenadas, que constituían la estructura del cosmos platónico y aristotélico, cede su lugar a un universo fragmentado en numerosos individuos aislados, absolutamente contingentes, porque dependen de la libre elección divina. En este contexto se comprende la irrelevancia de los conceptos de acto y potencia o de materia y forma, sobre los que se basaba desde hacía más de un siglo la problemática metafísica y gnoseológica occidental.

2.4. *Conocimiento intuitivo y conocimiento abstractivo*

La primacía del individuo lleva a la primacía de la experiencia, sobre la cual se fundamenta el conocimiento. A este propósito hay que distinguir entre conocimiento incomplejo, referente a los términos singulares y a los objetos designados por éstos, y conocimiento complejo, referente a las proposiciones que se hallan compuestas de términos. La evidencia de una proposición surge de la evidencia de los términos que la componen. Si no existe ésta, tampoco podrá existir aquélla. De aquí procede la importancia del conocimiento incomplejo, que puede ser intuitivo y abstractivo. A propósito del primero, Ockham escribe: «Mediante el conocimiento intuitivo se otorga el primer asentimiento a una verdad contingente [...]. En segundo lugar, con el conocimiento intuitivo juzgo que hay una cosa no sólo cuando la hay, sino también que no la hay cuando no la hay.» El conocimiento intuitivo, pues, se refiere a la existencia de un ser concreto y por eso se mueve en la esfera de la contingencia, porque atestigua que una realidad existe o no. La importancia del conocimiento intuitivo consiste sobre todo en el hecho de que es el conocimiento fundamental, sin el cual no serían posibles los demás. «El conocimiento experimental (*experimentalis notitia*) comienza a partir del conocimiento intuitivo. Por eso, aquel que puede realizar un experimento de una verdad contingente y, mediante ella, de la verdad necesaria, posee un conocimiento incomplejo de un término o de un ente, conocimiento que no posee quien no pueda realizar dicha experiencia.» Por ello, en opinión de Ockham, Aristóteles afirmó que la ciencia parte del conocimiento de las cosas experimentables. El empirismo de Ockham se muestra radical, si bien no es de tipo sensista.

Con respecto al conocimiento abstractivo, Ockham escribe que «puede tomarse en un sentido doble: de un modo, en cuanto que se refiere a algo abstraído desde muchos individuos, y así, el conocimiento abstractivo es conocimiento de algo universal que puede abstraerse de muchos [...]. De otro modo, el conocimiento abstractivo hace abstracción de la existencia y de la no existencia y de las demás condiciones que suceden a una cosa o se predican de ella de forma contingente». A propósito de este pasaje, hay que advertir que el conocimiento abstractivo acompaña al intuitivo y que, a diferencia de éste, no se ocupa de la existencia y tampoco del objeto. Por consiguiente, el objeto de ambos conocimientos es idéntico, pero se capta desde ángulos diversos: el conocimiento intuitivo capta la existencia o no existencia de una realidad, mientras que el abstractivo prescinde de estos rasgos. «El conocimiento intuitivo y el abstractivo difieren en sí mismos, pero no con respecto a los objetos conocidos ni con respecto a sus causas, aunque según el orden natural el conocimiento intuitivo no pueda darse sin la existencia de la cosa, la cual es verdaderamente causa eficiente directa o indirecta del conocimiento intuitivo. En cambio, el conocimiento abstractivo, por su propia naturaleza, puede existir aunque la cosa conocida se haya perdido del todo.» Ambos conocimientos se distinguen intrínsecamente, porque cada uno de ellos posee su propio ser: el primero se refiere a juicios de existencia, el segundo no; el primero está ligado a la existencia o inexistencia de una cosa (por ejemplo, este libro que está sobre la mesa), mientras que el segundo prescinde de ello; el primero es causado por el objeto presente, mientras que el segundo lo presupone, y es posterior a su aprehensión; el primero se ocupa de verdades contingentes, pero el segundo, de verdades necesarias y universales. No obstante, ¿en qué sentido el conocimiento abstractivo busca verdades necesarias y universales?

2.5. *El universal y el nominalismo*

En diversas ocasiones y sin ninguna vacilación Ockham afirmó que el universal no es real. Véase este significativo pasaje de su *Lectura sententiarum:* «No hay nada externo al alma, por sí mismo o por otra cosa real o simplemente racional que se le agregue, cualquiera que sea la forma en que se le considere o se lo entienda, que sea universal; porque la imposibilidad de que una cosa externa al alma sea universal de cualquier modo, es tan grande como la imposibilidad de que el hombre, por cualquier tipo de consideración o bajo cualquier aspecto, sea un asno.» Por consiguiente, la realidad del universal es contradictoria y debe excluirse de manera total y radical. La realidad es esencialmente individual. Los universales son nombres y no una realidad y tampoco poseen un fundamento en ella. Ockham afirma que «en el individuo no existe ninguna naturaleza universal realmente distinta de lo que es propio de un individuo», porque «o bien forma parte de un mismo individuo, y en tal caso no puede ser distinta de él, o bien permanece distinta del individuo, y éste podría evidentemente existir sin aquella naturaleza». La realidad, pues, es completamente individual. Desaparece así el problema del principio de individuación que tanto había preocupado a los clásicos, ya que resulta infundado el paso desde la naturaleza específica o esencia universal hasta el individuo singular. Sin embargo, junto con este problema desaparece también el de la abstracción en tanto que análisis de la esencia específica.

¿Qué pasa entonces con el conocimiento abstractivo y con el carácter universal de sus proposiciones? Si no es real ni tiene fundamento en la realidad, ¿es lícito seguir hablando de universal? Los universales no son *res* existentes fuera del alma, en las cosas, o antes que las cosas. Se trata, simplemente, de formas verbales a través de las cuales la mente humana constituye una serie de relaciones con un alcance exclusivamente lógico. ¿Qué es, entonces, el conocimiento abstractivo? Es algo sinónimo del conocimiento obtenido a partir de varios objetos individuales (*Cognitio abstractiva non est aliud quam cognitio alicuius universalis abstrahibilis a multis*). Si toda realidad singular provoca asimismo un conocimiento singular, la reiteración de muchos actos de conocimiento con respecto a cosas semejantes entre sí genera en el intelecto determinados conceptos que no significan una cosa singular, sino una multiplicidad de cosas semejantes entre sí. Dichos conceptos, en cuanto signos que sirven para abreviar cosas semejantes, son llamados universales, pero no representan más que una reacción del intelecto ante la presencia de realidades similares. El nombre «Sócrates» se refiere a una persona determinada, mientras que el nombre «hombre» es más genérico y abstracto porque se refiere a todos aquellos individuos que pueden ser indicados a través de la forma general y abreviada típica de tal concepto, que por eso es llamado universal.

Si no existe una naturaleza común ni puede decirse que el universal sea real, ¿qué sucede con la ciencia, que según los aristotélicos y los agustinianos tiene por objeto lo universal y no lo singular? Sin ninguna duda, de las premisas que defiende Ockham hay que excluir todo sistema de leyes universales y, con mayor motivo, una estructura jerárquica y sistemática del universo. Empero, la desaparición de este aparato metafísico, ¿perjudica quizás a todos los saberes? Según el príncipe de los nominalistas, este tipo de saber metafísico congela de forma negativa el saber. Basta con un tipo de conocimiento probable que, basándose en experiencias reiteradas, permita prever que lo ocurrido en el pasado posee un alto grado de posibilidad de suceder en el futuro. Abandonando la confianza aristotélica y tomista en las demostraciones metafísico-físicas, elabora teóricamente un cierto grado de probabilidad que mantenga despierta la investigación y, al mismo tiempo, la estimule dentro de un universo de cosas individuales y múltiples, no vinculadas entre sí por nexos inmutables y necesarios.

2.6. *La «navaja de Ockham» y la disolución de la metafísica tradicional*

En el contexto de esta extremada fidelidad a lo individual, se aprecian con facilidad las implicaciones del precepto metodológico siguiente, que posee un enunciado muy simple pero que está lleno de consecuencias: «no hay que multiplicar los entes sin necesidad» (*Entia non sunt multiplicanda praeter necessitatem*). Conocido como la «navaja de Ockham», esta frase se convierte en arma crítica contra el platonismo de las esencias y contra aquellos aspectos del aristotelismo en los que se advierte la presencia de elementos platónicos. Veamos, a través de una rápida secuencia, cómo se derrumban los pilares de la metafísica y de la gnoseología tradicional dentro de la filosofía de Ockham.

Ante todo, se vuelve un elemento fundamental el rechazo a la metafísica del ser analógico de Tomás y del ser unívoco de Escoto, en nombre del único vínculo existente entre lo finito y lo infinito, constituido por el puro acto de voluntad creadora de Dios, acto imposible de analizar de modo racional. Junto con la noción metafísica de ser analógico desaparece también el concepto de substancia. Únicamente conocemos de las cosas las cualidades o los accidentes que nos revela la experiencia. El concepto de substancia no representa más que una realidad desconocida, que de manera arbitraria se enuncia como conocida. No hay ningún motivo que respalde dicha entidad, y al admitirla se viola el principio de la economía de la razón. Otro tanto hay que decir de la noción metafísica de causa eficiente.

La diversidad entre causa y efecto resulta, sin embargo, empíricamente cognoscible, aunque sólo en la permanente posterioridad de éste con respecto a aquélla. Es posible enunciar las leyes que regulan el curso de los fenómenos, pero no un pretendido vínculo metafísico —y, por lo tanto, necesario— entre causa y efecto. Lo mismo que se dice de la causa eficiente puede aducirse con respecto a la causa final. Quien afirme que ésta actúa en cuanto que es amada y deseada, habla de manera metafórica, porque el deseo y el amor no implican una acción efectiva. Además, no es posible demostrar que un acontecimiento cualquiera posea una causa final. Carece de sentido decir que el fuego quema en vista de un fin, puesto que para obtener tal efecto no es preciso postular un fin.

En lo concerniente a la gnoseología y sus agregados metafísicos, el razonamiento es más sencillo. A la cuestión tan disputada entre aristotélicos, averroístas y aristotélico-tomistas, sobre la necesidad de distinguir entre intelecto agente e intelecto posible, Ockham responde que esto constituye un problema artificial. No sólo afirma la superfluidad de tal distinción, sino que defiende con decisión la unidad del acto cognoscitivo y la individualidad del intelecto que lo lleva a cabo. La supuesta necesidad de categorías y de principios universales, que había implicado la distinción entre intelecto agente e intelecto posible, es considerada como algo puramente ficticio y del todo inútil para el logro efectivo del conocimiento. Si es único el conjunto de las operaciones cognoscitivas, único ha de ser también el intelecto que las realiza. Ni la memoria ni el conocimiento conceptual deben alejarnos del contacto inmediato con el mundo empírico, y por eso hay que rechazar como superfluo toda apelación a entidades más complicadas y que actúan como intermediarias. Lo mismo cabe decir de las *species* como imágenes mediadoras entre nosotros y los objetos. Son algo inútil para explicar la percepción de los objetos. En efecto, el valor cognoscitivo de la especie resulta nulo porque, si el objeto no fuese captado de inmediato, la especie no podría darlo a conocer, y si el objeto está presente, resulta superflua. «La estatua de Hércules jamás llevaría al conocimiento de Hércules, ni podría juzgarse su semejanza con Hércules, si antes no se hubiese conocido a Hércules mismo.»

Esta serie de críticas al aparato metafísico y gnoseológico que Ockham encuentra ante sí nos sugiere dos comentarios. En primer lugar, la navaja de Ockham inaugura un tipo de economía de la razón, que tiende a excluir del mundo y de la ciencia los entes y los conceptos superfluos, y antes que nada, los entes y los conceptos metafísicos que inmovilizan la realidad y la ciencia, configurándose como aquella regla metodológica que más tarde se denominará rechazo de las hipótesis *ad hoc*. Además, esa crítica parte del supuesto de que no hay que admitir nada fuera de los individuos y de que el conocimiento fundamental es el empírico.

2.7. *La nueva lógica*

En el marco de esta línea esencialmente crítica del aparato metafísico tradicional, ¿cómo se configura la lógica, cuyas reglas se ve obligado a respetar todo razonamiento científico? El franciscano inglés se propone el objetivo de liberar nuestro pensamiento de la fácil confusión entre entidades lingüísticas y entidades reales, entre los elementos del razonamiento y los elementos de la realidad. En substancia, Ockham afirma que no debemos atribuir a los signos —necesarios para describir y para comunicar— ninguna otra función que no consista en servir de señal o de símbolo, cuyo significado se reduce a señalar o indicar realidades distintas a ellos mismos.

Veremos a continuación ciertos elementos de la *lógica* de Ockham. En primer lugar, antes de hablar de las proposiciones, es preciso hablar de los términos que integran las proposiciones. A tal efecto, distingue entre término mental, que según se nos dice en la *Summa logicae* «es una creación o una modificación del alma, que por su propia naturaleza significa o cosignifica algo, capaz de formar parte de una proposición mental»; término oral, que «forma parte de una proposición emitida con la boca y perceptible mediante los oídos del cuerpo»; y finalmente, el término escrito, que «forma parte de una proposición fijada sobre un cuerpo, de modo que se deba o se pueda ver con los ojos del cuerpo». El primero es natural, mientras que los segundos son convencionales, porque difieren entre las diversas lenguas.

Además, dice también Ockham en su *Summa logicae,* se llaman «categoremáticos» aquellos términos «que poseen un significado definido y preciso, por ejemplo el término "hombre", que significa todos los hombres individuales, el término "animal" que significa todos los animales individuales, y "blancura", que significa todas las cosas blancas. En cambio, son sincategoremáticos los términos como "todos, nadie, alguno, todo, excepto, solamente, en cuanto que" y similares, que no poseen un significado definido y preciso, y no significan algo distinto a lo significado por los términos categoremáticos. Al igual que en un cálculo aritmético un cero, considerado en solitario, no significa nada, mientras que añadiéndose a otro número se coloca en condiciones de significar, los términos sincategoremáticos en sentido estricto no significan nada, pero si se unen con otros términos les hacen significar algo».

Por último, hay que distinguir entre términos absolutos y términos connotativos. Los primeros «son aquellos que no significan algo de manera primaria y otra cosa de manera secundaria, sino que aquello que significan, lo significan por completo de manera primaria. Por ejemplo, el nombre "animal", que significa los bueyes, los asnos y los demás animales, no significa uno de ellos primariamente y otro, de manera secundaria». En cambio, el término connotativo «es el que significa algo primariamente y otra cosa, de manera secundaria». Así, por ejemplo, el término «blanco» significa primariamente el sujeto del cual se predica el color, mientras que de forma secundaria significa la blancura poseída por el sujeto designado.

El uso de los términos connotativos sirve para indicar las modalidades de ciertas entidades, en el sentido de que indica directamente una cosa e indirectamente otra, connotando una relación entre los objetos, que no posee sin embargo una realidad distinta de éstos. Ockham agrega que «a veces puede entrar también un verbo en la definición que expresa la esencia nominal; por ejemplo, si uno pregunta qué significa el término "causa", puede responderse que corresponde a una de estas expresiones: algo a cuyo ser le sigue otra cosa distinta, o bien: algo capaz de producir otra cosa».

Además de las propiedades mencionadas, los términos poseen propiedades que se derivan del lugar que ocupan en la proposición. Nos hallamos ante la teoría de la suposición, que indica el significado que adquiere o revela a veces un término, en el contexto de una proposición. «La suposición, por así decirlo, es poner en el lugar de otro, como sucede cuando un término en una proposición se coloca en el lugar de otra cosa, y se dice que la supone.» Hay que distinguir antes que nada «la suposición personal, que se da cuando un término supone su propio significado, coincida éste con una cosa extramental o coincida con un término mental o escrito [...]. Un ejemplo del primer caso: cuando se dice "todo hombre es un animal", el término hombre supone las cosas que significa, ya que hombre ha sido utilizado para significar los hombres individuales». Existe además la suposición simple, que se da «cuando un término supone un concepto, pero no se le toma de forma significativa. Cuando decimos "hombre es una especie", el término hombre supone un concepto, el de especie; sin embargo, hablando con propiedad, el término hombre no significa ese concepto», sino los hombres individuales existentes. Finalmente, está la suposición material, que se da «cuando un término no supone de manera significativa, sino el término mismo, oral o escrito, como en el siguiente ejemplo: "Hombre es un nombre", donde hombre se supone a sí mismo y, sin embargo, no se significa a sí mismo».

En resumen, el mismo término puede tener diversos significados, según la función con la que dentro de la proposición denota algo distinto de sí mismo. En los casos antes mencionados, el valor del término «hombre» surge siempre de algo concreto y distinto: la materialidad de la palabra, la persona de los individuos o la misma realidad psíquica de la impresión general que está presente en la mente del que piensa el concepto de hombre.

De todo esto cabe deducir, con toda claridad, que la intención de Ockham consiste en otorgar a la lógica un estatuto autónomo y más riguroso que el que le habían concedido sus predecesores. Es importante subrayar su constante negativa a admitir ninguna clase de objetividad en los términos, en el sentido de que su función es siempre la de indicar algo distinto de ellos mismos. Se lleva a cabo una radical separación entre lógica y realidad, entre términos y *res*, entre plano conceptual y plano real. ¿Dónde está la fecundidad de esta distinción?

En primer lugar, la tajante separación entre lógica y realidad permite que Ockham se ocupe de los términos como si fuesen puros símbolos, relacionándolos entre sí, sin preocuparse por la realidad designada. De este modo, está en disposición de brindar una impecable teoría de la demostración lógica, evidente y rigurosa en sí misma, porque está constituida por puros símbolos. A la luz de los resultados obtenidos por la moderna lógica simbólica, sobre todo gracias a la distinción entre «sintáctica» y «semántica», no es difícil apreciar la genialidad de esta intuición.

Luego, la invitación a especificar de qué modo nos servimos de determinados términos —y por lo tanto, de las proposiciones, considerándolas no en sí mismas sino en relación con la realidad que designan— nos indica cómo Ockham otorgó un fuerte impulso a la tradición experimental, utilizada para controlar nuestra referencia a la realidad. Tanto el rigor del lenguaje como el rigor del razonamiento científico son características que se deducen de este planteamiento. La validez de una o de varias proposiciones, en efecto, se basa en el supuesto de que sujeto y predicado no significan cosas distintas entre sí, en un contexto equívoco, sino que indican claramente la realidad designada. La fidelidad a la suposición lógica, en sus diversas formas, induce a eliminar expresiones aproximativas y a indicar con precisión aquello de lo cual se habla, evitando obstrucciones lingüísticas perjudiciales. Se trata, en resumen, de un aparato lógico que pone orden en el pensamiento, aclara el lenguaje y exige realismo al saber.

2.8. *El problema de la existencia de Dios*

Tanto en el contexto de las exigencias lógicas como en el de la teoría del conocimiento, es preciso decir que Ockham excluye toda intuición de Dios, y en lo que concierne al conocimiento abstractivo (que parte de los entes de este mundo), pone de relieve toda su incertidumbre. En la *Lectura sententiarum* y acerca de la posibilidad de un conocimiento intuitivo de Dios, escribe: «Nada puede ser conocido por una vía natural en sí mismo, si no es conocido intuitivamente: pero Dios no puede ser conocido intuitivamente por una vía meramente natural.» Con respecto al conocimiento a posteriori, critica las pruebas de Tomás y de Escoto, convencido de que ninguna de ellas es realmente válida.

Al haber eliminado la metafísica del ser, opina que hay que basarse en las causas conservantes más que en las causas eficientes. En efecto, «no resulta fácil o, más bien, es casi imposible demostrar lo absurdo de un proceso al infinito en la serie de las causas eficientes, que den razón de la productibilidad o de la producción de las cosas, como se deduce de la constatación de que pensadores como Aristóteles y Averroes hayan enseñado la eternidad del mundo, es decir, la imposibilidad de llegar hasta una causa primera de las generaciones» (A. Ghisalberti).

Se muestra más fecunda, en cambio, la vía de las causas conservantes. Aquí se entiende por conservación el acto mediante el cual una cosa conserva su ser. Veamos la manera en que Ockham formula esta prueba. «Una cosa es realmente producida por un ente, si durante todo el tiempo en que se mantiene en el ser real es conservada por ese ente; ahora bien, es verdad que el mundo fue producido; por lo tanto es conservado por un ente, durante todo el tiempo en que se mantiene en el ser. Con respecto al ente que lo conserva me pregunto: o es producido por otro ente, o no. Si no es producido por otro, es la primera causa eficiente, al igual que la primera causa conservante, ya que toda causa conservante es también causa eficiente. En cambio, si aquel ente que conserva el mundo en el ser es producido por otro ente, entonces será conservado por otro, y a propósito de este otro planteo el mismo interrogante anterior, y así se irá hasta el infinito, o bien habrá que detenerse en un ente que sólo conserva y no es en absoluto conservado, y éste será la causa eficiente primera. No obstante, es imposible avanzar hasta el infinito en las causas conservantes, porque en ese caso existiría el infinito en acto, lo cual es absurdo.»

La fuerza del argumento reside en el hecho de que los entes producidos no pueden conservarse a sí mismos o dejarían de ser contingentes para transformarse en necesarios. Los entes producidos, en cuanto tales, tienen necesidad de causas conservantes. Y como no es posible conservar aquello que no se ha producido, entonces la causa conservante es también causa eficiente. Sin embargo, si en el orden de las causas eficientes, según Ockham, no es absurdo avanzar hasta el infinito, ¿por qué lo es en el orden de las causas conservantes? Ésta es la razón: las causas conservantes coexisten con los entes conservantes; por lo tanto, si aquéllas fuesen infinitas, una infinidad de entes poseerían existencia en acto, lo cual (en el ámbito de lo contingente) es absurdo (A. Ghisalberti).

La razón por la que Ockham prefiere este tipo de argumentación parece ser la siguiente. La realidad de la causa conservante se da en el acto a través del cual expresa la potencia que hace ser y no ser, que conserva y no conserva. Por eso la certidumbre de su existencia está vinculada a la existencia en acto del mundo, que tiene una necesidad permanente de ser mantenido en el ser.

La razón no puede avanzar más allá. ¿Qué puede decir, en efecto, acerca de los atributos divinos (unicidad, infinitud, omnipotencia, providencia)? Todas las pruebas aducidas en favor de dichos atributos son meras persuasiones, argumentos probables, pero no *demonstrationes*, porque no logran excluir las dudas. Nos hemos de limitar a afirmar la trascendencia de una causa conservante y eficiente. Lo cual no es poco, porque tal afirmación permite escapar a todas las acusaciones de agnosticismo y porque al imponer la causa trascendente un orden finito, ésta garantiza las premisas que hacen posible que dicho Absoluto se manifieste a la razón humana por sus propios medios, esto es, la revelación, la única que nos puede ofrecer su verdadero rostro. Como es obvio, cuando Ockham critica las *demostraciones* tradicionales no intenta ignorar la existencia de Dios, sino subrayar la debilidad de los argumentos humanos. Las argumentaciones aducidas en favor de los atributos de Dios no son rigurosas, en la medida en que se muestran incapaces de excluir la duda o de vencer la incertidumbre.

Si el ámbito de la razón humana es tan restringido por lo que concierne a Dios, se comprenderá que el ámbito de la fe resulte mucho más amplio, en el que se encuentran las verdades conocidas a través de la revelación, gracias al Dios que posee una bondad suprema, el Dios uno y trino, simple y absolutamente perfecto. También en el caso de estas verdades teológicas, la razón humana debe abandonar la manía de argumentar, demostrar o explicitar. En este ámbito la razón no tiene ninguna tarea de importancia, porque las verdades teológicas son todas ellas —y de manera exclusiva— de índole práctica y no cognoscitiva. En efecto, existen afirmaciones de carácter especulativo, como por ejemplo: Dios crea el mundo, Dios uno y trino, etc. El aspecto especulativo de estas verdades, sin embargo, se debe a la naturaleza específica de sus enunciados, que no hacen referencia a la praxis y, por lo tanto, se los califica de especulativos, pero no porque su contenido constituya una forma de saber cierto y demostrado mediante la razón. Ésta, en lo que concierne a Dios, ocupa un lugar irrelevante, superada por la intensa luminosidad de la fe.

Junto con el edificio metafísico levantado por la escolástica, Ockham descarta, como es obvio, toda una serie de aspiraciones de la razón. En su opinión, la verdadera tarea del teólogo no consiste en demostrar con la razón las verdades aceptadas por fe, sino demostrar desde la superioridad de estas últimas verdades la insuficiencia de la razón. Ockham piensa instituir de este modo un concepto más riguroso de razón, reduciéndola a sus justos límites y salvaguardando al mismo tiempo la especificidad y la alteridad (con respecto a la razón) de las verdades de fe.

Los dictámenes de la fe, cuando se presentan como puros «datos» de la revelación, aparecen en su belleza originaria, sin los falsos oropeles de la razón. Su aceptabilidad se debe, de manera exclusiva, al don de la fe. Éste es el fundamento de la vida religiosa, al igual que de la verdad cristiana. Si el esfuerzo de la escolástica pretendía conciliar fe y razón, a través de mediaciones y de elaboraciones con un alcance muy variado, el esfuerzo de Ockham consiste en eliminar tales mediaciones y en representar por separado, pero con todo su peso específico, el universo de la naturaleza y el universo de la fe. No *intelligo ut credam,* ni *credo ut intelligam,* sino *credo et intelligo.*

2.9. *El nuevo método de investigación científica*

Los criterios de investigación científica que se pueden extraer de las numerosas obras que Ockham dedicó al estudio de la naturaleza (*Expositio super Physicam, Quaestiones in libros Physicorum* y *Philosophia naturalis*) se hallan íntimamente ligados a la nueva lógica y a la crítica de la cosmología tradicional. Como ya se ha dicho, si el mundo es esencialmente contingente y ha sido creado por la libertad absoluta de Dios omnipotente, no es lícito partir del supuesto de que el mundo está estructurado de acuerdo con relaciones necesarias, conocidas a través de un proceso metafísico. No es preciso admitir otra multiplicidad, además de la de los individuos. Si esto es así, el fundamento del conocimiento científico no es otro que el conocimiento experimental. De aquí surge el primer criterio: sólo se puede conocer de manera científica aquello que es controlable mediante la experiencia empírica. La lógica, instrumento lingüístico de análisis y de crítica, también nos lleva hacia una fidelidad al mundo de lo real. Cuando obliga a definir a qué realidad substituyen los términos en una o más proposiciones, la lógica nos invita a conectar el contenido de las afirmaciones con la efectiva realidad de los individuos.

Esta fidelidad a lo concreto hace que Ockham rechace toda substancialización de carácter metafísico de entidades como el movimiento, el espacio, el tiempo, el lugar natural, etc. Por ejemplo, considera que el movimiento no es una entidad distinta de las cosas reales que se mueven. Además de los cuerpos móviles, no existe nada. Mediante los instrumentos de la lógica hemos de preguntarnos qué es lo que se entiende por el término de «movimiento». Y la respuesta es que dicho término existe en función de los individuos singulares u ocupando su lugar, y describe la modalidad de cambio en sus recíprocas posiciones. Por lo tanto, los procesos reales se reducen a una serie de estados, que se distinguen por su cantidad, en el sentido de la mutación en la posición que ocupa uno con respecto al otro. La estructura temporal de los acontecimientos físicos se limita a una serie de *stationes,* cada una de las cuales substituye la anterior. La perspectiva cualitativa, típica de la mecánica aristotélica, se ve reemplazada por la cuantitativa.

Estas reflexiones nos conducen hasta el segundo criterio fundamental del método de Ockham: más que preocuparnos por el *qué* son los fenómenos, debemos preocuparnos por *cómo* se llevan a cabo. Lo importante no es la naturaleza, sino la función. Desde la metafísica se pasa a la física, en tanto que disciplina moderna, cuyas implicaciones se desarrollarán enormemente a lo largo de los siglos siguientes. En efecto, estas nociones llevarán hasta una matematización de la ciencia y, en consecuencia, a la aplicación de los métodos del cálculo matemático al entendimiento de las diversas fases de los fenómenos. El camino de la física moderna comienza a substituir al camino de la investigación aristotélica, de carácter físico-metafísico. En efecto, la visión jerárquica del universo se desvanece y aparece en su lugar una visión del mundo como conjunto de individuos, ninguno de los cuales constituye el centro o el polo de atracción con respecto a los demás.

A este propósito hay que añadir una consideración adicional, que sirve para indicar la nueva dirección que toma la física. Persuadido de que el mundo es un conjunto de individuos y que en su totalidad es esencialmente contingente —esto es, carece de una legalidad metafísica universal, que pueda darse por sobreentendida— Ockham considera imposible poner en movimiento la indagación científica a través de principios racionalmente definidos o de estructuras necesarias. Esto se justifica y se comprende mientras se permanezca en el ámbito de la física aristotélica, según la cual todo se desarrolla según leyes inmutables, porque este mundo es fruto de la necesidad y no de la libertad. Sin embargo, en el contexto del mundo creado por la libertad absoluta de Dios, no sólo es posible, sino también legítimo, tomar en consideración todas las hipótesis explicativas, aunque permanece vigente la prescripción de controlar tales hipótesis mediante los datos experimentales que ofrece el conocimiento intuitivo sensible. Así, se puede entrever la aparición de un método —sin duda, sólo en estado embrionario— basado en un procedimiento *per imaginationem,* que tendrá en el futuro un fecundo desarrollo.

Finalmente, debido a su extremada fidelidad al dato y en virtud de su «navaja», Ockham niega que entre el sistema celestial y la esfera sublunar exista la diversidad substancial que Aristóteles había sostenido: aquél sería incorruptible y ésta, corruptible. No es lícito admitir una diversidad tan radical entre las partes de un mismo universo. Así, la superación del distanciamiento entre el orden de las cosas corruptibles y los cielos inmutables inaugura la concepción de un universo homogéneo entre sus elementos estructurales. De aquí surgirá el rechazo a la animación de los cielos, así como a la indivisibilidad de las substancias celestiales, y la reducción integral de las esferas celestiales a la naturaleza material de la esfera terrestre.

La simple mención del método y de algunas de las tesis de Ockham ponen de manifiesto que nos encontramos ante el epílogo de la «ciencia» medieval y en el preludio de una nueva física. La caída del sistema de causas necesarias y ordenadas que constituían la estructura del universo aristotélico, al igual que la no substancialización de entidades como el tiempo, el espacio, el movimiento, el lugar natural, etc., sobre las que se había basado una gran parte de la reflexión medieval, confirman que con Ockham se clausura un período y se abre otro distinto.

2.10. *En contra de la teocracia y a favor del pluralismo*

Ockham es uno de los intérpretes más inteligentes de la desaparición, en la conciencia colectiva, de los ideales y de los poderes universales encarnados en las dos figuras teocráticas: el emperador y el romano pontífice. La intransigente defensa del individuo como única realidad concreta, la tendencia a fundamentar el valor del conocimiento sobre la experiencia directa e inmediata, así como la separación programática entre la experiencia religiosa y el saber racional, y por tanto entre fe y razón, lo conducían a una defensa de la autonomía del poder civil con respecto al poder espiritual y a exigir una transformación profunda en la estructura y en el espíritu de la Iglesia. Se trata de un proyecto que, como se deduce de estos últimos factores mencionados, entra en colisión con la totalidad de los cimientos de la cultura medieval y plantea las bases de la cultura humanístico-renacentista. Envuelto en el conflicto entre papado e imperio, Ockham quiere replantear el poder del pontífice y desmitificar el carácter sagrado del imperio, interesándose más por lo primero que por lo segundo.

En lo que respecta a la *plenitudo potestatis* o carácter teocrático del papado, Ockham escribe en su *Breviloquium:* «Comenzaré por esta plenitud de poderes, mediante la cual algunos consideran que el papa recibió de Cristo una plenitud de poderes que le da derecho a disponer de todas las cosas, tanto en el orden espiritual como en el temporal.» La refutación de tal concepción se fundamenta sobre la convicción de que «la teoría de la plena soberanía papal choca con el principio inspirador de la ley evangélica que, a diferencia de la ley mosaica, es una ley de libertad» (A. Ghisalberti). Si el papa hubiese recibido de Cristo la plenitud de poderes y actuase en consecuencia, sometería a sí a todos los cristianos. Tendríamos entonces una esclavitud peor que la antigua, porque afectaría a todos los hombres. Esta tesis no sólo es contraria al Evangelio, sino a las exigencias fundamentales de la convivencia humana.

En realidad, el papa tiene un poder limitado. Es un *ministrator,* pero no un *dominator;* debe servir y no exigir vasallaje. Su poder fue instituido en favor de sus súbditos y no para quitarles a éstos aquella libertad que es la clave de las enseñanzas de Cristo. Al pontífice no le corresponde un poder de este tipo y tampoco al concilio, sino a la Iglesia, como comunidad libre de fieles, que en el transcurso de su tradición histórica sanciona aquellas verdades que constituyen su vida y sus fundamentos. ¿A qué se reduciría la presencia del Espíritu Santo en la comunidad de los fieles, si la tarea de sancionar las leyes o de imponer las verdades correspondiese al papa o al concilio? En la Iglesia no hay lugar para la teocracia o la aristocracia. Es preciso conceder más importancia a los fieles, a todos los fieles, miembros efectivos de la Iglesia, cuya comunidad es la única depositaria de la infalibilidad. En nombre de este ideal Ockham critica el papado, rico, autoritario, que tiende a someter a la conciencia religiosa de los fieles. El papado se presenta en una tajante oposición con el ideal de la Iglesia como comunidad libre, exenta de toda preocupación mundana, en la que la autoridad del papado debe limitarse a presidir la fe libre de sus miembros.

Si Ockham replantea el poder del papa en el interior de la Iglesia, lleva a cabo una tarea similar, y con más energía aún, en relación con el poder temporal. Si la autoridad del papa sólo tiene un carácter pastoral y moral, no puede legislar para todo el pueblo en lo que se refiere a cuestiones temporales, que entran en cambio bajo la competencia del emperador. Se trata de dos esferas independientes y autónomas, cada una de ellas soberana en su terreno. La autoridad imperial no procede de Dios, a través del papa. No es sagrada, ni es lícito integrarla en un contexto providencialista y finalista, como si derivase de Dios en vista de la institución de la Iglesia, que habría servido para preparar y de la cual tendría que depender. El imperio romano nació antes de la institución de la Iglesia y era plenamente legítimo y válido en sí mismo. El imperio pasó de los romanos a Carlomagno y, luego, de los francos a la nación germánica. Los romanos primero y los germanos más tarde poseen el derecho de elegir al emperador. Hay que eliminar toda jurisdicción del papado con respecto al imperio. Por lo tanto el emperador no debe considerarse como vasallo del papa. La teoría de las «dos espadas» sólo puede entenderse en el sentido de que los dos poderes deben hallarse representados por dos personas diferentes, independientes entre sí.

De lo dicho hasta ahora cabe concluir que Ockham pretendió defender al emperador en contra del papa, en el sentido de defender sus derechos contra el absolutismo papal que pretendía erigirse en árbitro de la conciencia religiosa de los fieles. Sin embargo, más que en la política imperial, Ockham está interesado por la vida de la Iglesia, que quiere reformar en sus estructuras y en sus propósitos. El papa es falible, al igual que lo es el concilio, asamblea de hombres falibles. Sólo es infalible la Iglesia en cuanto comunidad universal de fieles, que no puede verse disuelta por ninguna voluntad humana, de acuerdo con la promesa de Cristo, según la cual subsistirá hasta el final de los tiempos. Con este objetivo, pues, es necesario que la Iglesia se reforme *in capite et in membris*, volviendo a la pobreza evangélica, sin ambiciones terrenas ni aspiraciones autoritarias. En el fondo, se trata del ideal franciscano, al que Ockham se remite con aquellos ribetes polémicos provocados por el debate en curso acerca de la pobreza, que quisiera que fuese radical, no sólo con respecto al espíritu sino también al aparato estructural, y que debe aplicarse a la orden franciscana y extenderse a toda la Iglesia.

Puede comprobarse que aquí se halla en embrión una aspiración de reforma que se acentuará durante el siglo siguiente, para acabar desembocando en la lejana reforma protestante. Sin ninguna duda, ya se han echado sus bases, y su florecimiento no augura un retorno a la unidad medieval, sino a la afirmación de aquel pluralismo que —primero con Wyclif y después con Lutero— se convertirá más tarde en fragmentación y dispersión. Ya ha pasado la época de la unidad y de la armonía. La acentuación que se concede al individuo en el interior de la Iglesia, de la orden franciscana y asimismo de la sociedad civil, lleva al nacimiento del derecho subjetivo y, por lo tanto, a la noción moderna de libertad del individuo, de su autonomía, y al nacimiento tanto del derecho civil como del eclesiástico. Éstas son las consecuencias finales de la tesis fundamental relativa a la separación entre razón y fe, entre orden espiritual y orden humano y, sobre todo, de la tesis del primado del individuo sobre toda forma de carácter universal.

Con Ockham la escolástica llega a su epílogo. Después de él, ya no aparecen en el siglo XIV otras grandes personalidades u otros grandes sistemas. Nacen las escuelas —el tomismo, el escotismo, el ockhamismo— que se disputan el terreno, reiterando y a menudo polemizando acerca de lo que había sido dicho por los maestros respectivos. Ante el tomismo y el escotismo, que representaban la *via antiqua,* se impone el ockhamismo como *via moderna,* en la medida en que asume una actitud programáticamente crítica con respecto a la tradición escolástica. A pesar de las prohibiciones y las condenas, esta orientación va erosionando paulatinamente los sistemas antiguos, haciendo surgir instancias y principios que poco a poco se irán recogiendo en una nueva visión del mundo. El 25 de septiembre de 1339 se prohíbe en París la lectura de Ockham; el 29 de diciembre de 1340 se reitera la prohibición, con respecto a sus tesis más representativas. A pesar de esto, el ockhamismo gana terreno en las principales universidades, a través de hombres que intentan demostrar la inconsistencia de la cosmología aristotélica, como por ejemplo Juan Buridán (1290-1358) y Nicolás de Oresme (fallecido en 1382); mostrar la inconciliabilidad de la fe con la razón, en nombre de un concepto más riguroso de ciencia, como Nicolás de Autrecourt (1350) y Juan Buridán; y por último, defender la necesidad de una radical reforma de la Iglesia, como el inglés Juan Wyclif (aprox. 1328-1384) y el bohemio Juan Hus (1369-1415).

3. La ciencia de los ockhamistas

3.1. *Los ockhamistas y la ciencia aristotélica*

Como consecuencia del profundo cambio que Ockham había provocado en la filosofía y en las ciencias durante las primeras décadas del siglo XIV, da comienzo una nueva concepción del saber científico, que dominará de forma indiscutida la cultura europea durante alrededor de dos siglos, acabando por influir de manera positiva sobre la revolución científica de Galileo. Primero en Oxford, pero luego en París y en el resto de Europa, las nociones científicas de Aristóteles se ven sometidas a una severa crítica, desde diversos puntos de vista. En lo que se refiere al método, los seguidores de Ockham se oponen a la noción de conocimiento científico que propugna Aristóteles, que se caracteriza por la universalidad y la necesidad (mediante el término *episteme* Aristóteles entendía precisamente un saber universal y necesario), el conocimiento científico de lo particular y el probabilismo. En realidad, sin embargo, todo el sistema científico del gran filósofo griego parece vacilar a partir de los dos siglos anteriores a Galileo, sacudido por una crítica implacable en sus mismos cimientos.

En sus críticas los maestros medievales avanzan guiados por un principio de origen neoplatónico y por una evidente convicción religiosa, según la cual todo lo que es realmente posible puede llevarse a cabo en el futuro, o en otro mundo imaginario que Dios en su omnipotencia podría crear. El universo aristotélico, finito, cerrado y determinado en todos sus aspectos, resulta enormemente estrecho ante las audaces *imaginationes* de los medievales. Por ejemplo, para Aristóteles no puede existir el vacío en la naturaleza, porque es algo contrario a sus leyes físicas, pero los físicos medievales también estudian en profundidad el vacío, aunque no se hallan en condiciones de brindar una experiencia directa de ese fenómeno, porque —como ellos afirman— es resultado del absoluto poder divino. Para Aristóteles, asimismo, el universo es único, no pueden existir otros mundos, lo cual se halla en clara oposición con la noción de los cristianos según la cual la omnipotencia del Creador carece de límites. De este modo, se legitiman y se estimulan todas aquellas consideraciones referentes a una concepción infinita del universo y a la existencia de otros mundos además del nuestro.

Siguiendo esta senda, los maestros medievales, si bien no rechazan del todo las doctrinas aristotélicas, acaban por proponer un nuevo paradigma científico, que intenta explicar todas las situaciones posibles, tanto las reales como las meramente hipotéticas. Existe una conciencia clara de que los fenómenos pueden justificarse también a través de explicaciones distintas a las que brinda Aristóteles. Este modo de proceder, puramente conjetural e hipotético, propio de los científicos ligados a las doctrinas de Ockham, no dejará sin embargo de producir resultados importantes, con respecto a las concepciones cosmológicas (infinitud del mundo, rotación de la tierra, etc.) y a algunas leyes físicas específicas.

El primer elemento, y el más importante, sobre el cual las críticas de los físicos medievales llegan a resultados decididamente originales se refiere a un principio básico de la teoría física aristotélica, que supone la acción directa o continua de un motor para explicar cualquier tipo de movimiento local, incluido el de los objetos arrojados con fuerza. Ahora bien, en el lanzamiento de los proyectiles se hace preciso admitir la presencia de un motor distinto al que ha producido inicialmente el movimiento (por ejemplo, la mano que se separa de la piedra una vez que la ha tirado). Para eliminar tal dificultad Aristóteles se veía obligado a introducir en su teoría una explicación adicional, que sin embargo se hallaba obviamente en contra de lo que cabe experimentar. Consideraba que la piedra que la mano arrojaba con fuerza continuaba moviéndose porque el aire, llevando a cabo remolinos alrededor de ella, la mantenía en movimiento.

Juan Buridán, físico parisiense de mediados del siglo XIV, refuta esta explicación de Aristóteles, utilizando de este modo el método de la falsación empírica: si después del impulso inicial un cuerpo se mantiene en movimiento gracias a los remolinos del aire, entonces un cuerpo cuya extremidad posterior sea plana debería permanecer en movimiento durante más tiempo que un cuerpo con ambas extremidades acabadas en punta, ya que los remolinos aéreos pueden apoyarse menos en dichas puntas. Sin embargo, no es esto lo que se comprueba y, por lo tanto, la explicación de Aristóteles es errónea.

Este razonamiento acerca de posibles experiencias (en efecto, no sabemos con certeza si Buridán realizó en la práctica tal experimento) le basta al físico parisiense para rechazar la explicación de Aristóteles (el aire no ayuda en nada al movimiento, sino que lo impide mediante la fricción) y para afirmar que no es el aire el que mantiene en movimiento los proyectiles, sino el *impetus* o fuerza que se haya ejercido sobre el cuerpo mismo en el momento del lanzamiento. Esta fuerza ejercida es proporcional a la *quantitas materiae* del cuerpo (los cuerpos más pesados, a igualdad de volumen, son lanzados más lejos) y constituye una cualidad que perdura en ese cuerpo hasta que la resistencia del aire y la gravedad de la tierra anulan su movimiento. El *impetus* así concebido es utilizado por Buridán y sus discípulos para explicar gran cantidad de fenómenos: desde el movimiento del torno de un artesano hasta el de los cuerpos que oscilan, desde el rebote de una pelota hasta el movimiento de los cuerpos celestes, con lo que un único tipo de explicación abarca tanto el mundo terrenal como el celestial.

El teorema de Tomás Bradwardine —que corrige las leyes aristotélicas sobre las relaciones entre fuerza y resistencia— y la ley de Merton (del famoso *college* universitario de Oxford), que ofrece un criterio riguroso para medir el movimiento uniformemente acelerado, constituyen importantes contribuciones científicas de los físicos medievales. Las especulaciones de éstos, por más que rara vez se basen sobre datos empíricos, también toman en consideración la posibilidad de la rotación de la tierra, si bien sólo desde un punto de vista meramente hipotético. La indagación con respecto a este problema, tal como la llevan a cabo Juan Buridán y su discípulo Nicolás de Oresme (ya mencionado antes), se propone demostrar que la rotación de la tierra no provocaría ningún inconveniente para los conocimientos astronómicos y astrológicos aceptados en la época, y que por ello todos los fenómenos celestes quedarían igualmente salvados si se introdujese esta nueva hipótesis para substituir la de la rotación de los cielos. «En otros términos, se trata de conservar toda la estructura del universo precedente, pero explicándola de un modo diferente. La única modificación que se requiere consiste en hacer que la tierra se mueva, dejando el cielo en situación de quietud, apelando a la percepción relativa del movimiento» (F. Bottin). Una vez establecida desde el punto de vista de las explicaciones científicas la equivalencia entre las dos teorías (la aristotélico-ptolemaica, que mantiene inmóvil la tierra y que hace mover el cielo, y la tardo-medieval, que hace mover la tierra conservando inmóvil el cielo), ambos físicos medievales introducen el famoso principio de economía, o «navaja de Ockham», según el cual entre dos teorías rivales hay que preferir siempre la que explica los fenómenos de la manera más sencilla. Ahora bien, aunque tanto en Buridán como en Oresme se pusiese de manifiesto que la rotación de la tierra era una operación mucho más sencilla que la rotación de toda la bóveda celeste, éstos —a causa de un excesivo respeto por la concepción aristotélica— no expresan abiertamente su preferencia por la nueva teoría, sino que se limitan a proponerla junto con la antigua, sin definirse acerca de cuál era la mejor.

3.2. *Los ockhamistas y la ciencia de Galileo*

No se sabe con claridad en qué medida estas doctrinas pueden haber influido sobre el pensamiento posterior y, más en particular, sobre la revolución copernicana. Parecen haber ejercido un influjo importante sobre Galileo y, en especial, sobre el cambio de perspectiva que le permitió formular nuevas leyes, comenzando por la famosa ley de la caída de los graves. A propósito de estas leyes, podemos afirmar con Thomas Kuhn —epistemólogo e historiador de la ciencia contemporáneo— «que la genialidad de Galileo consiste en la utilización que hizo de las posibilidades perceptivas que había puesto a su disposición el cambio de paradigma que había tenido lugar en la edad media». A título de ejemplo, veamos de manera esquemática cuál fue el cambio que posibilitó la exacta formulación de la ley acerca de la caída de los graves. En la concepción aristotélica, un cuerpo que cae se dirige hacia su lugar natural (para los cuerpos pesados, el centro de la tierra) a una velocidad directamente proporcional a su propio peso e inversamente proporcional a la resistencia del medio que debe atravesar. Dicha velocidad permanece constante durante el tiempo de la caída, a no ser que intervengan una fuerza o una resistencia adicionales y la hagan variar. Para los medievales, un cuerpo que cae inicialmente se halla impulsado de forma exclusiva por la fuerza de la gravedad, pero inmediatamente después se ejerce sobre el cuerpo una fuerza o *impetus* como consecuencia de la velocidad adquirida inicialmente, con lo cual el movimiento se acelera. Tal aceleración, a su vez, da origen a un nuevo impulso que, añadido al precedente, aumenta aún más la velocidad del cuerpo que cae, y así sucesivamente. Mediante la teoría del *impetus,* los físicos medievales pueden considerar con toda corrección que los cuerpos que caen aumentan de velocidad de manera constante, a lo largo de los sucesivos momentos temporales. Esta manera de considerar los cuerpos que caen también servirá de guía a las investigaciones de Galileo sobre la caída de los graves. En efecto, Galileo, gracias precisamente a las innovaciones aportadas por los físicos medievales, estará en condiciones de formular con exactitud a partir de 1604 la famosa ley sobre la caída de los graves, calculando la velocidad en relación con el cuadrado de los tiempos, aunque esta fórmula se hiciese depender entonces de una cuestión errónea, como si la velocidad fuese proporcional al espacio recorrido y no al tiempo empleado por el cuerpo en llegar a la tierra.

En aquellos mismos años, el paradigma medieval guiaba también los cálculos de René Descartes en la formulación de una ley casi idéntica a la de Galileo, incluido su error. Sin embargo, el científico de Pisa será el único que más tarde, en 1639, logrará corregir la formulación precedente y, al dar a conocer oficialmente los resultados de sus investigaciones, declarará haber sido muy afortunado al poder obtener una ley exacta partiendo de un principio equivocado. Lo que Galileo llamaba «fortuna» no era más que el paradigma científico del *impetus* (la aceleración de la velocidad depende de los impulsos que se suceden a lo largo de distintos instantes temporales, y no se halla en relación con el espacio recorrido), que lo había guiado —sin que él fuese del todo consciente de ello— en las observaciones que había llevado a cabo acerca de los cuerpos que caen.

4. Las teorías políticas de Marsilio de Padua

4.1. *Egidio Romano y Juan de París: ¿quién posee el primado, la Iglesia o el imperio?*

Hemos visto que en su obra política Ockham se opone al primado político del papado. En contra del absolutismo papal, Ockham exige la ley de Cristo, que es una ley de libertad. El papa no puede pretender la *plenitudo potestatis* ni en el ámbito espiritual ni en el político. En realidad, lo que se halla en el corazón de la postura de Ockham son los derechos de la Iglesia. Ésta es «la multitud de todos los católicos que han existido desde la época de los profetas y de los apóstoles hasta el momento presente». La tradición histórica de la Iglesia es la que reconoce y fija, a lo largo de su vida religiosa, las verdades que se encuentran en su base. La Iglesia es la infalible y no el papa o el concilio. Y si el poder del papa sobre la Iglesia no es *dominativus* sino *ministrativus,* también resulta insostenible para Ockham la pretensión del papado aviñonense según el cual el poder del emperador derivaría de Dios únicamente a través del papa. Cristo y los apóstoles, afirma Ockham, jamás pretendieron establecer un reino temporal; su misión tenía como fin la salvación espiritual. Y el imperio —aquel imperio que desde los romanos pasó a Carlomagno y, luego, a la nación alemana— existe desde antes de Cristo y no tuvo que esperar al papa para desarrollar sus funciones. En pocas palabras, para Ockham en esencia es válida la teoría propuesta por primera vez por el papa Gelasio I (492-496), según la cual el poder del papado y del imperio son independientes.

Sin embargo, el papa Gelasio había formulado la doctrina de las «dos espadas» porque en aquella época servía para reivindicar la autonomía de la Iglesia con respecto a la política. Más adelante, en un contexto histórico y político diferente, sobre todo con Inocencio III (1198-1216), se abrió camino con decisión la teoría del primado del poder de la Iglesia sobre el del imperio. Esto ocasionó las posteriores polémicas acerca del predominio de uno u otro poder. Egidio Romano (de la familia romana de los Colonna), nacido en Roma en 1247, alumno de santo Tomás en París, defensor del tomismo contra la condena de Esteban Tempier y de Roberto Kilwardby, maestro en París después de la muerte de Tempier, consagrado por Bonifacio VIII como arzobispo de Bourges y muerto en Aviñón en 1316, sostuvo la tesis favorable a la Iglesia. En su *De ecclesiastica potestate,* de 1302, Egidio Romano se declara a favor de la tesis pontificia y afirma que tanto la autoridad política como cualquier otro poder se deriva de la Iglesia o a través de la Iglesia. Y ésta se identifica con el papa. Tenaz opositor del papista Egidio Romano fue en aquella época Juan de París (1269-1306), que en su *De potestate regia et papali* sostuvo el derecho de los individuos a la propiedad, negó que el papa pudiese atribuirse la *plenitudo potestatis* y sólo le concedió la función de administrador de los bienes de la Iglesia. Dante (1265-1321), en el *De Monarchia,* también se preocupó de defender el imperio en relación con las pretensiones del papado. Las dos instituciones se proponen objetivos diferentes: el imperio, el bien que hay que conseguir en esta tierra; la Iglesia, en cambio, la felicidad celestial. Debido a sus diferentes finalidades, ambas instituciones se muestran irreductibles entre sí. Empero, si se desea analizar el posible primado de una de las dos, teniendo en cuenta entonces que sólo el imperio puede asegurar la paz y la justicia, esa primacía corresponde al emperador, puesto que para la perfección de la convivencia humana «conviene que haya un solo piloto que, considerando las diversas condiciones del mundo y los diversos y necesarios oficios ordinarios, tenga por universal e inevitable oficio el mandar». Este único piloto es el emperador: «Él es quien manda todos los mandamientos, y lo que dice es ley para todos, debe ser obedecido por todos, y todo otro mandamiento adquiere vigor y autoridad gracias al suyo.» En este punto, se hace evidente, ante una mirada de conjunto, que, como afirma Abbagnano, «cada uno de estos autores anticurialistas posee una característica peculiar, consistente en el interés específico que se propone defender: interés que, para Juan de París, es esencialmente económico-social; para Dante, político; para Ockham, filosófico-religioso. No obstante, el conjunto de estos intereses constituye aquel más general de la nueva clase burguesa, que defiende su iniciativa libre ante el monopolio de poder reivindicado por el papado, apoyándose en la autoridad civil, que se muestra más abierta y menos exigente en relación con él». Continuando con nuestra perspectiva de conjunto, tampoco es difícil de constatar que, sobre el trasfondo de los autores acabados de citar y de los demás escolásticos, la obra política de Marsilio de Padua ocupa un lugar muy significativo, en el que se detecta el final del pensamiento medieval y el comienzo de la época moderna. Ello se debe a que las teorías políticas y jurídicas de Marsilio se sitúan fuera del ámbito en el que se habían desarrollado las disputas de los medievales. En efecto, Marsilio elabora su doctrina sin tener en cuenta aquel derecho natural de origen divino que, de un modo o de otro, había constituido un pilar de pensamiento medieval.

4.2. *El «Defensor pacis» de Marsilio de Padua*

Marsilio Maierardini nació en Padua entre 1275 y 1280. Enseñó en París, y entre 1312 y 1313 fue rector de su universidad. En París estuvo sometido a la influencia del averroísmo latino, que planteaba una tajante separación entre razón y fe y que, gracias a la doctrina de la doble verdad, eliminaba cualquier obstáculo existente en el camino de un radical racionalismo. También era averroísta aquel Juan de Jandun, que se considera como colaborador de Marsilio en la redacción de su obra principal, el *Defensor pacis,* acabado en 1324. Tanto Juan de Jandun como Marsilio fueron excomulgados poco después de ser conocido ese libro. Y al igual que Ockham, también ellos buscaron refugio cerca de Luis IV de Baviera, a quien Marsilio había dedicado la obra incriminada. Mientras tanto, Juan XXII condenó a Marsilio como hereje. Cuando Luis IV bajó a Italia en 1327, venía acompañado de Marsilio. Luis IV fue coronado como emperador en Roma, pero no por el papa, sino por el pueblo. La teoría de Marsilio sostiene, en efecto, que el poder procede inmediatamente del pueblo y que en Dios sólo tiene su causa remota. Luis IV nombró a Marsilio como su vicario en Roma; depuso al papa Juan XXII, nombrando un antipapa. Luis, empero, tuvo que volver con presteza a Alemania y Marsilio le siguió, permaneciendo en la corte como consejero y médico imperial. Murió entre 1342 y 1343.

Su *Defensor pacis* es una obra que «constituyó un obligado punto de referencia para los teóricos del conciliarismo y los adversarios del papado». «Teodorico de Nyem y Juan Gerson, Nicolás de Cusa y Francisco Zabarella, y el mismo Juan Hus y sus seguidores utilizaron ampliamente la obra de Marsilio, o bien toman posición en contra de sus tesis más extremistas, demostrando sin embargo que conocen sus doctrinas y que han reflexionado sobre ellas» (G. Piaia). Para Marsilio el Estado es una *communitas perfecta,* una comunidad natural autosuficiente que se edifica a través de la razón y de la experiencia de los hombres. Sirve para que éstos vivan, y vivan bien. El Estado del que Marsilio habla ya no es el imperio universal, sino el Estado nacional, o el municipio o una ciudad-estado, es decir, el Estado de su época. Para Marsilio, éste es una construcción humana que logra finalidades humanas y no existen en él vínculos de naturaleza teológica. Fe y razón se distinguen entre sí, al igual que la Iglesia y el Estado, y éste no debe ser subordinado a aquélla. Por lo contrario, en lo que concierne a la vida terrena, la Iglesia es la que debe someterse al Estado. Sin duda, existe la ley religiosa cuyo fin es la gloria o el castigo *in saeculo venturo.* Se trata de la ley mosaica, la evangélica, o también la de Mahoma y de los persas. Sin embargo, además de esta ley religiosa, existe también la ley que es criterio de lo justo y de lo útil en el plano puramente humano y social. Esta ley es tal porque representa un mandato coactivo al que se halla ligado un castigo o una recompensa que se reciben en este mundo. De esta manera para Marsilio la ley no posee un fundamento divino ni un respaldo ético, y tampoco se basa en el derecho natural. En el *Defensor pacis* Marsilio escribe: «Afirmamos que legislador —esto es, causa efectiva primera y propia de la ley— es el pueblo, es decir, la colectividad (*universitas*) de los ciudadanos o la parte más importante (*valentior pars*) de ellos, que —elegida por el resto, es decir, por la voluntad expresada con palabras en la asamblea general de los ciudadanos— ordena o determina hacer u omitir una cosa relativa a los actos civiles humanos, bajo amenaza de castigo o de suplicio terreno.» La ley y el Estado, por lo tanto, son cosas y construcciones humanas, y su única justificación consiste en que han sido dispuestos por la voluntad humana. La ley es soberana, pero no lo es el individuo o el gobierno, que el pueblo continúa controlando a través de las leyes, ya que —al igual que Aristóteles— Marsilio está convencido de que «donde las leyes no son soberanas, no existe un auténtico Estado». Soberanía popular y Estado de derecho: éstos son los dos pilares innovadores de la original teoría política de Marsilio de Padua. Sin duda, la idea de la autonomía del Estado había ido apareciendo gradualmente en el pensamiento medieval y se hallaba explícitamente en santo Tomás. No obstante, «en Santo Tomás, como en los autores precedentes, nunca queda del todo claro en qué medida la ley a la que el príncipe debía someterse para no convertirse en tirano era la ley positiva, o era en cambio la justicia o la ley natural. Para Marsilio, para quien no existía otra justicia terrena que la manifestada por la ley que había querido el pueblo, el principio del Estado de derecho queda íntimamente conectado con el del Estado democrático: gracias a Marsilio nos encontramos ante la premonición —sorprendente para un escritor del siglo XIV— de doctrinas que madurarán mucho más adelante, con el contractualismo de base iusnaturalista aparecido en los siglos XVII y XVIII (G. Fassò).

5. Dos reformadores preluteranos: Juan Wyclif y Juan Hus

Ockham y Marsilio definen la doctrina de la oposición al poder monárquico del papado y al mismo tiempo esbozan la doctrina de la supremacía del concilio. Estas nociones entran muy pronto en simbiosis con «el programa apoyado por los principales soberanos europeos, que impulsan de forma unánime el final de la centralidad del gobierno de la Iglesia en el papa y tratan de constituir múltiples iglesias nacionales, con una doctrina unida, pero sometidas al control disciplinar y económico de las monarquías nacionales» (C. Vasoli). La actividad de los reinos y de los Estados autónomos logró sus resultados, precisamente porque el papado se hallaba en una situación de veras dramática. Durante el cautiverio de Aviñón se había visto reducido a mero instrumento de la política francesa y con Juan XXII había perdido cada vez más prestigio, transformándose en una máquina financiera que, a través de la fiscalidad de la curia, se enriquecía a expensas de las diversas regiones europeas. Esto provocó la insurrección de quienes, distinguiendo entre poder civil y poder religioso, tratan de devolver a la Iglesia el espíritu del Evangelio. Así, mientras que por una parte los Estados y los reinos autónomos ejercen presiones cada vez más decididas sobre el poder del papado, «las doctrinas conciliaristas se extienden con rapidez en los más diversos ambientes religiosos y laicos, con el apoyo de quienes reivindican una plena autonomía del Estado y del poder civil, y de muchos que quieren evitar a la Iglesia el peligro mortal de la "autoridad carnal". Los resultados de estas fuerzas disgregadoras, que atacan desde dentro y desde fuera del organismo eclesiástico la autoridad universal y central del poder pontificio, no tardarán en madurar» (C. Vasoli). Se avanza ya hacia la Reforma. Y los dos pensadores más representativos de la Europa preluterana son el inglés Juan Wyclif y el bohemio Juan Hus.

Juan Wyclif (1320-1384) estudió en Oxford y allí estuvo bajo el influjo de las doctrinas de Escoto y de Ockham. Sin embargo, resultó especialmente influido por las concepciones de Tomás Bradwardine (fallecido en 1349). Éste, más escotista que ockhamista, había sido profesor de Oxford y escribió diversas obras científicas como por ejemplo *De arithmetica speculativa, De arithmetica practica, De geometria speculativa, De velocitate motuum* y *Tabulae astronomicae.* Sin embargo, su obra más conocida fue el tratado *De causa Dei contra Pelagium et de virtute causarum.* Aquí, partiendo del axioma de que Dios es principio absoluto de todo y suprema causa de todo acontecimiento, Bradwardine deduce de un modo riguroso, mediante un proceso matemático, que la voluntad divina no es sólo una causa eficiente, sino además la causa determinante de los actos humanos voluntarios. Lo cual significa que Dios, en opinión de Bradwardine, puede determinar la voluntad del hombre cuando éste realiza actos libres. Siguiendo las huellas de Bradwardine, Wyclif profesó un rígido *determinismo teológico,* es decir, para ser aún más explícitos, «la doctrina según la cual la voluntad de Dios actúa de un modo tan directo sobre las operaciones de los hombres, con lo que la iniciativa divina ejerce un dominio absoluto y total» (M. Dal Pra). Wyclif fue profesor de teología durante varios años en Oxford, que se convirtió en centro de difusión de sus doctrinas. Basándose en la idea central según la cual la voluntad divina lleva a cabo y ejerce un dominio total sobre las acciones humanas, llegó a conclusiones como las siguientes: opuso la autoridad de la Biblia a la del papa y del clero; negó la presencia real de Jesucristo en la eucaristía; negó la eficacia de los sacramentos y rechazó cualquier clase de rito, en favor exclusivo de la interioridad del acto de fe personal.

Partiendo de tales concepciones Wyclif toma parte en la controversia entre el papado y la corona inglesa, sobre las cuestiones jurisdiccionales y fiscales que se mostraban más candentes, y en abierta lucha contra la Iglesia, asumió el papel de cabeza de un vasto movimiento de rebelión antieclesiástica. Wyclif escribió sus obras de naturaleza político-religiosa entre los años 1374 y 1384. Elaboradas con posterioridad a las filosóficas (*De ideis* y *Tractatus de logica*), son el *De dominio divino,* el *De officio regis* y el *De potestate papae.* Para Wyclif el hombre —cada hombre— se halla sujeto a Dios de manera inmediata y directa. No existen intermediarios entre Dios y cada hombre. Además, la Iglesia es la comunidad de los predestinados y el jefe de esta comunidad es Cristo y no el papa. La jerarquía y el aparato organizativo exterior lo único que logran es rebajar la vida espiritual, ya que la verdadera Iglesia es la comunidad de los justos, única soberana de los bienes temporales colectivos. A la Iglesia visible, rica, jerarquizada, dedicada al culto exterior y a las guerras, Wyclif contrapone la Iglesia invisible, la Iglesia mística de los que Dios ha elegido con anterioridad para la salvación. Aunque, sin lugar a dudas, la predestinación es voluntad de Dios —y por lo tanto un misterio— para Wyclif la pobreza es el *signum* de la pertenencia a la verdadera Iglesia y de la gracia, si bien las obras no son suficientes para la salvación, que continúa siendo un don gratuito y misterioso de la voluntad de Dios. Wyclif difundió a través de la predicación sus ideas entre el pueblo, tratando asimismo de que se aproximase a la lectura directa de la Biblia. Este movimiento religioso se encuentra estrechamente ligado con los intentos de reformas sociales en los estratos populares a los que se dirigía Wyclif. En realidad, el movimiento de los lolardos, «que recorrió Inglaterra durante más de treinta años, antes de ser reprimido por la monarquía y por las clases dominantes inglesas en 1427, se nutrió de la doctrina de Wyclif reducida a sus consecuencias más extremas y radicalizadas» (C. Vasoli). Según los lolardos, todos los hombres eran iguales en el origen de los tiempos; la servidumbre es un fruto de la injusticia de los malvados y Dios no quiere sin duda ni las jerarquías eclesiásticas ni las sociales, porque si Dios hubiese pretendido hacer que unos fueran siervos y otros, señores, habría establecido tal distinción desde un principio.

La concepción teológico-política de Juan (Jan) Hus (1369-1415), cuya vida, muerte y obras se confunden con la reivindicación que Bohemia planteaba (y continuó planteando) contra el imperio y la Iglesia, se vio muy influida por las ideas de Wyclif. Defensor de la Iglesia invisible de los elegidos, crítico feroz del lujo en la Iglesia y de las injusticias sociales, comparte las teorías de Wyclif acerca de la paridad entre clero y laicado, y la urgencia de predicar en la lengua nacional. En 1410 en un sermón pronunciado ante la universidad Hus sostiene que la verdadera Iglesia santa y católica es el cuerpo místico de los creyentes unidos a Cristo y no aquella institución visible, jerarquizada y corrompida que debe someterse al juicio permanente de la ley de Dios. El obispo de Praga en 1410 hizo quemar los libros heréticos de Hus. Se produjo a continuación una revuelta popular. En 1412 Hus fue excomulgado. En 1415 fue quemado vivo en Constanza. Sin embargo, el movimiento que había originado —el movimiento husita— se convertirá durante casi cien años en el protagonista de la historia nacional bohemia, en sus luchas contra el imperio y contra la Iglesia. En 1426 se reconoció a través de un concordato la existencia de una Iglesia nacional bohemia con una amplia autonomía, y en 1458 Jorge de Podebrady, husita, será el nuevo rey de Bohemia: tanta fuerza había adquirido el movimiento husita. Hus, como ya hemos mencionado, fue quemado vivo en Constanza, adonde había sido llamado por el Concilio, para que se retractase de sus tesis. Fue ejecutado no obstante el salvoconducto imperial de que era portador. También en 1415 se exhumaron las cenizas de Wyclif y fueron dispersadas. Pero no pudo hacerse lo mismo con las ideas de Wyclif y de Hus. Lutero estuvo sometido a la influencia de las doctrinas de Wyclif y sostuvo que todos nosotros somos husitas sin saberlo. En efecto, Wyclif y Hus esbozan doctrinas y propugnan ideas que la reforma llevará a un grado más maduro y consecuente.

6. El maestro Eckhart y la mística especulativa alemana

6.1. *Las razones de la mística especulativa*

«La crisis de la teología racional que se produce en el siglo XIV y el nuevo florecimiento de la mística son [...] fenómenos concomitantes» (V. Mathieu). En realidad la presencia de Platón nunca desapareció durante la edad media. Incluso a principios del siglo XIII, cuando el interés por Aristóteles asumió una hegemonía casi total, el neoplatonismo jamás estuvo ausente. Esto sucedió sobre todo en Alemania, donde la presencia primero, y la influencia después, de Alberto Magno no habían permitido que se instaurase una fuerte tradición tomista ni tampoco una fuerte tradición escotista. Fueron precisamente los discípulos de Alberto Magno quienes acentuaron los elementos neoplatónicos (S. Vanni Rovighi). Así, por ejemplo, Guillermo de Moerbeke —quien, como ya sabemos, tradujo a Aristóteles para santo Tomás— había finalizado en 1268 la traducción de la *Elementatio theologica* de Proclo. Y el Pseudo-Dionisio y el *Liber de causis* (que es un extracto de los escritos de Proclo) se hallaban muy presentes en la escuela de Colonia. Tampoco hemos de olvidar que Guillermo de Moerbeke tradujo asimismo los *Comentarios* al *Timeo* y al *Parménides* de Platón. Todo esto justifica el hecho de que «los estudios dominicanos de Colonia y de los otros centros de la Renania habían constituido un ambiente particularmente favorable para un importante renacimiento neoplatónico, que se caracteriza por una intensa dedicación mística, que se diferencia de las directrices originarias del movimiento albertista y tomista» (C. Vasoli). A decir verdad, incluso en los escolásticos de más talla nunca falta —en mayor o menor grado— una cierta vena mística, dado que, por lejana que se halle la razón, lo que cuenta para el creyente, más allá de todo y antes que nada, es el retorno a Dios y la unión con Dios. Sin embargo, cuando la desaparición de las pretensiones de la escolástica (desaparición iniciada con Duns Escoto y llevada por Ockham hasta sus conclusiones más lógicas) puso en peligro la confianza en que la razón pudiese llegar ni siquiera hasta los *preambula fidei,* la cuestión de la fe se replanteó con más fuerza que nunca y el camino del misticismo pareció el único practicable para reestablecer la posibilidad de una relación directa entre la criatura y el creador, para justificar la fe. El problema aparecía con la máxima urgencia: si la fe no halla ningún sostén en la razón, si no es demostrable, ni fundamentable, ni plausible en virtud de la razón, ¿no será acaso una pura veleidad, otra locura más? En esto consistía la tarea más apremiante que el ocaso de la escolástica planteaba a los hombres de fe: reestablecer el contacto entre el hombre y Dios. Y éste fue precisamente el problema que se propuso afrontar la corriente doctrinal que recibe el nombre de «misticismo especulativo alemán». Es un misticismo porque insiste en el hecho de que Dios se encuentra más allá de todas nuestras posibilidades conceptuales y porque sostiene que el hombre —separado de Dios— no es nada. Es especulativo, porque se halla penetrado de filosofía: se alimenta en especial de las doctrinas neoplatónicas de Proclo y del Pseudo-Dionisio, asume como factor central aquella teología negativa que, en santo Tomás por ejemplo, era sólo un elemento de su sistema filosófico-teológico. El principal exponente de este movimiento de pensamiento místico-especulativo fue el maestro dominico Eckhart.

6.2. *El maestro Eckhart: el hombre y el mundo, sin Dios, no son nada*

El maestro Eckhart nació en Hochheim, cerca de Gotha (Turingia), alrededor de 1260. Ingresó en el convento dominico de Erfurt y estudió a continuación en Estrasburgo y Colonia. Obtiene el grado de maestro en teología en 1302; enseña en París entre 1302 y 1304. Ocupa cargos en el seno de la orden dominicana (provincial de Sajonia; vicario general para la Bohemia; otra vez provincial de Sajonia). Vuelve a París desde 1311 hasta 1314. En 1314 está en Estrasburgo, dedicado a la predicación. Regresa a Colonia después de 1320, como maestro en el *Studium generale* de los dominicos; entre otros discípulos, aquí se encuentra con Enrique Suso. Eckhart (Equardus) fue autor de un *Opus tripartitum,* de *Quaestiones,* de *Sermones* y de *Tratados,* escritos —estos últimos— en lengua alemana.

Puede considerarse que la obra de Eckhart constituye una significativa investigación acerca de la justificación de aquella fe a la cual, como acabamos de decir, se había privado del sostén de la razón. Su pensamiento se encuentra centrado en la idea de unidad entre Dios y el hombre, entre lo sobrenatural y lo natural. El hombre y el mundo natural carecerían de todo sentido, no serían nada, sin Dios. «En el pensamiento eckhartiano domina una absoluta exigencia de unidad, que es principio metafísico, sentido religioso de la vida, fin último de las acciones. La unidad, sin embargo —cuando no se la quiera reducir al abstracto ser eleático— debe concebirse como Vida. Eckhart reencuentra el uno y la vida en el dogma de la Trinidad; la unidad divina vive al ritmo eterno de la generación y del amor, sin salir de sí misma, en un círculo perfecto. La unidad se articula en la relación y en la alteridad, para así hacerse más íntima a sí misma» (G. Faggin).

Eckhart escribe: «En Dios el ser y el conocer coinciden realmente.» Por eso en Dios está presente desde siempre la idea de las criaturas y la voluntad de crear. Por consiguiente las cosas están *ab aeterno* en el intelecto de Dios mismo, «porque Dios es intelecto y conocimiento, y su conocer es el fundamento del ser mismo». Eckhart, a este respecto, cita el Evangelio de Juan: «En el principio era el Verbo, y el Verbo estaba en Dios, y el Verbo era Dios.» Y comenta: «El Evangelio no dijo: En el principio era el ente, y Dios era el ente. El Verbo se refiere del todo al intelecto, y subsiste en él como acto dicente o como palabra pronunciada que abarca el ser o el no ser. Por eso el Salvador dice [...]: *Yo soy la Verdad.*» Dios, por lo tanto, no es el ser, ya que Él es quien crea el ser. En el *De causis* se decía asimismo: *prima rerum creatarum est esse.* En el principio era el Verbo; así «el conocer ocupa el primer puesto en la jerarquía de las perfecciones, y luego viene el ente o el ser». Dios crea el ser, hasta tal punto no se identifica con él. Y sin embargo, podemos decir también que Dios es el ser, con la condición que entendamos no el ser en cuanto criatura, sino el ser por el que son todas las cosas: «Si el ser conviene a las criaturas, sólo está en Dios como en su causa: por eso Dios no es el ser, sino la pureza del ser.» En consecuencia: «El ser es Dios. Esta proposición es evidente. Antes que nada, porque si el ser es distinto de Dios mismo, Dios no es, ni es Dios. ¿De qué modo podría ser, y ser algo, si el ser fuese otra cosa, diferente y distinta de Él?» De ello se deduce que Dios es caridad. Lo es, porque el amor es unificante y difusivo. Dios es caridad y es uno; en efecto, es imposible que haya dos infinitos. Y «lo uno baja totalmente a todas las cosas, que son externas, múltiples y numeradas, y lo uno no se divide en cada una de ellas, sino que permanece uno, incorrupto, y expande todas las cantidades e informa mediante su unidad». Dios, pues, está en todas las criaturas: éstas sin Dios no son nada; pero el Dios «que está en todas las criaturas es el mismo que está por encima de ellas, puesto que lo que es uno en muchas cosas, debe estar necesariamente por encima de las cosas». Las cosas son tales porque poseen una esencia, y ésta no existiría si Dios no la hubiese pensado, si no estuviese en Dios: «Dios se halla en todas las criaturas en la medida en que tienen una esencia, y al mismo tiempo, está por encima de ellas. Y el que está en todas las criaturas es el mismo que está por encima de ellas, porque lo que es uno en muchas cosas, debe necesariamente estar por encima de las cosas.» Dios se encuentra por encima del ser. El ser puede ser conocido, pero Dios es inefable. Y diciendo que Dios no es el ser, sino que está por encima del ser, no se le ha quitado el ser, sino que se le ha ennoblecido.

6.3. *El retorno del hombre a Dios*

Todo lo que es, es por obra del Ser divino que ama necesariamente. Las cosas, por lo tanto, y el hombre mismo, nada son sin Dios. Ésta es la razón por la que el hombre debe regresar a Dios: sólo lográndolo se hallará a sí mismo otra vez. Y nosotros «aferramos a Dios con el alma, que posee una gota de razón, una chispa, un brote». La razón es la que debe, una vez más, ser capturada por Dios y sumergirse en Él. Para ello, no obstante, el hombre debe convertirse en un espíritu libre: «Espíritu libre es aquel que no se afana por nada y a nada se ata, no se vincula para nada a su propio interés y en ningún momento piensa en sí mismo, porque se sumerge en la amadísima voluntad de Dios, y ha renunciado a la propia voluntad.» Quien es un hombre recto, dice Eckhart, tiene de veras a Dios en sí mismo, y quien tiene a Dios «lo tiene en todo lugar, en los caminos y entre la gente, al igual que en la iglesia, en la soledad o en la celda. Si lo posee de veras y lo posee siempre, ninguno puede turbarlo». Así como nada puede turbar a Dios, tampoco hay nada que pueda turbar al hombre que «lleva a Dios en todas sus obras y en todo lugar», porque «todas sus obras son más bien obra de Dios». Es preciso, pues, guardarse de uno mismo y estar libre de deseos. Lo que cuenta es abandonarse en Dios, «aun en el caso de que Él quiera dejar caer sobre nosotros vergüenzas, fatigas o dolores, [... lo mejor es] aceptar todo eso con placer y agradecimiento, y dejarse guiar por Dios, sin quedarse turbados». No hay duda de que el hombre «debe ejercitarse en las obras, que son el fruto de las virtudes», y sin embargo «es preciso aprender a ser libres también en medio de nuestras obras». También hemos de ser libres ante la muerte: «Un hombre verdaderamente perfecto debe familiarizarse con la muerte, salir de sí y transformarse de tal modo en Dios, que su única felicidad sea el no saber ya nada de sí y de las demás cosas, sino sólo de Dios, no conocer otro querer que el querer de Dios, y conocer a Dios como Dios se conoce a Él, de acuerdo con lo que dice San Pablo.» El regreso del hombre a Dios exige que el alma esté «libre y despojada de todas las cosas creadas». Sólo así, el alma «se aferra a Dios y está en Dios, es una con Dios, y ve a Dios cara a cara». Y el alma que está en Dios se halla «dispuesta a acoger cada ataque, cada prueba, contrariedad o dolor, y a soportarlos voluntariamente, con ánimo feliz y sereno [...] reposando tranquilamente en la riqueza y en la comunión con la inefable sabiduría superior». Cuando el hombre sufre por sí mismo, el dolor resulta insoportable, pero si sufre por Dios entonces el padecimiento no duele «porque es Dios quien soporta su peso». «Si me colocasen un quintal en el cuello, pero fuese otro quien aguantase su peso, con gusto me sometería tanto a un kilo como a cien, porque no me resultaría pesado y no me dañaría tampoco.»

Eckhart muere en 1327, aproximadamente. El 27 de marzo de 1329 fue publicada la bula *In agro dominico* que, decretada por el papa Juan XXII, condenaba 28 proposiciones del maestro Eckhart. De estas 28 tesis, diecisiete fueron declaradas heréticas y las otras once fueron consideradas como «peligrosas, temerarias y sospechosas de herejía». Entre las tesis condenadas nos encontramos con la de la eternidad del mundo, la que afirma que el hombre es pura nada y la tesis según la cual nos transformamos plenamente en Dios. «En un mundo que vivía de manera dramática las vicisitudes de la crisis feudal y que veía desvanecerse la tradición unitaria de la Iglesia en el conflicto mundano de todos los poderes laicos y eclesiásticos, el pensamiento de Eckhart —tan esforzado en el difícil plano de la especulación teológica, pero tan ajeno a la sistemática disciplina de la tradición tomista— puso [...] en circulación ideas y actitudes de alcance revolucionario. Tampoco sorprende que fueran acogidas sobre todo entre las clases populares y burguesas que interpretaban la llamada eckhartiana a la interioridad de la fe y de la unión divina como una rebelión implícita ante la exterioridad "farisaica" de una jerarquía y de un clero en decadencia moral [...]. Lo mismo que sucedió cuando en Occidente había aparecido —en la filosofía de Escoto Eriúgena— aquel neoplatonismo que "santo Tomás había sabido dosificar de aristotelismo con tanta exactitud" (Gilson) rompe otra vez los esquemas que habían sido elaborados por la teología de las escuelas, para velar por su latente distanciamiento con respecto de la tradición» (C. Vasoli). Juan Tauler (1300-1361) y Enrique Seuse —o Suso, o Susón— (1296-1366) fueron discípulos de Eckhart. El influjo de éste se hace sentir sobre el flamenco Juan de Ruysbroeck (1293-1381) y se manifiesta con toda evidencia sobre aquella obra mística titulada *Teología alemana,* escrita en Francfort por un dominico anónimo durante la segunda mitad del siglo XIV, y que significativamente fue publicada por primera vez por Lutero, entre 1516 y 1518.

7. La lógica en la edad media

7.1. *«Ars vetus», «ars nova» y «logica modernorum»*

Hace pocas décadas que el estudio de la lógica medieval ha comenzado a adquirir el oportuno relieve. Ello se debe al desarrollo de la lógica contemporánea que en diversos puntos constituye el supuesto requerido para una lectura renovada de la lógica de los medievales. Todo esto, si bien por un lado ha permitido apreciar que los tratados de lógica medieval se configuran a menudo como sistematizaciones didácticas de la antigua lógica, por otro lado ha servido para poner de manifiesto algunos rasgos originales de la reflexión medieval sobre temas lógicos.

En el seno de las universidades medievales, la lógica se enseña en la facultad de artes, como preparación para el ingreso en las facultades superiores, de teología, derecho y medicina. Y en las facultades de artes la lógica aparece al final del *trivium* (después de la gramática y la retórica), precediendo a las disciplinas del *quadrivium* (aritmética, geometría, astronomía y música). En su obra *La filosofía en la edad media,* E. Bréhier escribe lo siguiente: «Se halla fuera de toda duda que la gran empresa intelectual de la época reside en la renovación de la teología por medio de la dialéctica, problema éste sobre el cual se concentran todas las discusiones y las controversias.» Más adelante, hacia el siglo XIV, «más que una ciencia especulativa, se considera que la lógica es un arsenal que contiene los instrumentos de la argumentación» (E. Bréhier). Tanto es así, que la situación de la lógica en las universidades medievales es la siguiente: «Se enseña la lógica como ciencia en las facultades de artes y en estas facultades, precisamente entre las artes, mientras que luego se utiliza como arte en las facultades en las que se enseñan las doctrinas» (R. Blanché). Por consiguiente es entre los artistas donde debemos buscar aquella lógica que nosotros definiríamos hoy como «científica o formal», dado que en el estudio de la teología en líneas generales la lógica no es más que un instrumento al servicio del dogma y de la metafísica, como demuestra entre otras cosas la disputa acerca de los universales. A partir del nominalismo de Ockham se puede decir que se ha llevado a cabo una distinción decisiva entre lógica y metafísica: «Precisamente porque la lógica ockhamista era una lógica formal, podía ser aceptada y utilizada por los escolásticos de todas las tendencias, con independencia de las controversias metafísicas y epistemológicas que dividían a escotistas y tomistas, o a realistas y nominalistas.» El no haber entendido esta distinción fundamental llevó a «más de un historiador de la filosofía medieval a la paradójica conclusión según la cual todos los grandes lógicos del siglo XIV habrían sido ockhamistas, por la sencilla razón de que todos utilizaban la misma lógica de Ockham» (E.A. Moody). En definitiva, entre finales del siglo XIII y principios del XIV, da comienzo una significativa escisión: por un lado, los *antiqui* asumen en su conjunto la filosofía de Aristóteles, aprovechándola y adaptándola a los dogmas de fe, mientras que por otra parte los *moderni* proclaman su ortodoxia, pero se preocupan seriamente por separar las investigaciones sobre lógica de las temáticas y las disputas de orden metafísico y religioso. W. y M. Kneale, en su *Historia de la lógica,* escriben: «Durante los siglos XIV y XV, los *moderni* (o *nominales terministae,* como todavía se les llama a veces) se han mostrado muy activos en la elaboración de sutilezas lógicas; como reacción, los *antiqui* (*o reales in metaphysica*) se han convertido en el bando de quienes deseaban fundamentar la educación sobre el *ars vetus* (en particular, las *categoriae*) y la *philosophia realis* (la física y la metafísica, por escotistas o tomistas que fuesen), más bien que sobre los desarrollos recientes de la lógica, que juzgaban como fastidiosos e inútiles.»

Otro rasgo característico de la lógica de los medievales es la relación que, en los estudios de lógica, viene a establecerse entre la lengua utilizada —el latín— y la teoría y las expresiones lógicas. El lenguaje (el conjunto de símbolos y expresiones) de los lógicos contemporáneos es una construcción artifical libre de los vínculos de las lenguas naturales, mientras que la lengua de la lógica medieval «se basa esencialmente sobre un análisis del latín científico, que al parecer era considerado no como un idioma entre los demás, sino más bien la realización de un lenguaje que ha alcanzado el grado más elevado posible de racionalidad. No quisiéramos forzar la disparidad existente, pero cabe decir que, entonces, lógica y lenguaje se hallaban en una relación inversa a la que hoy los caracteriza entre nuestros contemporáneos, que acaban por aproximar los dos términos cuando definen la lógica como si fuese una lengua» (R. Blanché). Basándose en esto se comprende por qué los medievales, en vez de formular sus conocimientos de lógica en forma de leyes, describen tales leyes. Por ejemplo, mientras que Aristóteles formulaba un silogismo en *Barbara* como una ley o, diríamos hoy, como una tautología («Si A pertenece a todos los B, y B, a todos los C, entonces A pertenece a todos los C»), los medievales presentan esta ley como un esquema de inferencia, la describen y dicen qué reglas hay que seguir para construir un silogismo correcto: «Todo silogismo de forma "todo A es B, todo C es A, entonces, todo C es B" es un silogismo válido.» Más aún: una de las leyes conocidas en nuestros días con el nombre de «leyes de De Morgan» [$\neg (p \wedge q) \equiv (\neg p \vee \neg q)$] la encontramos en diversos lógicos medievales, por ejemplo Ockham, Alberto de Sajonia (muerto en 1390) o Buridán, pero la encontramos descrita así: «La negación de una proposición copulativa es la proposición disyuntiva formada por las negaciones de los elementos de la copulativa.» [Para aclarar mejor la cuestión, la ley de De Morgan afirma: la expresión «es falso que sea verdad la conjunción de p y q» equivale a decir que «es falsa p, o bien es falsa q». Ejemplo: «es falso que Juan esté en París y en Nueva York» equivale a decir «es falso que Juan esté en París, o es falso que Juan esté en Nueva York». El símbolo «$\neg$» significa «no»; el símbolo «$\wedge$» significa «y»; el símbolo «$\vee$» significa «o»; el símbolo «$\equiv$» significa «equivale».

En lo que concierne al desarrollo cronológico de la evolución lógica medieval, se acostumbra a dividirla en tres períodos: el del *ars vetus,* el del *ars nova* y el de la *logica modernorum.* En el período del *ars vetus* —durante el cual destaca la figura de Abelardo— la lógica se centra sobre el contenido de la *Isagoge* de Porfirio y las *Categorías* y el *De interpretatione* de Aristóteles. Al ser conocido en su integridad el *Organon* de Aristóteles, al *ars vetus* se contrapone el *ars nova,* dentro del cual será fundamental el estudio de los silogismos. El período del *ars nova* es el período de máximo florecimiento de los grandes escolásticos, quienes —al ser en esencia filósofos, y no lógicos, y concebir la lógica como un *organon,* un medio o un instrumento que se utiliza con finalidades filosóficas o teológicas— serán llamados *antiqui* para distinguirlos de los *moderni* de finales del siglo XIII y comienzos del XIV. Como ya hemos dicho, éstos pretenden cultivar la lógica por sí misma y no en cuanto *organon* o instrumento con otras finalidades. Gracias a ello entendemos muy bien que «el significado fundamental de lo que se llama el "nominalismo" de Ockham reside en el hecho de que éste rechaza la confusión entre lógica y metafísica, y asume de manera decidida la defensa de la antigua concepción de la lógica como *scientia sermocinalis,* cuya función consiste en el análisis de la estructura formal del lenguaje y no en substancializar dicha estructura dentro de una ciencia acerca de la realidad del espíritu» (E.A. Moody).

7.2. *La sistematización didáctica de la lógica antigua*

Durante mucho tiempo se consideró —y tal opinión sigue siendo válida para más de uno en nuestros días— que la lógica medieval no consistía más que en una sistematización didáctica de la lógica antigua. A decir verdad, como veremos enseguida, la lógica medieval no se reduce a esto: las investigaciones recientes han puesto de manifiesto determinados trazos originales, aunque de manera verosímil, como observó P. Boehner, los medievales mismos no habrían admitido que se tratase de originalidades. En cualquier caso, para comprender los tratados de lógica que circularon durante la edad media no hay que perder de vista el vínculo que los une con la enseñanza. En efecto, «la función de los grandes tratados de lógica de la edad media es, sobre todo, pedagógica. Son manuales cuyas prolongadas y detalladas explicaciones dan testimonio de que a sus autores, en primer lugar, les anima un espíritu de claridad y de rigor, y además se preocupan por mostrarse accesibles a mentes no excesivamente bien dotadas. A tal preocupación hay que atribuir, como es evidente, la invención de aquellos procedimientos abreviativos y mnemotécnicos que la lógica, aunque con una cierta ironía, no dejará de acoger» (R. Blanché). Estas técnicas memorísticas poseen un origen anterior, pero ya se han difundido mucho hacia mediados del siglo XIII. Una de estas fórmulas es la que utiliza las cuatro primeras vocales del alfabeto para designar las cuatro clases de proposiciones categóricas (pertenecientes al cuadrado de la oposición; véanse las p. 404-406):

Asserit A, negat E, vero generaliter ambo:
Asserit I, negat O, sed particulariter ambo.

Sin embargo, las más conocidas de estas fórmulas mnemotécnicas son las que se refieren a los silogismos, aquellos razonamientos en los que de dos premisas (la mayor y la menor) se extrae una conclusión. Se trata de razonamientos en los cuales «se efectúa una comparación entre dos extremos y un medio, para verificar la relación recíproca que existe entre los dos extremos» (G. Berghin-Rosé). Los escolásticos fijaron a través de los ocho versos siguientes las reglas que hay que observar para que un silogismo sea correcto:

Tum re, tum sensu, triplex modo terminus esto
Latius hos quam praemissae conclusio non vult
Nequaquam medium capiat conclusio fas est
Aut semel aut iterum medius generaliter esto
Utraque si praemissa neget nil inde sequetur
Ambae affirmantes nequeunt generare negantem
Peiorem sequitur semper conclusio partem
Nil sequitur geminis e particularibus unquam.

Dichas reglas prescriben lo siguiente: 1) el silogismo no debe tener ni más ni menos de tres términos; 2) un término no puede tener mayor extensión en la conclusión que en las premisas; 3) el medio no puede ser uno de los términos propios de la conclusión; 4) el medio debe ser tomado, en toda su extensión, al menos una vez; 5) de dos premisas negativas no se deduce nada; 6) de dos premisas afirmativas no puede proceder una conclusión negativa; 7) entendiendo por «peor parte» la negativa y la particular, si una de las premisas es negativa o particular, la conclusión también será negativa o particular; 8) una de las premisas debe ser universal.

Como es obvio, obedecer a estas reglas garantiza la corrección lógica del silogismo, es decir, garantiza que la conclusión se deduce lógicamente de las premisas, pero no garantiza la verdad de las conclusiones. Éstas serán verdaderas únicamente en el caso de que las premisas sean verdaderas. Y para los escolásticos, sólo serán verdaderas las premisas cuando se trate de principios autoevidentes o cuando se hayan comprobado a través de la experiencia directa. En cualquier caso, prescindiendo de la importante cuestión gnoseológica que hace referencia a la constatación de la verdad de las premisas, la corrección del silogismo establece relaciones necesarias entre las premisas y la conclusión. Dichas relaciones fueron fijadas mediante fórmulas como: 1) *Ex vero non sequitur nisi verum;* 2) *Ex falso sequitur quodlibet.* Que de premisas verdaderas sólo se deduzcan conclusiones verdaderas es algo que parece obvio, si tenemos en cuenta que la conclusión de un silogismo ya está contenida en sus premisas, hasta el punto de que de premisas verdaderas no pueden obtenerse conclusiones falsas. Por otro lado, que de lo falso pueda deducirse también lo verdadero, se muestra de manera intuitiva a través del ejemplo siguiente. Supongamos que hoy es el 15 de noviembre de 1982, y supongamos que yo afirme: «Hoy es el 16 de noviembre de 1982.» Evidentemente, mi aserción es falsa. Sin embargo, de ella también puede derivarse una conclusión verdadera: «Hoy no es el 17 de noviembre de 1982.»

7.3. *Las figuras y los modos del silogismo*

Pasemos ahora, brevemente, a las figuras y los modos del silogismo. La figura del silogismo está determinada por la posición, es decir, por el lugar que ocupan los términos extremos y medio en las dos premisas. Los escolásticos toman en consideración tres figuras distintas: 1) *El medio es sujeto en la mayor y predicado en la menor (sub-prae):* «todo ladrón debe ser castigado; José es un ladrón; entonces, José debe ser castigado». Se hace patente la evidencia deductiva de tal figura silogística, por lo cual los lógicos medievales tratarán de reducir los demás silogismos a este tipo de figura.

2) *El medio es dos veces predicado (bis-prae):* «ninguna cosa simple es divisible; pero todas las cosas materiales son divisibles; por lo tanto, ninguna cosa material es simple».

3) *El medio es dos veces sujeto (bis-sub):* «algunas plantas son venenosas; todas las plantas son vegetales; entonces, algunos vegetales son venenosos».

Hasta ahora nos hemos referido a las figuras de los silogismos. En cambio, el *modus* de los silogismos *est combinatio propositionum in syllogismo secundum quantitatem et qualitatem, hoc est secundum universalitatem et particularitatem, affirmationem et negationem.* El modo del silogismo, pues, es la disposición de las premisas de acuerdo con su cualidad (afirmativa y negativa) y su cantidad (universal y particular). Existen modos directos y modos indirectos. Los modos directos son aquellos en que el predicado de la conclusión está contenido en la primera premisa y el sujeto, en la segunda. En cambio, los modos indirectos son aquellos en los que el predicado de la conclusión se halla contenido en la segunda premisa y el sujeto, en la primera. En estos modos indirectos se sigue hablando de la primera premisa como de la premisa mayor, pero en realidad ya no contiene el extremo mayor. En los modos indirectos, por lo tanto, se ha invertido el orden de las premisas. Ahora bien, combinando cantidad y cualidad de las proposiciones, en las diversas figuras, se dan diversos modos de silogismos; éstos, no obstante, aunque resulten matemáticamente posibles basándose en el cálculo combinatorio no son legítimos en todos los casos. Por ejemplo, los silogismos *E e...* no son válidos, porque tienen dos premisas negativas; los *O i...* o los *I o...* también son inválidos, porque tienen dos premisas particulares, y así sucesivamente. Las ocho reglas de corrección, que antes hemos mencionado, son las que establecen y seleccionan los silogismos válidos de entre los silogismos posibles. El filtrado que gracias a dichas reglas se llevó a cabo permitió a los escolásticos extraer 19 modos válidos de silogismo: 14 directos y 5 indirectos. De los 14 directos, cuatro pertenecen a la primera figura; cuatro, a la segunda; seis, a la tercera. Los cinco modos indirectos pertenecen a la primera figura en todos los casos. Se calificaron de silogismos perfectos únicamente a los cuatro modos directos de la primera figura, dada la particular evidencia de su estructura deductiva. Y a ellos pueden reducirse los otros 15 modos. Tal reducción consiste en transformarlos en un silogismo de la primera figura, manteniendo intacto su significado (lo que se dice en ellos) y su validez (su corrección lógica).

Como guía para los estudiantes en dichas operaciones de reducción, los escolásticos inventaron lo que quizás ha constituido su artificio didáctico más conocido, dando los nombres siguientes a cada uno de los modos legítimos de las distintas figuras:

Barbara, Celarent, Darii, Ferio. Modos directos de la primera figura.
Cesare, Camestres, Festino, Baroco. Segunda figura.
Darapti, Felapton, Disamis, Datisi, Bocardo, Ferison. Tercera figura.
Baralipton, Celantes, Dabitis, Fapesmo, Frisesomorum. Primera figura, indirectos.

1) En estos nombres las vocales significan la cantidad y la cualidad de las proposiciones: la primera vocal indica la cantidad y la cualidad de la premisa mayor; la segunda vocal, la cantidad y la cualidad de la premisa menor; la tercera vocal, la cantidad y la cualidad de la conclusión. Recordemos lo siguiente: A, es una proposición universal; E, universal negativa; I, particular afirmativa; O, particular negativa. Por ejemplo, la palabra B*a*rb*a*r*a* significa un silogismo constituido por tres proposiciones universales afirmativas: «Todos los hombres son mortales; todos los atenienses son hombres; por lo tanto, todos los atenienses son mortales.»

2) Las consonantes iniciales: B, C, D y F (*B*aroco; *C*elantes; *D*abitis; *F*erison) indican a qué modo de la primera figura puede reducirse cada uno de los demás. Por ejemplo, el silogismo en *C*amestres de la segunda figura puede reducirse al silogismo en *C* de la primera; el silogismo en *D*arapti de la tercera figura puede reducirse al silogismo en *D*arii de la primera, y así sucesivamente.

3) Entre las restantes consonantes, sólo son significativas *s, p, m* y *c,* que sirven para indicar las operaciones que hay que efectuar.

a) la consonante «s» significa que la proposición representada por la vocal que la precede debe ser *convertida simpliciter* (se da la *conversio simplex* de una proposición cuando se coloca el sujeto en el lugar del predicado, sin modificar la cantidad de la proposición).

b) la consonante «p» significa que la proposición representada por la vocal que la precede debe convertirse *per accidens* (se de una *conversio per accidens* cuando, además de cambiar la posición de los términos, también se cambia la cantidad de la proposición, pasando desde universal a particular: «todos los romanos son hombres» tiene como conversa «algunos hombres son romanos»).

c) la consonante «m» indica que hay que invertir las premisas, es decir, que la premisa mayor se convierte en la menor, y viceversa.

d) la consonante «c» indica la *reductio per impossibile* (que se da cuando se demuestra que, si se niega la conclusión, entonces nos contradecimos, en el sentido de que se niega al mismo tiempo una de las premisas).

Para dar una idea, aunque sea breve, de cómo funcionan estas operaciones de reducción, tomemos un silogismo en *Cesare* (segunda figura) y reduzcámoslo. Sea el silogismo siguiente: «Ningún hombre es puro espíritu; todos los ángeles son espíritus puros; por lo tanto, ningún ángel es hombre.» Como indica la consonante mayúscula C con la que comienza el término *C*esare, el silogismo en Cesare puede reducirse al *C*elarent de la primera figura. La letra «s» (Ce*s*are) nos dice que la premisa mayor se convierte *simpliciter,* de modo que «ningún hombre es espíritu puro» se convierte en «ningún espíritu puro es hombre». Y al no haber más indicaciones a las que ajustarse, el silogismo que buscábamos será: «Ningún puro espíritu es hombre; todos los ángeles son espíritus puros; por eso, ningún ángel es hombre.» Y este último es, precisamente, un silogismo en Cel*a*r*e*nt.

De lo que hemos dicho hasta ahora se deduce, por lo tanto, que cualquier forma de silogismo puede reducirse a la primera figura. Sólo nos queda por exponer cuál es el sentido de estas operaciones de reducción. Los medievales definen el razonamiento deductivo como aquel razonamiento que, partiendo de principios universales ya conocidos, llega necesariamente a proposiciones particulares. El razonamiento deductivo es, pues, *ratiocinum quo ab universale prius noto ad notitiam particularis proceditur.* El silogismo es considerado como la expresión más perfecta de la argumentación deductiva. Se trata de una *oratio deductiva tribus constans propositionibus ita inter se connexis ut, duabus positis, tertiam ponere necesse est.* En todo silogismo hay tres proposiciones: la dos primeras son las premisas y representan el *antecedens,* y la conclusión es su *consequens;* el nexo entre ambas premisas y la conclusión es la *consequentia.* En el silogismo, además, hay tres términos y cada uno de ellos se repite dos veces. Tales términos se denominan *extremum minus* y *extremum maius* que son, respectivamente, el sujeto y el predicado de la conclusión. El término *medius* es aquel con el que ambos se comparan. Las proposiciones del silogismo son la *praemissa maior* (la que contiene el *extremum maius*) y la *praemissa minor* (la que contiene el *extremum minus*). Como ya sabemos, la conclusión se llama *consequens.*

Todas las cosas que respiran (*Medius*) son vivientes	[*Praemissa maior*]
Y esta cosa respira [*Praemissa minor*]	*Antecedens*
Por lo tanto, esta cosa (*extr. minus*) es viviente (*extr. maius*)	*Consequens*

¿Qué se ha conseguido con una argumentación de este tipo? No se ha hecho más que establecer que la cualidad de «ser viviente» conviene a «esta cosa». Y esto ha sido posible basándose en el hecho de que tanto «esta cosa» como «ser viviente» coinciden (o se identifican) con un tercero: «ser que respira». Para los escolásticos, lo que otorga validez a este paso argumentativo es el principio metafísico según el cual *quae conveniunt uni tertio, conveniunt inter se.* Este principio metafísico se explicita a la perfección si tenemos en cuenta la comprensión (connotación-sentido) y la extensión de los términos del silogismo. Así, en el caso del silogismo antes citado, en la premisa mayor «todas las cosas que respiran son vivientes», se comparan el término mayor (ser viviente) y el término medio (todas las cosas que respiran). Esta comparación pone en evidencia que «ser viviente» pertenece a la comprensión de «todas las cosas que respiran». Por lo tanto, de todos los seres que abarca la extensión de las «cosas que respiran», puede predicarse la cualidad «ser viviente». De este modo, se fija el principio general que está en la base de la argumentación deductiva, cosa que ocurre a través de la premisa mayor. Con la premisa menor, comparando el *medius* («ser que respira») con el *minus* («esta cosa»), se busca y se establece el hecho de que la cosa en cuestión («esta cosa») cae bajo la extensión del sujeto de la mayor («todas las cosas que respiran»). De modo que, al hallarse «esta cosa» dentro de la extensión del sujeto universal («todas las cosas que respiran»), de las cuales se afirmaba que «son vivientes», también de «esta cosa» habrá que afirmar el «ser viviente». En líneas generales, cuando construimos un silogismo, «hay dos términos, uno de los cuales se quiere atribuir al otro: *minus et maius.* Al no ver la legitimidad de tal atribución, se recurre a un tercer término universal (medio) a cuya comprensión pertenece uno de los dos. Si el otro está abarcado por la extensión del medio, podrá atribuírsele a él el primero, porque toda la comprensión de un concepto se atribuye a los inferiores a los cuales se extiende» (G. Berghin-Rosé).

Por lo tanto, la atribución que en la argumentación silogística se hace de un *extremum maius* (predicado de la conclusión) a un *extremum minus* (sujeto de la conclusión) se fundamenta sobre el principio metafísico por el cual, como ya se ha dicho, *quae conveniunt uni tertio, conveniunt inter se.* Y la negación de este principio debería comportar la falsedad del principio de no contradicción. «Para que dos cosas pudieran, bajo el mismo aspecto concreto, convenir con el medio y no convenir entre sí, una de ellas por lo menos tendría que tener al mismo tiempo una propiedad (que conviniese con el tercero) y no tenerla (para diferir con respecto al otro), tenerla de un modo y tenerla de otro, lo cual es precisamente aquello que queda excluido gracias al principio de no contradicción. Por eso, el principio que rige el silogismo posee la misma certeza y la misma validez que el principio de no contradicción» (G. Berghin-Rosé). Ahora bien, el principio *quae conveniunt uni tertio conveniunt inter se* aparece con la máxima evidencia a través de los modos de la primera figura; por ello, la reducción de los modos válidos de las demás figuras consiste en una reducción a aquellos modos silogísticos cuyo fundamento lógico-metafísico puede apreciarse con la mayor claridad posible.

7.4. *Las innovaciones de la lógica escolástica*

En lo que concierne a las novedades de la lógica medieval en comparación con la lógica antigua, hemos de recordar antes que nada (prescindiendo aquí de los desarrollos propios de la lógica modal) los tratados sobre los *syncategoremata.* Al hablar de Ockham, ya se dijo que debemos distinguir entre los términos que poseen un significado por sí mismos (los nombres y los verbos) y los términos que carecen de significado por sí mismos, pero que desarrollan la función de modificar o de determinar de un modo concreto (negando, uniendo, calificando, etc.) los nombres y los verbos. Estos términos que no poseen significado pero que lo adquieren a través de su combinación con los nombres y los verbos son los llamados en latín términos *consignificantia*, o en griego, *syncategoremata*. Alberto de Sajonia expone de esta forma la distinción entre términos categoremáticos y términos sincategoremáticos: «Un término categoremático es un término que, al ser tomado en su función significativa, puede ser sujeto o predicado, o formar parte del predicado distribuido [es decir, tomado universalmente], en una proposición categórica. Por ejemplo, los términos como "hombre", "animal" o "piedra" son categoremáticos. Y son así llamados porque tienen un significado definido y determinado. En cambio, un término sincategoremático es aquel que, considerado en su función significativa, no puede ser ni sujeto ni predicado, y tampoco parte del sujeto o parte del predicado distribuido, en una proposición categórica. Por ejemplo, términos como "cada", "ninguno", "algún", etc., que llamamos signos de universalidad o de particularidad. Sucede algo análogo con las negaciones como "no"; con las conjunciones, como "y"; con las disyunciones, como "o", o las preposiciones [...] como "excepto", "incluso", etc., que son también términos sincategoremáticos.» La distinción entre términos categoremáticos y sincategoremáticos fue considerada de gran importancia por los lógicos medievales, quienes —a partir de Guillermo de Shyreswood, fallecido en 1249— no dejaron de hablar de los *syncategoremata* en sus obras. Tal distinción corresponde, aproximadamente, a la que la lógica contemporánea efectúa entre variables, por un lado, y constantes lógicas, por el otro. Historiadores de la lógica, como Bochenski y Boehner, ven en ella una anticipación de la moderna lógica formal.

Un segundo punto que hay que subrayar es el análisis de las propiedades de los términos, la más importante de las cuales es la suposición. Puede explicarse la noción de suposición afirmando que la función del substantivo sujeto es aquella mediante la cual representa a aquellos entes que supone y que son en consecuencia sus supuestos. Así, en la expresión «el hombre es mortal», el término «hombre» tiene como supuestos a los hombres: Pedro, Pablo, Juan, etc. A veces, en los tratados de lógica, la noción de suposición se entiende de un modo restringido, en el sentido de que el substantivo sujeto sólo tiene como supuestos a los individuos realmente existentes y se prescinde del pasado, del futuro e incluso de lo posible.

En cualquier caso, a partir de Shyreswood la distinción que se efectúa con más frecuencia es la que se da entre suposición material y suposición formal. Existe una suposición material cuando el término no se toma por lo que significa, sino por sí mismo; esto es, cuando se le entiende de manera autónoma, en el sentido con que se designa a sí mismo y no a un objeto distinto de él. He aquí un ejemplo de suposición material: «"hombre" es un substantivo». Cuando se dice, en cambio, «el hombre es mortal», el término «hombre» no se significa a sí mismo, en tanto que palabra, sino a entes como Juan, Pablo, José, etc. En este caso, tendríamos una suposición formal, lo que Ockham denominaba suposición «personal» y en la que, siguiendo a Pedro Hispano, distinguía posteriormente entre suposición discreta (si el sujeto representa a un individuo) y suposición común (si el sujeto es universal). Es cierto que, después de la creación de lenguajes simbólicos sobre los cuales hablamos en un metalenguaje distinto del lenguaje simbólico, la distinción entre suposición material y suposición formal ya no resulta de mucha utilidad. Sin embargo, cuando el análisis lógico operaba sobre —y a través de— aquella lengua natural que era el latín, se hacía en cierto modo indispensable. «La teoría de las suposiciones permitía desempeñar, entre otras, las funciones que hoy asignamos a la teoría de los niveles del lenguaje, niveles que empleamos a través de una diferencia de escritura, entrecomillando el término o la expresión que utilizamos de manera autónoma, tomando símbolos pertenecientes a alfabetos distintos, según se trate de un lenguaje o de un metalenguaje, etc.» (R. Blanché).

En sus tratados, los lógicos medievales dedicaron una considerable atención a los *sophismata,* esto es, más que a los sofismas en sentido estricto, a aquellas expresiones ambiguas que exigen distinciones y matizaciones. Alberto de Sajonia analizó más de doscientos casos de sofismas. Para tener una idea de aquello a lo que nos referimos, he aquí uno de los *sophismata* medievales: *Omnes homines sunt asini vel homines et asini sunt asini.* Dicha proposición es verdadera, si se considera como una conjunción de miembros verdaderos (*omnes homines sunt asini vel homines; asini sunt asini*); por lo contrario, es una proposición falsa si se considera como una disyunción cuyos dos miembros son falsos (*omnes homines sunt asini; homines et asini sunt asini*).

Los medievales no sólo se interesaron por los *sophismata,* sino también por los *insolubilia,* es decir, por las dificultades que plantean aquellos problemas que no resultan indiferentes para el lógico. Nos hemos de enfrentar con las *antinomias,* proposiciones cuya verdad implica su misma falsedad, y viceversa. Uno de los *insolubilia* más conocidos es el del *mentiroso:* «Epiménides, el cretense, dice que todos los cretenses son mentirosos.» Éstas son algunas de sus variantes medievales: 1) Esta proposición es falsa; 2) Sócrates dice: lo que dice Platón es falso; Platón dice: lo que dice Sócrates es verdad; 3) Sócrates: todo lo que dice Platón es falso; Platón: todo lo que dice Cicerón es falso; Cicerón: todo lo que dice Sócrates es falso. En estos ejemplos la dificultad reside en que la proposición contiene un predicado que se refiere a la proposición misma. Fue el Pseudo-Escoto el que respondió negativamente a la pregunta que se plantea en su tratado acerca de los *Elencos sofísticos* de Aristóteles, sobre «si un término general podría aplicarse al conjunto del enunciado del que forma parte». Buridán y Paolo Véneto (muerto en 1429) también se ocuparán de cuestiones como éstas, que se presentaban asimismo mediante artificios didácticos como el siguiente: Platón hace guardia en un puente sobre un río y dice a todos los que quieren pasar: «Si la primera proposición que dices es verdadera, te dejo pasar; si es falsa, te tiro al agua.» Llega Sócrates y formula la siguiente proposición: «Me tirarás al agua.» Ante esto, Platón no sabe qué hacer, porque si tira a Sócrates al agua, la aserción de este último era verdadera y debía permitirle el paso. Empero, si lo deja pasar, la proposición dicha por Sócrates resulta falsa y entonces debería tirarlo al agua.

Sin embargo, una vez dicho esto, hay que añadir que la teoría medieval de las *consequentiae* constituye un elemento de notable interés para la lógica contemporánea. Bochenski y Boehner consideran que la teoría de las *consequentiae* es un descubrimiento que hay que atribuir a los lógicos medievales. En cambio, Moody sostiene que existe a este respecto una continuidad entre la doctrina estoica y la escolástica, continuidad que pasaría a través de Boecio y de Abelardo. ¿En qué consiste la teoría de las *consequentiae*? A partir de Abelardo, cuando se habla de «consecuencia» se entiende una proposición condicional del tipo «Si... entonces...» El Pseudo-Escoto escribe: «Una consecuencia es una proposición hipotética compuesta por un antecedente y un consecuente, vinculados de una manera que hace imposible que el antecedente sea verdadero y el consecuente, falso.» En este sentido, una consecuencia es una proposición condicional en la cual la verdad del antecedente exige por necesidad la verdad del consecuente. Sin embargo, el concepto de consecuencia asumirá otro significado que vendrá a sobreponerse a éste (el de proposición condicional): se trata del concepto de consecuencia en tanto que validez de un razonamiento, cuya conclusión está justificada por aquellas premisas. Así, la expresión *valet consequentiae* no indica una proposición que sea consecuencia de las premisas, sino la argumentación que en su conjunto puede ser considerada como válida o inválida. Los dos significados del término «consecuencia» (consecuencia como proposición hipotética que puede ser verdadera o falsa; y consecuencia como argumentación que puede ser válida o inválida) a veces resultan confundidos, hasta el punto de que se habló de antecedente donde habría que haber hablado de premisa y se utilizó el término «consecuente» para referirse a la conclusión de una argumentación. En cualquier caso, lo importante es señalar que la consecuencia entendida en el sentido del Pseudo-Escoto —como proposición hipotética en la que resulta imposible que el antecedente sea verdadero y el consecuente falso— es asimilable a la noción de implicación estricta de Lewis, identificable con aquella «relación subsistente entre dos juicios, de modo que la verdad del primero haga imposible la falsedad del segundo» (A. Pasquinelli), como en el caso siguiente: «Si el Monte Rosa es rosa, entonces el Monte Rosa tiene color.» Otro elemento que hay que investigar es la distinción formulada por los escolásticos entre consecuencias formales y consecuencias materiales. A este respecto, escribe Buridán: «Se dice que una consecuencia es formal cuando, permaneciendo en la misma forma, es válida para todos los términos; o para decirlo con más exactitud, una consecuencia formal es una consecuencia tal que todas las proposiciones que poseen la misma forma son consecuencias válidas.» Por lo tanto, una consecuencia formal es una consecuencia válida, es decir, un esquema de argumentación siempre verdadera: en definitiva, lo que hoy llamaríamos una tautología. Por otra parte, tenemos una consecuencia material en el caso de que, si se substituyen las variables, no siempre resulta verdadera. Éste es un caso de consecuencia material, citado por Buridán: «Si algún hombre corre, entonces algún animal corre.» Se trata de una consecuencia cuya validez sólo es material, porque basta con substituir los términos —es decir, la materia— para comprobar que deja de ser válida: «Si algún caballo pasea, entonces algún bosque pasea.»

Concluyamos: aunque las investigaciones sobre la historia de la lógica medieval sean relativamente recientes y todavía quede mucho por hacer a este respecto, lo que ya se ha puesto en claro «nos permite considerar que los cuatro siglos que van desde Abelardo hasta finales del siglo XV son una de las épocas más brillantes de la historia de la lógica; en efecto, no sólo se profundizan y se sistematizan con rigor las cuestiones heredadas de la tradición antigua, sino que se llevan a cabo investigaciones completamente nuevas (por lo menos, en la manera de afrontarlas), como las referentes a las propiedades de los términos [...]; esto significa, en particular, que junto a los problemas sintácticos que han sido tratados de manera expresa, se plantea un desarrollo de la semántica casi totalmente ignorado por la tradición antigua. Además, los escolásticos dedicaron un particularizado y profundo estudio a la lógica modal, llevándola bastante más allá del nivel inicial en el que la había dejado Aristóteles; se enfrentan asimismo con el gran problema de las "antinomias semánticas" (como hoy las llamamos) y conciben a este respecto no menos de una docena de soluciones, llegando a desmenuzar casi todos sus aspectos. En cuanto a rigor formal, algunos de sus análisis superan sin duda a los de los antiguos, incluido el *Organon* aristotélico. Un importante detalle consiste en que los medievales llevaron a cabo la mayoría de sus investigaciones en forma metalógica, es decir, no construyendo fórmulas lógicas, sino describiéndolas, cosa que los antiguos (excepto los estoicos) sólo habían hecho en poquísimas ocasiones» (E. Agazzi).

7.5. *El «Ars magna» de Ramón Llull*

Al hablar de la lógica medieval, hay que mencionar sin duda al mallorquín Ramón Llull (1235-1315). Como ya es sabido, entre finales del siglo XIII y comienzos del XIV la lógica intenta liberarse de los vínculos que la mantenían ligada a la metafísica y a la teología, configurándose como una ciencia por sí misma. Sin embargo, el *Ars magna* de Llull aspira a colocarse de forma decidida al servicio de una finalidad religiosa. Llull, que se consideraba procurador de los infieles, concebía su arte como un arsenal de infalibles instrumentos dialécticos, capaces de obligar a que los admitiesen tanto los judíos como los musulmanes, hasta el punto de convertirlos a la religión cristiana.

Aunque sólo se examine someramente el contenido de su *Ars magna* (1308), no se tarda demasiado en comprender que el arte de Llull no tiene nada que ver con la lógica formal. Su obra se divide en trece partes: alfabeto, figuras, definiciones, reglas, tablas, etc. El alfabeto está constituido por nueve letras: B, C, D, E, F, etc. A cada una de estas letras se le asignan seis significados diferentes: un principio absoluto, un principio relativo, una pregunta, un sujeto, una virtud y un vicio. Así, por ejemplo, B y C significan lo siguiente:

B = Bondad, diferencia, *utrum,* Dios, justicia, avaricia
C = Grandeza, concordancia, *quid,* ángel, prudencia, gula.

Mediante este alfabeto se construyen cuatro figuras. La *primera* tiene forma circular, está dividida en nueve partes iguales y en cada una de ellas se coloca una letra del alfabeto. Bajo el substantivo que especifica uno de los significados de la letra, se encuentra el correspondiente adjetivo. Así, bajo la B, se halla la *Bonitas;* y bajo la *Bonitas,* está el *Bonum.* Bajo la K, está la *Gloria,* y bajo ésta, *Gloriosum.* Cada una de las nueve partes está unida con las otras ocho mediante una línea recta, para indicar las combinaciones de cada término con los distintos adjetivos especificados. Tendremos entonces combinaciones como las siguientes: la bondad es grande; la grandeza es buena; Dios es grande: la grandeza es divina, y así sucesivamente. La segunda figura está constituida por tres triángulos de diferentes colores y desempeña la función de permitir la elección entre las múltiples combinaciones que se obtienen gracias a la primera figura. Esta elección se lleva a cabo basándose en principios como la diferencia, la concordancia, la contradicción, la superioridad, la igualdad, la inferioridad, etc. La tercera figura está compuesta por 36 compartimentos, y sirve para combinar las dos precedentes. La cuarta figura es una especie de máquina que consta de tres círculos concéntricos, con un diámetro distinto. El más pequeño de los círculos gira sobre el mediano y éste lo hace sobre el mayor. Cada uno de ellos lleva los nueve compartimentos donde se encuentran las nueve letras del alfabeto. Gracias a la rotación de los círculos se obtienen todas las combinaciones posibles: *et sic per media camerarum homo venatur necessarias conclusiones.*

«La descomposición de los conceptos compuestos en nociones completamente sencillas, el uso constante de letras y de símbolos para indicar dichas nociones, constituyen medios para la adquisición de un lenguaje artificial y perfecto, y de una especie de mecanismo conceptual simbólico. Ya que si el descubrimiento de los términos es suficiente para captar los cimientos y las raíces de todo, por otro lado es necesario descubrir también una regla que permita llevar a cabo todas las posibles combinaciones de términos, reproduciendo así toda la trama del pensamiento divino, que se manifiesta, por lo demás, *per symbola,* a través de la gran máquina del universo» (C. Vasoli). Así, «la máquina del lulismo y la gran construcción cosmológica de la cábala podrán encontrarse en el terreno común del simbolismo, el alegorismo y el ejemplarismo místico» (Paolo Rossi).

Las concepciones de Llull tendrán mucho éxito hasta mediados del siglo XVIII. Empero, aunque en 1634 el *Ars magna* haya sido traducida al francés, los lógicos nunca la apreciaron demasiado. Leibniz dirá que «es sólo la sombra del verdadero arte combinatorio [...] y se halla tan alejada de ese arte como lo está el fanfarrón del hombre elocuente y, al mismo tiempo, sólido». Más próximo a nosotros, el lógico y filósofo norteamericano Charles S. Peirce afirma que las ideas de Llull son, simplemente, absurdas. Sin embargo, distanciando a Llull de su contexto histórico, y mirando las cosas con perspectiva, hay que admitir que «hallamos en Llull, por lo menos un embrión, y aunque equivocadamente no haya sabido sacarles provecho, dos ideas que —primero en Leibniz y luego en nuestros contemporáneos— predominarán en las obras de lógica: la característica y el cálculo [...]. Hizo uso sistemáticamente del simbolismo visual: letras, figuras geométricas, colores, esquemas como el del árbol, etc. [...]. Y con la ayuda de este simbolismo quiere substituir la frecuente incertidumbre de las operaciones intelectuales por la seguridad de operaciones casi mecánicas, que se realizan de una vez para siempre» (R. Blanché).

APÉNDICE

TABLAS CRONOLÓGICAS, BIBLIOGRAFÍA E ÍNDICE DE NOMBRES

por Claudio Mazzarelli*

*Claudio Mazzarelli (nacido en Milán, 1938) es catedrático de filosofía y de historia en centros oficiales de enseñanza secundaria y colaborador científico del profesor G. Reale, en la Universidad Católica de Milán. El profesor Mazzarelli es autor de numerosos trabajos sobre el platonismo medio; tradujo —para la colección «Clásicos del pensamiento», de la Editorial Rusconi— la *Ética a Nicómaco* de Aristóteles, y seis tratados de Filón de Alejandría (por primera vez al italiano); tradujo y comentó, asimismo, el *Filebo* de Platón (Editorial Marietti).

FECHA	ACONTECIMIENTOS HISTÓRICOS	FILOSOFÍA
VIII-VII sig. a.C.	Gran colonización griega.	
	776. Primeras Olimpíadas. 753. Fundación de Roma.	
700	682. Atenas: final de la monarquía.	
650		
		624-546. Tales de Mileto.
	621. Atenas: Leyes de Dracón.	611-546. Anaximandro.
600	594-593. Reformas de Solón 586. Deportación de los judíos a Babilonia.	586-525. Anaxímenes
		580-500. Pitágoras de Samos. 570-480. Jenófanes de Colofón.
	561-28. Pisístrato, tirano de Atenas.	
550	546. Caída de Sardes: Ciro somete Lidia y Jonia.	540-470. Parménides de Elea.
	538. Ciro libera a los judíos.	535-470. Heraclito de Éfeso.
	510. Fin de la tiranía de Pisistrátidas en Atenas. 509. Roma: comienzo de la república. 508. Atenas: reformas democráticas de Clístenes.	510. Nace Zenón de Elea.
500	499. Rebelión jónica.	499-428. Anaxágoras de Clazomene.
	494. Dario destruye Mileto.	492-432. Empédocles de Agrigento.
	490. Batalla de Maratón	490. Nacimiento de Meliso de Samos. 485. Nacimiento de Protágoras y de Gorgias.
	480. Incendio de Atenas; Termópilas; batalla de Salamina. 479. Batallas de Platea y de Micala. 478. Liga de Delos.	

ARTES Y LETRAS	CIENCIA Y TÉCNICA	FECHA
		VIII-VII sig. a.C.
Florece Hesíodo de Ascra.		700
670-600. Mimnermo de Colofón.		
650-600. Tirteo de Esparta.		650
640. Nace Solón.		
630. Templo de Hera en Delos.		
630-555. Estesícoro.		
600. Alceo y Safo en Lesbos.		600
	585. Eclipse de sol anunciado por Tales.	
580. El ágora de Atenas.		
570-485. Anacreonte.		
570-560. El vaso François.		
560. Muere Solón.		
556-467. Simónides.	550-480. Hecateo de Mileto.	550
544-480. Teognides.		
530. Comienzo de la pintura ática en figuras rojas.		
525. Nace Esquilo.		
520. *Olympieion* (Atenas).		
518-450. Baquílides.		
518. Nace Píndaro.		
		500
496. Nace Sófocles.		
495. Templo de Afaya (Egina).		
484. Nacen Eurípides y Heródoto.		
476. Los Tiranicidas.		

FECHA	ACONTECIMIENTOS HISTÓRICOS	FILOSOFÍA
		475. Nacimiento de Pródico de Ceo. 469. Nacimiento de Sócrates.
	461. Atenas: Pericles sube al poder.	
		460. Nace Demócrito de Abdera.
450	451. Roma: Leyes de las XII Tablas.	
	446. Tregua de treinta años entre Esparta y Atenas.	
		444. Protágoras legisla para Thurium.
	431. Comienza la guerra del Peloponeso.	
	429. Muere Pericles	
		427. Nacimiento de Platón. Gorgias en Atenas.
		424. Sócrates en la expedición de Delio.
		422. Sócrates en la campaña de Anfípolis.
	421. Paz de Nicias.	
	415-13. Expedición a Sicilia.	
	406. Las Arginusas; proceso a los estrategas. 405-367. Dionisio I, tirano de Siracusa.	
	404. Atenas: los Treinta tiranos. 403. Trasíbulo restaura la democracia en Atenas. 401. Ciro el Joven contra Artajerjes II	

ARTES Y LETRAS	CIENCIA Y TÉCNICA	FECHA
465. Templo de Zeus (Olimpia). *Stoa Pecile* (Atenas).		
460. Florece el pintor Polignoto.	460-370. Hipócrates de Cos.	
458. Esquilo: *Orestíada*.		
456. Muerte de Esquilo.		
455. Nace Tucídides. Fidias: *Apolo*.		
450. Mirón: *Discóbolo, Atenéa y Marsia*.		450
447-438. Partenón (Atenas).		
445. Nacen Aristófanes y Lisias.		
444. Heródoto de Thurium.		
442. Sófocles: *Antígona*.		
440. Polícleto: *Doríforo*.	440. Metón: reforma el calendario	
438-432. Mnesicles: Propileos (Atenas).		
438. Fidias: *Atena Parthenos*.		
436. Nace Isócrates.		
435. Templo de Apolo (Delos).		
431. Eurípides: *Medea*.		
430. Nace Jenofonte. Polícleto: *Diadumeno*.		
428-426. Sófocles: *Edipo rey*.		
428. Eurípides: *Hipólito*.		
425. Muere Heródoto.		
423. Aristófanes: *Las nubes*.		
420-410. *Erecteion* (Atenas).		
418. Templo de Atena *Nike* (Atenas).		
415. Eurípides: *Las troyanas*.		
411. Aristófanes: *Lisístrata*.		
406. Muerte de Eurípides y de Sófocles.		
405. Eurípides: *Las bacantes* (póstuma) e *Ifigenia en Áulide*. Aristófanes: *Las ranas*.		
401-399. Jenofonte en Asia *(Anábasis)*.		

FECHA	ACONTECIMIENTOS HISTÓRICOS	FILOSOFÍA
400	400. Guerra entre Esparta y los persas.	
		399. Proceso y muerte de Sócrates. 388. Primer viaje de Platón a Sicilia. 387. Platón funda la Academia.
	386. Paz de Antálcidas, o del Rey.	
		384. Nace Aristóteles en Estagira.
	371. Leuctra: comienzo de la hegemonía de Tebas.	
		370. Muerte de Demócrito y de Antístenes.
	367-43. Dionisio II, tirano de Siracusa.	367. 2.º viaje de Platón a Sicilia. 366. Los plebeyos acceden al consulado. 365-346. Aristóteles en la Academia.
	362. Mantinea: final de la hegemonía de Tebas.	
		361. 3.r viaje de Platón a Sicilia. 360. Nacimiento de Pirrón de Elis.
	359-36. Filipo II rey de Macedonia. 356-54. Dión domina Siracusa.	
350	348. Filipo II conquista Olinto.	
		347. Muerte de Platón. 347-43. Aristóteles en Aso, y después en Mitilene. 347-38. Espeusipo dirige la Academia.
	346. Paz entre Filipo y Atenas. 344. Los persas contra Hermía de Atarneo.	
		343-36. Aristóteles, preceptor de Alejandro Magno.
		341. Nace Epicuro de Samos.
	338. Batalla de Queronea: comienzo de la hegemonía macedonia. 336-323. Alejandro, rey de Macedonia.	338-314. Jenócrates dirige la Academia.
	334. Alejandro invade el Asia.	334. Aristóteles funda el Liceo. 332. Nace Zenón de Citio.
	331. Fundación de Alejandría en Egipto.	
		324. Comienzo de las enseñanzas de Pirrón.
	323. Muerte de Alejandro Magno; formación de los reinos helenísticos.	323. Muere Diógenes de Sinope. Aristóteles huye a Calcidia.

ARTES Y LETRAS	CIENCIA Y TÉCNICA	FECHA
		400
399. Muerte de Tucídides.		
385. Muerte de Aristófanes.		
384. Nace Demóstenes.		
380. Isócrates: *Panegírico*.		
370-350. Actividad de Praxíteles.		
370. Nace Lisipo.		
365. Muere Lisias.		
360-355. Jenofonte: *Helénicas*.		
360-340. Florece Scopas.		
355. Muere Jerofonte.		
351. Demóstenes: las *Filípicas*.		
	350. *Mausoleo* de Halicarnaso.	350
342-291. Menandro.		
340-260. Evémero de Mesene.		
338. Muerte de Isócrates.		
335-325. Florece Lisipo.		
330. Teatro de Dionisios (Atenas). Demóstenes: *Sobre la corona*.		
325. Florece Apeles.		
322. Suicidio de Demóstenes.		

FECHA	ACONTECIMIENTOS HISTÓRICOS	FILOSOFÍA
	322-283. Ptolomeo I Lago, rey de Egipto.	322. Muerte de Aristóteles. 322-287. Teofrasto dirige el Liceo.
		315. Nace Arcesilao. 314-270. Polemón, escolarca de la Academia. 312. Zenón de Citio en Atenas.
		306. Epicuro funda el Jardín. 301. Zenón funda la *Stoa*.
300		
		287-270. Estratón de Lámpsaco, escolarca del Liceo.
	283-247. Ptolomeo II Filadelfo.	280. Nace Crisipo de Soli.
	275. Los romanos derrotan a Pirro en Benevento. 272. Los romanos conquistan Taranto.	
		270. Crates dirige la Academia. 265-40. Arcesilao, escolarca de la Academia.
	264-241. Primera guerra púnica.	262. Muerte de Zenón. 262-32. Cleantes de Aso, escolarca de la escuela estoica.
250		
	247-221. Ptolomeo III Evergetes. 241-197. Atalo I rey de Pérgamo.	
		232-04. Crisipo de Soli, escolarca de la escuela estoica.
	221-204. Ptolomeo IV Filopátor.	219. En Cirene nace Carnéades.
	218-202. Segunda guerra púnica. 212. Los romanos conquistan Siracusa. 204-181. Ptolomeo V Epífanes.	
200		
	196. El cónsul Flaminino proclama la libertad de los griegos.	

ARTES Y LETRAS	CIENCIA Y TÉCNICA	FECHA
320-239. Arato de Soli.		
310-260. Teócrito. 310-245. Calímaco de Cirene.	312. *Via Appia* (Roma-Capua). 310-230. Aristarco de Samos.	
295-215. Apolonio de Rodas.	300. Florecimiento de Euclides. 290. Museo y Biblioteca de Alejandría (bibliotecarios: Zenodoto, Apolonio de Rodas, Eratóstenes, Aristófanes de Bizancio, Apolonio Eidógrafo, Aristarco). 287. Nace Arquímedes de Siracusa. 285. Faro de Alejandría. 275-195. Eratóstenes de Cirene.	300
255-184. Plauto. 250. *Biblia*: comienza la traducción de los Setenta.		250
239-169. Quinto Ennio. 234-149. Catón el Censor.		
	212. Asesinato de Arquímedes.	
	190-216. Hiparco de Nicea.	200

FECHA	ACONTECIMIENTOS HISTÓRICOS	FILOSOFÍA
		185. Nace Panecio de Rodas.
	168. Los romanos conquistan Macedonia. 156-155. Carnéades, embajador en Roma.	
150	149-146. Tercera guerra púnica. 146. Los romanos conquistan Grecia.	
		135. Nace Posidonio de Apamea.
	134-21. Roma: época de los Gracos.	
		130. Nace Antíoco de Ascalón. 129. Muere Carnéades. 129-99. Panecio dirige la escuela estoica.
	113-101. Guerra de los romanos contra los cimbrios y los teutones. 111-105. Guerra de Yugurta.	
		110. Filón de Larisa, jefe de la Academia. 106. Nacimiento de Cicerón.
100		
	91-89. Guerra social.	
		88. Filón de Larisa en Roma. 87-84. Antíoco de Ascalón en Alejandría.
	86. Posidonio, embajador en Roma.	
	82-79. Dictadura de Sila.	
		79. Cicerón escucha a Antíoco en Atenas.
		69. Muerte de Antíoco de Ascalón.
	63. Conjura de Catilina. 60. Primer triunvirato: Pompeyo, César y Craso. 58-51. César conquista las Galias.	
		54-51. Cicerón: *De re publica.* 51. Muere Posidonio de Apamea.
50	49-46. Guerra civil entre César y Pompeyo. 46-44. Dictadura de César.	46. Cicerón comienza a escribir sus obras filosóficas.
	43. Segundo triunvirato: Antonio, Lépido y Octaviano.	43. Asesinato de Cicerón.
		42. Enesidemo escribe su principal obra.
	31. Batalla de Actium. 30. Toma de Alejandría y anexión de Egipto.	20. Nace Filón de Alejandría.
		4. En Córdoba nace Séneca.

ARTES Y LETRAS	CIENCIA Y TÉCNICA	FECHA
185-159. Terencio.		
		150
	146. Crisis del Museo de Alejandría.	
116-27. Varrón Reatino.		
		100
96-53. Lucrecio.		
86-35. Salustio. 84-54. Cátulo.		
70-19. Virgilio.		
65-8. Horacio.		
	63. a.C.-21 d.C. Estrabón.	
59. a.C.-17 d.C. Tito Livio.		
		50
43. a.C.-18 d.C. Ovidio.		
9. *Ara pacis* de Augusto	Vitruvio: *Arquitectura.*	

FECHA	ACONTECIMIENTOS HISTÓRICOS	FILOSOFÍA
d.C.	14. Muerte de Augusto. 14-37. Tiberio.	16-19. Séneca en Egipto.
	37-41. Calígula.	
	41-54. Claudio.	40. Muerte de Filón de Alejandría. 41-49. Séneca, exiliado en Córcega. 46. Nace Plutarco de Queronea.
50	49. Claudio expulsa de Roma a los judíos.	50. Nace Epicteto de Hierápolis.
	54-68. Nerón. 64. Incendio de Roma.	61-112. Plinio el Joven. 65. Séneca es obligado a suicidarse.
	69-79. Vespasiano. 70. Tito destruye Jerusalén: comienza la diáspora de los judíos. 79. Erupción del Vesubio. 79-81. Tito.	
	81-96. Domiciano. 96-98. Nerva. 98-117. Trajano.	80-150. Favorino de Arelate.
100	117-138. Adriano.	121. Nace Marco Aurelio. 125. Muerte de Plutarco. 126. Muere Epicteto.
150	138-161. Antonio Pío.	150. Nace Clemente de Alejandría. 155. Nace Tertuliano en Cartago.
	161-180. Marco Aurelio (hasta el 169, con Lucio Vero).	165. Martirio de san Justino.
	180-92. Cómodo.	187. Nace Orígenes cristiano.
	193. Comienza la dinastía de los Severos (acabará en el 235).	198-211. Alejandro de Afrodisia en Atenas.
200	202. Septimio Severo persigue a los cristianos.	203. Muere Ireneo de Lyón *(Contra las herejías).* 203-231. Orígenes dirige la escuela catequética de Alejandría.

ARTES Y LETRAS	CIENCIA Y TÉCNICA	FECHA
		d.C.
	23-79. Plinio el Viejo.	
35-100. Quintiliano.		
39-65. Lucano.		
50. Frescos de la Villa de los Misterios de Pompeya.	50. Florecimiento de Herón.	50
50-64. San Pablo: Epístolas.		
54-120. Tácito.		
65-100. Composición de los Evangelios.		
70-140. Suetonio.		
	80. *Coliseo* (Roma).	
	100/178. Claudio Ptolomeo.	100
113. Columna Trajana.		
125-164. Apuleyo.		
	129-199. Galeno.	
130-180. Aulo Gelio.	130. Cúpula del Panteón (Roma).	
		150
		200

FECHA	ACONTECIMIENTOS HISTÓRICOS	FILOSOFÍA
		204. Nacimiento de Plotino, en Nicópolis.
	212. Caracalla amplía a las provincias la ciudadanía romana.	
		215. Muere Clemente de Alejandría.
		220. Muerte de Sexto Empírico y de Tertuliano.
		234. Nacimiento de Porfirio de Tiro.
	235. Comienza la serie de emperadores de elección militar (hasta el 305).	
		244. Plotino funda su escuela en Roma.
250		250. Nace Jámblico.
		253. Muere Orígenes.
		253-69. Plotino escribe las *Enéadas*.
	257-58. Persecución anticristiana de Valeriano.	
		263-68. Porfirio en la escuela de Plotino.
		270. Muerte de Plotino.
	284-305. Diocleciano.	
300		
		301. Porfirio publica las *Enéadas*.
	303-11. Persecución anticristiana de Diocleciano.	
		305. Muerte de Porfirio.
	313. Constantino: edicto de Milán.	
	324-37. Constantino, único Augusto.	
	325. Concilio de Nicea.	
	330. Constantinopla, capital del imperio.	330. Nacimiento de Basilio de Nisa y de Gregorio Nacianceno.
		335. Nacimiento de Gregorio de Nisa.
350		
		354. Nace san Agustín.
	361-3. Juliano el Apóstata.	
	365. Los alamanes en las Galias.	
	379. Los ostrogodos en Panonia y los visigodos en Macedonia.	379. Muere Basilio de Nisa.
	380. Teodosio I: edicto de Tesalónica.	
	381. Concilio de Constantinopla.	
		384. San Agustín en Roma.
		384-386. San Agustín en Milán.
		390. Muerte de Gregorio Nacianceno.
		390-406. San Jerónimo traduce la *Biblia* al latín *(Vulgata)*.
		394. Muerte de Gregorio de Nisa.
	395. División del imperio entre Arcadio y Honorio.	
		396. San Agustín, obispo de Hipona.
		397. San Agustín, las *Confesiones*.
400		

ARTES Y LETRAS	CIENCIA Y TÉCNICA	FECHA
		250
265. Nace Eusebio de Cesarea.		
		300
324. Eusebio: *Historia de la Iglesia*.		
340. Muere Eusebio de Cesarea. 347. Nace san Jerónimo.		
		350
370-415. Sinesio de Cirene *(Himnos)*.		
397. Muerte de san Ambrosio. 400-430. *Santa María la Mayor y Santa Sabina* (Roma).		400

FECHA	ACONTECIMIENTOS HISTÓRICOS	FILOSOFÍA
	402. Ravena, capital del Imperio de Occidente.	
	410. Los visigodos saquean Roma.	412. Nace Proclo de Constantinopla.
		419. San Agustín: *De Trinitate.*
		427. San Agustín: *De civitate Dei.*
	430. Los vándalos sitian Hipona.	430. Muerte de san Agustín.
	431. Concilio de Éfeso.	
450		
	451. Concilio de Calcedonia.	
	455. Los vándalos saquean Roma.	
	476. Fin del imperio de Occidente.	480. Nace Boecio.
		485. Muerte de Proclo.
	493-526. Teodorico, rey de Italia.	
	494. Papa Gelasio I: distinción entre poder espiritual y temporal.	
	496. Conversión de Clodoveo, rey de los francos, y de su pueblo.	
500		
		524. Muere Boecio.
	526. Muere Teodorico.	
	527. Justiniano, emperador.	
	529. Justiniano cierra la escuela filosófica de Atenas.	
	529-33. Código de Justiniano.	
	535-53. Guerra entre griegos y godos.	
550		
	554. Justiniano: la pragmática sanción.	560-636. Isidoro de Sevilla
	565. Muerte de Justiniano.	
	568. Los longobardos en Italia.	
	570. Nace Mahoma.	
	590-604. Gregorio I Magno, papa.	597. Agustín funda la iglesia anglosajona.
600		
	622. Hégira: Mahoma huye a Medina.	
	632. Muerte de Mahoma.	
	634-50. Los árabes conquistan Egipto, Siria, Mesopotamia, Irán.	
	643. Edicto de Rotario.	
650		

ARTES Y LETRAS	CIENCIA Y TÉCNICA	FECHA
417. Pablo Orosio: *Historia.*		
420. Muerte de san Jerónimo.		
430. Marciano Capela: *De nuptiis.*		
Mausoleo de Gala Placidia (Ravena).		450
480. Nace San Benito de Nursia. Nace Casiodoro.		
		500
	Mausoleo de Teodorico (Ravena).	
San Apolinar Nuevo (Ravena).		
529. Fundación de Montecassino.		
	530. Cúpula de Santa Sofía (Constantinopla).	
547. Muerte de san Benito. Consagración de *San Vital* (Ravena). 549. *San Apolinar in Clase* (Ravena). 550-54. Procopio de Cesarea: *Historias.*		550
570. Muere Casiodoro.		
		600
Comienzos del canto gregoriano.	Difusión de la porcelana (China).	
653. Redacción del *Corán.*		
		650
	673. Incendio de Bizancio.	

FECHA	ACONTECIMIENTOS HISTÓRICOS	FILOSOFÍA
	661-750. Califato de los omeyas.	674-735. Beda el Venerable.
	689-741. Carlos Martel, rey de los francos (a partir del 714).	
700		
	711-19. Los árabes conquistan España.	
	712-44. Liutprando, rey de los longobardos.	730. Nace Alcuino de York.
	732. Batalla de Poitiers.	
750	750. Comienzo de la dinastía abasí.	
	754-56. Constitución del Estado Pontificio.	
	756-74. Desiderio, rey de los longobardos.	
	768. Carlos, rey de los francos.	
	774. Fin del reino longobardo.	
800	800. Carlomagno emperador.	
		804. Muere Alcuino de York.
	814. Muerte de Carlomagno.	
	827. Los árabes en Sicilia.	
	842. Juramento de Estrasburgo.	
	843. Paz de Verdún.	847. Nace Escoto Eriúgena.
850		
	867. Cisma de Focio.	
	877. Capitular de Kiersy.	880. Muere Escoto Eriúgena.
	887. Deposición de Carlos el Gordo.	
900		
	911. Los normandos en Francia.	
	936. Otón I, rey de Alemania.	
950	962-973. Otón I, emperador.	
	973-983. Otón II, emperador.	980. Nace Avicena.
	983-1002. Otón III, emperador.	
	987-986. Hugo Capeto, rey de Francia.	
1000		
		1021-1070. Avicebrón.
		1033. Nace san Anselmo.
	1037. *Constitutio de feudis.*	1037. Muere Avicena.

ARTES Y LETRAS	CIENCIA Y TÉCNICA	FECHA
	Arabia: difusión del papel. España: introducción del arroz y del algodón.	700
		750
	790. Euclides traducido al arábigo.	
	Los árabes adoptan las cifras indias.	800
	820. Al-Kwarizmi: *Tratado*	
	830. El *Almagesto* (Ptolomeo) traducido al arábigo.	
	849. La *Metafísica* (Aristóteles) traducida al arábigo.	
	Difusión de: silla de montar moderna, riendas, estribos, herraduras sujetas con clavos.	850
910. Fundación de Cluny (abadía).		900
		950
980. Vidrieras de la catedral de Reims.		
995-1050. Guido d'Arezzo.		
	1010. Escuela médica de Salterno.	1000
1023. Guido d'Arezzo: las siete notas.		
	1041. Imprenta con caracteres móviles (China).	

FECHA	ACONTECIMIENTOS HISTÓRICOS	FILOSOFÍA
1050	1054. Cisma de Oriente.	1050-1120. Roscelino de Compiègne.
	1059. Concilio de Letrán. 1061-91. Los normandos en Sicilia.	1058-1111. Algazel.
	1073-85. Pontificado de Gregorio VII. 1075. Gregorio VII: *Dictatus papae.*	1070-1121. Guillermo de Champeaux.
	1077. Encuentro de Canossa.	1076-1077. San Anselmo: *Monologion, Proslogion.* 1079. Nace Abelardo.
		1090-1150. Adelardo de Bath. 1091. Nace san Bernardo.
	1096-1099. Primera Cruzada.	
1100		1101-41. Hugo de San Víctor. 1109. Muerte de san Anselmo. 1110. Nace Juan de Salisbury. 1114-24. Enseñanza de Bernardo de Chartres. 1120-54. Enseñanza de Guillermo de Conques.
	1121. Concilio de Soissons. 1122. Concordato de Worms.	1126. Nace Averroes.
	1130. Rogelio II, rey de Sicilia.	1135. Nace Maimónides.
	1147-49. Segunda Cruzada.	
1150	1152-90. Federico I, emperador.	1153. Muere san Bernardo. 1154. Muerte de Gilberto de la Porrée y de Teodorico de Chartres. 1160. Muere Pedro Lombardo.
	1176. Batalla de Legnano.	1173. Muere Ricardo de San Víctor. 1175-1253. Roberto Grosseteste.
		1180. Muere Juan de Salisbury.
	1183. Paz de Constanza.	1185-1243. Alejandro de Hales.

ARTES Y LETRAS	CIENCIA Y TÉCNICA	FECHA
	Comienzo de la destilación del alcohol partiendo del vino.	1050
	1084. Bolonia: *studium* de derecho. 1088. Irnerio en Bolonia.	
1094. Basílica de San Marcos (Venecia).		
1099-1106. Wiligelmo: esculturas de la catedral de Módena.		1100
	Molinos de viento (Europa).	
	Timón posterior giratorio.	
1114-1187. Gerardo de Cremona.	Telar de pedales.	
1120. Iglesia de San Zeno (Verona).	Descubrimiento de los ácidos sulfúrico y nítrico.	
1130. Nace Gioacchino da Fiore. 1132. Basílica de San Nicolás (Bari).		
1138. Catedral de Cefalú: comienzo. 1147-1149. El *Cantar del Mío Cid*.		
		1150
1163-1196. *Notre Dame* (París). 1170-1221. Santo Domingo de Guzmán.		
1178. B. Antelami: *Descendimiento* (Catedral de Parma).		
1182-1226. San Francisco de Asís.		

FECHA	ACONTECIMIENTOS HISTÓRICOS	FILOSOFÍA
	1189-1192. Tercera Cruzada.	
	1194. Nace Federico II.	
	1198-1216. Pontificado de Inocencio III.	1198. Muere Averroes.
1200	1202-1204. Cuarta Cruzada.	
	1204. Imperio latino de Oriente: comienzo.	1204. Muere Maimónides.
		1206. (ó 1193) Nace san Alberto Magno.
	1209-29. Cruzada con los albigenses.	
	1214. Batalla de Bouvines.	1214. Nace Rogerio Bacon.
	1215. Inglaterra: Carta Magna.	
		1218. Nace san Buenaventura de Bagnoregio.
	1220. Federico II, emperador.	1221. Nace santo Tomás de Aquino.
	1231. Federico II: *Constituciones de Melfi.*	
		1235-1315. Ramón Llull.
	1237. Batalla de Cortenuova.	
		1240. Nace Siger de Brabante.
		1248-52. Santo Tomás en Colonia.
	1248. Sexta Cruzada.	1248-57. San Buenaventura enseña en París.
1250	1250. Muere Federico II.	
		1252-1259. Santo Tomás enseña en París.
		1258-1264. Santo Tomás: *Summa contra Gentiles.*
		1260. Nace el maestro Eckhart.
	1261. Final del imperio latino de Oriente.	
	1266. Batalla de Benevento.	1266. Santo Tomás inicia la *Summa Theologiae.*
	1268. Batalla de Tagliacozzo.	
		1274. Muerte de santo Tomás y de san Buenaventura
		1277. Esteban Tempier condena el averroísmo.
		1280. Muere san Alberto Magno. Nace Guillermo de Ockham.
	1282. Vísperas sicilianas.	
		1284. Muere Siger de Brabante.
	1291. Nace la Confederación Helvética.	
		1292. Muere Rogerio Bacon.

ARTES Y LETRAS	CIENCIA Y TÉCNICA	FECHA
1194. Catedral de Chartres: comienzo.		
		1200
1202. Muere Gioacchino da Fiore.	1202. Leonardo Pisano: *Liber abbaci*. Introducción de arado pesado. Difusión de la brújula.	
1212. Catedral de Reims: comienzo.		
	1215. Estatutos de la universidad de París.	
	1222. Universidad de Padua. 1223. Leonardo Pisano: *Practica geometriae*. 1224. Universidad de Nápoles.	
1240-1302. Cimabue.		
		1250
1252. Comienzo de la *Santa Croce* (Florencia).		
1265. Nace Dante Alighieri. 1265-69. Nicolás Pisano: Púlpito de la Catedral de Siena. 1266. Nace Giotto		
1278. Santa María Novella (Florencia). 1280. Cimabue: frescos de Asís.		
1284-96. Juan Pisano: ornamentación de la catedral de Siena.	Difusión de los anteojos. Reloj de pesas y de ruedas.	

FECHA	ACONTECIMIENTOS HISTÓRICOS	FILOSOFÍA
	1293. Florencia: *Ordenamientos de justicia*. 1294-1303. Bonifacio VIII.	
		1296-1366. Enrique Suso.
1300	1297. Encierro del Gran Consejo (Venecia). 1300. Primer jubileo. 1301. Comienzo del imperio otomano. 1302. Paz de Caltabellota.	1300-1361. Juan Tauler.
		1308. Muere Duns Escoto.
	1309-1377. Cautiverio de Aviñón.	
	1314-1447. Luis IV de Baviera, emperador.	
		1320-1384. Juan Wyclif.
		1324. Marsilio de Padua: *Defensor pacis*. 1327. Muere el maestro Eckhart. 1328-58. Enseñanza de Juan Buridán.
	1337. Comienzo de la Guerra de los Cien Años.	
	1347-54. Cola di Rienzo. 1348. La peste en Europa.	
1350		1349. Muere Guillermo de Ockham.
	1356. Bula de oro (Carlos IV). 1358. Liga Hanseática.	
		1369-1415. Juan Hus.
	1378-1417. Gran Cisma de Occidente.	1382. Muere Nicolás de Oresme.

ARTES Y LETRAS	CIENCIA Y TÉCNICA	FECHA
1296. Santa María del Fiore (Florencia): comienzo.		
		1300
1302. Juan Pisano: púlpito de la catedral de Siena.		
1304. Nace F. Petrarca.		
1305. Giotto: frescos de la capilla de los Scrovegni (Padua).		
1311. Duccio de Buoninsegna: *Maestà* (Siena).		
1313. Nace G. Boccaccio.		
	1314. Primer reloj público, en Francia (Caen).	
1315. Simone Martini: *Maestà* (Siena).		
	1320. Cañón disparado mediante pólvora.	
1321. Muere Dante Alighieri.		
1330. Catedral de Orvieto.		
1334-1337. Giotto: *Campanille (Florencia)*		
1337. Muere Giotto.		
	1341-1345. Florencia: *Ponte Vecchio.*	
1344. Muere Simone Martini.		
1347-80. Santa Catalina de Siena.	1347. Universidad de Praga.	
1348-54. G. Boccaccio: el *Decamerón.*		
		1350
	Desarrollo del alto horno.	
	1354-1356. Verona: puente de Castelvecchio.	
	1364. Universidad de Cracovia.	
	1365. Universidad de Viena.	
1374. Muere F. Petrarca.		
1375. Muere G. Boccaccio.		
1386. Comienzo de la catedral de Milán.		
1387. Chaucher: los *Cuentos de Canterbury.*		
	1389. Fábrica de papel de Nuremberg.	

BIBLIOGRAFÍA

Las indicaciones bibliográficas que aquí brindamos se ajustan a una exigencia pedagógica concreta: señalar al estudiante más interesado y más trabajador los instrumentos necesarios y suficientes para ampliar y profundizar, en primera instancia, el conocimiento de los temas expuestos en el texto. Hemos dicho expresamente «en primera instancia», porque resulta evidente que la profundización en cada uno de los temas, aunque tiene un punto de partida muy claro en la exposición realizada a lo largo del texto, no tiene ni puede tener más limitación que el interés, la capacidad y la dedicación a la investigación por parte de cada estudiante. En consecuencia, nos hemos propuesto enumerar todo el material bibliográfico necesario para una primera aproximación, con base en el cual pueden obtenerse ulteriores indicaciones, más específicas y más técnicas. A la experiencia pedagógica y a la preparación científica de los profesores —a los que quisiéramos ofrecer un útil instrumento de trabajo— corresponde, como es natural, la responsabilidad de guiar a los alumnos en la elección reflexiva y equilibrada de cada lectura.

Para cada uno de los grandes períodos de la historia de la filosofía brindaremos: *a*) indicaciones de carácter general e indicaciones específicas, por tema y por autor, tanto *b*) de las ediciones de los textos en lenguas asequibles al lector (cuando existan), sobre todo de las utilizadas por los autores en las citas realizadas a lo largo del manual, como *c)* de algunos de los trabajos críticos más significativos al respecto. El material bibliográfico está ordenado de acuerdo con los capítulos del manual. Tanto de los textos como de las obras informativas y críticas hacemos constar la fecha de publicación de la última edición o reimpresión conocidas por nosotros, pero debemos advertir que es posible que se nos haya escapado alguna muy reciente.

Obras de conjunto. La clásica y famosa obra de E. Zeller, *Die Philosophie der Griechen in ihrer geschichtlichen Entwicklung* (La filosofía de los griegos en su desarrollo histórico), cuya quinta edición —todavía a cargo de su autor— se remonta a 1892, ha sido enormemente ampliada con una puesta al día crítica y bibliográfica en la edición italiana, que aún no se ha publicado en su totalidad (La Nuova Italia, Florencia). Completa, puesta al día y documentada es: G. Reale, *Storia della filosofia antica,* Vita e Pensiero, Milán: vol. I, *Dalle origini a Socrate,* [3]1979; vol. II: *Platone e Aristotele,* [2]1976; vol. III: *I sistemi dell'età ellenistica,* [2]1977; vol. IV: *Le Scuole dell'età imperiale,* 1978; vol. V: *Lessico Indici Bibliografia,* 1980. En castellano, véase J. Hirschberger, *Historia de la filosofía* I, Herder, Barcelona [13]1985; G. Fraile, *Historia de la filosofía*, I. *Grecia y Roma*, Católica, Madrid 1956 (BAC 160); W. Brugger, *Diccionario de filosofía,* Herder, Barcelona [10]1983; J. Bowen, *Historia de la educación occidental*, vol. I: *El mundo antiguo,* Herder, Barcelona [2]1985.

Para la historia de la crítica, véase *Questioni di storiografia filosofica,* ed. V. Mathieu, La Scuola, Brescia 1975, vol. I.

Para la historia, la religión y la literatura griegas, véanse: G. Gianelli, *Trattato di storia greca,* Tumminelli, Roma 1961; H. Berve, *Storia greca,* Laterza, Bari 1966, 2 vols.; W. Nestle, *Historia del espíritu griego*, Ariel, Barcelona [3]1981; E.R. Dodds, *Los griegos y lo irracional,* Alianza, Madrid [3]1983; E. Rhode, *Psiche. Culto delle anime e fede nell'immortalità presso i Greci,* 2 vols., Laterza, Bari 1970; A. Lesky, *Historia de la literatura griega,* Gredos, Madrid 1982.

Por último, resulta muy útil la *Grande Antologia Filosofica,* dirigida por U.A. Padovani, Marzorati, Milán 1954, vols. I y II: *Il pensiero classico.*

Capítulo I

B. Snell, *Las fuentes del pensamiento europeo,* Razón y Fe, Madrid 1965; J. Chevalier, *Histoire de la pensée.* I: *La pensée antique,* París 1955 (trad. cast., Aguilar, Madrid 1963).

Capítulo II

Textos. H. Diels - W. Kranz, *Die Fragmente der Vorsokratiker,* Berlín [12]1966, versión cast.: J.D. García Bacca, *Fragmentos filosóficos de los presocráticos,* México 1953. La Nuova Italia, de Florencia, ha publicado junto con el texto griego la versión italiana, con introducción, comentario y bibliografía: *Ionici. Testimonianze e frammenti,* ed. A. Magdalena, 1970; *Senofane. Testimonianze e frammenti,* ed. M. Untersteiner, 1967; *Parmenide. Testimonianze e frammenti,* ed. M. Untersteiner, 1967; *Zenone. Testimonianze e frammenti,* ed. M. Untersteiner, 1970; *Melisso. Testimonianze e frammenti,* ed. G. Reale, 1970; *Eraclito. Frammenti,* ed. M. Marcovich, 1978; *Eraclito. Testimonianze e imitazioni,* ed. R. Mondolfo y L. Tarán, 1972; *Pitagorici. Testimonianze e frammenti,* 3 vols., ed. M. Timpanaro Cardini, 1969; *Anassagora. Testimonianze e frammenti,* ed. D. Lanza, 1966. Empédocles, *Poema fisico e lustrale,* ed. C. Gallavotti, Mondadori, Milán 1975; G.S. Kirk y J.E. Raven, *The Presocratic Philosophers. A critical history with selection of texts,* Cambridge 1957.

Bibliografía. W. Jaeger, *La teología de los primeros filósofos griegos,* FCE de España, Madrid 1977; W. Jaeger, *Paideia: Los ideales de la cultura griega,* FCE de España, Madrid [6]1981; R. Laurenti, *Introduzione a Talete, Anassimandro, Anassimene,* Laterza, Bari 1971; R. Laurenti, *Eraclito,* Roma-Bari 1974; M. Timpanaro Cardini, introducción y comentario a *Pitagorici,* o.c.; M. Untersteiner, introducción a *Senofane, Parmenide, Zenone,* o.c.; A. Capizzi, *Introduzione a Parmenide,* Laterza, Roma-Bari 1975; G. Reale, introducción y comentario a *Melisso,* o.c.; G. Calogero, *Storia della logica antica,* vol. I: *L'età arcaica,* Laterza, Bari 1967; G. Calogero, *Studi sull'eleatismo,* nueva ed. con apéndices, La Nuova Italia, Florencia 1977; C. Gallavotti, introducción y comentario a *Empedocle,* o.c.; D. Lanza, introducción y comentario a *Anassagora,* o.c.; M.M. Sassi, *Le teorie della percezione in Democrito,* La Nuova Italia, Florencia 1978; V.E. Alfieri, *Atomos Idea. L'origine del concetto dell'atomo nel pensiero greco,* Congedo Editore, Galatina 1979; A.J. Cappelleti, *Epistolas Pseudo-Heraclíteas,* Rosario, Argentina 1960; G.S. Kirk, *The Cosmic Fragment,* Cambridge [2]1962.

Para la historia de las interpretaciones del pensamiento presocrático, también puede verse H.G. Gadamer, *I Presocratici,* en *Questioni di storiografia filosofica,* o.c., p. 14-114.

Capítulo III

Textos. *Sofisti. Testimonianze e frammenti,* 4 vols., ed. M. Untersteiner, La Nuova Italia, Florencia 1967 (texto griego con versión italiana, introducción y comentario, amplia bibliografía).

Bibliografía. A. Levi, *Storia della Sofistica,* ed. D. Pesce, Morano, Nápoles 1966; M. Untersteiner, *I Sofisti. Seconda edizione riveduta e notevolmente ampliata con una appendice su «Le origini sociali della sofistica»,* 2 vols., Lampugnani Nigri, Milán 1967. Aparece más bibliografía en C. Corbato, *La Sofistica,* en *Questioni di storiografia filosofica,* o.c., p. 115-135.

Capítulo IV

Textos. *Socrate. Tutte le testimonianze: da Aristofane e Senofonte ai Padri cristiani,* ed. G. Giannantoni, Laterza, Bari 1971; *I Cinenaici,* selección de fuentes antiguas, traducción y estudio introductorio de G. Giannantoni, Sansoni, Florencia, 1958; J. Gaos, *Antología de la filosofía griega,* FCE, México [2]1968.

Bibliografía. H. Maier, *Socrates, sein Werk und seine geschichtliche Stellung,* 1913 (versión italiana; La Nuova Italia, Florencia 1970); F. Adorno, *Introduzione a Socrate,* Laterza, Roma-Bari 1978; F. Sarri, *Socrate e la genesi storica dell'idea occidentale di anima,* 2 vols., Abete, Roma 1975; A. Rigobello, *Socrate e le Scuole socratiche,* en *Questioni di storiografia filosofica,* o.c., p. 137-177; A Tovar, *Vida de Sócrates,* Alianza, Madrid 1984.

Capítulo V

Textos. Hipócrates, *Opere,* ed. M. Vegetti (con una amplia introducción sobre el pensamiento hipocrático y sobre la cuestión del *Corpus Hippocraticum*), Utet, Turín, 1965; *La medicina hipocrática,* CSIC, Madrid 1976; Id., *Tractats mèdics,* 2 vols., Fundació Bernat Metge, Barcelona 1983.

Capítulo VI

Textos. F. Adorno, *Dialoghi politici e lettere di Platone,* 2 vols., Utet, Turín [2]1970; G. Cambiano, *Dialoghi filosofici di Platone,* vol. I, Utet, Turín 1970; Platón, *Opere complete,* varios traductores, Laterza, Bari 1966 (en 2 vols.), 1971 (en la «Universale Laterza» en 9 vols., el último de los cuales está dedicado al índice de nombres y de temas). Hay numerosas traducciones y comentarios a cada uno de los diálogos. Citaremos algunos: *Critone, Eutifrone, Fedone, Gorgia, Menone, Protagora,* todos ellos ed. por G. Reale, La Scuola, Brescia, múltiples ediciones; *Sofista,* ed. V. Arangio-Ruiz, Laterza, Bari [2]1968; *Eutidemo,* ed. S. Zeppi, La Nuova Italia, Florencia 1969; *Filebo,* ed. C. Mazzarelli, Marietti, Turín 1975. Espeusipo, *Frammenti,* edición, traducción y comentario de M. Isnardi Parente, Bibliopolis, Nápoles 1982. Los documentos referentes a las doctrinas no escritas de Platón se encuentran traducidos por G. Reale en el volumen de Krämer, citado más adelante, p. 335-417. En castellano, está la versión publicada por el Instituto de Estudios Políticos (Madrid 1949ss) la publicada por J. Zaitegui Plazaola en Mondragón-Oñate (Guipúzcoa); y en catalán la de la Fundació Bernat Metge (Barcelona 1924ss).

Bibliografía. L. Stefanini, *Platone,* 2 vols., Cedam, Padua 1949; J. Stenzel, *Platone der Erzieher,* 1928 (versión italiana: Laterza, Bari 1966); M.F. Sciacca, *Platone,* 2 vols., Marzorati, Milán 1967; W. Jaeger, *Paideia,* o.c., vols. II y III; A.E. Taylor, *Plato, the man and his work,* Londres 1926 (versión italiana: La Nuova Italia, Florencia 1968); L. Robin, *Platon,* París 1928 (versión italiana: Lampugnani Nigri, Milán 1971); A. Levi, *Il problema dell'errore nella metafisica e nella gnoseologia di Platone,* obra póstuma ed. por G. Reale, Liviana, Padua 1971; L. Robin, *La teoria platonica dell'amore,* Celuc, Milán 1973; F. Adorno, *Introduzione a Platone,* Laterza, Roma-Bari 1978; P. Friedlaender, *Platone. Eidos-Paideia-Dialogos,* La Nuova Italia, Florencia 1979; H. Krämer, *Platone e i fondamenti della metafisica (Saggio sulla teoria dei principi e sulle dottrine non scritte di Platone con una raccolta dei documenti fondamentali in edizione bilingue e bibliografia),* introd. y traducción de G. Reale, Vita e Pensiero, Milán 1982; H.G. Gadamer, *Studi platonici,* Marietti, Turín 1983. Para la historia de las interpretaciones: G. Reale, *Platone,* en *Questioni de storiografia filosofica,* o.c., p. 179-246. Para la Academia: H. Cherniss, *L'enigma dell'Accademia antica,* La Nuova Italia, Florencia 1974; M.I. Parente, *Studi sull'Accademia platonica antica,* Olschki, Florencia 1979: J. Pieper, *Sobre los mitos platónicos*, Herder, Barcelona 1984.

Capítulo VII

Textos. Aristóteles, *Opere,* 4 vols. (11 vols. en la «Universale Laterza»), diversos traductores, Laterza, Roma-Bari 1973; Id., *Opere Biologiche*, ed. D. Lanza y M. Vegetti, Utet, Turín 1971. Ed. Loffredo, de Nápoles, ha publicado, con introducción, comentarios analíticos y bibliografías: *La Metafisica*, 2 vols., ed. G. Reale, 1968; *Gli Analitici primi*, ed. M. Mignucci, 1969; *I Topici,* ed. A. Zadro, 1974; *Trattato sul cosmo per Alessandro,* ed. G. Reale, 1974; *La generazione e la corruzione,* ed. M. Migliori, 1976; *L'anima,* ed. G. Movia, 1979. La Ed. Rusconi, de Milán, ha publicado: *La Metafisica,* ed. G. Reale (*editio minor,* en

1 vol.), 1978; *Etica Nicomachea,* ed. C. Mazzarelli, 1979; *La poetica,* ed. D. Pesce, 1981. Además: Id., *Esortazione alla filosofia (Protreptico),* ed. E. Berti, R.A.D.A.R., Padua 1969; Id., *Il Motore Immobile (Metafisica, libro XII),* ed. G. Reale, La Scuola, Brescia, varias reediciones. En castellano hay varias obras sueltas traducidas, y *Obras completas,* 12 vols. ed. F. Gallach, Nueva Biblioteca Filosófica, Madrid 1931-1934; *Obras*, ed. F. de P. Samaranch, Aguilar, Madrid 1964. En catalán: *Psicologia* (Laia, Barcelona 1981) y *Retòrica i poètica* (Laia, Barcelona 1985). Hay que mencionar también las ediciones trilingües (griego, latín, castellano) de V. García Yebra, Gredos, Madrid.

Bibliografía. Sobre Aristóteles en general: W. Jaeger, *Aristoteles. Grundlegung einer Geschichte seiner Entwicklung,* Berlín [2]1955 (versión cast.: FCE, México 1946; versión italiana: La Nuova Italia, Florencia 1964); W.D. Ross, *Aristotle,* Londres 1923 (versión italiana: Feltrinelli, Milán 1971); D.J. Allan, *The philosophy Aristotle,* Oxford [2]1970 (versión italiana: Lampugnani Nigri, Milán 1973); G. Reale, *Introducción a Aristóteles,* Herder, Barcelona 1985; I. Düring, *Aristoteles,* Heidelberg 1966 (versión italiana: Mursia, Milán 1976). Con respecto a problemas más específicos: E. Bignone, *L'Aristotele perduto e la formazione filosofica di Epicuro,* La Nuova Italia, Florencia 1973; E. Berti, *La filosofia del primo Aristotele,* Cedam, Padua 1962; L. Lugarini, *Aristotele e l'idea della filosofia,* La Nuova Italia, Florencia 1972; G. Reale, *Il concetto di filosofia prima e l'unità della Metafísica di Aristotele,* Vita e Pensiero, Milano 1967; E. Berti, *L'unità del sapere in Aristotele,* Cedam, Padua 1965; E. Berti, *Aristotele: dalla dialettica alla filosofia prima,* Cedam, Padua 1977; L. Ruggiu, *Tempo, coscienza e essere nella filosofia di Aristotele (Saggio sulle origini del nichilismo),* Paideia, Brescia 1970; G. Calogero, *I fondamenti della logica aristotelica,* Le Monnier, Florencia 1968; C.A. Viano, *La logica di Aristotele,* Taylor, Turín 1955.

Sobre Teofrasto: G. Reale, *Teofrasto e la sua aporetica metafisica (Saggio di ricostruzione e di interpretazione storico-filosofica con traduzione e commento della «Metafisica»),* La Scuola, Brescia 1964; L. Repici, *La logica di Teofrasto (Studio critico e raccolta dei frammenti e delle testimonianze),* Il Mulino, Bolonia 1977; Teofrasto, *I caratteri,* Rizzoli, Milán 1979 (con el texto griego); Id., *Los caracteres,* publicado por Instituto de Estudios Políticos, Madrid 1956.

Sobre la historia de las interpretaciones del pensamiento aristotélico, y bibliografía adicional: E. Berti, *Aristotele,* en *Questioni di storiografia filosofica,* o.c., p. 247-317. Véase también la amplia reseña comentada sobre los estudios aristotélicos en Italia desde el año 1961 hasta el año 1972, publicada por S. Arcoleo en «Rivista di Filosofia neo-scolastica» (1975).

Capítulo VIII

Textos. Epicuro, *Opere,* ed. G. Arrighetti (con texto griego), Einaudi, Turín 1973; Id., *Opere,* ed. M. Isnardi Parente (también contiene obras pertenecientes a discípulos de Epicuro), Utet, Turín 1974; Id., *Lletres,* ed. M. Jufresa (con texto griego), Fundació Bernat Metge, Barcelona 1975; T. Lucrecio Caro, *Della natura,* versión italiana con texto original incluido, ed. E. Cetrangolo, junto con un ensayo de B. Farrington, Sansoni, Florencia 1969; Id., *La Natura,* ed. A. Fellin, con texto original, Utet, Turín 1976; Id., *De la naturaleza de las cosas,* Barcelona 1961; N. Festa, *I frammenti degli stoichi antichi,* 2 vols., Laterza, Bari 1932-1935 (reimpresión en 1 vol., Olms, Hildesheim 1971); R. Anastasi, *I frammenti degli stoichi antichi. I frammenti morali di Crisippo,* Cedam, Padua 1962; A. Russo, *Scettici antichi,* Utet, Turín 1978; Pirrón, *Testimonianze,* texto griego, versión italiana y comentario de F. Decleva Caizzi, Bibliopolis, Nápoles 1981; M. Tulio Cicerón, *Opere politiche e filosofiche,* con texto original, vol. I, eds. L. Ferrero y M. Zorzetti (*Lo Stato, Le Leggi, I doveri*), vol. II, ed. N. Marinone (*I termini estremi del bene e del male, Discussioni tusculane, La natura degli dei*), Utet, Turín 1974 y 1976; Id., *Obras inmortales,* EDAF, Madrid 1977; Id., *Dels deures* y *Tusculanes,* Fundació Bernat Metge, Barcelona.

Bibliografía. Con carácter general: M. Isnardi Parente, *La filosofia dell'Ellenismo,* Loescher, Turín 1977. Más en particular, además de las introducciones a las obras citadas, véanse: E. Bignone, *L'Aristotele perduto e la formazione filosofica di Epicuro,* o.c.; D. Pesce, *Introduzione a Epicuro,* Laterza, Roma-Bari 1981; M. Pohlenz, *Die Stoa,* I, [2]1959, II [2]1955 (versión italiana: La Nuova Italia, Florencia 1967); M. Mignucci, *Il significato della logica stoica,* Pàtron, Bolonia 1965; M. Dal Pra, *Lo scetticismo greco,* 2 vols., Laterza, Roma-Bari 1975; P. Boyancé, *Lucrezio e l'Epicureismo,* Paideia, Brescia 1970; Varios, *Scuole socratiche* *minori e filosofia ellenistica,* ed. G. Giannantoni, Il Mulino, Bolonia 1977; Varios, *Lo scetticismo antico,* Actas del Simposio de Roma (1980), ed. G. Giannantoni, 2 vols., Bibliopolis, Nápoles 1981.

Capítulo IX

Daremos a continuación algunas indicaciones de carácter general, que también se aplican a los capítulos anteriores y a la posterior evolución de la ciencia helenística: G. de Santillana, *Le origini del pensiero scientifico,* Sansoni, Florencia 1966; S. Sambursky, *Il mondo fisico dei Greci,* Feltrinelli 1959; B. Farrington, *Ciencia griega,* Icaria, Barcelona 1979; A. Frajese, *Attraverso la storia della matematica,* Le Monnier, Florencia 1977; Geoffrey E.R. Lloyd, *La scienza dei Greci,* Laterza, Roma-Bari 1978; J.L.E. Dreyer, *Storia dell'astronomia da Talete a Klepero,* Feltrinelli, Milán 1970.

Textos. Euclides, *Gli Elementi,* eds. A. Frajese y L. Maccioni, Utet, Turín 1970; Arquímedes, *Opere,* ed. A. Frajese, Utet, Turín 1974; Herón, *Degli automati,* ed. R. Teani, Feltrinelli, Milán 1962.

Bibliografía. Además de las obras generales indicadas antes, véanse las introducciones correspondientes a las traducciones de los textos.

Capítulo X

Textos. Séneca, *I Dialoghi,* ed. A. Marastoni, Rusconi, Milán 1979; Id., *Operette morali* (incluida también *La clemenza*), ed. R. Del Re, 3 vols., Zanichelli, Bolonia 1971 (con texto latino); Id., *I benefici* (con texto latino), ed. S. Guglielmino, Zanichelli, Bolonia 1968; Id., *Lettere a Lucilio* (con texto latino), ed. U. Boella, Utet, Turín 1975; Id., *Obras completas,* ed. L. Riber, Madrid 1943; Id., *Obras inmortales,* EDAF, Madrid 1977; Id., *Obres,* ed. C. Cardó, 13 vols. Fundació Bernat Metge, Barcelona 1924-1959. —Epicteto, *Diatribe, Manuale, Frammenti,* ed. C. Cassamagnago (introducción, prefacios y paráfrasis de G. Reale), Rusconi, Milán 1982, Id., *Pláticas,* 4 vols, CSIC, Madrid 1957-1973; Epicteto-Marco Aurelio, *Enquiridió-Reflexions,* Laia, Barcelona 1984.— Marco Aurelio, *Pensieri,* ed. E. Pinto, Libreria Scientifica Editrice, Nápoles 1968; Marco Aurelio, *Ricordi,* trad. de E. Turolla, introducción de M. Pohlenz, Rizzoli, Milano 1975, Id. *Meditaciones,* Gredos, Madrid 1977. —Sobre Enesidemo y Agripa véase A. Russo, *Scettici antichi,* o.c., p. 541-650; Sexto Empírico, *Schizzi pirroniani,* ed. O. Tescari, Laterza, Bari 1926; Id., *Contro i matematici* (libros I-VI), ed. A. Russo, Laterza, Bari 1972; Id., *Contro i logici,* ed. A. Russo, Laterza, Roma-Bari 1975. —La obra principal de Albino se encuentra en G. Invernizzi, *Il Didaskalikos di Albino e il medioplatonismo (Saggio di interpretazione storico-filosofica con traduzione e commento del Didaskalikos)*, 2 vols., Abet, Roma 1976. —Plutarco, *Diatriba Isiaca e Dialoghi Delfici* (con texto griego), ed. V. Cilento, Sansoni, Florencia 1962; Id., *Gli opuscoli contro gli stoici,* ed. M. Baldasarri, 2 vols., Pubblicazioni di Verifiche, Trento 1976; Id., *Contro Epicuro,* ed. A. Barigazzi, La Nuova Italia, Florencia 1978; Id., *Obras,* Madrid 1978; *Discorsi di Ermete Trismegisto (Corpo Ermetico* y *Asclepio),* ed. B. Maria Tordini Portogalli, Boringhieri, Turín 1965. —G. Martano, *Numenio di Apamea. Un precursor del neo-platonismo,* Armanni, Nápoles 1960.

Bibliografía. Además de las introducciones a las obras antes citadas, que con frecuencia resultan muy válidas y están puestas al día, véase en general: P.L. Donini, *Le Scuole, l'anima, l'Impero: la filosofia antica da Antioco a Plotino,* Rosenberg & Sellier, Turín 1982. También son útiles: C. Marchesi, *Seneca,* Pincipato, Milán 1944; G. Scarpat, *La lettera 65 di Seneca,* Paideia, Brescia, 1970; E. Riondato, *Epitteto. Esperienza e ragione,* Padua 1965; J.C. García-Barrón, *Séneca y los estoicos,* Barcelona 1956. Sobre Alejandro de Afrodisia: G. Movia, *Alessandro di Afrodisia tra naturalismo e misticismo,* Antenore, Padua 1970; P.L. Donini, *Tre studi sull'aristotelismo nel II secolo d.C.,* Paravia, Turín 1974. —K. Ziegler, *Plutarco,* ed. B. Zucchelli (que ha puesto al día la bibliografía), Paideia, Brescia 1965; C. Moreschini, *Apuleio e il Platonismo,* Olschki, Florencia 1978; sobre Albino, véase G. Invernizzi, *Il Didaskalikos,* o.c. Sobre los autores que aquí no se mencionan de forma expresa, véanse las obras generales sobre el estoicismo y sobre el escepticismo que se citan en el capítulo VIII.

Sobre el platonismo medio, véase la bibliografía comentada (sus tres primeras partes) de C. Mazzarelli en «Rivista di Filosofia neo-scolastica» (1980, 1981, 1982).

Sobre las novedades bibliográficas y la historia de la crítica, véanse G. Cambiano, *Lo Stoicismo,* en *Questioni di storiografia filosofica,* o.c., p. 319-357, y M. Isnardi Parente, *L'Epicureismo,* ibid., p. 359-398.

Capítulo XI

Textos. Plotino, *Enneadi,* primera versión italiana completa y comentario crítico de V. Cilento, 3 vols. en 4 tomos, Laterza, Bari 1947-1949, reimpresión 1973 (en el vol. III, 2 está también B. Marien, *Bibliografia critica degli studi plotiniani con rassegna delle loro recensioni,* revisada y editada por V. Cilento, con casi 1500 títulos); en castellano está la edición bilingüe emprendida por J.D. García Bacca, *Enéadas,* Buenos Aires 1949ss.

Muchas de las numerosas obras de Porfirio no han llegado hasta nosotros, y pocas son las que se han traducido al italiano. Entre éstas, recordemos: *Isagoge,* traducción, introducción y comentario de B. Maioli, Liviana, Padua 1969; *Vita di Plotino,* en *Enneadi,* ed. V. Cilento, o.c., vol. I, p. 1-41; *Vita di Pitagora,* en G. Pesenti, *Ps. Pitagora, i Simboli, le Lettere,* Carabba, Lanciano 1913; *Lettera ad Anebo* y *Lettera a Marcella,* ed. G. Faggin (texto griego original y traducción), Fussi-Sansoni, Florencia 1954; *I frammenti dei commentari al Timeo di Platone,* ed. A.R. Sodano, Centro Bibliotecario Portici, Nápoles 1974; en castellano véase Porfirio-Plotino, *Vida de Plotino-Enéadas,* Gredos, Madrid 1982. De Jámblico sólo existe en italiano *Vita pitagorica,* L. Montoneri, Laterza, Roma-Bari 1973. De Proclo véanse: *Elementi di teologia,* ed. M. Losacco, Carabba, Lanciano 1927; *La teologia platonica,* ed. E. Turolla, Laterza, Bari 1957; *Commentario al I Libro degli «Elementi» di Euclide,* ed. M. Timpanaro Cardini, Giardini Editore, Pisa 1978; *Elementos de teología,* ed. F. de P. Samaranch, Aguilar, Madrid 1963.

Bibliografía. Sobre Plotino: É. Bréhier, *Plotino,* Celuc, Milán 1976; Id., *La filosofía de Plotino,* Sudamericana, Buenos Aires 1953; C. Carbonara, *La filosofia di Plotino,* Libreria Scientifica Ed., Nápoles 1964; V. Verra, *Dialettica e filosofia in Plotino,* Publicaciones de la Facultad de Magisterio de la Universidad de Trieste, Trieste 1963; P. Prini, *Plotino e la genesi dell'umanesimo interiore,* Abete, Roma 1976; V. Cilento, *Saggi su Plotino,* Mursia, Milán 1973; M. Di Pasquale Barbanti, *Antropologia e mistica nella filosofia di Plotino,* Catania 1978; M. Luisa Gatti, *Plotino e la metafisica della contemplazione,* Cusl, Milán 1982. Sobre la lógica de Porfirio véase la introducción a la *Isagoge* de B. Maioli, o.c. Sobre Proclo: G. Martano, *Proclo di Atene, L'ultima voce speculativa del genio ellenico,* Nápoles, 1974; G. Santinello, *Saggi sull «umanesimo» di Proclo,* Patron, Bolonia, 1966; E. Elorduy, *Ammonio Sakkas. La doctrina de la creación y del mal en Proclo y en el Pseudo-Areopagita,* Oña 1959.

Sobre la historia de las interpretaciones del neoplatonismo, véase V. Verra, *Il Neoplatonismo,* en *Questioni di storiografia filosofica,* o.c., p. 399-444.

Capítulo XII

No existe ninguna traducción italiana de las obras completas del astrónomo Ptolomeo; en castellano hay: *Geografia,* Iberoamericanas, Madrid; *Tetrabiblor,* Barath, Madrid 1981.

De Galeno, en italiano hay: Galeno, *Opere scelte,* ed. I. Garofalo y M. Vegetti, Utet, Turín 1978 (se incluyen: *Il miglior medico è anche filosofo; Le scuole di medicina, per gli studenti; I procedimenti anatomici; L'utilità delle parti: Le facoltà naturali; Le facoltà dell'anima sequono il temperamento dei corpi; Manuale di medicina;* algunas páginas de *Le cause dei sintomi; Manuale di logica*). El volumen se halla provisto de una introducción y una bibliografía generales, y de introducciones y bibliografías correspondientes a cada una de las obras, a las que remitimos para cualquier investigación adicional. Con relación a la ciencia griega de la época imperial, véanse las secciones correspondientes de las obras generales que se indicaron en el capítulo IX. Además, W.H. Stahl, *La scienza dei Romani,* Laterza, Roma-Bari 1974.

Capítulo XIII

Textos. Son ya muy numerosas las traducciones castellanas de la Biblia en su totalidad o de algunas de sus partes. Por eso, nos limitamos a aconsejar *La Biblia,* nueva traducción dirigida por S. de Ausejo, Herder, Barcelona 1976. Sobre otros textos relacionados con la Biblia, véase: *I manoscritti del Mar Morto,* ed. F. Michelini Tocci, Laterza, Bari 1967; *I manoscritti di Qumrān,* ed. L. Moraldi, 2 vols., Utet, Turín 1971; *Apocrifi del Nuovo Testamento,* ed. L. Moraldi, 2 vols., Utet, Turín; *Gli Apocrifi del Nuovo Testamento,* ed. G. Erbetta, 4 vols., Marietti, Turín 1966-1981; *Los evangelios apócrifos,* ed. A. de Santos, Católica, Madrid ^{3}1976 (BAC 148).

Bibliografía. De autores católicos: H. Cazelles, *Introducción crítica al Antiguo Testamento,* Herder, Barcelona 1981; A. George-P. Grelot, *Introducción crítica al Nuevo Testamento,* Herder, Barcelona 1983.

De autores protestantes: J.A. Soggin, *Introduzione all'Antico Testamento,* 2 vols., Paideia, Brescia 1968-69; B. Corsani, *Introduzione al Nuovo Testamento,* Claudiana, Turín 1972.

Capítulo XIV

Obras de carácter general sobre los primeros siglos del pensamiento cristiano: A. Pincherle, *Introduzione al cristianesimo antico,* Laterza, Bari 1978; M. Simonetti, *La letteratura cristiana antica greca e latina,* Sansoni /Accademia, Florencia 1969; W. Jaeger, *Cristianismo primitivo y Paideia griega,* FCE, México-Buenos Aires 1965; H.A. Wolfson, *The philosophy of the church fathers,* Cambridge, Mass. 1956 (versión italiana: Paideia, Brescia 1978). Además: E. Hoffmann, *Platonismo e filosofia cristiana,* Il Mulino, Bolonia 1967; C.M. Cochrane, *Cristianismo y cultura clásica,* FCE de España, Madrid 1983; J. Kelly, *Il pensiero cristiano delle origini,* Il Mulino, Bolonia 1972; G. Prestige, *Dios en el pensamiento de los Padres,* Secretariado Trinitario, Salamanca 1978; J. Daniélou, *Message evangélique et culture hellénistique,* Desclée, París 1961 (versión italiana: Il Mulino, Bolonia 1975); G. Mondésert, *Pour lire les Pères de l'Église,* París 1979 (versión italiana: Jaca Book, Milán 1981); G. Bosio, *Iniziazione ai Padri,* 2 vols., SEI, Turín 1963-64; R. Barr, *Breve patrologia,* Queriniana, Brescia 1982; B. Altaner, *Patrología,* Espasa-Calpe, Madrid 1962; J. Quasten, *Patrología,* vol. I: *Hasta el Concilio de Nicea,* vol. II: *La edad de oro de la literatura patrística griega,* Católica, Madrid 1961-1962 (BAC 206 y 217); J. Vives, *Los Padres de la Iglesia,* Herder, Barcelona 1971. Muy útil —tanto por sus introducciones como por los textos traducidos y las bibliografías específicas— puede resultar la *Grande Antologia Filosofica,* vols. III-IV-V: *Il pensiero cristiano,* Marzorati, Milán 1954 (abarca desde los orígenes hasta el final de la edad media).

Textos. *I Padri Apostolici,* ed. A. Quacquarelli, Città Nuova, Roma. 1976; *Padres apostólicos,* ed. D. Ruiz, Católica, Madrid ^{4}1979 (BAC 65).

Filón de Alejandría: *La creazione del mondo. Le alegorie delle Leggi* (prefacio, versión italiana y notas de la primera obra, por G. Calvetti; de la segunda, por R. Bigatti; introducción general de G. Reale), Rusconi, Milán 1978; *L'erede delle cose divine* (prólogo, versión italiana y notas de R. Radice, introducción de G. Reale), Rusconi, Milán 1981; *La tetralogia di Caino, I giganti, L'immutabilità di Dio* (versión italiana de C. Mazzarelli, edición e introducción de R. Radice), Rusconi, Milán, 1984.

Testi gnostici cristiani, ed. M. Simonetti, Laterza, Bari 1970. San Justino, *Le Apologie,* ed. I. Giordani, Città Nuova, Roma, 1962, y ed. L. Reboli, Messaggero, Padua 1983; Taciano, *Discorso ai Greci,* ed. M. Fermi, Roma 1924; *Padres apologistas griegos,* ed. D. Ruiz, Católica, Madrid ^{2}1979 (BAC 116); Ireneo de Lyón, *Contro le eresie e gli altri scritti,* ed. E. Bellini, Jaca Book, Milán 1979; Clemente de Alejandría, *Protreptico,* ed. A. Pieri, Edizioni Paoline, Roma 1967; Id., *C'è salvezza per il ricco?,* ed. A. Pieri, Edizioni Paoline, Roma 1965; Id., *El Protrettico. Il Pedagogo,* ed. M.G. Bianco, Utet, Turín 1971.

Orígenes, *I principi,* ed. M. Simonetti, Utet, Turín 1979; Id., *Contro Celso,* ed. A. Colonna, Utet, Turín 1971; Id., *Commento al Vangelo di Giovanni,* ed. E. Corsini, Utet, Turín 1968; Id., *Omelie sulla Genesi e sull'Escoto,* ed. G. Gentili, Edizioni Paoline, Roma 1976; Id., *Disputa con Eraclide,* ed. G. Gentili, Edizioni Paoline, Roma 1970; Id., *Contra Celso,* ed. D. Ruiz, Católica, Madrid 1967 (BAC 271); Id., *Homilies sobre el Càntic dels Càntics,* Montserrat 1979.

Padres Capadocios: Basilio de Cesarea, *Opere ascetiche,* ed. U. Neri, Utet, Turín 1980; San Gregorio de Nisa, *La vita di Mosè,* ed. C. Bigatti, Edizioni Paoline, Roma 1966; la Ed. Città Nuova ha publicado: Gregorio de Nisa, *L'anima e la resurrezione,* ed. S. Lilla, Roma 1981; Id., *La grande catechesi,* ed. M. Naldini, Roma 1982; Id., *L'uomo,* ed. B. Salmona,

Roma 1982; Gregorio Nacianceno, *La passione di Cristo,* ed. F. Trisoglio, Roma 1979.
Dionisio Areopagita, *Tutte le opere,* versión italiana de P. Scazzoso, introducción, prólogos, paráfrasis y notas de E. Bellini, Rusconi, Milán 1981.
Máximo el Confesor, *La mistagogia ed altri scritti,* ed. R. Cantarella, Florencia 1931; Id., *Capitoli sulla carità,* ed. A. Ceresa-Gastaldo, Studium, Roma 1963; Id., *Umanità e divinità di Cristo,* ed. A. Ceresa-Gastaldo, Città Nuova, Roma 1979; I., *Duecento pensieri sulla conoscenza di Dio e sull'incarnazione,* ed. A. Ceresa-Gastaldo, Jaca Book, Milán 1980.

Bibliografía. Además de los volúmenes de Quasten y de las introducciones a las obras antes citadas, son útiles también los siguientes trabajos: A. Magdalena, *Filone Alessandrino,* Mursia, Milán 1970; H. Jonas, *Lo gnosticismo,* SEI, Turín 1973; B. Mondin, *Filone e Clemente, Saggio sulle origini della filosofia religiosa,* Turín; 1968; constituye una auténtica monografía sobre Orígenes la introducción de G. Gentili a la *Disputa con Eraclide,* o.c.; Varios, *Arché e Telos. L'antropologia di Origene e di Gregorio di Nissa, Analisi storico-religiosa,* Actas del Coloquio de 1979, Vita e Pensiero, Milán, 1981; H.U. von Balthasar, *Kosmische Liturgie,* Friburgo de Brisgovia 1941 (versión italiana: A.V.E., Roma 1976), J. Montserrat Torrents, *Los gnósticos,* 2 vols., Madrid 1983; J. Rius-Camps, *El dinamismo trinitario en la divinización de los seres racionales según Orígenes,* Roma 1970.

Capítulo XV

En el capítulo anterior se han indicado las obras generales que hacen referencia a los temas tratados en este capítulo.

Textos. Tertuliano, *Apologetico,* ed. E. Paratore (versión italiana de E. Buonaiuti, con texto latino incluido), Laterza, Bari 1972; Id., *Opere scelte,* ed. C. Moreschini, Utet, Turín 1974; Id., *La corona,* ed. P.A. Gramaglia, Edizioni Paoline, Roma 1980; Id., *La testimonianza dell'anima,* ed. P.A. Gramaglia, Edizioni Paoline, Roma 1982 (estos dos últimos volúmenes poseen introducciones y comentarios tan amplios que pueden ser considerados como auténticas monografías); Id., *Apología contra los gentiles,* Espasa-Calpe, Madrid 1973; Id., *Apologètic,* ed. M. Dolç-F. Senties, Fundació Bernat Metge, Barcelona 1960; Arnobio, *Adversus nationes (contro i pagani),* ed. R. Laurenti, SEI, Turín 1962; Lactancio, *La morte dei persecutori,* ed. P. Calliari, Edizioni Paoline, Roma 1960; Lactancio, *Divinae Institutiones. De opificio Dei. De ira Dei,* ed. U. Boella, Sansoni, Florencia 1973 (versión italiana con el texto latino incluido; sin embargo, las obras no aparecen íntegras, aunque las partes omitidas se resumen en italiano).
San Agustín. Existen muchas traducciones italianas de las numerosísimas obras de san Agustín. En la *Nuova Biblioteca Agustiniana,* que se publica en Roma, está apareciendo a partir de 1965 la versión italiana de las obras de Agustín, con el texto latino incluido, bajo la dirección de A. Trapé. En las Edizioni Paoline han aparecido, entre otras obras: *Confessioni,* ed. A. Landi, Roma 1979; *La città di Dio,* ed. C. Borgogno, Roma 1979; *De Trinitate,* ed. C. Borgogno, Roma 1977. En la BAC aparecen las *Obras* de san Agustín en edición bilingüe (latín y castellano), bajo la dirección de Félix García; hasta ahora han salido 25 vols., Católica, Madrid 1946ss.
De las *Confesiones,* que es la obra más leída de san Agustín, existen otras versiones italianas, realizadas por O. Tescari, SEI, Turín 1962; A. Marzullo, Zanichelli, Bolonia 1968; M. Pellegrino y C. Carena, Einaudi, Turín 1966. (La traducción citada de la *Quaestio de ideis* ha sido realizada por S. Vanni Rovighi, y es inédita.) En castellano hay también numerosas ediciones de *Las confesiones* de san Agustín.

Bibliografía. Con respecto a todos los Padres latinos, remitimos —como es obvio— a las obras generales indicadas en el capítulo anterior y a las introducciones que preceden a las traducciones antes citadas.
Sobre san Agustín, véanse: A. Pincherle, *Sant'Agostino,* Laterza, Bari 1939; A. Masnovo, *S. Agostino e S. Tommaso. Concordanze e sviluppi,* Vita e Pensiero, Milán ^{2}1950; M. Pellegrino, *Le «Confessioni» di Sant'Agostino,* Studium, Roma 1956 (reimpresa en 1972); A. Guzzo, *Agostino e Tommaso,* Edizioni di Filosofia, Turín 1958; P. Brezzi, *Analisi ed interpretazione del «De civitate Dei» di S. Agostino,* Edizioni Agostiniane, Tolentino 1960; S. Cotta, *La città politica di S. Agostino,* Edizioni di Comunità, Milán 1960; M.F. Sciacca, *Interpretazione del concetto di storia in S. Agostino,* Edizioni Agostiniane, Tolentino, 1960; C. Boyer, *Sant'Agostino filosofo,* Pàtron, Bolonia 1965; V. Capánaga, *Agustín de Hipona,*

Católica, Madrid 1974; A. Trapé, *S. Agostino,* Fossano, 1976; E. Samek Lodovici, *Dio e mondo. Relazione, causa, spazio in S. Agostino,* Studium, Roma 1979; F. van der Meer, *San Agustín, pastor de almas,* Herder, Barcelona 1965. Finalmente, sobre la historia de las interpretaciones véase E. Samek Lodovici, *Agostino,* en *Questioni di storiografia filosofica,* o.c., p. 445-501.

Capítulo XVI

Obras de carácter general y de conjunto: M. Grabmann, *Geschichte der scholastischen Methode,* 2 vols., Friburgo de Br. 1909-1911 (versión italiana: La Nuova Italia, Florencia 1980); É. Gilson, *La filosofía en la edad media,* Gredos, Madrid 1982; G. Vasoli, *La filosofia medioevale,* Feltrinelli, Milán 1982; Varios, *La filosofia della natura nel Medioevo,* Vita e Pensiero, Milán 1966; E.J. Dijksterhuis, *Il meccanicismo e l'immagine del mondo,* Feltrinelli, Milán 1971; E. Garin, *Studi sul platonismo medioevale,* Le Monnier, Florencia 1958; B. Faes de Mottoni, *Il platonismo medioevale,* Loescher, Turín 1979. Sobre lógica: *Lógica romana y lógica medieval,* cap. IV de W.C. Kneale - M. Kneale, *El desarrollo de la lógica,* Tecnos, Madrid 1980; J.M. Bochenski, *Historia de la lógica formal,* Gredos, Madrid [2]1976; R. Blanché, *La logica e la sua storia,* Ubaldini, Roma 1973. Véanse, además: É. Gilson, *El espíritu de la filosofía medieval,* Rialp, Madrid 1981; W. Ullmann, *Individuo e società nel Medioevo,* Laterza, Roma-Bari 1974; F. Bottin, *Le antinomie semantiche nella logica medievale,* Antenore, Padua 1976; G. Falco, *La polemica sul Medioevo,* Guida, Nápoles 1978; P. Zunthor, *Leggere il Medioevo,* Il Mulino, Bolonia 1980.

Textos. Boecio, *Trattato sulla divisione,* ed. L. Pozzi, Liviana, Padua 1969; Id., *La consolazione della filosofia. Gli opuscoli teologici,* ed. L. Obertello, Rusconi, Milán 1979 (con una introducción y una excelente bibliografía, que recomendamos vivamente); Id., *La consolación de la filosofía,* ed. P. Masa, Aguilar, Madrid-Buenos Aires 1960.

Bibliografía. Sobre los autores expuestos en este capítulo nos remitimos a las obras de carácter general antes citadas.

Capítulo XVII

Obras de carácter general, además de las citadas en el capítulo anterior: Varios, *Nascita dell'Europa ed Europa carolingia: un'equazione da verificare,* Centro Italiano di Studi sull'Alto Medioevo, Spoleto 1981; ed. G. Arnaldi, *Le origini dell'università,* Il Mulino, Bolonia 1974; M.M. Davy, *Iniziazione al Medioevo: la filosofia nel secolo XII,* Jaca Book, Milán 1981; M.D. Chenu, *La théologie au douzième siècle,* París 1957 (versión italiana: Jaca Book, Milán 1972).

Textos. Pseudo-Jerónimo-Casiodoro-Alcuino-Rábano Mauro-Ratramno-Hincmaro-Godescalco, *L'anima dell'uomo. Trattati sull'anima dal V al IX secolo,* ed. I. Tolomio, Rusconi, Milán 1979; san Anselmo, *Opere filosofiche,* ed. S. Vanni Rovighi, Laterza, Bari 1969; Id., *Obras completas,* ed. J. Alameda, Católica, Madrid 1952-1953 (BAC 82 y 100); Teodorico de Chartres, Guillermo de Conques, Bernardo Silvestre, *Il divino e il megacosmo, Trattati filosofici e scientifichi della Scuola di Chartres,* ed. E. Maccagnolo, Rusconi, Milán 1980; Pedro Aberlardo, *Scritti di logica* (los textos se encuentran en latín), ed. y con introducción de M. Dal Pra, La Nuova Italia, Florencia 1969; Id., *Conosci te stesso o Etica,* ed. M. Dal Pra (en apéndice el texto latino, en la edición crítica de D.E. Luscombe), La Nuova Italia, Florencia 1976; Id., *Storia delle mie disgrazie. Lettere d'amore di Abelardo e Eloisa,* ed. F. Roncoroni, Garzanti, Milán 1974.

Bibliografía. M. Dal Pra, *Scoto Eriugena,* Bocca, Milán 1951; P. Mazzarella, *Il pensiero de G. Scoto Eriugena,* Cedam, Padua 1957; T. Gregory, *G. Scoto Eriugena. Tre studi,* Le Monnier, Florencia 1963; C. Allegro, *Giovanni Scoto Eriugena. Fede e ragione,* Città Nuova, Roma 1975; T. Gregory, *Giovanni Scoto Eriugena,* en *Questioni di storiografia filosofica,* o.c., p. 503-522; S. Vanni Rovighi, *Sant'Anselmo e la filosofia del secolo XI,* Bocca, Milán 1949; P. Mazzarella, *Il pensiero speculativo di S. Anselmo d'Aosta,* Cedam, Padua 1962; K. Barth, *Fides quaerens intellectum,* Silva, Milán 1965 (original alemán, 1931); T. Gregory, *Anima mundi. La filosofia di Guglielmo di Conches e la Scuola di Chartres,* Sansoni, Florencia 1955; E. Jeauneau, *Nani sulle spalle di giganti,* Guida, Nápoles 1969; V. Liccaro, *Studi sulla visione del mondo di Ugo di S. Vittore,* Del Biano, Udine 1969; E. Maccagnolo, *Rerum universitas. Saggio sulla filosofia di Teodorico di Chartres,* Le Monnier, Florencia 1976; R. Padellaro De Angelis, *Dialettica e mistica nel XII secolo. Abelardo e S. Bernardo,* Elia, Roma 1967; M.T. Beonio-Brocchieri Fumagalli, *La logica di Abelardo,* La Nuova Italia, Florencia 1969; Id., *Introduzione a Abelardo,* Laterza, Roma-Bari 1974; E. Gilson, *Héloïse et Abélard,* París [5]1953 (versión italiana: Einaudi, Turín 1970); A. Crocco, *Abelardo. L'altro versante del medioevo,* Liguori, Nápoles 1979; Varios autores, número dedicado a Abelardo, «Rivista critica di storia della filosofia» IV (1979). Sobre el problema de los universales, véanse en particular: R. Padellaro De Angelis, *Nominalismo e realismo nell'XI e XII secolo,* Elia, Roma 1970; B. Maioli, *Gli universali. Storia antologica del problema da Socrate al XII secolo,* Bulzoni, Roma 1974; M. Dal Pra, *Logica e realtà. Movimenti del pensiero medioevale,* Laterza, Roma-Bari, 1974; Id., *Giovanni di Salisbury,* Bocca, Milán 1951; Varios, *Gli universali e la formazione dei concetti,* ed. L. Urbani Ulivi, Comunità, Milán 1981.

Para más indicaciones sobre todo el período tratado en este capítulo, también: E. Maccagnolo, *Teologia monastica e teologia scolastica nei secoli XI e XII,* en *Questioni di storiografia filosofica,* o.c., p. 523-577.

Capítulo XVIII

A las obras de carácter general que se señalan en los dos capítulos precedentes, hay que añadir: A. Masnovo, *Da Guglielmo d'Auvergne a S. Tommaso d'Aquino,* 3 vols., Vita e Pensiero, Milán 1945-1947; M.D. Chenu, *La théologie comme science au XIIIe siècle,* París [3]1957 (versión italiana: Jaca Book, Milán 1971); F. van Steenberghem, *La philosophie au XIIIe siècle,* Lovaina-París 1966 (versión italiana: Vita e Pensiero, Milán 1972).

Textos. Son escasas las traducciones italianas de textos latinos medievales. De los autores principales, no obstante, indiquemos las siguientes: Santo Tomás de Aquino: *La Somma Teologica,* ed. de los dominicos italianos, con texto latino incluido, 34 vols., Salani, Florencia, en curso de publicación desde 1949; *Somma contro i Gentili,* ed. T.S. Centi, Utet, Turín 1975; *Opuscoli filosofici,* ed. G. Muzio, Edizioni Paoline, Roma 1953; *L'ente e l'essenza,* ed. G. Di Napoli, La Scuola, Brescia 1959; *Trattato sull'unità dell'intelletto contro gli Averroisti,* ed. B. Nardi, Sansoni, Florencia 1947; *Scritti politici,* ed. A. Passerin d'Entrèves, Zanichelli, Bolonia 1946; *De magistro,* ed. T. Gregory, Armando, Roma 1965. En castellano hay *Suma teológica,* ed. bilingüe con introducciones y notas, 16 vols., Católica, Madrid 1947-1960 (BAC); *Suma contra los gentiles,* 2 vols., Católica, Madrid 1952-1953 (BAC 94 y 102).

San Buenaventura de Bagnoregio: *Itinerario della mente in Dio e Riduzione delle arti alla teologia,* ed. S. Martignoni, Patron, Bolonia 1972. En castellano, *Obras de san Buenaventura,* ed. bilingüe, 6 vols., Católica, Madrid 1945-1949 (BAC).

J. Duns Escoto: *Il primo principio degli esseri,* ed. P. Scapin, Liviana, Padua 1973; *Antologia filosofica,* ed. F. Di Marino, La Nuova Cultura, Nápoles 1966. En castellano, *Obras del Doctor sutil Juan Duns Escoto,* 2 vols., Católica, Madrid 1960-1968 (BAC 193 y 277).

Bibliografía. Sobre Avicena y Averroes: G. Quadri, *La filosofia araba nel suo fiore,* 2 vols., La Nuova Italia, Florencia 1939; G. Furlani, *La filosofia araba,* Conferenza Centro Studi Vicino Oriente, Roma 1943; Varios autores, *Avicenna nella storia della cultura medioevale,* Accademia Nazionale dei Lincei, cuaderno n.º 40, Roma 1957; F. Lucchetta, Introducción a *Avicena. Epistola sulla vita futura,* Antenore, Padua 1969; sobre el problema del intelecto véase la introducción de B. Nardi a santo Tomás, *Trattato sull'unità dell'intelletto,* o.c.; M. Cruz Hernández, *La filosofía árabe,* Revista de Occidente, Madrid 1963.

Sobre Maimónides: E. Bertola, *La filosofia ebraica,* Bocca, Milán 1947.

Sobre Alberto Magno: A. Pompei, *La dottrina trinitaria di S. Alberto Magno. Esposizione organica del Commentario delle Sentenze in rapporto al movimento teologico scolastico,* Publicaciones de la Facultad Teológica «San Buenaventura», Roma 1953; B. Nardi, *Studi di filosofia medievale,* Edizioni di Storia e Letteratura, Roma 1960; Varios autores, *S. Alberto Magno: l'uomo e il pensatore,* Massimo, Milán 1982; I. Craemer-Ruegenberg, *Alberto Magno,* Herder, Barcelona 1985.

Sobre santo Tomás: A.D. Sertillanges, *La philosophie de S. Thomas d'Aquino,* París 1910 (versión italiana: Edizioni Paoline, Roma 1957); M.D. Chenu, *Introduction à l'étude de S. Thomas d'Aquin,* París [2]1954 (versión italiana: Libreria Editrice Fiorentina, Florencia

1953); C. Fabro, *La nozione metafisica di partecipazione secondo S. Tommaso d'Aquino,* SEI, Turín 1950; Id., *Partecipazione e causalità secondo S. Tommaso d'Aquino,* SEI, Turín 1960; B. Mondin, *La filosofia dell'essere di S. Tommaso d'Aquino,* Herder, Roma 1964; S. Vanni Rovighi, *L'antropologia filosofica di S. Tommaso d'Aquino,* Vita e Pensiero, Milán 1972; Id., *Introduzione a S. Tommaso d'Aquino,* Laterza, Roma-Bari 1981; Varios autores, *Studi su San Tommaso d'Aquino e la fortuna del suo pensiero,* número especial de la «Rivista di filosofia neoscolastica», Vita e Pensiero, Milán 1974 (vol. II-IV); Varios autores, *S. Tommaso e il pensiero moderno,* Città Nuova, Roma 1976. Sobre la historia de las interpretaciones véase: P. Caramello, *Tommaso d'Aquino e il Tomismo,* en *Questioni di storiografia filosofica,* o.c., p. 615-678.

Sobre san Buenaventura: Varios autores, *S. Bonaventura (1274-1974),* ed. Padres de Quaracchi, 5 vols., Grottaferrata-Roma 1973-1974; Varios autores, *S. Bonaventura maestro di vita francescana e di sapienza cristiana,* Actas del Congreso Internacional con motivo del VII centenario de su muerte, 3 vols., ed. A Pompei, Miscellanea Francescana, Roma 1976; S. Vanni Rovighi, *L'immortalità dell'anima nei maestri francescani del secolo XIII,* Vita e Pensiero, Milán 1936; Id., *S. Bonaventura,* Vita e Pensiero, Milán 1974; E. Bettoni, *S. Bonaventura de Bagnoregio. Gli aspetti filosofici del suo pensiero,* Vita e Pensiero, Milán 1973; Id., *Il problema de la conoscibilità di Dio nella scuola francescana,* Cedam, Padua 1950; A. Blasucci, *La spiritualità di S. Bonaventura,* Città di Vita, Florencia 1974; F. Corvino, *Bonaventura da Bagnoregio francescano e pensatore,* Dedalo Libri, Bari 1980; R. Tonani, *Attesa umana e salvezza di Cristo. Una rilettura dell'opera bonaventuriana,* Morcelliana, Brescia 1983. Sobre la historia de las interpretaciones, G. Morra, *L'Agostinismo medievale e S. Bonaventura,* en *Questioni di storiografia filosofica,* o.c., p. 579-614.

Sobre Siger de Brabante: B. Nardi, *Studi di filosofia medievale,* o.c.; sobre R. Bacon: F. Alessio, *Mito e scienza in Ruggero Bacone,* Ceschina, Milán 1957.

Sobre J. Duns Escoto: Varios autores, Actas de los Congresos Internacionales Escotistas, Comisión Escotista, Roma; se han publicado 8 vols. entre 1966 y 1982; E. Bettoni, *Duns Scoto filosofo,* Vita e Pensiero, Milán 1966; M. Damiata, *Prima e seconda Tavola. L'etica di G. Duns Scoto,* Studi Francescani, Florencia 1973; O. Todisco, *Lo spirito cristiano della filosofia di G. Duns Scoto,* Abete, Roma 1975; W. Hoeres, *La volontà come perfezione in G. Duns Scoto,* Liviana, Padua 1976. Sobre la historia de la crítica, E. Bettoni, *Duns Scoto,* en *Questioni di storiografia filosofica,* o.c., p. 679-697, donde se encontrará además bibliografía adicional.

Capítulo XIX

Textos. De Ockham, en lengua italiana, sólo existen algunas antologías: *Filosofia, teologia, politica,* ed. A. Coccia, Andò, Palermo 1966; *Il problema della scienza,* ed. A. Siclari, Liviana, Padua 1969; *Scritti filosofici,* ed. A. Ghisalberti, Bietti, Milán 1974. En catalán hay *Breviloqui sobre el principat tirànic,* Laia, Barcelona 1981.

Marsilio de Padua, *Defensor pacis,* versión italiana de C. Vasoli, Utet, Turín 1960; Id., *Il difensore minore,* ed. C. Vasoli, Guida, Nápoles 1975.

Maestro Eckhart, *Opere tedesche,* ed. M. Vannini, La Nuova Italia, Florencia 1982; Id., *Trattati e Prediche,* ed. G. Faggin, Rusconi, Milán 1982 (con una bibliografía amplísima). En castellano: *Obras escogidas,* Visión Libros, Barcelona 1980; *Tratados y sermones,* Edhasa, Barcelona 1983. En catalán: *Obres escollides,* Laia, Barcelona 1983.

Sobre Ramón Llull: *Obres. Edició original,* Palma de Mallorca 1905ss; *Obres essencials,* Barcelona 1957.

Bibliografía. Sobre Ockham: C. Vasoli, *Guglielmo di Occam,* La Nuova Italia, Florencia 1953; C. Giacon, *Guglielmo di Occam,* 2 vols., Vita e Pensiero, Milán 1966; A. Ghisalberti, *Guglielmo di Ockham,* Vita e Pensiero, Milán 1972; Id., *Introduzione a Guglielmo di Ockham,* Laterza, Roma-Bari 1976; M. Damiata, *Guglielmo Ockham,* Studi Francescani, Florencia 1981; D. De Lagarde, *Alle origini dello spirito laico:* vol. I, *Bilancio del sec. XIII,* vol. II, *Stato e società nella scolastica,* vol. III, *Marsilio Padova,* vol. IV, *Ockham: presupposti,* vol. V, *Ockham: strutture religiose e sociali,* Morcelliana, Brescia 1964-1968. Sobre los seguidores de Ockham: F. Bottin, *La scienza degli occamisti. La scienza tardo medioevale dalle origini del paradigma nominalista alla rivoluzione scientifica,* Maggioli, Rimini 1982. Sobre la historia de la crítica: E. Bettoni, *Guglielmo d'Occam,* en *Questioni di storiografia filosofica,* o.c., p. 699-716.

Sobre Marsilio, además del ensayo de Vasoli que antecede a la traducción del *Defensor*

Pacis, y del III volumen de la obra de De Lagarde, antes citados, véase: F. Battaglia, *Marsilio da Padova e la filosofia politica del Medio Evo*, Le Monnier, Florencia 1928; P. Di Vona, *Princìpi del «Defensor Pacis»*, Morano, Nápoles 1975.

Sobre el maestro Eckhart, además de las introducciones a las *Opere* antes citadas, véanse: G. Della Volpe, *Eckhart o della filosofia mistica*, Edizioni di Storia e Letteratura, Roma 1952; G. Faggin, *Meister Eckhart e la mistica tedesca preprotestante*, Bocca, Milán 1946; A. Klein, *Meister Eckhart. La dottrina mistica della giustificazione*, Mursia, Milán 1978; G. Ambrosini, *Negazione e proposta morale in Meister Eckhart*, Liviana, Padua 1980.

Sobre Ramón Llull: E. Colomer, *De la Edad Media al Renacimiento*, Herder, Barcelona 1975; S. Garcías Palou, *Ramón Llull en la historia del ecumenismo*, Herder, Barcelona 1986.

Con respecto a la lógica de la baja edad media, remitimos a las obras de Kneale, Bochenski y Blanché, citadas en el capítulo XVI.

ÍNDICE DE NOMBRES*

*Aparecen solamente los nombres antiguos y medievales. Se indican en cursiva las páginas en que el autor es tratado de un modo temático.

Otras obras del mismo autor
publicadas por Herder

Introducción a Aristóteles
ISBN: 84-254-1488-1
212 págs.

La sabiduría antigua
ISBN: 84-254-1982-4
212 págs.

Platón en búsqueda del saber secreto
ISBN: 84-254-2175-6
376 págs.

Guía de la lectura de la metafísica de Aristóteles
ISBN: 84-254-2089-X
256 págs.

Por una nueva interpretación de Platón
ISBN: 84-254-2183-7
924 págs.

Eros, demonio mediador
ISBN: 84-254-2354-6
272 págs.

Introducción a Aristóteles
ISBN: 84-254-1488-1
212 págs.

La sabiduría antigua
ISBN: 84-254-1982-4
212 págs.

Platón en búsqueda del saber secreto
ISBN: 84-254-2175-6
376 págs.

Guía de la lectura de la metafísica de Aristóteles
ISBN: 84-254-2089-X
256 págs.

Por una nueva interpretación de Platón
ISBN: 84-254-2183-7
924 págs.

Eros, demonio mediador
ISBN: 84-254-2354-6
272 págs.